新일본어능력시험

JLPT KING N2

언어지식

김기범 저 _ 신일본어능력시험연구소 공동개발

Nihongo Factory

新일본어능력시험
JLPT KING N2 언어지식

2010년 3월 2일 초판 1쇄 인쇄
2010년 3월 5일 초판 1쇄 발행

지은이 | 김기범 저, 신일본어능력시험연구소 공동개발
펴낸이 | 이종춘
펴낸곳 | 성안당
주 소 | 경기도 파주시 교하읍 문발리 출판문화정보산업단지 536-3
전 화 | 031-955-0511
팩 스 | 031-955-0510
등 록 | 1973. 2. 1. 제13-12호
홈페이지 | www.langfac.com / www.cyber.co.kr
수신자부담 전화 | 080-544-0511
내용문의 | 02-3142-0037

ISBN 978-89-315-1755-2 03730
정가 20,000원

이 책을 만든 사람들
기획 총괄 | 조병희
홍보 | 박재언
제작 | 구본철

머·리·말

일본어 시험 중에서 최고 권위와 최대 규모를 자랑하는 일본어능력시험이 2010년부터 새로운 모습으로 탈바꿈하게 되었습니다. '新일본어능력시험' 실시에 앞서 '新일본어능력시험'에 관련된 자료(가이드북)가 공개되었지만, 수험자 입장에서는 '新일본어능력시험'에 대한 정보 부족 등으로 인해 불안할 수밖에 없습니다.

지피지기백전불태 [知彼知己百戰不殆](상대를 알고 나를 알면 백 번 싸워도 위태롭지 않다는 뜻으로, 상대와 나의 약점 및 강점을 충분히 알고 승산이 있을 때 싸움에 임하면 이길 수 있다는 말)라고 했습니다.

새롭게 시행되는 '新일본어능력시험'에 대하여 정확하게 알아둘 필요가 있습니다. 새롭게 바뀌는 '新일본어능력시험'이라고 해서 기존의 일본어능력시험에서 완전히 다르게 바뀌는 것은 아닙니다. 자세한 내용은 공개된 자료 新일본어능력시험 가이드(본서에 수록)를 보면 알 수 있듯이 기존의 틀을 유지하면서, 부분적으로 변경이 되었습니다.

'新일본어능력시험'이 새롭게 시행되기 때문에, 아무리 확실한 검증 과정을 거친다 하더라도 향후 2~3년 정도는 과도기를 거쳐야 제대로 된 '新일본어능력시험'이 완성될 것으로 생각됩니다. 그렇기 때문에 일반 수험자는 새롭게 시행되는 '新일본어능력시험'에 대한 정보 부족과 불안감으로 올바른 학습 계획을 세울 수가 없게 됩니다.

본 교재는 공개된 자료('新일본어능력시험' 가이드)를 토대로 철저하게 분석하고 연구하여 만들어진 결과물입니다. 필자는 수험자와 마찬가지로 매년 일본어능력시험을 응시하고 있으며(카페에 매년 일본어능력시험 1급 가답안 공개), 그러한 경험을 바탕으로 수험자의 입장에서 교재를 집필하였습니다.

본 교재로만 공부를 해도, '新일본어능력시험' 대비(언어지식 : 문자, 어휘, 문법)를 90% 이상 완벽하게 대비할 수 있도록 집필하였습니다. 부족한 10%는 카페(김기범의 일본어능력시험)를 활용해 주시기 바랍니다.

첫 단추를 잘못 끼우면 끝까지 고생할 것은 불 보듯 뻔합니다. 꼭 다른 교재와 비교해 보시고 교재를 선택하시기 바라며, 아무쪼록 새롭게 시행되는 '新일본어능력시험'에서 좋은 결실을 맺으시기 바랍니다.

저자 김기범

목차

제3부 언어지식(문법)

제4부 예제 및 기출문제 해석 & 실전대비 모의테스트 해설 및 정답

별책 특별부록

이 책의 구성과 특징

STEP 1　新일본어능력시험 가이드

새로워진 일본어능력시험에 대해 밀도있게 알아보고, 실전에 완벽하게 대비할 수 있도록 한다.

⬇

STEP 2　언어지식(문자 · 어휘)

1. 출제 경향 및 대책
2. 기출문제
3. N2 문자 · 어휘 총정리

언어지식(문자 · 어휘) 문제의 출제 경향 및 대책을 익힌 후, 과거 5년 간의 기출문제를 통해 실력 점검을 비롯해 실전 감각을 익혀 둔다. 아울러, N2에서 알아야 할 필수 어휘 및 한자 등을 익혀 둠으로써, 기초 실력을 확실하게 다진다.

⬇

STEP 3　언어지식(문법)

1. 출제 경향 및 대책
2. 기출문제
3. N2 문법 총정리

문법과 관련된 문제의 출제 경향 및 대책을 익힌 후, 과거 5년 간의 기출문제를 통해 실력 점검을 비롯해 실전 감각을 익혀 둔다. 아울러 N2에서 알아야 할 필수 문법 사항을 익혀 둠으로써, 기초 실력을 확실하게 다진다.

⬇

STEP 4　실전 대비 모의고사 – 고득점 예약

총 3회분의 실전 대비 모의고사를 풀어 보고, 한 문제 한 문제 되짚어봄으로써, 실제 시험에서의 고득점을 예약해 둔다.

제1부

新일본어능력시험 가이드

1. 대상과 목적

새로운 일본어능력시험은 일본어를 모국어로 하지 않는 사람을 대상으로 하며, 일본어를 배우거나 사용하는 폭넓은 계층의 일본어 능력을 측정하고 인증하는 것을 목적으로 한다.

2. 개정 포인트

일본어능력시험을 새롭게 개정하는 가장 큰 이유는 다음의 네 가지이다.

① 과제 수행을 위한 언어 커뮤니케이션 능력을 측정한다.

새로운 일본어능력시험에서는 일본어에 대한 지식과 함께 실제로 운용할 수 있는 일본어 능력을 중시한다. 따라서 문자, 어휘, 문법과 같은 언어지식과 그 언어지식을 이용하여 커뮤니케이션 상의 과제를 수행하는 능력을 측정한다.

우리는 생활 속에서 다양한 문제에 둘러싸여 있다. 예를 들면, 지도를 보면서 목적지를 찾아간다거나 사용설명서를 읽어야 전자제품을 사용할 수 있는 등 언어를 필요로 하는 것도 있고, 그렇지 않은 것도 있다.

언어가 필요한 과제를 수행하기 위해서는 문자나 발음, 어휘에 관한 지식, 단어를 연결하여 문장을 만드는 문법적 지식 등의 '언어지식'이 필요하다. 또 주어진 과제를 해결하기 위해서는 자신이 가진 언어지식을 실제로 이용하는 능력도 필요하다.

이처럼 '문자 · 어휘 · 문법' 등의 언어지식과 그 언어지식을 이용하여 커뮤니케이션 상의 과제를 수행하는 능력을 새로운 일본어능력시험에서는 '과제 수행을 위한 언어 커뮤니케이션 능력'이라고 한다.

② 레벨을 4단계에서 5단계로 늘린다.

새로운 일본어능력시험에서는 과거의 4단계(1급, 2급, 3급, 4급) 레벨이 5단계(N1, N2, N3, N4, N5) 레벨로 늘어난다. 그리고 과거 시험과 새로운 시험의 레벨 비교는 다음 표와 같다.

N1	과거 시험의 1급보다 약간 높은 레벨까지 측정할 수 있도록 했다. 합격 점수는 과거 시험과 거의 같다.
N2	과거 시험의 2급과 거의 비슷한 레벨이다.
N3	과거 시험의 2급과 3급 사이의 레벨이다.
N4	과거 시험의 3급과 거의 같은 레벨이다.
N5	과거 시험의 4급과 거의 같은 레벨이다.

'N'은 'Nihongo(일본어)', 'New(새로운)'를 나타낸다.

③ '득점등화(得点等化)'를 실시한다.

서로 다른 시기에 실시되는 시험에서는 출제되는 문제가 다르기 때문에 아무리 신중하게 문제를 만든다고 하더라도 매 시험마다 난이도가 다소 달라질 수 있다. 그래서 새로운 일본어능력시험에서는 '등화(等化)'라는 방법을 이용해, 서로 다른 시기에 실시된 시험의 점수를 비교 분석하여 기준을 정한다. '등화(等化)'는 세계의 주요 언어 시험에서 널리 채용되고 있으며, 다음과 같은 이점이 있다.

★ 시험의 난이도에 따라 시험 점수가 영향을 받지 않기 때문에 합격, 불합격의 판정 기준이 일정하고 공평성이 확보된다.

★ 다른 시기에 실시된 시험의 득점을 비교할 수 있으므로, 수험자가 자신의 일본어능력 향상도를 확인하거나 다음 학습 목표를 더욱 쉽게 설정할 수 있다.

예를 들어 아래의 표는 Z씨가 어떤 해의 7월과 12월에 N2에 응시했다고 가정하여 발표된 득점표라고 하자. 이 두 번의 시험은 7월보다 12월이 더 어려웠다고 한다. 이때, 수치만을 놓고 보면 Z씨의 능력에는 변화가 없는 것처럼 보인다. 그런데 등화된 득점을 보면 7월에는 30점, 12월에는 35점으로 나타났다. 즉 난이도가 높았던 12월 시험의 득점이 높게 표시되어 있는 것이다.

이처럼 '득점등화(得点等化)'는 시험의 난이도에 영향을 받지 않고 수험자가 자신의 실력 변화를 확인할 수 있게 된다.

■ Z씨의 N2 '청해' 시험 결과

득점구분별 득전	7월	12월
정답 개수	20문항 중 10문항	20문항 중 10문항
등화된 '청해'의 척도 득점	30점	35점

* 표 안의 모든 숫자는 설명을 위한 예로서, 실제 척도 득점과는 다르다.

④ 일본어능력시험 Can-do 리스트(가칭) 제공

새로운 일본어능력시험에서는 각 레벨의 합격자가 일본어를 사용하여 실제로 무엇이 가능한지를 코멘트해 주는 '일본어능력시험 Can-do 리스트'(가칭)를 제공한다. 이 리스트를 통해 합격자 본인과 주변 사람들이 시험 결과를 더욱 구체적으로 이해할 수 있도록 하는 데에 목적이 있다. 다음은 'Can-do 리스트'의 샘플이다.

듣 기	학교나 직장, 공공 장소의 안내방송을 듣고 대략적인 내용을 이해할 수 있다.
말하기	아르바이트나 업무상의 면접 등에서 희망이나 경험을 자세하게 서술할 수 있다.
읽 기	관심이 있는 화제에 관한 신문이나 잡지의 기사를 읽고 내용을 이해할 수 있다.
쓰 기	감사나 사과 등 감정을 전하는 글이나 메일을 쓸 수 있다.

3. 인증 목적

N1, N2, N3, N4, N5 등 각 레벨별 인증 목적은 다음 표와 같다.

레벨	각 레벨의 인증 목적을 '읽기', '듣기'라는 언어행동으로 나타낸다.
N1	폭넓은 상황에서 사용되는 일본어를 이해할 수 있다. 〈읽기〉 • 폭넓은 화제에 대해 기술된 신문의 논설, 평론 등의 논리적으로 약간 복잡한 문장과 추상도가 높은 문장을 읽고 문장의 구조와 내용을 이해할 수 있다. • 다양한 화제와 깊이 있는 내용을 읽고, 이야기의 흐름과 상세한 표현 의도를 이해할 수 있다. 〈듣기〉 • 폭넓은 장면에서 대화의 주제가 확실하고 일상적인 빠르기로 진행되는 대화와 뉴스, 강의를 듣고, 내용의 핵심과 흐름, 등장인물의 관계 및 논리 구성 등을 상세하게 이해하고 요지를 파악할 수 있다.
N2	일상적인 상황에서 사용되는 일본어를 이해할 수 있고, 폭넓은 상황에서 사용되는 일본어를 어느 정도 이해할 수 있다. 〈읽기〉 • 폭넓은 화제에 대한 신문과 잡지의 기사 · 해설 및 평이한 논평 등 요지가 명쾌한 문장을 읽고 문단의 내용을 이해할 수 있다. • 일반적인 화제에 관한 기사를 읽고, 내용의 흐름과 표현 의도를 이해할 수 있다. 〈듣기〉 • 일상적인 상황은 물론 폭넓은 상황에서 주제가 확실하고 일상적인 빠르기에 근접한 속도로 진행되는 대화와 뉴스를 듣고, 내용의 핵심과 흐름, 등장인물의 관계를 이해하거나 요지를 파악할 수 있다.
N3	일상적인 상황에서 사용되는 일본어를 어느 정도 이해할 수 있다. 〈읽기〉 • 일상적인 화제에 대해 기술한 구체적인 내용의 문장을 읽고 이해할 수 있다. • 신문 표제어 등에서 정보의 개요를 포착할 수 있다. • 일상적인 상황을 표현한 난이도가 약간 높은 문장에 대해 바꾸어 표현해 주면 요지를 이해할 수 있다. 〈듣기〉 • 일상적인 장면에서 약간 자연에 가까운 스피드의 중심 논점이 있는 회화를 듣고, 이야기의 구체적인 내용을 등장인물의 관계 등과 함께 거의 이해할 수 있다.
N4	기본적인 일본어를 이해할 수 있다. 〈읽기〉 • 기본적인 어휘나 한자로 쓰인 일상생활 중에서도 신변을 화제로 한 문장을 읽고 이해할 수 있다. 〈듣기〉 • 일상적인 상황에서 일상적인 빠르기보다 다소 느린 속도로 진행되는 대화를 이해할 수 있다.
N5	기본적인 일본어를 어느 정도 이해할 수 있다. 〈읽기〉 • 히라가나와 가타카나, 일상생활에서 이용되는 기본적인 한자로 쓰인 정형적인 어구나 문장을 읽고 이해할 수 있다. 〈듣기〉 • 교실과 신변 등 일상생활 안에서도 자주 접하는 상황에서 천천히 말하는 짧은 회화라면 필요한 정보를 알아들을 수 있다.

4. 시험 과목 및 시험 시간

새로운 일본어능력시험의 시험 과목과 시험 시간은 다음 표와 같다.

<table>
<tr><th>레벨</th><th colspan="3">시험 과목
(시험 시간)</th><th>비 고</th></tr>
<tr><td>N1</td><td colspan="2">언어지식(문자 · 어휘 · 문법) · 독해
(110분)</td><td>청해
(60분)</td><td rowspan="2">시험 과목은 '언어지식(문자 · 어휘 · 문법) · 독해'와 '청해' 두 과목이다.</td></tr>
<tr><td>N2</td><td colspan="2">언어지식(문자 · 어휘 · 문법) · 독해
(105분)</td><td>청해
(50분)</td></tr>
<tr><td>N3</td><td>언어지식(문자 · 어휘)
(30분)</td><td>언어지식(문법) · 독해
(70분)</td><td>청해
(40분)</td><td rowspan="3">시험 과목은 '언어지식(문자 · 어휘)', '언어지식(문법) · 독해', '청해' 등 세 과목이다.</td></tr>
<tr><td>N4</td><td>언어지식(문자 · 어휘)
(30분)</td><td>언어지식(문법) · 독해
(60분)</td><td>청해
(35분)</td></tr>
<tr><td>N5</td><td>언어지식(문자 · 어휘)
(25분)</td><td>언어지식(문법) · 독해
(50분)</td><td>청해
(30분)</td></tr>
</table>

N1과 N2의 시험 과목은 〈언어지식(문자 · 어휘 · 문법) · 독해〉와 〈청해〉 등 두 과목이고, N3, N4, N5의 시험 과목은 〈언어지식(문자 · 어휘)〉, 〈언어지식(문법) · 독해〉, 〈청해〉 등 세 과목이다.
N3, N4, N5의 과목을 세 과목으로 나눈 것은 이들 레벨에서 출제되는 한자, 어휘, 문법 항목의 수가 적기 때문에, N1, N2처럼 〈언어지식(문자 · 어휘 · 문법) · 독해〉를 모두 한 과목으로 묶어서 시험을 치르면, 몇몇 문제는 다른 몇몇 문제의 힌트가 될 수 있기 때문이다.

5. 시험의 득점 구분과 범위

새로운 일본어능력시험에서는 시험 결과를 아래의 표와 같이 표시한다. N1, N2, N3의 득점 구분은 '언어지식(문자 · 어휘 · 문법)', '독해', '청해' 등 세 가지로 구분하고, N4, N5의 득점구분은 '언어지식(문자 · 어휘 · 문법) · 독해'와 '청해' 등 두 가지로 구분한다.

레벨	득점 구분	득점 범위
N1	언어지식(문자 · 어휘 · 문법) 독해 청해	0~60 0~60 0~60
	종합득점	0~180
N2	언어지식(문자 · 어휘 · 문법) 독해 청해	0~60 0~60 0~60
	종합득점	0~180
N3	언어지식(문자 · 어휘 · 문법) 독해 청해	0~60 0~60 0~60
	종합득점	0~180
N4	언어지식(문자 · 어휘 · 문법) · 독해 청해	0~120 0~60
	종합득점	0~180
N5	언어지식(문자 · 어휘 · 문법) · 독해 청해	0~120 0~60
	종합득점	0~180

N4와 N5에서 '언어지식(문자 · 어휘 · 문법)'과 '독해'를 하나로 묶은 것은 일본어 학습의 기초 단계인 N4와 N5에서는 '언어지식'과 '독해' 능력에서 겹치는 부분이 많기 때문에, '독해' 자체만의 득점을 내는 것보다 '언어지식'과 통합하여 득점을 내는 것이 이 레벨의 특징에 맞다고 생각했기 때문이다.

한편, N1, N2, N3에서 '언어지식(문자 · 어휘 · 문법)', '독해', '청해'의 종합득점이 차지하는 비율은 1 : 1 : 1이다. N4, N5에서는 '언어지식(문자 · 어휘 · 문법) · 독해', '청해'의 종합득점이 차지하는 비율은 2 : 1이다. 또한, '언어지식(문자 · 어휘 · 문법) · 독해'의 득점은 '언어지식(문자 · 어휘 · 문법)'과 '독해'로 나눌 수 없다.

한 가지 더, 새로운 일본어능력시험에서는 모든 레벨에서 '청해'가 차지하는 비율은 과거의 1/4에서 1/3로 높아진다.

6. 합격 · 불합격의 판정

과거의 시험에서는 종합득점으로 합격, 불합격을 판정하였다. 그러나 새로운 일본어능력시험에서는 종합득점과 각 득점 구분의 기준점으로 합격 · 불합격을 판정한다. 기준점이란 각 득점 구분에서 최소 필요 점수를 뜻한다. 득점 구분 중에서 어느 하나라도 기준점에 미치지 못하는 항목이 있으면 종합득점이 아무리 높아도 불합격이 된다. 새로운 일본어능력시험에서 각 득점 구분을 두는 목적은 학습자의 일본어 능력을 종합적으로 평가하기 위해서이다.

7. 시험 결과의 통지

다음 표는 N3 '합격 · 불합격 결과 통지서' 샘플의 일부분이다. 물론 실제 서식과 다소 차이가 있을 수 있으므로 참고하기 바란다.

득점 구분별 득점			종합득점
언어지식(문자 · 어휘 · 문법)	독해	청해	
50/60	30/60	40/60	120/180

↓

참고 정보	
문자 · 어휘	문법
A	B

참고 정보의 레벨
A : 아주 잘 함(정답률 67% 이상)
B : 잘 함(정답률 34%~66%)
C : 잘 못 함(정답률 34% 미만)

N1, N2, N3의 참고 정보는 '언어지식(문자 · 어휘 · 문법)'의 '문자 · 어휘'와 '문법'에 대해서 표시한다. 이 참고 정보를 통해 '언어지식'의 '문자 · 어휘'와 '문법'의 수준을 알 수 있다.
N4와 N5의 참고 정보는 '언어지식(문자 · 어휘) · 독해'의 '문자 · 어휘', '문법', '독해'에 대해 표시한다. 단, N1, N2, N3의 '독해'와 모든 레벨의 '청해'에 대해서는 단독으로 척도 득점이 표시되므로, 참고 정보는 별도로 표시하지 않니다.

8. 새로운 일본어능력시험의 구성

새로운 일본어능력시험의 구성은 다음과 같다. 과거의 일본어능력시험과 비교해 살펴보자.

시험과목		대(大)문제	N1	N2	N3	N4	N5
언어지식·독해	문자·어휘	한자 읽기	◇	◇	◇	◇	◇
		표기	—	◇	◇	◇	◇
		단어 형성	—	◇	—	—	—
		문맥 규정	○	○	○	○	◇
		유의어(대체)	○	○	○	○	○
		용법	○	○	○	○	—
	문법	문장의 문법1(문장형식의 판단)	○	○	○	○	○
		문장의 문법2(문장 구성)	◆	◆	◆	◆	◆
		문장의 문법	◆	◆	◆	◆	◆
	독해	내용 이해(단문)	○	○	○	○	○
		내용 이해(중문)	○	○	○	○	○
		내용 이해(장문)	○	—	○	—	—
		종합 이해	◆	◆	—	—	—
		주장 이해(장문)	◇	◇	—	—	—
		정보 검색	◆	◆	◆	◆	◆
청 해		과제 이해	◇	◇	◇	◇	◇
		포인트 이해	◇	◇	◇	◇	◇
		개요 이해	◇	◇	◇	—	—
		발화 표현	—	—	◆	◆	◆
		즉시 응답	◆	◆	◆	◆	◆
		종합 이해	◇	◇	—	—	—

(주)

◆ : 과거 시험에서는 출제되지 않았지만, 새로운 시험에서는 출제되는 문제 형식.

◇ : 과거 시험에서도 출제되었지만, 새로운 시험에서는 출제 형식에 약간의 변형이 가미된 것.

○ : 과거 시험과 동일한 형식으로 출제되는 것.

— : 해당 레벨에서는 출제되는 않는 것.

9. 새로운 일본어능력시험 대문제(大問題)의 취지

일본어능력시험은 대문제(大問題)와 소문제(小問題)로 나뉘는데, 각 대문제에는 몇 개의 소문제가 딸린다. 이때 대문제는 일본어능력시험에서 측정하고자 하는 어떤 특정 능력을 제시한 것으로, 새로운 일본어능력시험 N2에서는 다음 표와 같은 능력들을 측정 대상으로 삼는다.

시험과목		문제의 구성			
		대문제		소문제 수	취 지
언어지식·독해(105분)	문자·어휘	한자 읽기	◇	5	한자로 된 단어의 읽는 법을 묻는다.
		표기	◇	5	히라가나로 된 단어를 한자로 어떻게 쓰는지 묻는다.
		단어 형성	◇	5	파생어와 복합어에 대한 지식을 묻는다.
		문맥 규정	○	7	문맥에 따라 의미적으로 규정된 단어가 무엇인지를 묻는다.
		유의어 대체하기	○	5	출제되는 단어나 표현과 의미적으로 가까운 단어를 묻는다.
		용법	○	5	출제어가 문장 안에서 어떻게 사용되는지를 묻는다.
	문법	문장의 문법1 (문장형식의 판단)	○	12	문장의 내용과 어울리는 문법형식인지 여부를 묻는다.
		문장의 문법2 (문장 구성)	◆	5	문법적으로 바르고 의미가 통하는 문장을 만들 수 있는지를 묻는다.
		문장의 문법	◆	5	문단의 흐름에 맞는 문장인지 여부를 묻는다.
	독해	내용 이해(단문)	○	5	생활·업무 등 다양한 화제도 포함하여 설명문이나 지시문 등 200자 정도의 텍스트를 읽고 내용을 이해할 수 있는지를 묻는다.
		내용 이해(중문)	○	9	비교적 평이한 내용의 논평, 해석, 에세이 등 500자 정도의 텍스트를 읽고, 인과관계나 이유, 개요와 필자의 사상 등을 이해할 수 있는지를 묻는다.
		종합 이해	◆	2	비교적 평이한 내용의 여러 개의 텍스트(합계 600자)를 비교하며 읽고, 비교·통합하면서 이해할 수 있는지를 묻는다.
		주장 이해(장문)	◇	3	논리 전개가 비교적 명쾌한 평론 등 900자 정도의 텍스트를 읽고, 전체적으로 전달하고자 하는 주장이나 의견을 포착할 수 있는지를 묻는다.
		정보 검색	◆	2	광고, 팸플릿, 정보지, 비즈니스 문서 등의 정보 소재(700자 정도) 안에서 필요한 정보를 찾아낼 수 있는지를 묻는다.
청 해(50분)		과제 이해	◇	5	구체적인 과제 해결에 필요한 정보를 듣고, 다음에 무엇을 하는 것이 적당한지를 이해할 수 있는지를 묻는다.
		포인트 이해	◇	6	미리 들려주는 내용을 바탕으로 포인트를 요약하여 들을 수 있는지를 묻는다.
		개요 이해	◇	5	텍스트 전체에서 화자의 의도나 주장을 이해할 수 있는지를 묻는다.
		즉시 응답	◆	12	질문 등의 짧은 발화를 듣고, 적절한 응답을 선택할 수 있는지를 묻는다.
		종합 이해	◇	4	긴 텍스트를 듣고, 여러 개의 정보를 비교·통합하면서 내용을 이해할 수 있는지를 묻는다.

* '소문제 수'는 매회 시험에서 출제되는 문제 수의 표준을 나타낸 것으로, 실제 시험과 다소 차이가 있을 수 있다.
* '독해'에서는 하나의 텍스트(본문)에 대해서 복수의 문제가 있는 경우도 있다.

10. 기타 사항

① 1년에 2회 실시한다.

7월과 12월에 각각 실시한다. 단, 일부 국가에서는 7월 시험을 실시하지 않는 곳도 있다. 한국은 2회 실시한다. 7월, 12월 초순 일요일에 실시하는 것을 원칙으로 한다.

② 접수

일본 내 응시	일본국제교육지원협회(http://www.jees.or.jp/jlpt/)
한국 내 응시	국제교류기금 (http://jlpt.jp/) 또는 (http://www.jlpt.or.kr/) 일본어능력시험 서울 실시위원회(서울, 인천, 수원, 안양, 춘천, 천안, 청주, 대전, 전주, 광주) (사)부산 한일문화교류협회(부산, 김해, 대구, 마산, 진주, 울산, 구미, 포항) 제주도 한일친선협회

③ 시험 결과 통지는 다음과 같다.

합불결과 통지서	수험자 전원에게 발행
일본어능력 인증서	합격자에 한해 발행
인증 결과 및 성적에 관한 증명서	희망자에 한해 발행

④ 전년도 문제는 발행하지 않는다.

기존에는 전년도 문제집을 발행했지만, 앞으로는 발행하지 않는다. 단, 2012년에 2010년과 2011년의 문제가 일부 포함된 〈일본어능력시험 예문집〉을 발행할 예정이다.

⑤ 일본 문화와 관련된 문제는 출제되지 않는다.

일본 문화와 직접적인 관련이 있는 문제는 출제되지 않는다. 지문이나 문제에 일본 문화와 관련된 내용이 포함된다 하더라도, 일본 문화를 모른다고 해서 정답을 고를 수 없는 문제는 출제되지 않는다.

⑥ 신체장애가 있는 사람도 응시할 수 있다.

신체장애가 있는 수험자는 원서 접수 시, 〈특별조치 신청서〉를 작성하여 제출하면, 점자 및 확대 문제지 등을 제공받을 수 있고, 청해 시험 면제 등의 혜택을 받을 수 있다.

⑦ 인증서의 유효 기간과 과거 인증서의 유효성

과거의 인증서는 새로운 일본어능력시험 실시 이후에도 그 능력을 그대로 인정한다. 또한 과거의 인증서이든 앞으로 발행될 인증서이든 유효 기간은 없다. 단, 인증서 제출을 요구하는 기관에 따라 기한을 설정하는 경우도 있으므로, 해당 기관의 규정을 살피는 것이 좋다.

제 2 부

언어지식(문자 · 어휘)

출제 경향 및 대책

기출 문제

[한자 읽기] 출제 경향 및 기출문제

★★★ 5문항 출제 예상

과거 시험에서는 한 문장 안에서 복수의 한자 읽기를 묻는 경우가 많았지만, 새로운 일본어능력시험에서는 한 문장에서 하나의 단어만 묻는다.

출제경향

問題1 ＿＿＿の言葉の読み方として最もよいものを、1・2・3・4から一つ選びなさい。

1. 戦後、日本は貧しい時代を経験した。

① まずしい　② きびしい　③ けわしい　④ はげしい

2. この黒い種からどんな花がさくのだろうか。

① だね　② たね　③ じゅ　④ しゅ

정답	1① 2②

기출문제

2009년 12월 기출문제

問1 あの塀は (1)傾いているので近づかないほうがいいですよ。(2)危険です。

(1) 傾いて　① たたいて　② きずついて　③ きずいて　④ かたむいて

(2) 危険　① きげん　② きけん　③ きんけん　④ きっけん

問2 先日 (3)宿泊したホテルは、(4)設備が良く (5)快適だった。

(3) 宿泊　① しゅくはく　② しゅっぱく　③ しょっぱく　④ しょくはく

(4) 設備　① よび　② せいび　③ じゅんび　④ せつび

(5) 快適　① けつでき　② かいでき　③ かいてき　④ けつてき

問3 この本を読むと、(6)政治 (7)全般 についての (8)知識 が (9)得られる。

(6) 政治	① せっじ	② せいじ	③ せっち	④ せいち
(7) 全般	① ぜんはい	② ぜんぱん	③ ぜんはん	④ ぜんぱい
(8) 知識	① ちじ	② ちせい	③ ちしき	④ ちえ
(9) 得られる	① えられる	② かたられる	③ のべられる	④ とられる

問4 昨日は (10)担当者 がいなかったため、(11)改めて 明日訪ねることにした。

(10) 担当者	① たんとうしゃ	② だんとうしゃ	③ だんどうしゃ	④ たんどうしゃ
(11) 改めて	① なぐさめて	② あきらめて	③ あらためて	④ たしかめて

問5 あの男は、金を (12)盗んだ (13)疑い で調べられているそうだ。

(12) 盗んだ	① はさんだ	② つかんだ	③ たたんだ	④ ぬすんだ
(13) 疑い	① うたがい	② たたかい	③ うかがい	④ あつかい

問6 田中さんは (14)情報 を (15)処理 する能力に (16)優れて いる。

(14) 情報	① じょうぼう	② じょうほう	③ じょぼう	④ じょほう
(15) 処理	① しょり	② しゅり	③ しゅうり	④ しょうり
(16) 優れて	① あこがれて	② すぐれて	③ あふれて	④ めぐまれて

問7 (17)突然、火山が噴火し、(18)溶岩 が流れ出した。

(17) 突然	① とうぜん	② とつねん	③ とつぜん	④ とうねん
(18) 溶岩	① ゆうせき	② ゆうがん	③ ようせき	④ ようがん

問8 彼女は新しい (19)職場 で (20)張り切って 働いている。

(19) 職場	① しきじょう	② しきば	③ しょくば	④ しょくじょう
(20) 張り切って	① わりきって	② ふりきって	③ なりきって	④ はりきって

정답	1 ④ 2 ② 3 ① 4 ④ 5 ③ 6 ② 7 ② 8 ③ 9 ① 10 ①
	11 ③ 12 ④ 13 ① 14 ② 15 ① 16 ② 17 ③ 18 ④ 19 ③ 20 ④

2009년 7월 기출문제

問1 この船は、長年 (1)貨物の (2)輸送に使われてきたが、今年その(3)役目を終えることになった。

(1) 貨物	① にもつ	② こくもつ	③ さくもつ	④ かもつ
(2) 輸送	① うんそう	② ゆそう	③ てんそう	④ りんそう
(3) 役目	① やきめ	② やくもく	③ やくめ	④ やくもく

問2 (4)地震に (5)備え、食料を (6)貯蔵しておかなければならない。

(4) 地震	① じじん	② ちしん	③ じしん	④ ちじん
(5) 備え	① そなえ	② むかえ	③ くわえ	④ あたえ
(6) 貯蔵	① ちょうそう	② ちょぞう	③ ちょうぞ	④ ちょそう

問3 (7)印刷会社に正社員として (8)雇われることになった。

(7) 印刷	① いんしつ	② いんそつ	③ いんさつ	④ いんせつ
(8) 雇われる	① やとわれる	② すくわれる	③ いわわれる	④ ねがわれる

問4 (9)幼い娘と一緒に、(10)植木に水をやるのを (11)日課にしている。

(9) 幼い	① おさない	② かしこい	③ こまかい	④ かわいい
(10) 植木	① しょくぼく	② うえぎ	③ しょくもく	④ うえき
(11) 日課	① にっき	② にっか	③ にちか	④ にちき

問5 最近 (12)出版されたこの (13)著者の本はすべて読みました。

(12) 出版	① しゅっはん	② しゅっへん	③ しゅっペン	④ しゅっぱん
(13) 著者	① ひっしゃ	② ちょしゃ	③ ちょっしゃ	④ ひしゃ

問6 住民たちは (14)協力して、井戸を (15)掘ることにした。

(14) 協力　① きょりょく　② どりょく　③ どうりょく　④ きょうりょく

(15) 掘る　① ほる　② える　③ さぐる　④ けずる

問7 (16)順調に (17)回復しているので、もうすぐ (18)退院できるでしょう。

(16) 順調　① しゅんちょ　② しゅんちょう　③ じゅんちょう　④ じゅんちょ

(17) 回復　① かいふう　② かいほく　③ かいふく　④ かいほう

(18) 退院　① たんいん　② だいいん　③ だんいん　④ たいいん

問8 子どものころは、空を見上げて、(19)宇宙のことをいろいろ (20)想像したものです。

(19) 宇宙　① うっちょう　② うちゅう　③ うちょう　④ うっちゅう

(20) 想像　① そうぞう　② しょうぞう　③ そうじょう　④ しょうじょう

정답	
	1④ 2② 3③ 4③ 5① 6② 7③ 8① 9① 10④
	11② 12④ 13② 14④ 15① 16③ 17③ 18④ 19② 20①

2008년 12월 기출문제

問1 (1)地球温暖化は、私たちにさまざまな影響を (2)与えている。

(1) 地球　① じきゅう　② ちきゅう　③ ちきょう　④ じきょう

(2) 与えて　① あたえて　② くわえて　③ とらえて　④ そなえて

問2 (3)人類の (4)未来のために、資源の (5)再利用を進めるべきだ。

(3) 人類　① じんすい　② にんすう　③ にんるい　④ じんるい

(4) 未来　① みいらい　② しょらい　③ みらい　④ しょうらい

(5) 再利用　① さいりよう　② ざいかつよう　③ ざいりょう　④ さいかつよう

問3 あの人は時間にはとてもきびしく、(6)一秒でも (7)遅刻すると (8)機嫌が悪くなるそうだ。

(6) 一秒　① いっぴょう　② いっびょう　③ いちびょう　④ いちぴょう
(7) 遅刻　① じこく　② ちこく　③ じごく　④ ちごく
(8) 機嫌　① ぎげん　② がいげ　③ きげん　④ かいげん

問4 この (9)公害をめぐる (10)裁判では、会社の (11)方針が問われている。

(9) 公害　① こうがい　② ごうがい　③ ごうかい　④ こうかい
(10) 裁判　① さいだん　② さいたん　③ さいはん　④ さいばん
(11) 方針　① かたはり　② ほうしん　③ ほうじん　④ かたばり

問5 (12)皮膚が (13)乾燥しないように、このクリームを (14)塗ってください。

(12) 皮膚　① はだ　② かわ　③ ほほ　④ ひふ
(13) 乾燥　① かんぞう　② かんそう　③ けんそう　④ けんぞう
(14) 塗って　① ふって　② はって　③ ぬって　④ とって

問6 この服のデザインは、(15)欧米の (16)流行を (17)参考にしているそうですよ。

(15) 欧米　① ようべい　② ようめい　③ おうめい　④ おうべい
(16) 流行　① りょうこう　② りゅこう　③ りゅうこう　④ りょこう
(17) 参考　① さんこう　② さんこ　③ せんこう　④ せんこ

問7 社長からの (18)指示なので (19)悩んだが、この仕事はやはり (20)断ることにした。

(18) 指示　① さしず　② しじ　③ さしじ　④ しず
(19) 悩んだ　① くやんだ　② あがんだ　③ うらんだ　④ なやんだ
(20) 断る　① ことわる　② あきらめる　③ さける　④ ぬける

정답	
	1② 2① 3④ 4③ 5① 6③ 7② 8③ 9① 10④ 11② 12④ 13② 14③ 15④ 16③ 17① 18② 19④ 20①

[표기] 출제 경향 및 기출문제

★★★ 5문항 출제 예상

과거 시험에서는 한 문장 안에서 복수의 표기를 묻는 경우가 많았는데, 새로운 일본어능력시험에서는 한 문장에서 하나의 단어만 묻는다.

☞ 한자 쓰기 정리 중심으로 학습할 것!

출제경향

問題1 ＿＿＿の言葉の読み方として最もよいものを、1・2・3・4から一つ選びなさい。

1. 今日は、ごみのしゅうしゅう日ですか。

① 拾集　② 修集　③ 取集　④ 収集

2. このカメラはデザインも性能もすぐれている。

① 超れて　② 恵れて　③ 秀れて　④ 優れて

정답	1④　2④

기출문제

2009년 12월 기출문제

問1 お申し込みの (1)さいは以下の (2)じょうけんをよくお読みください。

(1) さい　① 際　② 末　③ 折　④ 内

(2) じょうけん　① 状件　② 条権　③ 状権　④ 条件

問2 (3)そつぎょうを前に自分の (4)しょうらいのことを考えた。

(3) そつぎょう　① 偉業　② 率業　③ 卒業　④ 倅業

(4) しょうらい　① 将来　② 召来　③ 招来　④ 奨来

問3 彼は私の (5)あつかましい願いを引き受けてくれた。

(5) あつかましい ① 熱かましい ② 厚かましい ③ 温かましい ④ 暖かましい

問4 日が (6)くれて (7)あたりは真っ暗になった。

(6) くれて ① 募れて ② 幕れて ③ 墓れて ④ 暮れて

(7) あたり ① 巡り ② 周り ③ 辺り ④ 囲り

問5 (8)ぶっかが上がり、(9)しょうひに影響が出た。

(8) ぶっか ① 物価 ② 物貨 ③ 物科 ④ 物値

(9) しょうひ ① 消費 ② 省費 ③ 省資 ④ 消資

問6 彼は (10)きようで何でもできるので、(11)たのもしい (12)そんざいだ。

(10) きよう ① 記用 ② 器要 ③ 記要 ④ 器用

(11) たのもしい ① 頼もしい ② 希もしい ③ 信もしい ④ 依もしい

(12) そんざい ① 居在 ② 存在 ③ 在存 ④ 在居

問7 野生の動物は (13)かんかくが (14)するどい。

(13) かんかく ① 慣角 ② 感覚 ③ 感角 ④ 慣覚

(14) するどい ① 鉛い ② 鋭い ③ 鈍い ④ 鉱い

問8 (15)どうろを (16)おうだんするときは気をつけよう。

(15) どうろ ① 導路 ② 導渡 ③ 道路 ④ 道渡

(16) おうだん ① 往段 ② 横断 ③ 横段 ④往断

問9 この機械は、今までのものより (17)ふくざつな (18)こうぞうになっている。

(17) ふくざつ ① 復雑 ② 福雑 ③ 副雑 ④ 複雑

(18) こうぞう ① 構像 ② 講像 ③ 講造 ④ 構造

問10 今日は私が (19)しかいを (20)つとめさせていただきます。

(19) しかい	① 仕会	② 仕介	③ 司会	④ 司介
(20) つとめさせて	① 勤めさせて	② 努めさせて	③ 務めさせて	④ 勉めさせて

정답	
	1① 2④ 3③ 4① 5② 6④ 7③ 8① 9① 10④
	11① 12② 13② 14② 15③ 16② 17④ 18④ 19③ 20③

2009년 7월 기출문제

問1 道で (1)さいふを (2)ひろった。

(1) さいふ	① 材袋	② 材布	③ 財布	④ 材袋
(2) ひろった	① 拾った	② 捨った	③ 払った	④ 授った

問2 このプリントに (3)あやまりがないか、(4)じむしょに行って (5)ちょくせつ聞いてみた。

(3) あやまり	① 限り	② 誤り	③ 残り	④ 余り
(4) じむしょ	① 治務所	② 事勤所	③ 治勤所	④ 事務所
(5) ちょくせつ	① 直説	② 直接	③ 触説	④ 触接

問3 (6)しょくよくがないようですね。どうしたんですか。

(6) しょくよく	① 食好	② 食探	③ 食求	④ 食欲

問4 (7)しんやに、階段から落ちて (8)こっせつしてしまった。

(7) しんや	① 真夜	② 進夜	③ 深夜	④ 寝夜
(8) こっせつ	① 肯切	② 骨切	③ 肯折	④ 骨折

問5 今日は (9)すずしいが日ざしが強かったので、(10)ぼうしをかぶって行った。

(9) すずしい ① 凍しい ② 涼しい ③ 寒しい ④ 冷しい

(10) ぼうし ① 帽支 ② 冒子 ③ 帽子 ④ 冒支

問6 この (11)そうちは、(12)じょうきの (13)いきおいがつよくなると止まります。

(11) そうち ① 装置 ② 総池 ③ 装池 ④ 総置

(12) じょうき ① 乗気 ② 暑気 ③ 蒸気 ④ 昇気

(13) いきおい ① 慕い ② 労い ③ 勇い ④ 勢い

問7 あの (14)いずみの水には、体によい (15)せいぶんが多く (16)ふくまれている。

(14) いずみ ① 湖 ② 泉 ③ 沓 ④ 潮

(15) せいぶん ① 成分 ② 清分 ③ 正分 ④ 性分

(16) ふくまれて ① 含まれて ② 組まれて ③ 込まれて ④ 包まれて

問8 (17)ほうりつで (18)きんしされていることは、国によって (19)ことなります。

(17) ほうりつ ① 法立 ② 放立 ③ 放律 ④ 法律

(18) きんし ① 停止 ② 禁止 ③ 制止 ④ 防止

(19) ことなります ① 反なります ② 違なります ③ 異なります ④ 差なります

問9 今、彼は (20)ぼうえき関係の仕事をしている。

(20) ぼうえき ① 貿易 ② 賃駅 ③ 貿駅 ④ 賃易

정답	1③ 2① 3② 4④ 5② 6④ 7③ 8④ 9② 10③ 11① 12③ 13④ 14② 15① 16① 17④ 18② 19③ 20①

2008년 12월 기출문제

問1　おとといの (1)いいんかいで来年度の活動案が (2)しょうにんされた。

(1) いいんかい	① 秀員会	② 委員会	③ 禿員会	④ 季員会
(2) しょうにん	① 承認	② 丞任	③ 承任	④ 丞認

問2　ゆうべは、(3)はが (4)いたくてぜんぜん眠れなかった。

(3) は	① 鼻	② 胸	③ 歯	④ 腹
(4) いたくて	① 痛くて	② 病くて	③ 疫くて	④ 疲くて

問3　(5)こくさい (6)きょうそうに勝つためには価格を下げるほかはないだろう。

(5) こくさい	① 国祭	② 国際	③ 国擦	④ 国察
(6) きょうそう	① 境争	② 境走	③ 競走	④ 競争

問4　先生は (7)いそがしい方なので、電話でご都合を (8)うかがったほうがいいですよ。

(7) いそがしい	① 速しい	② 難しい	③ 忙しい	④ 急しい
(8) うかがった	① 詞った	② 伺った	③ 訪った	④ 仿った

問5　彼の (9)らんぼうな行動に (10)しゅういの人は困っている。

(9) らんぼう	① 舌爆	② 舌暴	③ 乱爆	④ 乱暴
(10) しゅうい	① 周囲	② 集居	③ 周居	④ 集囲

問6　彼は、昨日の試合で相手を (11)たおし、世界の (12)ちょうてんに立った。

(11) たおし	① 至し	② 到し	③ 致し	④ 倒し
(12) ちょうてん	① 超天	② 頂天	③ 頂点	④ 超点

問7 今度の (13)けんしゅうのために海外から先生を (14)まねくことにした。

(13) けんしゅう	① 研習	② 研修	③ 検習	④ 検修
(14) まねく	① 紹く	② 召く	③ 招く	④ 詔く

問8 この部分は (15)しょうりゃくしたほうが、考えより (16)めいかくに (17)ひょうげんできるだろう。

(15) しょうりゃく	① 消略	② 消絡	③ 省絡	④ 省略
(16) めいかく	① 明確	② 命確	③ 明雑	④ 命雑
(17) ひょうげん	① 標現	② 標言	③ 表現	④ 表言

問9 この部屋の (18)しつどは (19)つねに一定だ。

(18) しつど	① 湿度	② 清度	③ 汚度	④ 汗度
(19) つねに	① 等に	② 常に	③ 主に	④ 海に

問10 食後に (20)こいコーヒーを飲んだ。

(20) こい	① 深い	② 香い	③ 苦い	④ 濃い

정답	1② 2① 3③ 4① 5② 6④ 7③ 8② 9④ 10① 11④ 12③ 13② 14③ 15④ 16① 17③ 18① 19② 20④

모양이 비슷한 한자

비교 한자

象 코끼리 상	仕 섬길 사	罰 벌줄 벌
像 모양 상	任 맡길 임	罪 허물 죄

象 코끼리 상	음 しょう·ぞう	現象(げんしょう) 현상 象徴(しょうちょう) 상징 象牙(ぞうげ) 상아
	훈 かたどる	象(かたど)る 모방하다, 닮게 하다
像 모양 상	음 ぞう	現像(げんぞう) (필름을)현상 想像(そうぞう) 상상 仏像(ぶつぞう) 불상
	훈 —	
仕 섬길 사	음 し·じ	仕事(しごと) 일 仕送(しおくり) 생활비나 학비를 보내 줌 仕方(しかた) 하는 방법, 방식
	훈 つかえる つかまつる	仕(つか)える 시중들다, 섬기다, 봉사하다 仕(つかまつ)る 「する, 行(おこな)う, してあげる, 仕(つか)える」의 겸양어
任 맡길 임	음 にん	任命(にんめい) 임명 任務(にんむ) 임무 責任(せきにん) 책임
	훈 まかせる まかす	任(まか)せる 맡기다, 위임하다 任(まか)す 맡기다
罰 벌줄 벌	음 ばつ·ばち	罰金(ばっきん) 벌금 処罰(しょばつ) 처벌 罰当(ばちあ)たり 천벌을 받음
	훈 —	
罪 허물 죄	음 ざい	罪質(ざいしつ) 죄질 犯罪(はんざい) 범죄
	훈 つみ	罪(つみ) 죄, 책임, 잘못, 못할 짓 罪(つみ)する 벌을 주다, 처벌하다

한자쓰기

비교 한자

減 덜 감	第 차례 제	度 법도 도	頂 정수리 정
滅 꺼질 멸, 멸할 멸	弟 아우 제	席 자리 석	項 항목 항

한자	음/훈	예
減 덜 **감**	음 げん	減量(げんりょう) 감량　減資(げんし) 감자(자본금을 줄임)　削減(さくげん) 삭감
	훈 へる·へらす	減(へ)る 줄다, 적어지다　減(へ)らす 줄이다
滅 꺼질 **멸**, 멸망 **멸**	음 めつ	滅菌(めっきん) 멸균　滅亡(めつぼう) 멸망　撲滅(ぼくめつ) 박멸
	훈 ほろびる ほろぼす	滅(ほろ)びる 멸망하다, 망하다, 없어지다, 사라지다　滅(ほろ)ぼす 멸망시키다, 망치다
第 차례 **제**	음 だい	次第(しだい) 순서, 경과　第一(だいいち) 제일　落第(らくだい) 낙제
	훈 —	
弟 아우 **제**	음 てい·で·だい	弟子(でし) 제자　兄弟(きょうだい) 형제　弟妹(ていまい) 아우와 여동생
	훈 おとうと	弟(おとうと) 남동생
度 법도 **도**	음 ど·と·たく	度胸(どきょう) 담력, 배짱　法度(はっと) 법도, 법령, 금령, 금지　支度(したく) 준비
	훈 たび	度(たび) 때, 번, 적, ~때 마다, 횟수
席 자리 **석**	음 せき	席次(せきじ) 석차　欠席(けっせき) 결석　席割(せきわ)り 좌석배치
	훈 —	
頂 정수리 **정**	음 ちょう	頂上(ちょうじょう) 정상　頂点(ちょうてん) 정점(꼭대기, 정상) 頂門(ちょうもん) 정수리
	훈 いただく いただき	頂(いただ)く (머리에) 이다, 모시다, 받들다, 받다, 마시다, 먹다의 겸양어 頂(いただ)き 꼭대기, 정상
項 항목 **항**	음 こう	事項(じこう) 사항　条項(じょうこう) 조항　項目(こうもく) 항목
	훈 うなじ	項(うなじ) 목덜미

비교 한자

季 계절 계	楽 노래 악, 즐길 낙(락), 좋아할 요	以 써 이	札 편지 찰
委 맡길 위	薬 약 약	似 닮을 사	礼 예도 례(예)

한자	음/훈	예
季 계절 계	음 き	季節(きせつ) 계절 四季(しき) 사계절 雨季(うき) 우기, 우계
	훈 —	
委 맡길 위	음 い	委託(いたく) 위탁 委任(いにん) 위임 委員(いいん) 위원
	훈 ゆだねる	委(ゆだ)ねる 맡기다, 바치다
楽 노래 악, 즐길 낙(락), 좋아할 요	음 がく·らく	音楽(おんがく) 음악 楽器(がっき) 악기 楽天的(らくてんてき) 낙천적
	훈 たのしむ たのしい	楽(たの)しむ 즐기다, 기뻐하다, 좋아하다 楽(たの)しい 즐겁다
薬 약 약	음 やく	薬品(やくひん) 약품 毒薬(どくやく) 독약 農薬(のうやく) 농약
	훈 くすり	薬(くすり) 약
以 써 이	음 い	以来(いらい) 이래 以降(いこう) 이후 以心伝心(いしんでんしん) 이심전심
	훈 —	
似 닮을 사	음 じ	類似(るいじ) 유사 真似(まね) 흉내
	훈 に·にる	似合(にあ)う 어울리다, 잘 맞다 似(に)る 닮다, 비슷하다
札 편지 찰	음 さつ	改札口(かいさつぐち) 개찰구 札束(さつたば) 지폐 다발, 돈 뭉치
	훈 ふだ	札(ふだ) 표찰, 표, 팻말, 입장권, 부적, (화투 등의) 패 名札(なふだ) 명찰
礼 예도 례(예)	음 れい·らい	失礼(しつれい) 실례 無礼(ぶれい) 무례 礼儀(れいぎ) 예의
	훈 —	

한자쓰기

비교 한자

末 끝 말	例 법식 례(예)	刊 새길 간	線 줄 선
未 아닐 미	列 벌일 렬(열)	刑 형벌 형	綿 솜 면

末 끝 **말**	음 まつ·ばつ	粉末(ふんまつ) 분말　粗末(そまつ) 변변치 않음
	훈 すえ	末(すえ) (물체의) 끝, 말단, 하찮은 것, 마지막, 미래, 자손, 막내, 말세　末子(すえっこ) 막내
未 아닐 **미**	음 み	未婚(みこん) 미혼　未亡人(みぼうじん) 미망인　未熟児(みじゅくじ) 미숙아
	훈 —	

例 법식 **례(예)**	음 れい	例外(れいがい) 예외　例年(れいねん) 예년, 여느 해　条例(じょうれい) 조례
	훈 たとえる	例(たと)える 예를 들다, 비유하다
列 벌일 **렬(열)**	음 れつ	列車(れっしゃ) 열차　列挙(れっきょ) 열거　行列(ぎょうれつ) 행렬
	훈 —	

刊 새길 **간**	음 かん	刊本(かんぽん) 간행본　週刊誌(しゅうかんし) 주간지　夕刊(ゆうかん) 석간
	훈 —	
刑 형벌 **형**	음 けい	死刑(しけい) 사형　刑罰(けいばつ) 형벌　刑務所(けいむしょ) 형무소, 교도소
	훈 —	

線 줄 **선**	음 せん	線画(せんが) 선화, 선으로만 그린 그림　線路(せんろ) 선로　曲線(きょくせん) 곡선
	훈 —	
綿 솜 **면**	음 めん	木綿(もめん) 무명(면직물, 솜)　綿密(めんみつ) 면밀
	훈 わた	綿(わた) 목화, 솜, 솜 모양의 것　綿飴(わたあめ) 솜사탕

비교 한자

微 작을 미	奮 떨칠 분	鈍 무딜 둔	遣 보낼 견
徵 부를 징	奪 빼앗을 탈	純 순수할 순	遺 남길 유

微 작을 미
- 음 び·み — 微塵(みじん) 미진(작은 먼지) 微妙(びみょう) 미묘 顕微鏡(けんびきょう) 현미경
- 훈 —

徵 부를 징
- 음 ちょう — 象徴(しょうちょう) 상징 特徴(とくちょう) 특징 徴収(ちょうしゅう) 징수
- 훈 —

奮 떨칠 분
- 음 ふん — 奮起(ふんき) 분기 奮発(ふんぱつ) 분발, 큰마음 먹고 돈을 냄 奮闘(ふんとう) 분투
- 훈 ふるう — 奮(ふる)う 용기를 내다

奪 빼앗을 탈
- 음 だつ — 奪取(だっしゅ) 탈취 強奪(ごうだつ) 강탈 略奪(りゃくだつ) 약탈
- 훈 うばう — 奪(うば)う 빼앗다, (마음, 눈 등을) 사로잡다, 끌다

鈍 무딜 둔
- 음 どん — 鈍感(どんかん) 둔감(감각 · 느낌이 둔함)
- 훈 にぶい·にぶる のろい — 鈍(にぶ)い 무디다, 둔하다, 굼뜨다, 느리다, (빛, 감각 등이) 희미하다 / 鈍(にぶ)る 무디어지다, 둔해지다 / 鈍(のろ)い (머리가) 무디다, 둔하다, (동작이) 느리다

純 순수할 순
- 음 じゅん — 純粋(じゅんすい) 순수 純情(じゅんじょう) 순정 純朴(じゅんぼく) 순박
- 훈 —

遣 보낼 견
- 음 けん — 派遣(はけん) 파견
- 훈 つかう つかわす やり — 遣(つか)う 쓰다, 사용하다 遣(つか)わす 보내다, 파견하다, 내리다, 주다, ~해 주다 / 遣(や)り取(と)り (물건이나 말을) 주고받음 遣(や)り口(くち) 방법, 수법

遺 남길 유
- 음 い·ゆい — 遺伝子(いでんし) 유전자 遺言(いごん·ゆいごん) 유언 遺跡(いせき) 유적
- 훈 —

비교 한자

予 미리 예	宣 베풀 선	眠 잘 면
矛 창 모	宜 마땅 의	眼 눈 안

한자	음/훈	예
予 미리 **예**	음 よ	予習(よしゅう) 예습　予算(よさん) 예산　予感(よかん) 예감
	훈 ―	
矛 창 **모**	음 む	矛盾(むじゅん) 모순
	훈 ほこ	矛(ほこ) 쌍날칼의 단, 장창 비슷한 무기　矛先(ほこさき) 창 끝, (논쟁 등의) 공격 방향
宣 베풀 **선**	음 せん	宣伝(せんでん) 선전　宣告(せんこく) 선고　宣言(せんげん) 선언
	훈 ―	
宜 마땅 **의**	음 ぎ	適宜(てきぎ) 적의, 적당　便宜(べんぎ) 편의
	훈 よろしい	宜(よろ)しく 적당히, 적적히, 잘 부탁합니다, 꼭[모름지기] ~하여야 한다
眠 잘 **면**	음 みん	睡眠(すいみん) 수면
	훈 ねむる ねむい	眠(ねむ)る 자다, 잠들다, 죽다　眠(ねむ)い 졸리다 眠気(ねむけ) 졸음　眠(ねむ)りこける 곤히 잠들다, 정신없이 자다
眼 눈 **안**	음 がん·げん	眼科(がんか) 안과　主眼点(しゅがんてん) 주안점
	훈 まなこ め	眼(まなこ) 눈, 눈알 眼鏡(めがね) 안경

비교 한자

持 가질 지	追 쫓을 추	抑 누를 억
待 기다릴 대	迫 닥칠 박, 핍박할 박	迎 맞이할 영
特 특별할 특	拍 칠 박	仰 우러를 앙

持 가질 **지**	음 じ	支持(しじ) 지지　持病(じびょう) 지병
	훈 もつ	持(も)つ 지속하다, 지탱하다, 견디다, 쥐다, 들다, 가지다, (떠)맡다, 담당하다 持(も)ち主(ぬし) 소유주, 소유자, 임자
待 기다릴 **대**	음 たい	待遇(たいぐう) 대우　待機(たいき) 대기
	훈 まつ	待(ま)つ 기다리다, 기대하다, 필요하다　待合室(まちあいしつ) 대합실
特 특별할 **특**	음 とく	特許(とっきょ) 특허　特急(とっきゅう) 특급 特種(とくだね)·特(とく)ダネ (신문기사의) 특종
	훈 —	

追 쫓을 **추**	음 つい	追跡(ついせき) 추적　追及(ついきゅう) 추급, 추궁
	훈 おう	追(お)う 따르다, 뒤쫓아 가다, 추구하다, 몰다, 쫓다, (순서에) 따르다, 내쫓다 追(お)い越(こ)す 앞지르다, 추월하다
迫 닥칠 **박**, 핍박할 **박**	음 はく	迫力(はくりょく) 박력　迫害(はくがい) 박해　切迫(せっぱく) 절박
	훈 せまる	迫(せま)る (어떤 시각이) 다가오다, 다가서다, (어떤 상태에)직면하다, (간격, 폭이) 좁아지다, 다급해지다, 몹시 독촉하다
拍 칠 **박**	음 はく·ひょう	拍手(はくしゅ) 박수　拍車(はくしゃ) 박차 拍子(ひょうし) 박자, 장단, 가락, ~순간에, ~바람에
	훈 —	

抑 누를 **억**	음 よく	抑圧(よくあつ) 억압　抑制(よくせい) 억제　抑留(よくりゅう) 억류
	훈 おさえる	抑(おさ)える 억제하다, 막다, 진정시키다, (감정을) 억제하다
迎 맞이할 **영**	음 げい	歓迎(かんげい) 환영　迎撃(げいげき) 요격
	훈 むかえる	迎(むか)える (사람, 시기 등을) 맞다, 맞이하다, (가족의 일원으로) 맞아들이다, 초청하다, 모시다, 영합하다　迎(むか)え酒(ざけ) 해장술
仰 우러를 **앙**	음 ぎょう·こう	信仰(しんこう) 신앙　仰天(ぎょうてん) 매우 놀람
	훈 あおぐ おおせ	仰(あお)ぐ 우러러보다, 윗사람으로 모시다, 가르침 등을 청하다, 단숨에 마시다 仰向(あおむ)く 위를 향하다[보다]　仰(おお)せ 분부, 말씀

한자쓰기

비교 한자

録 기록할 록	囚 가둘 수	逐 쫓을 축
緑 초록빛 록, 푸를 록	因 인할 인	遂 이룰 수
縁 인연 연	困 곤할 곤	隊 무리 대, 떨어질 추

한자	음/훈	예
録 기록할 **록**	음 ろく	録音(ろくおん) 녹음　収録(しゅうろく) 수록　録(ろく)する 적다, 기록하다
	훈 —	
緑 초록빛 **록**, 푸를 **록**	음 りょく·ろく	新緑(しんりょく) 신록　緑茶(りょくちゃ) 녹차　緑地(りょくち) 녹지
	훈 みどり	緑(みどり) 녹색, 초록, 나무의 새싹, 새잎, 푸른색, 청색
縁 인연 **연**	음 えん	縁側(えんがわ) 툇마루　縁談(えんだん) 혼담 縁起(えんぎ) 일의 기원, 유래, 신사나 절의 유래, 길흉의 조짐, 운수
	훈 ふち·へり	縁(ふち·へり) 가장자리, 둘레, 테두리
囚 가둘 **수**	음 しゅう	囚虜(しゅうりょ) 수로, 포로　死刑囚(しけいしゅう) 사형수 囚人(しゅうじん) 죄수
	훈 —	
因 인할 **인**	음 いん	原因(げんいん) 원인　因果(いんが) 인과, 원인과 결과, 인과응보, 업보, 숙명, 운명 因縁(いんねん) 인연, 관계, 연분, 운명, 유래, 내력, 트집, 시비
	훈 よる	因(よ)る 말미암다, 연유하다, 기인하다
困 곤할 **곤**	음 こん	困難(こんなん) 곤란　貧困(ひんこん) 빈곤　困惑(こんわく) 곤혹
	훈 こまる	困(こま)る 곤란하다, 어려움을 겪다, 난처하다, 가난하여 어렵다, 궁하다
逐 쫓을 **축**	음 ちく	駆逐(くちく) 구축　逐次(ちくじ) 차례차례로 逐条(ちくじょう) 축조, 한 조목씩 쫓아 함
	훈 —	
遂 이룰 **수**	음 すい	遂行(すいこう) 수행　未遂(みすい) 미수　完遂(かんすい) 완수
	훈 とげる	遂(と)げる 이루다, 달성하다, 성취하다, 마치다
隊 무리 **대**, 떨어질 **추**	음 たい	軍隊(ぐんたい) 군대　隊列(たいれつ) 대열　艦隊(かんたい) 함대
	훈 —	

비교 한자

織 짤 직, 기치 치
識 알 식, 적을지
職 직분 직

織 짤 직, 기치 치	음 しょく·しき	組織(そしき) 조직 織機(しょっき) 직기, 베틀 織女星(しょくじょせい) 직녀성
	훈 おる	織(お)る (피륙 등을) 짜다, 엮어내다, 섞어서 만들어내다
識 알 식, 적을 지	음 しき	常識(じょうしき) 상식 面識(めんしき) 면식 識別(しきべつ) 식별
	훈 —	
職 직분 직	음 しょく	就職(しゅうしょく) 취직 職場(しょくば) 직장, 근무처 職業(しょくぎょう) 직업
	훈 —	

비교 한자

資 재물 자
貨 재물 화
賃 품삯 임
貸 빌릴 대

資 재물 자	음 し	資格(しかく) 자격 資源(しげん) 자원 資(し)する 이바지하다, 도움이 되다
	훈 —	
貨 재물 화	음 か	通貨(つうか) 통화 貨幣(かへい) 화폐 貨物(かもつ) 화물
	훈 —	
賃 품삯 임	음 ちん	賃金(ちんぎん) 임금 運賃(うんちん) 운임 賃上(ちんあ)げ 임금 인상
	훈 —	
貸 빌릴 대	음 たい	賃貸(ちんたい) 임대 貸(か)し切(き)り 대절, 전세 貸(かし)ビル 임대 빌딩
	훈 かす	貸(か)す 빌려 주다, 도와주다, 조력하다

비교 한자

施 베풀 시, 옮길 이 | **旋** 돌 선 | **旅** 나그네 려(여) | **族** 겨레 족, 풍류 가락 주

施 베풀 **시**, 옮길 **이**	음 し·せ	施設(しせつ) 시설 実施(じっし) 실시 施行(しこう) 시행
	훈 ほどこす	施(ほどこ)す 베풀다, 주다, (수단, 방법을) 쓰다, (장식, 가공 등을) 가하다, 덧붙이다, (면목 등을) 세우다, 널리 드러내다
旋 돌 **선**	음 せん	斡旋(あっせん) 알선 旋回(せんかい) 선회 旋風(せんぷう) 선풍, 회오리바람, 돌발적으로 발생하여 사회에 큰 영향을 끼칠 만한 사건, 또는 그로 인한 혼란 상태
	훈 —	
旅 나그네 **려(여)**	음 りょ	旅館(りょかん) 여관 旅費(りょひ) 여비 旅路(たびじ) 여로, 여행길
	훈 たび	旅(たび) 여행
族 겨레 **족**, 풍류가락 **주**	음 ぞく	家族(かぞく) 가족 貴族(きぞく) 귀족 水族館(すいぞくかん) 수족관
	훈 —	

비교 한자

幕 장막 막 | **募** 모을 모, 뽑을 모 | **墓** 무덤 묘 | **暮** 저물 모 | **莫** 없을 막, 저물 모

幕 장막 **막**	음 まく·ばく	開幕(かいまく) 개막 天幕(てんまく) 천막 幕舎(ばくしゃ) 막사
	훈 —	
募 모을 **모**, 뽑을 **모**	음 ぼ	募金(ぼきん) 모금 募集(ぼしゅう) 모집 応募(おうぼ) 응모
	훈 つのる	募(つの)る 더해지다, 심해지다, 모집하다
墓 무덤 **묘**	음 ぼ	墓地(ぼち) 묘지 墓碑(ぼひ) 묘비
	훈 はか	墓(はか) 묘, 무덤 墓参(はかまい)り 성묘
暮 저물 **모**	음 ぼ	歳暮(せいぼ) 세모 朝令暮改(ちょうれいぼかい) 조령모개
	훈 くれる くらす	暮(く)れる 해가 지다, (계절, 한 해가)저물다, 끝나다 夕暮(ゆうぐ)れ 황혼 暮(くら)す 생활하다, 살아가다
莫 없을 **막**, 저물**모**	음 ばく·まく	索莫(さくばく) 삭막 莫大(ばくだい) 막대 莫逆(ばくげき)の友(とも) 막역한 친구
	훈 —	

읽기가 같고 모양이 비슷한 한자

비교 한자

農 농사 농	係 맬 계	険 험할 험
濃 짙을 농	系 이어맬 계	検 검사할 검

한자	음/훈	예
農 농사 농	음 のう	農耕(のうこう) 농경　農業(のうぎょう) 농업 小作農(こさくのう) 소작농
	훈 —	
濃 짙을 농	음 のう	濃度(のうど) 농도　濃厚(のうこう) 농후 濃縮(のうしゅく) 농축
	훈 こい	濃(こ)い 짙다, (빛깔, 맛 등이) 진하다, (밀도가) 촘촘하다, (확률이) 높다, 관계가 밀접하다

한자	음/훈	예
係 맬 계	음 けい	関係(かんけい) 관계
	훈 かかる かかり	係(かか)る 관계되다 係(かか)り 담당, 담당자, 어떤 어구의 작용이 다른 어구에 미치는[걸리는] 일 係員(かかりいん) 담당자　係(かか)わり 관계, 연관
系 이어맬 계	음 けい	系統(けいとう) 계통　系列(けいれつ) 계열 太陽系(たいようけい) 태양계
	훈 —	

한자	음/훈	예
険 험할 험	음 けん	保険(ほけん) 보험　険悪(けんあく) 험악　冒険(ぼうけん) 모험
	훈 けわしい	険(けわ)しい 가파르다, 험하다, 험난하다, 험상궂다, 험악하다
検 검사할 검	음 けん	検事(けんじ) 검사　検討(けんとう) 검토　地検(ちけん) 지검
	훈 —	

비교 한자

泊 배댈 박, 머무를 박, 잔 물결 박	**精** 정할 정	**健** 굳셀 건	**珠** 구슬 주
拍 칠 박	**請** 청할 청	**建** 세울 건	**殊** 다를 수

泊 배댈 **박**, 머무를 **박**, 잔 물결 **박**	음 はく	宿泊(しゅくはく) 숙박　停泊(ていはく) 정박　淡泊(たんぱく) 담박, 담백
	훈 とまる とめる	泊(と)まる 숙박하다, 숙직하다, 정박하다, 배가 멎다 泊(と)める 묵게 하다, 숙박시키다, 정박시키다
拍 칠 **박**	음 はく·ひょう	拍手(はくしゅ) 박수　拍車(はくしゃ) 박차 拍子(ひょうし) 박자, 장단, 가락, ~순간에, ~바람에
	훈 —	
精 정할 **정**	음 せい·しょう	精算(せいさん) 정산　精度(せいど) 정도, 정밀도　精進(しょうじん) 정진
	훈 —	
請 청할 **청**	음 せい·しん	請求(せいきゅう) 청구　申請(しんせい) 신청
	훈 こう·うける	請(こ)う 청하다, 바라다, 빌다, 기원하다 請(う)ける (돈을 치르고) 돌려 받다, 도급 맡다, 떠맡다 請負(うけおい) 청부, 도급
健 굳셀 **건**	음 けん	健康(けんこう) 건강　健保(けんぽ) 건강 보험　健全(けんぜん) 건전
	훈 すこやか	健(すこ)やか 튼튼함, 건강함, 건전함
建 세울 **건**	음 けん·こん	建築(けんちく) 건축　建立(こんりゅう) 건립
	훈 たてる·たつ	建(た)てる (건물을)짓다, 세우다, 건립하다 建(た)つ 건립되다　建物(たてもの) 건물
珠 구슬 **주**	음 しゅ	真珠(しんじゅ) 진주　珠玉(しゅぎょく) 주옥　念珠(ねんじゅ) 염주
	훈 —	
殊 다를 **수**	음 しゅ	特殊(とくしゅ) 특수
	훈 殊(こと)	殊(こと)に 특별히, 유난히　殊更(ことさら) 일부러, 고의로, 특별히, 유난히, 새삼스럽게

비교 한자

績 길쌈할 적	張 베풀 장	紛 어지러워질 분	爆 불 터질 폭, 지질 박
積 쌓을 적	帳 장막 장	粉 가루 분	暴 사나울 폭, 사나울 포

績 길쌈할 **적**	음 せき	成績(せいせき) 성적　実績(じっせき) 실적　業績(ぎょうせき) 업적
	훈 —	
積 쌓을 **적**	음 せき	面積(めんせき) 면적　堆積(たいせき) 퇴적　積極的(せっきょくてき) 적극적
	훈 つむ·つもる	積(つ)む 물건을 쌓다, 거듭하다, 싣다 積(つ)もる 쌓이다, 많아지다, 세월이 지나다, 어림잡다, 추측하다, 헤아리다

張 베풀 **장**	음 ちょう	誇張(こちょう) 과장　一張羅(いっちょうら) 단벌 옷
	훈 はる	張(は)る (온 면이) 덮이다, 뻗다, (터질 듯이) 부풀다, 긴장하다, 어떤 감정을 강하게 밀고 나가다, 망보다, (손바닥으로) 때리다　張(は)り切(き)る 팽팽하게 땅기다, 힘이 넘치다, 긴장하다
帳 장막 **장**	음 ちょう	手帳(てちょう) 수첩　通帳(つうちょう) 통장 蚊帳(かちょう) 모기장
	훈 —	

紛 어지러워질 **분**	음 ふん	紛失(ふんしつ) 분실　紛争(ふんそう) 분쟁　紛糾(ふんきゅう) 분규
	훈 まぎれる·まぎらす·まぎらわす·まぎらわしい	紛(まぎ)れる 분간 못하게 되다, 헷갈리다　紛(まぎ)らす 얼버무리다 紛(まぎ)らわす 「紛(まぎ)らす」의 힘줌말　紛(まぎ)らわしい 헷갈리기 쉽다
粉 가루 **분**	음 ふん	粉末(ふんまつ) 분말　粉骨砕身(ふんこつさいしん) 분골쇄신
	훈 こ·こな	粉(こ) 가루, ~분　粉(こな) 가루　粉々(こなごな) 산산조각

爆 불 터질 **폭**, 지질 **박**	음 ばく	爆弾(ばくだん) 폭탄　爆竹(ばくちく) 폭죽　原爆(げんばく) 원폭
	훈 —	
暴 사나울 **폭(포)**	음 ぼう·ばく	暴露(ばくろ) 폭로　暴力(ぼうりょく) 폭력　暴騰(ぼうとう) 폭등
	훈 あばく あばれる	暴(あば)く 폭로하다, 들추어내다, 파헤치다 暴(あば)れる 날뛰다, 난폭하게 굴다, 대담하게 행동하다

비교 한자

簿 문서 부, 잠박 박	活 살 활	脳 뇌 뇌, 머리 뇌	誤 그르칠 오
薄 엷을 박, 동자기둥 벽	括 묶을 괄	悩 괴로워할 뇌	娯 즐거워할 오

한자	음/훈	예
簿 문서 부, 잠박 박	음 ぼ	名簿(めいぼ) 명부 家計簿(かけいぼ) 가계부 帳簿(ちょうぼ) 장부
	훈 —	
薄 엷을 박, 동자기둥 벽	음 はく	薄弱(はくじゃく) 박약 薄利(はくり) 박리, 적은 이익 薄情(はくじょう) 박정, 인정이 적음
	훈 うすい·うすめる·うすまる·うすらぐ·うすれる	薄(うす)い 얇다, (색, 맛 등이) 연하다 薄(うす)める 엷게 하다 薄(うす)まる 엷어지다 薄(うす)らぐ 조금씩 엷어지다 薄(うす)れる 엷어지다
活 살 활	음 かつ	復活(ふっかつ) 부활 活発(かっぱつ) 활발 活躍(かつやく) 활약
	훈 —	
括 묶을 괄	음 かつ	括弧(かっこ) 괄호 一括(いっかつ) 일괄 包括(ほうかつ) 포괄
	훈 くくる	括(くく)る 묶다, 매다, 끝맺다 高(たか)を括(くく)る 대수롭지 않게 보다, 우습게 보다
脳 뇌 뇌, 머리 뇌	음 のう	頭脳(ずのう) 두뇌 洗脳(せんのう) 세뇌 首脳会談(しゅのうかいだん) 정상회담
	훈 —	
悩 괴로워할 뇌	음 のう	苦悩(くのう) 고뇌 悩殺(のうさつ) 뇌쇄, 몹시 괴롭힘 百八煩悩(ひゃくはちぼんのう) 백팔번뇌
	훈 なやむ なやます	悩(なや)む 괴로워하다, 번민하다, 병에 시달리다 悩(なや)ます 괴롭히다, 고통을 주다
誤 그르칠 오	음 ご	誤差(ごさ) 오차 誤解(ごかい) 오해
	훈 あやまる	誤(あやま)る 실패하다, 실수하다, 도리에 어긋나다, 잘못되다 誤(あやま)り 실수, 잘못
娯 즐거워할 오	음 ご	娯楽(ごらく) 오락 娯遊(ごゆう) 오유, 즐기고 놂
	훈 —	

비교 한자

到 이를 도	**還** 돌아올 환, 돌 선	**率** 비율 율, 거느릴 솔, 우두머리 수	**徹** 통할 철
倒 넘어질 도	**環** 고리 환	**卒** 마칠 졸	**撤** 거둘 철

한자	음/훈	예
到 이를 도	음 とう	到着(とうちゃく) 도착 殺到(さっとう) 쇄도 用意周到(よういしゅうとう) 용의주도
	훈 —	
倒 넘어질 도	음 とう	倒産(とうさん) 도산 罵倒(ばとう) 매도 主客転倒(しゅかくてんとう) 주객전도
	훈 たおれる たおす	倒(たお)れる 넘어지다, 전복되다, 도산하다, 몸져눕다, 죽다 倒(たお)す 넘어뜨리다, 전복하다, 죽이다, (빚을) 떼어먹다
還 돌아올 환, 돌 선	음 かん	還暦(かんれき) 환갑 還元(かんげん) 환원 送還(そうかん) 송환
	훈 —	
環 고리 환	음 かん	環境(かんきょう) 환경 循環(じゅんかん) 순환 一環(いっかん) 일환
	훈 —	
率 비율 율, 거느릴 솔, 우두머리 수	음 そつ・りつ すい	統率(とうそつ) 통솔 率直(そっちょく) 솔직 能率(のうりつ) 능률
	훈 ひきいる	率(ひき)いる 거느리다, 인솔하다, 통솔하다
卒 마칠 졸	음 そつ	卒業(そつぎょう) 졸업 卒倒(そっとう) 졸도 兵卒(へいそつ) 병졸
	훈 —	
徹 통할 철	음 てつ	徹夜(てつや) 철야 徹底(てってい) 철저 徹頭徹尾(てっとうてつび) 철두철미
	훈 —	
撤 거둘 철	음 てつ	撤去(てっきょ) 철거 撤回(てっかい) 철회 撤廃(てっぱい) 철폐
	훈 —	

비교 한자

畜 짐승 축	察 살필 찰	慨 슬퍼할 개	噴 뿜을 분
蓄 모을 축	擦 문지를 찰	概 대개 개	憤 분할 분

한자	음/훈	예
畜 짐승 축	음 ちく	畜産(ちくさん) 축산　家畜(かちく) 가축　畜産業(ちくさんぎょう) 축산업
	훈 —	
蓄 모을 축	음 ちく	蓄積(ちくせき) 축적　貯蓄(ちょちく) 저축　蓄電池(ちくでんち) 축전지
	훈 たくわえる	蓄(たくわ)える 모아 두다, 비축하다, (수염, 머리 등을) 기르다, (체력, 지식 등을) 기르다, 쌓다
察 살필 찰	음 さつ	視察(しさつ) 시찰　洞察(どうさつ) 통찰　察知(さっち) 찰지, 헤아려서 앎
	훈 —	
擦 문지를 찰	음 さつ	摩擦(まさつ) 마찰　擦過傷(さっかしょう) 찰과상
	훈 する すれる	擦(す)る 문지르다, 비비다, 갈다, 으깨다, 짓이기다, 빻다　擦(す)り剥(む)く 찰과상을 입다 擦(す)れる 마주 스치다, 맞닿다, 스쳐서 닳다, 교활하다
慨 슬퍼할 개	음 がい	憤慨(ふんがい) 분개　慨嘆(がいたん) 개탄 慨然(がいぜん) 개연, 분개하는 모양, 분발하는 모양
	훈 —	
概 대개 개	음 がい	概説(がいせつ) 개설　概念(がいねん) 개념　概論(がいろん) 개론
	훈 —	
噴 뿜을 분	음 ふん	噴水(ふんすい) 분수　噴出(ふんしゅつ) 분출　噴火口(ふんかこう) 분화구
	훈 ふく	噴(ふ)く (기체, 액체 등을) 뿜다
憤 분할 분	음 ふん	憤慨(ふんがい) 분개　憤然(ふんぜん) 분연함, 몹시 화를 내는 모양 奮闘(ふんとう) 분투
	훈 いきどおる	憤(いきどお)る 성내다, 분개하다

비교 한자

裁 옷 마를 재	**神** 귀신 신	**除** 덜 제	**愉** 즐거울 유
栽 심을 재	**紳** 띠 신	**徐** 천천할 서	**輸** 보낼 수

裁 옷 마를 **재**	음 さい	裁判(さいばん) 재판 裁縫(さいほう) 재봉 体裁(ていさい) 체재(외관, 체면)
	훈 たつ さばく	裁(た)つ 옷감을 마르다, 재단하다 裁(さば)く 심판하다, 재판하다, 판가름하다
栽 심을 **재**	음 さい	栽培(さいばい) 재배 盆栽(ぼんさい) 분재 前栽(せんざい) 정원의 초목, 푸성귀, 야채
	훈 —	
神 귀신 **신**	음 しん·じん	神秘(しんぴ) 신비 神社(じんじゃ) 신사, 일본 황실의 선조 · 신 등을 모신 곳
	훈 かみ	神(かみ) 신, 하느님 神業(かみわざ) 신기, 기막힌 재간
紳 띠 **신**	음 しん	紳士(しんし) 신사 紳士的(しんしてき) 신사적 紳士協約(しんしきょうやく) 신사협약
	훈 —	
除 덜 **제**	음 じょ·じ	除外(じょがい) 제외 削除(さくじょ) 삭제 掃除(そうじ) 청소
	훈 のぞく	除(のぞ)く 없애다, 제거하다, 빼다, 죽이다
徐 천천할 **서**	음 じょ	徐行(じょこう) 서행 徐々(じょじょ)に 서서히, 천천히, 차차, 조금씩
	훈 —	
愉 즐거울 **유**	음 ゆ	愉快(ゆかい) 유쾌 愉悦(ゆえつ) 유열, 즐거워하고 기뻐함 愉楽(ゆらく) 유락, 기쁘고 즐거움
	훈 —	
輸 보낼 **수**	음 ゆ	輸入(ゆにゅう) 수입 輸血(ゆけつ) 수혈 輸送(ゆそう) 수송
	훈 —	

비교 한자

版 판목 판	殖 번성할 식	遇 만날 우	彩 채색 채
板 널빤지 판	植 심을 식	偶 짝 우	採 캘 채, 풍채 채

版 판목 **판**	음 はん	出版(しゅっぱん) 출판　版画(はんが) 판화　海賊版(かいぞくばん) 해적판
	훈 —	
板 널빤지 **판**	음 はん·ばん	掲示板(けいじばん) 게시판　黒板(こくばん) 흑판, 칠판　合板(ごうはん) 합판
	훈 いた	板(いた) 판자, 널(빤지), 무대

殖 번성할 **식**	음 しょく	繁殖(はんしょく) 번식 殖産(しょくさん) 식산, 생산물을 늘림, 재산을 늘림
	훈 ふえる ふやす	殖(ふ)える 늘다, 늘어나다 殖(ふ)やす 늘리다, 불리다
植 심을 **식**	음 しょく	植物(しょくぶつ) 식물　植民地(しょくみんち) 식민지 移植(いしょく) 이식
	훈 うえる うわる	植(う)える (나무 등을) 심다, (사상 등을) 불어 넣다 植木鉢(うえきばち) 화분　植(う)わる 심어지다

遇 만날 **우**	음 ぐう	待遇(たいぐう) 대우　遭遇(そうぐう) 조우　遇(ぐう)する 대우하다, 대접하다
	훈 —	
偶 짝 **우**	음 ぐう	偶然(ぐうぜん) 우연　偶数(ぐうすう) 우수, 짝수　偶発(ぐうはつ) 우발
	훈 たまたま	たまたま 마침, 우연히

彩 채색 **채**	음 さい	色彩(しきさい) 색채　異彩(いさい) 이채
	훈 いろどる	彩(いろど)る 색칠하다, 채색하다, 화장하다　彩(いろど)り 채색, 배색, 꾸밈, 정취, 재미
採 캘 **채**, 풍채 **채**	음 さい	採決(さいけつ) 채결　伐採(ばっさい) 벌채　採集(さいしゅう) 채집
	훈 とる	採(と)る 채집하다, 채용하다, 쓰다, 두다

비교 한자

制 절제할 제　**義** 옳을 의
製 지을 제　**議** 의논할 의

制 절제할 **제**	음 せい 훈 —	制約(せいやく) 제약　制限(せいげん) 제한　制裁(せいさい) 제재
製 지을 **제**	음 せい 훈 —	製造(せいぞう) 제조　製鉄(せいてつ) 제철　青銅製(せいどうせい) 청동제

義 옳을 **의**	음 ぎ 훈 —	講義(こうぎ) 강의　正義(せいぎ) 정의　義務教育(ぎむきょういく) 의무교육
議 의논할 **의**	음 ぎ 훈 —	審議(しんぎ) 심의　議論(ぎろん) 토론, 논의 国会議員(こっかいぎいん) 국회의원

비교 한자

票 표 표
標 표할 표
漂 떠돌 표

票 표 **표**	음 ひょう 훈 —	投票(とうひょう) 투표　伝票(でんぴょう) 전표 票読(ひょうよ)み (선거에서) 지지표의 예상
標 표할 **표**	음 ひょう 훈 —	標識(ひょうしき) 표지　標示(ひょうじ) 표시　目標(もくひょう) 목표
漂 떠돌 **표**	음 ひょう 훈 ただよう	漂流(ひょうりゅう) 표류, 바다를 떠돎, 정처 없이 방랑함 漂白剤(ひょうはくざい) 표백제　漂泊(ひょうはく) 표박, 표류함, 정처 없이 떠돌아다님 漂(ただよ)う 떠다니다, 떠돌다, 방황하다, 헤매다, 감돌다

비교 한자

求 구할 구	寮 동관 료(요)	緯 씨 위
救 구원할 구	療 병 고칠 료(요)	偉 클 위
球 공 구	僚 동료 료(요)	違 어긋날 위

한자	음/훈	예
求 구할 **구**	음 きゅう	請求(せいきゅう) 청구　求人(きゅうじん) 구인
	훈 もとめる	求(もと)める 구하다, 찾다, 바라다, 요구[요청]하다, 사다, 구입하다 求(もと)めて 일부러, 자진하여
救 구원할 **구**	음 きゅう	救援(きゅうえん) 구원　救命(きゅうめい) 구명 救世(きゅうせい・くせ・ぐせ) 구세, 괴로움에 시달리는 중생을 구함
	훈 すくう	救(すく)う 구하다, 돕다, 덜어 주다, 선도하다
球 공 **구**	음 きゅう	地球(ちきゅう) 지구　球技(きゅうぎ) 구기　球場(きゅうじょう) 구장
	훈 たま	球(たま) 공, 전구
寮 동관 **료(요)**	음 りょう	寮(りょう) 기숙사　寮舎(りょうしゃ) 기숙사　寮生(りょうせい) 기숙생
	훈 —	
療 병 고칠 **료(요)**	음 りょう	治療(ちりょう) 치료　診療(しんりょう) 진료　療養(りょうよう) 요양
	훈 —	
僚 동료 **료(요)**	음 りょう	同僚(どうりょう) 동료　官僚(かんりょう) 관료　閣僚(かくりょう) 각료
	훈 —	
緯 씨 **위**	음 い	緯度(いど) 위도　経緯(けいい) 경위 緯線(いせん) 위선, 위도선
	훈 —	
偉 클 **위**	음 い	偉大(いだい) 위대　偉業(いぎょう) 위업
	훈 えらい	偉(えら)い 훌륭하다, 장하다, 지위가 높다, 큰일이다, 심하다, 대단하다, 엉뚱하다, 난처하다 偉物(えらぶつ) 훌륭한 사람, 수완가
違 어긋날 **위**	음 い	相違(そうい) 상위(다름, 틀림)　違反(いはん) 위반　違和感(いわかん) 위화감
	훈 ちがう ちがえる	違(ちが)う 다르다, 틀리다, 교차하다, 엇갈리다 違(ちが)える 달리하다, 틀리게 하다, 엇갈리게 하다

비교 한자

性 성품 성	捕 잡을 포	購 살 구
姓 성 성	補 기울 보, 도울 보	講 익힐 강
牲 희생 생	舗 가게 포, 펼 포	構 얽을 구, 욀 강

性 성품 성	음 せい·しょう	性格(せいかく) 성격 慢性(まんせい) 만성 根性(こんじょう) 근성
	훈 —	
姓 성 성	음 せい·じょう	姓名(せいめい) 성명 同姓(どうせい) 동성 旧姓(きゅうせい) 구성, (결혼, 양자 관계로 성이 바뀌기 전의) 본성
	훈 —	
牲 희생 생	음 せい	犠牲(ぎせい) 희생 三牲(さんせい) (소, 양, 돼지) 세 가지 공물
	훈 —	
捕 잡을 포	음 ほ	逮捕(たいほ) 체포 捕虜(ほりょ) 포로 捕鯨船(ほげいせん) 포경선
	훈 とらえる·とらわれる·とる·つかまえる·つかまる	捕(とら)える 잡다, 파악하다 捕(と)らわれる 붙잡히다 捕(と)る 잡다, 포획하다 捕(つか)まえる 잡다, 붙잡다, 꽉 잡다, 파악하다 捕(つか)まる (범인 등이) 잡히다
補 기울 보, 도울 보	음 ほ	補償(ほしょう) 보상 補充(ほじゅう) 보충 補強(ほきょう) 보강
	훈 おぎなう	補(おぎな)う 보충하다
舗 가게 포, 펼 포	음 ほ	舗装(ほそう) (도로의) 포장 ☞ 包装(ほうそう) (선물의) 포장 店舗(てんぽ) 점포 老舗(ろうほ) 노포, 대대로 이어오는 점포
	훈 —	
購 살 구	음 こう	購買(こうばい) 구매 購入(こうにゅう) 구입 購読(こうどく) 구독
	훈 —	
講 익힐 강	음 こう	講堂(こうどう) 강당 講座(こうざ) 강좌 講和条約(こうわじょうやく) 강화조약
	훈 —	
構 얽을 구, 욀 강	음 こう	構想(こうそう) 구상 構内(こうない) 구내 構図(こうず) 구도
	훈 かまえる かまう	構(かま)える 차리다, 꾸미다, 태세를 갖추다, 준비하다 構(かま)う 상관하다, 개의하다, 마음을 쓰다

비교 한자

則 법 칙, 곧 즉 **測** 헤아릴 측 **側** 곁 측

則 법 **칙**, 곧 **즉**	음 そく	規則(きそく) 규칙　反則(はんそく) 반칙
	훈 のっとる	則(のっと)る 기준으로 삼고 따르다, 본뜨다
測 헤아릴 **측**	음 そく	観測(かんそく) 관측　予測(よそく) 예측　測量(そくりょう) 측량
	훈 はかる	測(はか)る (무게, 길이, 양을) 재다, 어림잡다, 예측하다, 짐작하다
側 곁 **측**	음 そく	側面(そくめん) 측면　側近(そっきん) 측근
	훈 かわ そばめる	側(かわ) 곁, 옆, 주위, 둘레, 편, 쪽, 방면 側(そば)める 옆으로 밀어붙이다, (옆으로) 돌리다, 외면하다

비교 한자

的 과녁 적 **摘** 딸 적 **敵** 대적할 적, 다할 활 **適** 맞을 적 **滴** 물방울 적

的 과녁 **적**	음 てき	目的(もくてき) 목적　的確(てきかく) 적확, 정확
	훈 まと	的(まと) 과녁, 표적, 대상, 목표　的外(まとはず)れ 요점에서 벗어남
摘 딸 **적**	음 てき	指摘(してき) 지적　摘発(てきはつ) 적발　摘出(てきしゅつ) 적출, (수술 등으로) 나쁜 부분을 끄집어냄, 도려냄, 골라냄, 가려냄, 들추어냄, 밝혀 냄
	훈 つむ	摘(つ)む (손끝으로) 따다, 뜯다, (가위 등으로) 가지런히 깎다
敵 대적할 **적**	음 てき	匹敵(ひってき) 필적　無敵(むてき) 무적
	훈 かたき	敵(かたき) 원수, (경쟁) 상대, 적수　敵討(かたきう)ち 원수를 갚음, 복수
適 맞을 **적**	음 てき	快適(かいてき) 쾌적　適応(てきおう) 적응　悠々自適(ゆうゆうじてき) 유유자적
	훈 —	
滴 물방울 **적**	음 てき	水滴(すいてき) 물방울　点滴(てんてき) 점적
	훈 しずく したたる	滴(しずく) 물방울　滴(したた)る 방울져 떨어지다, (싱싱함이)철철 넘치다 滴(したた)り 물방울이 떨어짐, 그 물방울

비교 한자

方 모 방, 괴물 망
放 놓을 방
訪 찾을 방
防 막을 방
妨 방해할 방
紡 길쌈 방
肪 기름 방

方 모 **방**, 괴물 **망**	음 ほう	方式(ほうしき) 방식　方針(ほうしん) 방침　方便(ほうべん) 방편, 수단, 방법
	훈 かた	方(かた) 분, 님, 소속을 나타냄, 편, 측, 무렵, 때, 녘, 대체의 정도, 쯤, 가량
放 놓을 **방**	음 ほう	放棄(ほうき) 포기　放漫(ほうまん) 방만　放牧(ほうぼく) 방목
	훈 はなす·はなつ はなれる	放(はな)す (잡고 있던 것을) 놓다　放(はな)つ (내)던지다, 집어치우다 放(はな)れる (잡혀 있던 것이)놓이다
訪 찾을 **방**	음 ほう	訪問(ほうもん) 방문　探訪(たんぼう) 탐방　訪客(ほうきゃく) 방문객
	훈 おとずれる たずねる	訪(おとず)れる 방문하다, 찾아오다, 닥쳐오다 訪(たず)ねる 묻다, 찾다
防 막을 **방**	음 ぼう	防犯(ぼうはん) 방범　防衛(ぼうえい) 방위　堤防(ていぼう) 제방
	훈 ふせぐ	防(ふせ)ぐ 막다, 방어하다, 방지하다
妨 방해할 **방**	음 ぼう	妨害(ぼうがい) 방해
	훈 さまたげる	妨(さまた)げる 방해하다, 지장을 주다
紡 길쌈 **방**	음 ぼう	紡績(ぼうせき) 방적　紡錘(ぼうすい) 방추, 물레의 가락 紡糸(ぼうし) 방사, 섬유에서 실을 뽑음
	훈 つむぐ	紡(つむ)ぐ 실을 잣다
肪 기름 방	음 ぼう	脂肪(しぼう) 지방
	훈 —	

기타

비교 한자

欧 토할 구	幅 폭 폭, 행전 핍	随 따를 수	署 관청 서
殴 때릴 구	副 버금 부, 쪼갤 복	惰 게으를 타	暑 더울 서

한자	음·훈	예
欧 토할 **구**	음 おう	欧米(おうべい) 구미　欧風(おうふう) 유럽풍　欧州(おうしゅう) 유럽
	훈 —	
殴 때릴 **구**	음 おう	殴打(おうだ) 구타
	훈 なぐる	殴(なぐ)る (세게) 때리다, 치다, 아무렇게나 ~하다 殴(なぐ)り書(が)き 갈겨씀, 난필, 갈겨쓴 글씨
幅 폭 **폭**, 행전 **핍**	음 ふく	増幅(ぞうふく) 증폭
	훈 はば	幅(はば) 폭, 너비, 나비, (값, 음성 등의) 고저의 차이, 여지, 여유　幅跳(はばと)び 넓이뛰기 大幅(おおはば) 대폭(큰 폭)
副 버금 **부**, 쪼갤 **복**	음 ふく	副詞(ふくし) 부사　副作用(ふくさよう) 부작용　副業(ふくぎょう) 부업
	훈 —	
随 따를 **수**	음 ずい	随筆(ずいひつ) 수필　随一(ずいいち) 제일, 첫째　随員(ずいいん) 수행원
	훈 —	
惰 게으를 **타**	음 だ	惰性(だせい) 타성(지금까지의 습관)　惰弱(だじゃく) 나약 惰気(だき) 게으른 마음
	훈 —	
署 관청 **서**	음 しょ	部署(ぶしょ) 부서　署名(しょめい) 서명　消防署(しょうぼうしょ) 소방서
	훈 —	
暑 더울 **서**	음 しょ	暑気(しょき) 여름 더위　暑気払(しょきばら)い 더위를 떨쳐 버림 酷暑(こくしょ) 혹서, 폭염
	훈 あつい	暑(あつ)い 덥다

비교 한자

譲 사양할 양	幣 화폐 폐, 두를 잡	験 시험할 험	願 원할 원
嬢 계집애 양	弊 해질 폐, 비단 폐, 닭을 별	駅 역참 역, 정거장 역	原 근원 원

한자	음/훈	예
譲 사양할 **양**	음 じょう	譲歩(じょうほ) 양보　移譲(いじょう) 이양　謙譲語(けんじょうご) 겸양어
	훈 ゆずる	譲(ゆず)る 물려주다, 양도하다, 팔아넘기다, 양보하다, 뒤로 미루다
嬢 계집애 **양**	음 じょう	お嬢(じょう)さん 아가씨　老嬢(ろうじょう) 혼기를 넘긴 독신 여성 愛嬢(あいじょう) 귀여운 딸
	훈 —	
幣 화폐 **폐**, 두를 **잡**	음 へい	紙幣(しへい) 지폐　貨幣(かへい) 화폐　幣帛(へいはく) 신전에 바치는 공물
	훈 —	
弊 해질 **폐**, 폐단 **폐**, 닭을 **별**	음 へい	弊害(へいがい) 폐해　疲弊(ひへい) 피폐 弊社(へいしゃ) 폐사, 자기 회사의 겸사말
	훈 —	
験 시험할 **험**	음 けん・げん	試験(しけん) 시험　経験(けいけん) 경험　効験(こうけん) 효험
	훈 —	
駅 역참 **역**, 정거장 **역**	음 えき	駅員(えきいん) 역원　駅馬車(えきばしゃ) 역마차 駅弁大学(えきべんだいがく) 지방 신설 대학을 비꼬는 말
	훈 —	
願 원할 **원**	음 がん	願書(がんしょ) 원서(입학원서) 志願(しがん) 지원　念願(ねんがん) 염원
	훈 ねがう	願(ねが)う 원하다, 바라다, 기원하다, 빌다, (관청 등에)청원하다
原 근원 **원**	음 げん	原書(げんしょ) 원서(특히, 양서를 가리킴) 原則(げんそく) 원칙　原稿(げんこう) 원고
	훈 はら	原(はら) 들, 벌판

비교 한자

穏 평온할 온	技 재주 기	堪 견딜 감	網 그물 망
隠 숨길 은, 숨을 은	枝 가지 지	勘 헤아릴 감	綱 벼리 강

穏 평온할 온	음 おん	穏和(おんわ) 온화　穏健(おんけん) 온건　平穏(へいおん) 평온
	훈 おだやか	穏(おだ)やか 온화함
隠 숨길 은, 숨을 은	음 いん	隠居(いんきょ) 은거　隠遁生活(いんとんせいかつ) 은둔생활 隠(かく)れん坊(ぼう) 숨바꼭질
	훈 かくす かくれる	隠(かく)す 감추다, 비밀로 하다　隠(かく)れる 숨다, 드러내지 않다, (귀인이) 돌아가시다
技 재주 기	음 ぎ	技術(ぎじゅつ) 기술　演技(えんぎ) 연기　技能(ぎのう) 기능
	훈 わざ	技(わざ) 기술, 기예, (유도, 검도 등에서) 승패를 결정짓는 일정한 수
枝 가지 지	음 し	枝打(えだう)ち 가지치기　枝豆(えだまめ) 가지째 꺾은 풋콩, 또는 꼬투리째 삶은 것
	훈 えだ	枝(えだ) 가지
堪 견딜 감	음 かん	堪忍(かんにん) 참음, 견딤, 화를 참고 용서함, 남의 과실을 용서함 堪忍袋(かんにんぶくろ) 참고 견디는 도량
	훈 たえる	堪(た)える 견디다, 참다, (외부로부터의 작용을) 견디어 내다, 담당하다, ~할 만하다
勘 헤아릴 감	음 かん	勘弁(かんべん) 용서함　勘定(かんじょう) 셈, 계산, 대금 지급, 예상, (부기에서) 계정 勘違(かんちが)い 착각, 오해
	훈 —	
網 그물 망	음 もう	漁網(ぎょもう) 어망　網羅(もうら) 망라
	훈 あみ	網(あみ) 그물　編針(あみばり) 그물바늘
綱 벼리 강	음 こう	綱要(こうよう) 강요, 기초가 되는 가장 중요한 점[부분]
	훈 つな	綱(つな) 밧줄, 로프, 의지하는 것[곳]　綱渡(つなわた)り 줄타기, 위험한 짓, 모험 横綱(よこづな) 천하장사

비교 한자

飮 마실 음
飯 밥 반

飮 마실 **음**	음 いん	飮酒(いんしゅ) 음주
	훈 のむ	飮(の)む 마시다, (강물, 파도 따위가) 휩쓸다, 집어삼키다, 꾹 참다, 받아들이다, 수용하다 飮(の)み代(しろ) 술값　湯飮(ゆのみ) (작은) 찻잔
飯 밥 **반**	음 はん	茶飯事(さはんじ) 다반사　赤飯(せきはん) 팥을 넣은 찰밥
	훈 めし	飯(めし) 밥　飯粒(めしつぶ) 밥알

[한자 읽기 · 표기] 합격 대책(2) - 동음이의어

□ いいん
医院 의원
委員 위원

□ いがい
意外 의외
以外 이외

□ いぎ
異議 이의
意義 의의

□ いけん
意見 의견
異見 이견

□ いこう
以降 이후(이강)
意向 의향
移行 이행

□ いし
意思 의사
医師 의사
意志 의지

□ いじ
意地 심술(의지)
維持 유지

□ いじょう
異常 이상
以上 이상

□ いしょく
移植 이식
異色 이색
衣食 의식

□ いぜん
以前 이전
依然 의연

□ いったい
一体 일체
一帯 일대

□ いど
井戸 우물
緯度 위도

□ いどう
移動 이동(위치 등)
異動 이동(지위, 근무지 등)

□ いらい
以来 이래
依頼 의뢰

□ いりょう
医療 의료
衣料 의료

□ えいせい
衛生 위생
衛星 위성

□ えんしゅう
演習 연습
円周 원주

□ かいしゅう
回収 회수
改修 개수(다시 고침)

□ かいせい
改正 개정
快晴 쾌청

□ かいせつ
解説 해설
開設 개설

□ かいそう
階層 계층
回送 회송

□ かいだん
会談 회담
階段 계단

□ かいてい
改定 개정(새롭게 정함)
改訂 개정(고침, 수정함)

□ かいとう
回答 회답
解答 해답

□ がいとう
該当 해당
街頭 가두

□ かいほう
介抱 개포(간호)
解放 해방
開放 개방

□ かいろ
回路 회로
海路 해로(뱃길)

□ かがく
科学 과학
化学 화학

□ かくしん
確信 확신
革新 혁신

□ かくりつ
確立 확립
確率 확률

□ かこう
加工 가공
下降 하강
火口 화구(분화구)

□ かじ
火事 화재
家事 가사

□ かせん
化繊 화섬(화학섬유)
下線 하선(밑줄)
河川 하천

□ かっき
活気 활기
画期 획기

□ がっき
楽器 악기
学期 학기

□ かてい
家庭 가정
過程 과정
仮定 가정
課程 과정

□ かんかく
感覚 감각
間隔 간격

□ かんご
看護 간호
漢語 한어

□ かんこう
慣行 관행
観光 관광
刊行 간행

□ かんしゅう
観衆 관중
慣習 관습

□ かんしょう
干渉 간섭
鑑賞 감상

□ かんじょう
勘定 감정(계산)
感情 감정

□ かんせい
完成 완성
歓声 환성

□ かんせん
感染 감염
幹線 간선

□ かんそう
感想 감상
乾燥 건조

□ かんよう
慣用 관용
寛容 관용(너그러움)

□ かんりょう
完了 완료
官僚 관료

□ かんわ
緩和 완화
漢和 한화(중국어와 일본어)

□ きかい
機会 기회
機械 기계
器械 기계(도구와 기물)

□ きかく
企画 기획
規格 규격

□ きかん
機関 기관
期間 기간
器官 기관(생물체의 일부분)
季刊 계간

□ ききん
基金 기금
飢饉 기근

□ きけん
危険 위험
棄権 기권

□ きげん
期限 기한
機嫌 기혐(기분)
起源 기원

□ きこう
機構 기구
気候 기후

□ きじ
生地 생지(옷감)
記事 기사

□ きしゃ
汽車 기차
記者 기자

□ きしょう
気象 기상
起床 기상(잠자리에서 일어남)

□ きたい
期待 기대
気体 기체

□ きのう
昨日 어제
機能 기능

□ きゅうこう
急行 급행
休講 휴강

□ きゅうそく
急速 급속
休息 휴식

□ きゅうりょう
丘陵 구릉
給料 급료

□ きょうか
強化 강화
教科 교과

□ きょうかい
教会 교회
協会 협회
境界 경계

□ きょうぎ
競技 경기
協議 협의

□ きょうこう
強行 강행
強硬 강경

□ きょうじゅ
教授 교수
享受 향수

□ きょうしゅう
郷愁 향수
教習 교습

□ きょうちょう
強調 강조
協調 협조

□ きょうりょく
協力 협력
強力 강력

□ きんこう
近郊 근교
均衡 균형

□ きんし
禁止 금지
近視 근시

□ けいい
敬意 경의
経緯 경위

□ けいかい
警戒 경계
軽快 경쾌

□ けいき
契機 계기
景気 경기
計器 계기(재는 기구)

□ けいこう
傾向 경향
蛍光 형광

□ けいじ
刑事 형사
掲示 게시

□ けいせい
形成 형성
形勢 형세

□ けいたい
携帯 휴대
形態 형태

□ けっかん
欠陥 결함
血管 혈관

□ けっこう
結構 괜찮음
決行 결행

□ けっしょう
決勝 결승
結晶 결정

□ げんこう
現行 현행
原稿 원고

□ げんし
原始 원시
原子 원자

□ げんしょう
減少 감소
現象 현상

□ げんてん
原点 원점
減点 감점
原典 원전

□ けんとう
検討 검토
見当 견당(짐작)

□ けんめい
懸命 현명(열심임)
賢明 현명

□ こうい
好意 호의
行為 행위

□ こうえん
公園 공원
講演 강연
公演 공연

□ こうかい
公開 공개
後悔 후회
航海 항해

□ こうがい
郊外 교외
公害 공해

□ こうぎ
講義 강의
抗議 항의

□ こうきょう
公共 공공
好況 호황

□ こうぎょう
工業 공업
鉱業 광업
興業 흥업

□ こうこう
孝行 효행
高校 고교

□ こうさく
工作 공작
耕作 경작

□ こうしゃ
校舎 교사(학교 건물)
後者 후자

□ こうしゅう
公衆 공중
講習 강습

□ こうしょう
交渉 교섭
高尚 고상

□ こうじょう
工場 공장
向上 향상

□ こうせい
構成 구성
公正 공정

□ こうそう
高層 고층
構想 구상
抗争 항쟁

□ こうそく
高速 고속
拘束 구속

□ こうたい
交替 교체
後退 후퇴
交代 교대

□ こうてい
肯定 긍정
校庭 교정

□ こうとう
高等 고등
口頭 구두

□ こうどう
行動 행동
講堂 강당

□ こうどく
購読 구독
講読 강독

□ こうはい
荒廃 황폐
後輩 후배

□ こうひょう
公表 공표
好評 호평

□ こうよう
公用 공용
紅葉 홍엽(단풍)

□ こうりつ
公立 공립
効率 효율

□ こしょう
故障 고장
胡椒 후추

□ こじん
個人 개인
故人 고인

□ さいきん
最近 최근
細菌 세균

□ さいさん
再三 재삼
採算 채산

□ さいしゅう
最終 최종
採集 채집

□ さんか
参加 참가
酸化 산화

□ さんせい
賛成 찬성
酸性 산성

□ しかく
資格 자격
四角 사각
視覚 시각

□ しき
四季 사계
指揮 지휘

□ じき
時期 시기
磁気 자기
磁器 자기(사기 그릇)

□ しきゅう
至急 지급(급함)
支給 지급

□ じこ
事故 사고
自己 자기

□ しこう
試行 시행
思考 사고
施行 시행
嗜好 기호

□ しじ
指示 지시
支持 지지

□ じしゅ
自主 자주
自首 자수

□ じしん
自信 자신
地震 지진
自身 자신

□ じたい
事態 사태
辞退 사퇴
字体 자체(글자체)

□ してん
視点 시점
支店 지점

□ じてん
自転 자전
辞典 사전

□ じどう
児童 아동
自動 자동

□ しぼう
志望 지망
死亡 사망
脂肪 지방

□ しめい
氏名 씨명(성명)
使命 사명

□ しゅうかん
習慣 습관
週間 주간

□ しゅうし
収支 수지
終始 종시(시종)
修士 수사(석사)

□ しゅうしょく
就職 취직
修飾 수식

□ じゅうたい
渋滞 삽체(정체)
重体 중체(중태)

□ しゅうりょう
修了 수료
終了 종료

□ しよう
使用 사용
仕様 사양
私用 사용(개인용)

□ しょうがい
生涯 생애
障害 장애(방해)

□ じょうきょう
状況 상황
上京 상경

□ しょうたい
招待 초대
正体 정체

□ しょうてん
焦点 초점
商店 상점

□ しょうにん
承認 승인
証人 증인
商人 상인

□ しょうひん
商品 상품(품목)
賞品 상품(상으로 받은 물건)

□ しょうめい
証明 증명
照明 조명

□ じょし
女子 여자
助詞 조사
女史 여사

□ しんこう
振興 진흥
進行 진행
信仰 신앙
新興 신흥

□ しんこく
深刻 심각
申告 신고

□ しんせい
申請 신청
神聖 신성

□ しんちょう
慎重 신중
身長 신장

□ しんり
真理 진리
心理 심리

□ すいせん
推薦 추천
水洗 수세

□ せいいく
生育 생육
成育 성육(자람)

□ せいかく
性格 성격
正確 정확

□ せいき
正規 정규
世紀 세기

□ せいこう
成功 성공
精巧 정교

□ せいさく
政策 정책
製作 제작(기계나 가구 등)
制作 제작(그림, 조각, 영화, 방송 등)

□ せいさん
生産 생산
精算 정산

□ せいし
生死 생사
静止 정지

□ せいしょ
聖書 성서
清書 청서(깨끗이 씀)

□ せいそう
清掃 청소
盛装 성장(차림새)

□ せいとう
正当 정당(바르고 마땅함)
政党 정당

□ せいふく
制服 제복
征服 정복

□ せいめい
生命 생명
声明 성명
姓名 성명(이름)

□ せいり
整理 정리
生理 생리

□ せんこう
選考 선고
専攻 전공
先行 선행

□ ぜんしん
前進 전진
全身 전신

□ せんせい
先生 선생님
専制 전제

□ せんたく
洗濯 세탁
選択 선택

□ せんとう
先頭 선두
戦闘 전투

□ そうさ
操作 조작
捜査 수사

□ そうさく
創作 창작
捜索 수색

□ そうぞう
想像 상상
創造 창조

□ たいか
退化 퇴화
大家 대가

□ たいしょう
対象 대상
対照 대조

□ たいせい
体制 체제
態勢 태세

□ たいそう
体操 체조
大層 매우, 몹시

□ だいべん
代弁 대변
大便 대변(똥)

□ たんか
短歌 단가
担架 담가(들것)

□ たんき
短期 단기
短気 단기(성미가 급함)

□ ちゅうしゃ
駐車 주차
注射 주사

□ ちゅうしょう
抽象 추상
中傷 중상

□ ちゅうせい
中世 중세
中性 중성

□ つうか
通過 통과
通貨 통화

□ ていか
低下 저하
定価 정가

□ てんか
点火 점화
天下 천하

□ てんかい
展開 전개
転回 전회(회전, 전환)

□ でんき
電気 전기
伝記 전기

□ てんこう
天候 천후(날씨)
転校 전교(전학)

□ てんさい
天才 천재
天災 천재(하늘의 재앙)

□ でんせん
伝染 전염
電線 전선

□ てんてん
点々 점점(여기 저기 흩어져 있는 모양)
転々 전전(여기 저기 옮겨 다님)

□ でんとう
伝統 전통
電灯 전등

□ どうし
同士 동사(같은 종류, ~끼리)
動詞 동사
同志 동지

□ どうじょう
同情 동정
道場 도장

□ どうよう
同様 동양(마찬가지)
動揺 동요
童謡 동요(노래)

□ ねんかん
年間 연간
年鑑 연감

□ はいけい
拝啓 배계(편지 첫머리에 쓰는 말)
背景 배경

□ はっしゃ
発射 발사
発車 발차

□ はんえい
反映 반영
繁栄 번영

□ はんらん
反乱 반란
氾濫 범람

□ ひこう
飛行 비행(비행기)
非行 비행

□ ひなん
避難 피난
非難 비난

□ ふきん
付近 부근
布巾 포건(수건)

□ ふくし
福祉 복지
副詞 부사

□ ふごう
符号 부호
富豪 부호(부자)

□ ふさい
負債 부채
夫妻 부처(부부)

□ ふしん
不振 부진
不審 불심(의심스러움)

□ ふじん
婦人 부인(여성)
夫人 부인(남의 아내의 경칭)

□ へいき
平気 평기(태연함)
兵器 병기

□ へいこう
閉口 폐구(질림)
平行 평행
並行 병행

□ ほうがく
方角 방각(방향)
法学 법학

□ ほうさく
方策 방책
豊作 풍작

□ ぼうし
帽子 모자
防止 방지

□ ほうそう
包装 포장
放送 방송

□ ほしょう
保証 보증
補償 보상
保障 보장

□ みかた
見方 견방(시각)
味方 미방(자기 편, 아군)

□ みんぞく
民族 민족
民俗 민속

□ めいし
名詞 명사
名刺 명자(명함)

ゆうき
勇気 용기
有機 유기

□ ゆうかん
夕刊 석간
勇敢 용감

□ ゆうこう
有効 유효
友好 우호

□ ようい
用意 용의(준비)
容易 용이

□ ようき
容器 용기
陽気 양기(성격이 밝고 쾌활함)

□ ようご
用語 용어
養護 양호

□ ようし
用紙 용지
要旨 요지

□ ようじ
用事 용사(용무)
幼児 유아

□ ようせい
養成 양성
要請 요청

□ りっぽう
立法 입법
立方 입방(세제곱)

□ りょうかい
了解 료해(양해, 이해, 승낙)
領海 영해

[단어 형성] 출제 경향 및 기출문제

★★★ 5문항 출제 예상

과거 시험에서도 출제되었던 문제로, 빈 칸을 보충하는 형태로 파생어나 복합어의 지식을 묻는다.
☞ 복합 동사와 접두어 · 접미어 중심으로 학습할 것!

출제경향

問題3（　　）に入れるのに最もよいものを、1・2・3・4から一つ選びなさい。

1. 新しい商品を売るために、彼は毎日忙しく飛び（　　　　）いる。

① かかって　② かけて　③ まわって　④ まわして

2. あの映画の最後は（　　　　）場面として知られている。

① 名　② 高　③ 良　④ 真

정답	1③　2①

기출문제

1991년~2005년 복합어, 파생어와 관련된 기출문제.
2006년~2009년 문제는 (4) 문맥 규정 기출문제를 참조.

1. 父が死んだ後、わたしたちは悲しみを（　　　　）、今日までがんばってきた。

① のりかえて　② のりすぎて　③ のりこえて　④ のりあげて

2. うちの畑でできるトマトは、（　　　　）はよくないけれど、味がいい。

① 見出し　② 見かけ　③ 見直し　④ 見方

3.（　　　　）期間で日本語が上手になる方法はありませんか。

① 前　② 小　③ 短　④ 半

4. 今日は風邪（　　　　）だから、家にいよう。

① がち　② ぎみ　③ ぞい　④ ぶり

5. ずっと前から好きだった人に、どきどきしながら（　　　　）みた。

① 話し合って　② 話しかけて　③ 話し込んで　④ 話し出して

정답	1③　2②　3③　4②　5②

[단어 형성] 합격 대책(1) - 복합동사

둘 이상의 동사가 만나서 하나의 동사가 된 것을 복합동사라 한다.
복합동사의 앞에 있는 동사는 'ます형'으로 이어진다.

□ ～始(はじ)める ～하기 시작하다. ☞ 주로 계속동사에 사용

本を読み始める。책을 읽기 시작하다.

花が咲き始める。꽃이 피기 시작하다.

□ ～出(だ)す

① ～하기 시작하다. ☞ 주로 순간동사에 사용

歩き出す。걷기 시작하다.

泣き出す。울기 시작하다.

笑い出す。웃기 시작하다.

② ～해 내다(감추어진 것, 확실하지 않은 것을 뚜렷하게 하거나 밖으로 내놓다).

話を聞き出す。이야기를 캐내다.

考え出す。생각해 내다.

運び出す。운반해 내다.

□ ～かける

① ～하기 시작하다.

観客が席を立ちかける。관객이 자리를 뜨기 시작하다.

駅員に話しかける。역원에게 말을 걸다.

② ～하다 말다, 아직 못 끝내다.

読みかけた本。아직 다 못 읽은 책.

仕事をやりかけたままにしておく。일을 하다 만 채로 두다.

③ 막 ～하려 하다.

消えかける。막 꺼지려 하다.

倒れかけている木。쓰러지려는 나무.

□ ～かかる 막 ～하다

死にかかる。죽어가다.

そこへ自動車が通りかかった。그 때에 자동차가 막 지나쳤다.

□ ～続(つづ)ける 계속 ～하다.

歌い続ける。계속 노래하다.

読み続ける。계속 읽다.

□ ～続(つづ)く 계속 ～하다. ☞ 보통 한정적으로 사용.

降り続く。계속내리다

□ ～終(お)える ～를 끝내다, 다 ～하다

☞ 의지동사에 연결되고, 「終わる」보다 문장체(서면체)적이다. 노력을 해서 그 동작을 끝낸 만족감이 수반됨.

飲み終える。다 마시다(마시기를 끝내다). 〈동작의 의지표현〉

読み終える。다 읽다(읽기를 끝내다). 〈동작의 의지표현〉

□ ～終(お)わる ～이 끝나다, 다 ～하다

☞ 계속동사에 연결되고, 예상되어져 있던 그 동작이 끝난 것을 나타냄.

飲み終わる。다 마시다(마시는 것이 끝나다). 〈동작의 종료를 나타냄〉

読み終わる。다 읽다(읽는 것이 끝나다). 〈동작의 종료를 나타냄〉

宿題を（○ し終える / × しおわる）のに、3時間もかかった。 숙제를 다 끝내는 데에 3시간이나 걸렸다.〈의지적인 표현〉

□ ～あがる

① 다 ～하다, 끝나다, 동작이 끝남을 나타냄.

書きあがる。다 쓰다.

刷りあがる。인쇄가 끝나다.

② 완전히 ～하다, 아주 ～하다, 동작・상태가 극도에 달함을 나타냄.

晴れあがる。날씨가 활짝 개다.

思いあがる。몹시 자만하다.

□ ～あげる

① 다 ～하다, 끝까지 하다

隅々まで調べあげる。샅샅이 잘 조사하다.

一晩で織りあげる。하룻밤에 다 짜다.

② ～해 내다

おいしく焼きあげる。맛있게 구워 내다.

真面目に勤めあげる。성실하게 근무해 내다.

□ ～やむ ～를 그치다(계속되고 있던 현상이 끝나다)

☞ 자연현상(「降(ふ)る 내리다・鳴(な)る 울리다・吹(ふ)く 불다・鳴(な)く 울다」)과 감정・생리현상(「泣(な)く 울다・笑(わら)う 웃다」) 등을 나타내는 동사에는 「～終(お)わる・終(お)える」를 사용할 수 없고, 「～やむ」를 사용함.

風が吹きやむ。바람이 그치다.

子供が泣きやむ。아이가 울음을 그치다.

복합동사

□ ~入(い)る

① 몹시[매우] ~하다, 그 동작・상태의 정도가 심함의 뜻.

痛み入る。아주 죄송하게 여기다, 황송해 하다.

恥じ入る。매우 부끄러워하다, 크게 부끄러워하다.

② ~해 버리다, 그 동작으로 들어가 아주 그 상태가 됨을 나타냄.

泣き入る。울어버리다.

寝入る。잠들어버리다.

□ ~付(つ)ける

① 몹시 ~하다, 그 동작이 심한 것을 나타냄.

怒鳴り付ける。호통 치다, 큰 소리로 꾸짖다.

睨み付ける。매섭게 노려보다, 눈 부라리다.

② ~하는 데에 익숙해져 있다.

遣り付けない仕事。익숙해지지 않는 일.

この子は叱られ付けている。

이 아이는 야단맞는 데에 익숙해져 있다.

□ ~回(まわ)る ~해 다니다.

歩き回る。여기저기 걸어 다니다.

持ち回る。여기저기 들고 다니다.

□ ~回(まわ)す

① 주위 전체를 ~하다.

針金を張り回す。철사를 둘러치다.

辺りを見回す。주위를 둘러보다.

② 몹시 ~하다.

女を追い回す。여자를 쫓아다니다.

刑事に付け回される。형사가 악착스럽게 쫓아다니다.

□ ~渡(わた)る 널리 ~하다, 철저하게 ~하다.

行き渡る。골고루 미치다.

知れ渡る。널리 알려지다.

□ ~渡(わた)す 널리 ~하다, 그 동작이 널리 미치도록 하다.

眺め渡す。멀리 바라보다.

彼方を見渡す。저편을 건너다 보다

□ ~返(かえ)る 완전히 ~되다, 정도가 심함을 나타냄.

静まり返る。아주 조용해지다.

呆れ返る。기가 막히다, 어이없어 하다.

□ ~返(かえ)す

① 되받아 ~하다.

言い返す。말을 되받다, 되풀이하여 말하다.

投げ返す。되받아 던지다.

② 다시 한 번 ~하다, 반복해서 ~하다.

手紙を読み返す。편지를 되풀이 읽다.

思い返す。다시 생각하다.

□ ~換(か)える·替(か)える 고쳐 ~하다.

乗り換える。갈아타다.

言い換える。바꾸어 말하다.

□ ~込(こ)む

① 안으로 들어가다.

雨が吹き込む。비가 들이치다.

飛び込む。뛰어들다, 날아들다.

② 안에 넣다.

書き込む。써 넣다, 기입하다.

詰め込む。밀어 넣다, 가득 처넣다.

③ 그런 상태를 그대로 계속하다.

座り込む。계속 앉아 있다, 농성하다.

黙り込む。계속 입을 다물다.

④ 완전히 그런 상태가 되다.

冷え込む。아주 추워지다.

老い込む。폭삭 늙다.

⑤ 철저히 하다.

教え込む。철저히 가르치다.

信じ込む。굳게 믿다.

□ ~果(は)てる

① 완전히 ~하다, 극도에 달하다.

呆れ果てる。어이없어 하다

疲れ果てる。극도로 지쳐 버리다.

② ~이 끝나다.

言い果てぬうちに。말이 끝나기도 전에.

見果てぬ夢。못다 꾼 꿈.

□ ~立(た)てる 마구 ~해대다, 그 동작이 특히 두드러지게 이루어짐을 나타냄.

書き立てる。계속적으로 써대다.

呼び立てる。연해 불러대다.

□ ~切(き)る

① 다 ~하다. ~를 끝내다.

読み切る。다 읽다.

金を使い切る。돈을 다 써버리다.

② ~하는 것을 그만두다.

思い切る。생각을 그만두다. 단념하다.

関係を断ち切る。관계를 끊다.

③ 완전히 ~하다.

疲れ切る。완전히 지치다.

弱り切った表情。아주 난감해하는 표정. 아주 약해빠진 표정.

□ ~切(き)れる

① 완전히[끝까지] ~할 수 있다.

明日までには読み切れる。내일까지는 다 읽을 수 있다.

もう待ち切れない。더 이상 기다릴 수 없다.

② 그렇다고 할 수도 있음을 나타냄.

そうも言い切れない。꼭 그렇다고만 말할 수 없다.

□ ~抜(ぬ)く

① 끝까지 ~하다. 해내다

調べ抜く。끝까지 조사해 내다.

追い抜く。기어이 앞지르다.

② 몹시 ~하다.

知り抜く。속속들이 알다.

困り抜く。몹시 난처하다.

□ ~通(とお)す 끝까지 계속해서 ~하다.

読み通す。끝까지 다 읽다.

やりとおす。끝까지 해내다.

□ ~尽(つく)す 다 ~하다. ~해 버리다.

パンを食べ尽してしまった。빵을 다 먹어 버렸다.

言い尽くす。전부 말하다. 다 말해 버리다.

□ ~まくる 계속 ~해대다. 마구 ~하다.

逃げまくる。계속 도망쳐 다니다.

書きまくる。마구 갈겨쓰다.

□ ~合(あ)う 서로 ~하다

話し合う。서로 이야기하다.

助け合う。서로 협력하다.

□ ~合(あ)わせる

① 물건과 물건을 하나로 하다.

二枚の布を縫い合わせる。두 개의 헝겊을 꿰매 맞추다.

原料をまぜ合わせる。원료를 한데 섞다.

② 서로 어떤 행위를 하다.

誘い合わせて花見に行く。미리 상의하고 꽃구경 가다.

駅で待ち合わせる。역에서 만나기로 하다.

③ 우연히 어떤 동일한 상태가 되다.

事件の現場に居合わせる。마침 사건 현장에 있다.

同じ電車に乗り合わせる。마침 같은 전차를 타다.

□ ~過(す)ぎる 너무 ~하다. 지나치다

言い過ぎる。말이 지나치다. 과언하다.

働き過ぎて病気になる。일을 지나치게 해서 병이 나다.

□ ~過(す)ごす

① 알맞은 정도를 넘어서다.

乗り過ごす。(목적지를) 지나치다.

寝過ごす。시간이 지나도록 자다. 늦도록 자다.

② 그대로 놓아두다.

見過ごす。간과하다. 보고도 그냥 두다.

やり過ごす。앞에 통과시키다. 지나치게 하다.

□ ~違(ちが)える 잘못 ~하다.

聞き違える。잘못 듣다. 헛듣다.

見違る。잘못 보다. 몰라보다. 착각하다.

□ ~損(そこ)なう

① ~하는 데에 실패하다. 잘못하다.

書き損なう。잘못 쓰다.

人を見損なう。사람을 잘못 보다.

② ~할 기회를 놓치다. ~를 못하고 말다.

展覧会を見損なう。

전람회를 못 보다. 전람회 구경할 기회를 놓치다.

夕食を食べ損なう。저녁 식사를 못 먹다.

③ ~할 뻔하다.

危うく命を落とし損なう。하마터면 목숨을 잃을 뻔하다.

自動車にひかれて死に損なう。

자동차에 치어 하마터면 죽을 뻔하다.

복합동사

□ **～そびれる** ～할 기회를 놓치다, ～하려다 못하다.

寝そびれる。잠을 설치다.

言いそびれる。말할 기회를 놓치다.

□ **～損(そん)じる·損(そん)ずる** 잘못 ～하다, 실수하다, 잘못하다.

仕事をし損じる。일을 잘못하다.

ボールを受け損じる。공을 잘못 받다, 공을 놓치다.

□ **～漏(も)らす** 빠뜨리다, 빼먹다

書き漏らす。빠뜨리고 쓰다.

話を聞き漏らす。이야기를 빠뜨리고 듣다.

□ **～逃(のが)す** ～할 것을 하지 못하다, 그냥 지나치다

見逃す。못 보고 말다, 보고도 못 본 체하다.

聞き逃す。못 듣고 말다, 그냥 못 들은 체하다.

□ **～直(なお)す** 고쳐 ～하다, 다시 ～하다

やり直す。다시 하다.

読み直す。고쳐 읽다, 다시 읽다.

□ **～慣(な)れる** ～를 해서 익다, 길들다.

使い慣れたペン。늘 써서 손에 익은 펜.

住み慣れた住居。오래 살아서 안락한 주거.

□ **～放(はな)す**

① ～한 채 놓아두다, 내버려 두다.

見放す。돌보지 않다, 못 본 체하다.

植えっぱなしにする。심은 채 버려두다.

② ～상태를 계속하다.

勝ちっぱなす。계속 이겨내다.

負けっぱなしだ。계속 지다.

□ **～こける** 어떤 동작이 한없이 계속되다

笑いこける。자지러지게 웃어 대다.

眠りこける。잠만 자다, 깊은 잠에 빠지다.

□ **～詰(つ)める**

① 꾸준히 ～하다.

見詰める。응시하다, 주시하다.

働き詰める。꾸준히 일하다.

② 철저히 ～하다.

問い詰める。캐묻다, 추궁하다.

追い詰める。막다른 데까지 몰아넣다.

③ 온통 ～하다.

敷き詰める。전면에 깔다.

タイルを張り詰める。빈틈없이 타일을 붙이다.

□ **～はぐれる** ～할 기회를 놓치다.

電車に乗りはぐれた。전차를 놓쳤다.

取りはぐれる。못 잡고 놓치다.

□ **～あぐむ** ～하다 못하다, ～하다 지치다.

待ちあぐむ。기다리다 지치다.

手紙を書きあぐむ。편지를 끝내 못쓰고 말다.

□ **～交(か)わす** 서로 ～하다, 서로 같은 동작을 하다.

見交わす。서로 바라보다, 시선을 주고받다.

取り交わす。주고받다, 교환하다.

□ **～煩(わずら)う** 좀처럼 ～하지 못하다, 망설이다.

言い煩う。좀처럼 말하지 못하고 머뭇거리다.

寒さで花が咲き煩う。추위로 꽃이 좀처럼 피지 못하다.

□ **～こなす** 그 동작을 능숙하게 함을 나타냄.

着こなす。잘(자기 몸에 어울리게) 차려입다.

使いこなす。잘 다루다, 자유자재로 쓰다.

[단어 형성] 합격 대책(2) -접두어 · 접미어

접두어

명사, 형용사, 동사에 붙어서, 다른 의미를 만들거나 어조를 강하게 한다.

◆ 無~ '~이 없다'의 의미를 나타냄.

無料(むりょう) 무료　無能(むのう) 무능　無理(むり) 무리　無力(むりょく) 무력　無知(むち) 무지

無益(むえき) 무익　無限(むげん) 무한　無効(むこう) 무효　無言(むごん) 무언　無職(むしょく) 무직

無計画(むけいかく) 무계획　無条件(むじょうけん) 무조건　無責任(むせきにん) 무책임　無抵抗(むていこう) 무저항　無欠席(むけっせき) 무결석

無事(ぶじ) 무사　無礼者(ぶれいもの) 무례한 놈　無意味(むいみ) 무의미　無遠慮(ぶえんりょ) 제멋대로 행동함

無理解(むりかい) 몰이해(이해가 없음, 도리를 모름)　無器用(ぶきよう)・不器用(ぶきよう) 서투름(솜씨 없음)

◆ 不~ '~이 아니다'의 의미를 나타냄.

不利(ふり) 불리　不調(ふちょう) 상태가 나쁨　不満(ふまん) 불만　不安(ふあん) 불안　不正(ふせい) 부정

不足(ふそく) 부족　不潔(ふけつ) 불결　不幸(ふこう) 불행　不平(ふへい) 불평　不便(ふべん) 불편

不合格(ふごうかく) 불합격　不注意(ふちゅうい) 부주의　不景気(ふけいき) 불경기　不公平(ふこうへい) 불공평　不自由(ふじゆう) 부자유

不十分(ふじゅうぶん) 불충분　不親切(ふしんせつ) 불친절　不思議(ふしぎ) 불가사의(이상함)

不始末(ふしまつ) 뒤처리를 잘 못함(단속이 허술함, 칠칠치 못함)　不器用(ぶきよう)・無器用(ぶきよう) 서투름(솜씨 없음)

◆ 非~ '어떤 규범, 표준적인 상태에 위배되는 것'의 의미를 나타냄.

非道(ひどう) 비도(무도)　非凡(ひぼん) 비범　非常識(ひじょうしき) 비상식　非合法(ひごうほう) 비합법　非科学的(ひかがくてき) 비과학적

非人間的(ひにんげんてき) 비인간적　非現実的(ひげんじつてき) 비현실적　非効率的(ひこうりつてき) 비효율적　非生産的(ひせいさんてき) 비생산적　非人道的(ひじんどうてき) 비인도적

◆ 未~ '아직 ~되어 있지 않다'의 의미를 나타냄.

未来(みらい) 미래　未決(みけつ) 미결　未納(みのう) 미납　未完成(みかんせい) 미완성　未決定(みけってい) 미결정

未解決(みかいけつ) 미해결　未成年(みせいねん) 미성년　未払い(みはらい) 미불(미지불)

◆ 反~ '~에 어긋나다, 반대되다'의 의미를 나타냄.

反射(はんしゃ) 반사　反発(はんぱつ) 반발　反社会(はんしゃかい) 반사회　反民主主義的(はんみんしゅしゅぎてき) 반민주주의적

접두어·접미어

◆ **真～** '색채를 나타내는 형용사나 명사에 붙여서 전형적이다'의 의미를 나타냄.

真上(まうえ) 바로 위　真夏(まなつ) 한여름　真昼(まひる) 한낮　真夜中(まよなか) 한밤중　真新(まあたら)しい 아주 새롭다
真(ま)っ赤(か) 새빨간　真(ま)っ黒(くろ) 새까만　真(ま)っ白(しろ) 새하얀　真(ま)っ暗(くら) 아주 컴컴한　真(ま)っ直(す)ぐ 곧장(똑바로)
真(ま)ん中(なか) 한가운데　真(ま)ん丸(まる) 아주 동그란

◆ **丸～** '완전한, 완전히'의 의미를 나타냄.

丸(まる)5年(ごねん) 만 5년　丸見(まるみ)え 죄다 보임　丸焼(まるや)き 통구이

접미어

명사, 동사(ます형)에 붙어서, 다른 의미를 만들거나 어조를 강하게 한다.

◆ **～辛(づら)い** ~하기 괴롭다, 고통스럽다, ~하는 것이 곤란하다

☞ 동작주에게 불가능한 것은 아니지만, 그것으로 인해 곤란하다.

1. 신체적인 이유에 의한 경우

- 足(あし)にまめができて歩(ある)きづらい。발에 물집이 생겨서 걷기 힘들다(어렵다).
- 虫歯(むしば)が痛(いた)くて食(た)べづらい。충치가 아파서 먹기 힘들다(어렵다).
- 砂利(じゃり)が多(おお)くて歩(ある)きづらい。자갈이 많아서 걷기 힘들다(어렵다).
- 雑音(ざつおん)が入(はい)って聞(き)きづらい。잡음이 들어가서 듣기 힘들다(어렵다).
- 老眼(ろうがん)なので文字(もじ)が読(よ)みづらい。노안이기 때문에 글자 읽기가 힘들다(어렵다).

2. 정신적인 이유에 의한 경우

- 大戦相手(たいせんあいて)が先輩(せんぱい)なので、どうも攻(せ)めづらい。대전 상대가 선배이기 때문에, 아무래도 공격하기 힘들다(어렵다).
- 先日(せんじつ)、彼(かれ)を怒(おこ)らせてしまったから、会(あ)いに行(い)きづらい。
  일전에 그를 화나게 했기 때문에, 만나러 가기 힘들다(어렵다).

◆ ~難(がた)い ~하기 어렵다, (좀처럼)~할 수 없다

☞ 마음으로는 그렇게 하고 싶지만 그렇게 하기 어렵다. 거의 불가능한 상황이다. 의지동사에만 사용 가능하다.

- 得(え)がたい人材(じんざい)。구할 수 없는(구하기 어려운) 인재.
- そのような要求(ようきゅう)はとても受(う)け入(い)れがたい。그와 같은 요구는 도저히 받아들일 수 없다(받아들이기 어렵다).
- あまりにも高度(こうど)な専門(せんもん)の話(はなし)なので、私(わたし)ごときには理解(りかい)しがたい。
  너무나도 고도의 전문적인 이야기이기 때문에 나와 같은 경우에는 이해할 수 없다(이해하기 어렵다).)
- まじめな彼(かれ)が嘘(うそ)をついているとは信(しん)じがたい。진지한 그가 거짓말을 했다고는 믿을 수 없다(믿기 어렵다).
- 女性(じょせい)の社会進出(しゃかいしんしゅつ)が進(すす)んだとは言(い)え、まだまだ職場(しょくば)での差別(さべつ)がなくなったとは言(い)いがたい。
  여성의 사회 진출이 나아졌다고는 하지만, 아직 직장에서의 차별이 없어졌다고는 말할 수 없다(말하기 어렵다).

◆ ~かねる ~하기 어렵다

☞ 정신적, 심리적으로는 그렇게 하고 싶지만, 외적인 상황으로 인해 도저히 불가능하다.

- 申(もう)し訳(わけ)ございませんが、できかねます。죄송합니다만, 불가능합니다.
- 私(わたし)ではわかりかねますので、担当者(たんとうしゃ)に代(か)わります。저로서는 알 수 없기 때문에, 담당자를 바꾸겠습니다.
- その件(けん)に関(かん)して私(わたし)からは何(なん)とも言(い)いかねます。그 건에 관해서 저로서는 뭐라고 말할 수 없습니다.
- 必要(ひつよう)ないとは言(い)わないが反対(はんたい)、という意味(いみ)を理解(りかい)しかねています。
  필요 없다고는 말하지 않지만 반대(한다)라는 의미를 이해할 수 없습니다.
- やっぱり自分(じぶん)の目(め)で確認(かくにん)するまでは、納得(なっとく)しかねる話(はなし)だ。
  역시 자신의 눈으로 확인하기까지는 납득할 수 없는 이야기이다.
- 見(み)るに見(み)かねて手伝(てつだ)う。차마 두고 볼 수 없어서 도와주다.

◆ ~難(にく)い ~하기 어렵다

☞ 순조롭게 할 수가 없다. 보통 때보다 힘들다.

1. 의지동사 + にくい ~하기 어렵다

≠ 의지동사 + やすい : ~하기 쉽다

- 歩(ある)きにくい靴(くつ)。걷기 어려운 구두. ≠ 歩(ある)きやすい靴(くつ)。걷기 용이한 구두.
- 飲(の)みにくい薬(くすり)。먹기 어려운 약. ≠ 飲(の)みやすい薬(くすり)。먹기 쉬운 약.
- 覚(おぼ)えにくい言葉(ことば)。외우기 어려운 말. ≠ 覚(おぼ)えやすい言葉(ことば)。외우기 쉬운 말.
- 読(よ)みにくい。읽기 어렵다. ≠ 読(よ)みやすい。읽기 쉽다.

2. 무의지동사 + にくい (잘, 좀처럼) ~하지 않는다

- 汚水が流れにくい。오수가 잘 흐르지 않는다.
- はずれにくいねじ。잘 빠지지 않는 나사.
- 割れにくい板。잘 갈라지지 않는 널빤지.
- 見えにくい方向。잘 보이지 않는 방향.
- 消防士の服は燃えにくい材質で作られている。소방사의 옷은 잘 타지 않는 재질로 만들어져 있다.

비교 **~やすい**

1. 의지동사 + やすい ~하기 쉽다 ≠ 의지동사 + にくい : ~하기 어렵다

- この本は読みやすい。이 책은 읽기 쉽다.

2. 무의지동사 + やすい 자주 ~한다

≒「~がちだ」와 바꾸어 쓸 수 있는 경우가 많다.

- 急いでいると、忘れ物をしやすい(しがちだ)。서두르면, 자주 물건을 잃어버린다.

연습 문제

1. 口内炎で、水さえ（　　　）。

(A) 飲みにくい　(B) 飲みづらい　(C) 飲みかねる　(D) 飲みがたい

2. 大変申し上げ（　　　）のですが、都合があって、今回は参加できません。

(A) たい　(B) やすい　(C) がたい　(D) にくい

3. この焼魚は骨が多くて食べ（　　　）。

(A) たい　(B) 切れる　(C) がたい　(D) づらい

【정답】

1. B ⇒ 신체적인 이유로 곤란한 것이므로,「(B)飲みづらい」가 정답이다.

- 飲みにくい薬。먹기 어려운 약. ☞ 대상에 원인이 있는 경우
- 医者の許可がないので薬を飲みかねている。의사의 허가가 없기 때문에 먹을 수 없다.
  ☞ 외적인 상황으로 인해 불가능

2. D

3. D ⇒ 먹기 어렵다, 먹기 힘들다 =「食べにくい」,「食べづらい」

◆ **~だらけ** ~투성이 ☞ 전체에 아주 많은 양이 있어서 좋지 않은 상태를 나타냄

傷(きず)だらけ 상처투성이　　ほこりだらけ 먼지투성이　　借金(しゃっきん)だらけ 빚투성이　　間違(まちが)いだらけ 틀린 것투성이

ゴミだらけ 쓰레기투성이

◆ **~まみれ** ~투성이 ☞ 액체 혹은 분말 등의 것이 표면 전체에 빈틈없이 부착되어 있음

血(ち)まみれ 피투성이　　汗(あせ)まみれ 땀투성이(땀범벅)　　泥(どろ)まみれ 진흙투성이　　ほこりまみれ 먼지투성이

粉(こな)まみれ 가루투성이(밀가루범벅)

◆ **~ずくめ** ~투성이(일색) ☞ 존재하는 것 전부~, ~만 계속해서 일어남

黒(くろ)ずくめ 검은색 일색　　めでたいことずくめ 경사로운 일 일색　　いいことずくめ 좋은 일 일색

연습 문제

子供が砂場で遊んで帰ってきたので家の中が砂(　)になった。

(A) だらけ　　(B) まみれ　　(C) ずくめ　　(D) ばかり

【정답】A

◆ **~げ** ~듯한

☞ 외부에서 본 추량을 나타냄.

楽(たの)しげ 즐거운 듯　　嬉(うれ)しげ 기쁜 듯　　寂(さび)しげ 쓸쓸한 듯　　懐(なつ)かしげ 그리운 듯

悲(かな)しげな顔(かお) 슬픈 듯한 얼굴(= 悲(かな)しそうな顔(かお))

◆ **~がち** ~하기 쉬움, ~한 경향, 상태가 많음을 나타냄.

- ありがちなことだ。흔히 있는 일이다.
- 病気(びょうき)がちだ。자주 병에 걸리다(병들기 일쑤다).
- 曇(くも)りがちの天気(てんき)。자주 흐린 날씨.
- 不注意(ふちゅうい)による事故(じこ)が起(お)こりがちだ。부주의로 인한 사고가 자주 일어난다.
- 忘(わす)れがちだ。잊기 쉽다, 자주 잊는다.
- 遠慮(えんりょ)がちに。조심스럽게, 주춤거리며.

접두어·접미어

◆ ~気味 ~경향, ~기색

- 風邪気味で休む。감기 기운으로 쉬다.
- 焦り気味。초조해하는 기색.
- 物価が上がり気味だ。물가가 오를 기미가 있다.
- 仕事が多すぎて疲れ気味だ。일이 너무 많아서 피곤한 것 같다. ☞ 지금, 현재 실제로 피곤하다.

※ 毎日仕事が多すぎて疲れがちだ。매일 일이 많아서 자주 피곤하다.

☞ 피곤한 때가 많다. 빈도를 나타내는 어구와 같이 호응됨.

◆ ~っぽい ~스럽다, ~답다, ~의 성질, 경향이 있다

- 水っぽい。묽다, 싱겁다.
- 怒りっぽい。화를 잘 내다.
- 安っぽい。싸구려 같다, 값싸다.
- あきっぽい。싫증을 잘 내다.
- 田舎っぽい。촌스럽다.
- 黒っぽい。거무스름하다.
- ほこりっぽい。먼지를 띠다.
- 忘れっぽい。잘 잊어버리다, 잊기 쉽다.

◆ ~賃 ~요금(삯). ☞ 주로 교통 기관을 나타내는 명사와 일부의 서비스를 나타내는 명사에 연결

運賃 운임　電車賃 전차 요금　手間賃 품삯(노임)　船賃 배삯

◆ ~費 ~비, ~비용. ☞ 행위, 활동과 설비 등을 나타내는 명사에 붙여서 그것에 드는 금전의 의미를 나타냄.

食費 식비　交通費 교통비　人件費 인건비　生活費 생활비　交際費 교제비　光熱費 광열비

◆ ~金 ~금

契約金 계약금　所持金 소지금(갖고 있는 돈)　敷金 보증금　手付金 착수금　奨励金 장려금

◆ ~料 ~료(요금)

授業料 수업료　使用料 사용료　郵送料 우송료　サービス料 서비스 요금　キャンセル料 취소 요금

◆ **~代** ~요금

バス代 버스 요금　　電気代 전기 요금　　食事代 식사비　　ガス代 가스비　　部屋代 방세(방값)

◆ **~向け** ~용(대상). ☞ 어떤 물건의 사용자, 사용 목적으로서 의도된 대상을 나타냄.

子供向け 어린이용　　大人向け 어른용　　大衆向け 대중용　　海外向け 해외용

- 日本人向け商品。일본인을 대상으로 한 상품.
- この会社では、子供向けのテレビ番組を作っている。이 회사에서는 어린이용의 TV프로를 만들고 있다.

◆ **~向き** ~에게 적합. ☞ 어떤 물건의 사용자, 사용목적으로서 적합한 대상을 나타냄.

夏向き 여름에 적합　　初心者向き 초심자에게 적합　　パーティー向き 파티에 적합

- 日本人向き商品。일본인에게 적합한 상품.
- この映画は子供向きだ。이 영화는 어린이에게 적합하다.

◆ **~用** ~용. ☞ 단순히 사용자를 나타냄.

非常用 비상용　　工業用 공업용　　男性用 남성용　　女性用 여성용
印刷用 인쇄용　　朝食用 조식용

- このトイレは男性（○ 用 / × 向け / × 向き）です。이 화장실은 남성용입니다.
  ☞ 어떤 의도나 적합 여부를 묻는 것이 아님.

[문맥 규정] 출제 경향 및 기출문제

★★★ 7문항 출제 예상

과거 시험과 동일한 형식으로, 문맥에 따라 의미적으로 규정된 단어가 무엇인지를 묻는다.

출제경향

問題4（　　）に入れるのに最もよいものを、1・2・3・4から一つ選びなさい。

1. 日本人の平均（　　　　）は、男性が79歳、女性が86歳である。

① 生命　② 寿命　③ 人生　④ 一生

2. CDの売り上げは3年（　　　　）で減少しているそうだ。

① 連続　② 接続　③ 持続　④ 相続

정답	1② 2①

기출문제

2009년 12월 기출문제

1. 靴の＿＿＿をしっかり結んでから、ジョギングを始めた。

① つな　② なわ　③ いと　④ ひも

2. その車は制限速度を大きく＿＿＿して走っていた

① 超過　② 過剰　③ 通過　④ 過失

3. 彼はこの国を作った＿＿＿な王だ。

① 豪華　② 高級　③ 偉大　④ 上等

4. 友人がピアノの＿＿＿で優勝した。

① コンサート　② コンクール　③ コンクリート　④ コンセント

5. 長い間しゃがんでいたため、足が＿＿＿立てなくなった。

① やぶれて　② しびれて　③ つぶれて　④ くずれて

6. ここは世界的に有名な観光地なので、外国人に＿＿＿機会が多い。

① 達する　② 関する　③ 適する　④ 接する

7. 朝から話し合いを続けているが、なかなか＿＿＿が出ない。

① 結局　② 完成　③ 完了　④ 結論

8. A「どちらでも好きな方をあげましょう。」

B「どちらもすてきだから、＿＿＿しまって決められません。」

① まよって　② えらんで　③ たずねて　④ くらべて

9. この新聞は1＿＿＿120円で売られている。

① 通　② 冊　③ 部　④ 巻

10. ＿＿＿少しさとうを入れると、もっとおいしくなりますよ。

① おおよそ　② たった　③ ほんの　④ めっきり

정답	1④ 2① 3③ 4② 5② 6④ 7④ 8① 9③ 10③

2009년 7월 기출문제

1. 練習でうまくできても、試合で実力を＿＿＿するのはむずかしいものだ。

① 発行　② 発車　③ 発表　④ 発揮

2. 和室に布団を＿＿＿寝る。

① かぶせて　② ひっぱって　③ しいて　④ のばして

3. 父は子供のころ＿＿＿、食べるものに困っていたそうだ。

① けわしくて　② あやしくて　③ まずしくて　④ こいしくて

4. このガラスびんの＿＿＿は2リットルです。

① 濃度　② 容積　③ 水圧　④ 重量

5. 海＿＿＿の道を通って家に帰った。

① 沿い　② 建て　③ 向け　④ 付き

6. A「部長、遅くなってすみません。先日の会議のレポートができました。」
B「それは______。」
① ごくろうさま　② えんりょなく　③ おまちどおさま　④ おきのどくに

7. 緊張していたので、______に話せなかった。
① エチケット　② スタイル　③ アクセント　④ スムーズ

8. 夏になると、この山には______と登山客がやって来る。
① 別々　② 続々　③ 点々　④ 着々

9. 朝まで寝ないで勉強していたので、授業中に眠くて何度も______が出た。
① あくび　② せき　③ しゃっくり　④ くしゃみ

10. 長期にわたって______してきた二国間で、先週、初のトップ会談が行われた。
① 対照　② 対策　③ 対面　④ 対立

정답	1④　2③　3③　4②　5①　6①　7④　8②　9①　10④

2008년 12월 기출문제

1. 朝は時間がないので、新聞の______をながめるだけで、記事は読まない。
① 見出し　② 見かけ　③ 見本　④ 見方

2. 今朝は鳥の鳴き声で目が______。
① かれた　② ほえた　③ ふけた　④ さめた

3. 電力などの______の供給は、5年後にはこの国にとって大きな問題になるだろう。
① アルコール　② エネルギー　③ カロリー　④ ビタミン

4. ______かもしれませんが、大切なことなので、もう一度繰り返します。
① のろい　② にぶい　③ くどい　④ ゆるい

5. この工芸品はこわれやすいので、______に扱ってください。
① 重要　② 重大　③ 慎重　④ 貴重

6. ＿＿＿行きたいのなら、一人で行きなさい。

① どうしても　② くれぐれも　③ 必ずしも　④ 少なくとも

7. 明日の試合では、この2つの＿＿＿が初めて戦うことになっている。

① シリーズ　② チーム　③ ゲーム　④ メンバー

8. あの店は買った物を自宅まで＿＿＿してくれます。

① 通達　② 配達　③ 伝達　④ 発達

9. サッカー選手に＿＿＿子どもたちは多い。

① あこがれる　② おいかける　③ つきあたる　④ めぐまれる

10. 今回のレポートは、時間が足りなかったため、＿＿＿完全なものしか書けなかった。

① 無　② 非　③ 未　④ 不

정답	1① 2④ 3② 4③ 5③ 6① 7② 8② 9① 10④

2007년 12월 기출문제

1. 「あのう、そちらで働きたいんですけど。」

「では、一度＿＿＿を受けに来てください。」

① 営業　② 歓迎　③ 面接　④ 訪問

2. ご宿泊ですね。では、この欄に、お名前とご住所をご＿＿＿ください。

① 記憶　② 記入　③ 記念　④ 記録

3. あの人の命令に＿＿＿なんて、私にはできない。

① ためらう　② うやまう　③ うらなう　④ さからう

4. 一般に＿＿＿が高い地域では、冬の寒さがきびしい。

① 経度　② 緯度　③ 角度　④ 限度

5. 昨日ゼミで話し合った話題は、子どもの数が減っているという、＿＿＿「少子化」の問題だった。

① あらゆる　② いわゆる　③ あくる　④ さる

6. あの人は＿＿＿人で、買い物に行くとき、よく財布を忘れてしまうそうだ。

① ずうずうしい　② ばからしい　③ そそっかしい　④ さわがしい

7. 私のフランス語は、まだ日常生活で十分役に立つという＿＿＿ではありません。

① レベル　② パターン　③ スタイル　④ ゴール

8. 「テスト、どうだった？」

「＿＿＿＿できた。」

① さっぱり　② ちっとも　③ あんまり　④ まあまあ

9. この椅子は、子どもの身長に合わせて高さ＿＿＿をすることができます。

① 調節　② 安定　③ 処理　④ 共通

10. 「これ、おいしいですね。」

「どうぞ、たくさんめしあがってください。＿＿＿＿＿＿＿＿。」

① ごえんりょなく　② おかまいなく　③ おじゃましました　④ かしこまりました

정답	1③ 2② 3④ 4② 5② 6③ 7① 8④ 9① 10①

2006년 12월 기출문제

1. 旅行につれていけないので、わたしは友人にペットの犬を＿＿＿。

① あずけた　② ふざけた　③ くっつけた　④ よびかけた

2. 飲み終わったら、＿＿＿になったびんをこちらに捨ててください。

① あき　② なし　③ すき　④ から

3. 昨夜は、ベッドで本を読んでいるうちに＿＿＿寝てしまった。

① いつのことか　② いつのまにか　③ いつまでも　④ いつでも

4. わたしの会社は、倉庫を______して、オフィスにしている。

① 改正　② 改造　③ 改善　④ 改定

5. このごろ少し太ったせいか、ズボンが______なった。

① ずるく　② ゆるく　③ にぶく　④ きつく

6.「山田さんは、まだ来ていないんですか。」

「______、昨日も休みでしたね。」

① そういえば　② それとも　③ なぜなら　④ だって

7. 工事は______進んでいて、予定どおり来月には終了しそうです。

① 順調に　② 自然に　③ ゆたかに　④ なだらかに

8. あまりに寒くて、手足の______がなくなってきた。

① 感情　② 感動　③ 感覚　④ 感激

9. 台風の接近にともない、夜になって雨と風が______強くなってきました。

① しだいに　② せっせと　③ ばったり　④ ちかちか

10. 今回のマラソンは、こちらの競技場から______することになっています。

① セット　② ノック　③ スタート　④ サービス

정답	1① 2④ 3② 4② 5④ 6① 7① 8③ 9① 10③

[유의어(대체)] 출제 경향 및 기출문제

★★★ 5문항 출제 예상

과거 시험과 동일한 형식으로, 출제되는 단어나 표현과 의미적으로 가까운 단어를 묻는다.

출제경향

問題5 ＿＿の言葉に意味が最も近いものを、1・2・3・4から一つ選びなさい。

1. 田中さんは単なる友人です。

① 大切な　② 一生の　③ ただの　④ 唯一の

2. あの人のお母さんはいつもほがらかです。

① おとなしい　② まじめ　③ りっぱ　④ あかるい

정답	1③　2④

기출문제

2009년 12월 기출문제

1. この道具にはいろいろな使い道がある。

① 用途　② 種類　③ 形式　④ 効果

2. この地方に台風が来るのはまれなことです。

① よくある　② ほとんどない　③ 時々ある　④ まったくない

3. それは、おもしろいアイデアですね。

① 案　② 型　③ 図　④ 説

4. この計画の実現には相互の理解が大切だ。

① われわれ　② みなさん　③ あいて　④ たがい

5. 彼からの手紙を読んで、がっかりした。

① 満足　② 心配　③ 失望　④ 安心

정답	1① 2② 3① 4④ 5③

2009년 7월 기출문제

1. 父はとても頭にきているようだ。

① 驚いている　② 悔やんでいる　③ 怒っている　④ 悲しんでいる

2. その話は単なるうわさですから、信じてはいけません。

① むだな　② ただの　③ うその　④ ばかな

3. この内容でよろしければ、サインをいただけますか。

① 許可　② 署名　③ 承認　④ 注文

4. 先週の出張を中止したのはやむをえないことだった。

① しかたがない　② みっともない　③ もったいない　④ とんでもない

5. オリンピックが契機となり、スポーツがさかんになった。

① ささえ　② すくい　③ つながり　④ きっかけ

정답	1③ 2② 3② 4① 5④

2008년 기출문제

1. そんなにわがままなことばかり言っていたら、まわりの人にきらわれるよ。

① 勝手　② 粗末　③ 余計　④ 駄目

2. この村の人は比較的長生きだ。

① 特別に　② 割合に　③ 非常に　④ 意外に

3. 外からやかましい音が聞こえる。

① きれいな　② うるさい　③ へんな　④ よわい

4. オートバイのオイルを買ってきました。

① ぶひん　② くうき　③ ざせき　④ あぶら

5. 差し支えがなければ、電話番号を教えてください。

① 仕方　② 変更　③ 問題　④ 不平

정답	1①	2②	3②	4④	5③

2007년 기출문제

1. みんなに迷惑をかけて、本当にすまないと思っている。

① くやしい　② はずかしい　③ かなしい　④ もうしわけない

2. 仕事ばかりじゃなくて、たまには娯楽も必要だ。

① ドラマ　② パーティー　③ レジャー　④ デート

3. 彼は、旅行中に起きた奇妙な出来事をもとにして、小説を書いた。

① すぐれた　② かわった　③ あきれた　④ おどろいた

4. 社長は、記者会見でそのうわさを打ち消した。

① 正しくないと言った　② おかしくないと言った

③ 聞きたくないと言った　④ 分からないと言った

5. バスはまもなく来るでしょう。

① いずれ　② ほとんど　③ もうすぐ　④ やっと

정답	1④	2③	3②	4①	5③

2006년 기출문제

1. あちらのかいしゃには<u>再三</u>お願いしています。

① 何度も　② 何度か　③ いつも　④ いつか

2. 鈴木さんは毎日まじめに<u>トレーニング</u>している。

① 翻訳　② 世話　③ 生活　④ 練習

3. この二人は何から何まで<u>そっくりだ</u>。

① 変わっている　② 違っている　③ 合っている　④ 似ている

4. すっかりここが<u>気に入って</u>しまった。

① おかしくなって　② やさしくなって　③ すきになって　④ いやになって

5. 市役所に行って<u>苦情</u>をうったえた。

① 不満　② 不運　③ 不便　④ 不正

정답	1① 2④ 3④ 4③ 5①

[유의어(대체)] 합격 대책 - 다의어

あたる

1. ~에 해당하다. ~와(과) 맞먹다

日本の首相に当たる。일본 수상에 해당한다.

いとこに当たる人。사촌에 해당하는 사람.

その語はここには当たらない。
그 말은 여기에는 해당되지 않는다.

2. 대적하다. 맞서다

強敵に当たる。강적과 맞서다.

当たるべからざる勢い。당해낼 수 없는 기세.

3. 임무를 맡다

診察に当たる。진찰을 맡다.

看護に当たる。간호를 맡다.

交通整理に当たる。교통정리를 담당하다.

4. 성공하다. 히트하다

芝居が当たる。연극이 성공을 거두다.

新製品が当たった。신제품이 히트했다.

去年一番当たった映画。작년에 가장 히트친 영화.

5. 적중하다

宝くじが当たる。복권이 당첨되다.

天気予報が当たる。일기예보가 적중하다.

予想が当たる。예상이 들어맞다.

6. 병에 걸리다

暑気に当たる。더위 먹다.

きのこに当たる。버섯에 중독되다.

食べた物が当たった。먹은 것이 체했다.

いれる

1. 안에 집어넣다

箱に入れる。상자에 넣다.

ポケットに手を入れる。호주머니에 손을 넣다.

車をガレージに入れる。차를 차고에 넣다.

2. 작동시키다

暖房を入れる。난방을 넣다(켜다).

スイッチを入れる。스위치를 넣다(켜다).

3. 사이에 넣다. 끼우다

休憩を入れる。휴식을 넣다.

一服を入れる。잠깐 휴식을 넣다.

本の間にしおりを入れる。
책 중간에 책갈피를 끼우다.

4. 쏟아 넣다. 정성을 들이다

力を入れる。힘을 들이다.

念を入れる。공을 들이다.

身を入れる。헌신하다.

5. 손질하다

文章に手を入れる。문장에 손을 대다.

庭木にはさみを入れる。
정원수에 가위를 대다(손질하다).

6. 상대에게 보내다

わびを入れる。사과를 하다.

連絡を入れる。연락을 하다.

電話を入れる。전화를 하다.

7. 받아들이다, 포용하다

忠告を入れる。충고를 받아들이다.

要求を入れる。요구를 받아들이다.

世に入れられない。세상에 받아들여지지 않다.

つける

1. 부착시키다

棚をつける。선반을 달다.

胸にブローチをつける。가슴에 브로치를 달다.

カメラにフィルターをつける。카메라에 필터를 붙이다.

2. 기입하다, 쓰다

日記をつける。일기를 쓰다.

家計簿につける。가계부에 적다.

3. 켜다

ラジオをつける。라디오를 켜다.

電灯をつける。전등을 켜다.

4. 끝을 내다, 결말을 짓다

かたをつける。결말을 내다.

けりをつける。결말을 짓다.

話をつける。이야기를 매듭짓다.

5. 덧붙이다, 첨가하다

利息をつける。이자를 붙이다.

条件をつける。조건을 붙이다.

味をつける。맛을 내다.

でる

1. 참가하다

会議に出る。회의에 참가하다.

試合に出る。시합에 참가하다.

2. 나타나다

不満が顔に出る。불만이 얼굴에 나타나다.

ぼろが出る。결점이 드러나다.

どっと疲れが出る。갑자기 피로가 몰려오다.

3. 나다, 생기다

火が出る。불이 나다.

スピードが出る。스피드가 나다.

芽が出る。싹이 나오다.

温泉が出る。온천물이 나오다.

4. 어떤 결과를 얻다

結論が出る。결론이 나오다.

答えが出る。답이 나오다.

いい色が出た。좋은 색이 나왔다.

検査の結果が出る。검사 결과가 나오다.

とる

1. 거두다

使用料を取る。사용료를 받다.

罰金を取る。벌금을 징수하다.

2. 맡다, 지다

責任を取る。책임을 지다.

仲介の労を取る。중개의 노고를 맡다.

跡を取る。대를 잇다.

3. 먹다. 섭취하다

食事(しょくじ)を取(と)る。식사를 하다.

ビタミンを取(と)る。비타민을 섭취하다.

4. 필기하다. 기입하다

ノートを取(と)る。노트에 쓰다.

メモを取(と)る。메모를 하다.

記録(きろく)を取(と)る。기록을 기입하다.

5. 취하다. 강구하다

手段(しゅだん)を取(と)る。수단을 취하다.

処置(しょち)を取(と)る。조치를 취하다.

取(と)るべき道(みち)はただ一(ひと)つだけだ。
취할 길은 오직 하나뿐이다.

くう

1. 생활하다. 살아가다

食(く)うには困(こま)らない。생활은 어렵지 않다.

どうにか食(く)って行(ゆ)く。그럭저럭 살아가다.

2. 침범하다. 잠식하다. 갉아먹다

票(ひょう)が食(く)われる。표가 잠식당하다.

相手(あいて)の縄張(なわば)りを食(く)う。
상대방의 세력 범위를 침범하다.

3. 들다. 소비하다. 걸리다

ガソリンを食(く)う自動車(じどうしゃ)。
휘발유를 많이 잡아먹는 자동차.

時間(じかん)を食(く)う。시간을 많이 잡아먹다. 시간이 걸리다.

金(かね)を食(く)う。돈이 들다.

4. (바람직하지 않은 일을) 받다. 입다

攻撃(こうげき)を食(く)う。공격을 받다.

お目玉(めだま)を食(く)う。혼나다. 야단 맞다.

締(し)め出(だ)しを食(く)う。쫓겨나다.

きれる

1. 사용하여 없어지다

たばこが切(き)れる。담배가 떨어지다.

電池(でんち)が切(き)れる。전지가 떨어지다.

2. 날카롭다. 유능하다

頭(あたま)が切(き)れる。머리가 잘 돌아가다.

切(き)れる男(おとこ)。유능한 사나이.

3. (계속된 것이) 끊어지다

話中(はなしちゅう)に電話(でんわ)が切(き)れた。통화 중에 전화가 끊어졌다.

彼(かれ)とは手(て)が切(き)れた。그와는 관계가 끊어졌다.

国交(こっこう)が切(き)れる。국교가 단절되다.

4. (기한, 기간 등이) 다 되다. 마감되다

任期(にんき)が切(き)れる。임기가 다 되다.

契約(けいやく)の期間(きかん)が切(き)れる。계약 기간이 끝나다.

定期券(ていきけん)が切(き)れる。정기권이 다 되다.

5. (물건이 오래되어) 해어지다. 낡다

靴下(くつした)が切(き)れる。양말이 닳아 해어지다.

着物(きもの)のすそが切(き)れる。옷자락이 닳아 해어지다.

腕(うで)

1. 솜씨. 실력. 기술

いい腕(うで)だ。좋은 솜씨다.

腕(うで)が上(あ)がる。솜씨가 늘다.

腕(うで)が鳴(な)る。자기 솜씨를 보이고 싶어서 좀이 쑤시다.

2. 팔

腕をこまぬく。팔짱을 끼다. 방관하다.

壁

1. 벽

壁に寄りかかる。벽에 기대다.

壁に耳あり。벽에도 귀가 있다(낮말은 새가 듣고 밤말은 쥐가 듣는다는 뜻).

2. 장벽. 장애

壁に突き当たる。장벽에 부딪히다.

研究が壁にぶつかる。연구가 벽에 부딪히다.

法律の壁は厚い。법률의 벽은 두텁다.

身

1. 자기 자신. 신체

危険から身を守る。위험으로부터 몸을 지키다.

身を清める。몸을 깨끗이 하다.

2. 입장. 처지

親の身になる。부모의 처지가 되다.

私の身にもなってください。

제 입장이 좀 되어 보십시오.

3. 목숨

身を捨てる。목숨을 버리다[희생하다].

身を尽くす。목숨을 걸다.

4. 분수

身に余る。분수에 넘치다.

身のほどを知らない。분수를 모르다.

頭

1. 두발. 머리카락

頭を分ける。가리마를 타다.

頭が白くなる。백발이 되다.

2. 두뇌

頭仕事。머리 쓰는 일.

頭が切れる。머리가 명석하다.

君の頭ならできる。

자네 머리[실력]라면 된다[할 수 있다].

3. 마음. 머리 속

頭を悩ます。머리를 썩이다.

頭にひらめく。머리 속에 스치다.

頭に浮かぶ。머리에 떠오르다.

4. 생각

自分の頭で書く。자기 생각으로 쓰다.

頭が古い。구식이다.

5. 처음. 시초

頭から間違っている。처음부터 틀려 있다.

文章の頭に出す。문장의 서두에 내놓다.

あさい

1. (깊이, 바닥이) 깊지 않다

浅い海。얕은 바다.

底の浅いバケツ。속이 깊지 않은 양동이.

2. (정도가) 덜하다

浅い理解。얕은 이해.

浅い考え。얕은 생각.

3. 옅다. 엹다

浅(あさ)い眠(ねむ)り。옅은 잠.

色(いろ)が浅(あさ)い。색이 엹다.

うるさい

1. 시끄럽다

車(くるま)の走(はし)る音(おと)がうるさい。
차 달리는 소리가 시끄럽다.

2. 번거롭다. 귀찮다

うるさい問題(もんだい)が起(おこ)った。귀찮은 문제가 일어났다.

うるさくつきまとう。귀찮게 따라다니다.

うるさい仕事(しごと)。성가신 일.

3. 까다롭다

味(あじ)にうるさい人(ひと)。맛에 까다로운 사람.

やすい

1. (값이) 싸다

安(やす)い運賃(うんちん)。싼 운임.

安(やす)かろう、悪(わる)かろう。싼 게 비지떡.

2. (마음이) 편하다. 평온하다

安(やす)からぬ気持(きも)ち。편치 않은 마음.

3. 경솔하다

安(やす)く引(ひ)き受(う)ける。경솔하게 떠맡다.

4. 쉽다. 간단하다

解(と)き安(やす)い問題(もんだい)。풀기 쉬운 문제.

他人(たにん)を責(せ)めるのは安(やす)いことだ。
남을 나무라는 것은 쉬운 일이다.

こまかい

1. 작다. 미세하다

金(かね)を細(こま)かくする。돈을 잔돈으로 헐다.

2. 계산이 빠르다. 인색하다

金銭(きんせん)に細(こま)かい。금전에 인색하다.

細(こま)かいわりに金(かね)もうけが下手(へた)だ。
셈속이 빠른 데 비해서는 돈벌이가 서툴다.

3. 자세하다. 상세하다

細(こま)かい説明(せつめい)。자세한[상세한] 설명.

4. 대수롭지 않다. 사소하다

細(こま)かいあらを探(さが)す。사소한 흠을 잡다.

細(こま)かいことを気(き)にする。하찮은 일을 신경쓰다.

[용법] 출제 경향 및 기출문제

★★★ 5문항 출제 예상

과거 시험과 동일한 형식으로, 출제어가 문장 안에서 어떻게 사용되는지를 묻는다.

출제경향

問題6 次の言葉の使い方として最もよいものを、1・2・3・4から一つ選びなさい。

1. 余計

① 一人暮らしだと野菜がすぐ余計になってしまう。

② 話が複雑になるから、余計なことは言わないで。

③ 余計があったら、ひとつ貸してもらえませんか。

④ このごろ仕事が忙しくて、遊びに行く余計がない。

2. 率直

① あの人は率直に仕事をしているので、評判がいい。

② この申込書にはあなたの住所を率直に書いてください。

③ このアンケートには、皆様のご意見を率直にお書きください。

④ お客様からの苦情には率直に対応する必要がある。

정답	1② 2③

Tip

일본어능력시험 언어지식의 문제 형식 중에서 가장 풀기 어려운 것으로, 이 부분을 잘 공략해야 고득점을 얻을 수 있다. 다음 페이지에 이어지는 2006년~2009년 기출문제를 반드시 실제 시험 문제를 푸는 것처럼 풀어볼 것. 다음은 2000년~2005년 기출 어휘를 정리한 것이다.

2005년	差別(さべつ) 차별 実(じつ)に 실로, 참으로, 매우 ふもと 기슭 がっかり 실망하거나 낙담하는 모양(실망, 낙심) スピード 스피드
2004년	どうせ 어차피, 하여간, 어떻든 大(たい)した 대단한, (부정어와 함께) 이렇다 할 정도의, 특별한 あるいは 혹은, 또는, 어쩌면 行方(ゆくえ) 행방 不安(ふあん) 불안
2003년	せっかく 모처럼, 애써서, 일부러 単(たん)なる 단순한 ふりむくと 뒤돌아보자, 뒤돌아보니 だらけ 투성이 いちいち 일일이, 하나하나, 빠짐없이
2002년	それとも 그렇지 않으면, 아니면 夢中(むちゅう) 열중함, 몰두함 作法(さほう) 예의범절, 작법 たまたま 가끔, 우연히, 마침 그때 せめて 충분하다고는 할 수 없으나 어떻게든 그 정도로나마 참으려면 참을 수 있는 모양(하다못해, 적어도)
2001년	微妙(びみょう)に 미묘하게 あかり 밝은 빛, 불빛 向(む)かい 마주봄, 맞은편, 건너편 わずか 얼마 되지 않은 모양(조금, 불과), 간신히, 겨우 実施(じっし) 실시
2000년	くれぐれも 부디, 아무쪼록 妥当性(だとうせい) 타당성 中断(ちゅうだん) 중단 あきらか 분명함, 뚜렷함, 명백함 いきいき 생생하거나 싱싱한 모양, 생기가 넘치는 모양

기출문제

2009년 12월

1. 乗り越す
① ぼんやりしていて、駅を一つ乗り越してしまった。
② 急いでいたので、スピードを上げて前の車を乗り越した。
③ 終点で降りて、そこから別のバスに乗り越した。
④ 空港までの道がこんでいたため、飛行機に乗り越してしまった。

2. 節約
① 父に「うるさい」と言われたので、ステレオの音を節約した。
② 「スーパー」というのは、「スーパーマーケット」を節約した言葉です。
③ いつか自分の家が持てるよう、毎月いくらかずつ銀行に節約している。
④ 使っていない部屋のエアコンは止めるようにして、電気代を節約しましょう。

3. ドライブ
① 雨が降っていたので、駅まで息子をドライブしてやった。
② 家族と海の近くをドライブするのが、休日の楽しみだ。
③ オートバイをドライブするには、特別な免許が必要だ。
④ 子供のころ、飛行機をドライブするのが夢だった。

4. 礼儀
① 彼は言葉遣いもていねいだし、とても礼儀な人だ。
② 体育館は入学式の会場に使われるので、すっかり礼儀に飾られている。
③ 恥ずかしい思いをしないように、きちんとした礼儀を身につけたい。
④ 先生と話すときは、もっと礼儀したらどうですか。

5. どっと
① 医者が来るまで、動かないでどっとしていなさい。
② 昨日からどっと待っているのだが、まだ返事が来ない。
③ 泣いている子供の涙を、母はどっとふいてやった。
④ テストが終わると、たまっていた疲れがどっと出た。

정답	1①	2④	3②	4③	5④

2009년 7월

1. 正直

① かくさないで、<u>正直</u>な気持ちを話してほしい。

② あの角を曲がって、10分ほど<u>正直</u>に行ってください。

③ この問題は難しいから、<u>正直</u>な答えがわかりません。

④ 市場ではなく、農家から<u>正直</u>に野菜を買いたい。

2. たしか

① 次の電車に間に合うかどうか、<u>たしか</u>をしてください。

② 引き受けた仕事は、<u>たしか</u>がんばりたい。

③ 田中さんと初めて会ったのは、<u>たしか</u>3年前のことだった。

④ 人から聞いた話なので、<u>たしか</u>はわからない。

3. 展開

① 親友に悩みを<u>展開</u>して、気持ちが楽になった。

② あの店のパンは、<u>展開</u>して2時間後に売切れてしまう。

③ 美術館へ古い絵画の<u>展開</u>を見に行った。

④ このドラマは話の<u>展開</u>が単純なのでおもしろくない。

4. 散らかる

① 部屋が<u>散らかって</u>いたので、子どもに片付けさせた。

② この花は咲いてから四、五日で<u>散らかる</u>。

③ うっかりコップを倒してしまい、水が<u>散らかった</u>。

④ もう夜も遅いから、<u>散らかって</u>明日また集まろう。

5. 分解

① ケーキを買ってきたから、みんなで<u>分解</u>して食べましょう。

② ラジオを<u>分解</u>して、音が出なくなった原因を調べてみた。

③ 図書館の本は分野ごとに<u>分解</u>してならべてあります。

④ この虫は東部から南部にかけて広く<u>分解</u>している。

정답	1①	2③	3④	4①	5②

2008년

1. 感心

① このクラスの学生たちの能力の高さに感心した。

② あの人の上手な英語を感心した。

③ 子どもたちのすばらしいダンスに感心になった。

④ 立派なお寺を感心になった。

2. 妥当

① 結婚するなら、なるべく気持ちの妥当な人がいいです。

② あまり変わったものじゃなくて、妥当なものが食べたいですね。

③ これは妥当な集まりなので、スーツでご出席ください。

④ この仕事に対して1万円は妥当な金額だと思いますよ。

3. いまに

① 明日では間に合わないので、いまに掃除してしまってください。

② もう勝負は始まったのだから、いまにやめたいと言っても遅すぎる。

③ 最後のテストが終わったら、いまに覚えていたことを全部忘れた。

④ 毎日休まずけいこをしていれば、いまに上手になるよ。

4. 引き返す

① 友だちと10年ぶりに会って、昔のことを引き返した。

② 知人に貸していたお金が結局引き返した。

③ 強風のため、船が港に引き返した。

④ 朝揚げた旗を夕方引き返した。

5. 催促

① 外国への興味は、言葉を学ぶ催促の一つになります。

② 商品がなかなか届かないので、催促の電話をかけた。

③ 山下先生に、パーティーへの催促の手紙を書きました。

④ 次の会議の催促の日をもっと早くしましょう。

정답	1① 2④ 3④ 4③ 5②

2007년

1. 気候

① この島は気候がおだやかで、すごしやすい。

② 夜になると気候が下がります。セーターを持っていくといいでしょう。

③ この国では3月は卒業の気候だ。

④ 運動会をするかどうかは、明日の気候を見て決めます。

2. たとえ

① たとえ彼が参加するなら、来週のハイキングは楽しいものになるだろう。

② たとえ春になったのに、まだ寒い。

③ たとえ一度や二度失敗しても、わたしはあきらめない。

④ たとえ病気がなおったら、みんなとスキーに出かけたい。

3. 薄める

① 夏は暑いので、着る物を薄めます。

② この薬品は、使うとき水で薄めます。

③ 今度車を買うなら、色を薄めます。

④ ネコは、太陽の光が強いところでは目を薄めます。

4. 甘やかす

① コーヒーに砂糖を入れて甘やかします。

② その子犬は甘やかされた声で母犬をよんでいました。

③ 今日会社で課長に「よくやった」と甘やかしてもらった。

④ 彼は小さいころから甘やかされて育ったらしい。

5. いったん

① いったんだけ言うから、よく聞いてほしい。

② 週にいったん母に電話をします。

③ ここは今までいったんも来たことがない。

④ いったんうちに帰ってから、また来ます。

정답	1① 2③ 3② 4④ 5④

2006년

1. うたがう

① 田中君は、クラスのみんながうたがっている人気者である。

② わたしは、彼がかならず帰ってきてくれるとうたがっている。

③ あの人は、わたしがうそを言っているのではないかとうたがっている。

④ 前からうたがっていたのですが、あのカレンダーの写真は何の写真ですか。

2. 楽

① 楽しそうに遊ぶ子どもたちの声が聞こえてくる。

② では、こちらに楽な姿勢でこしかけてください。

③ 昨日は、久しぶりにお目にかかれて本当に楽でした。

④ どうぞ楽にいらっしゃってくださいね。お待ちしています。

3. 少しも

① いろいろ忙しいのは分かっているが、少しもわたしの話を聞いてほしい。

② おもしろいと聞いて読んだ本は、少しもつまらなかった。

③ 10年ぶりに会った彼女は、少しも変わっていなかった。

④ フランス語はあまりうまくないが、少しも話せる。

4. 支配する

① このサルのグループを支配しているのは、あの大きなサルらしい。

② おみやげにりんごをたくさんもらったので、近所の人に支配した。

③ 上から押す力と下から支配する力のバランスがうまくとれている。

④ クラスの友人たちに支配してもらって、すばらしい留学生活を送ることができた。

5. ユーモア

① 木村さんはいつもユーモアばかり言っていて、感じが悪い。

② 大木さんはユーモアのある人で、一緒にいるといつも楽しい。

③ 山口さんは授業中よくユーモアをして、先生に怒られている。

④ 村山さんは仕事に対してユーモアは持っているのだが、うまくいかないことが多い。

정답	1③　2②　3③　4①　5②

[문자 · 어휘] 종합 대책(1) – 필수 어휘

あ

- □ あいかわらず 변함없이, 여전히
- □ 挨拶(あいさつ) 인사
- □ 愛情(あいじょう) 애정
- □ 合図(あいず) 신호
- □ 間(あいだ) 사이
- □ 相手(あいて) 상대
- □ あいにく 공교롭게도
- □ あいまい 애매
- □ 青(あお) 파란색
- □ 赤(あか) 빨강
- □ 赤(あか)ちゃん 아기
- □ 明(あか)り 밝은 빛, 등불, 불빛
- □ 赤(あか)ん坊(ぼう) 아기
- □ 秋(あき) 가을
- □ 明(あき)らか 밝음, 분명함
- □ 握手(あくしゅ) 악수
- □ あくび 하품
- □ 悪魔(あくま) 악마
- □ あくまで 어디까지나, 끝까지
- □ 明(あ)くる 다음의 ~, 이듬 ~
  明くる朝。이튿날 아침.
  明くる年。이듬해.
  明くる15日。다음날인 15일.
- □ 明(あ)け方(がた) 새벽녘
- □ 朝(あさ) 아침
- □ あさって 모레
- □ 足(あし) 발
- □ 味(あじ) 맛
- □ 足跡(あしあと) 발자취
- □ 明日(あした) 내일
- □ 足元(あしもと) 발밑
- □ 明日(あす) 내일
- □ 汗(あせ) 땀
- □ あそこ 저기, 저쪽
- □ 遊(あそ)び 노는 일, 장난, 놀이
  遊びに行く。놀러 가다.
  遊びに夢中になる。장난에 팔리다.
  明日は遊びだ。내일은 쉰다.
- □ 頭(あたま) 머리
- □ 辺(あた)り 그 곳, 근처
- □ 当(あた)り前(まえ) 당연, 마땅함
- □ あちこち 여기저기
- □ あちら/あっち 저쪽, 저기
- □ あちらこちら 여기저기
- □ 圧縮(あっしゅく) 압축
- □ 集(あつ)まり 모임
- □ 宛名(あてな) 수신인명[주소 인명]
- □ 後(あと) 뒤, 나중
- □ 跡(あと) 유적, 자취
- □ 穴(あな) 구멍
- □ あなた 당신
- □ 兄(あに) 형
- □ 姉(あね) 언니, 누이
- □ あの 저, 그
- □ 雨戸(あまど) 덧문
- □ 余(あま)り 남은 것, 여분, ~한 나머지, 너무, 지나치게, 그다지
  余りが出る。여분이 생기다.
  五日余り。닷새 남짓.
  悲しさのあまり。슬픈 나머지.
  あまり勉強し過ぎる。
  지나치게 공부를 하다.
  あまりよく知らない。
  그다지 잘 모르다.
- □ 編物(あみもの) 뜨개질, 뜨개질한 것
- □ 雨(あめ) 비
- □ 飴(あめ) 엿
- □ あら 어머나(여자가 놀랐을 때 내는 소리)
  あら、しばらく。어머나, 오랜만이야.
  あら、大変。어머나, 큰일이네.
- □ 嵐(あらし) 폭풍
- □ あらすじ 대충의 줄거리, 개요
- □ 新(あら)た 새로움
- □ 改(あらた)めて 다른 기회에, 새삼스럽게
  改めてお知らせします。
  다음 기회에 다시 알려 드리겠습니다.
  必要性を改めて痛感した。
  필요성을 새삼 통감했다.
- □ あらゆる 모든
  あらゆる方面を調べる。
  모든 방면을 조사하다.
- □ 或(あ)る 어떤
  ある日 어느 날
  ある少年のことを思い出す。
  어떤 소년의 일이 생각나다.
- □ あるいは 혹은, 또는
  曇りあるいは雨。흐림 또는 비.
  あるいはそうかも知れない。
  어쩌면 그럴지도 모른다.
- □ あれ 저것, 놀라거나 의외로 여길 때 내는 소리, 어럽쇼
  あれはいくらですか。
  저것은 얼마입니까?
  あれ、どうしたんだろう。
  저런, 어떻게 된 걸까?
- □ あれこれ 이것저것, 여러 가지로
  あれこれ集める。이것저것 모으다.
  あれこれお世話になりました。
  여러 가지로 신세졌습니다.
- □ 泡(あわ) 거품
- □ 哀(あわ)れ 불쌍함, 가련한 모양
- □ 案(あん) 안, 예상, 생각
  案を出す。안을 내다.
  案のごとく。생각했던 대로.
- □ 安易(あんい) 안이

- □ **案外(あんがい)** 뜻밖에도, 예상 외로
- □ **暗記(あんき)** 암기
- □ **安心(あんしん)** 안심
- □ **安全(あんぜん)** 안전
- □ **安定(あんてい)** 안정
- □ **あんな** 저런
  あんな人。저런 사람.
- □ **案内(あんない)** 안내
- □ **あんなに** 저렇게, 저토록
  あんなに努力したのに。
  그토록 노력했는데.
- □ **あんまり** 너무, 지나치게, 그다지, 별로
  あんまりですわ。너무해요.
  あんまり大きい。너무 크다.
  あんまり甘くない。
  그다지 달지 않다. 그다지 만만하지 않다.

い

- □ **胃(い)** 위
- □ **委員(いいん)** 위원
- □ **医院(いいん)** 의원
- □ **家(いえ)** 집
- □ **以下(いか)** 이하
- □ **以外(いがい)** 이외, 그 밖
- □ **意外(いがい)** 의외
- □ **いかが** 어떻게, 어떠십니까?
- □ **医学(いがく)** 의학
- □ **行(い)き/行(ゆ)き** 감, 목적지로 향해 감
- □ **息(いき)** 숨, 호흡
- □ **意義(いぎ)** 의의
- □ **生(い)き生(い)き** 생생한 모양, 싱싱한 모양
- □ **勢(いきお)い** 기세, 기운, 추세
- □ **いきなり** 갑자기, 느닷없이
- □ **生(い)き物(もの)** 살아 있는 것, 생물
- □ **育児(いくじ)** 육아
- □ **幾(いく)つ** 몇, 몇 개, 몇 살
  千円でいくつですか。
  천 엔에 몇 개입니까?
  今年いくつになりますか。
  올해 몇 살이 됩니까?
- □ **幾分(いくぶん)** 일부분, 어느 정도, 약간
  いくぶんの一。몇 분의 일.
  いくぶんそういう傾向がある。
  어느 정도 그런 경향이 있다.
- □ **幾(いく)ら** 얼마
- □ **いくら 〜ても** 아무리 ~라도
  いくら呼んでも来ない。
  아무리 불러도 오지 않는다.
- □ **池(いけ)** 연못
- □ **生(い)け花(ばな)** 꽃꽂이
- □ **意見(いけん)** 의견
- □ **以後(いご)** 이후(비교적 긴 시간이 경과한 경우에 사용)
  9時以後外出禁止。
  9시 이후 외출금지.
  以後気をつけます。
  앞으로 조심하겠습니다.
- □ **以降(いこう)** 이후
  四月以降。4월 이후.
  終戦以降今日まで。
  종전 이후 오늘날까지.
- □ **意向(いこう)** 의향
- □ **移行(いこう)** 이행
- □ **石(いし)** 돌
- □ **意志(いし)** 의지
- □ **意思(いし)** 의사
- □ **医師(いし)** 의사
- □ **維持(いじ)** 유지
- □ **意識(いしき)** 의식
- □ **医者(いしゃ)** 의사
- □ **以上(いじょう)** 이상
- □ **異常(いじょう)** 이상
- □ **衣食住(いしょくじゅう)** 의식주
- □ **椅子(いす)** 의자
- □ **泉(いずみ)** 샘, 샘물
- □ **いずれ** 어느 것, 결국, 어차피, 머지않아
  いずれの場合においても。
  어느 경우에 있어서나.
  いずれ人は死ぬ。
  어차피 사람은 죽는다.
  いずれ明らかになるだろう。
  머지않아 밝혀지겠지.
- □ **以前(いぜん)** 이전
- □ **板(いた)** 판자
- □ **偉大(いだい)** 위대
- □ **いたずら** 짓궂은 장난, 못된 장난, 쓸데없음, 무익함
  いたずら半分に。반 장난으로.
  いたずらに一生を送る。
  헛되이 일생을 보내다.
- □ **痛(いた)み** 아픔, (과일 등이) 상함
- □ **一(いち)** 하나, 일
- □ **位置(いち)** 위치
- □ **一応(いちおう)** 우선, 일단, 좀더
  いちおうそう結論できる。
  일단 그렇게 결론지을 수 있다.
  いちおう考えた上で。
  좀더 생각해 보고.
- □ **一時(いちじ)** 한때, 그 당시, 그때뿐임, 임시, 잠시, 잠깐, 동시, 같은 때
  一時日本で生活した。
  한때 일본에서 생활했다.
  一時の出来心。순간적인 나쁜 마음.
  一時お預かりします。
  잠시 맡아두겠습니다.
  客が一時に押し掛ける。
  손님이 일시에 몰려들다.
- □ **一段(いちだん)と** 한층, 더욱
- □ **一度(いちど)** 한 번
- □ **一度(いちど)に** 일시에, 단번에
- □ **市場(いちば)** 시장
- □ **いちばん** 가장, 제일, 시험 삼아, 한 번
  今年になっていちばん暑い。
  올해 들어 가장 덥다.

難しいが、いちばんやってみるか。
어렵지만 시험 삼아[한 번] 해 볼까.

- □ 一部(いちぶ) 일부
- □ 一流(いちりゅう) 일류
- □ いつ 언제
- □ 五日(いつか) 5일
- □ 何時(いつ)か 언젠가, 조만간에, 언젠가는, 어느 사이에

いつか見たことがある。
이전에 본 적이 있다.

いつかそれを後悔する時がある。
언젠가는 그것을 후회할 때가 있다.

いつか秋になっていた。
어느 사이에 가을이 되어 있었다.

- □ 一家(いっか) 일가, 한 세대
- □ 一昨日(いっさくじつ) 그저께
- □ 一昨年(いっさくねん) 재작년
- □ 一種(いっしゅ) 일종
- □ 一瞬(いっしゅん) 일순간, 한순간
- □ 一緒(いっしょ) 함께, 같이(두 사람 이상이 행동을 같이 함)
- □ 一生(いっしょう) 일생, 평생
- □ 一生懸命(いっしょうけんめい) 목숨을 걸고 일을 함, 매우 열심히 함
- □ 一斉(いっせい)に 일제히
- □ 一層(いっそう) 한층 더, 더욱 더
- □ 一体(いったい) 전반적으로, 대체로, 도대체

今年はいったいに寒い。
올해는 대체로 춥다.

いったいどうしたのだ。
도대체 어떻게 된 것이냐.

- □ 一旦(いったん) 일단, 잠시, 한때

一旦停止。일단 정지.

一旦休憩にします。잠시 휴식합니다.

- □ 一致(いっち) 일치
- □ 五(いつ)つ 다섯, 다섯 개, 다섯 살
- □ 一定(いってい) 일정함
- □ いつでも 언제라도
- □ いつの間(ま)にか 어느덧, 어느새
- □ 一杯(いっぱい) 가득(있는 한도를 다하는 모양)

場内いっぱいの人。
장내에 가득 찬 사람.

力いっぱい働く。힘껏 일하다.

- □ 一般(いっぱん)に 대체로, 일반적으로
- □ 一方(いっぽう) 한 방면, 한편(오로지 그 경향뿐임)

一方通行。일방통행.

どちらか一方。어느 한쪽.

金もうけ一方の学者。
돈벌이만 하는 학자.

仕事をする一方、よく遊びもする。
일을 하는 한편, 놀기도 잘한다.

- □ いつまでも 언제까지나, 영원히
- □ いつも 언제나, 늘
- □ 移転(いてん) 이전
- □ 糸(いと) 실
- □ 緯度(いど) 위도
- □ 井戸(いど) 우물
- □ 移動(いどう) 이동
- □ 従姉妹/従兄弟(いとこ) 사촌
- □ 以内(いない) 이내
- □ 田舎(いなか) 시골, 지방
- □ 犬(いぬ) 개
- □ 稲(いね) 벼
- □ 居眠(いねむ)り 말뚝잠, 앉아 졺
- □ 命(いのち) 목숨, 생명
- □ 違反(いはん) 위반
- □ 衣服(いふく) 의복
- □ 今(いま) 지금
- □ 居間(いま) 거실
- □ 今(いま)に 곧, 언젠가, 아직도, 지금도

今に分かる。이제 곧 알게 될 것이다.

今に行方が分からない。
아직도 행방을 알지 못한다.

- □ 今(いま)にも 이제 곧, 막
- □ 意味(いみ) 의미
- □ 妹(いもうと) 여동생, 누이동생
- □ 嫌(いや) 싫음
- □ 否(いや) 싫어, 아냐
- □ いよいよ 점점, 더욱 더, 확실히, 마침내, 여차하면

病状はいよいよ悪くなった。
병세는 더욱 더 나빠졌다.

いよいよ間違いない。
확실히 틀림이 없다.

いよいよ別れの時が来た。
마침내 헤어질 때가 왔다.

いよいよという時は私も行く。
여차하면 나도 간다.

- □ 以来(いらい) 이후
- □ 依頼(いらい) 의뢰
- □ いらいら 초조한 모양
- □ 入口(いりぐち) 입구
- □ 医療(いりょう) 의료
- □ 色(いろ) 색
- □ 色々(いろいろ) 여러 가지
- □ 岩(いわ) 바위
- □ 祝(いわ)い 축하 (선물)
- □ 言(い)わば 말하자면, 비유해서 말한다면
- □ いわゆる 소위, 이른바
- □ 印刷(いんさつ) 인쇄
- □ 印象(いんしょう) 인상
- □ 引退(いんたい) 은퇴
- □ 引用(いんよう) 인용
- □ 引力(いんりょく) 인력

う

- □ 上(うえ/うわ) 위
- □ 植木(うえき) 정원수, 분재
- □ 魚(うお) 물고기
- □ うがい 양치질
- □ 受付(うけつけ) 접수, 접수처
- □ 受(う)け取(と)り 받음
- □ 兎(うさぎ) 토끼
- □ 牛(うし) 소

- □ **後(うし)ろ** 뒤, 뒤쪽
- □ **噓(うそ)** 거짓말
- □ **歌(うた)** 노래
- □ **家(うち)** 집
- □ **内(うち)** 안, 내부, 사이, 동안
  生徒のうちから選ぶ。
  학생 중에서 고르다.
  戸が内から開かない。
  문이 안에서 열리지 않다.
  明るいうちに帰る。
  어둡기 전에 돌아가다.
- □ **打(う)ち合(あ)わせ** 협의
- □ **宇宙(うちゅう)** 우주
- □ **うっかり** 무심코, 깜빡
- □ **腕(うで)** 팔
- □ **うどん** 우동
- □ **馬(うま)** 말
- □ **生(う)まれ** 탄생, 출생
- □ **海(うみ)** 바다
- □ **有無(うむ)** 유무
- □ **梅(うめ)** 매화나무, 매실
- □ **裏(うら)** 뒤, 뒤쪽
- □ **裏口(うらぐち)** 뒷문, 부정한 수단
  裏口に逃げる。뒷문으로 도망치다.
  裏口営業。몰래하는 영업.
  裏口入学。부정 입학.
- □ **恨(うら)み** 원한, 앙심
- □ **売(う)り上(あ)げ** 매상
- □ **売(う)り切(き)れ** 품절
- □ **売(う)り場(ば)** 파는 곳, 매장, 팔기에 좋은 시기
- □ **売(う)れ行(ゆ)き** 팔림새
- □ **上着(うわぎ)** 겉옷, 윗옷
- □ **噂(うわさ)** (세간의) 평판, 소문
- □ **うん** 응(승낙·긍정 등을 표시하는 말)
- □ **運(うん)** 운
- □ **運河(うんが)** 운하
- □ **運転(うんてん)** 운전
- □ **うんと** 아주, 많이, 몹시(정도·분량이 많은 모양)
- □ **運動(うんどう)** 운동

え

- □ **絵(え)** 그림
- □ **永遠(えいえん)** 영원
- □ **映画(えいが)** 영화
- □ **永久(えいきゅう)** 영구
- □ **影響(えいきょう)** 영향
- □ **営業(えいぎょう)** 영업
- □ **英語(えいご)** 영어
- □ **衛生(えいせい)** 위생
- □ **英文(えいぶん)** 영문
- □ **栄養(えいよう)** 영양
- □ **英和(えいわ)** 영일, 영어와 일본어
- □ **ええ** 네(승낙·긍정 등을 표시하는 말)
- □ **ええと** 저어(말이나 생각이 미처 나지 않아 좀 생각할 때 내는 소리)
- □ **笑顔(えがお)** 웃는 얼굴, 웃음을 띤 얼굴
- □ **駅(えき)** 역
- □ **液体(えきたい)** 액체
- □ **餌(えさ)** 먹이, 모이
- □ **枝(えだ)** 가지, 갈래
- □ **絵(え)の具(ぐ)** 그림물감
- □ **～円(えん)** ~엔(일본의 화폐 단위)
  千円。천 엔.
- □ **～園(えん)** ~원
  動物園 동물원
- □ **宴会(えんかい)** 연회
- □ **延期(えんき)** 연기
- □ **演技(えんぎ)** 연기
- □ **園芸(えんげい)** 원예
- □ **演劇(えんげき)** 연극
- □ **円周(えんしゅう)** 원주, 원의 둘레
- □ **演習(えんしゅう)** 연습
- □ **援助(えんじょ)** 원조
- □ **演説(えんぜつ)** 연설
- □ **演奏(えんそう)** 연주
- □ **遠足(えんそく)** 소풍
- □ **延長(えんちょう)** 연장
- □ **煙突(えんとつ)** 굴뚝
- □ **鉛筆(えんぴつ)** 연필
- □ **遠慮(えんりょ)** 원려, 사양, 거리낌, 물러남
  深謀遠慮 심모원려(깊이 생각해서 먼 장래까지 생각함).
  あまり遠慮するな。너무 사양하지 말게.
  ここではたばこをご遠慮願います。
  여기에서는 담배를 삼가 바랍니다.
  遠慮のない仲。
  거리낌 없는[허물없는] 사이.
  遠慮のない批評。기탄없는 비평.
  もう遅いからご遠慮いたしましょう。이젠 늦었으니 물러나도록 합시다.

お

- □ **御(お/おん)～** 존경·겸양·미화어 등의 경어를 나타냄
- □ **おい** 조카
- □ **王(おう)** 왕
- □ **応援(おうえん)** 응원
- □ **王様(おうさま)** 임금님
- □ **王子(おうじ)** 왕자
- □ **王女(おうじょ)** 왕녀, 공주
- □ **応接(おうせつ)** 응접
- □ **応対(おうたい)** 응대
- □ **横断(おうだん)** 횡단
- □ **横断歩道(おうだんほどう)** 횡단보도
- □ **往復(おうふく)** 왕복
- □ **欧米(おうべい)** 구미, 유럽과 미국
- □ **応用(おうよう)** 응용
- □ **おお** 아, 어(감동·놀람 또는 말을 시작할 때 내는 말)
- □ **大(おお)いに** 대단히, 크게, 많이, 실컷
  大いに貢献する。크게 공헌하다.

大(おお)いに飲(の)もう。실컷 마시자.

大(おお)いにけっこう。매우 좋다.

- □ 大(おお)きな [연체사] 큰
- □ おおざっぱ 대략적임, 대범함, 조잡함

おおざっぱな考(かんが)え方(かた)。
조잡한 사고방식.

おおざっぱに言(い)う。대충 말하다.

おおざっぱな性格(せいかく)。대범한 성격.

- □ 大勢(おおぜい) 많은 사람, 여럿
- □ 大通(おおどお)り 큰 거리, 대로
- □ 大家(おおや) 셋집 주인
- □ 大凡(おおよそ) 대강, 대략, 대체로
- □ 丘(おか) 언덕, 작은 산
- □ お母(かあ)さん/さま 어머니, 어머님
- □ おかげ 덕택, 덕분, 은혜
- □ おかげさまで 덕분에, 덕택에('おかげ'의 공손한 말)
- □ おかまいなく 걱정 마시고, 괘념 마시고
- □ お代(か)わり 같은 음식을 다시 더 먹음
- □ 沖(おき) (물가에서 멀리 떨어진) 바다 위, 호수 위
- □ ～置(お)き ～걸러(일정한 간격을 두고 일이 거듭됨을 나타냄)

1日置(いちにちお)き。하루 걸러.

5分置(ごふんお)きに電車(でんしゃ)が着(つ)く。
5분 간격으로 전차가 도착하다.

- □ お気(き)の毒(どく) 안됐음, 가엾음
- □ 奥(おく) 깊숙한 곳, 안
- □ 億(おく) 억
- □ 屋外(おくがい) 옥외
- □ 奥(おく)さん/さま (남의 아내의 높임말) 안주인
- □ 屋上(おくじょう) 옥상
- □ 送(おく)り仮名(がな) 한자의 훈독을 하기 위하여, 한자의 오른쪽 아래에 다는 仮名(かな)
- □ 贈(おく)り物(もの) 선물
- □ おさきに 먼저
- □ 叔父/伯父(おじ) 삼촌, 숙부, 백부
- □ おじいさん 할아버지, 영감님
- □ 押入(おしい)れ 반침, 벽장
- □ 御辞儀(おじぎ) (머리 숙여) 인사함, 사퇴, 사양

お客(きゃく)さんに御辞儀(おじぎ)をする。
손님한테 절을 하다.

御辞儀(おじぎ)なしにいただきます。
사양 않고 먹겠습니다[받겠습니다].

- □ 叔父/伯父/小父(おじ)さん 아저씨
- □ おしゃべり 지껄임, 수다스러움, 수다쟁이
- □ おしゃれ 멋을 냄, 멋쟁이
- □ お嬢(じょう)さん 아가씨, 따님
- □ 汚染(おせん) 오염
- □ 恐(おそ)らく 아마, 필시
- □ お互(たが)いに 서로, 쌍방
- □ 穏(おだ)やか 온화함, 침착하고 조용함
- □ 夫(おっと) 남편
- □ 御手洗(おてあら)い 화장실
- □ お出掛(でか)け 외출
- □ お手伝(てつだ)いさん 가정부(남의 일을 도우며 일해 주는 사람)
- □ 音(おと) 소리, 소문 소식
- □ お父(とう)さん/さま 아버지, 아버님
- □ 弟(おとうと) 남동생
- □ 男(おとこ) 남자
- □ 男(おとこ)の子(こ) 사내(남자) 아이
- □ 男(おとこ)の人(ひと) 남자
- □ 落(おと)し物(もの) 분실물, 유실물
- □ おととい 그저께
- □ おととし 재작년
- □ 大人(おとな) 어른
- □ 踊(おど)り 춤
- □ おなか 배

おなかが痛(いた)い。배가 아프다.

- □ 同(おな)じ 같음, 동일함
- □ 鬼(おに) 귀신
- □ お兄(にい)さん 형님
- □ お姉(ねえ)さん 누님
- □ 各々(おのおの) 각각, 각기
- □ 伯母/叔母/小母(おば)さん 아주머니, 숙모, 백모
- □ おはよう 안녕!(아침의 인사말)
- □ 帯(おび) 띠
- □ お参(まい)り 신불을 참배하러 감, 참배함
- □ お前(まえ) 너, 자네(남자가 씀)
- □ お待(ま)ちどお様(さま) 오래 기다리셨습니다. (상대방을 기다리게 해서 죄송하다는 인사말)
- □ お巡(まわ)りさん 순경
- □ おめでとう 축하[경축]합니다. 「おめでとうございます」의 준말
- □ 思(おも)い切(き)り 체념, 단념, 마음껏, 실컷

思(おも)い切(き)りが悪(わる)い。선뜻 단념 못하다.

思(おも)い切(き)り走(はし)った。마음껏 달렸다.

- □ おもちゃ 장난감
- □ 表(おもて) 표면, 바깥쪽에 있는 것, 집 앞
- □ 主(おも)な 주된
- □ 主(おも)に 주로, 대부분
- □ 思(おも)わず 엉겁결에, 무의식 중에
- □ おや 아니, 어머나(의외의 일에 부딪혔을 때에 발하는 소리)
- □ お休(やす)み '寝(ね)る 자다, 休(やす)む 쉬다'의 공손한 표현, 잘 때의 인사말, '休業(きゅうぎょう) 휴업, 欠勤(けっきん)'의 공손한 표현

お休(やす)みになる。주무시다.

お休(やす)みなさい。안녕히 주무세요.

祭日(さいじつ)はお休(やす)みです。
축제일은 휴일입니다.

- □ おやつ 간식
- □ 親指(おやゆび) 엄지손가락, 엄지발가락
- □ 泳(およ)ぎ 수영, 헤엄
- □ およそ 대강, 대충, 대개, 무릇, 일반적으로, 도무지

今(いま)からおよそ千年前(せんねんまえ)。
지금으로부터 약 천 년 전.

필수어휘

およその事情(じじょう)を説明(せつめい)する。
대강의 사정을 설명하다.

およそ人(ひと)というものは。
일반적으로 사람이라고 하는 것은.

およそ意味(いみ)がない。
도무지 의미가 없다.

およそばかばかしい話(はなし)だ。
도무지 말 같지 않은 이야기다

- □ 終(お)わり 끝, 마지막
- □ 音(おん) 음, 소리
- □ 恩(おん) 은혜
- □ 音楽(おんがく) 음악
- □ 恩恵(おんけい) 은혜
- □ 温室(おんしつ) 온실
- □ 温泉(おんせん) 온천
- □ 温帯(おんたい) 온대
- □ 温暖(おんだん) 온난
- □ 御中(おんちゅう) 귀중(우편물을 받을 단체·회사 등의 이름 아래에 붙이는 말)
- □ 温度(おんど) 온도
- □ 女(おんな) 여자, 계집
- □ 女(おんな)の子(こ) 여자 아이
- □ 女(おんな)の人(ひと) 여자

어휘 테스트 1(あ～お) 다음 주어진 단어의 よみがな와 뜻을 적으시오.

1. 一斉(　　　)に 뜻:
2. 腕(　　　　) 뜻:
3. 泡(　　　　) 뜻:
4. 相手(　　　) 뜻:
5. 永久(　　　) 뜻:
6. あらゆる 뜻:
7. 御中(　　　) 뜻:
8. 運河(　　　) 뜻:
9. 市場(　　　) 뜻:
10. 温暖(　　　) 뜻:
11. 噂(　　　　) 뜻:
12. 温泉(　　　) 뜻:
13. 異議(　　　) 뜻:
14. 牛(　　　　) 뜻:
15. いずれ 뜻:
16. 演技(　　　) 뜻:
17. 板(　　　　) 뜻:
18. 恩恵(　　　) 뜻:
19. 入口(　　　) 뜻:
20. およそ 뜻:
21. 幾分(　　　) 뜻:
22. 飴(　　　　) 뜻:
23. 印刷(　　　) 뜻:
24. 受付(　　　) 뜻:
25. おやつ 뜻:
26. 横断歩道(　　　) 뜻:
27. 改(　　　)めて 뜻:
28. 音(　　　　) 뜻:
29. いわゆる 뜻:
30. 売(　)り切(　)れ 뜻:
31. 嘘(　　　　) 뜻:
32. 宴会(　　　) 뜻:
33. おもちゃ 뜻:
34. 育児(　　　) 뜻:
35. 各々(　　　) 뜻:
36. 売(　)り上(　)げ 뜻:
37. 沖(　　　　) 뜻:
38. 一生(　　　) 뜻:
39. 泉(　　　　) 뜻:
40. 岩(　　　　) 뜻:
41. 一応(　　　) 뜻:
42. 大家(　　　) 뜻:
43. 偉大(　　　) 뜻:
44. 夫(　　　　) 뜻:
45. うがい 뜻:
46. 井戸(　　　) 뜻:
47. 衛生(　　　) 뜻:
48. 丘(　　　　) 뜻:
49. 上着(　　　) 뜻:
50. あらすじ 뜻:
51. 医療(　　　) 뜻:
52. 兎(　　　　) 뜻:
53. 応援(　　　) 뜻:
54. 宛名(　　　) 뜻:
55. 息(　　　　) 뜻:
56. 以降(　　　) 뜻:
57. 欧米(　　　) 뜻:
58. あくまで 뜻:
59. 鬼(　　　　) 뜻:
60. 哀(　　　)れ 뜻:
61. 大人(　　　) 뜻:
62. 合図(　　　) 뜻:
63. おしゃれ 뜻:
64. 池(　　　　) 뜻:
65. 汚染(　　　) 뜻:
66. 挨拶(　　　) 뜻:
67. 一流(　　　) 뜻:
68. 編物(　　　) 뜻:
69. 押入(　　　)れ 뜻:
70. あいかわらず 뜻:
71. 枝(　　　　) 뜻:
72. 有無(　　　) 뜻:
73. 一種(　　　) 뜻:
74. 明(　)け方(　) 뜻:
75. いたずら 뜻:
76. 田舎(　　　) 뜻:
77. いらいら 뜻:
78. あくび 뜻:
79. 遠足(　　　) 뜻:
80. 屋上(　　　) 뜻:

81. 糸(　　　) 뜻:
82. 演説(　　　) 뜻:
83. 明(　)くる 뜻:
84. 維持(　　　) 뜻:
85. 絵(　)の具(　) 뜻:
86. 居間(　　　) 뜻:
87. 意思(　　　) 뜻:
88. 煙突(　　　) 뜻:
89. 姉(　　　) 뜻:
90. 命(　　　) 뜻:
91. うっかり 뜻:
92. 餌(　　　) 뜻:
93. 宇宙(　　　) 뜻:
94. 雨戸(　　　) 뜻:
95. 音楽(　　　) 뜻:
96. 以後(　　　) 뜻:
97. 演奏(　　　) 뜻:
98. 足元(　　　) 뜻:
99. 笑顔(　　　) 뜻:
100. 嵐(　　　) 뜻:

정답

어휘 테스트 1

1. 一斉(いっせい)に 일제히
2. 腕(うで) 팔
3. 泡(あわ) 거품
4. 相手(あいて) 상대
5. 永久(えいきゅう) 영구
6. あらゆる 모든
7. 御中(おんちゅう) 귀중
8. 運河(うんが) 운하
9. 市場(いちば) 시장
10. 温暖(おんだん) 온난
11. 噂(うわさ) 소문
12. 温泉(おんせん) 온천
13. 異議(いぎ) 이의
14. 牛(うし) 소
15. いずれ 어느 것, 결국, 어차피, 머지않아
16. 演技(えんぎ) 연기
17. 板(いた) 판자
18. 恩恵(おんけい) 은혜
19. 入口(いりぐち) 입구
20. およそ 대강, 대충, 대개, 무릇, 일반적으로, 도무지
21. 幾分(いくぶん) 일부분, 어느 정도, 약간
22. 飴(あめ) 엿
23. 印刷(いんさつ) 인쇄
24. 受付(うけつけ) 접수, 접수처
25. おやつ 간식
26. 横断歩道(おうだんほどう) 횡단보도
27. 改(あらた)めて 다른 기회에, 새삼스럽게
28. 音(おと) 소리
29. いわゆる 소위, 이른바
30. 売(う)り切(き)れ 품절
31. 嘘(うそ) 거짓말
32. 宴会(えんかい) 연회
33. おもちゃ 장난감
34. 育児(いくじ) 육아
35. 各々(おのおの) 각각, 각기
36. 売(う)り上(あ)げ 매상
37. 沖(おき) 바다 위, 호수 위
38. 一生(いっしょう) 일생, 평생
39. 泉(いずみ) 샘, 샘물
40. 岩(いわ) 바위
41. 一応(いちおう) 우선, 일단, 좀더
42. 大家(おおや) 셋집 주인
43. 偉大(いだい) 위대
44. 夫(おっと) 남편
45. うがい 양치질
46. 井戸(いど) 우물
47. 衛生(えいせい) 위생
48. 丘(おか) 언덕, 작은 산
49. 上着(うわぎ) 겉옷, 윗옷
50. あらすじ 대충의 줄거리, 개요
51. 医療(いりょう) 의료
52. 兎(うさぎ) 토끼
53. 応援(おうえん) 응원
54. 宛名(あてな) 수신인명
55. 息(いき) 숨, 호흡
56. 以降(いこう) 이후
57. 欧米(おうべい) 구미, 유럽과 미국
58. あくまで 어디까지나, 끝까지
59. 鬼(おに) 귀신
60. 哀(あわ)れ 불쌍함, 가련한 모양
61. 大人(おとな) 어른
62. 合図(あいず) 신호
63. おしゃれ 멋을 냄, 멋쟁이
64. 池(いけ) 연못
65. 汚染(おせん) 오염
66. 挨拶(あいさつ) 인사
67. 一流(いちりゅう) 일류
68. 編物(あみもの) 뜨개질, 뜨개질한 것
69. 押入(おしい)れ 반침, 벽장
70. あいかわらず 변함없이, 여전히
71. 枝(えだ) 가지, 갈래
72. 有無(うむ) 유무
73. 一種(いっしゅ) 일종
74. 明(あ)け方(がた) 새벽녘
75. いたずら 쓸데없음, 무익함, 장난
76. 田舎(いなか) 시골, 지방
77. いらいら 초조한 모양
78. あくび 하품
79. 遠足(えんそく) 소풍
80. 屋上(おくじょう) 옥상
81. 糸(いと) 실
82. 演説(えんぜつ) 연설
83. 明(あ)くる 다음의 ~, 이듬 ~
84. 維持(いじ) 유지
85. 絵(え)の具(ぐ) 그림물감
86. 居間(いま) 거실
87. 意思(いし) 의사
88. 煙突(えんとつ) 굴뚝
89. 姉(あね) 언니, 누이
90. 命(いのち) 목숨, 생명
91. うっかり 무심코, 깜빡
92. 餌(えさ) 먹이, 모이
93. 宇宙(うちゅう) 우주
94. 雨戸(あまど) 덧문
95. 音楽(おんがく) 음악
96. 以後(いご) 이후
97. 演奏(えんそう) 연주
98. 足元(あしもと) 발밑
99. 笑顔(えがお) 웃는 얼굴, 웃음을 띤 얼굴
100. 嵐(あらし) 폭풍

か

□ 貝(かい) 조개

□ ～階(かい) ～층(건물의 층수를 세는 단위)

5階。5층.

□ 害(がい) 해

□ 会員(かいいん) 회원

□ 絵画(かいが) 회화

□ 開会(かいかい) 개회

□ 海外(かいがい) 해외

□ 会館(かいかん) 회관

□ 海岸(かいがん) 해안

□ 会議(かいぎ) 회의

□ 会計(かいけい) 회계, 계산, (음식점, 숙박업소 등에서) 셈을 치름, 계산

会計係り。회계원[경리 담당].

会計をすませて店を出る。

계산을 마치고 가게를 나오다.

□ 解決(かいけつ) 해결

□ 会合(かいごう) 회합

□ 外交(がいこう) 외교

□ 外国(がいこく) 외국

□ 改札(かいさつ) 개찰

□ 解散(かいさん) 해산

□ 開始(かいし) 개시

□ 会社(かいしゃ) 회사

□ 解釈(かいしゃく) 해석

□ 外出(がいしゅつ) 외출

□ 会場(かいじょう) 회장

□ 海水浴(かいすいよく) 해수욕

□ 回数(かいすう) 횟수

□ 回数券(かいすうけん) 회수권

□ 改正(かいせい) 개정

□ 快晴(かいせい) 쾌청

□ 解説(かいせつ) 해설

□ 改善(かいぜん) 개선

□ 改造(かいぞう) 개조

□ 階段(かいだん) 계단

□ 開通(かいつう) 개통

□ 快適(かいてき) 쾌적

□ 回転(かいてん) 회전

□ 解答(かいとう) 해답

□ 回答(かいとう) 회답

□ 外部(がいぶ) 외부

□ 回復(かいふく) 회복

□ 開放(かいほう) 개방

□ 解放(かいほう) 해방

□ 買(か)い物(もの) 물건을 삼, 쇼핑

□ 海洋(かいよう) 해양

□ 概論(がいろん) 개론

□ 会話(かいわ) 회화

□ 却(かえ)って 도리어, 오히려

□ 帰(かえ)り 돌아옴, 돌아오는 길

□ 顔(かお) 얼굴

□ 家屋(かおく) 가옥

□ 香(かお)り 향기

□ 画家(がか) 화가

□ 価格(かかく) 가격

□ 化学(かがく) 화학

□ 科学(かがく) 과학

□ 鏡(かがみ) 거울

□ 係(かか)り 담당자

□ 鍵(かぎ) 열쇠

□ 書留(かきとめ) 문서, 등기(우편)

□ 書取(かきと)り 받아쓰기

□ 垣根(かきね) 울타리, 담 밑

□ 限(かぎ)り 한도, ~의 범위 내, ~동안, ~까지, ~만

限りなく多い。한없이 많다.

今日を限りと奮戦する。

오늘을 마지막으로 여기고 분전하다.

仕事がある限りは帰らない。

일이 있는 동안에는 돌아가지 않는다.

その場限りの話。

그 자리에서만의 이야기.

申し込みは今月末限り。

신청은 이달 말까지.

□ 家具(かぐ) 가구

□ 額(がく) 액, 금액, 액수

□ 架空(かくう) 가공

□ 覚悟(かくご) 각오

□ 各自(かくじ) 각자

□ 確実(かくじつ) 확실

□ 学者(がくしゃ) 학자

□ 拡充(かくじゅう) 확충

□ 学習(がくしゅう) 학습

□ 学術(がくじゅつ) 학술

□ 学生(がくせい) 학생

□ 拡大(かくだい) 확대

□ 各地(かくち) 각지

□ 拡張(かくちょう) 확장

□ 角度(かくど) 각도

□ 確認(かくにん) 확인

□ 学年(がくねん) 학년

□ 学部(がくぶ) 학부

□ 格別(かくべつ) 각별

□ 学問(がくもん) 학문

□ 確率(かくりつ) 확률

□ 学力(がくりょく) 학력

□ 陰(かげ) 그늘, 뒤, 배후

陰になる。그늘이 지다. 빛을 가로막다.

戸の陰に隠れる。문 뒤에 숨다.

陰で悪口を言う。

뒤에서 욕[험담]하다.

この事件の陰には。

이 사건의 배후에는.

□ 影(かげ) 그림자, 자취

障子に影がさす。

장지에 그림자가 비치다.

見る影もない。

옛 자취를(모습을) 찾아볼 수가 없다.

影を隠す。자취를 감추다.

□ 掛(か)け算(ざん) 곱셈

□ 可決(かけつ) 가결

□ 加減(かげん) 가감, 더함과 덜함, 알맞음, 건강 상태, 영향(탓)

加減乗除。가감승제.

塩を入れて味を加減する。
소금을 넣어서 간을 맞추다.

スピードを加減する。
스피드를 조절하다.

お風呂の加減を見る。
목욕물의 온도가 알맞은지를 보다.

体の加減が良い。
몸의 건강 상태가 좋다.

お加減はいかがですか。
건강은 어떠십니까?

天気の加減でひざが痛む。
날씨 탓으로 무릎이 쑤신다.

- □ 過去(かこ) 과거
- □ 籠(かご) 바구니
- □ 火口(かこう) 화구
- □ 下降(かこう) 하강, 내려 옴
- □ 傘(かさ) 우산
- □ 火災(かさい) 화재
- □ 飾(かざ)り 장식, 꾸밈
- □ 火山(かざん) 화산
- □ 貸(か)し 빌려 줌
- □ 菓子(かし) 과자
- □ 家事(かじ) 가사
- □ 火事(かじ) 화재
- □ 貸出(かしだ)し 대출
- □ 過失(かしつ) 과실
- □ 果実(かじつ) 과실, 열매
- □ 貸間(かしま) 셋방
- □ 貸家(かしや) 셋집
- □ 歌手(かしゅ) 가수
- □ 箇所(かしょ) 군데
- □ 過剰(かじょう) 과잉
- □ 数(かず) 수, 수가 많음
- □ 風(かぜ) 바람
- □ 風邪(かぜ) 감기
- □ 課税(かぜい) 과세
- □ 下線(かせん) 밑줄
- □ 加速(かそく) 가속
- □ 家族(かぞく) 가족
- □ 加速度(かそくど) 가속도
- □ 方(かた) 쪽, 방향, 방법, ~하는 사람, ~의 댁

この方。이 분.

母方。어머니 쪽. 외가 쪽.

やり方。하는 방법.

読み方。읽는 법.

会計方。회계 담당.

山田一郎様方。야마다 이치로 씨 댁.

- □ 型(かた) 본, 형
- □ 肩(かた) 어깨
- □ 方々(かたがた) 여러분
- □ 片仮名(かたかな) 가타카나
- □ 形(かたち) 모양, 형태
- □ 刀(かたな) 칼
- □ 塊(かたまり) 덩어리, 집단
- □ 片道(かたみち) 편도
- □ 勝(か)ち 승리
- □ 価値(かち) 가치
- □ 学科(がっか) 학과
- □ 学会(がっかい) 학회
- □ がっかり 실망·낙담하는 모양
- □ 活気(かっき) 활기
- □ 楽器(がっき) 악기
- □ 学期(がっき) 학기
- □ 学級(がっきゅう) 학급
- □ 括弧(かっこ) 괄호
- □ 格好(かっこう) 모습, 모양, 볼품, 알맞음

髪の格好を直す。머리 모양을 고치다

格好を構わない。
몸차림에 마음을 쓰지 않다.

追い出された格好で退職する。
쫓겨나는 꼴로 퇴직하다.

格好の値段。알맞은 값.

- □ 学校(がっこう) 학교
- □ 活字(かつじ) 활자
- □ 勝手(かって)に 제멋대로, 제 마음대로
- □ 活動(かつどう) 활동
- □ 活躍(かつやく) 활약
- □ 活用(かつよう) 활용
- □ 活力(かつりょく) 활력
- □ 仮定(かてい) 가정
- □ 課程(かてい) 과정
- □ 家庭(かてい) 가정
- □ 過程(かてい) 과정
- □ 角(かど) 모난 귀퉁이, 길모퉁이
- □ 仮名(かな) 한자의 일부를 따서 만든 일본 독특한 음절 문자
- □ 家内(かない) 가족, (자기의) 마누라, 처
- □ 仮名遣(かなづか)い 仮名(かな)을 사용해서 국어를 표기하는 법
- □ 必(かなら)ず 반드시, 꼭
- □ 必(かなら)ずしも (아래에 부정의 말이 따라서) 반드시 ~인 것은 아니다

必ずしも成功するとは限らない。
반드시 성공한다고는 할 수 없다.

- □ かなり 제법, 어지간히, 꽤
- □ 金(かね) 금속, 돈
- □ 鐘(かね) 종
- □ 加熱(かねつ) 가열
- □ 金持(かねも)ち 부자, 재산가
- □ 可能(かのう) 가능
- □ 彼女(かのじょ) 그녀, 애인
- □ かばん 가방
- □ 過半数(かはんすう) 과반수
- □ かび 곰팡이

かびがはえる。곰팡이가 나다.

- □ 花瓶(かびん) 꽃병
- □ 株(かぶ) 주식
- □ 壁(かべ) 벽
- □ 釜(かま) 솥, 가마
- □ 我慢(がまん) 참음, 용서함

飲みたい酒を我慢する。
먹고 싶은 술을 참다.

今度だけは我慢してやる。
이번만은 봐준다.

- □ 上(かみ) 위, 상류
- □ 紙(かみ) 종이

- □ 髪(かみ) 머리(카락)
- □ 神(かみ) 신, 하느님
- □ 紙屑(かみくず) 휴지, 종이 쓰레기
- □ 神様(かみさま) 신의 높임말
- □ 剃刀(かみそり) 면도칼
- □ 雷(かみなり) 천둥, 우뢰
- □ 髪(かみ)の毛(け) 머리털, 머리카락
- □ 科目(かもく) 과목
- □ 貨物(かもつ) 화물
- □ 火曜(かよう) 화요(일)
- □ 歌謡(かよう) 가요
- □ 空(から) 허공, 아무것도 갖고 있지 않음, 거짓
  - 空(から)の箱(はこ)。빈 상자.
  - 空(から)にする。비우다.
  - 空身(からみ)。(짐 따위를 안 가진) 빈 몸.
  - 空元気(からげんき)。허세(객기).
  - 空(から)の約束(やくそく)をする。빈 약속을 하다.
- □ 殼(から) 껍질, 껍데기, 허물
- □ 柄(がら) 몸집, 분수(격), 품위
- □ 体(からだ) 신체, 체격
- □ 空(から)っぽ 텅 빔
- □ 彼(かれ) 그(사람)
- □ 彼等(かれら) 그들, 그 사람들
- □ 河/川(かわ) 하천, 강
- □ 皮(かわ) 껍질, 표면
- □ 革(かわ) 가죽
- □ 革靴(かわぐつ) 가죽구두[신발]
- □ 為替(かわせ) 환율
- □ 瓦(かわら) 기와
- □ 代(かわ)りに 대신에
- □ 缶(かん) 깡통, 캔
- □ 勘(かん) 감, 직감
- □ 間隔(かんかく) 간격
- □ 感覚(かんかく) 감각
- □ 換気(かんき) 환기
- □ 観客(かんきゃく) 관객
- □ 環境(かんきょう) 환경
- □ 関係(かんけい) 관계
- □ 歓迎(かんげい) 환영
- □ 感激(かんげき) 감격
- □ 観光(かんこう) 관광
- □ 看護師(かんごし) 간호사
- □ 関西(かんさい) 관서(京都(きょうと)와 大阪(おおさか)를 중심으로 하는 지방)
- □ 観察(かんさつ) 관찰
- □ 感(かん)じ 감각, 인상, 기분, 느낌
  - 寒(さむ)くて感(かん)じが無(な)くなる。
    추워서 감각이 없어지다.
  - いやな感(かん)じ。좋지 않은 인상(느낌).
  - 物足(ものた)りない感(かん)じ。좀 부족한 느낌.
  - 春(はる)の感(かん)じ。봄 기분.
  - 感(かん)じを出(だ)す。
    기분을 내다. 분위기를 살리다.
  - 文章(ぶんしょう)を一読(いちどく)した感(かん)じを述(の)べる。
    문장을 일독한 감상을 말하다.
- □ 漢字(かんじ) 한자
- □ 元日(がんじつ) 설날
- □ 感謝(かんしゃ) 감사
- □ 患者(かんじゃ) 환자
- □ 鑑賞(かんしょう) 감상
- □ 勘定(かんじょう) 계산
- □ 感情(かんじょう) 감정
- □ 感(かん)じる/ずる 느끼다, 감동하다, 반응하다
- □ 関心(かんしん) 관심
- □ 感心(かんしん) 감탄, 감동, 기특, 탐탁하게 여김, 기가 막힘
  - 感心(かんしん)して話(はなし)を聞(き)く。
    감탄하여 이야기를 듣다.
  - どうも感心(かんしん)しない。
    아무래도 탐탁지 않다.
  - 頭(あたま)の悪(わる)さには感心(かんしん)した。
    머리가 나쁜 것에는 기가 막혔다.
  - 幼(おさな)いのに感心(かんしん)な子(こ)だ。
    어린데도 기특한 아이다.
- □ 完成(かんせい) 완성
- □ 間接(かんせつ) 간접
- □ 完全(かんぜん) 완전
- □ 乾燥(かんそう) 건조
- □ 感想(かんそう) 감상
- □ 観測(かんそく) 관측
- □ 寒帯(かんたい) 한대
- □ 簡単(かんたん) 간단
- □ 官庁(かんちょう) 관청
- □ 勘違(かんちが)い 착각, 잘못 생각함
- □ 缶詰(かんづ)め 통조림
- □ 乾電池(かんでんち) 건전지
- □ 関東(かんとう) 관동(東京(とうきょう)를 중심으로 6현으로 이루어진 지방)
- □ 感動(かんどう) 감동
- □ 監督(かんとく) 감독
- □ 観念(かんねん) 관념
- □ 乾杯(かんぱい) 건배
- □ 看板(かんばん) 간판
- □ 看病(かんびょう) 간병
- □ 冠(かんむり) 관
- □ 管理(かんり) 관리
- □ 完了(かんりょう) 완료
- □ 関連(かんれん) 관련
- □ 漢和(かんわ) 한화, 중국어와 일본어

き

- □ 木(き) 나무
- □ 気圧(きあつ) 기압
- □ 黄色(きいろ) 황색
- □ 議員(ぎいん) 의원
- □ 記憶(きおく) 기억
- □ 気温(きおん) 기온
- □ 機会(きかい) 기회
- □ 機械·器械(きかい) 기계
- □ 議会(ぎかい) 의회
- □ 着替(きが)え 옷을 갈아입음
- □ 期間(きかん) 기간
- □ 機関(きかん) 기관
- □ 機関車(きかんしゃ) 기관차
- □ 企業(きぎょう) 기업

□ 飢饉(ききん) 기근
□ 器具(きぐ) 기구
□ 危険(きけん) 위험
□ 機嫌(きげん) 기분, 비위, 남의 안부
機嫌を損なう。기분을 상하게 하다.
なかなかご機嫌な様子。
매우 기분이 좋으신 모양.
御機嫌斜めだ。
기분이 안 좋으시다. 저기압이다.
ご機嫌伺いの手紙。문안(안부) 편지.
ご機嫌よう。
안녕히 가십시오(작별 인사말).
□ 期限(きげん) 기한
□ 気候(きこう) 기후
□ 記号(きごう) 기호
□ 岸(きし) 물가, 벼랑
□ 記事(きじ) 기사
□ 生地(きじ) 본바탕, 천
生地が出る 본성이 드러나다.
洋服生地 양복감.
□ 技師(ぎし) 기사
□ 儀式(ぎしき) 의식
□ 記者(きしゃ) 기자
□ 汽車(きしゃ) 기차
□ 技術(ぎじゅつ) 기술
□ 基準(きじゅん) 기준
□ 規準(きじゅん) 규준, 규범이 되는 표준
□ 起床(きしょう) 기상
□ 傷(きず) 상처
□ 奇数(きすう) 기수, 홀수
□ 季節(きせつ) 계절
□ 基礎(きそ) 기초
□ 規則(きそく) 규칙
□ 北(きた) 북, 북쪽
□ 期待(きたい) 기대
□ 気体(きたい) 기체
□ 帰宅(きたく) 귀가
□ 基地(きち) 기지
□ 貴重(きちょう) 귀중

□ 議長(ぎちょう) 의장
□ きちんと 과부족 없이, 정확히, 깔끔히
きちんと払ってある。
정확히 지불되어 있다.
きちんとした身なり。깔끔한 옷차림.
髪をきちんと手入れする。
머리를 말쑥하게 손질하다.
きちんとした生活。규칙적인 생활.
□ きっかけ 시작, 계기
□ 喫茶(きっさ) 차를 마심, 끽차
□ ぎっしり 가득(가득 찬 모양)
□ 切手(きって) 우표
□ きっと 꼭, 반드시
□ 切符(きっぷ) 표
□ 記入(きにゅう) 기입
□ 絹(きぬ) 명주, 비단, 실크
□ 記念(きねん) 기념
□ 昨日(きのう) 어제
□ 機能(きのう) 기능
□ 基盤(きばん) 기반
□ 寄付(きふ) 기부
□ 気分(きぶん) 기분
□ 希望(きぼう) 희망
□ 基本(きほん) 기본
□ 決(き)まり 정해진 바, 규칙, 결말
□ 君(きみ) 자네, 너
□ 気味(きみ) 기미, 경향, 기색
□ 奇妙(きみょう) 기묘
□ 義務(ぎむ) 의무
□ 気持(きも)ち 마음, 기분, 감정
□ 着物(きもの) 옷, 일본 전통의상
□ 疑問(ぎもん) 의문
□ 客(きゃく) 손님
□ 逆(ぎゃく) 반대, 거꾸로 임
□ 客席(きゃくせき) 객석
□ 客間(きゃくま) 응접실
□ 九(きゅう) 구, 아홉
□ 級(きゅう) 급, 급수
□ 旧(きゅう) 그 전의 상태, 본래 상태

□ 球(きゅう) 둥근 물체, 공
□ 休暇(きゅうか) 휴가
□ 休業(きゅうぎょう) 휴업
□ 休憩(きゅうけい) 휴게
□ 急激(きゅうげき) 급격
□ 休講(きゅうこう) 휴강
□ 急行(きゅうこう) 급행
□ 求婚(きゅうこん) 구혼
□ 吸収(きゅうしゅう) 흡수
□ 救助(きゅうじょ) 구조
□ 休息(きゅうそく) 휴식
□ 急速(きゅうそく) 급속
□ 急(きゅう)に 갑자기, 갑작스럽게
□ 牛乳(ぎゅうにゅう) 우유
□ 給与(きゅうよ) 급여
□ 休養(きゅうよう) 휴양
□ 給料(きゅうりょう) 급료
□ 器用(きよう) 재주가 있음, 요령이 좋음, (군소리 없이) 순순히 하는 모양
手先の器用な人。
손재주가 있는 사람.
世の中を器用に泳ぐ。
세상을 요령 좋게 헤쳐 나가다.
器用に立ち回る。약삭빠르게 굴다.
器用に快く受け入れる。
순순히 기분 좋게 받아들이다.
□ 今日(きょう) 오늘
□ 教育(きょういく) 교육
□ 教員(きょういん) 교원
□ 強化(きょうか) 강화
□ 境界(きょうかい) 경계
□ 教会(きょうかい) 교회
□ 教科書(きょうかしょ) 교과서
□ 競技(きょうぎ) 경기
□ 行儀(ぎょうぎ) 예의범절, 행동거지
□ 供給(きょうきゅう) 공급
□ 共産(きょうさん) 공산(공산주의의 준말)
□ 教師(きょうし) 교사

- □ 行事(ぎょうじ) 행사
- □ 教室(きょうしつ) 교실
- □ 教授(きょうじゅ) 교수
- □ 恐縮(きょうしゅく) 남의 호의나 남에게 끼친 폐에 대해 죄송스럽게 여김
- □ 競争(きょうそう) 경쟁
- □ 兄弟(きょうだい) 형제
- □ 強調(きょうちょう) 강조
- □ 共通(きょうつう) 공통
- □ 共同(きょうどう) 공동
- □ 恐怖(きょうふ) 공포
- □ 興味(きょうみ) 흥미
- □ 教養(きょうよう) 교양
- □ 協力(きょうりょく) 협력
- □ 強力(きょうりょく) 강력
- □ 行列(ぎょうれつ) 행렬
- □ 許可(きょか) 허가
- □ 漁業(ぎょぎょう) 어업
- □ 曲(きょく) 곡, 노래
- □ ～局(きょく) 국
  放送局。방송국.
- □ 曲線(きょくせん) 곡선
- □ 巨大(きょだい) 거대
- □ 去年(きょねん) 작년
- □ 距離(きょり) 거리
- □ 気楽(きらく) 마음이 편함, 매사에 태평함
- □ 霧(きり) 안개
- □ 規律(きりつ) 규율
- □ 切(き)れ 자른 결과 생긴 작은 물건
- □ 記録(きろく) 기록
- □ 議論(ぎろん) 논의
- □ 気(き)を付(つ)ける 정신차리다, 주의하다
- □ 金(きん) 금
- □ 銀(ぎん) 은
- □ 禁煙(きんえん) 금연
- □ 金額(きんがく) 금액
- □ 金魚(きんぎょ) 금붕어
- □ 金庫(きんこ) 금고
- □ 銀行(ぎんこう) 은행
- □ 禁止(きんし) 금지
- □ 近所(きんじょ) 근처, 근방
- □ 金銭(きんせん) 금전
- □ 金属(きんぞく) 금속
- □ 近代(きんだい) 근대
- □ 緊張(きんちょう) 긴장
- □ 筋肉(きんにく) 근육
- □ 金融(きんゆう) 금융
- □ 金曜(きんよう) 금요(일)

く

- □ 九(く) 구, 아홉
- □ 句(く) 구(글의 구절)
- □ 具合(ぐあい) 형편, 상태, (이러이러한) 식, 모양새, 체면
  午後なら具合がよろしいのですが。오후라면 형편이 괜찮겠습니다만.
  いい具合にタクシーが来た。마침 알맞게 택시가 왔다.
  体の具合が悪い。몸 상태가 나쁘다.
  こんな具合に作れ。이런 식으로 만들어라.
  断るのは具合が悪い。거절하기는 거북하다(모양새가 안 좋다).
- □ 区域(くいき) 구역
- □ 空気(くうき) 공기
- □ 空港(くうこう) 공항
- □ 偶数(ぐうすう) 우수, 짝수
- □ 偶然(ぐうぜん) 우연
- □ 空想(くうそう) 공상
- □ 空中(くうちゅう) 공중(공기 속)
- □ 釘(くぎ) 못
- □ 草(くさ) 풀
- □ 鎖(くさり) 쇠사슬
- □ 櫛(くし) 빗
- □ くしゃみ 재채기
- □ 苦情(くじょう) 괴로운 사정, 고충, 불평, 불만
  苦情を持ち込む。불평을 해 오다.
  苦情を訴える。불만을 호소하다.
- □ 苦心(くしん) 고심
- □ 屑(くず) 쓰레기, 찌꺼기
- □ 薬(くすり) 약
- □ 薬指(くすりゆび) 무명지, 약 손가락
- □ 癖(くせ) 버릇, 습관
- □ 管(くだ) 관
- □ 具体(ぐたい) 구체
- □ 果物(くだもの) 과일
- □ 下(くだ)り 내려감, 하행
- □ 口(くち) 입
- □ 唇(くちびる) 입술
- □ 口紅(くちべに) 입술 연지, 립스틱
- □ 靴(くつ) 신발, 구두
- □ 苦痛(くつう) 고통
- □ 靴下(くつした) 양말
- □ ぐっすり 푹(깊이 잠든 모양)
- □ 句読点(くとうてん) 구두점
- □ 国(くに) 나라
- □ 首(くび) 목, 해고
- □ 工夫(くふう) 궁리, 고안
- □ 区分(くぶん) 구분
- □ 区別(くべつ) 구별
- □ 組(くみ) 조, 세트, 쌍
- □ 組合(くみあい) 조합
- □ 組(く)み合(あ)わせ 짜 맞춤, 한 벌
- □ 雲(くも) 구름
- □ 曇(くも)り 흐림, 구름 낌
- □ 位(くらい) 지위, 계급
- □ ～くらい/ぐらい ～정도, ～만큼
  猫ぐらいの大きさ。고양이 정도의 크기.
  これくらいなら誰でもできる。이 정도라면 누구나 할 수 있다.
  彼ぐらいけちな人はいない。그 사람만큼 인색한 사람은 없다.

5分ぐらいかかる。
5분 정도[가량] 걸린다.

- □ 暮(くら)し 생계, 일상생활
- □ 車(くるま) 차
- □ 暮(く)れ 저물 때, 계절·한 해의 마지막
- □ くれぐれも 부디, 아무쪼록
- □ 黒(くろ) 검은 빛깔, 범죄 혐의가 뚜렷함
- □ 苦労(くろう) 노고, 고생
- □ 訓(くん) 훈, 뜻
- □ 軍(ぐん) 군
- □ 群(ぐん) 떼, 무리
- □ 軍隊(ぐんたい) 군대
- □ 訓練(くんれん) 훈련

け

- □ 毛(け) 털
- □ 敬意(けいい) 경의
- □ 経営(けいえい) 경영
- □ 計画(けいかく) 계획
- □ 警官(けいかん) 경관, 경찰관
- □ 景気(けいき) 경기
- □ 契機(けいき) 계기
- □ 経験(けいけん) 경험
- □ 稽古(けいこ) (학문·기술·예능 따위를) 배움, 연습함
- □ 敬語(けいご) 경어
- □ 傾向(けいこう) 경향
- □ 蛍光灯(けいこうとう) 형광등
- □ 警告(けいこく) 경고
- □ 経済(けいざい) 경제
- □ 警察(けいさつ) 경찰
- □ 計算(けいさん) 계산
- □ 刑事(けいじ) 형사
- □ 形式(けいしき) 형식
- □ 芸術(げいじゅつ) 예술
- □ 継続(けいぞく) 계속
- □ 毛糸(けいと) 모사, 털실
- □ 経度(けいど) 경도
- □ 系統(けいとう) 계통
- □ 芸能(げいのう) 예능
- □ 競馬(けいば) 경마
- □ 警備(けいび) 경비
- □ 契約(けいやく) 계약
- □ 経由(けいゆ) 경유
- □ 形容詞(けいようし) 형용사
- □ 形容動詞(けいようどうし) 형용동사
- □ 怪我(けが) 상처, 부상
- □ 外科(げか) 외과
- □ 毛皮(けがわ) 모피, 털가죽
- □ 劇(げき) 극, 연극
- □ 劇場(げきじょう) 극장
- □ 激増(げきぞう) 격증(급격하게 늘어남)
- □ 今朝(けさ) 오늘 아침
- □ 景色(けしき) 경치, 풍경
- □ 消(け)しゴム 지우개
- □ 下車(げしゃ) 하차
- □ 下宿(げしゅく) 하숙
- □ 下旬(げじゅん) 하순
- □ 化粧(けしょう) 화장
- □ 下水(げすい) 하수
- □ 桁(けた) (숫자의) 자릿수, 규모
- □ 下駄(げた) 나막신
- □ けち 인색함, 초라함
- □ 血圧(けつあつ) 혈압
- □ 血液(けつえき) 혈액
- □ 結果(けっか) 결과
- □ 欠陥(けっかん) 결함
- □ 月給(げっきゅう) 월급
- □ 結局(けっきょく) 결국
- □ 結構(けっこう) 훌륭함, 좋음, (정중하게 사양하는 뜻으로) 이제 됐음, 다행임

  結構な贈り物。 훌륭한 선물.

  結構な人柄。
  나무랄 데 없는 인품. 그저 무던한 인품.

  もう結構です。 이젠 됐습니다.

  お元気で結構です。
  건강하셔서 다행입니다.

- □ 結婚(けっこん) 결혼
- □ 傑作(けっさく) 걸작
- □ 決(けっ)して (뒤에 부정어를 수반하여) 결코, 절대로
- □ 決心(けっしん) 결심
- □ 欠席(けっせき) 결석
- □ 決定(けってい) 결정
- □ 欠点(けってん) 결점
- □ 月末(げつまつ) 월말
- □ 月曜(げつよう) 월요(일)
- □ 結論(けつろん) 결론
- □ 気配(けはい) 기미, 낌새
- □ 下品(げひん) 하품, 인품이 천함, 천박함
- □ 煙(けむり) 연기
- □ けれど 그러나, ~지만, ~는데

  顔は美しいけれど、心は悪い。
  얼굴은 고우나 마음은 나쁘다.

  あしたは雨が降るそうですけれど、お出掛けになりますか。
  내일은 비가 온다는데 가시겠습니까?

  お金はある。けれど暇がない。
  돈은 있다. 그러나 틈이 없다.

- □ けれども けれど보다 약간 격식 차린 말씨
- □ 券(けん) 권(입장권, 교환권, 승차권 등을 말함)
- □ 県(けん) 현(행정구역의 하나)
- □ ~軒(けん) (집을 세는 말) ~채

  十軒。 열 채.

- □ 原因(げんいん) 원인
- □ 喧嘩(けんか) 싸움, 분쟁
- □ 見解(けんかい) 견해
- □ 限界(げんかい) 한계
- □ 見学(けんがく) 견학
- □ 玄関(げんかん) 현관
- □ 元気(げんき) 원기, 기력
- □ 研究(けんきゅう) 연구
- □ 謙虚(けんきょ) 겸허
- □ 現金(げんきん) 현금

□ 言語(げんご) 언어
□ 健康(けんこう) 건강
□ 原稿(げんこう) 원고
□ 検査(けんさ) 검사
□ 現在(げんざい) 현재
□ 原産(げんさん) 원산
□ 原始(げんし) 원시
□ 現実(げんじつ) 현실
□ 研修(けんしゅう) 연수
□ 厳重(げんじゅう) 엄중
□ 現象(げんしょう) 현상
□ 現状(げんじょう) 현상(현재의 상태)
□ 建設(けんせつ) 건설
□ 謙遜(けんそん) 겸손
□ 現代(げんだい) 현대
□ 建築(けんちく) 건축
□ 県庁(けんちょう) 현청(도청에 상당함)
□ 限度(げんど) 한도
□ 検討(けんとう) 검토
□ 見当(けんとう) 어림, 예측, 짐작, ~정도

病院(びょういん)はおよそこの見当(けんとう)にある。
병원은 대략 이 방향에 있다.
どうも見当(けんとう)がつかない。
아무래도 짐작이 가지 않는다.
彼(かれ)の見当(けんとう)は外(はず)れたらしい。
그의 예상은 빗나간 듯하다.
費用(ひよう)は1万円見当(いちまんえんけんとう)。
비용은 만 엔 정도.

□ 現(げん)に 실제로, 지금

現(げん)に私(わたし)の経験(けいけん)した事(こと)だ。
실제로 내가 경험한 일이다.
現(げん)に君(きみ)がそこに居(い)るじゃないか。
지금 자네가 거기 있지 않은가?

□ 現場(げんば) 현장
□ 顕微鏡(けんびきょう) 현미경
□ 見物(けんぶつ) 구경
□ 憲法(けんぽう) 헌법
□ 懸命(けんめい) 열심히 함
□ 権利(けんり) 권리
□ 原理(げんり) 원리
□ 原料(げんりょう) 원료

こ

□ 子(こ) 자식, 아이
□ 五(ご) 오, 다섯
□ 後(ご) 뒤, 후
□ 碁(ご) 바둑
□ 恋(こい) 사랑, 연애
□ 恋人(こいびと) 연인, 애인
□ こう 이렇게, 이와 같이
□ 工員(こういん) 공원(직공)
□ 強引(ごういん) (반대나 장애를 물리치고) 억지로 함
□ 幸運(こううん) 행운
□ 公園(こうえん) 공원
□ 講演(こうえん) 강연
□ 効果(こうか) 효과
□ 高価(こうか) 고가, 값이 비쌈
□ 硬貨(こうか) 경화, 금속화폐, 동전
□ 豪華(ごうか) 호화
□ 郊外(こうがい) 교외
□ 公害(こうがい) 공해
□ 合格(ごうかく) 합격
□ 交換(こうかん) 교환
□ 講義(こうぎ) 강의
□ 高級(こうきゅう) 고급
□ 公共(こうきょう) 공공
□ 工業(こうぎょう) 공업
□ 航空(こうくう) 항공
□ 光景(こうけい) 광경
□ 工芸(こうげい) 공예
□ 合計(ごうけい) 합계
□ 攻撃(こうげき) 공격
□ 貢献(こうけん) 공헌
□ 高校(こうこう) 고교
□ 孝行(こうこう) 효행
□ 広告(こうこく) 광고
□ 交差(こうさ) 교차
□ 交際(こうさい) 교제
□ 交差点(こうさてん) 교차로, 십자로
□ 講師(こうし) 강사
□ 工事(こうじ) 공사
□ 公式(こうしき) 공식
□ 口実(こうじつ) 구실
□ 後者(こうしゃ) 후자, 후세 사람
□ 校舎(こうしゃ) 교사(학교의 건물)
□ 公衆(こうしゅう) 공중
□ 工場(こうじょう) 공장(대규모)

㊙ 工場(こうば) 공장(소규모)

□ 香水(こうすい) 향수
□ 公正(こうせい) 공정
□ 構成(こうせい) 구성
□ 功績(こうせき) 공적
□ 光線(こうせん) 광선
□ 高層(こうそう) 고층
□ 構造(こうぞう) 구조
□ 高速(こうそく) 고속
□ 交替(こうたい) 교체
□ 耕地(こうち) 경지(경작지)
□ 紅茶(こうちゃ) 홍차
□ 交通(こうつう) 교통
□ 交通機関(こうつうきかん) 교통기관
□ 校庭(こうてい) 교정
□ 肯定(こうてい) 긍정
□ 高度(こうど) 고도
□ 高等(こうとう) 고등
□ 行動(こうどう) 행동
□ 講堂(こうどう) 강당
□ 後輩(こうはい) 후배
□ 交番(こうばん) 파출소
□ 公表(こうひょう) 공표
□ 幸福(こうふく) 행복
□ 鉱物(こうぶつ) 광물
□ 公平(こうへい) 공평
□ 候補(こうほ) 후보
□ 公務(こうむ) 공무

- □ 項目(こうもく) 항목
- □ 紅葉(こうよう) 홍엽, 단풍
- □ 合理(ごうり) 합리
- □ 交流(こうりゅう) 교류
- □ 合流(ごうりゅう) 합류
- □ 考慮(こうりょ) 고려
- □ 効力(こうりょく) 효력
- □ 声(こえ) (목)소리
- □ 誤解(ごかい) 오해
- □ 語学(ごがく) 어학
- □ 呼吸(こきゅう) 호흡
- □ 故郷(こきょう) 고향
- □ 極(ごく) 극히, 대단히
- □ 国王(こくおう) 국왕
- □ 国語(こくご) 국어
- □ 国際(こくさい) 국제
- □ 国籍(こくせき) 국적
- □ 黒板(こくばん) 칠판
- □ 克服(こくふく) 극복
- □ 国民(こくみん) 국민
- □ 穀物(こくもつ) 곡물, 곡식
- □ 国立(こくりつ) 국립
- □ ご苦労(くろう)さま 수고하셨습니다(남의 수고를 위로하는 말)
- □ ここ 여기, 요새
- □ 午後(ごご) 오후
- □ 九日(ここのか) 9일
- □ 九(ここの)つ 아홉, 아홉 개, 아홉 살
- □ 心(こころ) 마음, 생각, 정성
- □ 心当(こころあ)たり 짐작, 짐작가는 곳
- □ 腰(こし) 허리
- □ 腰掛(こしか)け 걸상(임시로 몸담고 있음)
- □ 五十音(ごじゅうおん) かな로 쓴 50개의 음
- □ 故障(こしょう) 고장
- □ 胡椒(こしょう) 후추
- □ 個人(こじん) 개인
- □ 午前(ごぜん) 오전
- □ 固体(こたい) 고체
- □ 答(こた)え 대답, 해답
- □ 御馳走(ごちそう) 손님을 접대함
- □ こちら/こっち 이쪽, 여기
- □ こちらこそ 이쪽이야말로, 저야말로
- □ 国家(こっか) 국가
- □ 国会(こっかい) 국회
- □ 小遣(こづか)い 용돈
- □ 国境(こっきょう) 국경
- □ 骨折(こっせつ) 골절
- □ こっそり 가만히, 살짝, 몰래
- □ 小包(こづつみ) 소포, 작은 꾸러미
- □ 古典(こてん) 고전
- □ 事(こと) 일, 것, 사정
- □ 琴(こと) 거문고
- □ ～毎(ごと) ～마다
  - 3分(さんぷん)ごとに。3분마다.
  - 月(つき)ごとの行事(ぎょうじ)。월례 행사.
- □ ～ごと ～째
  - まるごと 통째로
- □ 今年(ことし) 올해, 금년
- □ 言葉(ことば) 말, 언어
- □ 言葉遣(ことばづか)い 말씨
- □ 子供(こども) 어린이, 아이
- □ 小鳥(ことり) 작은 새
- □ 諺(ことわざ) 속담
- □ 粉(こな·こ) 가루, 분말, 밀가루
- □ この 이
- □ この間(あいだ) 전날, 일전
- □ この頃(ごろ) 요사이, 최근
- □ 好(この)み 좋아함, 기호, 취향
- □ 御飯(ごはん) 밥
- □ 御無沙汰(ごぶさた) 오랫동안 격조함
- □ 塵/芥(ごみ) 쓰레기, 먼지
- □ 小麦(こむぎ) 소맥, 밀
- □ 米(こめ) 쌀
- □ 御免(ごめん) 용서·사면의 높임말, 방문·사과를 할 때의 인사말
  - 御免(ごめん)を請(こ)う。용서를 빌다.
  - 御免下(ごめんくだ)さい。용서하십시오. 실례합니다.
  - 御免(ごめん)を被(こうむ)る。거절하겠다. 싫다.
  - 戦争(せんそう)は御免(ごめん)だ。전쟁은 싫다.
- □ 小屋(こや) 오두막집
- □ 小指(こゆび) 새끼손가락, 새끼발가락
- □ 娯楽(ごらく) 오락
- □ 御覧(ごらん) 보심
- □ これ 이것(앞서 말한 것이나 문장을 가리키는 말)
- □ これら 이것들
- □ 頃(ころ) 경, 무렵, 시기, 기회
  - 去年(きょねん)の春(はる)の頃(ころ)。지난해 봄경.
  - 頃(ころ)は八月(はちがつ)。때는 8월.
  - 頃(ころ)を見計(みはか)らう。기회를 엿보다.
- □ 紺(こん) 감색
- □ 今回(こんかい) 이번 회, 이번
- □ 今後(こんご) 금후, 이제부터, 앞으로
- □ 混合(こんごう) 혼합
- □ 混雑(こんざつ) 혼잡
- □ 献立(こんだて) 식단, 메뉴
- □ 今度(こんど) 이번, 이다음
- □ こんな 이러한, 이와 같은
- □ こんなに 이렇게(까지)
- □ 困難(こんなん) 곤란
- □ 今日(こんにち) 오늘, 오늘날
  - 今日(こんにち)の世界(せかい)。오늘날의 세계.
  - 今日(こんにち)の科学(かがく)。오늘날의 과학.
- □ こんにちは 낮에 하는 인사말
- □ こんばんは 저녁에 하는 인사말
- □ 婚約(こんやく) 약혼
- □ 混乱(こんらん) 혼란

어휘 테스트 2(か～こ) 다음 주어진 단어의 よみがな와 뜻을 적으시오.

1. 傘( ) 뜻:
2. 乾燥( ) 뜻:
3. 校舎( ) 뜻:
4. 環境( ) 뜻:
5. 貴重( ) 뜻:
6. 籠( ) 뜻:
7. 今朝( ) 뜻:
8. 我慢( ) 뜻:
9. 感心( ) 뜻:
10. 加減( ) 뜻:
11. 毛糸( ) 뜻:
12. 壁( ) 뜻:
13. 奇数( ) 뜻:
14. 影( ) 뜻:
15. 勘定( ) 뜻:
16. 株( ) 뜻:
17. 小麦( ) 뜻:
18. 組合( ) 뜻:
19. 傷( ) 뜻:
20. 花瓶) 뜻:
21. 休息( ) 뜻:
22. 確率( ) 뜻:
23. 患者( ) 뜻:
24. かび 뜻:
25. 漁業( ) 뜻:
26. 格別( ) 뜻:
27. 吸収( ) 뜻:
28. 鐘( ) 뜻:
29. 元日( ) 뜻:
30. 怪我( ) 뜻:
31. 偶数( ) 뜻:
32. 角( ) 뜻:
33. 儀式( ) 뜻:
34. 拡充( ) 뜻:
35. 間隔( ) 뜻:
36. 勝手( )に 뜻:
37. 休憩( ) 뜻:
38. 架空( ) 뜻:
39. 生地( ) 뜻:
40. 癖( ) 뜻:
41. 交番( ) 뜻:
42. 垣根( ) 뜻:
43. 瓦( ) 뜻:
44. 格好( ) 뜻:
45. 機嫌( ) 뜻:
46. 書留( ) 뜻:
47. 琴( ) 뜻:
48. 括弧( ) 뜻:
49. 為替( ) 뜻:
50. 鏡( ) 뜻:
51. 飢饉( ) 뜻:
52. 学級( ) 뜻:
53. 唇( ) 뜻:
54. 価格( ) 뜻:
55. 革( ) 뜻:
56. がっかり 뜻:
57. 黄色( ) 뜻:
58. 霧( ) 뜻:
59. 穀物( ) 뜻:
60. 景色( ) 뜻:
61. 柄( ) 뜻:
62. 家屋( ) 뜻:
63. 行事( ) 뜻:
64. 片道( ) 뜻:
65. 完了( ) 뜻:
66. 概論( ) 뜻:
67. 寄付( ) 뜻:
68. 塊( ) 뜻:
69. 殻( ) 뜻:
70. 改造( ) 뜻:
71. 小包( ) 뜻:
72. 刀( ) 뜻:
73. 歌謡( ) 뜻:
74. 絹( ) 뜻:
75. 改善( ) 뜻:
76. 貸家( ) 뜻:
77. 雷( ) 뜻:
78. 小屋( ) 뜻:
79. 厳重( ) 뜻:
80. 貸出( )し 뜻:

81. 剃刀(　　　) 뜻:
82. 冠(　　　) 뜻:
83. 桁(　　　) 뜻:
84. 火山(　　　) 뜻:
85. 紙屑(　　　) 뜻:
86. 胡椒(　　　) 뜻:
87. 外交(　　　) 뜻:
88. 過去(　　　) 뜻:
89. 髪(　　　) 뜻:
90. ぎっしり 뜻:
91. 会合(　　　) 뜻:
92. 釜(　　　) 뜻:
93. 下品(　　　) 뜻:
94. 櫛(　　　) 뜻:
95. 火災(　　　) 뜻:
96. 行儀(　　　) 뜻:
97. 絵画(　　　) 뜻:
98. 喫茶(　　　) 뜻:
99. 鍵(　　　) 뜻:
100. 乾電池(　　　) 뜻:

정답 어휘 테스트 2

1. 傘(かさ) 우산
2. 乾燥(かんそう) 건조
3. 校舎(こうしゃ) 교사(학교의 건물)
4. 環境(かんきょう) 환경
5. 貴重(きちょう) 귀중
6. 籠(かご) 바구니
7. 今朝(けさ) 오늘 아침
8. 我慢(がまん) 참음, 용서함
9. 感心(かんしん) 감탄, 감동, 기특, 탐탐하게 여김, 기가 막힘
10. 加減(かげん) 가감, 더함과 덜함, 알맞음, 건강 상태, 영향(탓)
11. 毛糸(けいと) 모사, 털실
12. 壁(かべ) 벽
13. 奇数(きすう) 기수, 홀수
14. 影(かげ) 그림자, 자취
15. 勘定(かんじょう) 계산
16. 株(かぶ) 주식
17. 小麦(こむぎ) 소맥, 밀
18. 組合(くみあい) 조합
19. 傷(きず) 상처
20. 花瓶(かびん) 꽃병
21. 休息(きゅうそく) 휴식
22. 確率(かくりつ) 확률
23. 患者(かんじゃ) 환자
24. かび 곰팡이
25. 漁業(ぎょぎょう) 어업
26. 格別(かくべつ) 각별
27. 吸収(きゅうしゅう) 흡수
28. 鐘(かね) 종
29. 元日(がんじつ) 설날
30. 怪我(けが) 상처, 부상
31. 偶数(ぐうすう) 우수, 짝수
32. 角(かど) 모난 귀퉁이, 길모퉁이
33. 儀式(ぎしき) 의식
34. 拡充(かくじゅう) 확충
35. 間隔(かんかく) 간격
36. 勝手(かって)に 제멋대로, 제 마음대로
37. 休憩(きゅうけい) 휴게
38. 架空(かくう) 가공
39. 生地(きじ) 본바탕, 천
40. 癖(くせ) 버릇
41. 交番(こうばん) 파출소
42. 垣根(かきね) 울타리, 담 밑
43. 瓦(かわら) 기와
44. 格好(かっこう) 모습, 모양, 볼품, 알맞음
45. 機嫌(きげん) 기분, 비위, 남의 안부
46. 書留(かきとめ) 문서, 등기(우편)
47. 琴(こと) 거문고
48. 括弧(かっこ) 괄호
49. 為替(かわせ) 환율
50. 鏡(かがみ) 거울
51. 飢饉(ききん) 기근
52. 学級(がっきゅう) 학급
53. 唇(くちびる) 입술
54. 価格(かかく) 가격
55. 革(かわ) 가죽
56. がっかり 실망하는 모양
57. 黄色(きいろ) 황색
58. 霧(きり) 안개
59. 穀物(こくもつ) 곡물
60. 景色(けしき) 경치, 풍경
61. 柄(がら) 모집, 분수(격), 품위
62. 家屋(かおく) 가옥
63. 行事(ぎょうじ) 행사
64. 片道(かたみち) 편도
65. 完了(かんりょう) 완료
66. 概論(がいろん) 개론
67. 寄付(きふ) 기부
68. 塊(かたまり) 덩어리, 집단
69. 殻(から) 껍질, 껍데기, 허물
70. 改造(かいぞう) 개조
71. 小包(こづつみ) 소포, 작은 꾸러미
72. 刀(かたな) 칼
73. 歌謡(かよう) 가요
74. 絹(きぬ) 명주, 비단, 실크
75. 改善(かいぜん) 개선
76. 貸家(かしや) 셋집
77. 雷(かみなり) 천둥, 우뢰
78. 小屋(こや) 오두막집
79. 厳重(げんじゅう) 엄중
80. 貸出(かしだ)し 대출
81. 剃刀(かみそり) 면도칼
82. 冠(かんむり) 관
83. 桁(けた) 자릿수, 규모
84. 火山(かざん) 화산
85. 紙屑(かみくず) 휴지, 종이 쓰레기
86. 胡椒(こしょう) 후추
87. 外交(がいこう) 외교
88. 過去(かこ) 과거
89. 髪(かみ) 머리(카락)
90. ぎっしり 가득(가득 찬 모양)
91. 会合(かいごう) 회합
92. 釜(かま) 솥, 가마
93. 下品(げひん) 하품, 인품이 천함, 천박함
94. 櫛(くし) 빗
95. 火災(かさい) 화재
96. 行儀(ぎょうぎ) 예의범절, 행동거지
97. 絵画(かいが) 회화
98. 喫茶(きっさ) 차를 마심, 끽차
99. 鍵(かぎ) 열쇠
100. 乾電池(かんでんち) 건전지

さ

- □ 差(さ) 차, 차이
- □ さあ 어서, 아아, 글쎄
- □ 在学(ざいがく) 재학
- □ 最近(さいきん) 최근, 요즘
- □ 最後(さいご) 최후, 마지막, 맨 뒤
- □ 最高(さいこう) 최고
- □ 再三(さいさん) 재삼, 여러 번
- □ 財産(ざいさん) 재산
- □ 祭日(さいじつ) 신사의 제사가 있는 날
- □ 最終(さいしゅう) 최종
- □ 最初(さいしょ) 최초
- □ 催促(さいそく) 재촉, 독촉
- □ 最中(さいちゅう) 한창인 때
- □ 採点(さいてん) 채점
- □ 災難(さいなん) 재난
- □ 才能(さいのう) 재능
- □ 裁判(さいばん) 재판
- □ 財布(さいふ) 지갑
- □ 裁縫(さいほう) 재봉
- □ 材木(ざいもく) 재목
- □ 材料(ざいりょう) 재료
- □ 幸(さいわ)い 다행
- □ 坂(さか) 비탈길, 고개, 언덕
- □ 境(さかい) 경계, 길림 길
- □ 逆(さか)さ 逆様(さかさま)의 준말
- □ 逆様(さかさま) 거꾸로 됨, 반대로 됨
- □ 魚(さかな) 생선, 물고기
- □ 酒場(さかば) 술집
- □ 盛(さか)り 한창(때)
- □ 盛(さか)ん 성함, 한창임
- □ さきおととい 그끄저께
- □ 先程(さきほど) 아까, 조금 전
- □ 作業(さぎょう) 작업
- □ 索引(さくいん) 색인
- □ 作者(さくしゃ) (예술품을) 만든 사람
- □ 削除(さくじょ) 삭제
- □ 作成(さくせい) 작성
- □ 作製(さくせい) 만듦, 제작
- □ 作品(さくひん) 작품
- □ 作文(さくぶん) 작문
- □ 作物(さくもつ) 농작물
- □ 桜(さくら) 벚나무
- □ 酒(さけ) 술
- □ 匙(さじ) 숟가락
- □ 座敷(ざしき) 다다미 방, 잔치 좌석
- □ 刺身(さしみ) (생선) 회
- □ さすが 역시, 과연, 정말이지
- □ 座席(ざせき) 좌석
- □ 札(さつ) 지폐
- □ 撮影(さつえい) 촬영
- □ 雑音(ざつおん) 잡음
- □ 作家(さっか) 작가
- □ さっき 아까, 조금 전
- □ 作曲(さっきょく) 작곡
- □ さっさと 빨랑빨랑, 척척(망설이거나 지체하지 않는 모양)
- □ 雑誌(ざっし) 잡지
- □ 早速(さっそく) 즉시, 당장
- □ ざっと 대충, 대강
- □ さっぱり 후련한 모양, 산뜻한 모양, (부정어가 붙어서) 전혀, 조금도

  さっぱりした身なり。산뜻한 옷차림.

  さっぱりした味。산뜻함[담백한] 맛.

  難しくてさっぱりわからない。

  어려워서 도무지 모르겠다.

  景気はどうもさっぱりです。

  경기는 아주 말이 아닙니다.

  昔のことはさっぱり忘れましょう。

  옛날 일은 깨끗이 잊읍시다.
- □ さて 자, 이제, 막상(하려고 하면), 그런데, 그리고
- □ 砂糖(さとう) 설탕
- □ 砂漠(さばく) 사막
- □ 錆(さび) 녹
- □ 差別(さべつ) 차별
- □ 作法(さほう) 예의범절, (문장 등을) 만드는 법
- □ 様々(さまざま) 여러 가지, 가지각색
- □ 左右(さゆう) 좌우
- □ 皿(さら) 접시
- □ 再来月(さらいげつ) 다다음 달
- □ 再来週(さらいしゅう) 다다음 주
- □ 再来年(さらいねん) 내후년
- □ 更(さら)に 그 위에, 더욱 더, 거듭, (뒤에 부정하는 말이 따라서) 조금도, 도무지

  これからは更に難しくなる。

  앞으로는 한층 더 어려워진다.

  さらに説明します。

  거듭 설명하겠습니다.

  更に反省の色がない。

  도무지 반성의 빛이 없다.
- □ 騒(さわ)ぎ 소동, 혼잡
- □ さわやか 시원한 모양, 상쾌한 모양
- □ 参加(さんか) 참가
- □ 三角(さんかく) 삼각
- □ 産業(さんぎょう) 산업
- □ 参考(さんこう) 참고
- □ 算数(さんすう) 산수
- □ 酸性(さんせい) 산성
- □ 酸素(さんそ) 산소
- □ 産地(さんち) 산지
- □ 残念(ざんねん) 분함, 유감스러움, 아쉬움

  残念に思う。분하게 생각하다.

  お会いできずに残念でした。

  만나 뵙지 못하여 유감이었습니다.

  雨で中止となって残念だ。

  비로 중지하게 되어 유감스럽다.
- □ 散歩(さんぽ) 산책
- □ 山林(さんりん) 산림

し

- □ 氏(し) 씨
- □ 市(し) 시
- □ 詩(し) 시
- □ 字(じ) 글자
- □ 試合(しあい) 시합

□ しあさって 글피

□ 幸(しあわ)せ 운, 행운, 행복

□ 寺院(じいん) 사원

□ しいんと(する) 쥐 죽은 듯이 조용한

□ 自衛(じえい) 자위

□ 塩(しお) 소금

□ 司会(しかい) 사회

□ 四角(しかく) 사각

□ しかし 그러나, 그렇지만

□ 仕方(しかた) 하는 방법, 수단, 방식

□ 直(じか)に 직접

□ しかも 그 위에, 게다가, 더구나, 그럼에도 불구하고, 그런데도

最初(さいしょ)で、しかも最期(さいご)のチャンス。
처음이자 마지막 찬스.

貧乏(びんぼう)でしかも病身(びょうしん)。
가난하고 더구나 앓는 몸.

注意(ちゅうい)を受(う)けしかも改(あらた)めない。
주의를 받았는데도 고치지 않는다.

しかられて、しかも反省(はんせい)しない。
꾸중을 들었는데도 반성하지 않는다.

□ 時間(じかん) 시간

□ ~時間目(じかんめ) ~시간째

二時間目(にじかんめ)。두 시간째.

□ 時間割(じかんわ)り 수업 시간표, (공사) 예정표

□ ~式(しき) ~식

日本式(にほんしき) 일본식

□ 四季(しき) 사계, 사철

□ 直(じき) 직접

□ 時期(じき) 시기

□ 敷地(しきち) 부지, 대지

□ 直(じき)に 곧, 금방

□ 支給(しきゅう) 지급

□ 至急(しきゅう) 지급, 급히

□ しきりに 자주, 빈번히, 계속적으로, 몹시

しきりに手紙(てがみ)をよこす。
빈번히 편지를 보내오다.

しきりにベルが鳴(な)る。
계속해서 벨이 울리다.

しきりに欲(ほ)しがる。몹시 갖고 싶어하다.

□ 刺激(しげき) 자극

□ 試験(しけん) 시험

□ 資源(しげん) 자원

□ 事件(じけん) 사건

□ 時刻(じこく) 시각

□ 仕事(しごと) 일

□ 自殺(じさつ) 자살

□ 持参(じさん) 지참

□ 指示(しじ) 지시

□ 事実(じじつ) 사실

□ 磁石(じしゃく) 자석

□ 四捨五入(ししゃごにゅう) 사사오입, 반올림

□ 始終(しじゅう) 시종

□ 自習(じしゅう) 자습

□ 支出(ししゅつ) 지출

□ 辞書(じしょ) 사전

□ 事情(じじょう) 사정

□ 詩人(しじん) 시인

□ 自身(じしん) 자신

□ 地震(じしん) 지진

□ 静(しず)か 조용한 모양

□ 姿勢(しせい) 자세

□ 自然科学(しぜんかがく) 자연과학

□ 自然(しぜん)に 자연히, 저절로

□ 思想(しそう) 사상

□ 時速(じそく) 시속

□ 子孫(しそん) 자손

□ 下(した) 아래, 밑

□ 舌(した) 혀

□ 死体(したい) 시체

□ 次第(しだい)に 차차로, 점점

□ 事態(じたい) 사태

□ 時代(じだい) 시대

□ 下書(したが)き 초안

□ 従(したが)って 따라서, 그러므로

□ 下着(したぎ) 속옷, 내의

□ 支度(したく) 준비, 채비

□ 自宅(じたく) 자택

□ 下町(したまち) 도시의 저지대인 상·공업 지대, 번화가

□ 自治(じち) 자치

□ 質(しつ) 질

□ しっかり 단단히(견고한 모양), 확고히, 견실하게(마음이 긴장되어 있는 모양), 거래 시장이 활기를 띠어 오를 것 같은 모양

しっかりした建物(たてもの)。견고한 건물.

しっかり握(にぎ)る。꽉 잡다[쥐다].

しっかりしろ。
기운을 내라. 멍청히 굴지 말라.

しっかり頑張(がんば)れ。끝까지 힘을 내라.

若(わか)いがしっかりした人(ひと)だ。
젊지만 견실한 사람이다.

小(こ)じっかり。약간 오름세.

しっかりに向(む)かう。오름세로 향하다.

□ 実感(じっかん) 실감

□ 失業(しつぎょう) 실업

□ 湿気(しっけ/しっき) 습기

□ 実験(じっけん) 실험

□ 実現(じつげん) 실현

□ 実行(じっこう) 실행

□ 実際(じっさい) 실제

□ 実施(じっし) 실시

□ 実習(じっしゅう) 실습

□ 実績(じっせき) 실적

□ 湿度(しつど) 습도

□ じっと 꼼짝 않고, 꾹(참고 가만히 있는 모양)

□ 実(じつ)に 실로, 참으로, 아주

□ 実(じつ)は 실은, 사실은

□ 失敗(しっぱい) 실패

□ 執筆(しっぴつ) 집필

□ 実物(じつぶつ) 실물

□ しっぽ 꼬리

□ 失望(しつぼう) 실망

□ 質問(しつもん) 질문

□ 実用(じつよう) 실용

□ 実力(じつりょく) 실력

□ 失礼(しつれい) 실례
□ 実例(じつれい) 실례
□ 失恋(しつれん) 실연
□ 指定(してい) 지정
□ 私鉄(してつ) 사철, 민영 철도
□ 支店(してん) 지점
□ 辞典(じてん) 사전
□ 自転車(じてんしゃ) 자전거
□ 指導(しどう) 지도
□ 自動(じどう) 자동
□ 児童(じどう) 아동
□ 自動車(じどうしゃ) 자동차
□ 品(しな) 물건, 등급
□ 品物(しなもの) 물품, 물건
□ 支配(しはい) 지배
□ 芝居(しばい) 연극
□ しばしば 자주, 여러 번, 누차, 종종
□ 芝生(しばふ) 잔디
□ 支払(しはら)い 지불
□ しばらく 잠깐, 오래간만
□ 地盤(じばん) 지반
□ 字引(じびき) 옥편, 사전
□ 自分(じぶん) 자기, 자신, 스스로
□ 紙幣(しへい) 지폐
□ 死亡(しぼう) 사망
□ 資本(しほん) 자본
□ 島(しま) 섬
□ 縞(しま) 줄무늬
□ しまい 끝, 마지막, 품절 ㊥ 終(お)わり

本(ほん)をしまいまで読(よ)む。
책을 끝까지 읽다.

もう店(みせ)はしまいだよ。
이제 가게는 마쳤어.

彼(かれ)を怒(おこ)らしたらおしまいだ。
그를 화나게 하면 끝장이다.

白菜(はくさい)は今日(きょう)はおしまいになりました。배추는 오늘은 다 팔렸습니다.

□ 姉妹(しまい) 자매
□ しまった 아뿔사, 모르는 사이에 저지른 실패(실패하여 몹시 분해할 때 내는 말)

これはしまった。아뿔싸 큰일났군.

しまったことをした。
아차 하는 실수를 저질렀다.

□ 自慢(じまん) 자만
□ 地味(じみ) 수수함, 검소함
□ しみじみ 절실히, 곰곰이, 차근차근
□ 市民(しみん) 시민
□ 事務(じむ) 사무
□ 氏名(しめい) 성명
□ 締切(しめき)り 마감, 마감날짜
□ しめた 됐다(자기 뜻대로 되었을 때 기뻐서 하는 말)

しめた、うまくいきそうだ。
됐다, 잘 될 것 같다.

しめた、うまい方法(ほうほう)を考(かんが)え付(つ)いた。
됐다, 좋은 방법을 생각해 냈다.

□ 地面(じめん) 지면
□ 下(しも) 아래, 하류, 표현의 뒷부분
□ 霜(しも) 서리
□ 社会(しゃかい) 사회
□ 社会科学(しゃかいかがく) 사회과학
□ 蛇口(じゃぐち) 수도꼭지
□ 弱点(じゃくてん) 약점
□ 車庫(しゃこ) 차고
□ 車掌(しゃしょう) 차장
□ 写真(しゃしん) 사진
□ 写生(しゃせい) 사생
□ 社説(しゃせつ) 사설
□ 借金(しゃっきん) 차금, 빚
□ しゃっくり 딸꾹질(소리)
□ 車道(しゃどう) 차도
□ 邪魔(じゃま) 방해, 장애
□ 車輪(しゃりん) 차륜, 수레바퀴
□ 洒落(しゃれ) 익살, 깔끔하고 재치가 있음, 멋을 부림
□ 週(しゅう) 주, 7일간
□ 州(しゅう) 주(행정 구획의 하나)
□ 自由(じゆう) 자유
□ 銃(じゅう) 총

□ 周囲(しゅうい) 주위
□ 集会(しゅうかい) 집회
□ 収穫(しゅうかく) 수확
□ 週間(しゅうかん) 주간
□ 習慣(しゅうかん) 습관
□ 住居(じゅうきょ) 주거
□ 宗教(しゅうきょう) 종교
□ 集金(しゅうきん) 수금
□ 集合(しゅうごう) 집합
□ 習字(しゅうじ) 습자(글씨 쓰는 방법을 배움)
□ 重視(じゅうし) 중시
□ 住所(じゅうしょ) 주소
□ 就職(しゅうしょく) 취직
□ 修正(しゅうせい) 수정
□ 修繕(しゅうぜん) 수선, 수리
□ 重体(じゅうたい) 중태
□ 渋滞(じゅうたい) 정체, 밀림
□ 重大(じゅうだい) 중대
□ 住宅(じゅうたく) 주택
□ 集団(しゅうだん) 집단
□ じゅうたん 융단
□ 集中(しゅうちゅう) 집중
□ 終点(しゅうてん) 종점
□ 重点(じゅうてん) 중점
□ 収入(しゅうにゅう) 수입
□ 就任(しゅうにん) 취임
□ 十分(じゅうぶん) 충분, 십분
□ 周辺(しゅうへん) 주변
□ 住民(じゅうみん) 주민
□ 重役(じゅうやく) 중역
□ 重要(じゅうよう) 중요
□ 修理(しゅうり) 수리
□ 終了(しゅうりょう) 종료
□ 重量(じゅうりょう) 중량, 무게
□ 重力(じゅうりょく) 중력
□ 主義(しゅぎ) 주의
□ 授業(じゅぎょう) 수업
□ 熟語(じゅくご) 숙어

- □ 祝日(しゅくじつ) 축일
- □ 縮小(しゅくしょう) 축소
- □ 宿題(しゅくだい) 숙제
- □ 宿泊(しゅくはく) 숙박
- □ 受験(じゅけん) 수험
- □ 主語(しゅご) 주어
- □ 手術(しゅじゅつ) 수술
- □ 首相(しゅしょう) 수상
- □ 主人(しゅじん) 남편(아내가 남편을 일컫는 말)
- □ 手段(しゅだん) 수단
- □ 主張(しゅちょう) 주장
- □ 出勤(しゅっきん) 출근
- □ 述語(じゅつご) 술어
- □ 出場(しゅつじょう) 출장
- □ 出身(しゅっしん) 출신
- □ 出席(しゅっせき) 출석
- □ 出張(しゅっちょう) 출장
- □ 出発(しゅっぱつ) 출발
- □ 出版(しゅっぱん) 출판
- □ 首都(しゅと) 수도
- □ 主婦(しゅふ) 주부
- □ 趣味(しゅみ) 취미
- □ 寿命(じゅみょう) 수명
- □ 主役(しゅやく) 주역
- □ 主要(しゅよう) 주요
- □ 需要(じゅよう) 수요
- □ 種類(しゅるい) 종류
- □ 受話器(じゅわき) 수화기
- □ 順(じゅん) 순서, 차례, 온순함, 온당함
- □ 瞬間(しゅんかん) 순간
- □ 循環(じゅんかん) 순환
- □ 巡査(じゅんさ) 순사, 순경
- □ 順々(じゅんじゅん) 차례차례, 차차로, 조금씩
- □ 順序(じゅんじょ) 순서
- □ 純情(じゅんじょう) 순정
- □ 純粋(じゅんすい) 순수
- □ 順調(じゅんちょう) 순조
- □ 順番(じゅんばん) 순번, 차례
- □ 準備(じゅんび) 준비
- □ 使用(しよう) 사용
- □ 賞(しょう) 상
- □ 章(しょう) 장
- □ 小(しょう) 소, 작음
- □ 上(じょう) 위, 상급, 훌륭함
- □ ～畳(じょう) 다다미의 수를 세는 말
  四畳半(よじょうはん)。 다다미 넉 장 반.
- □ 消化(しょうか) 소화
- □ 紹介(しょうかい) 소개
- □ 障害(しょうがい) 장애, 장해, 방해
- □ 奨学金(しょうがくきん) 장학금
- □ 小学生(しょうがくせい) 초등학생
- □ 正月(しょうがつ) 정월, 설
- □ 小学校(しょうがっこう) 초등학교
- □ しょうがない 어쩔 수 없다
- □ 将棋(しょうぎ) 장기
- □ 蒸気(じょうき) 증기
- □ 定規(じょうぎ) 자
- □ 乗客(じょうきゃく) 승객
- □ 上級(じょうきゅう) 상급
- □ 商業(しょうぎょう) 상업
- □ 上京(じょうきょう) 상경
- □ 状況(じょうきょう) 상황
- □ 消極的(しょうきょくてき) 소극적
- □ 賞金(しょうきん) 상금
- □ 上下(じょうげ) 상하
- □ 条件(じょうけん) 조건
- □ 正午(しょうご) 정오
- □ 障子(しょうじ) 장지, 미닫이(문)
- □ 正直(しょうじき) 정직
- □ 常識(じょうしき) 상식
- □ 商社(しょうしゃ) 상사, 무역상사
- □ 乗車(じょうしゃ) 승차
- □ 上旬(じょうじゅん) 상순
- □ 少女(しょうじょ) 소녀
- □ 少々(しょうしょう) 조금, 약간
- □ 症状(しょうじょう) 증상
- □ 上手(じょうず) 능숙함, 잘함
- □ 小数(しょうすう) 소수
- □ 小説(しょうせつ) 소설
- □ 招待(しょうたい) 초대
- □ 状態(じょうたい) 상태
- □ 上達(じょうたつ) 기능이 향상됨
- □ 冗談(じょうだん) 농담
- □ 承知(しょうち) 알아들음, (소망이나 요구를) 들어 줌, 동의, 승낙, 용서
  ご承知(しょうち)の通(とお)り。 잘 아시는 바와 같이
  その話(はなし)なら承知(しょうち)しています。
  그 이야기라면 잘 알고 있습니다.
  無理(むり)に承知(しょうち)させる。
  억지로 동의하게 하다.
  彼(かれ)はなかなか承知(しょうち)しない。
  그는 여간해서 승낙하지 않는다.
  嘘(うそ)をつくと承知(しょうち)しないぞ。
  거짓말하면 용서 않겠다.
- □ 商店(しょうてん) 상점
- □ 焦点(しょうてん) 초점
- □ 上等(じょうとう) 상등, 고급
- □ 消毒(しょうどく) 소독
- □ 衝突(しょうとつ) 충돌
- □ 商人(しょうにん) 상인
- □ 承認(しょうにん) 승인
- □ 少年(しょうねん) 소년
- □ 勝敗(しょうはい) 승패
- □ 商売(しょうばい) 장사, 직업
- □ 蒸発(じょうはつ) 증발
- □ 消費(しょうひ) 소비
- □ 賞品(しょうひん) 상품
- □ 商品(しょうひん) 상품
- □ 上品(じょうひん) 고상함, 품위가 있음
- □ 勝負(しょうぶ) 승부
- □ 丈夫(じょうぶ) 건강함, 견고함, 튼튼함
- □ 小便(しょうべん) 소변
- □ 消防(しょうぼう) 소방
- □ 消防署(しょうぼうしょ) 소방서
- □ 情報(じょうほう) 정보
- □ 正味(しょうみ) 겉포장을 제외한 알맹이, 도매값의 준말

□ 証明(しょうめい) 증명
□ 正面(しょうめん) 정면
□ 消耗(しょうもう) 소모
□ 醤油(しょうゆ) 간장
□ 将来(しょうらい) 장래, 미래
□ 省略(しょうりゃく) 생략
□ 女王(じょおう) 여왕
□ 初級(しょきゅう) 초급
□ 助教授(じょきょうじゅ) 조교수
□ 職(しょく) 직업, 일자리
□ 食塩(しょくえん) 식염, 소금
□ 職業(しょくぎょう) 직업
□ 食事(しょくじ) 식사
□ 食卓(しょくたく) 식탁
□ 食堂(しょくどう) 식당
□ 職人(しょくにん) 장인
□ 職場(しょくば) 직장
□ 食品(しょくひん) 식품
□ 植物(しょくぶつ) 식물
□ 食物(しょくもつ) 음식물
□ 食欲(しょくよく) 식욕
□ 食糧/食料(しょくりょう) 식량
□ 書斎(しょさい) 서재
□ 女史(じょし) 여사
□ 助手(じょしゅ) 조수
□ 初旬(しょじゅん) 초순
□ 徐々(じょじょ)に 서서히, 천천히, 점점
□ 女性(じょせい) 여성
□ 書籍(しょせき) 서적
□ 食器(しょっき) 식기
□ 書店(しょてん) 서점
□ 書道(しょどう) 서도, 서예
□ 初歩(しょほ) 초보
□ 署名(しょめい) 서명
□ 書物(しょもつ) 책, 도서
□ 女優(じょゆう) 여우, 여배우
□ 処理(しょり) 처리
□ 書類(しょるい) 서류
□ 白髪(しらが) 백발, 흰머리
□ 知(し)らせ 알림, 통지, 전조, 조짐

□ 尻(しり) 엉덩이
□ 知合(しりあ)い 아는 사이, 지인
□ 私立(しりつ) 사립
□ 資料(しりょう) 자료
□ 汁(しる) 즙, 국물
□ 印(しるし) 표시, 표지
□ 白(しろ) 흰색, 결백, 무죄

白を着る。흰 옷을 입다.

容疑者は白と決まった。
용의자는 혐의가 없는 것으로 확정됐다.

□ 城(しろ) 성
□ 素人(しろうと) 비전문가, 아마추어
□ しわ 주름

顔のしわ。얼굴의 주름.

□ 芯(しん) 심지(가지 끝에 자라는 싹)
□ 進学(しんがく) 진학
□ 新幹線(しんかんせん) 신칸센, 고속열차
□ 真空(しんくう) 진공
□ 神経(しんけい) 신경
□ 真剣(しんけん) 진짜 칼, 진심, 진지
□ 信仰(しんこう) 신앙
□ 信号(しんごう) 신호
□ 人口(じんこう) 인구
□ 人工(じんこう) 인공
□ 深刻(しんこく) 심각
□ 診察(しんさつ) 진찰
□ 人事(じんじ) 인사
□ 神社(じんじゃ) 신사
□ 人種(じんしゅ) 인종
□ 信(しん)じる/ずる 믿다
□ 心身(しんしん) 심신
□ 申請(しんせい) 신청
□ 人生(じんせい) 인생
□ 親戚(しんせき) 친척
□ 親切(しんせつ) 친절
□ 新鮮(しんせん) 신선
□ 心臓(しんぞう) 심장
□ 人造(じんぞう) 인조

□ 身体(しんたい) 신체
□ 寝台(しんだい) 침대
□ 診断(しんだん) 진단
□ 身長(しんちょう) 신장, 키
□ 慎重(しんちょう) 신중
□ 侵入(しんにゅう) 침입
□ 心配(しんぱい) 걱정, 근심
□ 審判(しんぱん) 심판
□ 人物(じんぶつ) 인물
□ 新聞(しんぶん) 신문
□ 人文科学(じんぶんかがく) 인문과학
□ 進歩(しんぽ) 진보
□ 人命(じんめい) 인명
□ 深夜(しんや) 심야
□ 親友(しんゆう) 친우, 친한 벗
□ 信用(しんよう) 신용
□ 信頼(しんらい) 신뢰
□ 心理(しんり) 심리
□ 森林(しんりん) 삼림
□ 親類(しんるい) 친척, 일가
□ 人類(じんるい) 인류
□ 進路(しんろ) 진로, 나아갈 길
□ 神話(しんわ) 신화

す

□ 巣(す) (새·짐승·곤충 따위의) 둥지
□ 酢(す) 초, 식초
□ 図(ず) 그림, 도형, 도면
□ 水泳(すいえい) 수영
□ 水産(すいさん) 수산
□ 炊事(すいじ) 취사
□ 水準(すいじゅん) 수준
□ 水蒸気(すいじょうき) 수증기
□ 推薦(すいせん) 추천
□ 水素(すいそ) 수소
□ 垂直(すいちょく) 수직
□ 推定(すいてい) 추정

- □ 水滴(すいてき) 물방울
- □ 水筒(すいとう) 수통, 물병
- □ 水道(すいどう) 수도
- □ 随筆(ずいひつ) 수필
- □ 水分(すいぶん) 수분
- □ 随分(ずいぶん) 대단히, 몹시, 충분히, 아무쪼록, 너무함

  ずいぶん暑い日だ。
  몹시 더운 날이다.

  ずいぶんお大切に。
  아무쪼록 몸조심 하시기를.

  ずいぶんごきげんよう。부디 안녕히.

  ずいぶんな話さ。
  너무 심한 이야기인데.

  ずいぶんな仕打だ。지나친 처사다.
- □ 水平(すいへい) 수평
- □ 水平線(すいへいせん) 수평선
- □ 睡眠(すいみん) 수면
- □ 水面(すいめん) 수면
- □ 水曜(すいよう) 수요(일)
- □ 数学(すうがく) 수학
- □ 数字(すうじ) 숫자
- □ 末(すえ) 끝, 마지막
- □ 末(すえ)っ子(こ) 막내
- □ 姿(すがた) 모습, 모양
- □ 図鑑(ずかん) 도감
- □ 好(す)き 좋아함, 호기심
- □ 隙(すき) 빈틈, 겨를, 짬, 허점
- □ 杉(すぎ) 삼나무
- □ ～過(す)ぎ 도가 지나침

  食べ過ぎ。과식.

  飲み過ぎ。과음.
- □ 好(す)き嫌(きら)い 좋아함과 싫어함
- □ 好(す)き好(ず)き 각자의 기호
- □ 隙間(すきま) 틈, 겨를, 짬
- □ すぐに 곧, 즉시, 곧바로
- □ 少(すく)なくとも 적어도
- □ 図形(ずけい) 도형, 그림
- □ 少(すこ)し 조금, 약간, 좀
- □ 少(すこ)しも 조금도, 전혀
- □ 筋(すじ) 줄거리, 힘줄, 근육
- □ 鈴(すず) 방울
- □ ～ずつ ～씩

  机と椅子を一つずつ用意する。
  책상과 의자를 하나씩 준비하다.

  毎日少しずつ食べる。
  매일 조금씩 먹다.
- □ 頭痛(ずつう) 두통
- □ すっかり 모두, 온통, 죄다, 몽땅
- □ すっきり 산뜻한 모양, 말끔한 모양, 상쾌한 모양
- □ すっと (가볍게 빨리 움직이거나 옮기거나 하는 모양) 쑥, 쓱, (지금까지의 불쾌감이 없어져서 시원한 모양) 후련함, 상쾌함, 개운함
- □ ずっと (몹시 차이가 지는 모양) 매우, 훨씬, (처음부터 또는 오랫동안 계속된 모양) 쭉
- □ すてき 썩 뛰어남, 매우 근사함, 아주 멋짐
- □ 既(すで)に 이미, 벌써, 이전에, 거의, 자칫
- □ 砂(すな) 모래
- □ 素直(すなお) 순진함, 순수함
- □ すなわち 즉, 바꿔 말하면
- □ 頭脳(ずのう) 두뇌
- □ 図表(ずひょう) 도표
- □ 全(すべ)て 전부, 모두, 모조리
- □ 住(す)まい 주거, 주소
- □ 隅/角(すみ) 모퉁이, 구석
- □ 墨(すみ) 먹, 먹물
- □ ～済(ず)み ～끝남

  契約済みの貨物。계약이 끝난 하물.
- □ 相撲(すもう) 스모(일본 씨름)
- □ ずらり (여럿이 늘어선 모양) 죽
- □ すり 소매치기
- □ すると 그러자, 그러면
- □ 寸法(すんぽう) 치수, 길이

せ

- □ 税(ぜい) 세, 세금
- □ 性格(せいかく) 성격
- □ 正確(せいかく) 정확
- □ 生活(せいかつ) 생활
- □ 税関(ぜいかん) 세관
- □ 世紀(せいき) 세기
- □ 請求(せいきゅう) 청구
- □ 税金(ぜいきん) 세금
- □ 清潔(せいけつ) 청결
- □ 制限(せいげん) 제한
- □ 成功(せいこう) 성공
- □ 制作(せいさく) 제작(예술 작품·방송 프로그램 따위를 만듦)

  共同製作 공동제작

  テレビ番組の制作。
  텔레비전 프로그램의 제작.
- □ 製作(せいさく) 제작

  製作所 제작소

  工作機械を製作する。
  공작기계를 제작하다.
- □ 生産(せいさん) 생산
- □ 政治(せいじ) 정치
- □ 正式(せいしき) 정식
- □ 性質(せいしつ) 성질
- □ 清書(せいしょ) 청서, 정서
- □ 青少年(せいしょうねん) 청소년
- □ 精神(せいしん) 정신
- □ 成人(せいじん) 성인
- □ 整数(せいすう) 정수
- □ 精々(せいぜい) 힘껏 노력하여, 기껏해서, 고작

  精々勉強しなさい。
  열심히 공부하시오.

  精々勉強しておきます。최대한으로 싸게 해 드리겠습니다. ☞ 상인들이 쓰는 말

  毎日暮して行くのが精々だ。
  그날그날 살아가는 게 고작이다.
- □ 成績(せいせき) 성적
- □ 清掃(せいそう) 청소
- □ 製造(せいぞう) 제조
- □ 生存(せいぞん) 생존

- □ 贅沢(ぜいたく) 사치
- □ 成長(せいちょう) 성장
- □ 生長(せいちょう) 생장(초목 따위가 자람)
- □ 生徒(せいと) 학생(중·고교 학생)
- □ 制度(せいど) 제도
- □ 政党(せいとう) 정당
- □ 青年(せいねん) 청년
- □ 生年月日(せいねんがっぴ) 생년월일
- □ 性能(せいのう) 성능
- □ 整備(せいび) 정비
- □ 製品(せいひん) 제품
- □ 政府(せいふ) 정부
- □ 生物(せいぶつ) 생물
- □ 成分(せいぶん) 성분
- □ 性別(せいべつ) 성별
- □ 正方形(せいほうけい) 정방형, 정사각형
- □ 生命(せいめい) 생명
- □ 正門(せいもん) 정문
- □ 西洋(せいよう) 서양
- □ 整理(せいり) 정리
- □ 成立(せいりつ) 성립
- □ 西暦(せいれき) 서력, 서기
- □ 世界(せかい) 세계
- □ 席(せき) 자리, 자석
- □ 咳(せき) 기침
- □ ～隻(せき) ～척(배의 수효를 세는 단위), ～쪽(쌍으로 되어 있는 것의 한 편을 세는 말)
  貨物船三隻。화물선 3척.
  屏風一隻。병풍 한 쪽. ⇒ 거룻배 등 작은 것은 艘(そう)를 사용
- □ 石炭(せきたん) 석탄
- □ 赤道(せきどう) 적도
- □ 責任(せきにん) 책임
- □ 石油(せきゆ) 석유
- □ 世間(せけん) 세간, 세상
- □ 折角(せっかく) 모처럼, 일부러, 애써서
- □ 積極的(せっきょくてき) 적극적
- □ 接近(せっきん) 접근
- □ 設計(せっけい) 설계
- □ 石鹸(せっけん) 비누
- □ せっせと 열심히, 부지런히
- □ 接続(せつぞく) 접속
- □ 絶対(ぜったい) 절대
- □ 絶対(ぜったい)に 절대로
- □ 設備(せつび) 설비
- □ 説明(せつめい) 설명
- □ 絶滅(ぜつめつ) 절멸, 근절
- □ 節約(せつやく) 절약
- □ 瀬戸物(せともの) 도자기, 사기그릇
- □ 背中(せなか) 등(신체)
- □ 是非(ぜひ) 제발, 꼭
- □ 是非(ぜひ)とも 꼭, 무슨 일이 있어도
- □ 背広(せびろ) 신사복
- □ せめて 적어도, 그런대로
- □ 台詞(せりふ) 대사(연극)
- □ 世話(せわ) 도와줌, 폐, 신세
- □ 千(せん) 천(수많음의 비유)
- □ 栓(せん) 마개
- □ 線(せん) 선, 줄(교통기관의 노선)
- □ 善(ぜん) 선(올바르고 착함)
- □ 全員(ぜんいん) 전원
- □ 選挙(せんきょ) 선거
- □ 前後(ぜんご) 전후, 앞뒤, 나중의 결과
- □ 専攻(せんこう) 전공
- □ 全国(ぜんこく) 전국
- □ 洗剤(せんざい) 세제
- □ 先日(せんじつ) 요전(날)
- □ 前者(ぜんしゃ) 전자
- □ 選手(せんしゅ) 선수
- □ 全集(ぜんしゅう) 전집
- □ 全身(ぜんしん) 전신, 온몸
- □ 前進(ぜんしん) 전진
- □ 扇子(せんす) 접부채
- □ 先生(せんせい) 선생님
- □ 専制(せんせい) 전제
- □ 全然(ぜんぜん) 전연, 전혀
- □ 先々月(せんせんげつ) 지지난달
- □ 先々週(せんせんしゅう) 지지난주
- □ 先祖(せんぞ) 조상
- □ 戦争(せんそう) 전쟁
- □ 全体(ぜんたい) 전체
- □ 選択(せんたく) 선택
- □ 洗濯(せんたく) 세탁
- □ 先端(せんたん) 첨단, (시대나 유행의) 선두
- □ 宣伝(せんでん) 선전
- □ 先頭(せんとう) 선두
- □ 先輩(せんぱい) 선배
- □ 全般(ぜんぱん) 전반
- □ 全部(ぜんぶ) 전부
- □ 扇風機(せんぷうき) 선풍기
- □ 洗面(せんめん) 세면
- □ 専門(せんもん) 전문
- □ 全力(ぜんりょく) 전력
- □ 線路(せんろ) 선로, 궤도

そ

- □ 象(ぞう) 코끼리
- □ 相違(そうい) 다름, 틀림
- □ 騒音(そうおん) 소음
- □ 増加(ぞうか) 증가
- □ 雑巾(ぞうきん) 걸레
- □ 増減(ぞうげん) 증감
- □ 倉庫(そうこ) 창고
- □ 相互(そうご) 상호
- □ 操作(そうさ) 조작
- □ 創作(そうさく) 창작
- □ 掃除(そうじ) 청소
- □ 葬式(そうしき) 장례식
- □ 造船(ぞうせん) 조선(배를 건조함)
- □ 想像(そうぞう) 상상
- □ 相続(そうぞく) 상속
- □ 増大(ぞうだい) 증대

필수어휘

- □ 相談(そうだん) 상담
- □ 装置(そうち) 장치
- □ 相当(そうとう) 상당, 상당히
- □ 送別(そうべつ) 송별
- □ 草履(ぞうり) (일본) 짚신, 샌들
- □ 総理大臣(そうりだいじん) 총리 대신, 수상
- □ 送料(そうりょう) 송료
- □ ～足(そく) ～족, ～켤레(한 벌의 신을 세는 단위)

  靴下(くつした)2足(にそく)。양말 두 켤레.
- □ 続々(ぞくぞく) 속속, 잇따라
- □ 速達(そくたつ) 속달
- □ 測定(そくてい) 측정
- □ 速度(そくど) 속도
- □ 測量(そくりょう) 측량
- □ 速力(そくりょく) 속력
- □ そこ 거기, 그곳, 그것
- □ 底(そこ) 바닥, 밑
- □ そこで 그래서, 그런데, 그러면
- □ 組織(そしき) 조직
- □ 素質(そしつ) 소질
- □ そして 그리고
- □ 祖先(そせん) 선조, 조상
- □ そちら/そっち 그쪽, 거기, 그곳
- □ 卒業(そつぎょう) 졸업
- □ そっくり 전부, 몽땅, 그대로, 꼭 닮음

  そっくり食(た)べてしまう。
  몽땅 먹어치우다.

  出(だ)された料理(りょうり)をそっくり残(のこ)した。
  나온 요리를 그대로 남겼다.

  父親(ちちおや)にそっくりだ。부친을 꼭 닮았다.

  まだそっくりしている。
  아직 고스란히 그대로이다.
- □ 率直(そっちょく) 솔직
- □ そっと 살짝, 가만히, 몰래
- □ 袖(そで) 소매
- □ 外(そと) 밖, 바깥, 외부
- □ その 그
- □ その上(うえ) 더구나, 게다가, 또한
- □ その内(うち) 가까운 시일 안에, 멀지 않아
- □ その頃(ころ) 그 무렵, 그 당시
- □ そのため 그 때문에
- □ その外(ほか) 그 외
- □ そのまま 그대로
- □ 側(そば) 곁, 옆
- □ 蕎麦(そば) 메밀국수
- □ 祖父(そふ) 조부, 할아버지
- □ 祖母(そぼ) 조모, 할머니
- □ 粗末(そまつ) 허술하고 나쁨, 변변치 않음 (소홀히 다루는 모양)
- □ 空(そら) 하늘
- □ それ 그것, 거기, 그 곳
- □ それから 그 다음에, 그리고, 그 뒤, 그래서 (이야기를 재촉하는 말)
- □ それぞれ 각기, 각각
- □ それで 그래서, 그런 까닭에
- □ それでは 그러면, 그럼
- □ それでも 그런데도, 그래도, 그러나
- □ それとも 그렇지 않으면, 아니면, 혹은
- □ それなのに 그런데도, 그럼에도 불구하고
- □ それなら 그렇다면, 그러면
- □ それに 그런데도, 그러함에도, 게다가, 더우기
- □ それほど 그렇게, 그다지, 그만큼
- □ そろそろ 슬슬, 이제 슬슬, 이제 곧
- □ 算盤(そろばん) 주판
- □ 損(そん) 손, 손해
- □ 損害(そんがい) 손해
- □ 尊敬(そんけい) 존경
- □ 存在(そんざい) 존재
- □ 尊重(そんちょう) 존중
- □ 損得(そんとく) 손득 (손실과 이득), 손익, 득실
- □ そんな 그러한, 그런
- □ そんなに 그렇게(까지)

어휘 테스트 3(さ～そ) 다음 주어진 단어의 よみがな와 뜻을 적으시오.

1. 試合(　　　) 뜻:
2. 正午(　　　) 뜻:
3. 地味(　　　) 뜻:
4. 焦点(　　　) 뜻:
5. 境(　　　) 뜻:
6. 寿命(　　　) 뜻:
7. 醤油(　　　) 뜻:
8. しまった 뜻:
9. 食物(　　　) 뜻:
10. 渋滞(　　　) 뜻:
11. 錆(　　　) 뜻:
12. 弱点(　　　) 뜻:
13. 修繕(　　　) 뜻:
14. 初歩(　　　) 뜻:
15. 作法(　　　) 뜻:
16. 収穫(　　　) 뜻:
17. 台詞(　　　) 뜻:
18. 芝居(　　　) 뜻:
19. じゅうたん 뜻:
20. 執筆(　　　) 뜻:
21. 車輪(　　　) 뜻:
22. 消耗(　　　) 뜻:
23. 坂(　　　) 뜻:
24. 寝台(　　　) 뜻:
25. 児童(　　　) 뜻:
26. 蛇口(　　　) 뜻:
27. 植物(　　　) 뜻:
28. 裁縫(　　　) 뜻:
29. 住居(　　　) 뜻:
30. 汁(　　　) 뜻:
31. 実習(　　　) 뜻:
32. 墨(　　　) 뜻:
33. 率直(　　　) 뜻:
34. 書物(　　　) 뜻:
35. 縞(　　　) 뜻:
36. 正味(　　　) 뜻:
37. 祭日(　　　) 뜻:
38. 出張(　　　) 뜻:
39. 背広(　　　) 뜻:
40. 下町(　　　) 뜻:
41. 素人(　　　) 뜻:
42. 逆様(　　　) 뜻:
43. 重視(　　　) 뜻:
44. 咳(　　　) 뜻:
45. 次第(　　　)に 뜻:
46. 障害(　　　) 뜻:
47. 砂(　　　) 뜻:
48. 作業(　　　) 뜻:
49. 招待(　　　) 뜻:
50. しみじみ 뜻:
51. 集合(　　　) 뜻:
52. 地震(　　　) 뜻:
53. 贅沢(　　　) 뜻:
54. 紙幣(　　　) 뜻:
55. しゃっくり 뜻:
56. 砂漠(　　　) 뜻:
57. 首相(　　　) 뜻:
58. 草履(　　　) 뜻:
59. 指示(　　　) 뜻:
60. 鈴(　　　) 뜻:
61. ざっと 뜻:
62. 純粋(　　　) 뜻:
63. 精々(　　　) 뜻:
64. 残念(　　　) 뜻:
65. 洒落(　　　) 뜻:
66. 人造(　　　) 뜻:
67. 早速(　　　) 뜻:
68. 袖(　　　) 뜻:
69. 刺激(　　　) 뜻:
70. 霜(　　　) 뜻:
71. 左右(　　　) 뜻:
72. 障子(　　　) 뜻:
73. 至急(　　　) 뜻:
74. 書斎(　　　) 뜻:
75. 匙(　　　) 뜻:
76. 芝生(　　　) 뜻:
77. 白髪(　　　) 뜻:
78. 四季(　　　) 뜻:
79. 上下(　　　) 뜻:
80. 随筆(　　　) 뜻:

81. 作物(　　　) 뜻:
82. 銃(　　　) 뜻:
83. 扇子(　　　) 뜻:
84. 敷地(　　　) 뜻:
85. 巡査(　　　) 뜻:
86. 森林(　　　) 뜻:
87. 座敷(　　　) 뜻:
88. 種類(　　　) 뜻:
89. 印(　　　) 뜻:
90. 直(　　　)に 뜻:
91. 終了(　　　) 뜻:
92. 寸法(　　　) 뜻:
93. 算盤(　　　) 뜻:
94. 定規(　　　) 뜻:
95. 寺院(　　　) 뜻:
96. 水滴(　　　) 뜻:
97. 締切(　　　)り 뜻:
98. 索引(　　　) 뜻:
99. しめた 뜻:
100. 字引(　　　) 뜻:

정답 — 어휘 테스트 3

1. 試合(しあい) 시합
2. 正午(しょうご) 정오
3. 地味(じみ) 수수함, 검소함
4. 焦点(しょうてん) 초점
5. 境(さかい) 경계, 갈림길
6. 寿命(じゅみょう) 수명
7. 醤油(しょうゆ) 간장
8. しまった 실패하여 몹시 분해할 때 내는 말[아뿔싸], 모르는 사이에 저지른 실패
9. 食物(しょくもつ) 음식물
10. 渋滞(じゅうたい) 정체, 밀림
11. 錆(さび) 녹
12. 弱点(じゃくてん) 약점
13. 修繕(しゅうぜん) 수선, 수리
14. 初歩(しょほ) 초보
15. 作法(さほう) 예의범절, (문장 등의) 만드는 법
16. 収穫(しゅうかく) 수확
17. 台詞(せりふ) 대사
18. 芝居(しばい) 연극
19. じゅうたん 융단
20. 執筆(しっぴつ) 집필
21. 車輪(しゃりん) 차륜, 수레바퀴
22. 消耗(しょうもう) 소모
23. 坂(さか) 비탈길, 고개
24. 寝台(しんだい) 침대
25. 児童(じどう) 아동
26. 蛇口(じゃぐち) 수도꼭지
27. 植物(しょくぶつ) 식물
28. 裁縫(さいほう) 재봉
29. 住居(じゅうきょ) 주거
30. 汁(しる) 즙, 국물
31. 実習(じっしゅう) 실습
32. 墨(すみ) 먹, 먹물
33. 率直(そっちょく) 솔직
34. 書物(しょもつ) 책, 도서
35. 縞(しま) 줄무늬
36. 正味(しょうみ) 겉포장을 제외한 알맹이, 도매 값의 준말
37. 祭日(さいじつ) 신사의 제사가 있는 날, 축제일
38. 出張(しゅっちょう) 출장
39. 背広(せびろ) 신사복
40. 下町(したまち) 도시의 저지대로 상공업 지대, 번화가
41. 素人(しろうと) 비전문가
42. 逆様(さかさま) 거꾸로 됨, 반대로 됨
43. 重視(じゅうし) 중시
44. 咳(せき) 기침
45. 次第(しだい)に 차차로, 점점
46. 障害(しょうがい) 장애, 장해, 방해
47. 砂(すな) 모래
48. 作業(さぎょう) 작업
49. 招待(しょうたい) 초대
50. しみじみ 절실히, 곰곰이, 차근차근
51. 集合(しゅうごう) 집합
52. 地震(じしん) 지진
53. 贅沢(ぜいたく) 사치
54. 紙幣(しへい) 지폐
55. しゃっくり 딸꾹질(소리)
56. 砂漠(さばく) 사막
57. 首相(しゅしょう) 수상
58. 草履(ぞうり) (일본)짚신, 샌들
59. 指示(しじ) 지시
60. 鈴(すず) 방울
61. ざっと 대충, 대강
62. 純粋(じゅんすい) 순수
63. 精々(せいぜい) 힘껏 노력하여, 힘 있는 한, 기껏해야, 고작
64. 残念(ざんねん) 분함, 억울함, 유감스러움, 아쉬운 모양
65. 洒落(しゃれ) 익살, 깔끔하고 재치가 있음, 멋 부림
66. 人造(じんぞう) 인조
67. 早速(さっそく) 즉시
68. 袖(そで) 소매
69. 刺激(しげき) 자극
70. 霜(しも) 서리
71. 左右(さゆう) 좌우, 좌우함
72. 障子(しょうじ) 장지, 미닫이(문)
73. 至急(しきゅう) 지급, 급히
74. 書斎(しょさい) 서재
75. 匙(さじ) 숟가락
76. 芝生(しばふ) 잔디
77. 白髪(しらが) 백발
78. 四季(しき) 사계, 사철
79. 上下(じょうげ) 상하
80. 随筆(ずいひつ) 수필
81. 作物(さくもつ) 농작물
82. 銃(じゅう) 총
83. 扇子(せんす) 접부채
84. 敷地(しきち) 부지, 대지
85. 巡査(じゅんさ) 순사, 순경
86. 森林(しんりん) 삼림
87. 座敷(ざしき) 다다미 방, 잔치 좌석
88. 種類(しゅるい) 종류
89. 印(しるし) 표지, 표시
90. 直(じか)に 직접
91. 終了(しゅうりょう) 종료
92. 寸法(すんぽう) 치수, 길이
93. 算盤(そろばん) 주판
94. 定規(じょうぎ) 자
95. 寺院(じいん) 사원
96. 水滴(すいてき) 물방울
97. 締切(しめき)り 마감, 마감 날짜
98. 索引(さくいん) 색인
99. しめた 자기 뜻대로 되었을 때 기뻐서 하는 말[됐다]
100. 字引(じびき) 옥편, 사전

た

- □ た(田)/たんぼ(田圃) 논
- □ 他(た) 다름, 남의 일, 남
- □ 大(だい) 큼, 큰
- □ 台(だい) 대(물건이나 음식을 그 위에 얹는 것), ~대(차나 기계를 세는 말)
- □ 題(だい) 제, 표제(책의 이름)
- □ 第(だい)~ 제~(순서를 나타내는 수에 붙이는 말)
- □ ~代(だい) ~대금, 값, 시대, 시기
  食事代。식사대[값].
  三十代の男。삼십대의 남자.
  古生代。고생대.
  第二代大統領。제2대 대통령.
- □ 体育(たいいく) 체육
- □ 第一(だいいち) 무엇보다도, 우선
- □ 退院(たいいん) 퇴원
- □ 体温(たいおん) 체온
- □ 大会(たいかい) 대회
- □ 大学(だいがく) 대학
- □ 大学院(だいがくいん) 대학원
- □ 大気(たいき) 대기
- □ 代金(だいきん) 대금
- □ 大工(だいく) 목수
- □ 退屈(たいくつ) 지루함, 무료함
- □ 体系(たいけい) 체계
- □ 太鼓(たいこ) 북
- □ 滞在(たいざい) 체재, 체류
- □ 対策(たいさく) 대책
- □ 大使(たいし) 대사
- □ 大事(だいじ) 큰일(대사), 소중함
- □ 大(たい)した 대단함, 엄청난, (뒤에 부정을 수반하여) 이렇다 할 정도의, 특별한
  大した美人。대단한 미인.
  彼の英語は大したものではない。
  그이 영어는 별것 아니다.
- □ たいして (뒤에 부정을 수반하여) 그다지, 별로
- □ 体重(たいじゅう) 체중
- □ 対象(たいしょう) 대상
- □ 対照(たいしょう) 대조
- □ 大小(だいしょう) 대소
- □ 大丈夫(だいじょうぶ) 괜찮음, (부사적으로) 틀림없이, 꼭
  そんなに無理しても大丈夫かね。
  그렇게 무리를 해도 괜찮겠는가.
  大丈夫、成功するよ。
  꼭 성공할 걸세.
- □ 大臣(だいじん) 대신, 장관
- □ 体制(たいせい) 체제
- □ 体積(たいせき) 체적
- □ 大切(たいせつ) 중요함, 소중함, 조심함
- □ 大戦(たいせん) 대전
- □ 大層(たいそう) 매우, 몹시, 대단히, 어마어마함
- □ 体操(たいそう) 체조
- □ 大体(だいたい) 대체로, 대강, 도대제, 본래
- □ 大抵(たいてい) 대개, 대강, (부정의 말을 수반하여) 보통
- □ 態度(たいど) 태도
- □ 大統領(だいとうりょう) 대통령
- □ 台所(だいどころ) 부엌, (비유적으로) 살림, 가계
- □ 大半(たいはん) 태반, 대부분
- □ 代表(だいひょう) 대표
- □ 大分(だいぶ/だいぶん) 상당히, 어지간히, 꽤
- □ 台風(たいふう) 태풍
- □ 大部分(だいぶぶん) 대부분
- □ 大変(たいへん) 몹시, 대단히, 매우
- □ 逮捕(たいほ) 체포
- □ 大木(たいぼく) 대목, 큰 나무
- □ 題名(だいめい) 제명, 제목
- □ 代名詞(だいめいし) 대명사
- □ 太陽(たいよう) 태양
- □ 平(たい)ら 평평함, 평탄함
- □ 代理(だいり) 대리
- □ 大陸(たいりく) 대륙
- □ 対立(たいりつ) 대립
- □ 田植(たう)え 모내기
- □ 絶(た)えず 늘, 끊임없이
- □ 楕円(だえん) 타원
- □ だが 그러나, 그렇지만
- □ 互(たが)い 서로, 교대로
- □ 宝(たから) 보배, 보물
- □ だから 그러므로, 그러니까, 그래서
- □ 滝(たき) 폭포
- □ 宅(たく) (사는) 집, 댁
- □ 沢山(たくさん) (수나 분량이) 많음, 충분함, 더 필요 없음
  たくさん食べる。많이 먹다.
  もうたくさんだ。
  이것으로 충분하다. 이제 됐다.
- □ 竹(たけ) 대나무, 대
- □ だけど 그렇지만
- □ たしか 확실히, 분명히, 틀림없이, 아마
  たしか４日前のことだった。
  분명히 나흘 전의 일이었다.
  たしか結婚したはずだ。
  아마 결혼했을 것이다.
  たしかこんな話でした
  분명히 이런 이야기였습니다.
- □ 確(たし)か 확실함, 정확함, 든든함
  確かな証拠。확실한 증거.
  確かな基礎。든든한 기초.
  彼の英語は確かだ。
  그의 영어는 정확하다.
- □ 多少(たしょう) 다소, 좀, 약간, 어지간히
- □ ただ 무료, 공짜
- □ 只/唯(ただ) 보통, 예사, 그냥, 단지, 다만
- □ ただいま (바로) 지금, 현재, 방금, 이제 막
- □ 戦(たたか)い 싸움
- □ 但(ただ)し 단, 다만, 단지
- □ 直(ただ)ちに 곧, 바로, 직접
- □ 畳(たたみ) 다다미(속에 짚을 넣은 돗자리)
- □ ~達(たち) ~들

子供達。아이들.

虫達の音楽会。벌레들의 음악회.

- □ 立場(たちば) 발판, 설 곳, 입장, 처지, 관점
- □ たちまち 홀연, 곧, 갑자기
- □ 脱線(だっせん) 탈선
- □ たった 겨우, 단지, 다만, 그저
- □ だって ~라 해도, 일지라도, 하지만, 그래도, 그럴 것이

猿だって木から落ちるさ。

원숭이도 나무에서 떨어지는 수가 있단 말야.

洋服だって靴だって。

양복이건 구두건.

1日だって休んだことはない。

하루도 쉰 적이 없다.

A：勉強しなさい。공부해라.

B：だって眠いんですもの。

하지만 졸린 걸요.

今朝は寝坊をしてしまった。だってゆうべ遅かったから。오늘 아침엔 늦잠을 잤다. 그럴 것이 간밤에 늦게 잤으니까.

- □ たっぷり 듬뿍(충분한 모양), 넉넉(충분하고 여유가 있는 모양)
- □ 縦(たて) 세로
- □ 建物(たてもの) 건물, 건축물
- □ 妥当(だとう) 타당
- □ 例(たと)え 비유, 비유한 것, 설령(비록/가령) ~하더라도

たとえ雨が降っても。

설령 비가 온다 할지라도.

- □ 例(たと)えば 예를 들면, 예컨대
- □ 棚(たな) 선반
- □ 谷(たに) 산골짜기, 골
- □ 他人(たにん) 타인, 남
- □ 種(たね) 종자, 씨, (사물의) 원인, 요리의 재료
- □ 楽(たの)しみ 즐거움, 낙, 취미
- □ 頼(たの)み 부탁, 청, 의지, 믿음
- □ 束(たば) 다발, 뭉치, 묶음
- □ たばこ 담배
- □ 度(たび) 때, 번, 때마다
- □ 旅(たび) 여행
- □ 足袋(たび) 일본식 버선
- □ 度々(たびたび) 여러 번, 자주, 몇 번이고
- □ 多分(たぶん) 양이나 정도가 많음, (추측의 말을 수반하여) 대개, 아마
- □ 玉(たま) 옥, 구슬, 알, (국수의) 사리
- □ 球(たま) 구형의 것, 공
- □ 弾(たま) 총알, 탄알
- □ 偶(たま) 어쩌다가 일어나는 모양, 드문 모양
- □ 卵(たまご) 알, 달걀
- □ 偶々(たまたま) 가끔, 이따금, (마침 그때) 우연히, 때마침
- □ たまに 어쩌다가, 드물게
- □ 為(ため) 위함, 때문
- □ 駄目(だめ) 소용없음, 효과가 없음, 불가능, 못씀
- □ 溜息(ためいき) 한숨
- □ 試(ため)し 시험, 시도
- □ 便(たよ)り 편의, 편리, 소식, 편지, 단서
- □ 誰(だれ) 누구
- □ 誰(だれ)か 누군가
- □ 短(たん)~ 짧은~, 단~

短時間。단시간.

- □ 段(だん) 단, 상하의 구획, (일의) 순서, 방법
- □ ~団(だん) ~단(단체, 모임을 나타냄)

青年団。청년단.

- □ 単位(たんい) 단위
- □ 段階(だんかい) 단계
- □ 短期(たんき) 단기
- □ 単語(たんご) 단어
- □ 炭鉱(たんこう) 탄광
- □ 男子(だんし) 남자
- □ 単純(たんじゅん) 단순
- □ 短所(たんしょ) 단점, 결점
- □ 誕生(たんじょう) 탄생
- □ たんす 옷장, 장롱
- □ 淡水(たんすい) 담수, 민물, 단물
- □ 断水(だんすい) 단수
- □ 単数(たんすう) 단수, 홑수
- □ 男性(だんせい) 남성
- □ 団体(だんたい) 단체
- □ 段々(だんだん) 차차, 점점
- □ 団地(だんち) 단지
- □ 断定(だんてい) 단정
- □ 担当(たんとう) 담당
- □ 単(たん)なる 단순한
- □ 単(たん)に 단지, 다만, 그저
- □ 短編(たんぺん) 단편
- □ 暖房(だんぼう) 난방

ち

- □ 血(ち) 피, 혈액, 혈통
- □ 地(ち) 땅, 토지, 영토
- □ 地位(ちい) 지위
- □ 地域(ちいき) 지역
- □ 知恵(ちえ) 지혜
- □ 地下(ちか) 지하
- □ 違(ちが)い 틀림, 차이
- □ 近(ちか)く 가까운 곳, 근처
- □ 近頃(ちかごろ) 최근, 요사이, 근래
- □ 地下水(ちかすい) 지하수
- □ 近々(ちかぢか) 멀지 않아, 일간
- □ 地下鉄(ちかてつ) 지하철
- □ 力(ちから) 힘, 능력, 의지, 효력
- □ 地球(ちきゅう) 지구
- □ 地区(ちく) 지구
- □ 遅刻(ちこく) 지각
- □ 知事(ちじ) 지사
- □ 知識(ちしき) 지식
- □ 地質(ちしつ) 지질
- □ 知人(ちじん) 지인
- □ 地図(ちず) 지도

- □ 地帯(ちたい) 지대
- □ 父(ちち) 아빠, 아버지
- □ 父親(ちちおや) 부친
- □ ちっとも (뒤에 부정어가 따름) 조금도, 전혀
- □ 地点(ちてん) 지점
- □ 知能(ちのう) 지능
- □ 地平線(ちへいせん) 지평선
- □ 地方(ちほう) 지방
- □ 地名(ちめい) 지명
- □ 茶(ちゃ) (마시는) 차
- □ 茶色(ちゃいろ) 갈색
- □ ～着(ちゃく) ～착, ～벌
  第一着。제1착.
  冬服一着。동복 한 벌.
- □ 着々(ちゃくちゃく) 착착, 한 걸음 한 걸음
- □ 茶碗(ちゃわん) 밥공기, 찻잔
- □ ～ちゃん 친근감을 수는 호칭(さん보다 다정한 호칭)
  お母ちゃん。엄마.
- □ ちゃんと 단정하게, 확실히, 정확하게 (정확하고 틀림없는 모양)
- □ 中(ちゅう) 한가운데, 가운데, 사이, 중간, 속, 안
  大気中。대기 중.
  今月中。이달 중.
  十中八九。십중팔구.
  会議中。회의 중.
  不幸中の幸い。불행 중 다행.
  ※ ～中(じゅう)는 그 동안 줄곧, 그 범위 전체에 걸친다는 뜻을 나타냄
  1日中。하루 종일.
  1年中。일 년 내내.
  一晩中。밤새껏.
  日本中。온 일본.
  世界中。온 세계.
- □ 注(ちゅう) 주, 풀이, 주해
- □ 注意(ちゅうい) 주의
- □ 中央(ちゅうおう) 중앙
- □ 中学(ちゅうがく) 중학(교)
- □ 中間(ちゅうかん) 중간
- □ 中古(ちゅうこ) 중고
- □ 中止(ちゅうし) 중지
- □ 注射(ちゅうしゃ) 주사
- □ 駐車(ちゅうしゃ) 주차
- □ 中旬(ちゅうじゅん) 중순
- □ 抽象(ちゅうしょう) 추상
- □ 昼食(ちゅうしょく) 점심
- □ 中心(ちゅうしん) 중심
- □ 中世(ちゅうせい) 중세
- □ 中性(ちゅうせい) 중성
- □ 中途(ちゅうと) 중도, 도중
- □ 中年(ちゅうねん) 중년
- □ 注目(ちゅうもく) 주목
- □ 注文(ちゅうもん) 주문
- □ 長(ちょう)～ 긴～, 장～
  長時間。장시간.
- □ ～庁(ちょう) ～청(일본 국가 행정 조직법에 의한 외국(外局) 의 하나)
  警視庁。경시청.
- □ ～兆(ちょう) ～조(수의 단위)
- □ ～町(ちょう) 지방 잔치 단체의 하나
  市町村。시읍면.
- □ ～長(ちょう) ～장(조직, 단체 등의 우두머리)
  支店長。지점장.
- □ ～帳(ちょう) ～장, ～첩
  日記帳。일기장.
  写真帳。사진첩.
- □ 超過(ちょうか) 초과
- □ 朝刊(ちょうかん) 조간
- □ 長期(ちょうき) 장기
- □ 彫刻(ちょうこく) 조각
- □ 調査(ちょうさ) 조사
- □ 調子(ちょうし) 상태, 기색, 태도
- □ 長所(ちょうしょ) 장점
- □ 長女(ちょうじょ) 장녀, 맏딸
- □ 頂上(ちょうじょう) 정상
- □ 調整(ちょうせい) 조정
- □ 調節(ちょうせつ) 조절
- □ 長短(ちょうたん) 장단, 긴 것과 짧은 것, 장점과 단점
- □ 頂点(ちょうてん) 정점, 꼭대기
- □ ちょうど 꼭, 정확히, 마침, 알맞게, 방금, 바로, 막
- □ 長男(ちょうなん) 장남
- □ 長方形(ちょうほうけい) 장방형, 직사각형
- □ 調味料(ちょうみりょう) 조미료
- □ ～丁目(ちょうめ) ～가(街)
  二丁目三番地。2가 3번지.
- □ 貯金(ちょきん) 저금
- □ 直後(ちょくご) 직후
- □ 直接(ちょくせつ) 직접
- □ 直線(ちょくせん) 직선
- □ 直前(ちょくぜん) 직전
- □ 直通(ちょくつう) 직통
- □ 直流(ちょくりゅう) 직류, 곧은 흐름
- □ 著者(ちょしゃ) 저자
- □ 貯蔵(ちょぞう) 저장
- □ 直角(ちょっかく) 직각
- □ 直径(ちょっけい) 직경
- □ ちょっと 조금, 좀, 약간, 잠깐, 잠시, 꽤, 좀, (부정어를 수반하여) 좀처럼, 쉽사리
- □ 地理(ちり) 지리
- □ 塵紙(ちりがみ) 휴지

つ

- □ つい (시간적, 거리적으로) 조금, 바로, 무의식중에, 자신도 모르게, 무심결에
- □ 追加(ついか) 추가
- □ 一日(ついたち) 초하루, 1일
- □ ～(に)ついて ～(에) 관해서, 대해서, ～당
  日本文化についての研究。
  일본문화에 관한 연구.

伝説について話をする。
전설에 관해서 이야기를 하다.

ひとりについて千円。한 사람당 천 엔.

- □ **序(つい)で** (그 일에 이용하기) 좋은 기회, 순서, 차례
- □ **ついに** 드디어, 마침내, 결국, (부정하는 말에 따라서) 최후까지, 끝끝내, 끝까지
- □ **~通(つう)** ~통(편지, 문서를 세는 단위), 그 방면에 정통한 사람
  履歴書二通。이력서 두 통.
  情報通。정보통.
- □ **通過(つうか)** 통과
- □ **通貨(つうか)** 통화
- □ **通学(つうがく)** 통학
- □ **通勤(つうきん)** 통근
- □ **通行(つうこう)** 통행
- □ **通信(つうしん)** 통신
- □ **通知(つうち)** 통지
- □ **通帳(つうちょう)** 통장
- □ **通訳(つうやく)** 통역
- □ **通用(つうよう)** 통용
- □ **通路(つうろ)** 통로
- □ **~遣(づか)い** (명사에 붙어) ~사용, 씀, 사용법
  無駄遣い。헛되이 씀. 낭비.
  仮名遣い。가나 표기법.
  金遣いが荒い。돈 씀씀이가 헤프다.
- □ **疲(つか)れ** 피로
- □ **月(つき)** 달, 월
- □ **~付(つ)き** 붙어 있음, 부속됨, ~모양(풍채)
  条件付き。조건부.
  保証付き。보증부.
  手付き。손놀림.
  顔付き。얼굴 모양, 용모.
- □ **次(つぎ)** 다음
- □ **付合(つきあ)い** 교제, (교제상의) 의리
- □ **突(つ)き当(あ)たり** 충돌, 마주침, 막다른 곳
- □ **次々(つぎつぎ)に** 차례차례, 계속해서
- □ **月日(つきひ)** 월일, 날짜, 시일, 세월
- □ **机(つくえ)** 책상
- □ **都合(つごう)** 다른 일과의 관계, 형편, 사정,
- □ **土(つち)** 땅, 흙, 토양
- □ **続(つづ)き** 연결, 계속(하는 부분), (명사와 합해서 접미어적으로) 잇따름, 연속
- □ **包(つつ)み** 싸는 일, 보따리
- □ **務(つと)め** 할일, 의무, 직무
  親としての務め 부모로서의 도리
  納税は国民の務めである。
  납세는 국민의 의무이다.
- □ **勤(つと)め** 근무함, 근무
  勤めに出る。근무하러 나가다.
  勤めがいやになる。
  일이[근무가] 싫어지다.
- □ **綱(つな)** 밧줄
- □ **繋(つな)がり** 연계, 이어짐, 관계, 유대
- □ **常(つね)に** 늘, 항상, 언제나
- □ **翼(つばさ)** 날개
- □ **粒(つぶ)** 알, 낱알, 주판의 알
- □ **妻(つま)** 처, 아내, 마누라
- □ **つまり** 결국, 요컨대, 다시 말하면
- □ **罪(つみ)** 죄, 잘못
- □ **爪(つめ)** 손톱, 발톱
- □ **つもり** 예정, 작정, ~한 셈
- □ **艶(つや)** 윤기, 광택, 애교
- □ **強気(つよき)** 성미가 강함, 강경하게 나옴
- □ **釣(つ)り** 낚시
- □ **釣(つ)り** 거스름돈(=おつり)
- □ **連(つ)れ** 동행, 동반

て

- □ **手(て)** 손, 일손, 방법, 수단
- □ **で** 그러니까, 그래서 (=それで)
- □ **出会(であ)い** 우연히 서로 만남, 마주침
- □ **手洗(てあら)い** 손을 씻음, 화장실
- □ **低(てい)~** 낮음, 저~
  低姿勢。저자세.
  低気圧。저기압.
- □ **提案(ていあん)** 제안
- □ **定員(ていいん)** 정원
- □ **低下(ていか)** 저하
- □ **定期(ていき)** 정기
- □ **定期券(ていきけん)** 정기권
- □ **定休日(ていきゅうび)** 정기휴일
- □ **抵抗(ていこう)** 저항
- □ **停止(ていし)** 정지
- □ **停車(ていしゃ)** 정차
- □ **提出(ていしゅつ)** 제출
- □ **停電(ていでん)** 정전
- □ **程度(ていど)** 정도
- □ **丁寧(ていねい)** 친절함, 정중함, 공손함, 주의 깊고 신중함
- □ **出入(でい)り** 출입, 수지, 금전의 출납
- □ **出入口(でいりぐち)** 출입구
- □ **停留所(ていりゅうじょ)** 정류장
- □ **手入(てい)れ** 고침, 손질함, 보살핌
- □ **手紙(てがみ)** 편지
- □ **敵(てき)** 적
- □ **~的(てき)** ~적(명사에 붙어 경향, 성질, 상태를 나타냄)
  政治的発言。정치적 발언.
  宗教的。종교적.
- □ **出来上(できあが)り** 완성함, 다 됨
- □ **的確(てきかく)** 적확(딱 들어맞음)
- □ **適確(てきかく)** 틀림이 없음, 확실
- □ **出来事(できごと)** (우발적인) 사건, 일
- □ **適切(てきせつ)** 적절
- □ **適度(てきど)** 적당한 정도, 알맞은 정도
- □ **適当(てきとう)** 적당, 적절
- □ **適用(てきよう)** 적용
- □ **できるだけ** 가능한 한, 되도록
- □ **出口(でぐち)** 출구
- □ **手首(てくび)** 손목

- □ 凸凹(でこぼこ) 요철, 울퉁불퉁함
- □ 手頃(てごろ) 알맞음, 적당함
- □ 弟子(でし) 제자
- □ 手品(てじな) 미술, 요술, 속임수
- □ ですから 그러니까, 그래서
- □ でたらめ 엉터리, 함부로 함, 되는 대로임
- □ 手帳(てちょう) 수첩
- □ 鉄(てつ) 철, 쇠
- □ 哲学(てつがく) 철학
- □ 鉄橋(てっきょう) 철교
- □ 手伝(てつだ)い 도와줌, 도와주는 사람(가정부)
- □ 手続(てつづ)き 수속, 절차
- □ 徹底(てってい) 철저
- □ 鉄道(てつどう) 철도
- □ 鉄砲(てっぽう) 총, 총포류
- □ 徹夜(てつや) 철야
- □ 手拭(てぬぐ)い 수건
- □ では 그러면, 그렇다면, 그럼
- □ 手袋(てぶくろ) 장갑
- □ 手間(てま) (일을 하는 데 드는) 수고, 시간
- □ 手前(てまえ) 자기 앞, 체면, 저, 너
- □ 出迎(でむか)え 마중
- □ でも ~(이)라도, 그럴지라도, 그렇다 하더라도
- □ 寺(てら) 절
- □ 点(てん) 점, 구두점, (경기의) 득점
- □ ~店(てん) ~점, ~가게
  食料品店(しょくりょうひんてん)。식료품점.
- □ 店員(てんいん) 점원
- □ 展開(てんかい) 전개
- □ 天気(てんき) 날씨
- □ 電気(でんき) 전기
- □ 伝記(でんき) 전기
- □ 電球(でんきゅう) 전구
- □ 典型(てんけい) 전형
- □ 天候(てんこう) 기후, 날씨
- □ 伝言(でんごん) 전언
- □ 電子(でんし) 전자
- □ 電車(でんしゃ) 전차, 전철
- □ 天井(てんじょう) 천장
- □ 点数(てんすう) 점수
- □ 伝染(でんせん) 전염
- □ 電線(でんせん) 전선
- □ 電卓(でんたく) 탁상용 전자계산기
- □ 電池(でんち) 전지
- □ 電柱(でんちゅう) 전신주
- □ 点々(てんてん) 몇 개의 점, 반점(여기저기 흩어져 있는 모양, 물방울이 떨어지는 모양)
- □ 転々(てんてん) 여기 저기 옮겨 다님
- □ 伝統(でんとう) 전통
- □ 電灯(でんとう) 전등
- □ 天然(てんねん) 천연
- □ 天皇(てんのう) 천황
- □ 電波(でんぱ) 전파
- □ 電報(でんぽう) 전보
- □ 展覧会(てんらんかい) 전람회
- □ 電流(でんりゅう) 전류
- □ 電力(でんりょく) 전력
- □ 電話(でんわ) 전화

と

- □ 戸(と) 문짝, 문, 대문
- □ 都(と) 도
- □ 度(ど) 정도, 회수
- □ 問(と)い 물음, 질문, 문제, 설문
- □ 問合(といあわ)せ 조회, 문의
- □ 党(とう) ~당, 동아리
  自民党(じみんとう)。자민당.
- □ 塔(とう) 탑
- □ ~頭(とう) ~두, ~필(동물을 세는 단위)
  馬二頭(うまにとう)。말 두 필.
- □ ~等(とう) ~등, 등급
  三等(さんとう)。3등.
- □ ~島(とう) ~도, 섬
  無人島(むじんとう)。무인도.
- □ どう 어떻게, 아무리 (~해도)
- □ ~道(どう) ~도, ~길, 도로, ~길[통로], 전문적인 길
  鉄道(てつどう)。철도.
  茶道(さどう)。다도.
  武道(ぶどう)。무도.
- □ 答案(とうあん) 답안
- □ どういたしまして 천만의 말씀(입니다)
- □ 統一(とういつ) 통일
- □ 同一(どういつ) 동일
- □ どうか 제발, 부디, 아무쪼록, 이럭저럭, 어떻게든
- □ 同格(どうかく) 동격
- □ 道具(どうぐ) 도구
- □ 峠(とうげ) 산마루, 고개, 고비
- □ 統計(とうけい) 통계
- □ 動作(どうさ) 동작
- □ 東西(とうざい) 동서
- □ 当時(とうじ) 당시
- □ 動詞(どうし) 동사
- □ 同時(どうじ) 동시
- □ 当日(とうじつ) 당일
- □ どうして 어떻게, 어째서, 왜
- □ どうしても (부정어를 수반하여) 아무리 하여도, 무슨 일이 있어도, 꼭
- □ 投書(とうしょ) 투서
- □ 登場(とうじょう) 등장
- □ どうせ 어차피, 어떻든
- □ 当然(とうぜん) 당연
- □ どうぞよろしく 아무쪼록 잘(부탁합니다)
- □ 灯台(とうだい) 등대
- □ 到着(とうちゃく) 도착
- □ とうとう 드디어, 결국, 마침내
- □ 道徳(どうとく) 도덕
- □ 盗難(とうなん) 도난
- □ 当番(とうばん) 당번
- □ 投票(とうひょう) 투표
- □ 動物(どうぶつ) 동물

- □ 当分(とうぶん) 당분간, 잠시 동안
- □ 透明(とうめい) 투명
- □ どうも 아무래도, 어딘가, 도무지
- □ 灯油(とうゆ) 등유
- □ 東洋(とうよう) 동양
- □ 同様(どうよう) 같은 모양, 같음
- □ 童謡(どうよう) 동요
- □ 同僚(どうりょう) 동료
- □ 道路(どうろ) 도로
- □ 童話(どうわ) 동화
- □ 十(とお) 열, 십
- □ 十日(とおか) 10일, 초열흘
- □ 遠(とお)く 먼 곳(아득하게 먼 모양), 훨씬, 매우 (차이가 큰 모양)
- □ 通(とお)り 길, 통함
- □ 通(とお)り ~대로(같은 방법, 상태대로임)
- □ ~通(どお)り ~로[거리]
  銀座通(ぎんざどお)り 긴자(銀座) 거리
- □ ~通(とお/どお)り ~종류, 방법
- □ 都会(とかい) 도회, 도시
- □ 時(とき) 시간, 시각, 때
- □ 時々(ときどき) 가끔, 때때로
- □ どきどき 두근두근, 울렁울렁
- □ 毒(どく) 독
- □ 得意(とくい) 득의, 득의양양(가장 숙련되어 있음), 단골(손님)
- □ 特殊(とくしゅ) 특수
- □ 読書(どくしょ) 독서
- □ 特色(とくしょく) 특색
- □ 独身(どくしん) 독신
- □ 特徴(とくちょう) 특징
- □ 特長(とくちょう) 특장(특징을 이루는 장점, 특별한 장점)
- □ 特定(とくてい) 특정
- □ 独特(どくとく) 독특
- □ 特(とく)に 특히, 각별히
- □ 特売(とくばい) 특매 (특별판매의 준말)
- □ 特別(とくべつ) 특별
- □ 独立(どくりつ) 독립
- □ 時計(とけい) 시계
- □ どこ 어디, 어느 곳
- □ どこか 어딘가(에), 어딘지
- □ 床(とこ)の間(ま) 일본식 방의 상좌(上座)에 바닥을 한층 높게 만든 곳
- □ 床屋(とこや) 이발소
- □ 所(ところ) 곳, 장소, 부분
- □ ~ところ 막 ~하려는 판, 마침 그 때
- □ ところが 그랬더니, 그런데, 그러나
- □ ~どころか ~은커녕
- □ ところで 그런데, 그것은 그렇다 치고
- □ 所々(ところどころ) 여기저기
- □ 登山(とざん) 등산
- □ 年(とし) 해, 나이, 연령, 시대
- □ 都市(とし) 도시
- □ 年月(としつき) 연월, 해와 달, 긴 세월
- □ 図書(としょ) 도서
- □ 年寄(としよ)り 늙은이, 노인
- □ 都心(としん) 도심, 도심지
- □ 戸棚(とだな) 찬장
- □ 途端(とたん) 찰나, 바로 그 순간
- □ 土地(とち) 토지
- □ 途中(とちゅう) 도중
- □ どちら/どっち 어느 쪽, 어느 방향, 어느 분
- □ 特急(とっきゅう) 특급
- □ とっくに 훨씬 전에
- □ 突然(とつぜん) 돌연, 갑자기
- □ どっと 와, 우르르(여럿이 한꺼번에 내는 소리가 울려 퍼지는 모양), (병 따위가) 갑자기, 덜컥(한 곳에 사람이나 물건이 한꺼번에 밀어 닥치는 모양)
- □ とても 아무리 해도, 도저히, 대단히, 매우, 몹시
- □ どなた 어느 분, 누구
- □ 隣(となり) 이웃
- □ とにかく 하여간, 어쨌든, 좌우간
- □ どの 어느, 어떤, 무슨
- □ ~殿(どの) ~님, ~귀하(인명, 신분 따위를 나타내는 말에 붙이는 높임말)
  隊長殿(たいちょうどの)。대장님.
  山田殿(やまだどの)。山田님.

☞ 현재는 사무적, 공식적인 것에 쓰이며, 손윗사람에 대한 사신(私信)에는 거의 쓰이지 않음

- □ 友(とも) 친구, 벗, 동무, 동료
- □ ともかく 하여간, 어쨌든, 여하튼
- □ 友達(ともだち) 친구, 벗, 동무
- □ 共(とも)に 함께, 같이, 동시에
- □ 土曜(どよう) 토요(일)
- □ 虎(とら) 호랑이
- □ 鳥(とり) 새, 조류
- □ 努力(どりょく) 노력
- □ どれ 어느 것, 어떤 것, 무엇
- □ 泥(どろ) 진흙, 흙, 흙탕물
- □ 泥棒(どろぼう) 도둑질, 도둑(놈)
- □ どんどん 자꾸(자꾸) (잇따르는 모양, 일이 순조롭게 진척되는 모양), 쾅쾅, 둥둥(대포, 북 따위가) 잇따라서 울리는 소리
- □ どんな 어떠한, 어떤
- □ どんなに 아무리
- □ 丼(どんぶり) 사발, 밥그릇

어휘 테스트 4(た～と) 다음 주어진 단어의 よみがな와 뜻을 적으시오.

1. 月日(　　　) 뜻:
2. 手袋(　　　) 뜻:
3. 長女(　　　) 뜻:
4. 偶々(　　　) 뜻:
5. 地図(　　　) 뜻:
6. 伝統(　　　) 뜻:
7. 足袋(　　　) 뜻:
8. 手間(　　　) 뜻:
9. 直径(　　　) 뜻:
10. たんす 뜻:
11. 床(　)の間(　) 뜻:
12. 粒(　　　) 뜻:
13. 手前(　　　) 뜻:
14. 束(　　　) 뜻:
15. 電柱(　　　) 뜻:
16. 艶(　　　) 뜻:
17. 出迎(　　　)え 뜻:
18. 谷(　　　) 뜻:
19. 戸棚(　　　) 뜻:
20. 泥棒(　　　) 뜻:
21. 溜息(　　　) 뜻:
22. 傳言(　　　) 뜻:
23. 得意(　　　) 뜻:
24. 種(　　　) 뜻:
25. 昼食(　　　) 뜻:
26. 天井(　　　) 뜻:
27. 短所(　　　) 뜻:
28. 手拭(　　　) 뜻:
29. 電報(　　　) 뜻:
30. 棚(　　　) 뜻:
31. 徹夜(　　　) 뜻:
32. 天皇(　　　) 뜻:
33. 翼(　　　) 뜻:
34. どきどき 뜻:
35. 妥当(　　　) 뜻:
36. 徹底(　　　) 뜻:
37. 繋(　)がり 뜻:
38. 天然(　　　) 뜻:
39. 縦(　　　) 뜻:
40. 手続(　　　) 뜻:
41. 綱(　　　) 뜻:
42. 同僚(　　　) 뜻:
43. 畳(　　　) 뜻:
44. でたらめ 뜻:
45. 丼(　　　) 뜻:
46. 盗難(　　　) 뜻:
47. 直(　)ちに 뜻:
48. 鉄橋(　　　) 뜻:
49. 塵紙(　　　) 뜻:
50. 転々(　　　) 뜻:
51. 滝(　　　) 뜻:
52. 手帳(　　　) 뜻:
53. 貯蔵(　　　) 뜻:
54. 灯台(　　　) 뜻:
55. 宝(　　　) 뜻:
56. 手品(　　　) 뜻:
57. 突当(　　　)たり 뜻:
58. 電池(　　　) 뜻:
59. 楕円(　　　) 뜻:
60. 弟子(　　　) 뜻:
61. 都合(　　　) 뜻:
62. 動作(　　　) 뜻:
63. 田植(　　　) 뜻:
64. 手頃(　　　) 뜻:
65. 貯金(　　　) 뜻:
66. 電卓(　　　) 뜻:
67. 平(　)ら 뜻:
68. 的確(　　　) 뜻:
69. 長短(　　　) 뜻:
70. 東西(　　　) 뜻:
71. 大木(　　　) 뜻:
72. 登山(　　　) 뜻:
73. 彫刻(　　　) 뜻:
74. 伝染(　　　) 뜻:
75. 逮捕(　　　) 뜻:
76. 出入口(　　　) 뜻:
77. 抽象(　　　) 뜻:
78. 峠(　　　) 뜻:
79. 台所(　　　) 뜻:
80. 問合(　　　)せ 뜻:

81. 茶碗(　　　　) 뜻:
82. 停留所(　　　　) 뜻:
83. 大臣(　　　　) 뜻:
84. 手首(　　　　) 뜻:
85. 遅刻(　　　　) 뜻:
86. 丁寧(　　　　) 뜻:
87. 大使(　　　　) 뜻:
88. 戸(　　　　) 뜻:
89. 知恵(　　　　) 뜻:
90. 出来事(　　　　) 뜻:
91. 太鼓(　　　　) 뜻:
92. 強気(　　　　) 뜻:
93. 暖房(　　　　) 뜻:
94. 凸凹(　　　　) 뜻:
95. 退屈(　　　　) 뜻:
96. 定休日(　　　　) 뜻:
97. 淡水(　　　　) 뜻:
98. 適確(　　　　) 뜻:
99. 大工(　　　　) 뜻:
100. 床屋(　　　　) 뜻:

●●● 정답　　　어휘 테스트 4

1. 月日(つきひ) 월일, 날짜, 시일, 세월
2. 手袋(てぶくろ) 장갑
3. 長女(ちょうじょ) 장녀, 맏딸
4. 偶々(たまたま) 가끔, 이따금, (마침 그때) 우연히, 때마침
5. 地図(ちず) 지도
6. 伝統(でんとう) 전통
7. 足袋(たび) 일본식 버선
8. 手間(てま) (일을 하는 데에 드는) 수고, 시간
9. 直径(ちょっけい) 직경
10. たんす 옷장, 장롱
11. 床(とこ)の間(ま) 일본식 방의 상좌(上座)에 바닥을 한층 높게 만든 곳
12. 粒(つぶ) 알, 낱알, 주판의 알
13. 手前(てまえ) 자기 앞, 체면, 저, 너
14. 束(たば) 다발, 뭉치, 묶음
15. 電柱(でんちゅう) 전신주
16. 艶(つや) 윤기, 광택, 애교
17. 出迎(でむか)え 마중
18. 谷(たに) 산골짜기, 골
19. 戸棚(とだな) 찬장
20. 泥棒(どろぼう) 도둑질, 도둑(놈)
21. 溜息(ためいき) 한숨
22. 伝言(でんごん) 전언
23. 得意(とくい) 득의, 득의 양양, 가장 숙련되어 있음, 단골(손님)
24. 種(たね) 종자, 씨, (사물의) 원인, (요리의) 재료
25. 昼食(ちゅうしょく) 점심
26. 天井(てんじょう) 천정, 천장
27. 短所(たんしょ) 단점, 결점
28. 手拭(てぬぐい) 수건
29. 電報(でんぽう) 전보
30. 棚(たな) 선반
31. 徹夜(てつや) 철야
32. 天皇(てんのう) 천황
33. 翼(つばさ) 날개
34. どきどき 두근두근, 울렁울렁
35. 妥当(だとう) 타당
36. 徹底(てってい) 철저
37. 繋(つな)がり 연계, 이어짐, 관계, 유대
38. 天然(てんねん) 천연
39. 縦(たて) 세로
40. 手続(てつづき) 수속, 절차
41. 綱(つな) 밧줄
42. 同僚(どうりょう) 동료
43. 畳(たたみ) 다다미, 속에 짚을 넣은 돗자리
44. でたらめ 엉터리, 함부로 함, 되는 대로임
45. 丼(どんぶり) 사발, 밥그릇
46. 盗難(とうなん) 도난
47. 直(ただ)ちに 곧, 바로, 직접
48. 鉄橋(てっきょう) 철교
49. 塵紙(ちりがみ) 휴지
50. 転々(てんてん) 여기저기 옮겨 다님
51. 滝(たき) 폭포
52. 手帳(てちょう) 수첩
53. 貯蔵(ちょぞう) 저장
54. 灯台(とうだい) 등대
55. 宝(たから) 보배, 보물
56. 手品(てじな) 요술, 속임수
57. 突当(つきあ)たり 충돌, 마주침, 막다른 곳
58. 電池(でんち) 전지
59. 楕円(だえん) 타원
60. 弟子(でし) 제자
61. 都合(つごう) 형편, 사정
62. 動作(どうさ) 동작
63. 田植(たうえ) 모내기
64. 手頃(てごろ) 알맞음, 적당함
65. 貯金(ちょきん) 저금
66. 電卓(でんたく) 전자식 탁상 계산기
67. 平(たい)ら 평평함, 평탄함
68. 的確(てきかく) 딱 들어맞음
69. 長短(ちょうたん) 장단, 긴 것과 짧은 것, 장점과 단점
70. 東西(とうざい) 동서
71. 大木(たいぼく) 대목, 큰 나무
72. 登山(とざん) 등산
73. 彫刻(ちょうこく) 조각
74. 伝染(でんせん) 전염
75. 逮捕(たいほ) 체포
76. 出入口(でいりぐち) 출입구
77. 抽象(ちゅうしょう) 추상
78. 峠(とうげ) 산마루, 고개, 고비
79. 台所(だいどころ) 부엌, (비유적으로) 살림, 가계
80. 問合(といあわ)せ 조회, 문의
81. 茶碗(ちゃわん) 밥공기
82. 停留所(ていりゅうじょ) 정류장
83. 大臣(だいじん) 대신, 장관
84. 手首(てくび) 손목
85. 遅刻(ちこく) 지각
86. 丁寧(ていねい) 친절함, 정중함, 공손함, 주의 깊고 신중함
87. 大使(たいし) 대사
88. 戸(と) 문짝, 문, 대문
89. 知恵(ちえ) 지혜
90. 出来事(できごと) (우발적인) 사건, 일
91. 太鼓(たいこ) 북
92. 強気(つよき) 성미가 강함, 강경하게 나옴
93. 暖房(だんぼう) 난방
94. 凸凹(でこぼこ) 요철, 울퉁불퉁
95. 退屈(たいくつ) 지루함, 무료함
96. 定休日(ていきゅうび) 정기 휴일
97. 淡水(たんすい) 담수, 민물, 단물
98. 適確(てきかく) 틀림이 없음, 확실
99. 大工(だいく) 목수
100. 床屋(とこや) 이발소

な

- □ 名(な) 이름, 성명, 평판, 명성, 명예
- □ ～内(ない) ～내, ～안, 속
  教室内では静かに。
  교실 안에서는 조용히.
- □ 内科(ないか) 내과
- □ 内線(ないせん) 내선, 구내전화선
- □ 内容(ないよう) 내용
- □ なお 역시, 여전히, 아직, 더구나
- □ 中(なか) 가운데, 안, 속, 사이, 틈
- □ 仲(なか) 사이
- □ 長(なが)～ 긴～
  長思案。오랜 생각.
- □ 仲直(なかなお)り 화해
- □ なかなか 상당히, 꽤, 어지간히, (부정어를 동반하여) 좀처럼 ～않다
- □ 半(なか)ば 절반, 반(정도), 중반
- □ 仲間(なかま) 한패, 동료
- □ 中身/中味(なかみ) 속(에 든 것), 알맹이, 실속
- □ 眺(なが)め 바라봄, 경치, 풍경
- □ 中指(なかゆび) 중지, 가운뎃손가락
- □ 仲良(なかよ)し (주로 어린이) 사이가 좋음, 그런 동무
- □ 流(なが)れ 흐름, 물결, 계통, 혈통
- □ 無(な)し 없음
- □ なぜ 왜, 어째서
- □ なぜなら(ば) 왜냐하면, 그 이유는
- □ 謎(なぞ) 수수께끼
- □ 謎々(なぞなぞ) 수수께끼 놀이
- □ なだらか 완만한 모양, 원활한 모양, 온화한 모양
- □ 夏(なつ) 여름
- □ 納得(なっとく) 납득, 이해
- □ 等(など) 등, 따위
- □ 七(なな) 일곱, 칠
- □ 七(なな)つ 일곱, 일곱 살
- □ 斜(なな)め 경사짐, 비스듬함
- □ 何(なに/なん) 무엇, (부사적으로) 왜
- □ 何(なに)か 뭔가, (부사적으로) 왜 그런지, 어쩐지
- □ 何(なに)しろ 어쨌든, 여하튼
- □ 何々(なになに) 무엇무엇, 뭐 뭐
- □ 何分(なにぶん) 다소간, 부디, 아무쪼록
- □ なにも 아무것도, (부사적으로) 별로, 일부러, 특히
- □ 七日(なのか) 7일간, 초이렛날
- □ 鍋(なべ) 냄비, 냄비요리
- □ 生(なま) 가공하지 않음, 자연 그대로임, (명사에 붙어서) 불충분함
- □ 生意気(なまいき) 건방짐, 주제넘음
- □ 名前(なまえ) 이름
- □ 波(なみ) 파도, 물결, 굴곡
- □ 並木(なみき) 가로수
- □ 涙(なみだ) 눈물
- □ なるべく 될 수 있는 한, 가능한 한, 되도록
- □ 成程(なるほど) (남의 주장을 긍정할 때나, 상대방 말에 맞장구를 치며) 정말, 과연
- □ 縄(なわ) 새끼, 포승
- □ 何(なん)～ 몇～
  何人。몇 사람.
- □ 南極(なんきょく) 남극
- □ ～なんて ～라는, ～이라니, ～따위
- □ 何(なん)で 어째서, 무슨 이유로, 왜
- □ 何(なん)でも 무엇이든지, 여하튼, 어쩌면
- □ 何(なん)とか 뭐라고, 어떻게든, 그럭저럭
- □ なんとなく 왠지 모르게, 어쩐지, 무심히
- □ なんとも 정말, 참으로, 무엇인지(부정이 따라서) 대단한 것은 아니라는 뜻을 나타냄
- □ 南米(なんべい) 남미, 남아메리카
- □ 南北(なんぼく) 남북

に

- □ 二(に) 둘, 이
- □ 匂(にお)い 냄새, 악취(나쁜 일을 저지른 듯 한 기미, 낌새)
- □ 苦手(にがて) 다루기 어렵고 힘듦, 잘 하지 못함, 서투름
- □ 賑(にぎ)やか 활기참, 번화함 (명랑하게 떠드는 모양)
- □ 肉(にく) 살, 고기, 육체
- □ にこにこ 생긋생긋, 싱글벙글
- □ 西(にし) 서쪽
- □ 虹(にじ) 무지개
- □ ～日(にち) ～일
  ５０日。50일.
- □ 日(にち) 일, 하루, 나날
- □ 日時(にちじ) 일시, 시일
- □ 日常(にちじょう) 일상
- □ 日曜(にちよう) 일요(일)
- □ 日用品(にちようひん) 일용품
- □ 日課(にっか) 일과
- □ 日記(にっき) 일기
- □ 日光(にっこう) 일광, 햇빛
- □ にっこり 생긋, 방긋
- □ 日中(にっちゅう) 주간, 낮(해가 있는 동안), 일본과 중국
- □ 日程(にってい) 일정
- □ 日本(にっぽん/にほん) 일본
- □ 荷物(にもつ) 하물, 짐
- □ 入院(にゅういん) 입원
- □ 入学(にゅうがく) 입학
- □ 入社(にゅうしゃ) 입사
- □ 入場(にゅうじょう) 입장
- □ 女房(にょうぼう) 처, 마누라, 아내
- □ 庭(にわ) 정원
- □ にわか(に) 돌연히, 갑자기
- □ ～人(にん) ～인(사람 수를 세는 단위)
  ３人。세 사람.
- □ 人気(にんき) 인기
- □ 人形(にんぎょう) 인형
- □ 人間(にんげん) 인간, 사람

ぬ

- □ 布(ぬの) 직물의 총칭, 삼베와 무명, 헝겊, 천

ね

- □ ね(え) ~로군(가벼운 감동을 나타내거나 상대에게 동의를 구하거나 다짐하는 데 쓰임), 상대에게 무엇을 권하거나 부탁함을 나타냄
- □ 根(ね) 뿌리, 근본, 근원
- □ 値(ね) (사고 파는) 값
- □ 願(ねが)い 원함, 소원
- □ 猫(ねこ) 고양이
- □ ねじ 나사
- □ 鼠(ねずみ) 쥐
- □ 値段(ねだん) 값, 가격
- □ 熱(ねつ) 열, 열의
- □ 熱心(ねっしん) 열심
- □ 熱帯(ねったい) 열대
- □ 熱中(ねっちゅう) 열중
- □ 寝坊(ねぼう) 늦잠을 잠, 잠꾸러기
- □ 寝巻/寝間着(ねまき) 잠옷
- □ 狙(ねら)い 겨눔, 겨냥, (겨누는) 표적
- □ ~年(ねん) ~년
  6年(ろくねん)。6년.
- □ 年間(ねんかん) 연간
- □ 年月(ねんげつ) 연월, 세월
- □ 年中(ねんじゅう) 연중
- □ ~年生(ねんせい) ~년생(학년을 나타내는 말)
  一年生(いちねんせい) 1학년
  六年生(ろくねんせい) 6회 당선 의원
  多年生草本(たねんせいそうほん) 다년생 초본, 다년생 풀
- □ 年代(ねんだい) 연대
- □ 年度(ねんど) 연도
- □ 年齢(ねんれい) 연령

の

- □ 野(の) 들, 논밭
- □ 能(のう) 능함, 재능, 효능
- □ 農家(のうか) 농가
- □ 農業(のうぎょう) 농업
- □ 農産物(のうさんぶつ) 농산물
- □ 農村(のうそん) 농촌
- □ 濃度(のうど) 농도
- □ 農民(のうみん) 농민
- □ 農薬(のうやく) 농약
- □ 能率(のうりつ) 능률
- □ 能力(のうりょく) 능력
- □ 軒(のき) 처마
- □ のこぎり 톱
- □ 残(のこ)らず 남김없이, 전부, 모두
- □ 残(のこ)り 남은 것, 나머지
- □ 望(のぞ)み 소망, 가망(바라는 마음)
- □ 後(のち) (시간적으로) 뒤, 후, 미래, 장래
- □ 喉(のど) 인후, 목구멍
- □ 上(のぼ)り (지방에서 중앙으로) 오름, 올라감, 교외에서 도심지로 향함
- □ 糊(のり) 풀(문구용품)
- □ 乗換(のりか)え 갈아탐, 환승
- □ 乗越(のりこ)し 타고 가다 목적지를 지나침
- □ のろのろ 느릿느릿, 꾸물꾸물(동작이나 진행이 굼뜬 모양)
- □ 呑気(のんき) 무사태평, 만사태평
- □ のんびり 유유히, 한가로이, 태평스럽게

は

- □ 歯(は) 이
- □ 葉(は) 잎, 잎사귀
- □ 場(ば) 장소, 곳, 자리, 때(분위기)
- □ はあ 네(응답함을 나타냄), 허어(놀람이나 감탄의 기분을 나타냄)
- □ 場合(ばあい) 경우, 사정
- □ 灰(はい) 재
- □ ~杯(はい) ~잔, ~배
  一杯(いっぱい)。한 잔[그릇].
  二杯(にはい)。두 잔[그릇].
  三杯(さんばい)。석 잔. 세 그릇.
- □ 倍(ばい) 배
- □ 灰色(はいいろ) 회색, 잿빛
- □ 梅雨(ばいう) 장마
- □ 俳句(はいく) 일본의 단형 시(5-7-5의 3구 17음으로 됨)
- □ 拝見(はいけん) 삼가봄
- □ 灰皿(はいざら) 재떨이
- □ 配達(はいたつ) 배달
- □ 売店(ばいてん) 매점
- □ 売買(ばいばい) 매매
- □ 俳優(はいゆう) 배우
- □ 墓(はか) 묘, 무덤
- □ 馬鹿(ばか) 바보, 멍청이, 어리석음, 어처구니없음
- □ 葉書(はがき) 엽서
- □ 博士(はかせ) 박사
- □ 秤(はかり) 저울
- □ 吐気(はきけ) 구역질
- □ はきはき 시원시원(기질이 활발하고 똑똑한 모양)
- □ ~泊(はく) ~박(숙박 일수를 세는 단위)
  二泊三日(にはくみっか)。2박 3일.
- □ 拍手(はくしゅ) 박수
- □ 莫大(ばくだい) 막대(매우 큰 모양)
- □ 爆発(ばくはつ) 폭발
- □ 博物館(はくぶつかん) 박물관
- □ 歯車(はぐるま) 톱니바퀴
- □ 箱(はこ) 상자
- □ はさみ 가위
- □ 破産(はさん) 파산
- □ 橋(はし) 다리
- □ 端(はし) 끝, 시초, 가장자리, 잘라낸 조각
- □ 箸(はし) 젓가락
- □ 梯子(はしご) 사다리
- □ 始(はじ)まり 시작, 시초, 기원

- 初(はじ)めて 처음으로, 비로소, 첫 번째로
- はじめまして 처음 뵙겠습니다
- 場所(ばしょ) 장소, 곳
- 柱(はしら) 기둥
- 斜(はす) 비스듬함, 경사
- ～はず (당연히) ~할 리, ~할 터, ~할 것(일이 당연히 그래야 할 것임을 나타내는 말)
- 旗(はた) 기, 깃발
- 肌(はだ) 피부, 거죽, 표면
- 裸(はだか) 알몸, 맨몸, 무일푼
- 肌着(はだぎ) 내의, 속옷
- 畑(はたけ) 밭, 영역, 전문 분야
- 果(は)たして 과연, 생각한 바와 같이, 역시, (의문이나 가정 따위의 말을 수반하여) 예상한 대로, 정말로
- 二十歳(はたち) 20세, 스무 살
- 働(はたら)き 움직여서 일을 함, 활동, 회전, 작용, 기능, 효능
- 八(はち) 여덟, 팔
- 鉢(はち) 주발, 사발
- ～発(はつ) ~발, 떠남의 뜻, 발신의 뜻
  - 9時発(くじはつ)の列車(れっしゃ)。9시 발 열차.
  - ロンドン発(はつ)の外電(がいでん)。런던발 외신.
  - 5発(ごはつ)。다섯 발.
- ばつ 가새표[×], 이혼의 의미
  - ×(ばつ)をつける。가새표[×]를 하다.
  - ×一(ばついち)。이혼 한 번.
- 発音(はつおん) 발음
- 二十日(はつか) 20일, 스무날
- 発揮(はっき) 발휘
- 発見(はっけん) 발견
- 発行(はっこう) 발행
- 発車(はっしゃ) 발차
- 発射(はっしゃ) 발사
- 罰(ばっ)する 벌하다, 벌주다, 처벌하다
- 発想(はっそう) 발상
- 発達(はったつ) 발달
- ばったり 푹(갑자기 떨어지거나 쓰러지는 모양), 딱(뜻밖에 마주치는 모양), 뚝(갑자기 끊어지거나 막히는 모양)
- 発展(はってん) 발전
- 発電(はつでん) 발전
- 発売(はつばい) 발매
- 発表(はっぴょう) 발표
- 発明(はつめい) 발명
- 派手(はで) 화려함(화려한 모양, 남의 시선을 끌 정도로 심하게 무엇을 하는 모양)
- 花(はな) 꽃
- 鼻(はな) 코, 후각
- 話(はなし) 이야기, 말, 상의, 의논, 소문, 풍문
- 話(はな)し合(あ)い 의논, 교섭(서로 이야기함)
- 話中(はなしちゅう) 한창 이야기하는 중, 면담 중, (전화의) 통화 중
- 花火(はなび) 불꽃, 폭죽
- 花見(はなみ) 꽃구경, 꽃놀이
- 花嫁(はなよめ) 신부, 새색시
- 羽・羽根(はね) 날개, 깃
- ばね 용수철, 스프링, 탄력
- 母(はは) 모친, 어머니, 비유적으로 사물을 산출하는 근원, 모태
- 幅(はば) 폭, 나비, 넓이, 여유, 여지, 두 가지 사물이나 값의 차이
- 母親(ははおや) 모친, 어머니
- 破片(はへん) 파편
- 歯磨(はみが)き 치약
- 場面(ばめん) 장면, 경우, 처지
- 早口(はやくち) 말을 빨리 하는 일
- 林(はやし) 숲 (사물이 많이 모여 있는 상태나 물건)
- 腹(はら) 배, 복부, (속) 마음
- 原(はら) 들, 벌판
- 針(はり) 바늘, (벌 따위의) 침
- 針金(はりがね) 철사
- 春(はる) 봄, 새해, 전성기(한창 때), 청춘
- 晴(は)れ 하늘이 갬, 날씨가 좋음, 혐의를 벗음
- 半(はん) 반, 절반, 기수, 홀수
- 反(はん)～ 반~(~에 반대되는 것)
  - 反道徳的(はんどうとくてき)。반도덕적.
- 晩(ばん) 저녁 때, 해가 진 뒤, 밤, 시기가 늦다
- 番(ばん) 차례, 교대로 하는 차례(직무)
- 範囲(はんい) 범위
- 反映(はんえい) 반영
- 番組(ばんぐみ) (방송) 프로그램
- 半径(はんけい) 반경, 반지름
- 判子(はんこ) 도장
- 反抗(はんこう) 반항
- 番号(ばんごう) 번호
- 犯罪(はんざい) 범죄
- 万歳(ばんざい) 만세
- 判事(はんじ) 판사
- 反省(はんせい) 반성
- 反対(はんたい) 반대
- 判断(はんだん) 판단
- 番地(ばんち) 번지, 주소
- 半島(はんとう) 반도
- 犯人(はんにん) 범인
- 販売(はんばい) 판매
- 半分(はんぶん) 반, 절반
- ～番目(ばんめ) ~번째(순서를 나타내는 말)
  - 右(みぎ)から三番目(さんばんめ)。오른쪽에서 세 번째.

ひ

- 日(ひ) 해, 태양, 낮, 날짜, 매일
- 火(ひ) 불(빛)
- 灯(ひ) 불(빛), 등불
- 非(ひ)～ 비~(부정을 나타냄)
  - 非科学的(ひかがくてき)。비과학적.
- ～費(ひ) ~비(비용)
  - 交通費(こうつうひ) 교통비
- 日当(ひあ)たり 볕이 듦, 양지
- 被害(ひがい) 피해
- 日帰(ひがえ)り 당일치기 (왕복)
- 比較(ひかく) 비교
- 比較的(ひかくてき) 비교적

- □ 日陰(ひかげ) 응달, 음지
- □ 東(ひがし) 동쪽
- □ ぴかぴか 반짝반짝, 번쩍번쩍 (광택이 나는 모양)
- □ 光(ひかり) 빛, 영예, 영광
- □ ～匹(ひき) ～마리(짐승, 물고기, 벌레 따위를 세는 단위)
  二匹の猫。두 마리의 고양이.
  一匹の蛇。한 마리의 뱀.
- □ 引(ひ)き算(ざん) 뺄셈, 감산
- □ 引出(ひきだ)し 서랍, (예금 따위를) 찾아냄
- □ 卑怯(ひきょう) 비겁
- □ 引分(ひきわ)け 떼어 놓음, 비김(무승부)
- □ 髭(ひげ) 수염
- □ 悲劇(ひげき) 비극
- □ 飛行(ひこう) 비행
- □ 飛行場(ひこうじょう) 비행장
- □ 膝(ひざ) 무릎
- □ 陽射(ひざ)し 햇볕, 햇살
- □ 久(ひさ)しぶり 오래간만임
- □ 肘(ひじ) 팔꿈치
- □ 非常(ひじょう) 비상, 보통이 아님
- □ 非常(ひじょう)に 대단히, 몹시
- □ 美人(びじん) 미인
- □ 額(ひたい) 이마
- □ 左(ひだり) 왼쪽, 좌측, 술을 좋아함
- □ ぴたり 딱(갑자기 그치는 모양), 착(빈틈없이 붙는 모양), 딱, 꼭(잘 맞거나 들어맞는 모양)
- □ 筆記(ひっき) 필기
- □ びっくり 깜짝 놀람
- □ 日付(ひづけ) 날짜, 문서 등에 작성 및 발송 그리고 접수 따위의 연월일을 기입함
- □ 引(ひ)っ越(こ)し 이사, 이전
- □ 必死(ひっし) 필사, 죽기를 각오함, 전력을 다함
- □ 筆者(ひっしゃ) 필자
- □ 必需品(ひつじゅひん) 필수품
- □ ぴったり 꼭, 딱, 짝(빈틈없이 꼭 맞는 모양), 착, 바싹 (착 들러붙는 모양), 딱 (꼭 알맞은 모양)
- □ 必要(ひつよう) 필요
- □ 否定(ひてい) 부정
- □ 人(ひと) 사람, 인간, 어른
- □ 一(ひと)～ 한~(명사 따위의 앞에 붙임)
  一握り。한 줌.
  一抱え。한 아름.
  一揃い。한 벌.
  一目会いたい。한번[잠시] 만나고 싶다.
- □ 一言(ひとこと) 한 마디
- □ 人込(ひとご)み 붐빔, 북적임
- □ 人差指(ひとさしゆび) 집게손가락, 식지
- □ 一(ひと)つ 하나, (부사적으로) 한 번
- □ 一通(ひととお)り 대강, 대충
- □ 人通(ひとどお)り 사람의 왕래
- □ ひとまず 우선, 일단
- □ 瞳(ひとみ) 눈동자, 눈
- □ 一休(ひとやす)み 잠깐 쉼
- □ 一人(ひとり) 한 사람
- □ 独(ひと)り 혼자, 독신
- □ 独(ひと)り言(ごと) 혼잣말, 독백
- □ ひとりでに 저절로, 자연히
- □ 一人一人(ひとりびとり) 한 사람 한 사람, 각자, 한 사람씩(차례로)
- □ 皮肉(ひにく) 가죽과 살, 빈정거림, 비꼼, 야유
- □ 日日(ひにち) 날, 기일, 나날, 날이 갈수록
- □ 日(ひ)の入(い)り 일몰
- □ 日(ひ)の出(で) 일출
- □ 批判(ひはん) 비판
- □ 響(ひび)き 울림, 반향, 여운
- □ 批評(ひひょう) 비평
- □ 皮膚(ひふ) 피부
- □ 暇(ひま) 틈, 짬
- □ 秘密(ひみつ) 비밀
- □ 微妙(びみょう) 미묘
- □ 紐(ひも) 끈
- □ 百(ひゃく) 백
- □ 百科事典/百科辞典(ひゃっかじてん) 백과사전
- □ 費用(ひよう) 비용
- □ 表(ひょう) 표, 도표
- □ 美容(びよう) 미용
- □ ～秒(びょう) ~초
- □ ～病(びょう) ~병
  皮膚病。피부병.
- □ 病院(びょういん) 병원
- □ 評価(ひょうか) 평가
- □ 病気(びょうき) 병, 나쁜 버릇
- □ 表現(ひょうげん) 표현
- □ 表紙(ひょうし) 표지
- □ 標識(ひょうしき) 표식, 표지
- □ 標準(ひょうじゅん) 표준
- □ 表情(ひょうじょう) 표정
- □ 平等(びょうどう) 평등
- □ 評判(ひょうばん) 평판
- □ 標本(ひょうほん) 표본
- □ 表面(ひょうめん) 표면
- □ 評論(ひょうろん) 평론
- □ 平仮名(ひらがな) 한자의 초서체에서 만들어진 일본의 음절 문자
- □ 昼寝(ひるね) 낮잠
- □ 昼間(ひるま) 주간, 낮(동안)
- □ 広(ひろ)さ 넓이
- □ 広場(ひろば) 광장, 넓은 장소
- □ 広々(ひろびろ) 널찍한 모양
- □ 品(ひん) 물건, 상품, (그 사물이나 사람에게 갖추어진) 성질, 품질, 품위
- □ 瓶(びん) 병
- □ 便(びん) 편지, 소식, 나르는 수단
- □ 便箋(びんせん) 편지지
- □ 瓶詰(びんづ)め 병조림, 병에 담음

ふ

- □ 不(ふ) 불, 아니
- □ 不(ふ)～ (명사, 형용동사 어간에 붙어서) 좋지 않음

不景気。불경기.

不必要。불필요.

□ 無(ぶ)～ (동사, 형용동사 어간에 붙어서) 부정의 뜻을 나타냄

無遠慮。
사양하지 않음. 제멋대로 행동함.

□ 部(ぶ) 부, 나눈 한 구분

□ ～部(ぶ) ~부(책이나 신문을 세는 단위)

千部。천 부.

営業部。영업부.

□ 不安(ふあん) 불안

□ ～風(ふう) ~풍

日本風。일본풍.

□ 風景(ふうけい) 풍경, 정경

□ 風船(ふうせん) 풍선

□ 封筒(ふうとう) 봉투

□ 夫婦(ふうふ) 부부

□ 不運(ふうん) 불운

□ 笛(ふえ) 피리, 호각

□ 不可(ふか) 옳지 않음, (시험 등의 성적 평가에서) 최하급, 수준 이하로서 불합격의 뜻

□ 武器(ぶき) 무기

□ 不規則(ふきそく) 불규칙

□ 普及(ふきゅう) 보급

□ 付近(ふきん) 부근, 근처

□ 服(ふく) 옷, (특히) 양복

□ 副(ふく)～ 부~

副委員長。부위원장.

□ 複雑(ふくざつ) 복잡

□ 副詞(ふくし) 부사

□ 複写(ふくしゃ) 복사

□ 復習(ふくしゅう) 복습

□ 複数(ふくすう) 복수

□ 服装(ふくそう) 복장

□ 袋(ふくろ) 주머니, 자루

□ 不潔(ふけつ) 불결

□ 不幸(ふこう) 불행

□ 符合(ふごう) 부합, 서로 맞붙음

□ 夫妻(ふさい) 부처, 부부

□ 無沙汰(ぶさた) 소식을 전하지 않음, 방문이나 편지 왕래가 오랫동안 끊어짐, 격조

□ 節(ふし) 마디, 옹이, (실이나 끈의) 매듭

□ 武士(ぶし) 무사

□ 無事(ぶじ) 무사, 평온함, 병이 없음(건강함)

□ 不思議(ふしぎ) 불가사의함, 이상함

□ 部首(ぶしゅ) (한자의) 부수

□ 不自由(ふじゆう) 부자유, 자유롭지 못함, 기능이 불완전함

□ 夫人(ふじん) 부인(남의 아내의 높임말)

□ 婦人(ふじん) 부인, 여성

□ 襖(ふすま) 맹장지

□ 不正(ふせい) 부정

□ 不足(ふそく) 부족

□ 付属(ふぞく) 부속

□ 蓋(ふた) 뚜껑, 덮개

□ 舞台(ぶたい) 무대

□ 双子(ふたご) 쌍둥이

□ 再(ふた)び 두 번, 재차, 다시

□ 二(ふた)つ 둘, 두 개, 두 살

□ 二人(ふたり) 두 사람

□ 負担(ふたん) 부담

□ 普段(ふだん) 평상시, 평소

□ 縁(ふち) 가장자리, 테두리

□ ～物(ぶつ) ~물

刊行物。간행물.

□ 普通(ふつう) 보통

□ 不通(ふつう) 불통(교통 통신 등이 끊김)

□ 二日(ふつか) 이틀, 2일

□ 物価(ぶっか) 물가

□ 物質(ぶっしつ) 물질

□ 物騒(ぶっそう) 세상이 뒤숭숭하고, 위험한 상태

□ ぶつぶつ 중얼중얼 (낮은 소리로 무엇인가 중얼거리는 모양), 투덜투덜 (불평이나 불만을 늘어놓는 모양)

□ 物理(ぶつり) 물리

□ 筆(ふで) 붓

□ ふと 뜻밖에, 우연히, 문득, 갑자기(잠시)

□ 布団(ふとん) 이불, 요

□ 船便(ふなびん) 선편, 배편

□ 船·舟(ふね) 배

▶ 船 : 복잡하고 대형, 舟 : 단순하고 소형

□ 部品(ぶひん) 부품

□ 吹雪(ふぶき) 눈보라

□ 部分(ぶぶん) 부분

□ 不平(ふへい) 불평

□ 不便(ふべん) 불편

□ 父母(ふぼ) 부모

□ 不満(ふまん) 불만

□ 踏切(ふみきり) (철로의) 건널목

□ 麓(ふもと) (산) 기슭

□ 冬(ふゆ) 겨울

□ 不利(ふり) 불리, 불이익

□ ～振(ぶ)り (시간의 경과를 나타내는 말에 붙어) ~만에, ~모양, ~방식

話しぶり。이야기하는 품[말투].

酒の飲みぶりがいい。
술 마시는 품이 좋다.

4年ぶりの豊作。4년 만의 풍작.

久しぶりに。오래간만에.

大振りの体。큼직한 몸집.

□ 振(ふ)り仮名(がな) 한자의 읽는 법을 仮名(かな)로 단 것

□ 古(ふる)～ 고~ (낡음, 헌 것), 낡은~, 오래된~

古新聞。헌 신문.

古本。헌 책.

古巣。옛 보금자리. 옛집.

古だぬき。능구렁이.

□ 故里/故郷(ふるさと) 고향

□ 風呂(ふろ) 공중목욕탕, 목욕(물), 욕조

□ 風呂敷(ふろしき) 보자기

□ ふわふわ 둥실둥실(가볍게 뜨거나 움직이는 모양), 폭신폭신(마음이 들뜬 모양, 부드럽게 부푼 모양)

□ ～分(ふん) ~분

□ 分(ぶん) 분, 비율

□ 文(ぶん) 문, 글자

- 雰囲気(ふんいき) 분위기
- 噴火(ふんか) 분화
- 文化(ぶんか) 문화
- 分解(ぶんかい) 분해
- 文学(ぶんがく) 문학
- 文芸(ぶんげい) 문예
- 文献(ぶんけん) 문헌
- 文章(ぶんしょう) 문장
- 噴水(ふんすい) 분수
- 分数(ぶんすう) 분수
- 分析(ぶんせき)분석
- 文体(ぶんたい) 문체
- 分布(ぶんぷ) 분포
- 文法(ぶんぽう) 문법
- 文房具(ぶんぼうぐ) 문방구
- 文脈(ぶんみゃく) 문맥
- 文明(ぶんめい) 문명
- 分野(ぶんや) 분야
- 分量(ぶんりょう) 분량
- 分類(ぶんるい) 분류

へ

- 塀(へい) 담
- 閉会(へいかい) 폐회
- 平気(へいき) 아무렇지도 않음, 걱정 없음, 태연함
- 平均(へいきん) 평균
- 平行(へいこう) 평행
- 平日(へいじつ) 평일
- 兵隊(へいたい) 병대, 군대
- 平凡(へいぼん) 평범
- 平野(へいや) 평야
- 平和(へいわ) 평화
- へそ 배꼽
- 下手(へた) (솜씨가) 서투름, 서투른 사람
- 別(べつ) 구별, 차이, 별도, 다름
- 別々(べつべつ) 따로따로, 각각
- 部屋(へや) 방
- 変(へん) 보통이 아님, 이상함
- 辺(へん) 근처, 근방(막연하게 장소나 정도를 나타낼 때에도 쓰임)
- ～編(へん) ～편(《詩文》을 세는 말)
  詩二編(しにへん)。시 2편.
- ～遍(へん) ～번(회)
  ５遍(ごへん)。5번.
- 便(べん) 편
  交通(こうつう)の便(べん)。교통편.
- 変化(へんか) 변화
- 勉強(べんきょう) 공부
- 変更(へんこう) 변경
- 返事(へんじ) 대답, 답장
- 編集(へんしゅう) 편집, 편찬
- 便所(べんじょ) 변소
- 弁当(べんとう) 도시락
- 便利(べんり) 편리

ほ

- ～歩(ほ) ～보, 걸음
  一歩二歩(いっぽにほ)。한 발짝 두 발짝
- ～ぽい ～의 경향[성질]이 있다, ～스럽다, ～스름하다, ～답다
  俗(ぞく)っぽい。속되다. 통속적이다.
  赤(あか)っぽい。불그스름하다.
  怒(おこ)りっぽい。화를 잘 내다.
  忘(わす)れっぽい。잘 잊다.
  水(みず)っぽい。물기가 많다. 싱겁다.
- 方(ほう) 방면
- 法(ほう) 법
- ～方(ほう) ～편(쪽)
  僕(ぼく)より君(きみ)のほうが悪(わる)い。
  나보다는 네 편이 나쁘다.
- 棒(ぼう) 몽둥이, 막대기
- 防(ぼう) 둑, 제방
- 貿易(ぼうえき) 무역
- 望遠鏡(ぼうえんきょう) 망원경
- 方角(ほうがく) 방위, 방향
- 箒(ほうき) 비, 빗자루
- 方言(ほうげん) 방언, 사투리
- 冒険(ぼうけん) 모험
- 方向(ほうこう) 방향
- 報告(ほうこく) 보고
- 坊(ぼう)さん 중, 스님을 친숙하게 부르는 말
- 帽子(ぼうし) 모자
- 防止(ぼうし) 방지
- 方針(ほうしん) 방침
- 宝石(ほうせき) 보석
- 放送(ほうそう) 방송
- 包装(ほうそう) 포장
- 法則(ほうそく) 법칙
- 包帯(ほうたい) 붕대
- 膨大(ぼうだい) 방대
- 包丁(ほうちょう) 식칼
- 膨張(ぼうちょう) 팽창
- 方程式(ほうていしき) 방정식
- 防犯(ぼうはん) 방범
- 豊富(ほうふ) 풍부
- 方法(ほうほう) 방법
- 方々(ほうぼう) 여기저기, 여러 곳
- 方面(ほうめん) 방면
- 訪問(ほうもん) 방문
- 坊(ぼう)や 아가(남자 아이를 귀엽게 부르는 말), 철부지(철없는 젊은 사나이)
- 法律(ほうりつ) 법률
- 他·外(ほか) 다른 것, 딴 것, 바깥
- 朗(ほが)らか (성격이) 쾌활한 모양, (날씨가) 쾌청함
- 僕(ぼく) 나 (남자의 자칭)
- 牧場(ぼくじょう) 목장
- 牧畜(ぼくちく) 목축
- 保険(ほけん) 보험
- 誇(ほこ)り 자랑, 긍지, 명예로움
- 埃(ほこり) 먼지
- 星(ほし) 별
- 募集(ぼしゅう) 모집
- 保証(ほしょう) 보증

- □ 保存(ほぞん) 보존
- □ 北極(ほっきょく) 북극
- □ 坊(ぼ)っちゃん 도련님, 도령, 아드님(세상 물정에 어두운 남자를 놀리는 투로 일컫는 말)
- □ 程(ほど) 한도, 분수, (시간적, 공간적) 범위
- □ 歩道(ほどう) 보도, 인도
- □ 仏(ほとけ) 부처, 불상
- □ ほとんど 대부분, 대략
- □ 骨(ほね) 뼈
- □ 炎(ほのお) 불꽃, 불길
- □ 頬(ほほ/ほお) 볼, 뺨
- □ ほぼ 거의, 대부분, 거의
- □ 堀/濠(ほり) 땅을 파서 만든 수로
- □ ぼろ 넝마, 누더기, 고물(낡은 것), 결점(허술한 데)
- □ 本(ほん) 책, 서적
- □ 本(ほん)～ (정식의, 주된) 본～
  - 本建築(ほんけんちく)。본건축.
  - 本通(ほんどお)り。주요 통로.
  - 本事件(ほんじけん)。본사건.
  - 本研究所(ほんけんきゅうじょ)。본연구소.
- □ ～本(ほん) ～자루, ～개비(가늘고 긴 것을 세는 단위)
  - 鉛筆(えんぴつさんぼん)3本 연필 세 자루
- □ 盆(ぼん) 쟁반
- □ 盆地(ぼんち) 분지
- □ 本当(ほんとう) 진실, 정말, 진짜
- □ 本人(ほんにん) 본인
- □ ほんの～ 그저 명색뿐임, 정말 그 정도밖에 못 되는
- □ 本部(ほんぶ) 본부
- □ 本物(ほんもの) 진짜, 실물, 진품
- □ 翻訳(ほんやく) 번역
- □ ぼんやり 어렴풋이, 아련히(뚜렷하지 않은 모양), 멀거니, 멍하니(의식의 상태가 흐린 모양)
- □ 本来(ほんらい) 본래

어휘 테스트 5(な~ほ) 다음 주어진 단어의 よみがな와 뜻을 적으시오.

1. 夫婦(　　) 뜻:
2. 盆地(　　) 뜻:
3. 農産物(　　) 뜻:
4. 日当(　　)り 뜻:
5. ぴたり 뜻:
6. 年中(　　) 뜻:
7. 額(　　) 뜻:
8. 莫大(　　) 뜻:
9. 一通(　　)り 뜻:
10. 狙(　　)い 뜻:
11. 半島(　　) 뜻:
12. はきはき 뜻:
13. 膝(　　) 뜻:
14. 本物(　　) 뜻:
15. 反省(　　) 뜻:
16. 吐気(　　) 뜻:
17. 瞳(　　) 뜻:
18. ぼろ 뜻:
19. 服装(　　) 뜻:
20. 博士(　　) 뜻:
21. 判子(　　) 뜻:
22. 布(　　) 뜻:
23. 花嫁(　　) 뜻:
24. 博士(　　) 뜻:
25. 髭(　　) 뜻:
26. 符号(　　) 뜻:
27. 範囲(　　) 뜻:
28. 葉書(　　) 뜻:
29. 夫妻(　　) 뜻:
30. 節(　　) 뜻:
31. 針金(　　) 뜻:
32. ぼんやり 뜻:
33. 引分(　　)け 뜻:
34. 女房(　　) 뜻:
35. ぴかぴか 뜻:
36. 墓(　　) 뜻:
37. 原(　　) 뜻:
38. 荷物(　　) 뜻:
39. 日付(　　) 뜻:
40. 炎(　　) 뜻:
41. 箸(　　) 뜻:
42. 皮肉(　　) 뜻:
43. 林(　　) 뜻:
44. 売買(　　) 뜻:
45. 額(　　) 뜻:
46. 虹(　　) 뜻:
47. 早口(　　) 뜻:
48. 灰皿(　　) 뜻:
49. 卑怯(　　) 뜻:
50. にこにこ 뜻:
51. 裸(　　) 뜻:
52. 拝見(　　) 뜻:
53. 紐(　　) 뜻:
54. 匂(　　)い 뜻:
55. 歯磨(　　)き 뜻:
56. 俳句(　　) 뜻:
57. 幅(　　) 뜻:
58. なんとなく 뜻:
59. 引出(　　)し 뜻:
60. 牧場(　　) 뜻:
61. 襖(　　) 뜻:
62. 縄(　　) 뜻:
63. 平等(　　) 뜻:
64. のんびり 뜻:
65. 花見(　　) 뜻:
66. 並木(　　) 뜻:
67. 柱(　　) 뜻:
68. 呑気(　　) 뜻:
69. 布団(　　) 뜻:
70. 鍋(　　) 뜻:
71. 話(　)し合(　)い 뜻:
72. のろのろ 뜻:
73. 広場(　　) 뜻:
74. 膨張(　　) 뜻:
75. 斜(　　) 뜻:
76. 乗越(　　)し 뜻:
77. 派手(　　) 뜻:
78. 斜(　　)め 뜻:
79. 肘(　　) 뜻:
80. 糊(　　) 뜻:

81. ばったり 뜻:
82. なだらか 뜻:
83. 日陰(　　　) 뜻:
84. 喉(　　　) 뜻:
85. 踏切(　　　) 뜻:
86. 謎(　　　) 뜻:
87. 便箋(　　　) 뜻:
88. 方角(　　　) 뜻:
89. 旗(　　　) 뜻:
90. 仲直(　　　)り 뜻:
91. 鉢(　　　) 뜻:
92. 爆発(　　　) 뜻:
93. 封筒(　　　) 뜻:
94. 軒(　　　) 뜻:
95. 肌着(　　　) 뜻:
96. 秤(　　　) 뜻:
97. 日帰(　　　)り 뜻:
98. 麓(　　　) 뜻:
99. 風呂敷(　　　) 뜻:
100. 端(　　　) 뜻:

정답

어휘 테스트 5

1. 夫婦(ふうふ) 부부
2. 盆地(ぼんち) 분지
3. 農産物(のうさんぶつ) 농산물
4. 日当(ひあた)り 볕이 듦, 양지
5. ぴたり 갑자기 그치는 모양(딱), 빈틈없이 붙는 모양(착), 잘 맞거나 들어맞는 모양(딱, 꼭)
6. 年中(ねんじゅう) 연중
7. 額(ひたい) 이마
8. 莫大(ばくだい) 막대
9. 一通(ひととお)り 대강, 대충
10. 狙(ねら)い 겨눔, 겨냥, (겨누는) 표적
11. 半島(はんとう) 반도
12. はきはき 기질이 활발하고 똑똑한 모양, 시원시원
13. 膝(ひざ) 무릎
14. 本物(ほんもの) 진짜, 실물
15. 反省(はんせい) 반성
16. 吐気(はきけ) 구역질
17. 瞳(ひとみ) 눈동자, 눈
18. ぼろ 넝마, 누더기, 고물(낡은 것), 결점(허술한 데)
19. 服装(ふくそう) 복장
20. 博士(はかせ) 박사
21. 判子(はんこ) 도장
22. 布(ぬの) 직물의 총칭, 삼베와 무명
23. 花嫁(はなよめ) 신부, 새색시
24. 博士(はかせ) 박사
25. 髭(ひげ) 수염
26. 符号(ふごう) 부호, 기호
27. 範囲(はんい) 범위
28. 葉書(はがき) 엽서
29. 夫妻(ふさい) 부처, 부부
30. 節(ふし) 마디, 옹이, (실이나 끈의) 매듭
31. 針金(はりがね) 철사
32. ぼんやり 뚜렷하지 않은 모양, 어렴풋이, 아련히, 의식의 상태가 흐린 모양, 멀거니, 멍하니
33. 引分(ひきわ)け 떼어 놓음, 비김(무승부)
34. 女房(にょうぼう) 처, 마누라, 아내
35. ぴかぴか 광택이 나는 모양(반짝반짝, 번쩍번쩍), 되풀이하여 순간적으로 강렬하게 빛나는 모양
36. 墓(はか) 묘, 무덤
37. 原(はら) 들, 벌판
38. 荷物(にもつ) 화물, 짐
39. 日付(ひづけ) 날짜, 문서 등에 작성 및 발송 그리고 접수 따위의 연월일을 기입함.
40. 炎(ほのお) 불꽃, 불길
41. 箸(はし) 젓가락
42. 皮肉(ひにく) 빈정거림, 비꼼, 야유
43. 林(はやし) 숲, 사물이 많이 모여 있는 상태나 물건
44. 売買(ばいばい) 매매
45. 額(ひたい) 이마
46. 虹(にじ) 무지개
47. 早口(はやくち) 말을 빨리 하는 일
48. 灰皿(はいざら) 재떨이
49. 卑怯(ひきょう) 비겁
50. にこにこ 생긋생긋, 싱글벙글
51. 裸(はだか) 알몸, 맨몸, 무일푼
52. 拝見(はいけん) 삼가봄
53. 紐(ひも) 끈
54. 匂(にお)い 냄새, 악취, 나쁜 일을 저지른 듯한 기미, 낌새
55. 歯磨(はみが)き 치약
56. 俳句(はいく) 일본의 단형시(5-7-5의 3구 17음으로 됨)
57. 幅(はば) 폭, 나비, 넓이, 여유, 여지, 두 가지 사물이나 값의 차이
58. なんとなく 왠지 모르게, 어쩐지, 무심히
59. 引出(ひきだ)し 서랍, (예금 따위를) 찾아냄
60. 牧場(ぼくじょう) 목장
61. 襖(ふすま) 맹장지
62. 縄(なわ) 새끼, 포승
63. 平等(びょうどう) 평등
64. のんびり 유유히, 한가로이, 태평스럽게
65. 花見(はなみ) 꽃구경, 꽃놀이
66. 並木(なみき) 가로수
67. 柱(はしら) 기둥
68. 呑気(のんき) 무사태평, 만사태평
69. 布団(ふとん) 이불, 요
70. 鍋(なべ) 냄비, 냄비요리
71. 話(はな)し合(あ)い 의논, 교섭, 서로 이야기 함
72. のろのろ 동작이나 진행이 굼뜬 모양, 느릿느릿, 꾸물꾸물
73. 広場(ひろば) 광장, 넓은 장소
74. 膨張(ぼうちょう) 팽창
75. 斜(はす) 비스듬함, 경사
76. 乗越(のりこ)し 타고 가다 목적지를 지나침
77. 派手(はで) 화려한 모양, 남의 시선을 끌 정도로 심하게 무엇을 하는 모양
78. 斜(なな)め 경사짐, 비스듬함, 바르지 않음
79. 肘(ひじ) 팔꿈치
80. 糊(のり) 풀
81. ばったり 갑자기 떨어지거나 쓰러지는 모양(푹), 뜻밖에 마주치는 모양(딱), 갑자기 끊어지거나 막히는 모양(뚝)
82. なだらか 완만한 모양, 원활한 모양, 온화한 모양
83. 日陰(ひかげ) 응달, 음지
84. 喉(のど) 인후, 목구멍
85. 踏切(ふみきり) (철로의) 건널목
86. 謎(なぞ) 수수께끼
87. 便箋(びんせん) 편지지
88. 方角(ほうがく) 방위, 방향
89. 旗(はた) 기, 깃발
90. 仲直(なかなお)り 화해
91. 鉢(はち) 주발, 사발
92. 爆発(ばくはつ) 폭발
93. 封筒(ふうとう) 봉투
94. 軒(のき) 처마
95. 肌着(はだぎ) 내의, 속옷
96. 秤(はかり) 저울
97. 日帰(ひがえ)り 당일치기 왕복
98. 麓(ふもと) (산)기슭
99. 風呂敷(ふろしき) 보자기
100. 端(はし) 끝, 시초, 가장자리, 잘라낸 조각

ま

□ 間(ま) 사이, 간격

□ まあ (지금으로서는) 그럭저럭, 자, 뭐, 어때, 말하자면, 잠시(우선) (자기 또는 상대의 말을 가볍게 제지하거나 무엇을 권하거나 할 때 쓰는 말)

□ まあまあ 그럭저럭(상대방의 마음을 달래거나 촉구할 때 씀), 그저 그런 정도(불충분하지만 그 정도로서 만족할 수 있음을 나타냄)

□ 毎(まい)〜 매〜

毎年(まいねん)。매년.

□ 〜枚(まい) 〜매(얇고 평평한 것을 세는 단위), 〜자리(논을 세는 말)

紙３枚(かみさんまい)。종이 세 장.

水田五枚(すいでんごまい)。논 다섯 자리.

□ 迷子(まいご) 미아, 길 잃은 아이

□ 枚数(まいすう) 매수, 장수

□ 毎度(まいど) 매번, 항상

□ 前(まえ) (공간적인) 앞, (시간적인) 앞, 앞서, (순서상의) 앞, 먼저

□ 〜前(まえ) (명사에 붙어) 〜분, 〜몫

三人前(さんにんまえ)の料理(りょうり)。3인분의 요리.

一人前(いちにんまえ)の男(おとこ)。

(제 구실을 할 수 있는) 어엿한 남자.

□ 幕(まく) 막, 장면

□ 枕(まくら) 베개

□ 負(ま)け 짐, 패배

□ 孫(まご) 손자

□ まごまご 우물쭈물(망설이는 모양)

□ まさか 설마, 아무리 그렇다 하더라도 (보통, 다음에 부정과 추측의 말을 수반하여, 그런 일은 도저히 있을 수 없거나 할 수 없다는 기분을 나타내는 말)

□ 摩擦(まさつ) 마찰

□ まさに 틀림없이, 정말로, 당연히, 마땅히

□ 真面目(まじめ) 착실함, 성실함

□ 先(ま)ず 우선, 먼저

□ ますます 점점, 더욱 더

□ 又(また) 다른 때, 또다시, 또한, 게다가

□ 未(ま)だ 아직, 그 외에도, (뒤에 부정이 와서) 아직 〜아니다

□ 又(また)は 또는, 혹은, 그게 아니면

□ 街(まち) 번화한 거리 (상가 따위가 밀집된 곳)

□ 町(まち) 도회 (집이 많이 군집하여 있는 곳), 시와 구를 구성하는 작은 구획(한국의 동(洞)에 해당함)

□ 待合室(まちあいしつ) 대합실

□ 間違(まちが)い 틀림, 잘못, 실수, 말썽(사고)

□ 街角(まちかど) 길모퉁이, 길목

□ 松(まつ) 소나무

□ 真(ま)っ赤(か) 진한 빨강, 새빨간

□ 真(ま)っ暗(くら) 아주 캄캄함, 암흑

□ 真(ま)っ黒(くろ) 새까만, 시커먼

□ 真(ま)っ青(さお) 새파랑

□ 真(ま)っ先(さき) 맨 앞, 맨 먼저

□ 真(ま)っ白(しろ) 새하양

□ 真(ま)っ直(す)ぐ 똑바로, 곧장

□ 全(まった)く 완전히, 아주, 전적으로, 전혀

□ 祭(まつ)り 제사, 축제

□ 窓(まど) 창, 창문

□ 窓口(まどぐち) 창구

□ 真似(まね) 흉내, (바보 같은) 짓이나 동작

□ まぶた 눈꺼풀

□ 〜まま 〜대로, 〜채, (생각) 대로

したいままにさせておく。

하고 싶은 대로 내버려 두다.

そのまま。그대로.

見(み)たままを書(か)く。본 그대로를 쓰다.

電気(でんき)をつけたままで眠(ねむ)る。

전기를 켜 놓은 채로 자다.

意(い)のままになる。뜻대로 되다.

□ 豆(まめ) 콩

□ まもなく 이윽고, 곧, 멀지 않아

□ まるで 마치, 꼭, (아래 부정하는 말이 따라서) 전혀, 전연

□ 稀(まれ) 드묾, 희소함

□ 回/周(まわ)り 사물의 둘레, 주위, 주변

□ 回(まわ)り道(みち) 길을 돌아서 감, 또는 그 길

□ 万(まん) 만

万(まん)が一(いち) 만에 하나

□ 満員(まんいん) 만원

□ 漫画(まんが) 만화

□ 満足(まんぞく) 만족

□ 満点(まんてん) 만점

□ 真(ま)ん中(なか) 한가운데

□ 万年筆(まんねんひつ) 만년필

み

□ 身(み) 몸, 신체, 살, 분수

□ 実(み) 열매, 과실, 알맹이

□ 未(み)〜 미〜, 아직 〜되지 않음

未解決(みかいけつ)。미해결.

未完成(みかんせい)。미완성.

□ 〜み 〜미(정도, 느낌을 나타냄)

甘(あま)み。단 정도. 단 느낌.

温(あたた)かみ。따스함. 따스한 느낌.

ありがたみ。고마움.

軽(かる)み。가벼움.

□ 味(み) 〜미, 〜다운 맛(성질로서의 맛)

人間味(にんげんみ)。인간미.

人情味(にんじょうみ)。인정미.

甘味(あまみ)。단 맛.

辛味(からみ)。매운 맛. 짠맛.

□ 見送(みおく)り 송별, 배웅

□ 見掛(みか)け 외관, 겉보기

□ 見方(みかた) 보는 방법, 견해(생각)

□ 味方(みかた) 자기 편, 아군

□ 三日月(みかづき) 초승달

□ 右(みぎ) 오른쪽, 우측

□ 見事(みごと) 훌륭함, 멋짐, 뛰어남

- ㅁ 岬(みさき) 갑, 곶
- ㅁ みじめ 비참함, 참혹함
- ㅁ 水(みず) 물
- ㅁ 湖(みずうみ) 호수
- ㅁ 自(みずか)ら 스스로, 몸소, 자신이
- ㅁ 水着(みずぎ) 수영복
- ㅁ 店(みせ) 가게
- ㅁ 店屋(みせや) 상점
- ㅁ 味噌(みそ) 된장
- ㅁ ～みたい (마치) ~같다, ~비슷하다, 불확실한 단정

  マッチ箱みたいな家。성냥갑 같은 집

  君みたいなのんき者はいない。

  자네 같이 태평스런 사람은 없다.

  試験に失敗したみたいだ。

  시험에 실패한 모양이다
- ㅁ 見出(みだ)し 표제, 표제어
- ㅁ 道(みち) 길, 도로
- ㅁ 道順(みちじゅん) (목적지로 가는) 길, 순서
- ㅁ 密(みつ) 비밀, 빽빽함
- ㅁ 三日(みっか) 초사흘, 3일
- ㅁ 三(みっ)つ 셋, 세 개, 세살
- ㅁ 緑(みどり) 녹색, 나무의 새싹
- ㅁ 皆(みな/みんな) 다, 모두, 모두들
- ㅁ 港(みなと) 항구
- ㅁ 南(みなみ) 남, 남쪽
- ㅁ 身分(みぶん) 신분, (약간 비꼬는 투로) 처지, 팔자
- ㅁ 見本(みほん) 견본
- ㅁ 見舞(みまい) 문안, 문병
- ㅁ 未満(みまん) 미만
- ㅁ 耳(みみ) 귀
- ㅁ 土産(みやげ) 여행지에서 가족이나 친지를 위해 선물로 사 가지고 가는 토산물
- ㅁ 都(みやこ) 서울, 수도 (그 지방의 인구가 많고 번화한 중심적인 도시)
- ㅁ 妙(みょう) 묘함, 이상함
- ㅁ 明(みょう)～ 명~, 다음~

  明日。명일.

  明晩。내일 밤.
- ㅁ 明後日(みょうごにち) 모레
- ㅁ 名字(みょうじ) 성(姓)
- ㅁ 未来(みらい) 미래
- ㅁ 魅力(みりょく) 매력
- ㅁ 民間(みんかん) 민간
- ㅁ 民主(みんしゅ) 민주
- ㅁ 民謡(みんよう) 민요

む

- ㅁ 無(む) 무, 없음, 헛됨(보람 없음)
- ㅁ 六日(むいか) 엿새, 6일
- ㅁ 向(む)かい 마주 봄, 맞은편, 건너편
- ㅁ 向(む)かえ 마중
- ㅁ 昔(むかし) 옛날
- ㅁ 向(む)き 방향, 방면, 경향
- ㅁ ～向(む)け ~용, ~으로(방향)

  一般向け。일반용.

  子供向けの本。어린이를 위한 책.

  アメリカ向けの輸出。

  미국으로의 수출.
- ㅁ 無限(むげん) 무한
- ㅁ 向(む)こう 저쪽, 맞은편, 상대(방)
- ㅁ 虫(むし) 벌레
- ㅁ 無視(むし) 무시
- ㅁ 無地(むじ) 무지(전체가 한 빛깔로 무늬가 없음)
- ㅁ 虫歯(むしば) 충치
- ㅁ 矛盾(むじゅん) 모순
- ㅁ 寧(むし)ろ 차라리, 오히려
- ㅁ 無数(むすう) 무수
- ㅁ 息子(むすこ) 아들, 자식
- ㅁ 娘(むすめ) 딸, (젊은) 미혼 여성
- ㅁ 無駄(むだ) 쓸데없음, 효과나 효력이 없음, 보람 없음, 헛됨
- ㅁ 夢中(むちゅう) 꿈속, 열중함, 몰두함
- ㅁ 六(むっ)つ 여섯, 여섯 살, 여섯 개
- ㅁ 胸(むね) 가슴
- ㅁ 村(むら) 마을, 촌락
- ㅁ 紫(むらさき) 자색, 보랏빛
- ㅁ 無理(むり) 무리, 억지, 곤란
- ㅁ 無料(むりょう) 무료
- ㅁ 群(む)れ 떼, 무리

め

- ㅁ 目(め) 눈, 안목, 시력
- ㅁ 芽(め) 싹
- ㅁ ～目(め) ~째(순서를 셀 때 쓰는 단위)

  ３番目の問題。3번째 문제.
- ㅁ 姪(めい) 질녀, 조카 딸
- ㅁ 名(めい)～ 명~, 유명한, 훌륭한

  名監督。명감독.
- ㅁ ～名(めい) ~명(사람 수를 나타내는 단위)

  一名。한 명.
- ㅁ 明確(めいかく) 명확
- ㅁ 名作(めいさく) 명작
- ㅁ 名刺(めいし) 명함
- ㅁ 名詞(めいし) 명사
- ㅁ 名所(めいしょ) 명소
- ㅁ 迷信(めいしん) 미신
- ㅁ 名人(めいじん) 명인(그 분야에서 솜씨가 뛰어난 사람)
- ㅁ 名物(めいぶつ) 명물
- ㅁ 銘々(めいめい) 각자, 제각기, 각각
- ㅁ 命令(めいれい) 명령
- ㅁ 迷惑(めいわく) 귀찮음, 성가심, 폐
- ㅁ 目上(めうえ) 윗사람, 연장자(지위나 나이가 위임)
- ㅁ 眼鏡(めがね) 안경
- ㅁ 目覚(めざ)まし 잠을 깸
- ㅁ 飯(めし) 밥, 식사
- ㅁ 目下(めした) 아랫사람, 손아래
- ㅁ 目印(めじるし) 안표, 표지
- ㅁ めちゃくちゃ (마구 하는 모양) 엉망진창
- ㅁ めっきり 뚜렷이, 현저히, 제법 (두드러지게 변화하는 모양)
- ㅁ 滅多(めった)に (부정어와 함께) 거의, 좀처럼

- □ めまい 현기증
- □ 目安(めやす) 목표, 대중, 표준, 기준
- □ 面(めん) 면, 얼굴
- □ 綿(めん) 면, 무명
- □ 免許(めんきょ) 면허
- □ 免税(めんぜい) 면세
- □ 面積(めんせき) 면적
- □ 面接(めんせつ) 면접
- □ 面倒(めんどう) 번잡하고 성가심, 돌봄, 보살핌

も

- □ もう 벌써, 이미, 더, 이 위에 또
- □ 申(もう)し訳(わけ) 변명, 해명
- □ 毛布(もうふ) 모포, 담요
- □ 木材(もくざい) 목재
- □ 目次(もくじ) 목차, 차례
- □ 目的(もくてき) 목적
- □ 目標(もくひょう) 목표
- □ 木曜(もくよう) 목요(일)
- □ もし 만약, 만일, 혹시
- □ 文字(もじ/もんじ) 글자, 문자
- □ もしかしたら 어쩌면
- □ もしかすると 어쩌면
- □ もしも 만약, 만일의 경우
- □ もしもし 여보세요
- □ 餅(もち) 떡
- □ 〜持(も)ち 〜가짐, 소유, 지니기에 적합함, 〜부담
  - 大金持(おおがねも)ち。큰 부자.
  - 力持(ちからも)ち。장사.
  - 男持(おとこも)ちの時計(とけい)。남성용 시계.
  - 交通費(こうつうひ)は自分持(じぶんも)ち。교통비는 자기 부담.
- □ 勿論(もちろん) 물론, 말할 것도 없이
- □ もっと 더, 더욱, 한층
- □ 最(もっと)も (무엇보다도) 가장
- □ 尤(もっと)も 지당함, 사리에 맞음, 그렇다고는 하지만, 다만
- □ 元(もと) 사물의 시작, 기원, 본래, 원인, 원금(본전)
- □ 本(もと) 시초, 근본, 기본
- □ 素(もと) 원질, 원료(만물이 생기는 바탕)
- □ 者(もの) 자, 사람
- □ 物(もの) 것, 물건
- □ 物置(ものお)き 헛간, 광
- □ 物音(ものおと) (무슨) 소리
- □ 物語(ものがたり) 이야기, 전설
- □ 物事(ものごと) 일체의 사물
- □ 物差(ものさ)し 자, 척도, 기준
- □ 紅葉(もみじ) 단풍
- □ 木綿(もめん) 무명, 면직물, 솜
- □ 模様(もよう) 무늬, 모양, 기미
- □ 催(もよお)し 주최, 회합, 모임
- □ 森(もり) 수풀, 삼림
- □ 門(もん) 문
- □ 〜問(もん) 〜문
  - 3問中(さんもんちゅう)2問選択(にもんせんたく)。3문 중 2문 선택.
- □ 文句(もんく) 불만, 불평, 이의
- □ 問題(もんだい) 문제
- □ 問答(もんどう) 문답, 말다툼(논쟁)

や

- □ 〜屋(や) 〜직업을 가진 사람(집)
  - 花屋(はなや)。꽃 가게[장수].
  - 政治屋(せいじや)。정치꾼.
  - 分(わか)らず屋(や)。벽창호, 고집쟁이.
  - 気取(きど)り屋(や)。거드름부리는 사람.
  - 恥(は)ずかしがり屋(や)。부끄러움[수줍음]을 타는 사람.
- □ 〜夜(や) 〜번째의 밤, 한 달의 〜번째의 밤, 밤의 수
  - 十三夜(じゅうさんや)。열사흘 밤.
  - 三日三夜(みっかさんや)。사흘 세 밤.
- □ 八百屋(やおや) 야채 장수, 채소 가게
- □ やがて 얼마 안 있어, 멀지 않아, 곧, 이윽고
- □ 夜間(やかん) 야간
- □ 薬缶(やかん) 주전자
- □ 約(やく)〜 약〜
- □ 役(やく) 직무, 직책, 역(할), 구실, 쓸모(도움)
- □ 訳(やく) 번역
- □ 役者(やくしゃ) 배우
- □ 役所(やくしょ) 관청, 관공서
- □ 約束(やくそく) 약속
- □ 役人(やくにん) 관리, 공무원
- □ 薬品(やくひん) 약품
- □ 役目(やくめ) 임무, 책임
- □ 役割(やくわり) 역할, 임무(소임)
- □ 火傷(やけど) 화상
- □ 夜行(やこう) 야행
- □ 野菜(やさい) 야채, 채소
- □ 矢印(やじるし) 화살표
- □ 休(やす)み 쉼, 휴식
- □ やたら(に/と) (마구잡이로 하는 모양) 함부로, 무턱대고, 되는 대로
- □ 家賃(やちん) 집세
- □ 厄介(やっかい) 귀찮음, 성가심, 신세, 시중(돌봄)
- □ 薬局(やっきょく) 약국
- □ 八(やっ)つ 여덟, 여덟 개, 여덟 살
- □ やっと 겨우, 가까스로, 간신히, 고작
- □ 宿(やど) 사는 집, 묵을 곳, 숙박
- □ 家主(やぬし) 가주, 한 집의 주인, 가장
- □ 屋根(やね) 지붕
- □ やはり/やっぱり 역시, 예상과 같이
- □ 山(やま) 산
- □ やや 약간, 얼마쯤, 좀

ゆ

- □ 湯(ゆ) 뜨거운 물
- □ 唯一(ゆいいつ) 유일

□ 遊園地(ゆうえんち) 유원지
□ 夕方(ゆうがた) 저녁때, 해질녘
□ 夕刊(ゆうかん) 석간
□ 勇気(ゆうき) 용기
□ 友好(ゆうこう) 우호
□ 有効(ゆうこう) 유효
□ 優秀(ゆうしゅう) 우수
□ 優勝(ゆうしょう) 우승
□ 友情(ゆうじょう) 우정
□ 友人(ゆうじん) 친구
□ 郵送(ゆうそう) 우송
□ 夕立(ゆうだち) (여름 오후의) 소나기
□ 有能(ゆうのう) 유능
□ 夕日(ゆうひ) 석양(빛)
□ 郵便(ゆうびん) 우편
□ 夕(ゆう)べ 저녁때
□ 有名(ゆうめい) 유명
□ ゆうゆう 느긋함, 충분히 여유가 있음, 끝없이 아득함
□ 有利(ゆうり) 유리
□ 有料(ゆうりょう) 유료
□ 床(ゆか) 마루
□ 愉快(ゆかい) 유쾌
□ 浴衣(ゆかた) 목욕을 한 뒤 또는 여름철에 입는 무명 홑옷
□ 雪(ゆき) 눈
□ 行方(ゆくえ) 행방, 갈 곳, 장래
□ 湯気(ゆげ) 김, 수증기
□ 輸血(ゆけつ) 수혈
□ 輸出(ゆしゅつ) 수출
□ 輸送(ゆそう) 수송
□ 豊(ゆた)か 풍족함, 풍부함
□ 油断(ゆだん) 방심, 부주의
□ ゆっくり(と) 천천히, 서서히, 넉넉히, 충분히
□ 輸入(ゆにゅう) 수입
□ 湯飲(ゆの)み (작은) 찻잔
□ 指(ゆび) 손가락, 발가락
□ 指輪(ゆびわ) 반지
□ 夢(ゆめ) 꿈

よ

□ 夜(よ) 밤
□ 夜明(よあ)け 새벽
□ よいしょ 좋다(노래 따위의 가락을 맞추거나 흥을 돋우는 소리), 이영차(물건을 주고받을 때에 장단을 맞추거나 힘을 돋우기 위해 내는 소리)
□ 用(よう) 용도, 소용, 용무
□ 様(よう) 모양, 형태, (동사 ます형에 붙어서) 방법
□ 用意(ようい) 준비
□ 容易(ようい) 용이함, 손쉬움
□ 八日(ようか) 초여드렛날, 8일
□ 溶岩(ようがん) 용암
□ 容器(ようき) 용기
□ 陽気(ようき) 화려하고 왕성한 모양, 성질이 밝고 쾌활한 모양, 기후, 날씨
□ 要求(ようきゅう) 요구
□ 用語(ようご) 용어
□ 用紙(ようし) 용지
□ 要旨(ようし) 요지
□ 用事(ようじ) 볼일, 용건
□ 幼児(ようじ) 유아
□ 用心(ようじん) 조심, 주의, 경계
□ 様子(ようす) 모양, 징조(낌새), 눈치
□ 要(よう)するに 요컨대, 결국, 요약하면
□ 容積(ようせき) 용적
□ 要素(ようそ) 요소
□ 幼稚(ようち) 유치, (나이 등이) 어림, (방법이나 생각 등의) 정도가 미숙함
□ 幼稚園(ようちえん) 유치원
□ 要点(ようてん) 요점
□ 用途(ようと) 용도
□ 曜日(ようび) 요일
□ 洋品店(ようひんてん) 양품점
□ 洋服(ようふく) 양복
□ 養分(ようぶん) 양분, 자양분
□ 羊毛(ようもう) 양모, 양털
□ 漸(ようや)く 겨우, 간신히, 차차, 점점
□ 要領(ようりょう) 요령
□ 予期(よき) 예기
□ よく 잘, 충분히
□ 翌(よく)〜 다음〜
翌日(よくじつ)。익일.
翌月(よくげつ)。다음달.
翌年(よくねん)。익년, 다음해.
□ 欲張(よくば)り 욕심이 많음, 욕심꾸러기
□ 余計(よけい) 물건이 남아돌아감(여분), 더욱, (정도가 지나쳐서) 쓸데없음, 불필요함, 지나침
□ 横(よこ) 옆, 가로, 곁
□ 予算(よさん) 예산
□ 予習(よしゅう) 예습
□ 余所(よそ) 딴 곳, 남의 집, 전혀 자신과 상관없는 일
□ 予測(よそく) 예측
□ 四日(よっか) 4일, 초나흘
□ 四(よ)つ角(かど) 네 귀, 네 모퉁이, 네거리(십지로)
□ 四(よっ)つ 넷, 네 살, 네 째
□ 酔(よ)っ払(ぱら)い 술 취한 사람
□ 予定(よてい) 예정
□ 夜中(よなか) 한밤중
□ 世(よ)の中(なか) 세상, 인간 세계, 세간, 속세
□ 予備(よび) 예비
□ 余分(よぶん) 여분, 나머지
□ 予報(よほう) 예보
□ 予防(よぼう) 예방
□ 読(よ)み 읽기
□ 嫁(よめ) 며느리, 신혼 여성, 결혼 상대로서의 여성
□ 予約(よやく) 예약
□ 余裕(よゆう) 여유
□ より 보다, 한결, ~에서, (부정을 수반해서) ~수밖에
□ 喜/慶(よろこ)び 기쁨, 경사, 축하함
□ (どうぞ)よろしく (잘) 부탁합니다
□ 四(よん) 사, 넷

ら

- □ ～等(ら) ~등, ~들, ~따위(복수를 나타내는 말)
  子供ら。아이들.
  これら。이것들.
- □ 来(らい)～ 내~, 다음~
  来年度。내년도.
  来学期。다음 학기.
- □ 来日(らいにち) 내일(외국인이 일본에 옴)
- □ 楽(らく) 낙, 편안함, 안락함, 용이함, 쉬움
- □ 落第(らくだい) 낙제, 불합격, 유급
- □ 欄(らん) 난간, (신문이나 잡지의) 난, 칼럼
- □ 乱暴(らんぼう) 난폭(앞뒤 생각 없이 충동적으로 하는 모양, 언동이 거칠어 호감을 못 사는 모양)

り

- □ 利益(りえき) 이익
- □ 理科(りか) 이과
- □ 理解(りかい) 이해
- □ 利害(りがい) 이해(이익과 손실)
- □ 陸(りく) 땅, 육지
- □ 利口(りこう) 영리함, 똑똑함, 요령이 좋음, (생각이나 행동이) 빈틈없음
- □ 離婚(りこん) 이혼
- □ 理想(りそう) 이상
- □ 率(りつ) 율, 비율
- □ 立派(りっぱ) 훌륭함, 더 말할 나위 없음
- □ 理由(りゆう) 이유
- □ ～流(りゅう) ~류
  自己流。자기류.
  日本流。일본식.
- □ 流域(りゅういき) 유역
- □ 留学(りゅうがく) 유학
- □ 流行(りゅうこう) 유행
- □ 利用(りよう) 이용
- □ 量(りょう) 양
- □ 寮(りょう) 기숙사
- □ 両(りょう)～ 양~
  両国。양국.
  両親。양친.
- □ ～料(りょう) ~료(재료), 대금, 요금, 보수
  調味料。조미료.
  手数料。수수료.
  保険料。보험료.
- □ ～領(りょう) ~령(영토)
  イギリス領。영국령[영토].
- □ 両替(りょうがえ) 환전(돈을 바꿈)
- □ 両側(りょうがわ) 양측, 양편
- □ 料金(りょうきん) 요금
- □ 漁師(りょうし) 고기잡이, 어부
- □ 領事(りょうじ) 영사
- □ 領収(りょうしゅう) 영수
- □ 料理(りょうり) 요리
- □ 旅館(りょかん) 여관
- □ ～力(りょく) ~력
  経済力。경제력.
- □ 旅行(りょこう) 여행
- □ 臨時(りんじ) 임시

る

- □ 留守(るす) 부재(외출하고 집에 없음)
- □ 留守番(るすばん) 집을 지킴(집안의 사람들이 부재중)

れ

- □ 例(れい) 예, 전례(선례), 본보기, 관례, 늘, 언제나(여느)
- □ 礼(れい) 예, 예의, 인사(절), 사례
- □ 零(れい) 영, 제로
- □ 例外(れいがい) 예외
- □ 礼儀(れいぎ) 예의
- □ 冷静(れいせい) 냉정
- □ 冷蔵庫(れいぞうこ) 냉장고
- □ 零点(れいてん) 영점
- □ 冷凍(れいとう) 냉동
- □ 冷房(れいぼう) 냉방
- □ 歴史(れきし) 역사
- □ 列(れつ) 열, 행렬(신분이나 지위 따위의 상하 관계의 단계)
- □ 列車(れっしゃ) 열차
- □ 列島(れっとう) 열도
- □ 煉瓦(れんが) 연와, 벽돌
- □ 連合(れんごう) 연합
- □ 練習(れんしゅう) 연습
- □ 連想(れんそう) 연상
- □ 連続(れんぞく) 연속
- □ 連絡(れんらく) 연락

ろ

- □ 廊下(ろうか) 복도
- □ 老人(ろうじん) 노인
- □ 蝋燭(ろうそく) 초, 양초
- □ 労働(ろうどう) 노동
- □ 六(ろく) 6, 여섯
- □ 録音(ろくおん) 녹음
- □ ～論(ろん) ~론
  歴史論。역사론.
- □ 論争(ろんそう) 논쟁
- □ 論文(ろんぶん) 논문

わ

- □ 輪(わ) 고리, 원형, 바퀴, 테(테두리)
- □ 和(わ)～ 일본(식)의~
  和菓子。일본식 과자.
  和服。일본 옷.
- □ ～羽(わ) ~마리 (조류를 세는 단위)
  5羽のカラス。다섯 마리의 까마귀.
- □ 和英(わえい) 화영, 일영 (일본어와 영어)

- □ 我(わ)が～ 나의 ~, 우리의 ~
  我(わ)が家(や)。내 집. 우리 집.
  我(わ)が国(くに)。우리 나라.
- □ わがまま 제멋대로 굶, 버릇없음, 방자함
- □ 若者(わかもの) 젊은이, 청년
- □ 別(わか)れ 헤어짐, 이별
- □ 脇(わき) 겨드랑이, 옆, 곁
- □ 訳(わけ) 의미, 뜻, 도리(사리), 원인, 사정, 이유
- □ わざと 고의로, 일부로
- □ 僅(わず)か 조금, 약간, 불과, 간신히, 겨우 (얼마 안 되는 모양)
- □ 忘(わす)れ物(もの) 물건을 깜빡 잊고 옴, 잊어버린 물건
- □ 綿(わた) 목화, 솜
- □ 話題(わだい) 화제
- □ 私(わたくし/わたし) 나, 저
- □ 和服(わふく) 일본 옷
- □ 笑(わら)い 웃음
- □ 割合(わりあい) 비율
- □ 割合(わりあい)に 비교적
- □ 割(わ)り算(ざん) 나눗셈
- □ わり(と/に) 의외로, 비교적
- □ 割引(わりびき) 할인
- □ 悪口(わるくち) 욕
- □ 我々(われわれ) 우리, 우리들, 그대들, 너희들
- □ 湾(わん) 만(바다가 육지로 굽어져 후미진 곳)
- □ 椀/碗(わん) 공기(밥이나 국 등을 담는 도자기의 식기)

어휘 테스트 6(ま～わ) 다음 주어진 단어의 よみがな와 뜻을 적으시오.

1. 息子(　　　) 뜻:
2. 餅(　　　) 뜻:
3. 緑(　　　) 뜻:
4. 輪(　　　) 뜻:
5. 名刺(　　　) 뜻:
6. 夢中(　　　) 뜻:
7. 浴衣(　　　) 뜻:
8. めっきり 뜻:
9. わりあいに 뜻:
10. 紫(　　　) 뜻:
11. 役人(　　　) 뜻:
12. やがて 뜻:
13. 綿(　　　) 뜻:
14. 見出(　　　)し 뜻:
15. 行方(　　　) 뜻:
16. 森(　　　) 뜻:
17. 割引(　　　) 뜻:
18. 味噌(　　　) 뜻:
19. 悪口(　　　) 뜻:
20. 文句(　　　) 뜻:
21. 床(　　　) 뜻:
22. 水着(　　　) 뜻:
23. 脇(　　　) 뜻:
24. 催(　　　)し 뜻:
25. 湯気(　　　) 뜻:
26. 自(　　　)ら 뜻:
27. 廊下(　　　) 뜻:
28. 木綿(　　　) 뜻:
29. ゆうゆう 뜻:
30. 湖(　　　) 뜻:
31. 蝋燭(　　　) 뜻:
32. 紅葉(　　　) 뜻:
33. 煉瓦(　　　) 뜻:
34. みじめ 뜻:
35. 夕立(　　　) 뜻:
36. 目安(　　　) 뜻:
37. 留守番(　　　) 뜻:
38. 岬(　　　) 뜻:
39. 役目(　　　) 뜻:
40. 物置(　　　) 뜻:
41. 臨時(　　　) 뜻:
42. 三日月(　　　) 뜻:
43. 優秀(　　　) 뜻:
44. 毛布(　　　) 뜻:
45. 領収(　　　) 뜻:
46. 味方(　　　) 뜻:
47. 夕方(　　　) 뜻:
48. 面倒(　　　) 뜻:
49. 漁師(　　　) 뜻:
50. まあまあ 뜻:
51. 両替(　　　) 뜻:
52. 綿(　　　) 뜻:
53. 役割(　　　) 뜻:
54. 見送(　　　)り 뜻:
55. 立派(　　　) 뜻:
56. 目印(　　　) 뜻:
57. やや 뜻:
58. 漫画(　　　) 뜻:
59. 湯飲(　　　)み 뜻:
60. 無駄(　　　) 뜻:
61. 利口(　　　) 뜻:
62. まもなく 뜻:
63. 輸血(　　　) 뜻:
64. 矛盾(　　　) 뜻:
65. 屋根(　　　) 뜻:
66. まぶた 뜻:
67. 欄(　　　) 뜻:
68. 無地(　　　) 뜻:
69. 嫁(　　　) 뜻:
70. 真似(　　　) 뜻:
71. 宿(　　　) 뜻:
72. 虫歯(　　　) 뜻:
73. 余所(　　　) 뜻:
74. 窓口(　　　) 뜻:
75. 火傷(　　　) 뜻:
76. 魅力(　　　) 뜻:
77. 余計(　　　) 뜻:
78. 真(　)っ暗(　) 뜻:
79. 幼稚(　　　) 뜻:
80. 都(　　　) 뜻:

81. 予期(　　　) 뜻:
82. 街角(　　　) 뜻:
83. 幼児(　　　) 뜻:
84. 土産(　　　) 뜻:
85. 家主(　　　) 뜻:
86. 真面目(　　　) 뜻:
87. 用心(　　　) 뜻:
88. 飯(　　　) 뜻:
89. 厄介(　　　) 뜻:
90. まごまご 뜻:
91. 陽気(　　　) 뜻:
92. 見本(　　　) 뜻:
93. 家賃(　　　) 뜻:
94. 枕(　　　) 뜻:
95. よいしょ 뜻:
96. 港(　　　) 뜻:
97. 役所(　　　) 뜻:
98. 迷子(　　　) 뜻:
99. 夜明(　　　)け 뜻:
100. 薬缶(　　　) 뜻:

●●● 정답

어휘 테스트 6

1. 息子(むすこ) 아들, 자식
2. 餅(もち) 떡
3. 緑(みどり) 녹색, 나무의 새싹
4. 輪(わ) 고리, 원형, 바퀴, 테(테두리)
5. 名刺(めいし) 명함
6. 夢中(むちゅう) 꿈속, 열중함, 몰두함
7. 浴衣(ゆかた) 목욕을 한 뒤 또는 여름철에 입는 무명 홑옷
8. めっきり 두드러지게 변화하는 모양, 뚜렷이, 현저히, 제법
9. わりあいに 비교적
10. 紫(むらさき) 자색, 보랏빛
11. 役人(やくにん) 관리, 공무원
12. やがて 얼마 안 있어, 멀지 않아, 곧, 이윽고
13. 綿(わた) 목화, 솜
14. 見出(みだ)し 표제, 표제어
15. 行方(ゆくえ) 행방, 갈 곳, 장래
16. 森(もり) 수풀, 삼림
17. 割引(わりびき) 할인
18. 味噌(みそ) 된장
19. 悪口(わるくち) 욕
20. 文句(もんく) 문구, 불평, 이의
21. 床(ゆか) 마루
22. 水着(みずぎ) 수영복
23. 脇(わき) 겨드랑이, 옆, 곁
24. 催(もよお)し 주최, 회합, 모임
25. 湯気(ゆげ) 김, 수증기
26. 自(みずか)ら 스스로, 몸소, 자신이
27. 廊下(ろうか) 복도
28. 木綿(もめん) 무명, 면직물, 솜
29. ゆうゆう 느긋한 모양, 충분히 여유가 있는 모양, 끝없이 아득한 모양
30. 湖(みずうみ) 호수
31. 蝋燭(ろうそく) 초, 양초
32. 紅葉(もみじ) 단풍
33. 煉瓦(れんが) 연와, 벽돌
34. みじめ 비참함, 참혹함
35. 夕立(ゆうだち) (여름 오후의) 소나기
36. 目安(めやす) 목표, 대중, 표준, 기준
37. 留守番(るすばん) 집안의 사람들이 부재중 집을 지킴
38. 岬(みさき) 갑, 곶
39. 役目(やくめ) 임무, 책임
40. 物置(ものおき) 헛간, 광
41. 臨時(りんじ) 임시
42. 三日月(みかづき) 초승달
43. 優秀(ゆうしゅう) 우수
44. 毛布(もうふ) 모포, 담요
45. 領収(りょうしゅう) 영수
46. 味方(みかた) 자기 편, 아군
47. 夕方(ゆうがた) 저녁때, 해질녘
48. 面倒(めんどう) 번잡하고 성가심, 돌봄, 보살핌
49. 漁師(りょうし) 고기잡이, 어부
50. まあまあ 그럭저럭, 그저 그런 정도
51. 両替(りょうがえ) 환전, 돈을 바꿈
52. 綿(めん) 면, 무명
53. 役割(やくわり) 역할, 임무(소임)
54. 見送(みおく)り 송별, 배웅
55. 立派(りっぱ) 훌륭함, 더 말할 나위 없음
56. 目印(めじるし) 안표, 표지
57. やや 약간, 얼마쯤, 좀
58. 漫画(まんが) 만화
59. 湯飲(ゆの)み (작은) 찻잔
60. 無駄(むだ) 쓸데없음, 효과나 효력이 없음, 보람 없음, 헛됨
61. 利口(りこう) 영리함, 똑똑함, 요령이 좋음, (생각이나 행동이) 빈틈없음
62. まもなく 이윽고, 곧, 멀지 않아
63. 輸血(ゆけつ) 수혈
64. 矛盾(むじゅん) 모순
65. 屋根(やね) 지붕
66. まぶた 눈꺼풀
67. 欄(らん) 난간, (신문이나 잡지의) 난, 칼럼
68. 無地(むじ) 무지, 전체가 한 빛깔로 무늬가 없음
69. 嫁(よめ) 며느리, 신혼 여성, 결혼 상대로서의 여성
70. 真似(まね) 흉내, (바보 같은) 짓이나 동작
71. 宿(やど) 사는 집, 묵을 곳, 숙박
72. 虫歯(むしば) 충치
73. 余所(よそ) 딴 곳, 남의 집, 전혀 자기와 상관없는 일
74. 窓口(まどぐち) 창구
75. 火傷(やけど) 화상
76. 魅力(みりょく) 매력
77. 余計(よけい) 물건이 남아돌아감(여분), 더욱, (정도가 지나쳐서) 쓸데없음, 불필요함, 지나침
78. 真(ま)っ暗(くら) 아주 컴컴함, 암흑
79. 幼稚(ようち) 유치, (나이 등이) 어림, (방법이나 생각 등의) 정도가 미숙함
80. 都(みやこ) 서울, 수도
81. 予期(よき) 예기
82. 街角(まちかど) 길모퉁이, 길목
83. 幼児(ようじ) 유아
84. 土産(みやげ) 여행지에서 가족이나 친지를 위해 선물로 사가지고 가는 토산물
85. 家主(やぬし) 가주, 한 집의 주인, 가장
86. 真面目(まじめ) 진심, 착실함, 성실함
87. 用心(ようじん) 조심, 주의, 경계
88. 飯(めし) 밥, 식사
89. 厄介(やっかい) 귀찮음, 신세, 시중(돌봄)
90. まごまご 망설이는 모양(우물쭈물)
91. 陽気(ようき) 화려하고 왕성한 모양, 성질이 밝고 쾌활한 모양, 기후, 날씨
92. 見本(みほん) 견본
93. 家賃(やちん) 집세
94. 枕(まくら) 베개
95. よいしょ 노래의 가락을 맞추거나 흥을 돋우는 소리(좋다), 물건을 주고받을 때 장단을 맞추거나 힘을 돋우기 위해 내는 소리(이영차)
96. 港(みなと) 항구
97. 役所(やくしょ) 관청, 관공서
98. 迷子(まいご) 미아, 길 잃은 아이
99. 夜明(よあ)け 새벽
100. 薬缶(やかん) 주전자

어휘 테스트 7(あ～そ) 다음 주어진 단어의 よみがな와 뜻을 적으시오.

1. 背広(　　　) 뜻:
2. こっそり 뜻:
3. 行儀(　　　) 뜻:
4. 粗末(　　　) 뜻:
5. 画家(　　　) 뜻:
6. 縞(　　　) 뜻:
7. 牛乳(　　　) 뜻:
8. 袖(　　　) 뜻:
9. 改善(　　　) 뜻:
10. 故郷(　　　) 뜻:
11. 休息(　　　) 뜻:
12. 操作(　　　) 뜻:
13. 御中(　　　) 뜻:
14. 効力(　　　) 뜻:
15. 客間(　　　) 뜻:
16. 扇子(　　　) 뜻:
17. 主(　　　)に 뜻:
18. 瀬戸物(　　　) 뜻:
19. 寄付(　　　) 뜻:
20. 耕地(　　　) 뜻:
21. 帯(　　　) 뜻:
22. 西暦(　　　) 뜻:
23. ぎっしり 뜻:
24. 芝生(　　　) 뜻:
25. 汚染(　　　) 뜻:
26. 頭脳(　　　) 뜻:
27. 喫茶(　　　) 뜻:
28. 校舎(　　　) 뜻:
29. 押入(　　　)れ 뜻:
30. 執筆(　　　) 뜻:
31. 起床(　　　) 뜻:
32. 図形(　　　) 뜻:
33. 沖(　　　) 뜻:
34. 広告(　　　) 뜻:
35. 技師(　　　) 뜻:
36. 水筒(　　　) 뜻:
37. 丘(　　　) 뜻:
38. じっと 뜻:
39. 生地(　　　) 뜻:
40. 推薦(　　　) 뜻:
41. 延期(　　　) 뜻:
42. 豪華(　　　) 뜻:
43. 冠(　　　) 뜻:
44. 森林(　　　) 뜻:
45. 運河(　　　) 뜻:
46. 下町(　　　) 뜻:
47. 釜(　　　) 뜻:
48. 白髪(　　　) 뜻:
49. 宇宙(　　　) 뜻:
50. 強引(　　　) 뜻:
51. 官庁(　　　) 뜻:
52. 下書(　　　) 뜻:
53. 居間(　　　) 뜻:
54. 初級(　　　) 뜻:
55. 元日(　　　) 뜻:
56. 憲法(　　　) 뜻:
57. 算盤(　　　) 뜻:
58. 醤油(　　　) 뜻:
59. 殻(　　　) 뜻:
60. 始終(　　　) 뜻:
61. 泉(　　　) 뜻:
62. 正味(　　　) 뜻:
63. 貨物(　　　) 뜻:
64. 厳重(　　　) 뜻:
65. 医師(　　　) 뜻:
66. 至急(　　　) 뜻:
67. 花瓶(　　　) 뜻:
68. 商売(　　　) 뜻:
69. 池(　　　) 뜻:
70. 傑作(　　　) 뜻:
71. 括弧(　　　) 뜻:
72. 承知(　　　) 뜻:
73. 幾分(　　　) 뜻:
74. 献立(　　　) 뜻:
75. 課税(　　　) 뜻:
76. 奨学金(　　　) 뜻:
77. あるいは 뜻:
78. 下駄(　　　) 뜻:
79. 箇所(　　　) 뜻:
80. 砂漠(　　　) 뜻:

81. 飴(　　　)　뜻:
82. 寿命(　　　)　뜻:
83. 貸間(　　　)　뜻:
84. 穀物(　　　)　뜻:
85. 握手(　　　)　뜻:
86. さっぱり　뜻:
87. 外科(　　　)　뜻:
88. 籠(　　　)　뜻:
89. 苦心(　　　)　뜻:
90. 首相(　　　)　뜻:
91. 掛(　)け算(　)　뜻:
92. 稽古(　　　)　뜻:
93. 恐怖(　　　)　뜻:
94. 渋滞(　　　)　뜻:
95. 拡充(　　　)　뜻:
96. 作業(　　　)　뜻:
97. 刀(　　　)　뜻:
98. 句読点(　　　)　뜻:
99. 書留(　　　)　뜻:
100. 蛇口(　　　)　뜻:

●●● 정 답　　어휘 테스트 7

1. 背広(せびろ) 신사복
2. こっそり 가만히, 살짝, 몰래
3. 行儀(ぎょうぎ) 예의범절, 행동거지
4. 粗末(そまつ) 허술하고 나쁨, 변변치 않음, 소홀히 다루는 모양
5. 画家(がか) 화가
6. 縞(しま) 줄무늬
7. 牛乳(ぎゅうにゅう) 우유
8. 袖(そで) 소매
9. 改善(かいぜん) 개선
10. 故郷(こきょう) 고향
11. 休息(きゅうそく) 휴식
12. 操作(そうさ) 조작
13. 御中(おんちゅう) 귀중(우편물을 받을 단체, 회사 등의 이름 아래에 붙이는 말)
14. 効力(こうりょく) 효력
15. 客間(きゃくま) 응접실
16. 扇子(せんす) 접부채
17. 主(おも)に 주로, 대부분
18. 瀬戸物(せともの) 도자기, 사기 그릇
19. 寄付(きふ) 기부
20. 耕地(こうち) 경작지
21. 帯(おび) 띠
22. 西暦(せいれき) 서기(서력)
23. ぎっしり 가득찬 모양, 가득
24. 芝生(しばふ) 잔디
25. 汚染(おせん) 오염
26. 頭脳(ずのう) 두뇌
27. 喫茶(きっさ) 차를 마심
28. 校舎(こうしゃ) 학교의 건물
29. 押入(おしい)れ 반침
30. 執筆(しっぴつ) 집필
31. 起床(きしょう) 기상
32. 図形(ずけい) 도형, 그림
33. 沖(おき) 물가에서 멀리 떨어진 바다 위 또는 호수 위
34. 広告(こうこく) 광고
35. 技師(ぎし) 기사
36. 水筒(すいとう) 수통, 빨병
37. 丘(おか) 언덕, 작은 산
38. じっと 꼼짝 않고, (참고)가만히 있는 모양, 꾹
39. 生地(きじ) 본바탕, 본성, 천, 옷감
40. 推薦(すいせん) 추천
41. 延期(えんき) 연기
42. 豪華(ごうか) 호화
43. 冠(かんむり) 관
44. 森林(しんりん) 삼림
45. 運河(うんが) 운하
46. 下町(したまち) 도시의 저지대로 상·공업 지대, 번화가
47. 釜(かま) 솥, 가마
48. 白髪(しらが) 백발
49. 宇宙(うちゅう) 우주
50. 強引(ごういん) 반대나 장애를 물리치고 억지로 하는 모양
51. 官庁(かんちょう) 관청
52. 下書(したがき) 초안
53. 居間(いま) 거실
54. 初級(しょきゅう) 초급
55. 元日(がんじつ) 설날
56. 憲法(けんぽう) 헌법
57. 算盤(そろばん) 주판
58. 醤油(しょうゆ) 간장
59. 殻(から) 껍질, 껍데기, 허물
60. 始終(しじゅう) 시종
61. 泉(いずみ) 샘, 샘물
62. 正味(しょうみ) 겉포장을 제외한 알맹이, 도매값의 준말
63. 貨物(かもつ) 화물
64. 厳重(げんじゅう) 엄중
65. 医師(いし) 의사
66. 至急(しきゅう) 지급, 급히
67. 花瓶(かびん) 꽃병
68. 商売(しょうばい) 장사, 직업
69. 池(いけ) 못
70. 傑作(けっさく) 걸작
71. 括弧(かっこ) 괄호
72. 承知(しょうち) 알아들음, (소망이나 요구를) 들어 줌[동의·승낙], 용서
73. 幾分(いくぶん) 일부분, 어느 정도, 약간
74. 献立(こんだて) 식단, 메뉴
75. 課税(かぜい) 과세
76. 奨学金(しょうがくきん) 장학금
77. あるいは 혹은, 또는, 어쩌면, 혹시
78. 下駄(げた) 나막신
79. 箇所(かしょ) 군데
80. 砂漠(さばく) 사막
81. 飴(あめ) 엿
82. 寿命(じゅみょう) 수명
83. 貸間(かしま) 셋방
84. 穀物(こくもつ) 곡물, 곡식
85. 握手(あくしゅ) 악수
86. さっぱり 후련한 모양, 산뜻한 모양, (부정어가 붙어서) 전혀, 조금도, 형편없는 모양, 뒤에 아무것도 남지 않는 모양[깨끗이, 모조리, 완전히]
87. 外科(げか) 외과
88. 籠(かご) 바구니
89. 苦心(くしん) 고심
90. 首相(しゅしょう) 수상
91. 掛(か)け算(ざん) 곱셈
92. 稽古(けいこ) (학문·기술·예능 따위를) 배움, 연습함
93. 恐怖(きょうふ) 공포
94. 渋滞(じゅうたい) 정체, 밀림
95. 拡充(かくじゅう) 확충
96. 作業(さぎょう) 작업
97. 刀(かたな) 칼
98. 句読点(くとうてん) 구두점
99. 書留(かきとめ) 문서, 등기
100. 蛇口(じゃぐち) 수도꼭지

어휘 테스트 8(た～끝까지) 다음 주어진 단어의 よみがな와 뜻을 적으시오.

1. 一通(　　)り　뜻:
2. 岬(　　)　뜻:
3. なだらか　뜻:
4. 募集(　　)　뜻:
5. はきはき　뜻:
6. 綿(　　)　뜻:
7. 丼(　　)　뜻:
8. 牧畜(　　)　뜻:
9. なんとも　뜻:
10. 脇(　　)　뜻:
11. 戸棚(　　)　뜻:
12. 朗(　　)らか　뜻:
13. 一言(　　)　뜻:
14. 蝋燭(　　)　뜻:
15. 登山(　　)　뜻:
16. 膨張(　　)　뜻:
17. 日付(　　)　뜻:
18. 煉瓦(　　)　뜻:
19. 道徳(　　)　뜻:
20. 包装(　　)　뜻:
21. 額(　　)　뜻:
22. 領収(　　)　뜻:
23. 峠(　　)　뜻:
24. 冒険(　　)　뜻:
25. 膝(　　)　뜻:
26. 湯飲(　　)み　뜻:
27. 電卓(　　)　뜻:
28. 平凡(　　)　뜻:
29. 卑怯(　　)　뜻:
30. 縁(　　)　뜻:
31. 手続(　　)　뜻:
32. 湯気(　　)　뜻:
33. 日陰(　　)　뜻:
34. 優秀(　　)　뜻:
35. 手頃(　　)　뜻:
36. 蓋(　　)　뜻:
37. 判子(　　)　뜻:
38. 火傷(　　)　뜻:
39. 的確(　　)　뜻:
40. 文房具(　　)　뜻:
41. 針(　　)　뜻:
42. 役割(　　)　뜻:
43. 出入口(　　)　뜻:
44. 噴火(　　)　뜻:
45. 歯磨(　　)き　뜻:
46. 問答(　　)　뜻:
47. 強気(　　)　뜻:
48. 広場(　　)　뜻:
49. 花嫁(　　)　뜻:
50. 物語(　　)　뜻:
51. 艶(　　)　뜻:
52. 麓(　　)　뜻:
53. 派手(　　)　뜻:
54. 毛布(　　)　뜻:
55. 翼(　　)　뜻:
56. 瓶詰(　　)　뜻:
57. 旗(　　)　뜻:
58. 吹雪(　　)　뜻:
59. 貯蔵(　　)　뜻:
60. 銘々(　　)　뜻:
61. 斜(　　)　뜻:
62. 船便(　　)　뜻:
63. 知恵(　　)　뜻:
64. 矛盾(　　)　뜻:
65. 爆発(　　)　뜻:
66. 物騒(　　)　뜻:
67. 種(　　)　뜻:
68. 夫婦(　　)　뜻:
69. 秤(　　)　뜻:
70. 双子(　　)　뜻:
71. 滝(　　)　뜻:
72. 稀(　　)　뜻:
73. 灰皿(　　)　뜻:
74. 襖(　　)　뜻:
75. 楕円(　　)　뜻:
76. 真似(　　)　뜻:
77. 乗越(　　)し　뜻:
78. 無事(　　)　뜻:
79. 田植(　　)　뜻:
80. 街角(　　)　뜻:

81. 呑気(　　　　) 뜻:
82. 緑(　　　　) 뜻:
83. 大臣(　　　　) 뜻:
84. まごまご 뜻:
85. 糊(　　　　) 뜻:
86. 便箋(　　　　) 뜻:
87. 大木(　　　　) 뜻:
88. 枕(　　　　) 뜻:
89. 軒(　　　　) 뜻:
90. 平等(　　　　) 뜻:
91. 台所(　　　　) 뜻:
92. 迷子(　　　　) 뜻:
93. 虹(　　　　) 뜻:
94. 微妙(　　　　) 뜻:
95. 大使(　　　　) 뜻:
96. 炎(　　　　) 뜻:
97. なにしろ 뜻:
98. 皮肉(　　　　) 뜻:
99. 大工(　　　　) 뜻:
100. 仏(　　　　) 뜻:

정답

어휘 테스트 8

1. 一通(ひととお)り 대강, 대충
2. 岬(みさき) 갑, 곶
3. なだらか 완만한 모양, 원활한 모양, 온화한 모양
4. 募集(ぼしゅう) 모집
5. はきはき 기질이 활발하고 똑똑한 모양, 시원시원
6. 綿(わた) 목화, 솜
7. 丼(どんぶり) 사발, 밥그릇
8. 牧畜(ぼくちく) 목축
9. なんとも 정말, 참으로, 무엇인지, (부정이 따라서) 대단한 것은 아니라는 뜻을 나타냄
10. 脇(わき) 겨드랑이, 옆, 곁
11. 戸棚(とだな) 찬장
12. 朗(ほが)らか (성격이) 쾌활한 모양, (날씨가) 쾌청함
13. 一言(ひとこと) 한 마디
14. 蝋燭(ろうそく) 초, 양초
15. 登山(とざん) 등산
16. 膨張(ぼうちょう) 팽창
17. 日付(ひづけ) 날짜, 문서 등에 작성 및 발송 그리고 접수 따위의 연월일을 기입함
18. 煉瓦(れんが) 연와, 벽돌
19. 道徳(どうとく) 도덕
20. 包装(ほうそう) 포장
21. 額(ひたい) 이마
22. 領収(りょうしゅう) 영수
23. 峠(とうげ) 산마루, 고개, 고비
24. 冒険(ぼうけん) 모험
25. 膝(ひざ) 무릎
26. 湯飲(ゆの)み (작은) 찻잔
27. 電卓(でんたく) 전자식 탁상 계산기
28. 平凡(へいぼん) 평범
29. 卑怯(ひきょう) 비겁
30. 縁(ふち) 가장자리, 테두리
31. 手続(てつづき) 수속, 절차
32. 湯気(ゆげ) 김, 수증기
33. 日陰(ひかげ) 응달, 음지
34. 優秀(ゆうしゅう) 우수
35. 手頃(てごろ) 알맞음, 적당함
36. 蓋(ふた) 뚜껑, 덮개
37. 判子(はんこ) 도장
38. 火傷(やけど) 화상
39. 的確(てきかく) 딱 들어맞음
40. 文房具(ぶんぼうぐ) 문방구
41. 針(はり) 바늘, (벌 따위의) 침
42. 役割(やくわり) 역할, 임무(소임)
43. 出入口(でいりぐち) 출입구
44. 噴火(ふんか) 분화
45. 歯磨(はみが)き 치약
46. 問答(もんどう) 문답, 말다툼(논쟁)
47. 強気(つよき) 성미가 강함, 강경하게 나옴
48. 広場(ひろば) 광장, 넓은 장소
49. 花嫁(はなよめ) 신부, 새색시
50. 物語(ものがたり) 이야기, 전설
51. 艶(つや) 윤기, 광택, 애교
52. 麓(ふもと) (산)기슭
53. 派手(はで) 화려한 모양, 남의 시선을 끌 정도로 심하게 무엇을 하는 모양
54. 毛布(もうふ) 모포, 담요
55. 翼(つばさ) 날개
56. 瓶詰(びんづめ) 병조림, 병에 담음
57. 旗(はた) 기, 깃발
58. 吹雪(ふぶき) 눈보라
59. 貯蔵(ちょぞう) 저장
60. 銘々(めいめい) 각자, 제각기, 각각
61. 斜(はす) 비스듬함, 경사
62. 船便(ふなびん) 선편, 배편
63. 知恵(ちえ) 지혜
64. 矛盾(むじゅん) 모순
65. 爆発(ばくはつ) 폭발
66. 物騒(ぶっそう) 세상이 뒤숭숭하고 위험한 상태
67. 種(たね) 종자, 씨, (사물의) 원인, (요리의) 재료
68. 夫婦(ふうふ) 부부
69. 秤(はかり) 저울
70. 双子(ふたご) 쌍둥이
71. 滝(たき) 폭포
72. 稀(まれ) 드묾, 희소함
73. 灰皿(はいざら) 재떨이
74. 襖(ふすま) 맹장지
75. 楕円(だえん) 타원
76. 真似(まね) 흉내, (바보 같은) 짓이나 동작
77. 乗越(のりこ)し 타고 가나 목적지를 지나침
78. 無事(ぶじ) 무사, 평온함, 병이 없음(건강함)
79. 田植(たうえ) 모내기
80. 街角(まちかど) 길모퉁이, 길목
81. 呑気(のんき) 무사태평, 만사태평
82. 緑(みどり) 녹색, 나무의 새싹
83. 大臣(だいじん) 대신, 장관
84. まごまご 망설이는 모양(우물쭈물)
85. 糊(のり) (붙이는) 풀
86. 便箋(びんせん) 편지지
87. 大木(たいぼく) 대목, 큰 나무
88. 枕(まくら) 베개
89. 軒(のき) 처마
90. 平等(びょうどう) 평등
91. 台所(だいどころ) 부엌, (비유적으로) 살림, 가계
92. 迷子(まいご) 미아, 길 잃은 아이
93. 虹(にじ) 무지개
94. 微妙(びみょう) 미묘
95. 大使(たいし) 대사
96. 炎(ほのお) 불꽃, 불길
97. なにしろ 어쨌든, 여하튼
98. 皮肉(ひにく) 가죽과 살, 빈정거림, 비꼼, 야유
99. 大工(だいく) 목수
100. 仏(ほとけ) 부처, 불상

어휘 테스트 9(전체)

1. 勝負(　　　)　뜻:
2. 講義(　　　)　뜻:
3. 主義(　　　)　뜻:
4. のろのろ　뜻:
5. 相手(　　　)　뜻:
6. 大半(　　　)　뜻:
7. 桁(　　　)　뜻:
8. 修繕(　　　)　뜻:
9. 女房(　　　)　뜻:
10. 握手(　　　)　뜻:
11. 宗教(　　　)　뜻:
12. 宿(　　　)　뜻:
13. 毛皮(　　　)　뜻:
14. 蕎麦(　　　)　뜻:
15. 明(　　)け方(　　)　뜻:
16. 借金(　　　)　뜻:
17. 家賃(　　　)　뜻:
18. 競馬(　　　)　뜻:
19. せっせと　뜻:
20. 宛名(　　　)　뜻:
21. 年寄(　　　)　뜻:
22. しめた　뜻:
23. 癖(　　　)　뜻:
24. 油断(　　　)　뜻:
25. 雨戸(　　　)　뜻:
26. 折角(　　　)　뜻:
27. 競技(　　　)　뜻:
28. 芝居(　　　)　뜻:
29. 幼児(　　　)　뜻:
30. 改(　　　)めて　뜻:
31. ずらり　뜻:
32. 行儀(　　　)　뜻:
33. 得意(　　　)　뜻:
34. 支度(　　　)　뜻:
35. あらゆる　뜻:
36. 上下(　　　)　뜻:
37. 給与(　　　)　뜻:
38. 四捨五入(　　　)　뜻:
39. 湾(　　　)　뜻:
40. 以降(　　　)　뜻:
41. 支給(　　　)　뜻:
42. 随筆(　　　)　뜻:
43. 休憩(　　　)　뜻:
44. 敷地(　　　)　뜻:
45. 板(　　　)　뜻:
46. 廊下(　　　)　뜻:
47. 作法(　　　)　뜻:
48. 絹(　　　)　뜻:
49. 垂直(　　　)　뜻:
50. 井戸(　　　)　뜻:
51. 漁師(　　　)　뜻:
52. 切手(　　　)　뜻:
53. 三角(　　　)　뜻:
54. 翌日(　　　)　뜻:
55. うっかり　뜻:
56. 手品(　　　)　뜻:
57. 岸(　　　)　뜻:
58. 刺身(　　　)　뜻:
59. 素人(　　　)　뜻:
60. 有無(　　　)　뜻:
61. 錆(　　　)　뜻:
62. 黄色(　　　)　뜻:
63. 夕日(　　　)　뜻:
64. 裁縫(　　　)　뜻:
65. 裏口(　　　)　뜻:
66. やたらに(と)　뜻:
67. 乾燥(　　　)　뜻:
68. 最中(　　　)　뜻:
69. 初歩(　　　)　뜻:
70. 演奏(　　　)　뜻:
71. 琴(　　　)　뜻:
72. 間隔(　　　)　뜻:
73. 凸凹(　　　)　뜻:
74. 催促(　　　)　뜻:
75. 贈物(　　　)　뜻:
76. 目印(　　　)　뜻:
77. 柄(　　　)　뜻:
78. 献立(　　　)　뜻:
79. 女王(　　　)　뜻:
80. おそらく　뜻:

81. 紫(　　　) 뜻:
82. 紙屑(　　　) 뜻:
83. 御覧(　　　) 뜻:
84. 近頃(　　　) 뜻:
85. 解釈(　　　) 뜻:
86. 盆地(　　　) 뜻:
87. 角(　　　) 뜻:
88. 小包(　　　) 뜻:
89. たちまち 뜻:
90. 価格(　　　) 뜻:
91. 正味(　　　) 뜻:
92. 格好(　　　) 뜻:
93. 北極(　　　) 뜻:
94. こっそり 뜻:
95. 影(　　　) 뜻:
96. 交差(　　　) 뜻:
97. 吐気(　　　) 뜻:
98. 過剰(　　　) 뜻:
99. 定規(　　　) 뜻:
100. 加減(　　　) 뜻:

●●● 정답

어휘 테스트 9

1. 勝負(しょうぶ) 승부
2. 講義(こうぎ) 강의
3. 主義(しゅぎ) 주의
4. のろのろ 동작이나 진행이 굼뜬 모양, 느릿느릿, 꾸물꾸물
5. 相手(あいて) 상대
6. 大半(たいはん) 태반, 대부분
7. 桁(けた) (숫자의) 자릿수, 규모
8. 修繕(しゅうぜん) 수선, 수리
9. 女房(にょうぼう) 처, 마누라, 아내
10. 握手(あくしゅ) 악수
11. 宗教(しゅうきょう) 종교
12. 宿(やど) 사는 집, 묵을 곳, 숙박
13. 毛皮(けがわ) 모피, 털가죽
14. 蕎麦(そば) 메밀국수
15. 明(あ)け方(がた) 새벽녘
16. 借金(しゃっきん) 차금, 빚
17. 家賃(やちん) 집세
18. 競馬(けいば) 경마
19. せっせと 열심히, 부지런히
20. 宛名(あてな) 수신인명[주소 성명]
21. 年寄(としより) 늙은이, 노인
22. しめた 자기 뜻대로 되었을 때 기뻐서 하는 말[됐다]
23. 癖(くせ) 버릇, 습관
24. 油断(ゆだん) 방심, 부주의
25. 雨戸(あまど) 덧문
26. 折角(せっかく) 모처럼, 일부러, 애써서
27. 競技(きょうぎ) 경기
28. 芝居(しばい) 연극
29. 幼児(ようじ) 유아
30. 改(あらた)めて 딴 기회에, 새삼스럽게
31. ずらり 여럿이 늘어선 모양(죽)
32. 行儀(ぎょうぎ) 예의범절, 행동거지
33. 得意(とくい) 득의, 득의 양양, 가장 숙련되어 있음, 단골(손님)
34. 支度(したく) 준비
35. あらゆる 모든
36. 上下(じょうげ) 상하
37. 給与(きゅうよ) 급여
38. 四捨五入(ししゃごにゅう) 사사오입, 반올림
39. 湾(わん) 만, 바다가 육지로 굽어져 후미진 곳
40. 以降(いこう) 이후(비교적 긴 시간이 경과한 경우에 사용)
41. 支給(しきゅう) 지급
42. 随筆(ずいひつ) 수필
43. 休憩(きゅうけい) 휴게
44. 敷地(しきち) 부지, 대지
45. 板(いた) 판자
46. 廊下(ろうか) 복도
47. 作法(さほう) 예의범절, (문장 등의) 만드는 법
48. 絹(きぬ) 명주, 비단
49. 垂直(すいちょく) 수직
50. 井戸(いど) 우물
51. 漁師(りょうし) 고기잡이, 어부
52. 切手(きって) 수표, 우표
53. 三角(さんかく) 삼각
54. 翌日(よくじつ) 익일
55. うっかり 무심코, 멍청히, 깜박
56. 手品(てじな) 요술, 속임수
57. 岸(きし) 물가, 벼랑
58. 刺身(さしみ) 회
59. 素人(しろうと) 비전문가
60. 有無(うむ) 유무
61. 錆(さび) 녹
62. 黄色(きいろ) 황색
63. 夕日(ゆうひ) 석양(빛)
64. 裁縫(さいほう) 재봉
65. 裏口(うらぐち) 뒷문, 부정한 수단
66. やたらに·と 함부로, 무턱대고, 되는 대로, 마구잡이로 하는 모양
67. 乾燥(かんそう) 건조
68. 最中(さいちゅう) 한창인 때
69. 初歩(しょほ) 초보
70. 演奏(えんそう) 연주
71. 琴(こと) 거문고
72. 間隔(かんかく) 간격
73. 凸凹(でこぼこ) 요철, 울퉁불퉁
74. 催促(さいそく) 재촉, 독촉
75. 贈物(おくりもの) 선물
76. 目印(めじるし) 안표, 표지
77. 柄(がら) 몸집, 분수(격), 품위
78. 献立(こんだて) 식단, 메뉴
79. 女王(じょおう) 여왕
80. おそらく 아마, 필시
81. 紫(むらさき) 자색, 보랏빛
82. 紙屑(かみくず) 휴지
83. 御覧(ごらん) 보심
84. 近頃(ちかごろ) 최근, 요사이, 근래
85. 解釈(かいしゃく) 해석
86. 盆地(ぼんち) 분지
87. 角(かど) 모난 귀퉁이, 길모퉁이
88. 小包(こづつみ) 소포, 작은 꾸러미
89. たちまち 홀연, 곧, 갑자기
90. 価格(かかく) 가격
91. 正味(しょうみ) 겉포장을 제외한 알맹이, 도매값의 준말
92. 格好(かっこう) 모습, 모양, 볼품, 꼴, 알맞음, 적당함
93. 北極(ほっきょく) 북극
94. こっそり 가만히, 살짝, 몰래
95. 影(かげ) 그림자, 자취, 모습
96. 交差(こうさ) 교차
97. 吐気(はきけ) 구역질
98. 過剰(かじょう) 과잉
99. 定規(じょうぎ) 자
100. 加減(かげん) 가감, 덧셈과 뺄셈, 조절함, 알맞게 함, 알맞은 정도[상태], 건강 상태, 영향

[문자 · 어휘] 종합대책(2) - 형용사

□ **青白(あおじろ)い** 푸르스름하다, (얼굴빛이 핏기가 없어) 창백하다

青白い月の光り。푸르스름한 달빛.

青白い肌の色。창백한 살빛.

やつれて青白い顔。수척하여 창백한 얼굴.

□ **浅(あさ)い** 얕다, 깊지 않다, 엷다, 옅다, (정도가) 덜하다, 오래지 않다

浅い海。얕은 바다.

色が浅い。색이 옅다

経験が浅い。경험이 적다.

浅い考え。얕은 소견.

歴史が浅い。역사가 짧다.

□ **暖(あたた)かい** (날씨 등이) 따뜻하다, 경제사정이 좋다, 따스한 느낌이다 ⇔ 寒(さむ)い

暖かい部屋。따뜻한 방.

暖かい地方。따뜻한 지방.

今日は懐が暖かい。오늘은 호주머니[경제] 사정이 좋다.

暖かい色調の壁紙。따뜻한 색조의 벽지.

□ **温(あたた)かい** (물건이나 음식 등이) 따뜻하다, 다정하다, 정답다 ⇔ 冷(つめ)たい

温かいご飯。따뜻한 밥.

温かくもてなす。따뜻이 환대하다.

温かく微笑みながら迎え入れる。
정답게 미소지으며 맞아들이다.

温かい眼差し。정겨운 눈길.

□ **あつかましい** 뻔뻔스럽다

厚かましいお願いで恐縮ですが。
염치없는 부탁이어서 죄송합니다만.

厚かましくまた金を借りに来る。
뻔뻔스럽게 또 돈을 빌리러 온다.

□ **危(あや)うい** 위태롭다, 위험하다

命が危うい。생명이 위태롭다.

君子危うきに近寄らず。
군자는 위험한 곳에 가까이 가지 않는다. ★관용구로 알아둘 것

危うく轢かれるところだった。하마터면 차에 치일 뻔했다.

危うく一命を取り留めた。구사일생을 했다.

危ういところで助かる。간신히 살아나다.

□ **怪(あや)しい** 이상하다, 괴상하다, 불가사의하다, 신비스럽다, 의심스럽다, (남녀 사이에) 비밀스런 관계가 있는 것 같다, 수상하다, 협의가 있다, 불안하다, 심상치 않다, 서투르다, 어설프다, 믿을 수 없다.

怪しい飛行物体。이상한 비행물체.

彼女の怪しげな魅力。그녀의 불가사의한 매력.

できるかどうか怪しい。할 수 있을지 어떨지 의심스럽다.

あの二人はどうも怪しい。저 두 사람은 아무래도 수상쩍다.

あの男が怪しい。저 남자가 수상하다.

天気が怪しくなる。날씨가 나빠지려 하다.

怪しい英語。서투른 영어.

□ **荒(あら)い** 움직임이 크고 격렬하다, 성격이나 언동이 거칠다, 난폭하고 절도가 없다

波が荒い。파도가 거칠다.

呼吸が荒い。호흡이 거칠다.

気性の荒い人。성품이 난폭한 사람.

言葉が荒い。말이 거칠다.

金遣いが荒い。씀씀이가 헤프다.

人使いが荒い。사람 다루기가 거칠다.

□ **ありがたい** 감사하다, 자기에게 유리하여 기쁘다, 다행스럽다, 반갑다, 달갑다, 거룩하다

親切にしてくれてありがたい。친절하게 해 주어서 고맙다.

ありがたいことに誰にも見付からなかった。
다행스럽게도 아무에게도 들키지 않았다.

ありがたくないお客様だ。달갑지 않은 손님이다.

ありがたい仏様。거룩하신 부처님.

□ **慌(あわただ)しい** 어수선하다, 분주하다

慌しい政局。어수선한 정국.

出発の用意で慌しい。출발 준비로 분주하다.

□ **いけない** 나쁘다, 바람직하지 않다, 딱하다(금지·불가의 뜻), 안됐다(결점[고장]의 뜻, 금지[불가]의 뜻), 가망 없다, 못쓰게 되다, ~해야 하다, 못 쓰다, 술을 못하다

いけない子。나쁜(못된) 아이.

いけない事だらけだ。좋지 않은 일투성이이다.

奥さんがご病気とはいけないね。
부인이 병환이라니 큰일이군.

胃がいけない。위가 나쁘다.

いたずらをしてはいけない。장난치면 안 된다.

窓を開けてはいけない。창문을 열어서는 안 된다.

あの傘はもういけない。저 우산은 이제 못 쓴다.

あの男はずるくていけない。저 남자는 교활해서 못쓴다.

私はちっともいけないんです。저는 술을 통 못합니다.

□ 勇(いさ)ましい 용감하다, 시원시원하다, 용맹스럽다, 활기차다, 씩씩하다, 대담하고 활발하다

勇ましい兵士の行動。용감한 병사의 행동.

勇ましいラッパの音。우렁찬 나팔 소리.

勇ましいマーチ。씩씩한 행진곡.

勇ましいスタイル。대담한 스타일.

勇ましい女性。씩씩한 여성.

□ 薄暗(うすぐら)い 어둡다, 어둑어둑하다

薄暗い部屋。어둑한 방.

□ うまい 맛있다, 실력이 뛰어나다, (자기에게) 편리하다, 바람직하다, 인간관계, 특히 남녀의 사이가 좋다

うまい料理。맛있는 요리.

なかなかスキーがうまい。꽤나 스키 솜씨가 뛰어나다.

何かうまい仕事はないかね。뭐 돈벌이가 될 만한 일은 없을까.

うますぎる話には気をつけよ。너무 달콤한 말에는 조심해라.

彼女とはうまくやっている。그녀와는 잘 사귀고 있다.

□ うらやましい 부럽다

羨しいと思わない。부럽다고 생각하지 않다.

贅沢な生活が羨しい。사치스러운[호화스런] 생활이 부럽다.

□ 偉(えら)い 훌륭하다, 위대하다, 장하다, 기특하다, 지위·신분이 높다, 큰일이다, 예상 외로 중대하다, 대단하다, 심하다, 지독하다, 괴롭다, 고되다, 뜻밖이다, 난처하다

偉い学者。훌륭한 학자.

親に小遣いをあげるなんて偉い。
부모에게 용돈을 드린다니 기특하다.

会社の偉い人。회사의 높은 분.

偉いことになった。큰일났다.

偉い事件。중대한 사건.

偉い経験をした。대단한 경험을 했다.

偉い寒さ。대단한 추위.

力仕事は偉い。막일은 고되다.

偉いところを見られた。난처한 장면을 들켰다.

□ 幼(おさな)い 어리다, 유치하다(미숙하다)

幼い子供。어린 아이.

やり方が幼い。방법이 유치하다.

□ 惜(お)しい 아깝다, 애석하다, 분하다

捨てるには惜しい。버리기에는 아깝다.

別れが惜しい。이별이 아쉽다.

惜しいことをした。분하게 되었다.

□ 恐(おそ)ろしい 겁나다, 무섭다, 두렵다, 걱정스럽다, 심하다(대단하다), 심하다, 엄청나다, 지독하다, 놀랍다, 놀랄만하다

恐ろしい顔付き。무서운 표정.

恐ろしい事になった。일이 매우 우려할 만한 사태가 되었다.

恐ろしく寒い日だ。지독히 추운 날이다.

執念というものは恐ろしいものだ。집념이란 놀라운 것이다.

恐ろしい成績で卒業した。대단한 성적으로 졸업했다.

※怖いは 주관적인 공포감을 나타냄. 恐ろしいは 객관적으로 대상의 위험성을 나타냄.

草原で恐ろしい毒蛇にあい、怖かった。
초원에서 무서운 독사를 만나, 무서웠다.

彼の恐ろしい考えを知って、怖くなった。
그의 무서운 생각을 알고, 무서워졌다.

□ 大人(おとな)しい 온순하다, 얌전하다, 수수하다, 고분고분하다

大人しい子。얌전한 아이.

大人しい模様。수수한 무늬.

彼女は大人しく従った。그녀는 고분고분 따랐다.

□ おめでたい 경사스럽다, (좀) 모자라다

おめでたい祭日。경사스러운 축제일.

彼には少しおめでたいところがある。
그에게는 약간 어수룩한 데가 있다.

□ 思(おも)いがけない 의외이다, 뜻밖이다

思いがけない災難に遭う。뜻밖의 재난을 당하다.

思いがけない出来事。뜻밖에 일어난 일.

□ **重(おも)たい** 무겁다, 묵직하다, 우울하다, 답답하다

荷物が重たい。짐이 무겁다.

重たいかばん。묵직한 가방.

まぶたが重たい。눈꺼풀이 무겁다(졸리어 눈이 감기려 하다).

気分が重たい。기분이 답답하다.

□ **賢(かしこ)い** 현명하다, 영리하다, 약삭빠르다, 요령 있다

賢い子供。영리한 아이.

賢く立ち回る。약삭빠르게 처신하다.

□ **固(かた)い** 굳다

固い信念。굳은 신념.

⇔ ゆるい。느슨하다, 헐겁다.

□ **堅(かた)い** 견고하다

口が堅い。입이 무겁다.

⇔ もろい。부서지기 쉽다.

□ **硬(かた)い** 딱딱하다

硬い文章。딱딱한 문장.

⇔ やわらかい。연하다.

□ **かゆい** 가렵다

背中が痒い。등이 가렵다.

いくら批判されても痛くも痒くもない。
아무리 비판을 받아도 아무렇지도 않다.

痒い所に手が届く。(가려운 곳을 긁어 주듯이) 세심하게 배려하다.

□ **かわいらしい** 귀엽다, 사랑스럽다, 예쁘장하다

可愛らしい子供。귀여운 아이.

可愛らしい時計。예쁘장한 시계.

> **かわいい & かわいらしい**
>
> 私は娘が（かわいい ○ / かわいらしい ×）。
> 나는 딸이 사랑스럽다.
>
> ☞ 감정(感情) 형용사로서 '사랑스럽다'는 의미를 나타내기 때문에, 「かわいらしい」를 사용할 수 없다.
>
> うちの娘は（かわいい ○ / かわいらしい ○）。
> 우리 딸은 귀엽다.
>
> ☞ 속성(屬性) 형용사로서 '귀엽다'는 의미를 나타내기 때문에, 「かわいらしい」를 사용할 수 있다.
>
> その子はかわいらしく振る舞った。(○)
> 그 아이는 귀엽게(깜찍하게) 행동했다.
>
> その子はかわいく振る舞った。(△)
>
> ☞ 행위를 동반한 일시적인 상태를 나타내는 경우에, 「かわいい」는 약간 부자연스럽게 느껴진다.

□ **きつい** (정도가) 심하다, 강하다, 헐렁헐렁하지 않다(빡빡하다), 엄격하다

きつい仕事。고된 일.

きつい寒さ。혹한.

きつい顔。강인한 얼굴.

きつい子供だ。다부진 아이다.

靴がきつい。구두가 꼭 끼다.

日程がきつい。일정이 빡빡하다.

きつく叱る。엄하게 꾸짖다.

きつい目付き。엄한 눈매.

□ **清(きよ)い** 깨끗하다, 맑다, 도덕적으로 바르다, 결백하다, 태도가 시원스럽다

目が清い。눈이 맑다.

清い流れ。맑은 흐름.

清い一票。깨끗한 한 표.

清い交際を続ける。깨끗한 교제를 계속하다.

清く別れる。깨끗이 헤어지다.

□ **臭(くさ)い** 고약한 냄새가 나다, 수상하다, ~의 냄새가 나다, ~같다, ~처럼 느껴지다, 정도가 심하다

どこかで臭いにおいがする。어디선가 구린내가 난다.

どうもあいつが臭い。아무래도 저 녀석이 수상쩍다.

魚くさい。비린내가 난다.

役人くさい。관리 티가 나다.

馬鹿くさい。어처구니없다.

面倒くさい。몹시 성가시다.

□ **くだらない** 시시하다, 가치 없다

くだらない話。하찮은 이야기.

くだらない人間。쓸모없는 인간.

□ **くどい** 지루할 정도로 장황하다, 끈덕지다, (맛이) 느끼하다, (빛깔이) 칙칙하다

話がくどい。이야기가 지루할 정도로 장황하다.

くどいようだが、それは重要なことなんだ。
지겹도록 장황한 것 같지만 그것은 중요한 이야기다.

くどい味。느끼한 맛.

そのカーテンの色はくどい。그 커튼 색은 칙칙하다.

□ **悔(くや)しい** 분하다, 억울하다, 유감스럽다, 후회스럽다

あんな奴に馬鹿にされて悔しい。
저런 녀석에게 멸시당해서 분하다.

あそこで決心しなかったことが悔しい。
거기서 결심하지 않았던 것이 후회스럽다.

□ **苦(くる)しい** 고통스럽다, 답답하다, 괴롭다, 난처하다, 난감하다, 힘겹다, 고되다, 곤란하다, 궁색하다, 거북하다, 구차하다, ~하기 싫다, 어렵다, 거북하다

息が苦しい。숨이 답답하다.

苦しい気持ち。괴로운 심정.

苦しい立場に置かれる。난처한 입장에 놓이다.

苦しい仕事。힘겨운 일.

苦しい予算。궁색한 예산.

苦しい生活。궁색한 생활.

苦しい弁解。구차한 변명.

息苦しい。숨이 막히다.

聞き苦しい。듣기 거북하다.

見苦しい。보기 흉하다.

苦(くる)しい & 辛(つら)い

苦しい는 일반적인 고통의 상황에 사용.
辛い는 정신적인 고통에 사용하는 경우가 많다.

苦しい立場。난처한 입장. ☞ 꼼짝할 수 없는 상황.

辛い立場。괴로운 입장. ☞ 곤란한 정신 상황을 나타냄.

가계가 어렵다.
家計が苦しい。(◯) / 家計が辛い。(×)

□ **詳(くわ)しい** 상세하다, 자세하다, 자세히 알고 있다, 정통하다

詳しい解説。자세한 해설.

詳しい地図。상세한 지도.

法律に詳しい。법률에 정통하다.

この辺の地理に詳しい。이 근방의 지리에 밝다.

□ **煙(けむ)たい** (연기로 인해) 맵다, 냅다, (가까이 하기가) 거북하다

煙たくて涙が出る。(연기 때문에) 매워서 눈물이 나다.

小言ばかり言うので煙たい。
잔소리만 해서 (가까이 하기가) 거북하다.

□ **険(けわ)しい** 가파르다, 험하다, 위급하다, 험난하다, 험상궂다, 험악하다, 거칠고 격렬하다

険しい山道。가파른 산길.

前途は険しい。앞길은 험난하다.

険しい顔付き。험상궂은 표정.

険しく燃えていた憎悪の心。격렬하게 불타던 증오심.

□ **濃(こ)い** 짙다(진하다), 촘촘하다, 확률이 높다, 사이가 좋다

味が濃い。맛이 진하다.

濃い霧。짙은 안개.

ひげの濃い人。수염이 많은 사람.

敗色が濃い。패색이 짙다.

血は水より濃い。피는 물보다 진하다.

□ **恋(こい)しい** 그립다

恋しい人。그리운 사람.

故郷が恋しい。고향이 그립다.

□ **騒(さわ)がしい** 시끄럽다, 소란스럽다, 왁자지껄하다, 떠들썩하다, 뒤숭숭하다

「騒々しい」는 구어체적인 표현.
「騒がしい」보다 「騒々しい」가 좀 더 시끄러운 느낌이 든다.

教室が騒がしい。왁자지껄한 교실.

国内が騒がしい。국내가 뒤숭숭하다.

□ **塩辛(しおから)い** 짜다

塩辛い味。짠맛.

塩辛味噌汁。짠 된장국.

□ **四角(しかく)い** 네모지다, 딱딱하다, 격식을 차려 흐트러짐이 없다

四角い顔。네모진 얼굴.

四角いことを言う。융통성 없이 딱딱한 말을 하다.

□ **仕方(しかた)ない** 할 수 없다, 하는 수 없다, 틀려먹다, 쓸모없다, 참을 수 없다, 견딜 수 없다

謝るより仕方なかった。사죄하는 수밖에 도리가 없었다.

怠けてばかりいて仕方ない奴だ。
게으름만 부리고 못쓸 녀석이다.

彼女に会いたくて仕方ない。여자 친구가 보고 싶어서 죽겠다.

□ **親(した)しい** 친하다, (혈연이) 가깝다, 낯익다, 익숙하다, (부사적으로) 친히, 몸소, (부사적으로) 눈앞에, 목전에

親しい間柄。친한 사이.

親しい親類。가까운 친척.

目に親しい歳末の眺め。눈에 익은 연말의 광경.

親しく手に取ってご覧になる。친히 손에 들고 보시다.

親しくこの目で見た。 직접 이 눈으로 보았다.

□ **しつこい** 끈덕지다, 집요하다, (맛·빛깔·냄새 따위가) 짙다, 칙칙하다

しつこい質問。 끈질긴 질문.

しつこく考える。 집요하게 생각하다.

しつこい味。 짙은 맛(개운하지 않은 맛).

□ **ずうずうしい** 뻔뻔스럽다, 낯 두껍다, 넉살좋다

図々しい人。 뻔뻔스러운 사람.

図々しい態度。 넉살좋은 태도.

□ **酸(す)っぱい** 시다, 시큼하다

酸っぱい味。 신 맛.

ご飯が酸っぱくなる。 밥이 쉬다.

口が酸っぱくなるほど言い聞かせる。
입에 신물이 나도록 타이르다.

□ **素晴(すば)らしい** 훌륭하다, 굉장하다, 멋지다, (부사적으로) 대단히, 몹시, 매우

素晴らしい景色。 멋진 경치.

彼の演奏は素晴らしかった。 그의 연주는 훌륭했다.

素晴らしく暑い。 몹시 덥다.

素晴らしく大きい家。 굉장히 큰 집.

□ **すまない** 미안하다

本当にすまないことをした。 정말 미안하게 됐다.

すまないけれど、水を一杯ちょうだいな。
미안하지만 물 한 잔 주시오.

いつも何かと気を使ってもらってすまない。
언제나 여러 모로 신경을 쓰게 해서 미안하다.

□ **ずるい** 교활하다, 능글맞다

ずるい事をする。 교활한 짓을 하다.

ずるそうな目付き。 능글맞은 눈매.

□ **鋭(するど)い** 날카롭다, 예리하다, 예민하다

鋭い目付き。 날카로운 눈매.

鋭い頭。 예리한 머리.

その生徒は音楽に鋭い耳を持っていた。
그 학생은 음악에 대해 예민한 귀를 갖고 있었다.

□ **騒々(そうぞう)しい** 시끄럽다, 떠들썩하다, 어수선하다

騒々しい街。 시끄러운 거리.

世の中が騒々しくなった。 세상이 어수선해졌다.

□ **そそっかしい** 경솔하다, 덜렁덜렁하다

そそっかしい性格。 덜렁대는 성격.

自分の家を間違えるなんてそそっかしい人だ。
자기 집을 잘못 알다니 덜렁덜렁한 사람이다.

□ **正(ただ)しい** (모양 등이) 바르다, 곧다, 옳다, 바르다, 맞다

形や向きが正しい。 모양이나 방향이 바르다.

正しい姿勢。 바른 자세.

正しい意見。 올바른 의견.

礼儀作法が正しい。 예의범절이 바르다.

正しい内容。 맞는 내용.

□ **頼(たの)もしい** 믿음직하다, 기대할 만하다, 장래가 촉망되다

若いが、なかなか頼もしい。 젊지만 아주 믿음직하다.

将来が頼もしい。 장래가 촉망되다.

□ **堪(たま)らない** 견딜 수 없다, 참을 수 없다, 뭐라고 할 수 없을 정도로 좋다

この暑さでは堪らない。 이 더위에는 견딜 수 없다.

彼に会いたくて堪らない。 그가 보고 싶어서 못 견디겠다.

仕事の後の一杯の酒は堪らない。
일을 한 후의 한 잔 술은 아주 그만이다.

□ **だらしない** 칠칠치 못하다, 깔끔하지 못하다, 야무지지 못하다

彼の仕事振りはだらしない。 그의 일솜씨는 깔끔하지 못하다.

これくらいでへたばるなんてだらしない。
이 정도로 녹초가 되다니 한심하다.

□ **違(ちが)いない** 틀림없다, 확실하다, 정말이다, 바로 그렇다

きっとそうに違いない。 꼭 그러함에 틀림이 없다.

違いない、僕が悪かった。 그래, 내가 잘못했다.

□ **力強(ちからづよ)い** 마음 든든하다, 힘차다

彼が居るので力強い。 그가 있어서 마음 든든하다.

力強い行進。 힘찬 행진.

□ **辛(つら)い** 괴롭다, 고통스럽다, 모질다(냉혹하다), 혹독하다

生きるのが辛い。 사는 것이 괴롭다.

咳が出て辛い。 기침이 나서 고통스럽다.

辛い仕打ち。 혹독한 처사.

辛く当たる。 심하게 대하다.

□ **とんでもない** 터무니없다, 어처구니가 없다, 천만에요

とんでもない値段。 터무니없는 값.

あの人が学者だなんてとんでもない。
저 사람이 학자라니 당치도 않다.

お礼をいただくなんてとんでもないことです。
사례를 받다니 천만의 말씀입니다.

とんでもない、僕は無実だ。천만에, 나는 무고하다.

□ **懐(なつ)かしい** 그립다

昔が懐かしい。옛날이 그립다.

懐かしい故郷の景色。그리운 고향의 경치.

□ **憎(にく)い** 밉다, (반어적으로) 얄밉도록 훌륭하다

犯人が憎い。범인이 밉다.

憎い奴。미운 놈.

なかなか憎い振る舞いだ。아주 얄미울 정도로 의젓한 태도이다.

□ **憎(にく)らしい** 얄밉다, 밉살스럽다

憎らしいことを言う。얄미운 소리를 하다.

彼は憎らしいほど文章がうまい。
그는 얄미울 정도로 문장이 훌륭하다.

□ **鈍(にぶ)い** 둔하다, 느리다, 희미하다, 탁하다

頭が鈍い。머리가 둔하다.

鈍い刀。무딘 칼.

鈍い男。둔한 사나이.

鈍い判断。무딘 판단.

動作が鈍い。동작이 둔하다.

鈍い光。희미한 빛.

鈍い音。둔탁한 소리.

□ **温(ぬる)い** 미지근하다

お茶が温くなった。차가 미지근해졌다.

風呂が温い。목욕물이 미지근하다.

□ **緩(ぬる)い** 느리다, 굼뜨다, 엄하지 않다, 미온적이다

彼のやり方は緩い。그가 하는 방식은 굼뜨다.

緩い処置。엄하지 않은 조처.

取締りが緩い。단속이 미온적이다.

□ **鈍(のろ)い** 둔하다, 더디다, (여자에게) 무르다, 엄하지 못하다

頭の働きが鈍い。머리 회전이 둔하다.

汽車が鈍い。기차가 느리다.

仕事が鈍い。일이 더디다.

女房に鈍い。마누라에게 무르다.

□ **馬鹿(ばか)らしい** 어리석다, 어처구니가 없다, 바보스럽다

馬鹿らしい話はやめなさい。시시한 이야기는 그만두시오.

コーヒー一杯に千円も払うなんて馬鹿らしい。
커피 한 잔에 1000엔이나 치르다니 어처구니없다.

□ **激(はげ)しい** 심하다, 세차다, 격렬하다

激しい痛み。심한 통증.

風が激しい。바람이 세차다.

激しい反対。격렬한 반대.

□ **甚(はなは)だしい** (정도가) 심하다, 대단하다

非常識も甚だしい。몰상식도 유분수다.

甚だしい誤解。대단한 오해.

□ **等(ひと)しい** 같다, 동등하다, 흡사하다, 마찬가지다, (等(ひと)しく형태로) 한결같이, 다 같이

二辺が等しい。두 변이 같다.

この二本の線の長さは等しい。이 두 개의 선의 길이가 같다.

泥棒に等しい行為。도둑놈과 다름없는 행위.

全員に等しく分配する。전원에게 다 같이 분배하다.

等しく感嘆の声を上げた。한결같이 감탄의 소리를 질렀다.

同(おな)じ & 等(ひと)しい

「同じ」는 사람이나 물건 또는 종류, 성질 등에 다른 점이 있는 경우에 사용.

訪ねてきたのは昨日と同じ人だった。
찾아온 것은 어제와 같은 사람이었다.

彼のかばんは私のと同じだ。그의 가방은 내 것과 같다.

「等しい」는 이질적인 것이라도 상태, 모양이 서로 아주 닮았을 때에 사용.

詐欺にも等しい行為。사기와도 다름없는 행위.

彼の頼みは脅迫に等しかった。
그의 부탁은 협박이나 다름없었다.

물리적, 수량적으로 동일한 경우에는 「同じ」·「等しい」를 모두 사용할 수 있지만, 물리학, 수학 등에서는 「等しい」를 일반적으로 사용한다.

等しい（同じ）圧力を加える。동일한 압력을 가한다.

AとBは長さが等しい（同じだ）。A와 B는 길이가 같다.

□ **相応(ふさわ)しい** 어울리다

彼に相応しい奥さん。그에게 어울리는 부인.

彼には商売が一番相応しい。그에게는 장사가 제일 어울린다.

□ **真(ま)っ白(しろ)い** 새하얗다

真っ白い雲。새하얀 구름.

真っ白い歯。새하얀 이.

□ **貧(まず)しい** 가난하다, 빈약하다, 부족하다

暮らしが貧しい。살림이 가난하다.

貧しい家に生まれる。가난한 집에 태어나다.

内容の貧しい論文。내용이 빈약한 논문.

貧しい知識。빈약한 지식.

□ **眩(まぶ)しい** 눈부시다

眩しいほど白い雪。눈부실 정도로 하얀 눈.

太陽が眩しかった。태양이 눈부셨다.

□ **みっともない** 보기 흉하다, 꼴불견이다, 창피하다(명예스럽지 못하다)

みっともない真似。꼴사나운 짓.

人の前であくびをするのはみっともないものだ。
사람들 앞에서 하품을 하는 것은 보기 흉하다.

みっともない話だ。창피한 이야기다.

□ **醜(みにく)い** 추악하다, 보기 흉하다, 못 생기다

醜い行為。추악한 행위.

醜い親子兄弟の争い。추악한 부모 자식 형제 간의 싸움.

見苦(みぐる)しい & みっともない & 醜(みにく)い

「見苦しい」는 타인의 행위에 대해서 말할 경우.

相手の逃げ腰の態度が、見ていて見苦しかった。
상대의 도망가는 태도가 보고 있자니 볼꼴사나웠다.

「みっともない」는 이목(다른 사람의 시선)에 대하여 체면이 좋지 않다고 하는 본인의 마음을 말할 경우.

３年も浪人して、また不合格ではみっともない。
3년이나 재수해서, 또 불합격하여 창피하다

상대방에게 불쾌감을 주는 모양새의 의미에서는 같이 사용할 수 있다.

みっともない（見苦しい）行為。꼴불견인 행위.

客の前で兄弟げんかをするなんてみっともない（見苦しい）。손님 앞에서 형제끼리 싸움을 하다니 꼴불견이다.

「醜い」는 대상에 대해 보다 객관적이고, 분석적인 평가인 경우.

遺産をめぐる醜い争い。유산을 둘러싼 추한 싸움.

親友の醜い心を知って絶望した。
친한 친구의 추악한 마음을 알고 절망했다.

□ **蒸(む)し暑(あつ)い** 무덥다

蒸し暑い夏の夜。무더운 여름 밤.

今日は蒸し暑くてやりきれない。
오늘은 무더워서 견디기 힘들다.

□ **目覚(めざ)ましい** 눈부시다, 놀랍다

目覚ましい発展。눈부신 발전.

目覚ましい活躍。눈부신 활약.

□ **めでたい** 경사스럽다(축하할 만하다), 평가나 평판 등이 좋다, (모든 일이) 순조롭다, 호인이다, 어수룩하다

おめでたいことが続く。경사가 잇따르다.

合格して何よりもめでたい。합격해서 무엇보다도 경사스럽다.

社長の覚えがめでたい。사장이 좋게 보고 있다.

めでたく終わる。순조롭게 끝나다.

おめでたい考え。어수룩한 생각.

おめでたい人。어수룩한 사람.

□ **面倒(めんどう)くさい** 아주 귀찮다, 몹시 성가시다

辞書を引くのは面倒くさい。사전을 찾기가 몹시 귀찮다.

面倒くさいことをいうな。성가신 소리 말아라.

□ **申(もう)し訳(わけ)ない** 변명할 여지가 없다, 미안하다

まったく申し訳ない。정말로 미안하다.

申し訳なく思っております。미안하게 생각하고 있습니다.

□ **勿体無(もったいな)い** 과분하다, (함부로 써서) 아깝다, 불경스럽다, 죄스럽다

もったいないお言葉。과분한 말씀.

待っている時間がもったいない。
기다리고 있는 시간이 아깝다.

仏様を疎かにするとはもったいない。
부처님을 소홀히 하다니 죄스럽다.

□ **物凄(ものすご)い** 끔찍하다, 굉장하다, 지독하다, 무섭다

人影もなく物凄い山寺。사람 그림자도 없고 무시무시한 산사.

物凄い爆音。굉장한 폭음.

物凄く暑い。지독히 덥다.

□ **喧(やかま)しい** 떠들썩하다, 시끄럽다, 성가시다, 번거롭다, 잔소리가 심하다, 까다롭다, 엄하다, 엄격하다

やかましい、静かにしろ。시끄럽다, 조용히 해라.

やかましく宣伝する。요란하게 선전하다.

書類の手続きがやかましい。서류 절차가 번거롭다.

食べ物にやかましい人だ。음식에 까다로운 사람이다.

規則がやかましい。규제가 엄격하다.

やかましい & うるさい

人々の叫ぶ声が（やかましい・うるさい）。
사람들의 소리치는 소리가 시끄럽다.

窓を打つ風の音が（やかましい・うるさい）。
창문을 두드리는 바람 소리가 요란스럽다.

☞ 불쾌하게 느껴지는 소리나 소음 등에 함께 사용할 수 있다.

蚊のブーンという羽音がうるさい。
모기의 '엥' 하는 날개소리가 귀에 거슬린다.

☞ 큰 소리는 아니지만, 성가시게 느껴질 경우에는 「うるさい」를 사용함.

規制がうるさい。규제가 까다롭다

髪が長すぎて、うるさい。머리가 너무 길어서, 거추장스럽다.

装飾がごてごてとうるさい。장식이 어지럽게 거추장스럽다.

☞ 소리 이외의 불쾌한 것에도 사용함.

親が（やかましい・うるさい）。부모가 잔소리가 심하다.

味に（やかましい・うるさい）。맛에 까다롭다.

時間に（やかましい・うるさい）。시간에 엄격하다.

☞ 「やかましい」 쪽이 좀 더 딱딱거리는 것이 강함.

□ **安(やす)っぽい** 값싸다, 싸구려로 보이다, 천하다, 품위가 없다, 하찮다, 시시하다

安っぽい家具。싸구려 가구.

安っぽい小説。저속한 소설.

安っぽい同情。값싼 동정.

□ **やむを得(え)ない** 어쩔 수 없다, 부득이하다

病気なら休むのもやむをえない。
병이라면 쉬는 것도 어쩔 수 없다.

やむをえない急用で欠席する。
부득이한 급한 용무로 결석하다.

□ **柔(やわ)らかい** 부드럽다, 포근하다, 따지지 않다

柔らかい餅。말랑한 떡.

柔らかい体。유연한 몸.

柔らかい説き方。순순한 설득 방법.

□ **軟(やわ)らかい** 딱딱하지 않다, 연하다, 온화[온건]하다, 유순하다

軟らかい話。딱딱하지 않은 이야기.

軟らかい態度。온화한 태도.

□ **緩(ゆる)い** 느슨하다, 엄하지 않다, 완만하다, 가파르지 않다, 느리다, 묽다, 되지 않다

ズボンが緩い。바지가 헐겁다.

警戒が緩い。경계가 허술하다.

緩いカーブ。완만한 커브.

緩い上り坂。완만한 오르막.

緩いスピード。느린 속도.

緩い大便。묽은 대변.

緩い粥。묽은 죽.

□ **良(よ)い** 좋다, 효과 있다, (신분이나 값이) 높다, 적당하다, 충분하다, 상당하다, 이롭다

頭がよい。머리가 좋다.

よく効く薬。잘 듣는 약.

身分のよい人。신분이 높은 사람.

よいところへ来た。마침 잘 왔다.

よく注意する。십분 주의하다.

よい年をしてなんだ。나잇살이나 먹고서 무슨 꼴이냐.

体によい。몸에 이롭다.

[문자 · 어휘] 종합대책(3) – 동사

あ·い

□ **合(あ)う** 맞다, 어울리다, 서로 ~하다

答えが合う。답이 맞다.

服に合わないネクタイ。옷에 어울리지 않는 넥타이.

殴り合う。서로 때리다.

□ **会(あ)う/遭(あ)う** 만나다, 겪다, 당하다

いつもの場所で会う。여느 때와 같은 곳에서 만나다.

夕立に遭う。소나기를 만나다.

ひどい目に遭う。험한 꼴을 당하다.

□ **扇(あお)ぐ** 부채질하다

寝ている子を扇ぐ。자는 아이에게 부채질하다.

扇いで火を燃え立たせる。부채질하여 불이 타오르게 하다.

□ **上(あ)がる** 오르다, (비가) 그치다, 흥분하다, 다 ~하다, 「行(い)く 가다, 訪(たず)ねる 방문하다」의 겸양어, 「食(た)べる 먹다, 飲(の)む 마시다, 吸(す)う 피우다」의 존경어

階段を上がってくる。계단을 올라오다.

雨が上がる。비가 그치다.

大勢の前なので、上がってしまった。
많은 사람들 앞이라서 흥분해 버렸다.

明日はお邪魔に上がります。내
일 (폐가 되겠지만) 찾아뵙겠습니다.

たばこを上がる。담배를 피우시다.

お酒をお上がりください。술을 드십시오.

□ **諦(あきら)める** 단념하다, 체념하다

進学を諦める。진학을 단념하다.

□ **飽(あ)きる** 물리다, 싫증나다

飽きるほど食べる。물리도록 먹다.

お祭り騒ぎには飽きた。야단법석하고 노는 일은 염증이 난다.

□ **あきれる** 질리다, 어이없다, 기가 막히다

呆れて物が言えない。기가 막혀 말도 안 나오다.

呆れるほどよく走る。기막히게 잘 달리다.

□ **開(あ)く** 열리다, 개점하다

箱のふたが開く。상자 뚜껑이 열리다.

店が開いている。가게가 영업을 하고 있다.

□ **明(あ)く** (닫혀 있던 눈이나 입이) 열린 상태가 되다, 기한이 다 되다[차다]

子犬の目が明く。강아지의 눈이 떠지다.

年季が明く。고용 계약기간이 다 되다.

□ **空(あ)く** (공간이) 비다, (결원이) 나다[생기다], 한가해지다, 쓰이지 않다, 다 ~하다

空いた席がない。빈자리가 없다.

課長のポストが一つ空く。과장 자리가 하나 나다.

手が空く。손이 비다. 짬이 나다.

本が空いたら貸してくれ。책을 다 보면 빌려 줘.

□ **開(あ)ける** 열다, 영업을 시작하다

窓を開ける。창문을 열다.

午前10時に店を開ける。오전 10시에 가게를 연다.

□ **明(あ)ける** (날이) 밝다, 새해가 되다, 기간이 끝나다

夜が明ける。날이 새다.

年が明ける。새해가 되다.

休暇が明ける。휴가가 끝나다.

年季が明ける。고용 계약기간이 끝나다.

□ **空(あ)ける** 비우다, (구멍을) 뚫다, 틈[시간]을 내다

家を空ける。집을 비우다.

穴を空ける。구멍을 뚫다.

日曜日は空けておきましょう。일요일은 (시간을) 내겠습니다.

□ **上(あ)げる** (낮은 곳에서 높은 곳으로) 움직이다, (지위, 정도, 자격, 가치, 값을) 높이다, (성과, 수익을) 거두다, 얻다, 끝내다, 「やる 주다」의 공손어, 겸양어

箱を棚に上げる。상자를 선반 위에 얹다.

顔を上げる。얼굴을 들다.

声を上げる。소리를 지르다.

スピードを上げる。스피드[속도]를 내다.

利益を上げる。이익을 올리다.

値段を上げる。값을 올리다.

仕事を上げる。일을 끝내다.

先生にプレゼントを上げる。선생님께 선물을 주다[드리다].

読んであげましょう。읽어 드리죠.

□ **揚(あ)げる** (깃발을) 높이 올리다, 기름에 튀기다

国旗を揚げる。국기를 게양하다.

てんぷらを揚げる。튀김을 튀기다.

□ **挙(あ)げる** (팔을) 쳐들다, (예식을) 거행하다, (예로서) 들다, 얻다, 거두다

軍配を挙げる。승자 쪽의 손을 들다.

式を挙げる。식을 올리다[거행하다].

一例を挙げる。한 예를 들다.

効果を挙げる。효과를 올리다.

犯人を挙げる。범인을 검거하다.

□ **憧(あこが)れる** 동경하다, 그리워하다

歌手に憧れる。가수를 동경하다.

□ **味(あじ)わう** (음식의) 맛을 보다, 체험하다, 감상하다, 음미하다

塩加減はどうかと味わう。간이 어떠한지 맛을 보다.

人生の苦しみを味わった人。인생의 괴로움을 맛본 사람.

酒を味わう。술을 음미하다.

名曲を味わう。명곡을 감상하다.

□ **預(あず)かる** 맡다, 보관하다, (책임, 결정을) 맡다[떠맡다], (공개, 결정을) 보류해 두다

貴重品を預かる。귀중품을 보관하다.

多くの生命を預かる。숱한 생명을 책임지다.

問題を議長が預かる。문제를 의장이 떠맡다.

辞表は預かっておく。사표는 보류해 두겠다.

□ **預(あず)ける** 맡기다

荷物を預ける。짐을 맡기다.

この事件の解決は先生に預ける。
이 사건의 해결은 선생님에게 일임한다.

勝負を預ける。승부의 판정을 맡기다.

□ **遊(あそ)ぶ** 놀이를 하다, 놀아나다, 활용되지 않고 있다, (~に遊(あそ)ぶ의 형태로) 유람하다, 유학하다

野球をして遊ぶ。야구를 하며 놀다.

若いときずいぶん遊んだものだ。
젊어서는 꽤나 놀아났었지(방탕했었지).

遊んでいる金が少しある。놀고 있는 돈이 조금 있다.

日光に遊ぶ。日光를 유람하다.

東京大学に遊ぶ。東京대학에 유학하다.

□ **与(あた)える** 주다, 수여하다, 내주다, 할당하다, (손해를) 입히다, 가하다

賞を与える。상을 주다.

宿題を与える。숙제를 내주다.

損害を与える。손해를 끼치다.

大きなショックを与える。큰 충격을 가하다.

□ **温(あたた)まる/暖(あたた)まる** 따뜻해지다, 마음이 훈훈해지다, (주머니가) 두둑해지다

風呂に入って温まる。목욕을 해서 따뜻해지다.

心の暖まる小説。마음이 훈훈해지는 소설.

ふところが暖まる。주머니가 두둑해지다.

□ **温(あたた)める/暖(あたた)める** 따뜻하게 하다, (새가 알을) 품다, 간직하다, (출전을 하지 않은 후보 선수가) 벤치를 지키다, 슬쩍 착복하다

酒を温めて飲む。술을 데워서 마시다.

卵を温める。알을 품다.

心の中に温めておく。마음속에 고이 간직해 두다.

補欠選手がベンチを温める。후보 선수가 벤치를 지키다.

落し物を温める。습득물을 슬쩍 삼키다.

□ **当(あ)たる** 맞다, 당첨되다, 체하다[탈나다], 상하다, 떠보다, 알아보다

今日の天気予報は当たった。오늘의 일기예보는 맞았다.

雨に当たる。비에[를] 맞다.

くじが当たる。당첨되다.

暑気に当たる。더위를 먹다.

夏の魚は当たりやすい。여름 생선은 탈나기 쉽다.

このりんごは当たっている。이 사과는 상했다.

意向を当たってみる。의향을 떠보다.

□ **扱(あつか)う** 다루다, 취급하다, 중재하다, 대접하다

機械を扱う。기계를 다루다.

販売を扱う。판매를 담당하다.

けんかを扱う。싸움을 중재하다.

客を大切に扱う。손님을 정중히 대접하다.

□ **集(あつ)まる** 모이다, 집중하다

都市に集まる。도시에 모여들다

視線が集まる。시선이 쏠리다.

□ 集(あつ)める 모으다

切手を集める。우표를 모으다.

視線を集める。시선을 모으다.

□ 当(あ)てはまる 들어맞다, 적합하다

規則にあてはまる。규칙에 들어맞다.

□ 当(あ)てはめる 맞추다, 결부시키다

規則にあてはめて処分する。규칙에 맞추어 처분하다.

□ 当(あ)てる 맞히다, 명중시키다, (불, 햇볕을) 쬐다, 붙이다[달다], (當(あ)てられる의 형태로) 중독되다

クイズの答えを当てる。퀴즈의 답을 맞히다.

雨に当てる。비에[를] 맞히다.

日に当てて乾かす。햇볕을 쬐어 말리다.

漢字に訓を当てる。한자에 훈을 달다[붙이다].

暑さに当てられた。더위를 먹었다.

生水に当てられる。끓이지 않은 물에[을 먹어] 배탈이 나다.

□ 暴(あば)れる 날뛰다, 난폭하게 굴다, 대담하게 행동하다

酒に酔って暴れる。술에 취해서 날뛰다.

政界で大いに暴れる。정계에서 크게 활약하다.

□ 浴(あ)びる 뒤집어쓰다, (흠뻑) 쬐다, 받다

シャワーを浴びる。샤워를 하다.

朝日を浴びる。아침 햇살을 쬐다.

非難を浴びる。비난을 받다.

□ あぶる (불에 쬐어) 굽다, 말리다

炭火でのりをあぶる。숯불에 김을 굽다.

火鉢に手をあぶる。화로에 손을 쬐다.

□ あふれる 넘치다

涙があふれる。눈물이 쏟아지다.

聴衆が会場にあふれる。청중이 회장에 넘치다.

□ 甘(あま)やかす 응석을 받아주다

子供を甘やかす。아이를 응석받이로 기르다.

□ 余(あま)る 남다, (수량을) 넘다, 넘치다, 버겁다

切符がまだ余っている。표가 아직 남아 있다.

3年に余る年月。3년이 넘는 세월.

手に余る仕事。힘에 버거운 일.

□ 編(あ)む 짜다, 엮다

セーターを編む。스웨터를 뜨다.

旅行日程を編む。여행 일정을 짜다.

□ 謝(あやま)る 사죄하다, 사과하다, 손들다, 사절하다

あっさり謝る。깨끗이 사과하다.

そんな難しい仕事は謝るよ。그런 어려운 일은 사양하겠네.

□ 洗(あら)う 씻다, (물결이) 밀려왔다 밀려갔다 하다, (자세히 들춰) 조사하다

食器を洗う。식기를 씻다.

岸辺を洗う波音。해변을 철썩거리는 파도소리.

身元を洗う。신원을 철저히[자세히] 조사하다.

□ 争(あらそ)う 다투다, 경쟁하다, (争(あらそ)われない의 형태로) 숨길 수 없다, 어쩔 수 없다

兄弟が争う。형제가 싸우다.

決勝で彼と争うことになった。
결승에서 그와 경쟁하게 되었다.

年は争われない。나이는 숨길 수 없다.

血は争われない。피는 어쩔 수 없다.

□ 改(あらた)める 고치다, 변경하다, 조사[검사]하다(検(あらた)める로 쓰기도 함)

規則を改める。규칙을 고치다.

服装を改める。복장을 가다듬다.

切符を改・検める。차표를 검사하다.

□ 表(あらわ)す 표하다, 나타내다, 증명하다, 발휘하다

敬意を表す。경의를 표하다.

悲しみを表す。슬픔을 나타내다.

腕前を表す。수완을 발휘하다.

□ 現(あらわ)す 나타내다, 드러내다, 널리 알리다 (顕(あらわ)す로 쓰기도 함)

姿を現す。모습을 나타내다.

名を現・顕す。이름을 널리 알리다. 유명해지다.

頭角を現わす・顕す。두각을 드러내다.

□ 著(あらわ)す 저술하다

本を著す。책을 저술하다.

□ 現(あらわ)れる 나타나다, 드러나다, 알려지다

姿が現れる。모습이 나타나다.

態度に現れる。태도에 나타나다.

悪事が現れる。나쁜 짓이 드러나다.

真価が世に現れる。진가가 세상에 알려지다.

□ **有(あ)る** 있다, (무게·넓이·높이·거리가 얼마만큼) 되다

面白い話がある。재미나는 이야기가 있다.

妻がある。아내가 있다.

試験がある。시험이 있다.

６０階もあるビル。60층이나 되는 빌딩.

駅まで2キロある。역까지 2킬로미터 된다.

□ **在(あ)る** 존재하다, 살아있다, 위치하다, (~にある의 형태로) ~에 달려있다

賛成する人がある。찬성하는 사람이 있다.

神はあるのか。신은 있는가(존재하는가)?

東京の南にある。東京의 남쪽에 있다.

責任は彼にある。책임은 그에게 있다.

□ **歩(ある)く** 걷다, 산책하다, (여기저기 돌아다니며) ~하다

急いで歩く。급히 걷다.

あちこち売り歩く。여기저기 팔며 다니다.

見て歩く。보고 다니다.

□ **荒(あ)れる** 거칠어지다, 사나워지다, 황폐해지다, (피부가) 까칠까칠해지다

海が荒れる。바다가 거칠어지다.

会議が荒れる。회의가 험악해지다.

畑が荒れる。밭이 황폐해지다.

顔と手が荒れる。얼굴과 손이 까칠까칠해지다.

□ **合(あ)わせる** 맞추다, 맞게 하다, 어울리게 하다, 합주하다, 여미다

答えを合わせる。답을 맞추다.

ラジオのダイアルを合わせる。라디오 다이얼을 맞추다.

服を靴に合わせる。옷을 구두에 맞추다.

琴と笛を合わせる。거문고와 피리를 맞추다[합주하다].

襟を合わせる。옷깃을 여미다.

□ **慌(あわ)てる** (놀라서) 당황하다, 황급히 굴다[허둥대다]

近所の火事で慌てる。근처의 화재로 당황하다.

慌ててかけつける。황급히 달려가다.

□ **言(い)い出(だ)す** 말을 꺼내다, 말을 시작하다

それを言い出したのは彼だ。
그것을 말하기 시작한 것은 그 사람이다.

□ **言(い)いつける** 명령하다, 고자질하다, 일러바치다, 늘 말하다

子供に買物を言いつける。아이에게 물건을 사오라고 시키다.

先生に言いつける。선생님에게 일러바치다.

小言を言いつけている。늘 잔소리를 하고 있다.

□ **いじめる** 괴롭히다, 못살게 굴다

弟をいじめる。동생을 괴롭히다.

動物をいじめてはいけない。동물을 학대해서는 안 된다.

□ **急(いそ)ぐ** 서두르다

急いで書く。급히 쓰다.

道を急ぐ。길을 재촉하다.

□ **抱(いだ)く** (껴)안다, (마음에) 품다

人形を抱く。인형을 껴안다.

山に抱かれた村。산에 둘러싸인 마을.

大志を抱く。큰 뜻을 품다.

□ **致(いた)す** 가져오다, 야기하다, 보내다, 다하다, 애쓰다, 「する 하다」의 겸양어

人を死に致す。남을 죽음에 이르게 하다(죽게 하다).

書を致す。편지를 보내다.

力を致す。힘을 다하다.

私が致します。제가 하겠습니다.

□ **頂(いただ)く** 머리에 얹다, 받들다, 「もらう 받다, 食(た)べる 먹다, 飲(の)む 마시다」의 겸양어

雪を頂く山々。꼭대기에 눈을 얹은(인) 산들.

会長に頂く。회장님으로 받들다.

先生にお土産を頂く。선생님에게 선물을 삼가 받다.

もう十分頂きました。이제 충분히 먹었습니다.

□ **痛(いた)む/傷(いた)む** 아프다, 괴롭다, 파손[손상]되다, 상하다

歯が痛む。이가 아프다.

心が痛む。마음이 괴롭다.

台風で屋根が傷む。태풍으로 지붕이 파손되다.

りんごが傷んだ。사과가 상했다.

□ **至(いた)る** 이르다, 도달하다, (어떤 단계나 상태로) 되다, 고루 미치다, 도래하다

会場に至る。회장에 도달하다.

交渉は決裂に至った。교섭은 결렬되었다.

何かと至らない者ですが。여러 가지로 부족한 사람입니다만.

好機が至る。호기가 도래하다.

□ **祈(いの)る** 빌다, 기원하다, 간절히 바라다

神に祈る。신에게 빌다.

ご成功を祈ります。성공하시길 빕니다.

□ **威張(いば)る** 뽐내다, 거만하게 굴다

威張って歩く。뽐내며 걷다.

いくら威張ったって君にできるもんか。
아무리 큰소리 쳐 봤자 너에게 가능하겠느냐(가능할 리가 없다).

□ **嫌(いや)がる** 싫어하다

勉強を嫌がる。공부를 싫어하다.

□ **いらっしゃる** 「来(く)る 오다, 行(い)く 가다, 居(い)る 있다」의 존경어

どちらへいらっしゃいますか。어디에 가십니까?

どちらからいらっしゃいましたか。어디에서 오셨습니까?

どちらにいらっしゃいますか。어디에 계십니까?

□ **居(い)る** (사람이나 동물이) 있다, 존재하다

部屋の中に誰かいますか。방 안에 누군가가 있습니까?

□ **要(い)る** 필요하다

返事は要りません。회답은 필요 없습니다.

□ **炒(い)る/煎(い)る** (기름에) 볶다, 지지다

豆を炒る。콩을 볶다.

卵を炒る。달걀을 지지다.

□ **入(い)れる** 넣다, 들어가게 하다, 개입하다, 참견하다, (차를) 내다, 달이다, (전기를) 작동시키다, 켜다

手に入れる。손에 넣다.

横から口を入れる。옆에서 말참견하다.

お茶を入れる。차를 끓이다.

スイッチを入れる。스위치를 켜다.

□ **祝(いわ)う** 축하하다, 축하의 선물을 하다, 행운을 기원하다

合格を祝う。합격을 축하하다.

知人の栄転に鯛を祝う。친지의 영전에 도미를 보내어 축하하다.

門出を祝う。새 출발을 축복하다.

う・え

□ **植(う)える** 심다, 끼워 넣다, 주입하다, 배양하다, 접종하다

庭に木を植える。마당에 나무를 심다.

活字を植える。활자를 심다. 식자(植字)하다

倫理観を植える。윤리관을 주입하다.

菌を植える。균을 배양하다.

□ **飢(う)える** 굶주리다

飢えた人々。굶주린 사람들.

新しい知識に飢える。새로운 지식에 굶주리다.

□ **伺(うかが)う** 「聞(き)く 듣다, 尋(たず)ねる 묻다, 訪(たず)ねる 방문하다」의 겸양어

先生から伺う。선생님께 삼가듣다.

先生に伺う。선생님께 여쭙다.

お宅に伺う。댁으로 찾아뵙다.

□ **浮(う)かぶ** 뜨다, (생각이) 떠오르다, (표면에) 나타나다

空に浮かぶ雲。하늘에 뜬 구름.

涙が目に浮かんだ。눈물이 눈에 어렸다.

容疑者が浮かぶ。용의자가 떠오르다.

名案が浮かぶ。명안이 떠오르다.

□ **浮(う)かべる** 띄우다, (생각을) 떠올리다, (표면에) 나타내다

舟を浮かべる。배를 띄우다.

母の面影を浮かべる。어머니의 모습을 떠올리다.

笑みを浮かべる。미소 짓다.

喜びを顔に浮かべる。기쁨을 얼굴에 나타내다.

□ **浮(う)く** 뜨다, 들뜨다, (밖으로) 나타나다, 여분이 생기다

体が水に浮く。몸이 물에 뜨다.

気の浮いた人。마음이 들뜬 사람.

脂が顔に浮く。얼굴에 개기름이 끼다.

費用が千円浮く。비용이 천 엔 남다.

□ **承(うけたまわ)る** 「引(ひ)き受(う)ける 떠맡다, 聞(き)く 듣다, 伝(つた)え聞(き)く 전해 듣다, 承諾(しょうだく)する 승낙하다」의 겸양어

先陣を承る。선봉을 맡다.

ご意見を承る。삼가 고견을 듣다.

承るところによりますと、お子さんが病気だそうで。
전해들은[들리는] 말에 의하면, 자제분이 병환이시라는데.

ご希望の件、たしかに承りました。
희망하신 건은 틀림없이 잘 맡았습니다.

□ **受(う)け取(と)る** 수취하다[받다], 이해하다, 받아들이다, (책임지고) 떠맡다

手紙はまだ受け取っていない。편지는 아직 받지 않았다

その話は受け取りがたい。그 이야기는 납득하기 어렵다.

残りの仕事を受け取る。나머지 일을 떠맡다.

□ **受(う)け持(も)つ** 맡다, 담당하다

２年２組を受け持つ。2학년 2반을 담임하다.

英語の授業を受け持つ。영어 수업을 맡다.

□ **受(う)ける** 받다, 받아들이다, (피해를) 입다, (시험을) 치르다, 향하다, 호평을 받다, 인기를 얻다

ボールを受ける。공을 받다.

相談を受ける。상담을 받다.

受けられない話。받아들일 수 없는 이야기.

真に受ける。곧이듣다.

試験を受ける。시험을 치르다.

母の受けたショック。어머니가 받은 충격.

南を受けて建てられた家。남향으로 세워진 집.

大衆に受ける。대중에게서 호평을 받다.

大いに受けた。크게 호평을 받았다.

□ **動(うご)かす** 움직이다, 옮기다

電車を動かす。전차를 움직이다.

大金を動かす。큰돈을 움직이다.

心を動かす。마음을 움직이다(감동시키다).

椅子を前に動かす。의자를 앞으로 옮기다.

□ **動(うご)く** 움직이다, 작동하다, 흔들리다, 행동하다, 변하다

雲が動く。구름이 움직이다.

電車が動く。전철이 움직이다.

友人のために動く。친구를 위해 활동하다.

世の中が動く。세상이 변하다.

□ **失(うしな)う** 잃다, 잃어버리다, 놓치다, 사별하다

金を失う。돈을 잃다.

気を失う。정신을 잃다.

機会を失う。기회를 놓치다.

父を失う。아버지를 여의다.

□ **薄(うす)める** 옅게 하다, 묽게 하다

ウイスキーを水で薄める。위스키에 물을 타서 묽게 하다.

□ **歌(うた)う** 노래 부르다, (새가) 지저귀다

歌を歌う。노래를 부르다.

鳥が歌う。새가 지저귀다.

□ **疑(うたが)う** 의심하다

目を疑う。(잘못 본 것이 아닌가) 눈을 의심하다.

疑う余地がない。의심할 여지가 없다.

犯人と疑われる。범인이라고 의심받다.

□ **打(う)ち合(あ)わせる** 미리 의논하다, 협의하다, 맞부딪치다

日程を打ち合わせておく。일정을 미리 의논해 두다.

石に鉄を打ち合わせる。돌에 쇠를 맞부딪치다.

□ **打(う)ち消(け)す** 부정하다

報道を打ち消す。보도를 부인하다.

うわさを打ち消す。소문을 부인하다.

□ **打(う)つ** 치다, 때리다, (주사를) 놓다, (감동, 자극을) 주다, (장기, 바둑을) 두다, 부딪치다, (재료를 쳐서) 만들다, (수단, 방법을) 쓰다

ヒットを打つ。히트를 치다.

ほおを打つ。뺨을 때리다.

注射を打つ。주사를 놓다.

胸を打つ話。심금을 울리는 이야기.

碁を打つ。바둑을 두다.

倒れて頭を打つ。넘어져서 머리를 부딪치다.

そばを打つ。메밀국수를 손으로 밀다.

ストを打つ。파업을 하다.

打つ手がない。손쓸 방법이 없다.

□ **撃(う)つ** 쏘다, 사격하다

鳥を撃つ。새를 쏘다.

□ **討(う)つ** 베어 죽이다, 토벌하다

首を討つ。목을 치다.

敵を討つ。적을 토벌하다.

□ **移(うつ)す** (다른 장소로) 옮기다, (직장, 직무, 관할을) 옮기다, (관심의 대상을) 돌리다, 전염시키다, (일을 다음 단계로) 옮기다

家を移す。집을 옮기다. 이사하다.

職場を東京に移す。직장을 東京로 옮기다.

視線を移して外を見る。시선을 옮겨 바깥을 보다.

風邪を人に移す。감기를 남에게 옮기다.

計画を実行に移す。계획을 실행으로 옮기다.

□ **映(うつ)す** 비치게 하다, 투영하다, 상영[방영]하다, 반영하다

顔を鏡に映す。얼굴을 거울에 비추다.

映画を映す。영화를 상영[방영]하다.

この小説は現代の世相を映している。
이 소설은 현대의 세태를 반영하고 있다.

□ **写(うつ)す** 베끼다, (사진을) 박다, 그리다

本を写す。책을 베끼다.

記念写真を写す。기념사진을 찍다.

情景をカンバスに写す。정경을 캔버스에 그리다.

□ **訴(うった)える** 소송하다, 호소하다, 과격한 수단을 쓰다

会社を相手取って訴える。회사를 상대로 하여 소송하다.

苦痛を訴える。고통을 호소하다.

良心に訴える。양심에 호소하다.

非常手段に訴える。비상수단을 쓰다.

□ **移(うつ)る** 이동하다, 변하다, 바뀌다, (시간이) 흐르다, (빛깔, 냄새가) 옮다, (병이) 옮다

家が東京に移る。집이 東京로 옮겨지다.

関心が移る。관심이 다른 데로 옮아가다.

風俗が移る。풍속이 변하다.

時が移る。시간이 흐르다. 시대가 바뀌다.

薬のにおいが移る。약 냄새가 옮다(스며들다).

病気が移る。병이 옮다(전염되다).

□ **写(うつ)る** 찍히다

暗くてもよく写るカメラ。어두워도 잘 찍히는 카메라.

□ **映(うつ)る** 비치다, (빛깔이) 잘 어울리다, 눈에 비치다

鏡に顔が映る。거울에 얼굴이 비치다.

洋服によく映るネクタイ。양복에 잘 어울리는 넥타이.

子供の目に映った大人の姿。
아이들의 눈에 비친 어른의 모습.

□ **うなずく** 수긍하다, (고개를) 끄덕이다

軽く頷く。가볍게 고개를 끄덕이다.

いくら頼んでも頷いてくれない。
아무리 부탁해도 승낙해 주지 않다.

□ **うなる** 윙윙 소리를 내다, 끙끙거리다, 으르렁거리다, (힘이나 솜씨를 보여 주고 싶어) 좀이 쑤시다

エンジンが唸る。엔진이 윙윙거리다.

傷の痛みで唸る。상처의 통증으로 끙끙거리다.

虎が唸る。호랑이가 으르렁거리다.

腕が唸る。(솜씨를 보이고 싶어서) 팔이 들먹거리다.

□ **奪(うば)う** 빼앗다, (주의, 마음을) 사로잡다, 없애다

雪で足を奪われる。눈으로 발이 묶이다.

女性に心を奪われた。여성에게 마음이 홀렸다.

熱を奪う。열을 없애다.

□ **生(う)まれる** 태어나다, 새로 생기다, 발생하다

生れて初めて見る。태어나서 처음 보다.

新しい会社が生れる。새 회사가 생기다.

やっと利益が生まれた。간신히 이익이 발생했다.

□ **埋(う)める** 묻다, 메우다, 채우다, (섞어 넣어) 미지근하게 하다, 꽉 메우다

死体を埋める。시체를 묻다[매장하다].

穴を埋める。구멍을 메우다.

赤字を埋める。적자를 보충하다.

湯を埋める。뜨거운 물을 미지근하게 하다.

観衆が会場を埋める。관중이 회장을 꽉 메우다.

□ **敬(うやま)う** 공경하다, 존경하다

敬うべき人。공경해야 할 사람.

□ **裏返(うらがえ)す** 뒤집다

裏返して言えば。뒤집어 말하면.

畳の表を裏返す。다다미의 겉을 뒤집다.

□ **裏切(うらぎ)る** 배반하다, (예상에) 어긋나다, 반대 결과가 되다

▶ 1그룹 활용

味方を裏切る。자기편을 배신하다.

期待を裏切る。기대에 어긋나다.

□ **占(うらな)う** 점치다

人の運勢を占う。사람의 운수를 점치다.

□ **恨(うら)む** 원망하다, 원한을 품다

彼の冷たい仕打を恨む。그의 냉대를 원망하다.

人に恨まれるような覚えはない。
남한테 원망 살 만한 짓을 한 적은 없다.

□ **羨(うらや)む** 부러워하다

友人の合格を羨む。친구의 합격을 부러워하다.

彼らは人も羨む仲だった。
그들은 남들도 부러워하는 사이였다.

□ **売(う)り切(き)れる** 다 팔리다, 매진되다

1日で売り切れた。하루에 다 팔렸다.

□ **売(う)れる** 팔리다, 널리 알려지다, 시집가다

飛ぶように売れる商品。날개 돋친 듯이 팔리는 상품.

売れている作家。널리 알려져 있는[인기가 있는] 작가.

末の娘もようやく売れた。막내딸도 겨우 시집갔다.

□ **描(えが)く** 그리다, 묘사하다

花を描く。꽃을 그리다.

理想を描く。이상을 그리다.

情景を描く。정경을 묘사하다.

□ **選(えら)ぶ** 고르다, 뽑다, 택하다

品を選ぶ。물건을 고르다.

委員に選ばれる。위원으로 뽑히다.

日を選ぶ。날짜를 택하다. 택일하다.

□ **得(え)る** 얻다, 획득하다

利益を得る。이익을 얻다.

志を得る。뜻을 이루다.

信頼を得る。신뢰를 얻다.

資格を得る。자격을 얻다.

お

□ **追(お)い掛(か)ける** 뒤쫓아 가다, 뒤따라 일어나다, 잇달아 하다

犯人を追い掛ける。범인을 뒤쫓다.

追い掛けて事件が起こる。뒤따라 사건이 일어나다.

追い掛けて依頼する。잇달아 부탁하다.

□ **追(お)い越(こ)す** 앞지르다, 추월하다

外国の技術を追い越す。외국 기술을 앞지르다.

前の車を追い越す。앞차를 추월하다.

□ **追(お)い付(つ)く** 따라 잡다, 달하다

一足おくれて出発したが、すぐ追い付く。
한 걸음 늦게 출발했으나, 곧 뒤따라잡다.

外国の水準に追い付く。외국의 수준에 미치다.

□ **追(お)う** 좇다, 뒤쫓다, 몰다, 쫓기다, 내쫓다

先生のあとを追う。선생님의 뒤를 따르다.

流行を追う。유행을 따르다.

犯人を追う。범인을 뒤쫓아 가다.

牛を追う。소를 몰다.

生活に追われる。생활에 쫓기다.

公職を追われる。공직에서 추방당하다.

□ **応(おう)じる·応(おう)ずる** 답하다, 응하다, 따르다, 알맞다, 어울리다

学生の質問に応ずる。학생의 질문에 대답하다.

招待に応ずる。초대에 응하다.

物価の変動に応じた対策。물가 변동에 따른 대책.

収入に応じて暮らす。수입에 맞게 살다.

□ **終(お)える** 끝내다, 끝마치다

仕事を終える。일을 끝내다.

学校を終える。학교를 마치다(졸업하다).

□ **覆(おお)う** 덮다[뒤덮다], 막다, 가리다, 숨기다, 널리 퍼지다, 전체를 나타내다

雪に覆われた山。눈에 덮인 산.

ハンカチで顔を覆う。손수건으로 얼굴을 가리다.

真相を覆う。진상을 숨기다.

会場を覆う活気。회장을 뒤덮은 활기.

これを一言で覆えば。이것을 한 마디로 표현하면.

□ **犯(おか)す** 범하다, 어기다, 거역하다, 모독하다, 욕보이다, 능욕하다

法を犯す。법을 어기다.

命令を犯す。명령을 거역하다.

暴力で女性を犯す。폭력으로 여성을 욕보이다.

□ **拝(おが)む** (두 손 모아) 빌다, 절하다, 간절히 바라다, 「見(み)る 보다」의 겸양어

神仏を拝む。신불에게 두 손 모아 빌다.

ひれ伏して拝む。엎드려 절하다.

どうかそうしてください。拝みます。
부디 그리해 주십시오. 간절히 빕니다.

お顔を拝む。얼굴을 뵙다.

宝物を拝ませていただきたいです。
보물을 보여 주셨으면 합니다.

□ **補(おぎな)う** 보충하다, 변상하다, 보상하다

赤字を補う。적자를 메우다.

説明を補う。설명을 보충하다.

欠損を補う。결손을 변상하다.

□ **起(お)きる** 일어나다, 일어서다, 기상하다, 깨어 있다, 자지 않고 있다, 생기다, 발생하다

目覚ましが鳴っても起きない。
자명종이 울려도 일어나지 않는다.

転んでも、ただは起きない。
자빠져도 거저는 안 일어선다(지독히 타산적이다).

夫が帰宅するまで起きて待つ。
남편이 돌아올 때까지 자지 않고 기다리다.

事件が起きる。사건이 발생하다.

□ **置(お)く** 두다, 놓다, 설치하다, 남겨 놓다, 전당잡히다, 간격을 두다, 마음에 두다

本を机の上に置く。책을 책상 위에 두다

苦しい立場に置かれる。괴로운 처지에 놓이다.

県に保健所を置く。현에 보건소를 두다.

子供を置いて家出する。아이를 남겨 놓고 가출하다.

着物を質に置く。옷을 전당잡히다.

一軒置いた隣。한 집 걸러 있는 이웃.

一行置いて書く。한 행 띄우고 쓰다.

信用の置けない人だった。신용할 수 없는 사람이었다.

□ **送(おく)る** 보내다, 안내하다, 배웅하다, 떠나보내다, 세월을 보내다, 좁히다, 갚다

小包を送る。소포를 보내다.

声援を送る。성원을 보내다.

私がお宅までお送りいたします。
제가 댁까지 모셔다 드리겠습니다.

空港で人を送る。공항에서 사람을 떠나보내다.

いたずらに月日を送る。헛되이 세월을 보내다.

順にひざを送る。차례대로 무릎을 이동하여 좁혀 앉다.

恩を送る。은혜를 갚다. 은혜에 보답하다.

□ **贈(おく)る** 보내다, 선물하다

中元の品を贈る。백중(百中) 선물을 보내다.

拍手を贈る。박수를 보내다.

入学祝いに辞書を贈る。입학 축하로 사전을 선물하다.

□ **遅(おく)れる** (일정한 시간보다) 늦다, (예정보다) 더디다, 못하다[뒤지다], (시계가) 늦다

５分遅れて現れる。5분 늦게 나타나다.

結婚が遅れた。결혼이 늦어졌다.

流行に遅れる。유행에 뒤지다.

この時計は毎日５分ずつ遅れる。
이 시계는 매일 5분씩 늦는다.

□ **起(お)こす** 일으키다, 깨우다, (밭을) 일구다, 떼어내다, 젖히다, (일을) 시작하다, (자연현상, 사회현상, 생리현상, 감정, 욕정을) 일으키다

老人を助け起こす。노인을 부축해 일으키다.

妻を起こす。아내를 깨우다.

畑を起こす。밭을 일구다.

芝を起こす。잔디를 떼어내다.

カードを起こす。카드를 젖히다.

事業を起こす。사업을 일으키다[시작하다].

腹痛を起こす。복통을 일으키다.

事件を起こす。사건을 일으키다.

やる気を起こす。의욕을 일으키다.

やけを起こす。자포자기하다.

□ **怠(おこた)る** 게을리 하다, 태만히 하다, 소홀히 하다, 방심하다

勉強を怠る。공부를 게을리 하다.

義務を怠る。의무를 소홀히 하다.

警戒を怠る。경계를 소홀히 하다.

☞ 상대를 존경하는 대상으로 보고 있는 느낌.

☞ **怠(なま)ける** 게으름을 피우다, (일, 공부, 청소당번, 가사일 등을) 소홀히 하다

勉強を怠ける。공부를 소홀히 하다.

仕事を怠ける。일을 소홀히[태만히] 하다.

義務教育を怠ける。의무교육을 소홀히[태만히] 하다.

☞경멸하는 마음이 들어 있는 느낌.

□ **行(おこな)う** 행동하다, 실시하다, 실행하다, 거행하다, 취급하다, 처리하다

指示どおりに行った。지시대로 행동했다.

研究を行う。연구를 실시하다.

テストを行。시험을 실시하다.

卒業式を行う。졸업식을 거행하다.

事務を行う。사무를 처리하다.

□ **起(お)こる** 발생하다, 시작되다, 기인하다, 기원을 두다, 비롯하다, (감정, 욕망이) 생기다, 솟아오르다

地震が起こる。지진이 발생하다.

戦争が起こる。전쟁이 시작되다.

争いは誤解から起こる。싸움은 오해 때문에 일어난다.

この儀式は江戸時代に起こった。
이 의식은 에도(江戸)시대에 비롯되었다.

好奇心が起こる。호기심이 생기다.

雲がわき起こる。구름이 피어오르다.

□ **怒(おこ)る** 성내다, 화내다, 꾸짖다, 나무라다

かんかんに怒る。노발대발하다.

人にだまされて怒る。남에게 속아서 성내다.

ひどく怒られた。몹시 꾸지람을 들었다.

□ **押(お)さえる** 누르다, 억제하다, 진정시키다, 참다, 파악하다, 잡다, 압류하다, 확보하다

傷口を押さえる。상처를 누르다.

値段を押さえる。값을 묶어 놓다.

成長を押さえる。성장을 억제하다.

反対を押さえる。반대를 진압하다.

笑いを押さえる。웃음을 참다.

要点を押さえる。요점을 파악하다.

犯人を押さえる。범인을 체포하다.

倒産して家を押さえられる。도산하여 집을 압류당하다.

切符は三人分押さえてある。차표는 3인분 확보해 놓았다.

□ **納(おさ)める** 바치다, 납입[납품]하다, 거두다, 넣다

税を納める。세금을 납부하다.

注文の品を得意先に納める。주문품을 단골처에 납품하다.

粗品ですが、どうぞお納めください。
변변치 않은 물건이지만, 부디 받아 주십시오.

矛を納める。창을 거두다. 전쟁을 끝내다.

倉に納める。창고에 넣다.

胸に納める。마음속에 간직해 두다.

□ **収(おさ)める** 거두다, 손에 넣다, 성과를 올리다, 정리해서 넣다, 한도 내에서 마치다

勝ちを収める。승리를 거두다.

利益を収める。이익을 얻다.

成功を収める。성공을 거두다.

全集に収める。전집에 담다.

文章を三百字以内に収める。문장을 300자 이내로 마치다.

□ **治(おさ)める** 다스리다, 치료하다, 수습하다

国を治める。나라를 다스리다.

水を治める。물을 다스리다(치수하다).

病を治める。병을 고치다.

丸く治める。원만히 수습하다.

心を治める。마음을 가라앉히다.

紛争を治める。분쟁을 수습하다.

□ **修(おさ)める** (학문을) 닦다, 수양하다

学業を修める。학업을 닦다.

古今の学を修める。고금의 학문을 닦다.

身を修める。수신하다.

□ **教(おし)える** 가르치다, (자신이 아는 것을) 알리다, 훈계하다

英語を教える。영어를 가르지다.

名前を教える。이름을 알려주다.

生き方を教える。살아가는 법을 가르쳐 주다.

身を以て教える。몸소 가르치다.

□ **押(お)す** 밀다, 누르다, 납작하게 펴서 붙이다, 억지로 ~하다, 압도하다, 다짐하다

ドアを押して開ける。문을 밀어서 열다.

上から押す。위에서 누르다.

判子を押す。도장을 찍다.

金箔を押す。금박을 입히다.

病気を押して出掛ける。병을 무릅쓰고 외출하다.

押しっぱなしの試合。일방적으로 우세한 시합.

念を押す。다짐하다.

駄目を押す。다짐하다. 못을[쐐기를] 박다.

□ **恐(おそ)れる** 두려워하다, 겁내다, 우려하다, 걱정하다, 경외하다, 거리끼다

敵を恐れる。적을 무서워하다.

失敗しないかと恐れる。실패하지 않을까 우려하다.

神をおそれぬ者。신을 경외하지 않는 자.

□ **教(おそ)わる** 배우다, 가르침을 받다

家庭教師に英語を教わる。가정교사에게 영어를 배우다.

□ **落(お)ち着(つ)く** 자리 잡다, 가라앉다, 안정되다, 정착하다, (의견이 접근하여) 해결을 보다, (색조가) 조화롭고 야하지 않다

東京に落ち着く。東京에 자리 잡다.

騒ぎが落ち着く。소란이 가라앉다.

相場が落ち着いた。시세가 안정되었다.

落ち着いて行動する。차분하게 행동하다.

計画を変更することで話が落ち着く。
계획을 변경하기로 이야기가 해결되다[결말나다].

落ち着いた色のネクタイ。차분한 색깔의 넥타이.

落ち着いた服装をする。점잖은 복장을 하다.

□ **落(お)ちる** 떨어지다, (눈, 비가) 내리다, 무너지다, 지다, 비치다, 빠지다, 지워지다, 누락되다, 타락하다, (기준보다) 낮아지다, 빠져들다, 함락되다, (어음이) 결제되다, 납득하다, 이해되다

株価が落ちる。주가가 하락하다.

雨が落ちてきた。비가 오기 시작했다.

火事で屋根が落ちた。화재로 지붕이 내려앉았다.

星は消え月も落ちた。별은 사라지고 달도 졌다.

夕空は水の上に落ちていた。
저녁 하늘은 물 위에 그림자를 던지고 있었다.

色が落ちる。색이 지워지다.

ページが落ちている本。페이지가 누락되어 있는 책.

彼も落ちるところまで落ちた。그도 타락할 대로 타락했다.

体力が落ちる。체력이 약해지다.

能率が落ちる。능률이 저하되다.

店は人の手に落ちた。가게는 남의 손에 넘어갔다.

今月の１０日に手形が落ちる。
이번 달 10일에 어음이 결제된다.

腑に落ちない。납득이 안 가다.

□ **おっしゃる** 말씀하시다, 「言(い)う 말하다」의 존경어

お名前は何とおっしゃいますか。성함이 어떻게 되십니까?

先生のおっしゃること。선생님이 말씀하시는 것.

□ **脅(おど)かす** 위협하다, 협박하다, 깜짝 놀라게 하다

脅かして金を取る。위협해서 돈을 빼앗다.

爆音に脅かされる。폭음에 깜짝 놀라다.

□ **落(お)とす** 떨어뜨리다, (달려 있는 것을) 떨다, 흘리다, 비추다, 제거하다, 벗기다, 잃다, 빠뜨리다, 분실하다, 잃어버리다, 빼다, 제외하다, 낙방시키다, 전락시키다, 나쁘게 말하다, 함락시키다, 도살하다, 기가 죽다, (나쁜 상태에) 빠뜨리다, (경매에서) 낙찰되다, 처리하다, 결제하다

地面に落とす。땅에 떨어뜨리다.

首を落として反省をしていた。
고개를 떨어뜨리고 반성하고 있었다.

木々はすっかり葉を落とした。
나무들은 남김없이 잎을 떨어 버렸다.

涙を落とす。눈물을 흘리다.

明るい光を落としていた。밝은 빛을 비추고 있었다.

顔の汚れを落とす。얼굴의 더러움을 벗기다.

化粧を落とす。화장을 지우다.

命を落とす。목숨을 잃다.

名簿から名前を落とした。명부에서 이름을 빠뜨렸다.

バスの中で金を落としてしまった。
버스 안에서 돈을 잃어버리고 말았다.

会員から落とす。회원에서 빼다.

成績の悪い学生は落とす。성적이 나쁜 학생은 낙제시키다.

質を落とす。품질을 떨어뜨리다.

やくざの仲間に身を落とした。깡패의 한 패거리로 전락했다.

大勢の前で人を落とすような話ぶり。
많은 사람들 앞에서 남을 얕보는 듯한 말투.

城を落とす。성을 함락시키다.

鶏を落とす。닭을 잡다.

気が落とす。낙심하다.

わなに落とす。함정에 빠뜨리다.

トンネル工事に入札して落とす。
터널 공사에 입찰하여 낙찰되다.

費用を伝票で落とす。비용을 전표로 처리하다.

□ **劣(おと)る** (다른 것만) 못하다, 뒤떨어지다

品質が劣る。품질이 뒤떨어지다.

勝るとも劣らない。나으면 나았지 뒤지지 않다.

□ **踊(おど)る** 춤추다, 조종되다, 앞잡이 노릇을 하다

ワルツを踊る。왈츠를 추다.

政治屋に踊らされている。정치꾼에게 조종되고 있다.

□ **驚(おどろ)かす** 놀라게 하다

鳥の声に驚かされる。새 소리에 놀라다.

□ **驚(おどろ)く** 놀라다, 경악하다

驚くべき事件。놀랄 만한 사건.

大きな音に驚く。큰 소리에 놀라다.

驚くなかれ、百万部を売りつくした。
놀라지 마라, 백만 부를 모두 팔았다.

□ **覚(おぼ)える** (자연히) 느끼다, 기억하다, 익히다

疲れを覚える。피로를 느끼다.

よく覚えている。잘 기억하고 있다.

使い方を覚える。사용법을 익히다.

□ **溺(おぼ)れる** 물에 빠지다, 익사하다, 탐닉하다, 열중하다

溺れている子を救う。물에 빠진 아이를 구조하다.

ギャンブルに溺れる。도박에 빠지다.

酒色に溺れる。주색에 빠지다.

□ **お目(め)にかかる** 만나 뵙다, 「会(あ)う 만나다」의 겸양어

お目にかかれて光栄です。만나 뵙게 되어 영광입니다.

□ **思(おも)い込(こ)む** 굳게 결심하다, (그럴 것이라고) 꼭 믿다

いったん思い込んだら言うことをきかない。
일단 마음먹으면 말을 안 듣는다.

ほんとうだと思い込む。정말이라고 꼭 믿다.

てっきり、そうだと思い込む。틀림없이 그럴 것이라고 믿다.

□ **思(おも)い出(だ)す** 생각해 내다, 상기하다, 회상하다

用事を思い出す。볼일이 생각나다.

死んだ父を思い出す。죽은 아버지를 회상하다.

□ **思(おも)い付(つ)く** (생각이나 잊었던 일이) 문득 떠오르다, 문득 생각나다

妙案を思い付く。묘안을 생각해 내다.

ふと兄との約束を思い付いた。
문득 형과의 약속이 생각났다.

□ **思(おも)う** 생각하다, 예상하다, 느끼다, 원하다, 소망하다, 회상하다, 사랑하다, 그리워하다

思ったことを言う。생각한 것을 말하다.

彼が勝つだろうと思う。그가 이길 것이라고 예상한다.

嬉しく思う。기쁘게 생각하다.

思う存分いっぱい食べた。소원대로 잔뜩 먹었다.

昔を思う。옛날을 생각하다.

子を思う親心。자식을 사랑하는 어버이의 마음.

▶ **考(かんが)える** ⇒ 객관적, 지적인 경우에 사용

▶ **思(おも)う** ⇒ 감정적, 의지적, 주관적인 경우에 사용

□ **泳(およ)ぐ** 헤엄치다, (세상을) 헤어 나가다, 처세하다, (틈바구니를) 헤집고 나가다

海で泳ぐ。바다에서 헤엄치다.

政界を泳ぎ回る。정계를 헤어 나가다.

世の中を泳ぐ。세상을 헤엄쳐 나가다.

人込みの中を泳ぐ。인파를 헤치고 나아가다.

□ **及(およ)ぼす** (영향을) 미치게 하다, 끼치게 하다

被害を及ぼす。피해를 미치게 하다.

影響を及ぼす。영향을 미치다.

□ **降(お)りる** (탈것, 역에서) 내리다, (지위, 직책에서) 물러나다, 그만두다

船から降りる。배에서 내리다.

部長を降りる。부장 직책에서 물러나다.

□ **下(お)りる** (아래로) 내리다, 내려오다, 내려가다, (이슬, 서리가) 내리다, (관청 등으로부터 결정, 지시가) 나오다, (지위, 직책을) 물러나다, 그만두다

階段を下りる。계단을 내려오다[내려가다].

しもが下りた朝。서리가 내린 아침.

許可が下りる。허가가 나오다.

会長の席を下りる。회장 직책을 물러나다.

□ **居(お)る** 있다, 「いる 있다」의 겸양어

明日は家におります。내일은 집에 있겠습니다.

□ **折(お)る** 접다, 굽히다, 꺾다, 부러뜨리다

紙を折る。종이를 접다.

腰を折る。허리를 굽히다. 인사하다.

我を折る。자기의 주장을 굽히다. 양보하다.

木の枝を折る。나뭇가지를 꺾다.

□ **折(お)れる** 접히다, 꺾이다, 부러지다, 구부러지다, 힘들다, 애먹다

厚すぎて二つに折れない。너무 두꺼워서 둘로 접히지 않다.

木の枝が折れる。나뭇가지가 꺾이다.

我が折れる。고집이 꺾이다.

川の左に折れて流れる。강의 왼쪽으로 구부러져 흐르다.

相手が折れて出る。상대편이 양보하여 나오다.

骨が折れる仕事。힘든 일.

□ **降(お)ろす** (아래로) 내려뜨리다, (탈것에서) 내려놓다, 물러나게[그만두게] 하다

旗を降ろす。기를 내리다.

乗客を降ろす。승객을 내려주다.

荷を降ろす。짐을 내려놓다.

主役から降ろす。주역을 그만두게 하다.

□ **下(お)ろす** (아래로) 내려뜨리다, (아래로) 뻗어 내리다, 밀어 깎다, (가지를) 치다, 낙태시키다, (돈을) 꺼내다, 어육을 베어 가르다, 새 것을 쓰기 시작하다, (부담을) 덜다, 물러나게 하다, 그만두게 하다

上げた手を下ろす。올린 손을 내리다.

看板を下ろす。간판을 내리다(떼다).

木が根を下ろす。나무가 뿌리를 내리다.

髪を下ろす。삭발하다.

枝を下ろす。가지를 치다.

子供を下ろす。아이를 떼다. 낙태시키다.

貯金を下ろす。저금을 인출하다.

魚を三枚に下ろす。생선을 세 부분(양쪽 살과 뼈)으로 가르다.

新しい靴を下ろす。새 구두를 처음으로 신다.

肩の荷を下ろす。어깨의 짐을 내리다. 부담스러운 일을 면하다.

主役から下ろされる。주역에서 물러나게 되다.

□ **卸(おろ)す** 도매하다

定価の七掛けで下ろす。정가의 7할에 도매하다.

□ **終(お)わる** 끝나다, 마치다, 끝마치다

授業が終わる。수업이 끝나다.

失敗に終わる。실패로 끝나다.

机上の空論に終わる。탁상공론으로 끝나다.

飲み終わる。술을 다 마시다.

これで私の講演を終わります。
이것으로 저의 강연을 끝마치겠습니다.

これで放送を終わります。이것으로 방송을 끝마치겠습니다.

か

□ **買(か)う** 구입하다, (원한을) 자초하다, 초래하다, (높이) 평가하다

土地を買う。토지를 사다.

人の恨みを買う。남의 원한을 사다.

憎しみを買う。미움을 사다.

けんかを買って出る。싸움을 사서 하다. 싸움을 맡고 나서다.

彼の努力を買う。그의 노력을 높이 평가하다.

才能を買う。재능을 인정하다.

□ **飼(か)う** 기르다, 사육하다

ペットを飼う。애완동물을 기르다.

豚を飼う。돼지를 사육하다.

□ **返(かえ)す** (빌린 것을) 돌려주다, (원래의 상태로) 되돌리다, 되돌려 놓다, 갚다

お金を返す。빌린 돈을 돌려주다.

もとの形に返す。원래의 모습으로 되돌려 놓다.

使ったものをもとの所に返す。
사용한 물건을 제자리에 되돌려 놓다.

恩を返す。은혜를 갚다.

言い返す。말을 되받아 하다. 되쏘아 붙이다.

礼を返す。답례하다.

□ **帰(かえ)す** 돌려보내다

生徒たちを家に帰す。학생들을 집으로 돌려보내다.

子供を一人で帰してはいけない。
아이를 혼자 돌아가게 해서는 안 된다.

□ **帰(かえ)る** 돌아가다[돌아오다] ▶ 1그룹 활용

家に帰る。집으로 돌아가다.

訪問客が帰った。방문객이 돌아갔다.

□ **変(か)える** 바꾸다, 변경시키다, (장소를) 옮기다

顔色を変える。안색을 바꾸다.

予定を変える。예정을 바꾸다.

位置を変える。위치를 바꾸다.

□ **代(か)える** 대신하다

書面をもって挨拶に代える。서면으로써 인사를 대신하다.

部長に代えて課長を派遣する。
부장을 대리하여 과장을 파견하다.

□ **返(かえ)る** (원래 상태나 있던 곳으로) 되돌아가다[되돌아오다]
▶ 1그룹 활용

もとに返る。본디 상태로 돌아가다.

もとの職業に返る。본래의 직업으로 돌아오다(가다).

忘れ物が返る。잃었던 물건이 다시 돌아오다.

□ **替(か)える·換(か)える** 바꾸다, 교환하다, 갈다

物を金にかえる。물건을 돈으로 바꾸다.

職業をかえる。직업을 바꾸다.

親切は金にかえられない。친절은 돈으로 바꿀 수 없다.

命にはかえられない。목숨과는 바꿀 수 없다.

畳の表をかえる。다다미 겉을 갈다.

□ **反(かえ)る** 뒤집히다, (앞뒤, 상하가) 거꾸로 되다 ▶ 1그룹 활용

裾が反る。옷자락이 젖혀지다.

ボートが反る。보트가 뒤집히다.

□ **抱(かか)える** (껴)안다, 끼다, 감싸 쥐다, 떠맡다, 책임지다, 고용하다

箱を両手で抱えている。상자를 양손으로 껴안고 있다.

荷物をわきに抱える。짐을 옆구리에 끼다.

頭を抱える。머리를 감싸다. 끙끙 고민하다.

雑用を抱える。자질구레한 일을 맡다.

借金を抱える。빚을 지다[떠맡다].

運転手を抱える。운전수를 고용하다.

□ **輝(かがや)く** 빛나다, 반짝이다

輝く瞳。반짝이는 눈동자.

希望に輝く生活。희망에 빛나는 생활.

□ **掛(か)かる** 걸리다, 매달리다, 걸려들다, 마음에 걸리다, 소요되다, 끼치다, 걸려오다, 덤비다, 공격하다, 가해지다, 상연[상영]하다, 무게가 나가다, 부과되다, 착수하다

壁に掛かっている。벽에 걸려 있다.

鳥が網に掛かる。새가 그물에 걸려들다.

気にかかる。마음에 걸리다. 걱정되다.

時間と金が掛かる仕事。시간과 돈이 드는 일.

迷惑が掛かる。폐가 되다. 누를 끼치다.

電話が掛かる。전화가 걸려오다.

一度に掛かって行く。한꺼번에 덤벼들다.

芝居が掛かる。연극이 상연되다.

３キロ掛かる。(무게가) 3킬로그램 나가다.

税金が掛かる。세금이 부과되다.

著述に掛かる。저술을 시작하다.

□ **関(かか)わる·係(かか)わる** 관계되다, 상관하다, 구애되다

プライドにかかわる。프라이드에 관계되다.

住民運動にかかわる。주민운동에 관여하다.

つまらぬことにかかわるな。쓸데없는 일에 구애되지 말아라.

□ **限(かぎ)る** 경계[범위]를 짓다, 한정하다, ~이 제일이다, ~에 한해서, 반드시 ~한 것은 아니다

定員を１０名に限る。정원은 10명으로 한정하다.

垣根で敷地を限る。울타리로 부지를 경계짓다.

京都は秋に限る。京都는 가을이 제일이다.

彼に限って間違いはない。그 사람만은 틀림이 없다.

金持ちが幸福だとはかぎらない。
부자가 꼭 행복하다고 할 수 없다.

□ **書(か)く** 쓰다, 적다

漢字で書く。한자로 쓰다.

日記を書く。일기를 쓰다.

□ **掻(か)く** 긁다, 긁적이다, 할퀴다, 긁어모으다, 휘저어 개다

かゆいところを掻く。가려운 곳을 긁다.

落葉を掻く。낙엽을 긁어모으다.

からしを掻く。겨자를 개다.

頭を掻く。머리를 긁적이다. 실수하여 겸연쩍어 하다.

汗を掻く。땀을 흘리다.

恥を掻く。창피를 당하다.

いびきを掻く。코를 골다.

あぐらを掻く。책상 다리를 하고 앉다.

べそを掻く。울상을 짓다.

□ **嗅(か)ぐ** 냄새 맡다, 탐지하다

くんくんと嗅ぐ。킁킁 냄새를 맡다.

犯人を嗅ぎつける。범인을 탐지해 내다.

秘密を嗅ぎ当てる。비밀을 알아내다.

□ **隠(かく)す** 감추다, 숨기다

見えないところに隠す。보이지 않는 곳에 감추다.

事実を隠す。사실을 숨기다.

名前を隠して投書する。이름을 숨기고 투서하다.

□ **隠(かく)れる** 숨다, (고귀한 분이) 죽다

ベッドの下に隠れる。침대 밑에 숨다.

隠れた人材を発掘する。숨은 인재를 발굴하다.

霧に隠れて見えない。안개 속에 숨어 보이지 않다.

お隠れになる。돌아가시다.

□ **掛(か)ける** 걸다, 걸리게 하다, (말을) 붙이다, 얹다, 세우다, 놓다, 걸터앉다, 잠그다, 채우다, 마음을 쓰다, 뿌리다, 치다, 몸에 걸치다, 씌우다, (희망을) 걸다, (폐, 영향을) 끼치다, (돈, 시간, 수고를) 들이다, 가입하다, 곱하다, (작용을) 가하다, (도구, 기계를) 작동시키다, 부과하다

帽子を壁に掛ける。모자를 벽에 걸다.

看板を掛ける。간판을 내걸다.

肩に手を掛ける。어깨에 손을 얹다.

わなを掛ける。덫을 놓다.

かぎを掛ける。자물쇠를 잠그다.

心に掛ける。유념하다.

エプロンを掛ける。앞치마를 두르다.

カバーを掛ける。커버[덮개]를 씌우다.

望みを掛ける。희망을 걸다.

人に迷惑を掛ける。남에게 폐를 끼치다.

時間を掛ける。시간을 들이다.

火災保険に掛ける。화재보험에 들다.

２に２を掛ける。2에 2를 곱하다.

圧力を掛ける。압력을 가하다.

ブレーキを掛ける。브레이크를 걸다.

税金を掛ける。세금을 부과하다.

□ **欠(か)ける** 흠지다, 부족하다, 미달되다, 결여되다, 만월이 기울다

茶碗の口が欠ける。
밥공기의 가장자리가 흠나다. 공기의 이가 빠지다.

定員に欠ける。정원에 미달되다.

２ページ欠けている。두 페이지가 빠져 있다.

月が欠ける。달이 이지러지다.

□ **囲(かこ)む** 둘러싸다, 바둑을 두다, 대국하다

山に囲まれた町。산에 둘러싸인 마을.

番号を丸で囲む。번호를 동그라미로 둘러싸다.

一局囲みませんか。바둑 한 판 두지 않겠습니까?

□ **重(かさ)なる** 포개지다, 겹쳐지다, 반복되다

ぴったり重なる。빈틈없이 포개어지다.

日曜と祭日が重なる。일요일과 축제일이 겹치다.

□ **重(かさ)ねる** 포개다, 겹치다, 반복하다

左右の手を重ねる。좌우의 손을 포개다.

失敗を重ねる。실패를 되풀이하다(거듭하다).

□ **飾(かざ)る** 장식하다, 꾸미다, 빛내다, 진열하다

花で飾る。꽃으로 장식하다.

有終の美を飾る。유종의 미를 거두다.

商品を飾る。상품을 진열하다.

□ **かじる** 베어 먹다, 갉아먹다, (그저 조금) 알다 ▶ 1그룹 활용

りんごをかじる。사과를 베어 먹다.

親の脛をかじる。부모에게 기대어 지내다.

英語をかじる。영어를 조금 알다.

聞きかじる。주워들은 풍월로 알다.

□ **稼(かせ)ぐ** 벌다, 점수를 올리다, 점수를 따다, 시간을 끌다[벌다]

学費を稼ぐ。학비를 벌다.

次のラウンドで一点稼ぐつもりだ。
다음 라운드에서 (점수를) 1점 올릴 작정이다.

時間を稼ぐ。시간을 벌다.

□ **数(かぞ)える** (수를) 세다, 열거하다

人数を数える。인원수를 세다.

罪状を数える。죄상을 열거하다.

□ **片付(かたづ)く** 정돈[정리]되다, 처리되다, 시집가다

机の上が片付く。책상 위가 정돈되다.

事件が片付く。사건이 해결되다.

宿題が片付く。숙제가 끝나다.

娘が片付く。딸이 시집가다.

□ **片付(かたづ)ける** 정돈[정리]하다, 결말을 내다, 방해자를 처치하다, 시집보내다

部屋を片付ける。방을 치우다.

仕事を片付ける。일을 결말짓다.

ボスを片付ける。두목을 처치했다.

娘を片付ける。딸을 시집보내다.

□ **固(かた)まる** 굳어지다, (날씨가) 안정되다, 덩어리지다

コンクリートが固まる。콘크리트가 굳어지다.

決意が固まる。결의가 굳어지다.

天気が固まる。날씨가 안정되다.

病気が固まる。병의 증세가 안정되다.

固まって遊ぶ。한데 모여 놀다.

□ **傾(かたむ)く** (한쪽으로) 쏠리다, 쇠하다, (사상, 마음이 한쪽으로) 치우쳐지다

地震で家が傾く。지진으로 집이 기울다.

日が西に傾く。해가 서쪽으로 기울다.

国運が傾く。국운이 기울다.

賛成に傾く。찬성 쪽으로 기울다.

思想が右に傾く。사상이 보수 쪽으로 기울다.

□ **偏(かたよ)る·片寄(かたよ)る** 기울다, 불공평하다

船がやや右にかたよる。배가 약간 오른쪽으로 쏠리다.

かたよった判定をする。불공평한 판정을 하다.

□ **語(かた)る** 말하다, 이야기하다

語って聞かせる。이야기하여 들려주다.

彼の目が本心を語っていた。그의 눈이 본심을 말하고 있었다.

□ **勝(か)つ** 이기다, 극복하다, 앞서다, 획득하다, (다른 것보다) 더 ~하다

戦いに勝つ。싸움에 이기다.

誘惑に勝つ。유혹을 이겨내다.

根性では彼の方が勝っている。
근성으로는 그가 더 앞서 있다.

競馬で勝った金。경마에서 딴 돈.

赤みの勝った色。붉은 빛이 더 나는 색깔.

理性の勝った人。이성이 강한 사람.

□ **担(かつ)ぐ** 메다, 추대하다, 속이다, (미신에) 사로잡히다

肩に担ぐ。어깨에 메다.

会長に担ぐ。회장으로 추대하다.

まんまと担がれてしまった。감쪽같이 속고 말았다.

縁起を担ぐ。미신을 몹시 믿다. 무슨 일에나 길흉을 가리다.

□ **悲(かな)しむ** 슬퍼하다, 마음 아파하다

友の死を悲しむ。친구의 죽음을 슬퍼하다.

□ **兼(か)ねる** 겸하다, ~하기 어렵다

首相が外相を兼ねる。수상이 외상을 겸하다.

承知し兼ねる。승낙하기 어렵다.

見るに見兼ねる。차마 볼 수 없다.

ちょっと分かり兼ねます。잘 모르겠습니다.

□ **被(かぶ)せる** 덮다, 씌우다, (위에서) 끼얹다, 덮어씌우다[전가하다]

ふたを被せる。뚜껑을 씌우다.

水を被せる。물을 끼얹다.

人に罪を被せる。남에게 죄를 덮어씌우다.

□ **被(かぶ)る** (모자를) 쓰다, (피해, 누명을) 뒤집어쓰다, (연극이) 끝나다

帽子を被る。모자를 쓰다.

人の罪を被る。남의 죄를 뒤집어쓰다.

頭から水を被る。머리에 물을 뒤집어쓰다.

芝居が被る。연극이 끝나다.

□ **構(かま)う** 상관하다, 관계하다, 돌보다, 마음을 쓰다, (상대하여) 놀리다

たばこを吸っても構いませんか。
담배를 피워도 상관없겠습니까?

子供に構わぬ母親。아이를 돌보지 않는 어머니.

服装を少しも構わない。복장을 조금도 신경 쓰지 않는다.

誰も構う者がない。아무도 상대해 주는 사람이 없다.

犬を構う。개를 놀리다.

□ **噛(か)む** (깨)물다, 씹다, 맞물리다, 세차게 부딪치다

犬に噛まれる。개에게 물리다.

よく噛んで食べる。잘 씹어서 먹다.

うまく噛んだ歯車。꼭 맞물린 톱니바퀴.

岩を噛む波。바위를 세차게 때리는 파도.

□ **通(かよ)う** 다니다, 왕래하다, 통하다, 통하는 점이 있다

会社に通う。회사에 다니다.

心の通う友。마음이 통하는 벗.

空気のよく通う場所。공기가 잘 통하는 장소.

性格にどこか通うものがある。
성격에 어딘지 비슷한 구석이 있다.

□ **からかう** 조롱하다, 놀리다

子供をからかう。아이를 놀리다.

□ **借(か)りる** 빌리다

本を借りる。책을 빌리다.

力を借りる。힘을 빌리다.

この席を借りて一言します。
이 자리를 빌려 한 마디 하겠습니다.

□ **刈(か)る** 베다, (머리카락, 털, 잔디를) 깎다

稲を刈る。벼를 베다.

芝を刈る。잔디를 깍다.

□ **枯(か)れる** 시들다, 생기가 없어지다, (연기나 예능이 은근한 멋을 풍길 만큼) 원숙해지다

花が枯れる。꽃이 시들다.

白くて枯れた手。창백하고 거친 손.

人間が枯れる。인간이 (은근한 멋이 풍길 만큼) 원숙해지다.

枯れた字を書く。원숙한 글씨를 쓰다.

□ **可愛(かわい)がる** 귀여워하다, 애지중지하다, 따끔한 맛을 보여 주다

孫を可愛がる。손자를 귀여워하다.

可愛がってやるから外へ出ろ。

따끔한 맛을 보여 줄 테니 밖으로 나와.

□ **乾(かわ)かす** 말리다, 건조시키다

洗濯物を乾かす。빨래를 말리다.

□ **乾(かわ)く** 마르다, 건조하다, 메마르다

乾いた砂。건조한 모래.

乾いた感性。메말라 버린 감성.

乾いた文体。윤기가 없는 문체.

□ **渇(かわ)く** 목이 마르다, 몹시 바라다

のどが渇いた。목이 마르다.

渇いた心。애타게 바라는 마음.

音楽に渇く。음악에 굶주리다.

□ **代(か)わる** 대신하다, 대표하다

父に代わって出席する。아버지를 대신해서 출석하다.

□ **替(か)わる·換(か)わる** 바뀌다, 교체되다

長官がかわる。장관이 바뀌다.

□ **変(か)わる** 변화하다, 틀리다, 다르다, 색다르다

声が変わる。목소리가 변하다.

動物と変わるところがない。동물과 다를 바가 없다.

変わった話。색다른 이야기.

あの人は変わっている。저 사람은 별나다[괴짜다].

□ **考(かんが)える** 생각하다, 고안하다

結婚問題を考える。결혼문제를 생각하다.

両親の気持ちを考える。부모의 심정을 헤아리다.

きばつな方法を考えた。기발한 방법을 고안해 냈다.

考(かんが)える ⇒ 객관적, 지적인 경우에 사용

思(おも)う ⇒ 감정적, 의지적, 주관적인 경우에 사용

き

□ **消(き)える** 꺼지다, 사라지다, 지워지다, 가시다, 풀리다

火が消える。불이 꺼지다.

姿が消える。모습이 사라지다.

足跡が消える。발자국이 지워지다.

音が消える。소리가 들리지 않게 되다.

暑さが消える。더위가 가시다.

□ **着替(きが)える** (옷을) 갈아입다

洋服に着替えて外出する。양복으로 갈아입고 외출하다.

□ **聞(き)く** 듣다, 알아듣다, 받아들이다, 묻다, (냄새를) 맡다, (술을) 맛보다

ラジオを聞く。라디오를 듣다.

友人の忠告を聞く。친구의 충고를 받아들이다.

交番で道を聞く。파출소에서 길을 묻다.

香りを聞く。향기를 맡다.

酒を聞く。술을 맛보다[시음하다].

□ **効(き)く** 효과가 있다

薬がよく効く。약이 잘 듣다.

□ **利(き)く** 효력이 있다, 가능하다, 통하다, (능력이 충분히) 발휘되다, 잘 움직이다

頭痛によく利く薬。두통에 잘 듣는 약.

酒が利かない。술이 오르지 않다.

顔が利く。이름이 알려져 잘 통하다.

左が利く。왼손잡이다. 술꾼이다.

ブレーキが利かない。브레이크가 잘 움직이지 않다.

□ **聞(き)こえる** 들리다, (보통 부정형으로) 이해[납득]하다, 세상에 알려져 있다

皮肉に聞こえる。비꼬는 것으로 들리다.

そりゃ聞こえません。그것은 이해[납득]할 수 없습니다.

世に聞こえた人。세상에 널리 알려진 사람.

音に聞こえた名人。세상에 알려진 명인.

□ **刻(きざ)む** 잘게 썰다, 조각하다, 마음에 새겨 두다, 잘게 구분하여 나아가다

大根を刻む。무를 잘게 썰다.

仏像を刻む。불상을 새기다.

心に刻む。마음속에 새기다.

時を刻む。(시시각각) 시간이 지나가다.

□ **着(き)せる** (옷을) 입히다, (죄, 책임을) 남에게 전가하다, (은혜를) 베풀다

子供に服を着せる。아이에게 옷을 입히다.

金を着せた指輪。금을 입힌 반지.

ぬれぎぬを着せる。누명을 씌우다.

恩を着せるような態度を取る。
은혜를 베풀어주는 듯한 태도를 취하다.

□ **気付(きづ)く** 눈치 채다, 깨닫다, (실신 상태에서) 정신이 들다

自分の欠点に気付く。자신의 결점을 깨닫다.

気付いたときは病院だった。정신이 들었을 때는 병원이었다.

□ **決(き)まる** 정해지다, 결정되다, (씨름에서 승부의) 판결이 나다, 반드시 ~이다

予定が決まる。예정이 정해지다.

ストライクが真中に決まる。
스트라이크가 한복판으로 들어가다.

勝つに決まっている。반드시 이기게 되어 있다.

□ **決(き)める** 정하다, 결정하다, 작정하다, 매듭짓다

予算を決める。예산을 결정하다.

彼女と結婚することに決める。
그녀와 결혼하기로 작정하다.

話を決める。이야기를 매듭짓다.

□ **嫌(きら)う** 싫어하다, 꺼리다, 피하다

甘い物を嫌う。단것을 싫어하다.

この楽器は湿気を嫌う。이 악기는 습기를 탄다.

夜爪切るのを嫌う。밤에 손톱 깎는 일을 꺼리다.

□ **着(き)る** (옷을) 입다, 뒤집어쓰다, (은혜를) 입다

コートを着る。코트를 입다.

罪を着る。죄를 뒤집어쓰다.

恩に着る。은혜를 입다.

□ **切(き)る** 베다, 자르다, 끊다, 중단하다, 작성하다, 끊다, 끄다, (핸들을) 틀다, 꺾다, (수분을) 빼다, 밑돌다, 두드러진 행동을 하다
▶ 1그룹 활용

大根を切る。무를 자르다.

身を切るような寒さ。살을 에는 듯한 추위.

縁を切る。인연을 끊다.

言葉を切る。말을 중단하다.

スタートを切る。스타트를 끊다.

小切手を切る。수표를 끊다.

ラジオのスイッチを切る。라디오의 스위치를 끄다.

右にハンドルを切る。오른쪽으로 핸들을 꺾다.

野菜の水を切る。채소의 물기를 빼다.

株価が１００円を切切る。주가가 100엔을 밑돌다.

見栄を切る。허세를 부리다.

白を切る。시치미를 떼다.

啖呵を切る。쏘아붙이다. 큰소리를 치다.

札びらを切る。지폐를 아낌없이 쓰다.

仁義を切る。(깡패들이) 의례적으로 첫인사를 나누다.

□ **斬(き)る** (목을) 베다, 자르다 ▶ 1그룹 활용

人を斬る。사람을 베다.

□ **切(き)れる** 베이다, 끊어지다, 떨어지다, 해지다, (기한이) 다 되다, 예리하다

指先が切れる。손끝이 베이다.

手の切れるような札。손이 베일 것 같이 빳빳한 지폐.

電話が切れる。전화가 끊어지다.

砂糖が切れる。설탕이 다 떨어지다.

靴下が切れる。양말이 닳아 해지다.

契約の期間が切れる。계약 기간이 끝나다.

よく切れる刀。잘 드는[잘리는] 칼.

なかなか切れる男。상당히 유능한[재치 있는] 남자.

□ **気(き)を付(つ)ける** 정신을 차리다, 주의하다, 조심하다

気を付けてお帰りなさい。조심해서 돌아가세요.

く、け

□ **食(く)う** 먹다, 생활하다, (벌레가) 뜯어먹다, 빼앗다, 이기다, 꺾다, (바람직하지 않은 일을) 받다, (비용, 시간을) 많이 잡아먹다, (사람을) 무시하다

飯を食う。밥을 먹다.

小説で食っている。소설을 써서 살아가고 있다.

ねずみが食う。쥐가 뜯어먹다.

デパートに食われて客が集まらない。
백화점에 빼앗겨서 손님이 모이지 않는다.

大物を食う。거물을 꺾다.

攻撃を食う。공격을 받다.

小言を食う。꾸중을 듣다.

罰金を食う。벌금을 내다.

時間を食う。시간을 많이 잡아먹다.

金を食う。돈이 들다.

人を食う。(남을) 무시하다, 깔보다

□ **区切(くぎ)る** 단락[구획]을 짓다, 구분하다 ▶ 1그룹 활용

一句ずつ区切ってゆっくり読む。
한 구절씩 끊어서 천천히 읽다.

話を区切る。 이야기를 매듭짓다.

土地を区切る。토지를 구획 짓다.

□ **腐(くさ)る** 썩다, 비뚤어지다, 타락하다, 기가 죽다

魚が腐る。생선이 썩다.

腐った根性。비뚤어진 근성.

叱られて腐る。꾸중을 듣고 기가 죽다.

成績が悪くて腐っている。성적이 나빠서 기가 죽어 있다.

□ **崩(くず)す** 무너뜨리다, (글씨를) 흘리다, 잔돈으로 바꾸다

山を崩す。산을 무너뜨리다.

ひざを崩す。(정좌하지 않고) 편한 자세로 앉다.

字を崩して書く。글씨를 대강 흘려서 쓰다.

千円札を崩す。천 엔짜리 지폐를 헐다.

□ **崩(くず)れる** 무너지다, 날씨가 나빠지다, (큰돈을) 헐 수 있다, (시세가) 내리다

家が崩れる。집이 무너지다.

姿勢が崩れる。자세가 흐트러지다.

天気が崩れる。날씨가 궂어지다.

1万円札が崩れますか。
1만 엔짜리 지폐를 잔돈으로 바꿀 수 있습니까?

株価が大きく崩れた。주가가 크게 떨어졌다.

□ **砕(くだ)く** 부수다, 애쓰다, (알기 쉽게) 풀어서 말하다

岩を砕く。바위를 부수다.

敵の勢いを砕く。적의 기세를 꺾다.

その解決に心を砕く。그 해결에 마음을 쓰다.

難しい言葉を砕いて話す。
어려운 말을 (쉽게) 풀어서 이야기하다.

□ **砕(くだ)ける** 부서지다, 꺾이다, 스스럼[허물]없는 태도가 되다

白い波頭が砕ける。흰 파도머리가 부서지다.

勢いが砕ける。기세가 꺾이다.

砕けた話。스스럼없는 이야기.

砕けた態度。허물없는 태도.

砕けた表現。알기 쉽게 되어 있는 표현.

□ **下(くだ)さる** 주시다

先生の下さった本。선생님이 주신 책.

鉛筆を一本下さい。연필 한 자루 주십시오.

□ **くたびれる** 지치다[피곤하다], (오래 써서) 낡다

長旅をしてすっかり草臥れる。긴 여행을 해서 몹시 지치다.

待ちくたびれる。기다림에 지치다.

くたびれた服。낡아빠진 옷.

□ **下(くだ)る** 내려가다, 내려오다, (명령, 판정이) 내려지다, (지방으로, 아래쪽으로) 가다, 물러나다, 내놓다, 설사하다, 항복하다, 투항하다, (어떤 기준량의) 이하가 되다, 못하다, 뒤지다

坂を下る。비탈을 내려가다.

天から下る。하늘에서 내려오다.

命令が下る。명령이 내려지다.

故郷に下る。고향에 내려가다.

世が下る。후세로 내려가다. 후세가 되다.

野に下る。하야(下野)하다. (권력, 벼슬에서) 물러나다.

腹が下る。설사가 나다.

敵に下る。적에게 항복하다.

死者は10人を下らない。사망자는 10명 이하가 아니다.

品が下る。물건[품질]이 떨어진다.

□ **くっつく** (착) 달라붙다, 자기편이 되다

岩には貝がたくさんくっついていた。
바위에는 조개가 많이 달라붙어 있었다.

先生のうしろにくっついて行く。선생님 뒤에 붙어서 가다.

相手側にくっつく。상대편에 붙다(편들다).

□ **くっつける** (착) 들러붙게 하다, 자기편으로 만들다

割れた皿を接着剤でくっつける。
깨진 접시를 접착제로 붙이다.

味方にくっつける。자기편으로 붙이다.

□ **配(くば)る** 나누어주다, 고루고루 미치게 하다, 배치하다

答案用紙を配る。답안 용지를 나누어 주다.

目を配る。두루 살피다.

気を配る。주의하다.

心を配る。마음을 쓰다. 배려하다.

人を要所に配る。사람을 요소에 배치하다.

□ **組(く)み立(た)てる** 조립하다, 구성하다, 짜다

部品を組み立てる。부품을 조립하다.

考えを組み立てる。생각을 짜다.

□ **組(く)む** 끼다, 꼬다, 짜다

腕を組む。팔짱을 끼다.

足を組む。다리를 꼬다.

膝を組む。책상다리를 하다.

手を組む。손을 (깍지 껴서) 잡다. 서로 협력하다.

肩を組む。어깨동무하다.

ひもを組む。끈을 꼬다.

スケジュールを組む。스케줄을 짜다.

□ **汲(く)む** 푸다, 퍼 올리다

水を汲む。물을 푸다.

□ **酌(く)む** (술을 그릇에) 따라서 마시다, (딱한 사정을) 참작하다

杯を酌み交わす。잔을 서로 나누다.

事情を酌む。사정을 참작하다.

□ **曇(くも)る** 흐리다, 흐려지다, (마음이) 우울해지다, 울먹이는 소리로 되다

どんよりと曇った空。잔뜩 찌푸린 하늘.

湯気で鏡が曇る。수증기로 거울이 흐려지다.

顔が曇る。얼굴이 흐려지다. 표정이 어두워지다.

声が曇る。목소리가 울먹거린다. 울먹이며 말하다.

□ **悔(く)やむ** 후회하다, 뉘우치다, 애도하다

失敗を悔やんでいる。실패를 후회하고 있다.

今さら悔やんでも仕方がない。
이제 와서 후회해도 소용이 없다.

友人の死を悔やむ。친구의 죽음을 애도하다.

□ **暮(く)らす** 하루를 보내다, 세월을 보내다, 살아가다

一日中本を読んで暮す。하루 종일 책을 읽으면서 날을 보내다.

毎日を幸せに暮す。매일을 행복하게 살다.

安月給では暮していけない。싼 월급으로는 살아갈 수 없다.

□ **比(くら)べる** 비교하다, 대조하다, 경쟁하다

例年に比べて寒い。예년에 비해서 춥다.

翻訳を原文と比べる。번역을 원문과 대조하다.

料理の腕前を比べる。요리 솜씨를 겨루다.

□ **繰(く)り返(かえ)す** 되풀이하다, 반복하다

歴史は繰り返す。역사는 반복한다.

失敗を繰り返す。실패를 되풀이하다.

□ **来(く)る** 오다, 다가오다, 일어나다, 생기다

手紙が来る。편지가 오다.

春が来る。봄이 오다.

過労から来る病気。과로에서 오는 병.

不注意からきた事故。부주의에서 생긴 사고.

□ **狂(くる)う** 미치다, 고장 나다, 어긋나다, 틀어지다

気が狂う。미치다. 정신이 돌다.

競馬に狂う。경마에 미치다.

風が狂う。바람이 사납게 불어치다.

時計が狂う。시계가 잘 맞지 않다.

計画が狂う。계획이 틀어지다.

見込みが狂う。예상이 틀어지다(빗나가다).

□ **苦(くる)しむ** 고생하다, 번민하다, 애쓰다

病気で苦しむ。병에 시달리다.

恋に苦しむ。사랑에 고민하다.

判断に苦しむ。판단하는 데 애먹다.

□ **苦(くる)しめる** 고생시키다, 괴롭히다, 피곤하게 하다

相手を苦しめる。상대방을 괴롭히다.

一晩中蚊に苦しめられた。밤새 모기에 시달렸다.

□ **くるむ** 감싸다, 둘러싸다

赤ん坊をタオルにくるむ。갓난아기를 타월에 감싸다.

□ **くれる** 주다

父がくれた時計。아버지가 준 시계.

友達が妹にくれた本。친구가 여동생에게 준 책.

目もくれない。거들떠보지도 않다.

□ **暮(く)れる** (한 해가) 저물다, (계절이) 끝나다, 어찌할 바를 모르다

日がとっぷり暮れる。해가 완전히 지다.

年が暮れる。한 해가 저물다.

涙に暮れる。눈물로 지새다.

途方に暮れる。어찌할 바를 모르다.

思案に暮れる。(어찌할 바를 몰라) 생각에 잠기다.

□ **加(くわ)える** 더하다, 보태다, 넣다, 주다, 입히다

甘みを加える。단맛을 가하다.

仲間に加える。한패에 넣다.

勢力を加える。세력을 늘리다.

計画に修正を加える。계획에 수정을 가하다.

打撃を加える。타격을 주다(가하다).

□ **くわえる** (입에) 물다

たばこを口にくわえる。담배를 입에 물다.

□ **加(くわ)わる** 가해지다, 가담하다, (작용이) 미치다

人数が加わる。인원수가 늘다.

寒さが加わる。추위가 심해지다.

討論に加わる。토론에 가담하다.

圧力が加わる。압력이 가해지다.

□ **消(け)す** 끄다, 없애다, 감추다

火を消す。불을 끄다.

字を消す。글자를 지우다.

毒を消す。독을 없애다.

姿を消す。모습을 감추다.

うわさを消す。소문이 퍼지지 않게 막다.

肝を消す。(간이 떨어질 만큼) 깜짝 놀라다.

□ **削(けず)る** 깎다, 삭제하다

鉛筆を削る。연필을 깎다.

予算を削る。예산을 삭감하다.

□ **蹴(け)る** (다리로) 차다, 거절하다 ▶ 1그룹 활용

ボールを蹴る。볼을 차다.

席を蹴って退場する。자리를 박차고 퇴장하다.

要求を蹴る。요구를 일축하다.

こ

□ **越(こ)える** (높은 곳을) 넘다, (강을) 건너다

国境を越える。국경을 넘다.

山を越える。산을 넘다.

川を越える。강을 건너다.

□ **超(こ)える** (때가) 지나가다, 기준을 넘다, 보다 낫다, 초월하다, 건너뛰다

期限を超える。기한을 넘기다.

権限を超える。권한을 넘다.

人に超える。남보다 낫다.

常識を超える。상식을 초월하다.

順序を超える。순서를 건너뛰다.

□ **凍(こお)る** 얼다

池の水が凍る。연못의 물이 얼다.

□ **焦(こ)がす** (불에) 태우다, (애를) 태우다

飯を焦がす。밥을 눋게 하다.

思いを焦がす。애를 태우다.

胸を焦がす。가슴을 태우다.

□ **漕(こ)ぐ** (노로 배를) 젓다, (자전거, 그네를 탈 때) 발을 폈다 구부렸다 하다, 꾸벅꾸벅 졸다

ボートを漕ぐ。보트를 젓다.

やぶを漕ぐ。숲을 헤치며 나아가다.

ペダルを漕ぐ。페달을 밟다.

気持ちよさそうに舟を漕いでいる。
기분 좋게 꾸벅꾸벅 졸고 있다.

□ **焦(こ)げる** (불에) 타다, 눋다

きつね色に焦げる。노릇노릇하게 눋다.

陽に漕げた元気な姿。볕에 탄 건강한 모습.

魚がすっかり焦げてしまった。생선이 새까맣게 타버렸다.

□ **凍(こご)える** 얼다, (손, 발이) 추위로 곱아지다

寒さに凍える。추위로 얼다.

手が凍える。손이 곱아지다.

□ **心得(こころえ)る** 납득하다, 알다, 익숙하다, 조심하다

事情を心得る。사정을 대강 알다[이해하다].

よし、心得た。그래, 내게 맡겨라.

心得たものだ。아주 익숙하군.

よく心得て道を歩きなさい。잘 조심해서 길을 걸으시오.

□ **腰掛(こしか)ける** 걸터앉다

椅子に腰掛ける。의자에 걸터앉다.

□ **こしらえる** 만들다, 마련[장만]하다, 꾸미다, 낳다, 겉바르다, 얼렁뚱땅 넘기다

洋服をこしらえる。양복을 맞추다.

資金をこしらえる。자금을 마련하다.

顔をこしらえる。얼굴을 치장하다.

無いことをこしらえて言う。없는 일을 꾸며서 말하다.

5人も子供をこしらえる。다섯이나 아이를 낳다.

その場をこしらえる。그 자리를 얼렁뚱땅 넘기다.

□ **越(こ)す** 넘다, 건너다, 넘기다, 더 좋다, 이사하다

山を越す。산을 넘다. 한창 때를 지나다.

川を越す。강을 건너다.

年を越す。해를 넘기다.

難関を越す。난관을 넘기다.

先を越す。앞지르다.

それに越したことはない。그보다 더 좋은 일은 없다.

隣町に越す。이웃 마을로 이사하다.

□ **超(こ)す** 넘다, 초과하다

百万円を超す。백만 엔을 초과하다.

３５度を超す暑さ。35도를 넘는 더위.

□ **こす** 거르다, 여과하다

泥水をこす。흙탕물을 거르다.

あんをこす。팥소를 거르다.

□ **擦(こす)る** 문지르다, 비비다

手で擦る。손을 비비다.

タオルで体を擦る。타월로 몸을 문지르다.

□ **答(こた)える** 대답하다

質問に答える。질문에 대답하다.

□ **言付(ことづ)ける** 전갈하다, 전언을 부탁하다

本を言付ける。책의 전달을 부탁하다.

□ **異(こと)なる** 다르다, 같지 않다

性格が異なる。성격이 다르다.

□ **断(ことわ)る** 거절하다, 미리 양해를 얻다

援助を断る。원조를 거절하다.

一言も断らずに。한 마디 양해도 구하지 않고.

断っておくが。미리 말해 두겠는데.

□ **好(この)む** 좋아하다, 바라다

読書を好む。독서를 좋아하다.

議論は好むところだ。논의는 바라는 바이다.

□ **こぼす** 엎지르다, 흘리다, 불평하다, 푸념하다

酒をこぼす。술을 엎지르다.

思わず笑みをこぼす。무의식중에 미소를 띠다.

愚痴をこぼす。푸념하다.

□ **こぼれる** 넘쳐흐르다, 냄새를 풍기다, (애교가) 넘치다

涙がこぼれる。눈물이 넘쳐흐르다.

こぼれてにおう花桜。넘치는 듯 풍기는 벚꽃의 향기.

こぼれるばかりの愛嬌。넘칠 듯한 애교.

□ **困(こま)る** 곤란하다, 난처하다

返事に困る。답변하기에 어려움을 겪다.

食うに困る。먹고 살기가 곤란하다.

人に見られたら困る手紙。남이 보게 되면 난처한 편지.

□ **込(こ)む·混(こ)む** 혼잡하다, 복잡하다, 정교하다, 안으로 들어가다, 안에 넣다, 어떤 상태가 그대로 계속하다, 완전히 그런 상태가 되다, 철저히 하다

込んだ電車。붐비는 전철.

手の込んだ仕事。복잡한 일. 공이 많이 드는 일.

飛び込む。뛰어들다. 날아들다.

積み込む。싣다. 쌓아올리다

座り込む。계속 앉아 있다. 농성하다.

冷え込む。매우 추워지다.

教え込む。철저히 가르치다.

□ **込(こ)める** 속에 넣다, (정성을) 들이다, 포함하다, 집중하다, 온통 자욱이 끼다

弾丸を込める。탄알을 속에 넣다.

祈りを込める。기도를 드리다.

税を込めて５万円。세금을 포함하여 5만 엔.

思いを目に込める。애정을 눈에 담다.

霧が込める。안개가 자욱이 끼다.

□ **こらえる** 참다, 견디다, (감정을) 억누르다

痛みをこらえる。아픔을 참다.

笑いをこらえる。웃음을 참다.

じっと怒りをこらえる。꾹 노여움을 억누르다.

□ **転(ころ)がす** 굴리다, 넘어뜨리다

ボールを転がす。볼을 굴리다.

車を転がす。차를 굴리다.

花瓶を転がす。꽃병을 쓰러뜨리다.

□ **転(ころ)がる** 구르다, 굴러가다, 넘어지다, 자빠지다, 뒹굴다, 드러눕다, 방치되어 있다, 널려 있다

ボールが転がる。볼이 구르다.

つまづいて転がる。발이 걸려 넘어지다.

芝生に転がって本を読んでいる。
잔디밭에 누워 책을 읽고 있다.

床にナイフが転がっていた。
마루에 칼이 아무렇게나 놓여 있었다.

そんな物はどこにでも転がっている。
그런 것은 어디에나 얼마든지 있다.

□ **殺(ころ)す** 죽이다, (감정을) 억누르다, 썩히다, 없애다

首を締めて殺す。목을 졸라 죽이다.

感情を殺す。감정을 억누르다.

才能を殺す。재능을 썩히다.

肉の臭みを酒で殺す。고기의 비린내를 술로 없애다.

□ **転(ころ)ぶ** 쓰러지다, 넘어지다, 구르다, 절개를 굽히다, 타협하다

滑って転ぶ。미끄러져 넘어지다.

転ぶように走って行く。구르듯이 달려가다.

金に転ぶ。돈에 팔리다.

どっちに転んでも損はない。어느 쪽으로 굴러도 손해는 없다.

□ **壊(こわ)す** 부수다, 고장 내다, (약속, 계획을) 망치다, (큰돈을) 헐다

建物を壊す。건물을 부수다.

腹を壊す。배탈이 나다.

話を壊す。이야기를 망치다.

１万円札を千円札に壊す。
1만 엔짜리 지폐를 천 엔짜리 지폐로 헐다.

□ **壊(こわ)れる** 깨지다, 고장 나다

コップが壊れる。컵이 깨지다.

雰囲気が壊れる。분위기가 깨지다.

カメラが壊れる。사진기가 고장나다.

さ

□ **探(さが)す·捜(さが)す** 찾다

落し物を探す。잃은 물건을 찾다.

人を捜す。사람을 찾다.

捜(さが)す ⇒ 안 보이게 된 것을 찾는 경우

探(さが)す ⇒ 손에 넣고 싶은 것을 찾는 경우

□ **遡(さかのぼ)る** 거슬러 올라가다, (과거, 근본으로) 되돌아가다, 소급하다(지나간 시점에까지 거슬러 올라가서 미치게 하다)

川を遡る。강을 거슬러 올라가다.

教育の原点に遡る。교육의 원점으로 되돌아가다.

賃上げは四月に遡る。임금인상은 4월로 소급해서 실시한다.

□ **逆(さか)らう** (반대 방향으로) 거슬러 나아가다, 거역하다

風に逆らって進む。바람을 거슬러 나아가다.

親に逆らう。부모에게 거역하다.

□ **下(さ)がる** 내리다, 떨어지다, 수그러지다, 늘어지다, 흘러내리다, 뒤로 물러나다, (관청이나 윗사람에게서 허가가) 나오다, 때가 흐르다[지나다]

熱が下がる。열이 내리다.

物価が下がる。물가가 떨어지다.

頭が下がる。머리가 수그러지다.

髪の毛が長くて下がっていた。
머리카락이 길어서 늘어져 있었다.

ズボンが下がる。바지가 흘러내리다.

学校を下がる。퇴학하다. 하교하다.

一歩下がる。한 걸음 물러서다.

旅券が下がる。여권이 나오다.

時代が下がる。시대가 흐르다.

□ **咲(さ)く** (꽃이) 피다

梅の花が咲く。매화꽃이 피다.

□ **裂(さ)く** 찢다, 쪼개다, 가르다

紙を裂く。종이를 찢다.

生木を裂く。생목을 쪼개다.

自分の分け前を裂いて与える。자기 몫을 쪼개서 주다.

□ **割(さ)く** 사이를 갈라놓다, 베어 쪼개다, 할애하다

恋人の仲を割く。연인의 사이를 떼다.

魚を割く。생선의 배를 가르다.

小遣を割いて本を買う。용돈을 할애하여 책을 사다.

話し合いのため時間を割く。의논하기 위해 시간을 내다.

領土を割く。영토를 할애하다.

□ **探(さぐ)る** 뒤지다, 더듬어 찾다, 살피다, 탐구하다, (아름다운 경치를) 찾아다니다

ポケットを探る。호주머니를 뒤지다.

相手の意向を探る。상대방의 의향을 살피다.

真理を探る。진리를 탐구하다.

山水の美を探る。산수의 아름다움을 찾아다니다.

□ **叫(さけ)ぶ** 외치다, 강하게 주장하다

痛さのあまり思わず叫んだ。
아픈 나머지 나도 모르게 크게 소리 질렀다.

世界平和を叫ぶ。세계평화를 부르짖다.

□ **避(さ)ける** 피하다, 꺼리다, 삼가다

人目を避ける。남의 눈을 피하다.

そんな批評は避けた方がよい。
그런 비평은 삼가는 편이 좋다.

□ **下(さ)げる** (위치, 값을) 내리다, (가치, 정도, 지위를) 낮추다, 숙이다, (뒤쪽으로) 옮기다, (맡긴 것을) 찾다

値段を下げる。값을 내리다.

品質を下げる。품질을 떨어뜨리다.

声を下げる。목소리를 낮추다.

頭を下げる。머리를 숙이다. 인사하다. 사과하다.

お膳を下げる。상을 물리다.

後ろへ下げる。뒤쪽으로 물리다.

貯金を下げる。저금을 찾다.

□ **支(ささ)える** 떠받치다, 지탱하다, 유지하다, 막아내다

倒れそうな塀を木で支える。
넘어질 듯한 담을 나무로 떠받치다.

大家族の生活を支える。대가족의 생활을 유지하다.

敵の攻撃を支える。적을 공격을 막아내다.

□ **囁(ささや)く** 속삭이다

耳元で囁く。귓전에 대고 속삭이다.

□ **刺(さ)さる** 박히다, 찔리다

とげが刺さる。가시가 박히다.

□ **差(さ)し上(あ)げる** 들어 올리다, 드리다, 바치다

目よりも高く差し上げる。눈보다도 높이 들어 올리다.

この本をあなたに差し上げます。
이 책을 당신에게 드리겠습니다.

□ **差(さ)し引(ひ)く** 빼다, 공제하다, 과부족을 계산하다

手数料を差し引く。수수료를 빼다.

給料から税金を差し引く。급료에서 세금을 공제하다.

差し引いてみると君の方が得をしている。
수지를 따져 보면 자네 쪽이 득을 보고 있다.

□ **刺(さ)す** 찌르다, 물다, 누비다, 꿰매다, 주자를 아웃시키다, (끈끈이를 바른 장대로 새 등을) 잡다, (혀를) 자극하다, 톡 쏘다

針で刺す。바늘로 찌르다.

蚊が刺す。모기가 물다.

畳を刺す。다다미를 누비다.

一塁に刺す。1루에서 주자를 아웃시키다.

鳥を刺す。새를 (끈끈이를 바른 장대로) 잡다.

この塩鯖は舌を刺す。이 자반고등어는 혀를 자극한다.

□ **指(さ)す** 가리키다, 지적하다, 지명하다, (방향으로) 향하다, (장기, 바둑을) 두다

時計の針が正午を指した。시계바늘이 정오를 가리켰다.

彼を犯人に指している。그를 범인으로 지목하고 있다.

東を指して飛んで行く。동쪽을 향해 날아가다.

将棋を指す。장기를 두다.

□ **差(さ)す** 나타나다, (조수, 밀물이) 밀려오다, 꺼림칙하다, 씌다, 스며들다, (우산을) 쓰다, (춤을 출 때) 손을 앞으로 뻗다

眠気が差す。졸음이 오다.

潮が差してきた。조수가[밀물이] 밀려왔다.

気が差す。마음이 꺼리다[켕기다].

魔が差す。마가 끼다. 귀신이 씌다.

井戸に汚水が差す。우물에 오수가 스며들다.

傘を差す。우산을 쓰다.

差す手引く手。내미는 손과 오그리는 손. 춤추는 손놀림.

□ **射(さ)す** (광선, 그림자가) 비치다

朝日が射す。아침 햇빛이 비치다.

陰が障子に射す。그림자가 미닫이에 비치다.

□ **挿(さ)す** 꽂다, 끼우다

花瓶に花を挿す。화병에 꽃을 꽂다.

□ **注(さ)す** (액체를) 붓다, (연지를) 바르다[칠하다]

花瓶に水を注す。꽃병에 물을 부어넣다.

歯車に油を注す。톱니바퀴에 기름을 치다.

紅を注す。연지를 바르다.

□ **誘(さそ)う** 권하다, 꾀다, 불러내다, ~하게 하다, 자아내다

保険に誘う。보험을 권유하다.

悪の道に誘う。나쁜 길로 유혹하다.

友達を誘って行く。친구를 불러내어 함께 가다.

食欲を誘う。식욕을 자아내다.

□ **錆(さ)びる** 녹슬다, (차분하게) 가라앉은 목소리로 변하다

包丁が錆びる。식칼이 녹슬다.

怠けていると、腕が錆びる。
게으름을 피우고 있으면 솜씨에 녹이 슨다.

錆びた声。쉰 듯 차분히 가라앉은 목소리.

□ **冷(さ)ます** 식히다, 깨다

お湯を冷ます。뜨거운 물을 식히다.

興を冷ます。흥을 깨다.

□ **覚(さ)ます** 깨우다, 깨다, 깨우치다, 각성시키다

雨の音に目を覚ます。빗소리에 잠을 깨다.

酔いを覚ます。술을 깨게 하다.

悪の道に迷っているのを覚ましてやる。
악의 길에서 방황하고 있는 것을 깨우쳐 주다.

□ **妨(さまた)げる** 방해하다, 지장을 주다, ~해도 무방하다

交通を妨げる。교통을 방해하다.

市長の再選を妨げない。시장의 재선도 무방하다.

□ **冷(さ)める** 식다

お茶が冷める。차가 식다.

興が冷める。흥이 식다(깨지다).

□ **覚(さ)める** 깨다, 눈이 뜨이다, 제정신이 들다

眠りから覚める。잠이[잠에서] 깨다.

麻酔から覚める。마취에서 깨어나다.

酔が覚める。취기가 깨다.

覚めた目で世の中を見る。제정신이 든 눈으로 세상을 보다.

□ **去(さ)る** 떠나다, 경과하다, 사라지다, (시간적, 공간적으로) 떨어지다, 멀리하다

故郷を去る。고향을 떠나다.

世を去る。세상을 떠나다. 죽다.

冬が去る。겨울이 지나가다.

痛みが去る。아픔[통증]이 사라지다.

今を去ること10年。지금으로부터 10년 전.

妻を去る。아내를 버리다.

□ **騒(さわ)ぐ** 떠들다, 소란 피우다, 허둥대다, 화제가 되다, 술자리를 벌이고 흥청망청 놀다

子供たちが騒ぐ。아이들이 떠들다.

反対派が騒ぐ。반대파가 소란 피우다.

胸が騒ぐ。가슴이 두근거리다.

昔はずいぶん騒がれたものだ。옛날에는 꽤 화제가 됐었다.

酔って騒ぐ。취해서 흥청망청 놀다.

□ **触(さわ)る** 손대다, 만지다, 관계를 갖다

絵に触ってはいけない。그림에 손대서는 안 된다.

寄ると触るとその話だ。모였다 하면 그 이야기이다.

し

□ **仕上(しあ)がる** 마무리되다, 완성되다

きれいに仕上がった。깨끗이 마무리되었다.

作品が仕上がる。작품이 완성되다.

□ **敷(し)く** 밑에 펴다, 깔고 앉다

布団を敷く。이불을 깔다.

亭主を尻に敷く。남편을 깔고 뭉개다.

□ **茂(しげ)る** 초목이 무성하다 ▶ 1그룹 활용

草が茂る。풀이 우거지다.

□ **静(しず)まる** (조용히) 가라앉다, 안정되다

心が静まる。마음이 가라앉다.

騒が静まる。소동이 가라앉다.

怒りが静まる。노여움이 가라앉다.

火の手が静まる。불길이 잡히다.

□ **沈(しず)む** 가라앉다, (해, 달이) 지다, 침울해지다, (근심, 슬픔에) 잠기다, 약해지다, (불행에) 빠지다, 차분하다, 시달리다

海に沈む。바다에 가라앉다.

太陽が西に沈む。태양이 서쪽으로 지다.

沈んだ顔。침울한 얼굴.

涙に沈む。눈물에 잠기다.

脈が沈む。맥박이 약해지다.

不幸のどん底に沈む。불행의 구렁텅이에 빠지다.

沈んだ色。차분한 색.

病に沈む。병에 시달리다.

□ **従(したが)う** 따르다, 뒤따르다, 복종하다, (강, 길을) 따라서 가다, (강한 힘에) 휩쓸리다

行列に従う。행렬을 뒤따르다.

忠告に従う。충고를 따르다.

流れに従って下る。흐름을 따라서 내려가다.

草が風に従う。풀이 바람에 휩쓸리다.

□ **支払(しはら)う** 지불하다, 지급하다

代金を支払う。대금을 지급하다.

□ **縛(しば)る** 묶다, 매다, 속박하다, 체포하다

手足を縛られる。손발이 묶이다.

ハンカチで傷口を縛る。손수건으로 상처를 매다.

時間に縛られる。시간에 얽매이다.

金で自由を縛る。돈으로 자유를 구속하다.

犯人を縛る。범인을 잡다.

□ **痺(しび)れる** 저리다[마비되다], (강한 매력에) 빠지다[도취되다], 황홀해지다

足が痺れて立てない。다리가 저려서 일어설 수 없다.

ジャズに痺れる。재즈에 도취되다.

□ **しぼむ** 시들다, 오므라지다

花が萎む。꽃이 시들다.

風船が萎む。풍선이 오그라들다.

□ **絞(しぼ)る** (쥐어)짜다, (무리하게) 짜서 나오게 하다, 몹시 울다, (범위를) 좁히다, (한쪽으로) 걷다[밀어붙이다], 호되게 야단치다

タオルを絞る。수건을 (쥐어)짜다.

声を絞って叫ぶ。목청을 쥐어짜서 외치다.

そでを絞る。소맷자락을 쥐어짜다. 몹시 울다.

問題点を絞って検討する。문제점을 좁혀서 검토하다.

カーテンを絞った。커튼을 한쪽으로 걷었다.

先生に絞られる。선생님에게 (호되게) 야단맞다.

□ **しまう** 끝나다, 끝내다, 치우다, 간수하다, 넣다, 몹시 ~하다, 완전히 ~해 버리다

店は６時にしまう。가게는 6시에 끝난다.

仕事をしまう。일을 끝내다.

店をしまう。가게를 닫다. 폐업[폐점]하다.

道具をしまう。도구를 치우다.

箱にしまう。상자에 넣다.

忘れてしまった。잊어버렸다.

あきれてしまう。매우 질려 버리다. 몹시 어안이 벙벙해지다.

慌ててしまう。완전히 당황해 버리다.

□ **閉(し)まる** 닫히다, 잠그다

ドアが閉まる。문이 닫히다.

銀行が閉まる。은행이 닫히다. 은행 업무가 종료되다.

□ **締(し)め切(き)る** 완전히 닫다, 마감하다 ▶ 1그룹 활용

あの家は窓をいつも締め切っている。
저 집은 창문을 언제나 닫아 두고 있다.

生徒の募集を締め切る。학생모집을 마감하다.

□ **示(しめ)す** 가리키다, 보이다

方向を示す。방향을 가리키다.

道を示す。길을 가리키다.

誠意を示す。성의를 보이다.

□ **閉(し)める** 닫다

ドアを閉める。문을 닫다.

店を閉める。가게를 닫다. 폐업하다.

□ **湿(しめ)る** 축축해지다, 우울해지다 ▶ 1그룹 활용

湿った空気。축축해진 공기.

気持ちが湿りがちになる。기분이 자꾸 우울해지려고 한다.

□ **占(し)める** 차지하다, 얻다, (전체 속에서) 중요한 위치를[비율을] 가지다

机が部屋の半分を占める。책상이 방의 반을 차지하다.

勝ちを占める。승리를 얻다.

重要なポストを占める。중요한 자리를 차지하다.

□ **締(し)める** 매다, 죄다, (틀어서) 잠그다, 단속하다, 절약하다, 청산하다, 합계하다, 닫다, (일의 매듭이 지어진 것을 축하하며) 모두 함께 손뼉 치다

ネクタイを締める。넥타이를 매다.

水道の栓を締める。수도꼭지를 잠그다.

社員をもっと締める必要がある。
사원을 더욱 엄하게 단속할 필요가 있다.

家計を締める。가계를 절약[긴축]하다.

締めていくらだね? 모두 합해서 얼마인가?

使ったら、ふたを締めてください。
사용하고 나면 뚜껑을 닫아 주십시오.

契約の成立を祝って手を締めた。
계약의 성립을 축하하며 일제히 손뼉을 쳤다.

□ **絞(し)める** 단단히 매다, 목을 매다

靴のひもを絞める。구두끈을 졸라매다.

ひもで首を絞める。끈으로 목을 조르다.

□ **しゃがむ** 웅크리다, 쭈그리다

しゃがんで話を聞く。쪼그리고 앉아 이야기를 듣다.

□ **しゃぶる** (입안에 넣고) 빨다

指をしゃぶる。손가락을 빨다.

□ **しゃべる** 재잘거리다, (다른 사람에게) 말하다, 수다 떨다
▶ 1그룹 활용

教室でしゃべってはいけない。
교실에서 재잘거려서는 안 된다.

うっかりしゃべってしまった。무심코 말해 버렸다.

よくしゃべる女だ。수다스러운 여자다.

□ **生(しょう)じる·生(しょう)ずる** (초목이) 돋아 나오다, 일어나다, 돋아 나오게 하다, 생기게 하다

パンにかびが生ずる。빵에 곰팡이가 피다.

事件が生ずる。사건이 일어나다.

葉を生ずる。잎이 나게 하다.

事故を生ずる。사고를 일으키다.

□ **知(し)らせる** 알리다, 통보하다

電話で知らせる。전화로 알리다.

検査結果を知らせる。검사결과를 알리다.

□ **調(しら)べる** 조사하다, 검토하다, 찾다, 심문하다, 수사하다, 타다[연주하다], 조율하다

事故の原因を調べる。사고의 원인을 조사하다.

辞書で調べる。사전에서 찾다.

犯罪を調べる。범죄를 수사하다.

琴を調べる。거문고를 타다.

ピアノの調子を調べる。피아노의 음률을 조율하다.

□ **知(し)る** 인식하다, 분간하다, 이해하다, 기억하다, 경험하다, 안면이 있다, 관계하다 ▶ 1그룹 활용

事件を知っている。사건을 알고 있다.

使い方を知っている。사용법을 알고 있다.

一を聞いて十を知る。하나를 듣고 열을 안다.

彼の過去のことを知っている。그의 과거를 알고 있다.

苦労を知らない。고생을 모르다.

知らない人。모르는 사람.

私の知ったことではない。내가 알 바 아니다.

す、せ

□ **吸(す)う** (공기를) 들이마시다, (국물, 죽 등의 유동식을) 마시다, (담배를) 피우다

空気を吸う。공기를 들이마시다.

汁を吸う。국물을 마시다.

湿気を吸う。습기를 흡수하다.

たばこを吸う。담배를 피우다.

□ **透(す)き通(とお)る** 비쳐 보이다, 투명하다, 소리가 맑다, (물건 사이를) 통해 가다

透き通った空。투명하고 맑은 하늘.

透き通った声。맑은 목소리.

風が透き通る。바람이 통해 가다.

□ **過(す)ぎる** 통과하다, (시간, 기한이) 지나다, 끝나다, 과분하다, 더 좋다, ~에 불과하다, 지나치다, 도를 넘다

駅を過ぎる。역을 통과하다.

冬が過ぎて春になる。겨울이 지나고 봄이 되다.

夏休みが過ぎた。여름 방학이 끝났다.

これに過ぎた光栄はありません。이에 더한 영광은 없습니다.

健康に過ぎるものはない。건강보다 더 좋은 것은 없다.

小学生に過ぎない子供。초등학생에 불과한 어린이.

冗談が過ぎる。농담이 지나치다.

食い過ぎる。너무 먹다. 과식하다.

□ **救(すく)う** 구원하다, 도와주다, 살리다, 덜어주다

救われない人間。구제할 수 없는 인간.

人名を救。인명을 구하다.

悩みを救う。고민을 덜어주다.

□ **優(すぐ)れる** 뛰어나다, 우수하다, 훌륭하다

優れた技術。뛰어난 기술.

優れない天気。좋지 않은 날씨.

顔色が優れない。안색이 좋지 않다.

□ **過(す)ごす** (시간을) 보내다, 지내다, 도를 넘치다

楽しい一時を過ごす。즐거운 한 때를 보내다.

その日を何とか過ごす。그날그날을 이럭저럭 지내다.

酒を過ごす。과음하다.

□ **進(すす)む** 나아가다, 발달하다, 나아지다, 승급하다, (시계가) 빠르다, 진학하다, 진출하다, 왕성해지다, 더해지다, 악화되다, 마음이 내키다

行列が進む。행렬이 나아가다.

文明が進む。문명이 발달하다.

工事が進む。공사가 진척되다.

課長から部長に進んだ。과장에서 부장으로 승진했다.

時計が２分ほど進む。시계가 2분 정도 빠르다.

大学に進む。대학에 진학하다.

食欲が進まない。식욕이 나지 않다.

病気が進む。병이 악화되다.

進まぬ顔。내키지 않는 얼굴.

気が進まない。마음이 내키지 않다.

□ **涼(すず)む** 시원한 바람을 쐬다

川原で涼む。냇가에서 시원한 바람을 쐬다.

□ **進(すす)める** (앞으로) 나아가게 하다, 진척시키다, 진보시키다, 진행하다, 증진시키다, (시계를) 빨리 가게하다

兵を国境まで進めた。병사를 국경까지 전진시켰다.

工事を進める。공사를 진척시키다.

文化を進める。문화를 향상시키다.

会議を進める。회의를 진행하다.

食欲を進める酒。식욕을 돋우는 술.

時計を５分進めておいた。시계를 5분 빨리 가게 해 놓았다.

□ **勧(すす)める** 권하다, 권장하다, 권유하다

酒を勧める。술을 권하다.

読書を勧める。독서를 권장하다.

加入を勧める。가입을 권유하다.

□ **捨(す)てる·棄(す)てる** 버리다, 돌보지 않다, 포기하다, 관심을 끊다, 쓰고 나서 버리다

ごみを棄てる。쓰레기를 버리다.

家族をすてる。가족을 버리다.

このまま№ててはおけない問題だ。
이대로 내버려 둘 수는 없는 문제다.

試合をすてるほかなかった。경기를 포기할 수밖에 없었다.

世をすてる。속세를 등지다. 중이 되다.

読み捨てる。읽고 버리다.

聞き捨てる。듣고서 흘려버리다.

□ **滑(すべ)る** 미끄러지다, 시험에 떨어지다, 무심코[나도 모르게] 입을 잘못 놀리다 ▶ 1그룹 활용

足が滑って怪我をした。발이 미끄러져 다쳤다.

手が滑って皿を落とした。손이 미끄러져 접시를 떨어뜨렸다.

氷の上をスケートで滑る。얼음 위를 스케이트로 지치다.

入学試験に滑る。입학시험에 떨어지다.

やたらに口を滑らせてはいけない。
함부로 입을 놀려서는 안 된다.

□ **済(す)ます** 끝내다, (다른 것으로) 때우다, (그냥) 넘기다, 해결하다

仕事を済ます。일을 끝내다.

食事をパンとコーヒーで済ます。식사는 빵과 커피로 때우다.

笑って済ます。웃고 넘겨 버리다.

事件を金で済ます。사건을 돈으로 해결하다.

□ **済(す)む** (일이) 완료되다, 해결되다, 결말이 나다, 만족하다, 마음이 풀리다, (그럭저럭) 해결되다, 도리를 다하다

試験が済む。시험이 끝나다.

金で済む問題ではない。돈으로 해결될 문제가 아니다.

気が済むまで殴ってくれ。마음이 풀릴 때까지 때려 줘.

君のを借りないで済みそうだ。
자네 것을 빌리지 않아도 될 것 같다.

それで子供に済むと思うか。
그것으로 아이에게 도리를 다했다고 생각하는가?

□ **澄(す)む·清(す)む** 투명하다, 청명하다, (소리가) 맑다, 깨끗하다

すんでさわやかな空気。맑고 상쾌한 공기.

月がすむ。달이 맑다.

すんだ声。맑은 소리.

よくすんだ目。아주 깨끗한 눈.

□ **刷(す)る** 찍다, 인쇄하다

紙幣を刷る。지폐를 찍다.

年賀状を刷る。연하장을 인쇄하다.

□ **為(す)る** 하다

匂いがする。냄새가 나다.

すっぱい味がする。시큼한 맛이 나다.

音がする。소리가 나다.

寒気がする。한기가 들다.

□ **ずれる** 어긋나다, 벗어나다

机の位置がずれている。책상의 위치가 어긋나 있다.

予定が1日ずれる。예정이 하루 늦어지다[빗나가다].

□ **座(すわ)る** 앉다, (지위, 자리를) 이어받다, (단단히) 자리 잡다, 좌초하다

座ってする職業。앉아서 하는 직업.

社長の椅子に座る。사장님 의자에 앉다.

赤ん坊の首が座る。갓난아기가 목을 가누게 되다.

舟が座る。배가 좌초되다.

□ **背負(せお)う** (등에) 메다, 업다, 짊어지다, (괴로운 일, 책임을) 지다, 떠맡다

荷物を背負う。짐을 짊어지다.

子供を背負う。아이를 등에 업다.

責任を背負う。책임을 떠맡다.

一家を背負う。한 집안의 살림을 떠맡다.

□ **責(せ)める** (잘못을) 비난하다, 괴롭히다, 조르다, 재촉하다

自分を責めて人を責めるな。
자신을 꾸짖고 남을 나무라지 말라.

あまり責めるのはやめたまえ。너무 괴롭히는 것은 그만두게.

子供に責められておもちゃを買う。
아이에게 졸려서 장난감을 사다.

借金を早く返せと責める。빚을 빨리 갚으라고 재촉하다.

□ **攻(せ)める** 공격하다

敵を攻める。적을 공격하다.

そ

□ **添(そ)う** 더하다, 첨가하다, (곁에서) 떨어지지 않다, (부부로) 함께 살다, 부합되다

趣が添う。풍취[멋]이 더해지다.

陰の形に添うごとく。그림자의 형태에 따르듯이.

連れ添う相手。함께 사는 상대.

父の希望に添う。아버지의 희망에 어긋나지 않도록 하다.

目的に添わない。목적에 부합되지 않다.

□ **沿(そ)う** 따르다, (어떤 물건의) 주위에 있다

川に沿って下る。강을 따라 내려가다.

方針に沿って交渉する。방침에 따라서 교섭하다.

湖に沿う村。호수 주위에 있는 마을.

□ **属(ぞく)する** (어떤 범위 안에) 속하다

総務部に属する。총무부에 속하다.

バラ科に属する。장미과에 속하는 꽃.

□ **注(そそ)ぐ** 흘러 들어가다, (물, 눈물, 비, 눈이) 쏟아지다, 쏟다, 붓다[따르다]

川の水が海に注ぐ。강물이 바다로 흘러 들어가다.

雨が降り注ぐ。비가 쏟아져 내리다.

涙を注ぐ。눈물을 흘리다.

心血を注ぐ。심혈을 기울이다.

目を注ぐ。주목하다.

植木に水を注ぐ。정원수에 물을 주다.

花瓶に水を注ぐ。꽃병에 물을 붓다.

火に油を注ぐ。
불에 기름을 붓다[기세 좋은 것에 더욱 기세를 가하다].

☞ 注(つ)ぐ 붓다, 따르다

酒を注ぐ。술을 따르다.

お茶を注ぐ。차를 따르다.

□ 育(そだ)つ 자라다, 성장하다

健康に育つ。건강하게 자라다.

一人前の男に育つ。제구실을 할 수 있는 남자로 자라다.

□ 育(そだ)てる 키우다, 기르다, 양육하다

子供を育てる。아이를 기르다.

弟子を育てる。제자를 기르다.

民主主義の芽を育てる。민주주의의 싹을 키우다.

□ 備(そな)える 준비하다, 갖추다

試験に備えて勉強する。시험에 대비해서 공부하다.

教室に辞書を備える。교실에 사전을 비치하다.

□ 具(そな)える (인격, 교양 등을 몸에) 지니다

徳を身に具える。덕을 몸에 갖추다.

□ 剃(そ)る 깎다, 면도하다

頭を剃る。머리를 박박 밀다.

ひげを剃る。수염을 깎다.

□ 逸(そ)れる 빗나가다, 벗어나다

矢が逸れる。화살이 빗나가다.

話がわき道に逸れる。이야기가 옆길로 새다(벗어나다).

□ 揃(そろ)う 갖추어지다, (모두 한 곳에) 모이다, 잘 어울리다, 일치하다

いろいろの本が揃っている。여러 가지 책이 갖추어져 있다.

人数が揃う。인원이 차다.

よく揃った夫婦。잘 어울리는 부부.

足並みが揃う。보조가 맞다.

粒が揃う。크기가 모두 고르다. 우열의 차가 없이 고르다.

□ 揃(そろ)える 가지런히 정돈하다, 갖추다, 채우다, 맞추다

靴を揃える。구두를 가지런히 정돈하다.

商品を豊富に揃える。상품을 풍부하게 갖추다.

数を揃えて返す。수를 채워서 갚다[돌려주다].

足を揃えて歩く。발을 맞추어 걷다.

口を揃えて言う。입을 모아 말하다.

□ 存(ぞん)じる·存(ぞん)ずる 「知(し)る 알다, 思(おも)う 생각하다」의 겸양어

お名前は存じております。성함은 알고 있습니다.

光栄に存じます。영광으로 생각합니다.

た

□ 倒(たお)す 넘어뜨리다, 죽이다, 무너뜨리다, 떼어먹다

花瓶を倒す。꽃병을 쓰러뜨리다.

熊を銃で倒す。곰을 총으로 죽이다[잡다].

政府を倒す。정부를 무너뜨리다.

借金を倒す。빚을 떼어먹다.

□ 倒(たお)れる 쓰러지다, 무너지다, 망하다, 도산하다, (병이 나서) 몸져눕다

子供が倒れる。아이가 넘어지다.

政府が倒れる。정부가 쓰러지다.

借金で会社が倒れる。빚으로 회사가 쓰러지다.

不景気で店が倒れる。불경기로 가게가 쓰러지다.

過労で倒れる。과로로 쓰러지다.

□ 高(たか)める 높이다

品質を高める。품질을 높이다.

声を高める。목소리를 높이다.

□ 耕(たがや)す (논밭을) 갈다

畑を耕す。밭을 갈다.

□ 炊(た)く (밥을) 짓다

飯を炊く。밥을 짓다.

□ 焚(た)く 불을 피우다, (불을 때서) 목욕물을 데우다, (향을) 피우다

火を焚いて当たる。불을 피워 쬐다.

ストーブを焚く。난로에 불을 지피다.

ふろを焚く。목욕물을 데우다.

香を焚く。향을 피우다.

□ 抱(だ)く (팔, 가슴에) 안다, (알을) 품다

赤ん坊を抱く。아기를 안다.

親鳥が卵を抱く。어미 새가 알을 품다.

□ 蓄(たくわ)える 대비해 두다, 기르다

旅行の費用を蓄える。여행비용을 모으다.

実力を蓄える。실력을 길러 두다.

ひげを蓄えた老人。수염을 기른 노인.

びぜんを蓄える。멋진 구레나룻을 기르다.

□ **確(たし)かめる** 확실히 하다, 확인하다

意向を確かめる。의향을 확인하다.

真意を確かめる。진의를 확인하다.

□ **助(たす)かる** 살아나다, (부담, 노력, 고통 등이 줄어들어) 도움이 되다

命が助かる。목숨이 살아나다.

危うく助かる。가까스로 살아나다.

よく働いてくれるので助かる。일을 잘해 주어서 도움이 되다.

物価が安くて助かる。물가가 싸서 도움이 되다.

□ **助(たす)ける** 구조하다, 돕다, (소화를) 촉진하다

命を助ける。목숨을 살리다.

父の仕事を助ける。아버지의 일을 돕다.

消化を助ける。소화를 촉진하다.

□ **訪(たず)ねる** 방문하다

先生の家を訪ねる。선생님 집을 방문하다.

□ **尋(たず)ねる** 묻다, 탐구하다, 찾다, 캐다

安否を尋ねる。안부를 묻다.

日本語の源流を尋ねる。일본어의 원류를 탐구하다.

母を尋ねて３千理。엄마 찾아 3만 리.

□ **戦(たたか)う** 싸우다

祖国のために戦う。조국을 위해 싸우다.

病気と戦う。질병과 싸우다.

□ **叩(たた)く** 두드리다, 때리다, 공격하다, 들어보다, 반응을 보다, 떠보다, 값을 깎다, (심한 말을) 함부로 해대다, 다 써 버리다, (고기를 칼로) 다지다

太鼓を叩く。북을 치다.

敵の補給基地を叩く。적의 보급기지를 공격하다.

専門家の意見を叩く。전문가의 의견을 들어보다.

相手の意向を叩く。상대방의 의향을 떠보다.

ひどく叩かれて利益がない。몹시 깎여서 이익이 없다.

陰口を叩く。험담을 해대다.

減らず口を叩く。(지지 않으려고) 억지를 부리다.

財布の底を叩く。지갑의 돈을 (있는 대로) 툭툭 다 털다.

アジを叩く。전갱이를 (칼로) 다지다.

□ **畳(たた)む** 꺾어 접다, 개다, 걷어치우다, 간직하다

紙を四つに畳む。종이를 넷으로 접다.

かさを畳む。우산을 접다.

ふとんを畳む。이불을 개다.

店を畳んで田舎へ行く。가게를 걷어치우고 시골로 가다.

胸に畳む。가슴 속에 간직하다.

□ **立(た)ち上(あ)がる** 일어서다, 나서다, (연기가) 솟아오르다

椅子から立ち上がる。의자에서 일어서다.

失意のどん底から立ち上がる。
실의의 구렁텅이에서 일어서다.

武器を取って立ち上がる時だ。무기를 들고 일어설 때다.

煙が立ち上がる。연기가 솟아오르다.

□ **立(た)ち止(ど)まる** 멈추어 서다

店先に立ち止まる。가게 앞에 멈추어 서다.

□ **経(た)つ** (시간, 때가) 지나다, 경과하다

ここに移り住んでから５年経った。
이곳으로 이사해 산 지 5년이 지났다.

□ **発(た)つ** 출발하다, 떠나다

旅に発つ。길을 떠나다.

５時に発つ。5시에 출발하다.

□ **達(たっ)する** 도달하다, 이르다, 숙달하다, 달성하다, 널리 알리다

目的地に達する。목적지에 도달하다.

その道に達した人。그 길에 통달한 사람.

望みを達する。소망을 달성하다.

趣旨を達する。취지를 널리 알리다.

□ **立(た)てる** 세우다, 내다, 일으키다, 꽂다, 돋게 하다, (소용, 도움이) 되게 하다, 마구 ~해 대다

柱を立てる。기둥을 세우다.

計画を立てる。계획을 세우다.

面目を立てる。면목을 세우다[유지하다].

泡を立てる。거품을 내다.

腹を立てる。화를 내다.

風波を立てる。풍파를 일으키다.

花を立てる。꽃을 꽂다.

とげを立てる。가시를 돋게 하다.

役に立てる。도움이 되게 하다.

呼び立てる。마구 불러대다.

書き立てる。(신문, 잡지 등에서) 계속적으로 써 대다.

□ **建(た)てる** (건물, 동상, 나라를) 세우다

家を建てる。집을 짓다.

学校を建てる。학교를 세우다.

□ **例(たと)える** 예를 들다, 비유하다

美人を花に例える。미인을 꽃에 비유하다.

うさぎとかめの話に例えて説明する。
토끼와 거북이 이야기를 예로 들어 설명하다.

□ **楽(たの)しむ** 즐기다, 기뻐하다

人生を楽しむ。인생을 즐기다.

孫の成長を楽しむ。손자의 성장을 기뻐하다.

□ **頼(たの)む** 부탁하다, 일을 맡기다, 믿다, 의지하다

頭を下げて頼む。머리를 숙여 부탁하다.

留守を頼む。집 봐주기를 부탁하다[맡기다].

力を頼む。힘을 믿다.

頼むに足らず。그리 믿을 바가 못 되다.

□ **食(た)べる** 먹다, 생활하다

ご飯を食べる。밥을 먹다.

月給で食べる。월급으로 생활하다.

□ **騙(だま)す** 속이다, 달래다, (상태를 보면서) 능숙하게 다루다

人を騙す。사람을 속이다.

泣く子を騙す。우는 아이를 달래다.

古い自動車を騙し騙し動かす。
오래된 자동차를 조심조심 움직이다.

□ **溜(たま)る** (물이) 괴다, (돈, 재산이) 늘다, 쌓이다, 밀리다

水が溜る。물이 괴다.

お金が溜る。돈이 모이다.

宿題が溜る。숙제가 밀리다.

仕事が溜る一方だ。일이 쌓이기만 한다.

□ **黙(だま)る** 말을 하지 않다, 침묵하다, (손을 쓰지 않고) 가만히 있다

黙って本を読む。묵묵히 책을 읽다.

黙っていても売れる。가만히 있어도 팔린다.

□ **試(ため)す** 시험하다, (실제로) 해 보다

性能を試す。성능을 시험해 보다.

□ **ためらう** 주저하다, 망설이다, 방황하다

打ち明けるのをためらう。털어 놓기를 주저하다.

言っていいものかどうかためらう。
말해서 좋을 것인지 어떤지 망설이다.

ためらわずに実行に移す。주저하지 않고 시행에 옮기다.

□ **貯(た)める·溜(た)める** 모으다, 저축하다, 밀리게 하다

金を貯める。돈을 모으다.

水を貯める。물을 모아 두다.

宿題を溜める。숙제를 밀리게 하다.

□ **頼(たよ)る** 의지하다, 믿다, 연고를 찾아가다

地図に頼って山に登る。지도를 의지해서 산에 오르다.

知人を頼って職を求める。지인을 연줄로 해서 직업을 구하다.

□ **足(た)りる** 충분하다, 충족되다, (충분히) ~할 가치가 있다

一人で足りる。혼자서 충분하다.

用が足りる。쓰기에 부족함이 없다.

信頼するに足りる。신뢰하기에 족하다, 족히 신뢰할 만하다.

□ **足(た)る** 충분하다, 만족하다

賞するに足る。칭찬할 만하다.

論ずるに足らん。족히 논할 거리가 못 된다.

足ることを知れ。만족할 줄을 알아라.

ち

□ **誓(ちか)う** 맹세하다, 서약하다

神にかけて誓う。신을 두고 맹세하다.

二人の将来を誓う。두 사람의 장래를 서약하다.

□ **違(ちが)う** 다르다, 틀리다, 어긋나다, 비정상이 되다, 교차하다, 엇갈리다

意見が違う。의견이 다르다.

君の答えは違っている。너의 답은 틀렸다.

首の筋が違う。목의 힘줄이 접질리다.

気が違う。정신이 돌다.

行き違う。길이 어긋나다.

すれ違う。스쳐 지나가다.

□ **近付(ちかづ)く** 가까이 가다, 다가오다, 친해지다, 닮아가다

現場に近づく。현장에 접근하다.

あの男には近づかない方がいい。
저 남자와는 가까이 하지 않는 것이 좋다.

だいぶ本物に近づいてきた。제법 진짜와 비슷해졌다.

□ **近付(ちかづ)ける** 가까이 하다, 비슷하게 하다

本に目を近づける。책에 눈을 가까이 대다.

本物に近づける。진짜에 가깝게 하다.

□ **近寄(ちかよ)る** 가까이 다가가다, 가까이 하다

近寄って見る。다가가서 보다.

社長に近寄る。사장에게 접근하다.

□ **千切(ちぎ)る** 잘라 떼다[찢다], 비틀어 뜯다[찢다] ▶ 1그룹 활용

紙を千切る。종이를 잘라 떼다[찢다].

みかんを千切る。귤을 비틀어 따다.

□ **ちぎ(契)る** 장래를 굳게 약속하다 ▶ 1그룹 활용

二世をちぎる。내세까지 변하지 말자는 부부의 언약을 맺다.

□ **縮(ちぢ)む** 주름이 지다, 줄어들다, (두려워서) 움츠러지다

縮んだ髪の毛。곱슬곱슬한 머리카락.

洗ったらシャツが縮んだ。빨았더니 셔츠가 줄어들었다.

叱られて縮んでいる。꾸중을 들어 위축되어 있다.

□ **縮(ちぢ)める** 줄이다, 움츠리다, 찌푸리다

長い文章を縮める。긴 문장을 줄이다.

寿命を縮める。수명을 단축시키다.

首を縮める。목을 움츠리다.

眉の間を縮める。눈썹 사이(양쪽 미간)를 찌푸리다.

□ **縮(ちぢ)れる** (주름이 져서) 오그라지다, 주름이 지다, 곱슬곱슬해지다

縮れている布を伸ばす。주름이 진 천을 펴다.

縮れた髪の毛。곱슬곱슬해진 머리카락.

□ **散(ち)らかす** 흩뜨리다, 어지르다

部屋を散らかす。방을 어지르다.

□ **散(ち)らかる** 흩어지다, 어질러지다

部屋が散らかっている。방이 어질러져 있다.

□ **散(ち)らす** 흩뜨리다, 분산시키다, (불꽃을) 튀기다, 여기저기 뿌리다[퍼뜨리다], 산만하게 하다, 어지르다, 거칠게[마구] ~해 대다

風が花を散らす。바람이 꽃을 흩뜨리다.

兵を散らす。병사를 분산시키다.

花火を散らす。불꽃을 튀기다.

びらを散らす。전단을 뿌리다.

うわさを散らす。소문을 여기저기 퍼뜨리다.

気を散らす。주의를[정신을] 산만하게 하다.

部屋を散らさないように。방을 어지르지 않도록.

読み散らす。(닥치는 대로) 마구 읽다.

食い散らす。막 먹어대다.

怒鳴り散らす。고함을 쳐대다.

踏み散らす。마구 밟아대다.

投げ散らす。함부로 던지다.

当たり散らす。마구 화풀이하다.

悪口を言い散らす。욕을 거칠게 해 대다.

□ **散(ち)る** (꽃이) 지다, 흩어지다, 산만해지다, 퍼지다, 번지다, 걷히다, 가라앉다, 가시다, (비유적으로) 깨끗이 죽다 ▶ 1그룹 활용

花が散る。꽃이 지다.

紙くずが散っている。휴지가 흩어져 있다.

気が散る。마음이 산란해지다.

うわさが村中に散る。소문이 온 동네에 퍼지다.

このインクは散りやすい。이 잉크는 번지기 쉽다.

霧が散り始める。안개가 걷히기 시작하다.

痛みが散る。통증[아픔]이 가라앉다.

花と散る。꽃처럼 지다. 벚꽃이 지듯 깨끗하게 전사하다.

つ

□ **使(つか)う** 사용하다, 소비하다, 부리다, 써서 ~하다, 먹다

ペンを使う。펜을 사용하다.

頭を使う。머리를 쓰다.

お金を使う。돈을 쓰다.

人を使う。사람을 부리다.

湯を使う。목욕하다.

弁当を使う。도시락을 먹다.

□ **捕(つか)まえる** 붙잡다, 붙들다

犯人を捕まえる。범인을 붙잡다.

勉強している人間を捕まえて酒を飲ませるなんて。
공부하고 있는 사람을 붙잡고 술을 먹인다니.

□ **掴(つか)まえる** 꽉 쥐다, 움켜쥐다

袖を掴まえて離さない。 소매를 꽉 쥐고 놓지 않다.

□ **捕(つか)まる** 붙잡히다

犯人が捕まる。 범인이 붙잡히다.

□ **掴(つか)む** 붙잡다, 손에 넣다, 포착하다, (진상, 내용을) 파악하다

雲を掴むような話。 구름을 잡는 것 같은 허황된 이야기.

大金を掴む。 큰 돈을 잡다.

機会を掴む。 기회를 잡다.

大意を掴む。 대의를 파악하다.

輪郭を掴む。 윤곽을 잡다.

□ **疲(つか)れる** 지치다, 피로해지다, (오래 사용해서) 약해지다, 낡아지다

旅に疲れる。 여행으로 지치다.

疲れた洋服。 낡은 옷.

□ **付(つ)き合(あ)う** 교제하다, 사귀다, (의리나 교제상) 행동을 같이 하다

長年付き合う。 여러 해 동안 사귀다.

映画を付き合う。 영화를 같이 보러 가다.

一杯付き合わないか。 (술) 한 잔 같이 하지 않겠나.

□ **突(つ)き当(あ)たる** 맞부딪치다, 막다른 곳에 이르다

壁に突き当たる。 벽에 부딪치다.

路地を突き当たって右に曲がる。
골목길의 막다른 곳에서 오른쪽으로 돌다.

□ **突(つ)く** 찌르다, 치다, (도장을) 찍다, (지팡이를) 짚다, (턱을) 괴다, 다 떨어지다

針で指を突く。 바늘로 손가락을 찌르다.

鼻を突く匂い。 코를 찌르는 냄새.

弱点を突く。 약점을 찌르다.

球を突く。 당구공을 치다.

判を突く。 도장을 찍다.

杖を突く。 지팡이를 짚다.

ほおづえを突く。 턱을 괴다.

底を突く。 바닥을 치다. 바닥이 나다. 바닥시세가 되다.

□ **着(つ)く** 도착하다, 닿다, 자리를 잡다[앉다]

荷物が着く。 짐이 도착하다.

頭が天井に着く。 머리가 천장에 닿다.

席に着く。 자리에 앉다.

食卓に着く。 식탁에 앉다.

□ **就(つ)く** (잠자리에) 들다, 오르다, 출발하다, 종사하다, 취임하다, 취업하다, 착수하다, 편이 되다, 끼다

床に就く。 잠자리에 들다.

社長の座に就く。 사장 자리에 오르다.

帰途に就く。 귀로에 오르다.

緒に就く。 (일이) 본래 궤도에 오르다.

教職に就く。 교직에 종사하다.

仕事に就く。 일에 착수하다.

強い方に就く。 강한 쪽에 붙다.

塀に就いて曲がる。 담을 끼고[따라] 돌다.

□ **付(つ)く** 붙다, 묻다, 끼다, 생기다[나다], (지식, 교양, 기술이) 자기 것이 되다, (일이) 손에 잡히다, 뒤따르다, 켜지다, 자국이 나다, 기입[기재]되다, (정신을) 차리다, (물이) 들다, 매듭을 짓다, (감각기관에) 느껴지다

リボンの付いた帽子。 리본이 달린 모자.

汚れが手に付く。 더러움이 손에 묻다.

錆が付く。 녹이 슬다.

実力が付く。 실력이 붙다[생기다].

利子が付く。 이자가 붙다.

肉が付く。 살이 붙다[오르다].

板に付く。 어색하지 않다. 제격이다.

仕事が手に付く。 일이 손에 잡히다.

子供に付いて行く。 아이를 따라가다.

火が付く。 불이 붙다. 사건의 발단이 되다.

傷が付く。 상처가 나다.

帳簿に付いている。 장부에 기재되어 있다.

気が付く。 몰랐던 것을 알아차리다. 제 정신이 들다.

色が付く。 색이 들다. 물이 들다.

話に落ちが付く。 이야기에 결말이 나다.

けりが付く。 끝장이 나다.

鼻(はな)に付く。 고약한 냄새가 나다. 신물이 나다. 싫증나다.

□ **次(つ)ぐ** (뒤를) 잇다, 다음가다, 버금가다

昨年に次ぐ豊作。 작년에 이은 풍작.

社長に次ぐ実力者。사장에 다음가는 실력자.

□ **注(つ)ぐ** 붓다, 따르다

酒を注ぐ。술을 따르다.

お茶を注ぐ。차를 따르다.

☞ **注(そそ)ぐ** 흘러 들어가다, (물, 눈물, 비, 눈이) 쏟아지다, 쏟다, 붓다[따르다]

川の水が海に注ぐ。강물이 바다로 흘러 들어가다.

雨が降り注ぐ。비가 쏟아져 내리다.

涙を注ぐ。눈물을 흘리다.

心血を注ぐ。심혈을 기울이다.

目を注ぐ。주목하다.

植木に水を注ぐ。정원수에 물을 주다.

花瓶に水を注ぐ。꽃병에 물을 붓다.

火に油を注ぐ。
불에 기름을 붓다[기세 좋은 것에 더욱 기세를 가하다].

□ **作(つく)る** 제작하다, 조직하다, 마련하다, 짓다, 재배하다, 기르다, 육성하다, 출판하다, 작성하다, 장만하다, 요리를 하다, (아이를) 낳다, 화장하다, (거짓으로) 지어내다, 이루다[꾸미다]

木で机を作る。나무로 책상을 만들다.

会社を作る。회사를 만들다.

きっかけを作る。계기를 만들다(마련하다).

列を作る。열[행렬]을 짓다.

流行を作る。유행을 만들다.

野菜を作る。야채를 재배하다.

よい習慣を作る。좋은 습관을 기르다.

書類を作る。서류를 작성하다.

財産を作る。재산을 만들다.

夕食を作る。저녁밥을 만들다.

子供を作る。아이를 낳다.

顔を作る。얼굴을 다듬다. 화장하다

話を作る。이야기를 (거짓으로) 지어내다.

家庭を作る。가정을 이루다[꾸미다].

□ **造(つく)る** (건물을) 짓다, 건조하다, (술을) 빚다[양조하다]

家を造る。집을 짓다.

船を造る。배를 만들다.

米で酒を造る。쌀로 술을 빚다.

□ **付(つ)ける** 접촉시키다, 부착시키다, 바르다, 묻히다, 자국을 남기다, 내다, (일기를) 쓰다, 착용하다, 곁들이다, 뒤따르다, 주목하다, 한패로 만들다, 북돋우다, 켜다, 이름 짓다, 취하다, 매기다, 어떤 조건을 달다, 익히다, 매듭을 짓다, (편지를) 부치다, 늘 ~하다(격렬한 동작을 나타냄)

折れた骨を付ける。부러진 뼈를 접합시키다.

ドアに鍵を付ける。문에 자물쇠를 달다.

パンにバターを付ける。빵에 버터를 바르다.

印を付ける。표시를 하다[붙이다].

ペンキで色を付ける。페인트로 색을 내다.

日記を付ける。일기를 쓰다.

ネックレスを付ける。목걸이를 하다.

雑誌に付録を付ける。잡지에 부록을 곁들이다.

犯人を付ける。범인을 뒤쫓다.

目を付ける。주목하다.

味方に付ける。자기편으로 만들다.

元気を付ける。기운을 북돋우다.

ガスを付ける。가스를 켜다.

名前を付ける。이름을 짓다[붙이다].

連絡を付ける。연락을 취하다.

点数を付ける。점수를 매기다.

クレームを付ける。클레임을 걸다.

始末を付ける。(일의) 매듭을 짓다.

身に付ける。몸에 익히다.

恋文を付ける。연애편지를 보내다.

歩き付けている道。늘 걷는 길.

打ち付ける。세게 박다[부딪치다].

□ **着(つ)ける** 갖다 붙이다, 닿게 하다, (자리에) 앉히다, (몸에) 걸치다

車を玄関に着ける。차를 현관에 대다.

手を地面に着ける。손을 지면에 대다.

席に着ける。착석시키다.

洋服を着けた人。옷을 입은 사람.

□ **浸(つ)ける** (물에) 담그다

水に浸ける。물에 담그다.

□ **漬(つ)ける** (김치를) 담그다

キムチを漬ける。김치를 담그다.

□ **点(つ)ける** 켜다

火を点ける。불을 붙이다.

ラジオを点ける。라디오를 켜다.

□ **伝(つた)える** 전하다, 전달하다

真実を伝える。진실을 알리다.

奥様によろしくお伝えください。부인에게 안부 전해 주십시오.

財産を孫に伝える。재산을 자손에게 물려주다.

仏教を日本に伝える。불교를 일본에 전파하다.

極意を伝える。비법을 전수하다.

熱を伝える。열을 전달하다.

□ **伝(つた)わる** 전해 내려오다, 전도되다, 전달되다, 알려지다, 전래되다, 따라서 가다

古くから伝わる民話。예로부터 전해 내려오는 민화.

電流が伝わる。전류가 전도되다.

ニュースが伝わる。뉴스가 전해지다[알려지다].

大陸から伝わる。대륙에서 전래되다.

川を伝わって行く。강을 따라서 가다.

□ **続(つづ)く** 계속되다, 잇따르다, 이어지다, 연결되다, 뒤따르다, 버금가다, 다음가다

雨が3日も続く。비가 3일이나 계속되다.

事件が続く。사건이 잇따르다.

金が続かなくて事業中止だ。
돈이 달려서[마련되지 않아서] 사업 중단이다.

5ページから8ページへ続く。
5페이지에서 8페이지로 이어지다.

前の人に続いて降りる。앞사람을 뒤따라 내리다.

アメリカに続く経済大国。미국에 버금가는 경제대국.

□ **続(つづ)ける** 계속하다, 잇다, 연결하다

仕事を続ける。일을 계속하다.

歌い続ける。계속 노래하다.

□ **突(つ)っ込(こ)む** 돌진하다, 깊이 파고들다, 처넣다, (날카롭게) 찌르다[추궁하다], (깊이) 관계하다

敵陣に突っ込む。적진으로 돌진하다.

突っ込んだ質問。깊이 파고든 질문.

手をポケットに突っ込んで歩く。
손을 호주머니에 질러 넣고 걷다.

誤りを突っ込む。잘못을 날카롭게 추궁하다.

事件に首を突っ込む。사건에 깊이 관여하다.

□ **包(つつ)む** 싸다, 둘러싸다, 에워싸다, 감추다, 숨기다, (돈을) 봉투에 넣어 주다

ふろしきで包む。보자기로 싸다.

熱気に包まれた会場。열기에 둘러싸인 회장.

胸に包んで話さない。가슴속에 숨기고 말하지 않다.

結婚祝いに2万円包んだ。
결혼 축의금으로 2만 엔을 봉투에 넣어 주었다.

□ **努(つと)める** 노력하다, 힘쓰다

研究に努める。연구에 힘쓰다.

□ **勤(つと)める** 근무하다, 종사하다

会社に勤める。회사에 근무하다.

□ **務(つと)める** 임무를 맡다, 역할을 다하다

議長を務める。의장을 맡다.

主役を務める。주역을 맡아 하다.

□ **繋(つな)がる** 이어지다, 관계가 있다, 연루되다, 묶이다

地下道で向こう側に繋がる。
지하도로 저쪽과 연결되다.

事件に繋がる。사건에 연루되다.

情に繋がる。정에 얽매이다.

□ **繋(つな)ぐ** 매어[묶어] 놓다, 가두다, 구속하다, (하나로) 잇다, 지속하다

犬を繋ぐ。개를 묶어 놓다.

罪人を獄に繋ぐ。죄인을 옥에 가두다.

手を繋いで歩く。손을 맞잡고 걷다.

雨水で命を繋ぐ。빗물로 목숨을 부지하다.

□ **繋(つな)げる** 매다, 묶다, 연결하다

短いひもを繋げて長くする。
짧은 끈을 연결해서 길게 하다.

□ **潰(つぶ)す** 찌그러뜨리다, 파산시키다, (체면을) 잃다, (시간을) 허비하다, 놀라다, (틈, 시간을) 메우다[때우다]

箱を踏んで潰す。상자를 밟아 찌그러뜨리다.

計画的に会社を潰す。계획적으로 회사를 파산시키다.

父親の顔を潰す。아버지의 체면을 손상시키다.

貴重な時間を潰す。귀중한 시간을 허비하다.

肝を潰す。몹시 놀라다. 혼비백산하다.

穴を潰す。구멍을 메우다.

暇を潰す。시간을 보내다(때우다). 시간을 허비하다.

□ **潰(つぶ)れる** 찌그러지다, 도산하다, 망가지다, 못 쓰게 되다, 손상되다, 놀라다, 낭비되다, 잃게 되다, 메워지다

箱が潰れる。상자가 찌부러지다.

会社が潰れる。회사가 도산하다.

声が潰れる。목소리가 쉬다.

私の顔が潰れた。나의 체면이 손상되었다.

肝が潰れる。몹시 놀라다. 혼비백산하다.

チャンスが潰れる。기회를 잃다.

穴が潰れる。구멍이 메워지다.

□ **つまずく** (발이 걸려) 넘어지다, 좌절하다, 실패하다

石につまずいて転ぶ。돌에 걸려 넘어지다.

事業につまずく。사업에 실패하다.

□ **詰(つ)まる** 가득 차다, 막히다, 줄어들다, 궁해지다

仕事が詰まっている。일이 밀려 있다.

下水が詰まる。하수도가 막히다.

日が詰まる。해가 짧아지다. 기일이 다가오다.

生活が詰まる。생활이 궁색해지다.

□ **積(つ)む** 쌓다, 싣다

経験を積む。경험을 쌓다.

箱を高く積む。상자를 높이 쌓다.

船に荷物を積む。배에 짐을 싣다.

□ **詰(つ)める** 채우다, 채워 넣다, (사이를) 좁히다, 틀어막다, (소리, 숨을) 죽이다, 꾸준히 계속하다, 줄이다, 절약하다, 매듭짓다, (일터에 출근하여) 대기하다, 꾸준히 ~하다, 철저히 ~하다

箱に菓子を詰める。상자에 과자를 채워 넣다.

席を詰めて座る。자리를 좁혀서 앉다.

穴を詰める。구멍을 틀어막다.

息を詰める。숨을 죽이다.

一日中詰めて働く。하루 종일 계속해서 일하다.

ズボンのたけを詰める。바지의 길이를 줄이다.

暮らしを詰める。생활비를 절약하다.

話を詰める。이야기를 매듭짓다.

朝から本部に詰める。아침부터 본부에서 대기하다.

働き詰める。꾸준히 일하다.

追い詰める。막다른 데까지 몰아넣다.

□ **積(つ)もる** 쌓이다, (많은) 세월이 지나다, 어림[견적]하다, 헤아리다, 추측하다

雪が積もる。눈이 쌓이다.

月日が積もる。많은 세월이 지나가다.

安く積もっても３万円の品。
싸게 쳐도 3만 엔은 되는 물건.

人の心を積もる。남의 마음을 헤아리다.

□ **釣(つ)る** 낚다, 꾀다, 유혹하다

エビでタイを釣る。
새우로 도미를 낚다[적은 밑천으로 큰 것을 얻다].

宣伝に釣られた。선전에 낚였다.

□ **吊(つ)る** 매달다, (근육이) 저리다[쥐가 나다]

蚊帳を吊る。모기장을 매달다[치다].

棚を吊る。선반을 매다[달다].

手足が吊る。손발이 저리다[쥐가 나다].

□ **吊(つる)す** 매달다

干し柿を吊す。곶감을 매달다.

□ **連(つ)れる** 데리고 가(오)다, 동반하다

娘を連れて出掛ける。딸을 데리고 나가다.

連れ去る。데리고 가버리다.

て

□ **出会(であ)う・出合(であ)う** 우연히 만나다, 마주치다, (색, 맛이) 잘 어울리다

山道で熊に出会う。산길에서 우연히 곰을 만나다.

道でばったり旧友に出会った。길에서 옛 친구와 딱 마주쳤다.

色がよく出合う。색이 잘 어울리다.

□ **出掛(でか)ける** 외출하다, 나가다, 나가려고 하다

散歩に出掛ける。산책하러 나가다.

出掛けるところへ客が来た。나가려고 하는데 손님이 왔다.

□ **出来上(できあ)がる** (물건이) 완성되다, 천성이 그렇게 되어 있다, 거나하게 취하다

あと一息で出来上がる。이제 한 고비만 넘기면 다 된다.

彼は几帳面に出来上がっている。
그는 천성이 꼼꼼하다.

あの人はもう出来上がっている。
저 사람은 벌써 거나하게 취해 있다.

□ **出来(でき)る** (일, 무엇이) 생기다, 생성되다, 성립되다, 일어나다, 발생하다, 수중에 들어오다, 만들어지다, 완성되다, 할 수 있다, 잘하다, 출중하다, (증권거래소에서) 매매가 성립되다

男の子が出来た。사내아이가 태어났다.

新しい政党が出来る。새로운 정당이 생기다.

用事が出来る。볼일이 생기다.

金が出来たら飲みに行こう。돈이 생기면 술 마시러 가자.

木で出来た机。나무로 된 책상.

宿題が出来た。숙제가 다 됐다.

彼なら出来る。그 사람이라면 할 수 있다.

３か国語が出来る。3개 국어를 할 줄 알다.

出来た男。훌륭한 남자.

株の取引が出来る。주식의 매매 거래가 성립되다.

□ **出迎(でむか)える** 마중 나가다

父を駅に出迎える。역에 아버지를 마중 나가다.

□ **照(て)る** (해, 달이) 비치다, (날이) 개다, 빛나다 ▶ 1그룹 활용

月が照る。달이 비치다.

照る日も降る日も。갠 날도 궂은 날도.

照る紅葉。(아름답게) 빛나는 단풍.

□ **出(で)る** 나가다, 팔리다, 출석하다, 참가하다, 졸업하다, 다다르다, 나서다, 나아가다, 출판되다, 나다, 솟아 나오다, 일다, 태도를 보이다, 넘쳐흐르다, 초과하다, 넘다, 나타나다, 생기다, 비롯되다, 받다, 얻다, 우러나다

庭に出る。뜰로 나가다.

よく出る品。잘 팔리는 물건.

会社に出る。회사에 나가다.

旅行に出る。여행을 떠나다.

大学を出る。대학을 나오다(졸업하다).

右に行けば駅に出る。오른쪽으로 가면 역에 이른다.

選挙に出る。선거에 출마하다.

一歩前に出る。한 걸음 앞으로 나오다.

新聞に出る。신문에 나다.

腹が出る。배가 나오다.

火が出る。불이 나다.

彼がどう出るか見ものだ。그가 어떻게 나올지가 볼 만하다.

涙が出る。눈물이 나오다.

３人を出るかもしれない。세 사람을 넘을지도 모른다.

落し物が出た。분실물이 나왔다.

やる気が出る。할 마음이 나다.

お暇が出る。휴가를 얻다. 해고당하다.

よく茶が出る。차 맛이 잘 우러나다.

と

□ **問(と)う** 묻다, 밝혀 따지다, 문제 삼다

賛否を問う。찬부를 묻다.

責任を問う。책임을 묻다.

性別を問わない。성별을 문제 삼지 않다.

年齢を問わず出願出来る。연령을 불문하고 출원할 수 있다.

□ **通(とお)す** 통하게 하다, (손님을) 안으로 들이다, 통과시키다, 꿰다, 조리를 세우다, (주장, 고집을) 관철하다, 끝까지 계속하다, 전체를 훑어보다

町まで鉄道を通す。시내까지 철도를 놓다.

客を応接間に通す。손님을 응접실로 안내하다.

車を通す。차를 통과시키다.

針に糸を通す。바늘에 실을 꿰다.

筋を通して話せ。조리를 세워 이야기해라.

独身で通す。계속 독신으로 지내다.

書類にざっと目を通す。서류를 대충 훑어보다.

□ **通(とお)り掛(か)かる** (우연히 그 곳을) 지나가다, 마침 지나가다

通り掛かった船に救助される。
마침 지나가는 배에 구조되다.

□ **通(とお)り過(す)ぎる** 지나쳐 가다, 통과하다

夕立が通り過ぎる。소나기가 지나가다.

□ **通(とお)る** 통과하다, 개통하다, 곧게 뻗어 있다, 조리가 서다, 실

내에 들어가다, 꿰어지다, 통과되다, 합격하다, 통용되다, (널리) 알려지다, 소리가 멀리까지 잘 들리다

電話が通る。전화가 개통[개설]되다.

鼻筋の通った面長の顔立ち。콧날이 선 갸름한 얼굴.

筋の通った発言。조리가 선 발언.

奥までお通りください。안으로 들어오십시오.

糸が針穴に通る。실이 바늘구멍에 꿰어지다.

論文が通る。논문이 통과되다.

会場の隅々まで通る声。
회장 안 구석구석까지 잘 들리는 목소리.

□ **溶(と)かす** (물에) 녹이다

薬を水の中で溶かす。약을 물에 풀다.

□ **尖(とが)る** 뾰족해지다, 예민해지다, 토라지다, 골내다

先の尖った靴。끝이 뾰족한 구두.

神経が尖る。신경이 예민해지다.

あの人はこの頃すぐ尖る。저 사람은 요즘 골을 잘 낸다.

□ **溶(と)く** (액체 따위에 섞어서) 풀다

卵を溶く。달걀을 풀다.

小麦粉を水で溶く。밀가루를 물에 개다.

□ **解(と)く** (매듭을) 풀다, 봉한 것을 뜯다, 벗다, 흐트러진 것을 정돈하다, 감정의 응어리를 없애다, 해제하다, 답을 내다, 해석하다

帯を解く。허리띠를 풀다.

旅装を解く。여장을 풀다.

封を解く。개봉하다.

もつれた糸を解く。헝클어진 실을 풀다.

誤解を解く。오해를 풀다.

契約を解く。계약을 해제[해약]하다.

方程式を解く。방정식을 풀다.

□ **退(ど)く** 물러나다, 비키다〈자동사〉

⇔ **退(ど)ける** 〈타동사〉

そこを退いてくれ。거기를 비켜다오.

□ **溶(と)け込(こ)む** (녹아서) 완전히 섞이다, 융화하다

この洗剤はなかなか水に溶け込まない。
이 세제는 좀처럼 물에 잘 녹지 않는다.

新しい職場に溶け込む。새 직장에 융화되다.

□ **溶(と)ける** 녹다

砂糖が水に溶ける。설탕이 물에 녹다.

□ **解(と)ける** 풀어지다, 해소되다, 해제되다, 해직되다, (문제, 의문이) 풀리다

靴ひもが解ける。구두 끈이 풀리다.

誤解が解ける。오해가 풀리다.

制限が解ける。제한이 풀리다.

役目が解ける。직책이 해제되다.

謎が解ける。수수께끼가 풀리다.

□ **退(ど)ける** 치우다, 비키다, 물리치다〈타동사〉

⇔ **退(ど)く** 〈자동사〉

石を退けて座る。돌을 치우고 앉다.

車を退けてください。차를 치워 주세요.

□ **閉(と)じる** (열린 것이) 닫히다, 끝나다, (눈을) 감다, 덮다, (계속하던 일을) 끝내다, (입을) 다물다

水門が閉じる。수문이 닫히다.

会議が閉じる。회의가 끝나다.

目を閉じる。눈을 감다.

本を閉じる。책을 덮다.

店を閉じる。가게를 닫다[그만두다].

口を閉じる。입을 다물다.

□ **届(とど)く** 도달하다, (소원이) 이루어지다, (상대를 위하는 마음이) 세세한 곳까지 미치다

声が届く。목소리가 미치다.

手紙が届く。편지가 닿다.

願いが届く。소원이 이루어지다.

世話が届く。세세한 곳까지 보살피다.

注意がよく届く。주의가 두루 잘 미치다.

□ **届(とど)ける** 보내 주다, (관청 등에) 신고하다

荷物を届ける。짐을 보내 주다.

市役所に届ける。시청에 신고하다.

□ **整(ととの)う** 정돈되다, 구비되다, 갖추어지다, 성립되다, 이루어지다

整った文章。잘 다듬어진 문장.

条件が整う。조건이 구비되다.

両国の通商条約が整った。양국의 통상조약이 성립되었다.

□ **留(とど)まる** (한곳에서) 움직이지 않다, 머물다, 뒤에 남다, 멈추다, (범위 내에) 그치다 참 留(とま)る

国に留まる。고국[고향]에 머물다.

時間は留まることなく進む。
시간은 멈추지 않고 지나간다.

海外に留まる。해외에 머무르다.

現地に留まる。현지에 남다[묵다].

涙が留まらない。눈물이 멈춰지지 않는다.

叫ぶだけに留まる。외치는 것만으로 그치다.

□ **飛(と)ばす** 날리다, 빨리 몰다, 튀기다, 급히 파견하다, 건너뛰다, (무책임한 말을) 내뱉다

風船を飛ばす。풍선을 날리다.

全速力で車を飛ばす。전속력으로 차를 몰다.

自動車が泥水を飛ばす。자동차가 흙탕물을 튀기다.

記者を事故現場に飛ばす。
기자를 사고현장으로 급히 파견하다.

分からないところを飛ばして読む。
모르는 곳을 건너뛰고 읽다.

冗談を飛ばす。농담을 지껄이다.

やじを飛ばす。야유를 퍼붓다.

デマを飛ばす。유언비어를 퍼뜨리다.

□ **飛(と)び込(こ)む** 뛰어들다

海に飛び込む。바다에 뛰어들다.

□ **飛(と)び出(だ)す** 뛰어나가다[뛰어나오다], 튀어나오다, (별안간, 갑자기) 나타나다, 급히 거기에서 나오다

部屋から飛び出す。방에서 뛰어나가다.

床に釘が飛び出している。마루에 못이 튀어나와 있다.

子供が路地から飛び出す。아이가 골목에서 톡 뛰어나오다.

組織を飛び出す。조직에서 뛰쳐나오다.

□ **飛(と)ぶ** (하늘을) 날다, 날아가다[날아오다], 흩날리다, 급히 달려가다[달려오다], (소문이) 퍼지다, 건너뛰다, 튀다

鳥が空を飛ぶ。새가 하늘을 날다.

ハワイに飛ぶ。하와이로 날아가다.

木の葉が飛ぶ。나뭇잎이 흩날리다.

飛んで帰る。급히 돌아가다[돌아오다].

噂が飛ぶ。소문이 퍼지다.

ページが飛ぶ。페이지가 빠지다.

泥が飛ぶ。흙탕물이 튀다.

□ **跳(と)ぶ** 뛰다, 도약하다, 뛰어넘다

階段を跳んで降りる。계단을 뛰어내리다.

跳び箱を跳ぶ。뜀틀을 뛰어넘다.

□ **止(とま)る** 멈추다, (통하던 것이) 끊어지다

笑いが止まらない。웃음이 멎지 않다.

時計が止まる。시계가 서다.

ガスが止まる。가스가 끊어지다.

□ **留(と)まる** 머물다, 고정되다, (새가) 앉다, 쉬다, (눈, 귀에) 띄다, 들어오다, (인상, 감각이) 뒤에까지 남다 ㊟ 留(とど)まる

日本に一週間留まる。일본에 1주일간 머물다.

鉄板はボルトで留まっている。
철판은 볼트로 고정되어 있다.

鳥が木の枝に留まる。새가 나뭇가지에 앉다.

耳に留まる。귀에 들어오다[들리다].

目に留まる。눈에 띄다.

いつまでも心に留まる。언제까지나 마음에 남다.

□ **泊(とま)る** 묵다, 숙박하다, 정박하다

旅館に泊まる。여관에 묵다.

港に泊まる。항구에 정박하다.

□ **止(と)める** 멈추다, (가스, 수도의) 공급을 끊다, (가스, 수도를) 잠그다, 막다, 말리다, 단념시키다

車を止める。차를 멈추다.

ガスを止める。가스의 공급을 끊다. 가스를 잠그다.

電気を止める。전기 공급을 멈추다. 전기를 끄다.

通行を止める。통행을 막다.

けんかを止める。싸움을 말리다.

受験を止める。시험을 못 치르게 하다.

□ **留(と)める** 만류하다, 고정시키다, 꽂다, (마음에) 두다[새기다]

出発を無理に留める。출발을 무리하게 막다.

辞職を留める。사직을 말리다.

ボタンを留める。단추를 채우다.

髪をピンで留める。머리를 핀으로 꽂다.

心に留める。마음에 새기다.

目に留める。눈여겨보다.

気に留めない。개의치 않다.

□ 泊(と)める 숙박시키다, 정박시키다

旅行者を泊める。여행자를 재우다.

船を港に泊める。배를 부두에 정박시키다.

□ 伴(ともな)う 함께 가다, 동반하다, 어울리다, 따르다, 수반하다

先生に伴って行く。선생님을 따라서 가다.

生徒を伴って出掛ける。학생을 데리고 나서다.

収入に伴わない生活。수입에 어울리지 않는 생활.

この仕事は危険が伴う。이 일는 위험이 따른다.

□ 捕(とら)える・捉(とら)える 붙잡다, 붙들다, 받아들이다, 파악하다

犯人を捕える。범인을 붙잡다.

なわの端を捕える。밧줄 끝을 붙들다.

文章の意味を捕える。문장의 의미를 파악하다.

捕え方の違いで同じものが違って解釈される。
받아들이는 방식의 차이로 같은 것이 다르게 해석된다.

□ 取(と)り上(あ)げる 집어 들다, 빼앗다, 거둬들이다, (신청, 의견을) 받아들이다, 문제 삼다, 해산(解産)을 돕다

落とした品を取り上げる。떨어뜨린 물건을 집어 들다.

税を取り上げる。세금을 거둬들이다.

本を取り上げる。책을 빼앗다.

辞表を取り上げる。사표를 받아들이다.

取り上げるに足りない。문제 삼을 것이 못 되다.

この子は産婆さんに取り上げてもらった。
이 아이는 조산원이 받아주었다.

□ 取(と)り入(い)れる 안에 넣다, 받아들이다, 도입하다, (곡식을) 거둬들이다

洗濯物を取り入れる。빨랫감을 걷어 들이다.

外国の文化を取り入れる。외국의 문화를 받아들이다.

麦を取り入れる。보리를 거둬들이다.

□ 取(と)り替(か)える 바꾸다, 교환하다

材料を取り替える。재료를 바꾸다.

靴の底を取り替える。구두창을 갈다.

□ 取(と)り消(け)す 취소하다

発言を取り消す。발언을 취소하다.

□ 取(と)り出(だ)す 꺼내다, 끄집어내다

袋から菓子を取り出す。봉투에서 과자를 꺼내다.

□ 取(と)る 잡다, 취하다, 받다, 벗다, 빼앗다, 하다, 맡다, 받아들이다, 맞추다, 구독하다, (사위, 며느리를) 맞다, 죽이다, 주문하다, (자격을) 따다, 나누어 담다, 징수하다.

手に取って見る。손에 들고 보다.

取るに足りない。취할 바가 못 되다. 하찮다.

名を捨てて実を取る。명예를 버리고 실리를 취하다.

注文を取る。주문을 받다.

眼鏡を取る。안경을 벗다.

泥棒が金を取る。도둑이 돈을 훔치다.

ノートを取る。노트를 하다. 필기하다.

明日の席を取る。내일 좌석을 예약하다[잡아 두다].

責任を取る。책임을 지다.

悪意に取る。악의로 받아들이다.

機嫌を取る。비위를 맞추다.

新聞を取る。신문을 받아 보다.

嫁を取る。며느리를 맞다. 장가들다.

命を取る。목숨을 빼앗다. 죽이다.

蕎麦を取る。메밀국수를 주문하다.

免許を取る。면허를 따다[취득하다].

おかずを小皿に取る。반찬을 작은 접시에 덜어 담다.

罰金を取る。벌금을 징수하다.

□ 撮(と)る (사진을) 찍다

写真を撮る。사진을 찍다.

□ 採(と)る 뽑다, 채택하다, 높이 사다, 빼내다, (원료, 재료로) 만들어 내다

血を採る。피를 뽑다.

決を採る。채결하다.

彼の才能より努力を採る。그의 재능보다 노력을 높이 사다.

鉱石から金属を採る。광석에서 금속을 뽑아내다.

ぶどうから酒を採る。포도에서 술을 만들어내다.

□ 捕(と)る 잡다, 체포하다

ねずみを捕る。쥐를 잡다.

□ 取(と)れる 떨어지다, 없어지다, (균형, 조화가) 잡히다, (시간이) 걸리다, 수확되다, 받아들여지다, 해석되다

ボタンが取れてしまった。단추가 떨어져 버렸다.

熱が取れる。열이 없어지다.

釣り合いが取れる。균형이 잘 잡혀 있다.

手間の取れる仕事。시간이 걸리는 일.

米がたくさん取れる。쌀이 많이 수확되다.

この文は反対の意味にも取れる。
이 글은 반대의 뜻으로도 해석된다.

な

□ **治(なお)す** 치료하다

風邪を治す。감기를 고치다.

病人を治す。환자를 치료하다.

□ **直(なお)す** 고치다, 정정하다, 수선·수리하다, 바꾸다, 회복하다, 돌이키다, 번역하다, 환산하다, 다시 ~하다

文章を直す。문장을 고치다.

服装を直す。복장을 고치다.

壊れた時計を直す。고장난 시계를 고치다.

計画を直す。계획을 바꾸다.

二人の仲を直す。두 사람의 사이를 회복시키다.

日本語を英語に直す。일본어를 영어로 번역하다.

ドルを円に直す。달러를 엔으로 환산하다.

□ **治(なお)る** (병이) 낫다, 고쳐지다, 치유되다

病気が治る。병이 낫다.

□ **直(なお)る** (물건이) 고쳐지다, 수선[수리]되다, 회복[복구]되다, 바꾸어[옮겨] 앉다

文章が直る。문장이 고쳐지다.

壊れた道が直る。무너진 길이 고쳐지다.

相場が直る。시세가 회복되다.

一等席へ直る。1등석으로 옮겨 앉다.

□ **流(なが)す** 흘리다, 휩쓸려가다, 씻어내다, (없었던 것으로) 잊어버리다, (소문을) 퍼뜨리다, 유배시키다, (안마사, 악사, 택시가) 손님을 찾아 돌아다니다, 유산시키다, 몰래 넘겨주다

血を流す。피를 흘리다.

雪崩に流される。눈사태에 휩쓸려가다.

背中を流す。등을 씻어내다.

過去のことを水に流す。과거의 일을 없었던 것으로 하다.

デマを流す。유언비어를 퍼뜨리다.

離れ島に流す。외딴 섬으로 유배시키다.

流している車を拾う。손님을 찾아 돌아다니고 있는 차를 잡다.

胎児を流す。태아를 유산시키다.

秘密のデータを流す。비밀 데이터[자료]를 몰래 넘겨주다.

□ **長引(ながび)く** 질질 끌다, 지연되다

戦争が長引いた。전쟁이 오래 지속되었다.

交渉が長引く。교섭이 지연되다.

□ **眺(なが)める** 물끄러미 보다, 전망[조망]하다, 방관하다

父の写真を眺める。아버지의 사진을 바라보다.

気色を眺める。경치를 바라보다(조망하다).

眺めてばかりいないで、少しは手伝え。
보고만 있지 말고 좀 거들어라.

□ **流(なが)れる** 흐르다, 흘러가다, 떠내려가다, 경과하다, 흘러가다, 퍼지다, 흘러나오다, 들려오다, 벗어나다, 떠돌아다니다, 유랑하다, 치우치다, 중지되다, 취소되다, 유산되다, (순조롭게) 진행되다

汗が流れる。땀이 흐르다.

橋が流れる。다리가 떠내려가다.

10年という歳月が流れた。10년이라는 세월이 흘렀다.

噂が流れる。소문이 퍼지다.

隣からピアノの音が流れてくる。
이웃에서 피아노 소리가 흘러나오다.

ボールは大きく右に流れた。공은 크게 오른쪽으로 벗어났다.

諸国を流れ歩く。여러 지방(여러 나라)을 떠돌아 다니다.

人間は楽な方に流れるものだ。
인간은 편한 쪽으로 치우치는 법이다.

雨のために試合が流れた。비 때문에 시합이 중지되었다.

お腹の子が流れる。뱃속의 아이가 유산되다.

作業がスムーズに流れている。
작업이 순조롭게 진행되고 있다.

□ **泣(な)く** (사람이) 울다, 고생하다, 시달리다, (무리나 손해를) 참다, (손해를 각오하고) 값을 할인하다, 명실상부하지 않다

泣く子は育つ。아이는 울면서 자란다.

一円を笑う者は一円に泣く。
1엔을 깔보는 사람은 1엔에 운다[쓰라린 경험을 하게 된다].

ここは一つ泣いてもらおう。
이번에는 한 번 (손해 본 셈치고) 참아 주게.

今度は私の方で泣きましょう。
이번엔 제가 손해 보지요[참겠소].

看板が泣く。간판이 울다. 명성에 걸맞지 않다.

□ **鳴(な)く** (새, 벌레, 짐승이) 울다

秋の夜に虫が鳴いている。가을밤에 벌레가 울고 있다.

□ **慰(なぐさ)める** 위로하다, 달래다

病人を慰める。병자를 위로하다.

絵で心を慰める。그림으로 마음을 달래다.

□ **亡(な)くす** 잃다, 여의다

両親を亡くす。양친을 잃다.

□ **無(な)くす** 없애다, 잃다

交通事故を無くす。교통사고를 없애다.

財産を無くす。재산을 잃다.

□ **亡(な)くなる** 죽다. 「死(し)ぬ 죽다」의 공손어. 완곡한 표현

恩師が亡くなりました。은사가 죽었습니다(돌아가셨습니다).

□ **無(な)くなる** 없어지다, 보이지 않게 되다, 다 떨어지다

帽子が無くなる。모자가 없어지다.

財布の金が無くなる。지갑의 돈이 다 떨어지다.

□ **殴(なぐ)る** 세게 때리다, 아무렇게나 ~하다

頭を殴る。머리를 세게 때리다.

書きなぐる。휘갈겨 쓰다.

□ **投(な)げる** 던지다, (이야기를) 제공하다, (씨름, 유도에서) 상대방을 쓰러뜨리다, 버리다, 투신하다, 포기하다, 단념하다, 쏟다, 건성으로 하다, (상품, 주식을) 투매하다, 싸게 팔다

ボールを投げる。공을 던지다.

話題を投げる。화제를 던지다.

腕をつかんで投げる。팔을 잡고 메치다.

ごみを川に投げると罰せられる。
쓰레기를 강에 버리면 처벌 받는다.

政界に身を投げる。정계에 투신하다.

匙を投げる。숟가락을 던지다[포기하다]. (의사가 이 환자는 살릴 수 없다고 단념하여 조제용 약 숟가락을 내던진다는 뜻임)

月が光を投げている。달이 빛을 비추고 있다.

役者が舞台を投げている。배우가 무대를 소홀히 하고 있다.

株を投げる。주식을 투매하다.

□ **なさる** 하시다. 「する 하다」의 존경어

テニスをなさる。테니스를 하시다.

□ **為(な)す** 하다, 행하다

善を為す。선을 행하다.

為すところを知らず。어찌할 바를 모르다.

□ **成(な)す** 이루다, 형성하다, 다른 상태로 바꾸다

大事を成す。큰일을 이루다.

まだ形を成していない。아직 형태를 이루고 있지 않다.

災いを転じて福と成す。전화위복하다.

□ **撫(な)でる** 쓰다듬다, 어루만지다, 살짝 스쳐가다, 빗질하다

子供の頭を撫でる。아이의 머리를 쓰다듬다.

夜風がほおを撫でる。밤바람이 뺨을 스치다.

髪を撫でる。머리를 빗질하다.

□ **怠(なま)ける** 게으름을 피우다, (일, 공부, 청소당번, 집안일을) 소홀히 하다

勉強を怠ける。공부를 소홀히 하다.

仕事を怠ける。일을 소홀히[태만히] 하다.

☞ **怠(おこ)たる** 게으름 피우다, (주의, 준비, 대책, 배려, 경계, 경비, 노력, 의무 등을) 소홀히 하다, 태만히 하다

注意を怠ける。주의를 태만히[소홀히] 하다.

義務教育を怠ける。일을 소홀히[태만히] 하다.

☞상대를 존경하는 대상으로 보고 있는 느낌.

□ **悩(なや)む** 고민하다, 번민하다, 시달리다, 고생하다

恋に悩む。사랑에 번민하다.

神経痛に悩む。신경통으로 고생하다.

□ **習(なら)う** 연습하다, 익히다, 배우다

先生に習う。선생님에게 배우다.

テープで歌を習う。테이프로 노래를 연습하다.

習うより慣れろ。남에게 배우기보다 스스로 익혀라.

□ **倣(なら)う** 모방하다, 따르다

前例に倣う。전례를 따르다.

□ **鳴(な)らす** 울리다, 소리 내다, (명성, 평판을) 떨치다, 강하게 주장하다, 책망하다

鐘を鳴らす。종을 울리다.

一時は鳴らしたものだ。한때는 날리기도 했다.

人の非を鳴らす。남의 잘못을 책망하다.

不平を鳴らす。투덜거리다.

□ **並(なら)ぶ** 늘어서다, 병행하다, 견주다, 필적하다, (두 개의 뛰어난 것이) 동시에 존재하다

店が並ぶ。가게가 늘어서다.

並んで走る。나란히 달리다.

彼に並ぶ者がない。그에게 견줄 자가 없다.

才色並び備わる。재색을 아울러 갖추다.

□ **並(なら)べる** 늘어놓다, 나란히 하다, 열거하다

一列に並べる。한 줄로 늘어놓다(세우다).

肩を並べる。어깨를 나란히 하다. 필적하다.

証拠を並べる。증거를 열거하다.

□ **生(な)る** 열리다, 맺히다

柿が生る。감이 열리다.

□ **成(な)る** (행위의 결과로) 되다, 이루어지다, ~로 되다, 성취되다

為せば成る。하면 된다.

国会は二院より成っている。국회는 양원으로 되어 있다.

願いが成る。소원이 이루어지다.

□ **鳴(な)る** 울리다, 소리 나다, 널리 알려지다

鐘が鳴る。종이 울리다.

温厚をもって鳴る金子君。온후한 성품으로 알려진 金子군.

□ **慣(な)れる** 익숙해지다, 길들다, 습관이 되다

新しい仕事に慣れる。새로운 일에 익숙해지다.

靴が足に慣れる。구두가 발에 길들다.

パン食に慣れる。빵 식사가 습관이 되다.

□ **馴(な)れる** 친숙해지다, 따르다

子供が先生に馴れる。어린이가 선생님과 친해지다.

その猫は私によく馴れている。
그 고양이는 나를 잘 따르고 있다.

に、ぬ

□ **似合(にあ)う** 어울리다, 조화되다

洋服が似合う。양복이 어울리다.

こちらのが一層よく似合う。이쪽 것이 한층 더 잘 어울리다.

□ **煮(に)える** 삶아지다, 익다, 물이 끓다, 화가 나다

魚がほどよく煮える。생선이 알맞게 익다.

お湯が煮える。물이 끓다.

心が煮える。(화가 나서) 속이 부글부글 끓다.

□ **匂(にお)う** (좋은) 냄새가 나다, 향기가 나다, 아름답게 비치다, (어쩐지) 그런 분위기가 느껴지다

梅の花が匂う。매화의 향기가 풍기다.

庭には冬の日光が匂っている。
정원에는 겨울의 햇살이 빛나고 있다.

婚約したんでしょう。隠してもぷんぷん匂うわ。
약혼했지요? 숨겨도 폴폴 냄새가 나요.

□ **臭(にお)う** 악취가 나다, (범죄의) 낌새가 풍기다

ガスが臭う。가스 냄새가 나다.

事件の真相が臭ってきた。사건의 진상이 드러나기 시작하다.

□ **逃(に)がす** 놓아주다, 놓치다

かごの鳥を逃がす。새장의 새를 놓아주다.

逃がした魚は大きい。놓친 물고기는 더 크게 느껴진다.

□ **握(にぎ)る** (주먹을) 쥐다, (손으로) 쥐다, 잡다, (사람의 마음이나 비밀, 약점을) 쥐다, 잡다, 수중에 넣다, 자기 것으로 만들다, 주먹밥을 만들다 ▶ 1그룹 활용

こぶしを握る。주먹을 쥐다.

ハンドルを握る。핸들을 잡다.

弱みを握られる。약점을 잡히다.

実権を握る。실권을 잡다.

もう一つ握りましょうか。하나 더 만들어 드릴까요?

□ **憎(にく)む** 미워하다

罪を憎んで人を憎まず。죄를 미워하되 사람을 미워하지 않다.

□ **逃(に)げる** 도망치다, 회피하다, (경마, 경기에서) 따라잡히기 전에 이기다

慌てて逃げる。당황해서 도망치다.

いやな仕事を逃げる。싫은 일을 피하다(거절하다).

ゴールまで逃げる。골까지 달아나다.

□ **濁(にご)る** 탁하게 되다, 흐려지다, 탁음이 되다

濁った世の中。혼탁한 세상.

雨のため川が濁った。비 때문에 강물이 흐려졌다.

「か」が濁って「が」になる。
「か」에 탁음 부호가 붙어 「が」가 되다.

□ **睨(にら)む** 쏘아보다, 노려보다, 감시하다, 주시하다, 짐작하다, 점찍다

すごい目で睨む。무서운 눈초리로 노려보다.

先生に睨まれている。선생님에게 감시당하고 있다.

情勢を睨む。정세를 주시하다.

怪しいと睨む。수상쩍게 보다.

この辺りだと睨んだ。이 부근이라고 짐작했다.

□ **煮(に)る** 익히다, 삶다, 조리다

大根を煮る。무를 삶다.

牛肉をじっくり煮る。쇠고기를 푹 삶다.

煮ても焼いても食えない。
삶아도 구워도 먹을 수 없다[이러지도 저러지도 못하다, 어찌할 도리가 없다]

□ **似(に)る** 닮다, 비슷하다

父に似ている。아버지를 닮았다.

似た話を聞いたことがある。비슷한 이야기를 들은 적이 있다.

□ **縫(ぬ)う** 꿰매다, 수를 놓다, 누비고 나아가다

傷口を縫う。상처를 꿰매다.

模様を縫う。무늬를 수놓다.

人波を縫って行く。인파를 누비고 가다.

□ **抜(ぬ)く** 뽑다, 골라내다, (불필요한 것을) 없애다, 훔치다, 줄이다, 거르다, 대상에 넣지 않다, 앞지르다, 함락시키다, 끝까지 ~하다, 몹시 ~하다

髪の毛を抜く。머리카락을 뽑다.

カードを抜く。가트를 골라 뽑다.

草を抜く。잡초를 뽑다.

人の財布を抜く。남의 지갑을 빼내다.

手を抜く。일을 겉날리다[빼먹다].

名簿から抜く。명부에서 빼다.

前の車を抜く。앞차를 앞지르다.

城を抜く。성을 함락시키다.

走り抜く。끝까지 달리다.

困り抜く。몹시 난처하다.

□ **脱(ぬ)ぐ** 벗다

服を脱ぐ。옷을 벗다.

一肌脱ぐ。(남을 위해) 발 벗고 나서다.

□ **抜(ぬ)ける** 빠지다, 누락하다, 없어지다, 사라지다, 줄어들다, 빠져나가다, 함락되다, 몰래 도망치다

歯が抜ける。이가 빠지다.

名簿に名前が抜けている。명부에 이름이 누락되어 있다.

気が抜ける。기운[맥]이 빠지다.

部員が3名抜けた。부원이 3명 줄어들었다.

トンネルを抜ける。터널을 빠져나가다.

間が抜ける。얼이 빠지다.

城が抜ける。성이 함락되다.

島を抜ける。섬을 몰래 도망치다.

□ **盗(ぬす)む** 훔치다, 속이다, 남의 작품을 도작(盜作)하다, 표절하다

財布を盗む。지갑을 훔치다.

人の目を盗む。남의 눈을 속이다.

人の論文を盗む。남의 논문을 표절하다.

□ **濡(ぬ)らす** 적시다

手を水に濡らす。손을 물에 적시다.

□ **塗(ぬ)る** 칠하다, 화장을 하다, (죄, 책임을) 덮어씌우다

ペンキを塗る。페인트를 칠하다.

おしろいを塗る。분을 바르다.

人に罪を塗る。남에게 죄를 덮어씌우다.

□ **濡(ぬ)れる** 젖다

雨に濡れる。비에 젖다.

びっしょり濡れる。흠뻑 젖다.

ね、の

□ **願(ねが)う** 바라다, 원하다, 기원하다, 빌다

援助を願う。원조를 바라다.

無事を願う。무사하기를 빌다.

家内安全を願う。집안의 안녕을 빌다.

□ **捩(ねじ)る·捻(ねじ)る** 뒤틀다, 쥐어짜다, 틀다, 죄다

▶ 1그룹 활용

体を捻って恥ずかしがる。몸을 비비 꼬면서 부끄러워하다.

手ぬぐいを捻る。수건을 쥐어짜다.

瓶の蓋を捻る。병뚜껑을 비틀어 돌리다.

ドライバーで捻って止める。드라이버로 죄어 고정시키다.

□ **熱(ねっ)する** 뜨겁게 하다, 뜨거워지다, 열중하다, 흥분하다

鉄を熱する。쇠를 달구다.

熱しやすい金属。쉽게 달구어지는 금속.

討論が熱する。토론이 열기를 띠다.

□ **眠(ねむ)る** 잠자다, 죽다, (능력, 가치가) 활용되지 않고 있다

ぐっすり眠る。푹 잠들다.

地下に眠る友。지하에 잠든 친구.

銀行に眠っている金。은행에 잠자고 있는 돈.

□ **狙(ねら)う** 겨누다, 노리다

的を狙う。과녁을 겨누다.

高い地位を狙う。높은 지위를 노리다.

優勝を狙う。우승을 노리다.

□ **寝(ね)る** 잠자다, 드러눕다, 숙박하다, 몸져눕다, (자본, 상품이) 놀다, 묵다

5時間寝る。5시간 자다.

寝ながら雑誌を読む。드러누워서 잡지를 읽다.

今夜はここに寝る。오늘밤은 여기에서 묵는다.

金が寝ているとはもったいない。
돈이 묵고 있다니 아깝다.

□ **残(のこ)す** 남기다, 후세에 전하다, 돈을 모으다, 여유를 만들다, (씨름에서) 견디어내다

食べ物を残す。음식을 남기다.

名を残す。이름을 남기다.

財産を残す。재산을 남기다.

かろうじて残す。겨우 버티어내다[견디어내다].

□ **残(のこ)る** 남다, 여분이 있다, 후세에 전해지다, (씨름에서) 버티다

雪が残っている。눈이 남아 있다.

不満が残る。불만이 남다.

歴史に残る。역사에 남다.

土俵際でよく残った。
씨름판의 경계에서 위태로운 지경을 잘 버티었다.

□ **乗(の)せる** 태우다, 속여 넘기다, 가락에 맞추다, 가입시키다, 참가시키다

人を汽車に乗せる。사람을 기차에 태우다.

彼にうまく乗せられた。그에게 감쪽같이 속았다.

リズムに乗せる。리듬에 맞추다.

一口乗せてくれ。한몫 끼워 줘.

□ **載(の)せる** (위에) 놓다[얹다], 싣다, 게재하다, 기록하다

本を机に載せる。책을 책상 위에 얹다.

論文を雑誌に載せる。논문을 잡지에 싣다.

□ **除(のぞ)く** 제거하다, 없애다, 제외하다, 죽이다

不安を除く。불안을 없애다.

未経験者を除く。미경험자를 제외하다.

邪魔者を除く。방해자를 죽이다.

□ **覗(のぞ)く** 엿보다, 들여다보다, (몸을 내밀고) 아래로 내려다보다, 잠깐 들르다, 잠깐 들여다보다, (남의 비밀을) 엿보다, 훔쳐보다, (일부분만) 밖에 나타나다

塀の穴から覗く。담 구멍으로 들여다보다.

谷底を覗く。골짜기 밑을 내려다보다.

古本屋を覗く。헌 책방에 잠깐 들러 보다.

子供の教科書を覗いてみる。어린이 교과서를 잠시 알아보다.

隣の部屋をちょっと覗いてみた。옆방을 슬쩍 엿보았다.

下着が覗いている。속옷이 살짝 보인다.

□ **望(のぞ)む** 바라다, 희망하다, 바라다보다, 조망하다, 따르다, 흠모하다

平和な社会を望む。평화로운 사회를 바라다.

大空を望む。넓은 하늘을 바라다보다.

その徳を望む。그 덕을 흠모하다.

□ **延(の)ばす** (시일을) 연장[지연]시키다, 연기하다, (물을 타서) 묽게 하다

会議を延ばす。회의를 연장[지연]시키다.

締切りを延ばす。마감을 연기하다.

のりを延ばす。풀을 묽게 하다.

□ **伸(の)ばす** 펴다, 성장시키다, 자라게 하다, 늘리다, 때려눕히다

しわを伸ばす。주름을 펴다.

腰を伸ばす。허리를 펴다.

勢力を伸ばす。세력을 넓히다[신장시키다].

ひげを伸ばす。수염을 기르다.

売り上げを伸ばす。매상을 늘리다.

一発で伸ばすぞ。한방으로 때려눕히겠다.

□ **延(の)びる** 길어지다, 늘어지다, 연기[지연]되다, 탄력이 없어지다, 잘 퍼지다, (위기에서) 벗어나다

鉄道が延びる。철도가 연장되다.

来週に延びる。다음 주로 연기되다.

蕎麦が延びる。국수가 불다[퍼지다].

ゴムひもが延びる。고무줄이 늘어나다.

絵の具がよく延びる。그림물감이 잘 퍼지다.

生き延びる。연명하다.

□ **伸(の)びる** 자라다, 발전하다, 향상하다, 증가하다, 뻗치다, 미치다, (구애받지 않고) 느긋하다

背が伸びる。키가 자라다.

英語の力が伸びる。영어 실력이 향상하다.

相場が伸びる。시세가 오르다.

一撃で伸びてしまった。일격에 뻗어 버렸다.

調査の手が伸びる。조사의 손이 뻗치다.

気分が伸びる。기분이 느긋하다.

□ **述(の)べる** 말하다, 진술하다, 기술하다

意見を述べる。의견을 진술하다.

次のように述べている。다음과 같이 서술하고 있다.

□ **登(のぼ)る** (높은 곳으로) 오르다, 올라가다

山に登る。산에 오르다.

演壇に登る。연단에 오르다.

□ **上(のぼ)る** 오르다, 올라가다, 상경하다, ~에 달하다, ~에 오르다

北へ上る。북상하다.

川を上る。강을 올라가다.

都に上る。서울로 올라가다[상경하다].

死者が千人にも上る。사망자가 1,000명이나 된다.

話題に上る。화제에 오르다.

人の口に上る。구설수에 오르다.

□ **昇(のぼ)る** 높이 떠오르다, 지위가 오르다, 떠오르다

天に昇る。하늘에 올라가다.

地位が昇る。지위가 오르다.

日が昇る。해가 떠오르다.

□ **乗(の)り換(か)える** 갈아타다, (다른 것과) 바꾸어 가지다

電車からバスに乗り換える。전차에서 버스로 갈아타다.

利回りのいい株に乗り換える。
이윤이 좋은 주식으로 바꾸어 사다.

□ **乗(の)る** 타다, 오르다, 속다, 맞다, 어울리다, 실리다, 타다, 참여하다, 잘 묻다, (기름이) 오르다, 기회를 타다, 여세를 몰다, 마음이 내키다

バスに乗る。버스를 타다.

猫がひざの上に乗る。고양이가 무릎 위에 올라앉다.

口車に乗る。감언이설에 넘어가다.

リズムに乗って踊る。리듬에 맞추어 춤을 추다.

風に乗って聞こえてくる。바람결에 들려오다.

相談に乗る。상담에 응하다.

インクが乗る。잉크가 잘 묻다.

脂が乗った魚。기름이 오른 생선.

好調の波に乗る。호조의 기회를 타다.

この仕事はあまり気が乗らない。
이 일은 그다지 마음이 내키지 않는다.

□ **載(の)る** 놓이다, 얹히다, (신문, 잡지에) 실리다

机の上に載っている本。책상 위에 놓여 있는 책.

彼の論文が雑誌に載った。그의 논문이 잡지에 실렸다.

は

□ **入(はい)る** (밖에서) 들어오다, 참가하다, 들어가다, 자기의 소유가 되다, 접어들다, 섞이다, (부류에) 속하다, 넘어가다, 지다, 가해지다, 설치되다, 수용되다, 지각되다, 생기다 ▶ 1그룹 활용

汽車が入る。기차가 (역에) 들어오다.

仲間に入る。한패가 되다.

手に入る。손에 들어오다.

冬に入る。겨울에 접어들다.

砂糖が入る。설탕이 들어가다.

人も哺乳類に入る。사람도 포유류에 속한다.

月は西の山に入った。달은 서산으로 졌다.

先生の手が入った作文。선생님이 손질한 작문.

ガスが入る。가스가 들어가다.

６万人は入る球場。6만 명은 수용할 수 있는 구장.

頭に入る。머리에 들어오다.

ひびが入る。금이 가다.

□ **這(は)う** 기다, 붙어서 뻗어가다

赤ん坊が這うようになった。갓난아기가 기게 되었다.

つたが壁を這いのぼる。담쟁이덩굴이 벽을 타고 뻗어 가다.

□ **生(は)える** 나다

雑草が生える。잡초가 나다.

□ **剥(は)がす** 벗기다, (붙은 것을) 떼다

布団を剥がす。이불을 벗기다.

切手を剥がす。우표를 벗기다.

□ **量(はか)る・測(はか)る** (무게, 길이, 깊이, 넓이를) 재다, 달다, 측정하다

目方をはかる。무게를 달다.

□ **計(はか)る** 상의하다, 헤아리다, 세다, 계획하다

兄に計る。형과 의논하다.

真意を計りかねる。진의를 알 길이 없다.

時間を計る。시간을 재다.

実現を計る。실현을 꾀하다.

□ **掃(は)く** (비로) 쓸다

庭を掃く。정원을 쓸다.

□ **吐(は)く** 토하다, 내뿜다, 내쉬다, (생각, 감정을) 토로하다

食べ物を吐く。먹은 것을 토하다.

煙を吐く煙突。연기를 뿜는 굴뚝.

息を吐く。숨을 내쉬다.

意見を吐く。의견을 토로하다.

本音を吐く。실토하다.

□ **履(は)く** (신발, 양말을) 신다

靴下を履く。양말을 신다.

□ **はく [穿く]** (바지, 치마를) 입다

スカートをはく。스커트를 입다.

□ **運(はこ)ぶ** 운반하다, 옮기다, 진행[진척]시키다, 진행[진척]되다

机を次の部屋に運ぶ。책상을 다음 방으로 옮기다.

足を運ぶ。발길을 옮기다. 몸소 가다.

段取りをつけて仕事を運ぶ。
계획을 정해 놓고 일을 추진시키다.

工事が順調に運ぶ。공사가 순조로이 진척되다.

□ **挟(はさ)まる** (틈에) 끼이다

ドアに手が挟まる。문에 손이 끼이다.

□ **挟(はさ)む** 끼우다, 집다, 사이에 두다, 말참견하다, 품다, 듣다

鉛筆を耳に挟む。연필을 귀에 끼우다.

指で挟む。손가락으로 집다.

机を挟んで対談する。책상을 사이에 두고 대담하다.

口を挟む。말참견하다.

疑いを挟む余地がない。의심을 품을 여지가 없다.

小耳に挟む。언뜻 듣다.

□ **始(はじ)まる** 시작되다, (늘 하던 버릇이) 나타나다, (~らないの 형태로) ~해도 소용없다

新学期が始まる。새 학기가 시작되다.

また彼の子供自慢が始まった。
또 그의 자식 자랑이 시작되었다.

いまさら後悔しても始まらない。
이제 와서 후회해도 소용없다.

いくら心配しても始まらない。아무리 걱정해야 소용없다.

□ **始(はじ)める** 시작하다, (늘 하던 버릇을) 또 시작하다, ~하기 시작하다

勉強を始める。공부를 시작하다.

ほら始めるぞ、いつもの小言。
또 시작이다. 늘 하는 그 잔소리다.

本を読み始める。책을 읽기 시작하다.

□ **走(はし)る** 달리다, 달아나다, 세차게 흐르다, (하천, 길, 산맥이) 뻗다, 미끄러지듯 움직이다, (감정이) 순간적으로 스쳐 지나가다, 치우치다 ▶ 1그룹 활용

電車が走る。전철이 달리다.

彼は外国に走ったらしい。그는 외국으로 달아난 모양이다.

曲が走る。곡이 빨라지다.

南北に走る山脈。남북으로 뻗은 산맥.

すらすらとペンが走る。술술 펜이 움직이다.

痛みが走る。아픔[통증]이 스쳐가다.

感情に走る。감정에 치우치다.

□ **外(はず)す** 떼다, 벗다, 빗나가게 하다, (자리를) 뜨다, 실패하다, (~에서) 제외하다

看板を外す。간판을 떼다.

眼鏡を外す。안경을 벗다.

ボタンを外す。단추를 풀다.

質問を外す。질문을 피하다.

席を外す。자리를 뜨다.

チャンスを外す。기회를 놓치다.

試験を外す。시험에 실패하다.

予定から外す。예정에서 제외하다.

□ **外(はず)れる** 풀어지다, 빗나가다, 벗어나다, 어긋나다, 제외되다, 누락되다

ボタンが外れる。단추가 풀어지다.

天気予報が外れた。일기예보가 빗나갔다.

市街を外れる。시내를 벗어나다.

規格を外れる。규격에 어긋나다.

メンバーから外れる。멤버에서 제외되다.

□ **働(はたら)く** 일하다, 활동하다, 작용하다, 효과를 내다, 효험이 나타나다, 활용하다, 나쁜 짓을 하다

工場で働く。공장에서 일하다.

頭が働く。머리가 잘 돌아가다.

重力が働く。중력이 작용하다.

薬が働く。약이 효험을 나타내다.

5段に働く動詞。5단으로 활용하는 동사.

盗みを働く。도둑질을 하다.

□ **話(はな)し合(あ)う** 서로 이야기하다

親と話し合って決める。부모와 의논해서 정하다.

□ **話(はな)す** 말하다, (더불어) 상의하다

英語で話す。영어로 말하다.

話すに足りる。더불어 이야기할 만하다.

□ **離(はな)す** 풀다, 놓다, 떼다, (거리를) 벌리다

つなぎ目を離す。이음매를 풀다.

握った手を離す。잡은 손을 놓다.

目を離す。눈을 떼다. 시선을 옮기다.

机を壁から離して置く。책상을 벽에서 띄어 놓다.

□ **放(はな)す** 놓다, 풀어놓다, 놓아주다, (국물에) 넣다, ~한 채 내버려 두다

ハンドルから手を放す。핸들에서 손을 놓다.

捕まえた鳥を放してやる。잡은 새를 놓아 주다.

ナスを水に放す。가지를 물에 넣다.

見放す。돌보지 않다. 못 본 체 내버려 두다.

植えっ放しにする。심은 채로 버려두다.

□ **離(はな)れる** (붙어 있던 것이) 떨어지다, 거리가 멀어지다, 관계가 없어지다

足が地を離れる。발이 땅에서 떨어지다.

親と子が離れて暮す。부모와 자식이 떨어져 살다.

職を離れる。이직하다.

夫に離れる。남편과 이혼하다.

□ **放(はな)れる** (쥐거나 붙잡고 있던 것이) 놓이다[풀리다], (화살, 탄환이) 발사되다

船が放れて流れ出す。배가 풀려 떠내려가기 시작하다.

矢が弦から放れる。화살이 시위를 떠나다.

□ **跳(は)ねる** 뛰다, 튀다, 팔팔하다, 까불거리다, (그날의) 흥행이 끝나다

馬が跳ねる。말이 뛰어오르다.

泥が跳ねる。진흙이 튀다.

少し跳ねた子。조금 까불거리는 아이.

芝居が跳ねる。연극이 끝나다.

□ **省(はぶ)く** 생략하다, 줄이다, 없애다

説明を省く。설명을 생략하다.

費用を省く。비용을 줄이다.

無駄を省く。쓸데없는 것을 없애다.

□ **はめる** 끼우다, (수갑을) 채우다, 속여 넘기다, 걸려들게 하다

戸をはめる。문을 끼우다.

指輪をはめる。반지를 끼우다.

手錠をはめる。수갑을 채우다.

計略にはめる。계략에 빠뜨리다.

□ **流行(はや)る** 유행하다, 인기가 있다, 번성하다, 번창하다

今、流行っているスタイル。지금 유행하고 있는 스타일.

風邪が流行る。감기가 유행하다.

流行る店。번창하는 가게.

あの医者はよく流行る。
저 의사는 (환자가 많이 몰려) 인기가 있다.

□ **払(はら)い込(こ)む** 불입하다, 납부하다

税金を払い込む。세금을 납부하다.

銀行の窓口に払い込む。은행 창구에 불입하다.

□ **払(はら)い戻(もど)す** 환불하다, (저금을 예금자에게) 되돌려 지불하다

運賃を払い戻してもらう。운임을 되돌려 받다.

銀行で払い戻す。은행에서 예금을 내주다.

□ **払(はら)う** 제거하다, 없애버리다, (먼지를) 털다, 물리치다, 쫓아버리다, 지불하다, 치르다, 팔아 버리다, (세력이) 두루 미치다, 위압하다, 퇴거하다, (마음을) 기울이다, 나타내다

ふたを払う。뚜껑을 떼어 버리다.

ほこりを払う。먼지를 털다.

悪魔を払。악마를 물리치다.

勘定を払う。계산을 치르다.

犠牲を払う。희생을 치르다.

古新聞を払う。오래된 신문을 팔아 버리다.

辺りを払う。주위를 위압하다.

宿を払う。숙소를 퇴거하다.

注意を払う。주의를 기울이다.

敬意を払う。경의를 표하다.

□ **張(は)り切(き)る** (팽팽하게) 당기다, 몹시 긴장하다, 활기차다, 힘이 넘치다 ▶ 1그룹 활용

張り切った健康な肌。팽팽하고 탄력 있는 건강한 피부.

張り切った気持ち。몹시 긴장된 마음.

張り切って試合に臨む。활기차게 시합에 임하다.

□ **張(は)る** 덮이다, 깔리다, 뻗치다, 부풀다, 긴장하다, 결리다, 도가 지나치다, 값이 비싸다, 뻗다, 펴다, 깔다, 붙이다, (액체를) 가득 채우다, 당당하게 보이도록 하다, (소리를) 높이다, (감정을) 강하게 하다, 벌이다, 마련하다, 몸을 돌보지 않다, 지키다, 망을 보다, 강하게 ~하다

湖に氷が張った。호수에 얼음이 얼었다.

根が張る。뿌리가 뻗다.

腹が張る。배가 탱탱해지다.

気が張る仕事。마음이 긴장되는 일.

肩が張る。어깨가 뻐근해지다.

値段が張る。값이 비싸다.

木が根を張る。나무가 뿌리를 뻗다.

ロープを張る。로프를 치다.

床にタイルを張る。바닥에 타일을 깔다.

切手を張る。우표를 붙이다. (보통은 貼(は)る로 씀)

田んぼに水を張る。논에 물을 채우다.

胸を張って答える。가슴을 펴고 당당하게 대답하다.

声を張って助けを求める。큰 소리로 외쳐 구조를 요청하다.

意地を張る。고집을 부리다.

見栄を張る。허세를 부리다.

店を張る。가게를 차리다.

体を張る。몸을 내던져 행동하다.

容疑者を張る。용의자를 감시하다.

言い張る。우겨대다.

□ **貼(は)る** 붙이다, 바르다

切手を貼る。우표를 붙이다.

□ **晴(は)れる** 맑다[개다], (걱정, 근심, 괴로움이) 사라지다, (의심, 혐의가) 풀리다

空が晴れる。하늘이 개다.

心が晴れる。마음이 명랑해지다.

疑いが晴れる。의심[혐의]가 풀리다.

罪が晴れる。죄가 벗겨지다.

□ **反(はん)する** 반하다, 위반되다, 거역하다, 거스르다

予想に反した結果。예상에 반한 결과.

契約に反した行為。계약에 위배된 행위.

親に反する。부모를 거역하다.

ひ、ふ

□ **冷(ひ)える** 차가워지다, 식다, 쌀쌀해지다, (애정, 열의가 식어) 냉담해지다

お茶が冷えてしまった。차가 식어 버렸다.

夜になって急に冷えてきた。밤이 되어 갑자기 쌀쌀해졌다.

愛情が冷える。애정이 식다.

熱意が冷えてしまった。열의가 식어 버렸다.

□ **光(ひか)る** 빛나다, 아름답게 빛나다, 돋보이다, 뛰어나다

星が光る。별이 빛나다.

野山に新緑が光る。산야에 신록이 빛나다.

一段と光る作品。한층 빛나는[뛰어난] 작품.

中でも彼女の存在が光る。
그 중에서도 그녀의 존재가 돋보이다.

□ **引(ひ)き受(う)ける** (책임지고) 맡다, 뒤를 잇다, 계승하다, 인수하다, (신원을) 보증하다, (상대가 되어) 응대하다

仕事を引き受ける。일을 떠맡다.

兄の後を引き受ける。형의 뒤를 잇다.

手形を引き受ける。어음을 인수하다.

身元を引き受ける。신원을 보증하다.

客を引き受ける。손님을 응대하다.

□ **引(ひ)き返(かえ)す** 되돌아가다[되돌아오다], 되돌리다

出発点へ引き返す。출발점으로 되돌아가다.

道を間違えて途中で引き返す。
길을 잘못 들어 도중에 돌아오다.

- 引(ひ)き出(だ)す 꺼내다, 끌어내다, 유도해 내다, 우려내다, (돈을) 찾다[인출하다]

押し入れから布団を引き出す。반침에서 이불을 꺼내다.

隠れた才能を引き出す。숨은 재능을 끌어내다.

親から資金を引き出す。부모에게서 자금을 우려내다.

銀行から小切手で10万円引き出す。
은행에서 수표로 10만 엔 찾다.

- 引(ひ)き止(と)める·引(ひ)き留(と)める 만류하다, 말리다

辞職を引き止める。사직을 만류하다.

けんかを引き留める。싸움을 말리다.

- 引(ひ)く (끌어)당기다, (활을) 쏘다, 손가락으로 당기다, 손님을 끌어들이다, (손을 잡아) 이끌다, (마음, 이목을) 끌다, 감기 들다, 뽑다, 인용하다, 끌어들이다, 빼다, (사전을) 찾다, (뒷맛, 영향을) 남기다, 오므리다, 선을 긋다, 들이쉬다, 이어받다, 바르다, 물러나다, 손을 떼다, 빠지다, 가라앉다, 뜸해지다, 은퇴하다, 그만두다

椅子を引く。의자를 끌어당기다.

弓を引く。활시위를 당기다.

ピストルの引き金を引く。권총의 방아쇠를 당기다.

店先で客を引く。가게 앞에서 손님을 끌다.

子供の手を引く。아이의 손을 끌다.

人の心を引く。남의 마음을 끌다.

気を引く。주의를[마음을] 끌다.

風邪を引く。감기에 걸리다. 감기가 들다.

くじを引く。제비를 뽑다.

例えを引く。예를 인용하다. 예를 들다.

電話線を引く。전화선을 끌다[가설하다].

7から5を引く。7에서 5를 빼다.

難しい言葉を辞書で引く。어려운 말을 사전에서 찾다.

後を引く。
끝난 다음에도 그 여파가 남다. 먹고 나서도 입맛이 당기다.

差す手引く手。내미는 손 오므리는 손. 춤추는 손놀림.

線を引く。선을 긋다.

息を引く。숨을 들이쉬다.

系統を引く。계통을 이어받다.

機械に油を引く。기계에 기름을 바르다.

引くに引けない。물러나려야 물러날 수 없다.

プロジェクトから手を引く。프로젝트에서 손을 떼다.

水が引く。물이 빠지다.

熱が引く。열이 내리다.

客足が引く。손님의 발길이 뜸해지다. 손님이 줄다.

会社を引く。회사를 그만두다. 퇴사하다.

- 弾(ひ)く (악기를) 치다, 연주하다

ピアノを弾く。피아노를 치다.

- 轢(ひ)く (차가) 치다

車に轢かれる。차에 치이다.

- 引(ひ)っ掛(か)かる 걸리다, (걸려들어) 방해받다, 속다, 말려들다, 선뜻 이해[납득]이 안 가다

たこが電線に引っ掛かる。연이 전선에 걸리다.

税関に引っ掛かる。세관에 걸리다.

詐欺に引っ掛かる。사기에 걸리다.

面倒なことに引っ掛かる。성가신 일에 말려들다.

どうもこの言葉が引っ掛かる。아무래도 이 말이 걸린다.

- 引(ひ)っ掛(か)ける 걸다, 아무렇게나 입다[신다], 뿌리다, 외상값을 지불하지 않다, (속여서) 걸려들게 하다, 단숨에 마시다, 갑자기 부딪치다, 관련시키다

上着をくぎに引っ掛ける。상의를 못에 걸다.

コートを引っ掛けて出る。코트를 걸치고 나가다.

コップの水を引っ掛ける。컵의 물을 끼얹다.

飲み代を引っ掛ける。외상값을 갚지 않다.

うまく引っ掛けて売り付ける。감쪽같이 속여서 팔아넘기다.

ビールを一杯引っ掛ける。맥주를 한 잔 들이켜다.

トラックに引っ掛けられる。트럭에 치이다.

出張に引っ掛けて帰省する。
출장의 기회를 이용해서 귀성하다.

- 引(ひ)っ繰(く)り返(かえ)す 뒤집다, 뒤엎다, 쓰러뜨리다, (책, 노트를) 뒤적이다, 역전시키다

順序を引っ繰り返す。순서를 뒤바꾸다.

花瓶を引っ繰り返す。꽃병을 넘어뜨리다.

ノートを引っ繰り返して調べる。
노트를 뒤적이며 조사하다.

試合を引っ繰り返す。시합을 역전시키다.

□ **引(ひ)っ繰(く)り返(かえ)る** 뒤집히다, 쓰러지다, 역전되다, (위를 보고) 벌렁 눕다 ▶ 1그룹 활용

船が引っ繰り返る。배가 뒤집히다.

コップが引っ繰り返る。컵이 쓰러지다.

試合が引っ繰り返る。시합이 역전되다.

芝生の上に引っ繰り返って空を眺める。
잔디 위에 벌렁 누워서 하늘을 바라보다.

□ **引(ひ)っ越(こ)す** 이사하다

郊外に引っ越す。교외로 이사하다.

□ **引(ひ)っ込(こ)む** 안으로 들어가다, 들어앉다, 틀어박히다, 물러나다, 쑥 들어가다

少し腹が引っ込む。배가 조금 들어가다.

家に引っ込む。집에 틀어박히다.

会長を辞めて引っ込む。회장을 그만두고 들어앉다.

通りから引っ込む家。거리에서 쑥 들어간 집.

□ **引(ひ)っ張(ぱ)る** 당겨서 팽팽한 상태가 되게 하다, 길게 끌다, 미루다, (잡아) 끌다, 억지로 끌고 가다, 권유하다, 끌어들이다, 인용하다, 예로 들다

斜めに引っ張った線。비스듬히 당긴 줄.

支払を引っ張る。지불을 미루다.

袖を引っ張る。소매를 잡아당기다.

容疑者を引っ張る。용의자를 연행하다.

野球部に引っ張る。야구부에 끌어들이다.

いろいろな例を引っ張ってきて証明する。
여러 가지 예를 인용하여 증명하다.

□ **捻(ひね)る** 비틀다, 뒤틀다, 간단히 이기다, 해치우다, 일부러 색다르게 만들다, 생각을 짜내다 ▶ 1그룹 활용

スイッチを捻る。스위치를 틀다.

腰を捻る。허리를 뒤틀다.

相手を軽く捻ってやる。상대방을 가볍게 간단히 이겨 주다.

捻った問題。색다른 문제.

頭を捻る。머리를 짜내다.

□ **響(ひび)く** 울리다, 되울리다, 메아리치다, 여운이 길게 이어지다, 진동하다, 반응[영향]을 주다, 널리 알려지다, 유명해지다, (찡하게) 가슴에 와 닿다, (어떤 뜻으로)들리다

足音が響く。발소리가 울리다.

山に響く。산에 메아리치다.

鐘の音が響く。종소리가 길게 울리다.

爆音がガラス窓に響く。폭음이 유리창에 진동하다.

値上げが家計に響く。가격 인상이 가계에 영향을 주다.

世間に名が響く。세상에 이름이 널리 알려지다.

忠告が胸に響く。충고가 찡하게 가슴에 와 닿다.

こんな言い方は変に響きますか。
이런 말투는 이상하게 들립니까?

□ **冷(ひ)やす** 차게 하다, 식히다, 기분을 가라앉히다, (간담이) 서늘해지다

すいかをよく冷やして食べる。
수박을 제대로 차게 해서 먹다.

頭を冷やして考える。머리를 식히고 생각하다.

肝を冷やす。간담이 서늘해지다. 몹시 놀라다.

□ **開(ひら)く** 열리다, 펴지다, 개화하다, 차이가 나다, 끝이 펴지다, 열다, (눈을) 뜨다, (입을) 벌리다, 터놓다, 열어 놓다, 열다, 개최하다, 새로 시작하다, 개척하다

ドアが開く。문이 열리다.

傘が開く。우산이 펴지다.

花が開く。꽃이 피다.

差が開く。차이가 벌어지다.

開いた枝。펴진 나뭇가지.

口を開く。입을 열다. 말을 시작하다.

目を開く。눈을 뜨다.

心を開く。마음을 열어 놓다.

国会を開く。국회를 열다.

音楽会を開く。음악회를 열다.

荒地を開く。황무지를 개간하다.

運命を開く。운명을 개척하다.

□ **拾(ひろ)う** 줍다, (예기치 않은 것을) 얻다, 골라내다, (위험에서) 간신히 건지다, 등용하다, (차를 세워) 타다[태우다]

財布を拾う。지갑을 줍다.

勝ちを拾う。(예상 밖의) 승리를 거두다.

活字を拾う。활자를 골라내다.

命を拾う。(간신히) 목숨을 건지다.

有力者に拾われる。유력자에게 발탁되다.

タクシーを拾う。택시를 잡아타다.

客を拾う。손님을 태우다.

□ **広(ひろ)がる** 넓어지다, 퍼지다, 번지다, 확대되다, 펼쳐지다, 전개되다, 벌어지다

道幅が広がる。길[도로]의 폭이 넓어지다.

噂が広がる。소문이 퍼지다.

伝染病が広がる。전염병이 번지다.

事業が広がる。사업이 확대되다.

素晴らしい景色が眼下に広がる。
멋진 경치가 눈 아래에 펼쳐지다.

スカートが広がる。스커트가 벌어지다.

□ **広(ひろ)げる** 넓히다, 확장하다, (끝이) 벌어지게 하다, 펼치다, 늘어놓다

道を広げる。길을 넓히다.

事業を広げる。사업을 확장하다.

四方に枝を広げていた。사방으로 가지를 뻗고 있었다.

本を広げる。책을 펼치다.

新聞を広げて読む。신문을 펼쳐 읽다.

部屋いっぱいに本を広げる。온 방안에 책을 늘어놓다.

□ **広(ひろ)める** 넓히다, 보급시키다, 널리 알리다, 선전하다, (명성을) 널리 알리다

知識を広める。지식을 넓히다.

学問を世に広める。학문을 세상에 널리 보급시키다.

新製品を世に広める。신제품을 세상에 선전하다.

名を広める。이름을 떨치다.

□ **増(ふ)える** (인원, 물량, 수효가) 증가하다

荷物が増える。짐이 늘다.

人口が増える。인구가 늘다.

□ **殖(ふ)える** (돈, 재산이) 늘다, 번식하다

財産が殖える。재산이 늘다.

害虫が殖える。해충이 번식하다.

□ **深(ふか)まる** 깊어지다

秋が深まる。가을이 깊어지다.

知識が深まる。지식이 깊어지다.

友情が深まる。우정이 두터워지다.

□ **吹(ふ)く** 불다, 뿜다, 솟아나다, (표면에 곰팡이가) 피다[생기다], 싹트다, (바람이) 날리다, 입으로 불다, (피리를) 불다, 내뿜다, 싹틔우다, 광석을 녹여 금속을 분리하다, 주조하다, 허풍을 떨다, (값을) 비싸게 부르다

風が吹く。바람이 불다.

ごはんが吹いている。밥이 끓어 김을 뿜고 있다.

壁にかびが吹く。벽에 곰팡이가 피다.

芽が吹く。싹이 트다.

木の葉を吹く風。나뭇잎을 날리는 바람.

ほこりを吹く。먼지를 입으로 불다.

ハーモニカを吹く。하모니카를 불다.

火山が火を吹く。화산이 불을 뿜다.

新芽を吹く。새싹을 틔우다.

柿が粉を吹く。감에 분이 돋다.

銅を吹く。(광석에서) 구리를 분리하다.

鐘を吹く。종을 주조하다.

ほらを吹く。허풍을 떨다.

無知な客に高く吹く。값을 모르는 손님에게 비싸게 부르다.

□ **拭(ふ)く** 닦다

汗を拭く。땀을 닦다.

床を拭く。마루를 닦다.

□ **含(ふく)む** 포함하다, 머금다, (마음속에) 품다, 함축하다, 내포하다, 띠다

税金を含む。세금을 포함하다.

水を口に含む。물을 입에 머금다.

恨みを含む。원한을 품다.

深い意味を含む。깊은 뜻을 지니다[내포하다].

笑みを含む。웃음을 띠다.

□ **含(ふく)める** 포함시키다, 포함하다, 타이르다, 납득시키다, 입에 물리다

彼らの名もリストに含めた。
그들의 이름도 리스트에 포함시켰다.

噛んで含めるように教える。알아듣도록 자상히 가르치다.

赤ん坊に乳を含める。갓난아기에게 젖을 물리다.

□ **膨(ふく)らます** 부풀게 하다, 부풀리다

パンを膨らます。빵을 부풀리다.

□ **膨(ふく)らむ** 부풀어 오르다, 불룩해지다

予算が膨らむ。예산이 불어나다.

腹が膨らむ。배가 불룩해지다.

□ **更(ふ)ける** 깊어지다

秋が更ける。가을이 깊어지다.

夜が更けるまで語り合う。밤이 깊도록 이야기를 나누다.

□ **塞(ふさ)がる** 막히다, 닫히다, 차다, (이미 차 있어) 여유가 없다

穴が塞がる。구멍이 메어지다.

息が塞がる。숨이 막히다.

戸が塞がる。문이 닫히다.

部屋が塞がる。방이 차다(비어 있지 않다).

電話が塞がっている。전화가 막혀 있다. 통화중이다.

□ **塞(ふさ)ぐ** 막다, 닫다, 가리다, 메우다, 채우다, 차지하다, 우울해지다

出入り口を塞ぐ。출입구를 가로막다.

口を塞ぐ。입을 다물다.

穴を塞ぐ。구멍을 메우다.

時間を塞ぐ。시간을 채우다.

場を塞ぐ。장소를 차지하다.

塞いだ顔をしている。우울한 얼굴을 하고 있다.

□ **ふざける** 농담하다, (아이가) 장난치다, 까불다, 깔보다, 놀리다, (남녀가) 시시덕거리다

ふざけないで、まじめに考えてくれ。
장난치지 말고 진지하게 생각해 주게.

ふざけたことを言うな。까불지 말라.

人前もはばからずふざける。
남의 면전을 가리지 않고 시시덕거리다.

□ **防(ふせ)ぐ** 막다, 미리 저지하다, 가로막다

攻撃を防ぐ。공격을 막다.

水害を防ぐ。수해를 막다.

伝染を防ぐ。전염을 막다.

□ **打(ぶ)つ** 때리다, 치다, '연설[담판]하다'의 거친 표현, 도박을 하다

尻を打つ。볼기를 때리다.

一席打つ。연설을 한바탕하다.

打てば勝つ。(도박을) 했다 하면 이긴다.

□ **ぶつかる** 부딪치다, 충돌하다, 부닥치다, 맞붙다, 마주치다, 겹치다, 합쳐지다

岩にぶつかって散る波。바위에 부딪쳐서 흩어지는 파도.

強敵とぶつかる。강적과 맞붙다.

駅で旧友とばったりぶつかった。
역에서 옛 친구와 딱 마주쳤다.

祝日が日曜日とぶつかる。축일이 일요일과 겹치다.

本流と支流がぶつかる。본류와 지류가 합쳐진다.

□ **ぶつける** 부딪다, 던져서 맞히다, 맞부딪치다, 대전시키다, 마구 발산하다

頭を戸にぶつける。머리를 문에 부딪다.

犬に石をぶつける。개에게 돌을 던지다.

一回戦でぶつけてみる。1회전에서 맞부딪쳐 보다.

怒りをぶつける。분노를 터뜨리다.

不満をぶつける。불만을 터뜨리다.

□ **増(ふ)やす** (인원, 물량, 수효를) 늘리다

人数を増やす。인원수를 늘리다.

□ **殖(ふ)やす** (돈, 재산을) 늘리다, 증식[번식]시키다

財産を殖やす。재산을 늘리다.

金魚を殖やす。금붕어를 번식시키다.

□ **ぶら下(さ)げる** 매달다, 늘어뜨리다, 손에 들다

イヤリングをぶら下げる。귀걸이를 달다.

包みをぶら下げて歩く。보따리를 손에 들고 걸어가다.

□ **振(ふ)り向(む)く** (뒤)돌아보다

こちらを振り向きもしないで立ち去る。
이쪽을 돌아다보지도 않고 떠나다.

□ **降(ふ)る** (비, 눈, 서리가) 내리다, (사물이) 닥치다, 몰려오다

雪が降る。눈이 내리다.

霜が降る。서리가 내리다.

不幸が身に降る。불행이 몸에 닥치다.

□ **振(ふ)る** 흔들다, 휘두르다, 뿌리다, 흔들어서 던지다, 잃다, 날리다, 거절하다, 퇴짜 놓다, 할당하다, 매기다, 토를 달다, (어음, 수표를) 발행하다, 방향을 돌리다

手を振る。손을 흔들다.

バットを大振りに振る。배트를 크게 휘두르다.

魚に塩を振る。생선에 소금을 뿌리다.

さいころを振る。주사위를 흔들어 던지다.

百万円を棒に振る。100만 엔을 날리다.

恋人に振られる。연인에게 차이다.

仮名を振る。仮名를 달다.

手形を振る。어음을 발행하다.

進路を北に振る。진로를 북쪽으로 돌리다.

□ **震(ふる)える** 흔들리다, 떨리다, 두려워하다

爆音で窓ガラスが震える。폭음으로 창유리가 흔들리다.

寒くて震える。추워서 떨리다.

権力に震える。권력을 두려워하다.

□ **振(ふ)る舞(ま)う** 행동하다, 대접하다, 향응하다

わがままに振る舞う。제멋대로 행동하다.

酒を振る舞う。술을 대접하다.

客に夕食を振る舞う。손님에게 저녁을 대접하다.

□ **触(ふ)れる** 접촉하다, 닿다, 눈에 띄다, 귀에 들리다, (어떤 시기나 사물을) 만나다, 언급하다, 저촉되다, 위반되다, 부딪히다, (심한) 타격을 입다, 거슬리다, 느끼다, 대다, 만지다, 널리 일반에게 알리다

軽く触れる。가볍게 닿다.

妻の目に触れぬうちにしまう。아내 눈에 띄기 전에 치우다.

事に触れて意中を示す。기회가 있을 때마다 의중을 밝히다.

この点には触れないことにする。
이 점에는 언급하지 않기로 한다.

法に触れる。법에 저촉되다.

雷に触れる。벼락을 맞다.

怒りに触れる。노여움을 사다.

心に触れる。마음에 느끼다.

機械に手を触れるな。기계에 손을 대지 마라.

世間に触れて歩く。세상에 널리 알리고 다니다.

へ、ほ

□ **凹(へこ)む** 움푹 패다, 굴복하다, 꺾이다, 밑지다, 손해보다

道が凹む。길이 움푹 패다.

何を言われても凹まない。무슨 말을 들어도 굴복하지 않는다.

今月は百万円凹んだ。이달엔 100만 엔 밑졌다.

□ **隔(へだ)てる** 사이에 두다, 거리를 두다, 세월을 보내다, 사이를 떼어 놓다, 가로막다

道路を隔てて向かう。도로를 사이에 두고 마주보다.

病人を隔てる。환자를 격리하다.

10年の歳月を隔てて再会する。
10년이라는 세월이 지나서 재회하다.

二人の仲を隔てる。두 사람의 사이를 갈라놓다.

塀に隔てられて見えない。담에 가로막혀서 보이지 않다.

□ **減(へ)らす** 줄이다, 감하다

予算を減らす。예산을 줄이다.

肉を減らして野菜を食べるといい。
육류를 줄이고 야채를 먹으면 좋다.

□ **減(へ)る** 줄다, 허기지다, 배고프다, 닳다, 기가 꺾이다, 주눅 들다

▶ 1그룹 활용

数量が減る。수량이 줄다.

腹が減る。배가 고프다.

靴のかかとが減る。구두 굽이 닳다.

口の減らない奴だ。
(주눅 들지 않고) 억지를 둘러대는 녀석이다.

□ **放(ほう)る** 멀리 내던지다, 집어치우다, 단념하다, (돌보지 않고) 내버려 두다

石を放る。돌을 멀리 내던지다.

全身を放って愛着する。온몸을 다 바쳐 애착하다.

試験を放る。시험을 집어치우다.

仕事を放ってテレビを見る。
일을 하지 않고 텔레비전을 보다.

放っておいて相手にしない。내버려 두고 상대하지 않다.

泣いても放っておく。울어도 내버려 두다.

□ **吠(ほ)える** 짖다, 으르렁거리다, 큰 소리로 울다, 소리 지르다

犬が吠える。개가 짖다.

そう吠えるな。그렇게 울어 대지 마라.

よく吠えるかみさんだ。곧잘 소리 지르는 아낙네다.

□ **干(ほ)す・乾(ほ)す** 말리다, 바닥이 드러나도록 하다, 남김없이 마시다, 굶기다, (일거리를 안 주고) 내버려 두다

洗濯物を干す。빨랫감을 말리다.

池の水を干す。연못의 물을 말리다.

ビールを乾す。맥주를 남김없이 다 마시다.

胃を干す。위를 비우다.

仕事を干される。일거리를 받지 못하다.

□ **解(ほど)く** 풀다, 뜯다

帯を解く。띠를 풀다.

着物を解いて仕立て直す。옷을 뜯어서 새로 고치다.

□ **微笑(ほほえ)む** 미소 짓다, (비유적으로) 꽃망울이 약간 벌어지다

微笑みながら迎える。미소를 지으며 맞이하다.

草花が微笑み始めた。화초의 꽃망울이 벌어지기 시작했다.

□ **褒(ほ)める** 칭찬하다

誰も褒める人がない。아무도 칭찬하는 사람이 없다.

褒めるべき行為。칭찬할 만한 행위.

□ **掘(ほ)る** 파다, 캐다

前足でしきりに穴を掘る。앞발로 자꾸 구멍을 파다.

芋を掘る。감자를 캐다.

□ **彫(ほ)る** (칼로) 새기다, 문신을 새기다

仏像を彫る。불상을 조각하다.

背中に竜を彫る。등에 용을 문신하다.

ま, み

□ **参(まい)る** 「行(い)く 가다, 来(く)る 오다」의 겸양어, 지다[패하다], 항복하다, 질리다, 맥을 못 추다, 참배하다, 약해지다, 정신을 빼앗기다, 홀딱 반하다, 죽다

行って参ります。다녀오겠습니다.

まもなく電車が参ります。곧 전철이 옵니다.

一本参った。한 판 졌다.

物価の高いのには参った。물가가 비싼 데는 질렸다.

墓に参る。묘에 참배하다. 성묘하다.

体が少しずつ参っていく。몸이 조금씩 약해져 간다.

君は彼女に参っているな。자네는 그녀에게 홀딱 반했군.

病気でとうとう参ってしまった。병으로 드디어 죽고 말았다.

□ **任(まか)せる·委(まか)せる** 맡기다, 일임하다, 그대로[그냥] (내버려)두다, (힘이나 상황에) 의지하다

仕事を任せる。일을 맡기다.

店を支配人に任せる。가게를 지배인에게 맡기다.

髪の毛が乱れるに任せる。
머리카락이 흐트러지는 대로 그냥 두다.

金に任せて贅沢をする。돈이 있는 대로 마음껏 사치를 하다.

足に任せて歩く。발길 닿는 대로 걷다.

□ **曲(ま)がる** 구부러지다, 방향을 바꾸다, 돌다, 비뚤어지다, 기울어지다, (성질, 생각이) 비뚤어지다

腰の曲がった人。허리가 구부러진 사람.

角を曲がる。모퉁이를 돌다.

ネクタイが曲がっている。넥타이가 비뚤어져 있다.

根性が曲がっている。근성이 비뚤어져 있다.

□ **巻(ま)く** 감다, 말다, 소용돌이 꼴을 이루다, (태엽, 나사를) 감다, 틀어 죄다, 둘러싸다, (험한 곳을 피하여) 우회하다

フィルムを巻く。필름을 감다.

舌を巻く。혀를 내두르다. 감탄하다.

しっぽを巻く。꼬리를 말다. 도망치다. 지다. 패하다.

渦を巻く。소용돌이치다.

ねじを巻く。나사를 죄다.

霧に巻かれる。안개에 싸이다.

滝を巻いて登る。폭포를 피해 돌아서 올라가다.

□ **撒(ま)く** 뿌리다, 살포하다, (동행자, 미행자를 도중에서) 따돌리다

水を撒く。물을 뿌리다.

金を撒く。돈을 뿌리다. 낭비하다. 많은 사람에게 돈을 주다.

□ **蒔(ま)く·播(ま)く** (씨를) 뿌리다, 파종하다, 원인을 만들다

麦を蒔く。보리를 파종하다.

自分で蒔いた種。자기가 뿌린 씨. 자기가 만든 원인.

□ **負(ま)ける** 지다, 패하다, (피부가) 약하다, 양보하다, 봐주다, 견디지 못하다, 값을 깎아주다, 덤으로 주다

選挙に負ける。선거에 지다[패하다].

剃刀に負ける。면도 독이 오르다.

今日のところは負けておく。오늘 일은 양보해 두다.

暑さに負ける。더위에 지다. 더위를 타다. 더위 먹다.

百円負ける。100엔 깎아주다.

鉛筆一本お負けします。연필 한 자루를 덤으로 드립니다.

□ **曲(ま)げる** 구부리다, 굽히다, (주의, 생각을) 굽히다, 왜곡하다, 전당잡히다

腰を曲げる。허리를 구부리다.

主張を曲げる。주장을 굽히다.

事実を曲げて伝える。사실을 왜곡하여 전하다.

洋服を曲げる。옷을 전당잡히다.

□ **混(ま)ざる·交(ま)ざる** 섞이다, 혼합되다

米に石が混ざっている。쌀에 돌이 섞여 있다.

□ **混(ま)じる·交(ま)じる** 섞이다, 혼입하다, 사귀다, 교제하다

▶ 1그룹 활용

水と油はよく混じらない。물과 기름은 잘 섞이지 않는다.

大勢と交じる。여러 사람과 사귀다.

□ **増(ま)す** 커지다, 많아지다, 더욱 ~해지다, 많게 하다, 더하다

人口が増す。인구가 늘다.

前にも増して寂しくなった。전보다도 더욱 쓸쓸해졌다.

速さを増す。속력을 더하다.

□ **混(ま)ぜる·交(ま)ぜる** 섞어 넣다, 넣어 뒤섞다, 혼합하다

漢字に仮名を交ぜて書く。한자에 가나를 섞어서 쓰다.

絵の具を混ぜる。그림물감을 개어 섞다.

米に麦を混ぜて食べる。쌀에 보리를 혼합해서 먹다.

□ **またぐ** 가랑이를 벌리고 넘다[서다], (한쪽에서 다른 쪽으로) 걸치다

溝を跨ぐ。도랑을 넘다.

海峡をまたぐ鉄橋。해협에 걸친 철교.

□ **祭(まつ)る** 제사 지내다, 혼령을 모시다

祖先の霊を祭る。선조의 혼령에 제사 지내다.

戦死者を祭る。전사자의 혼령을 모시다.

□ **纏(まと)まる** (뿔뿔이 된 것이 하나로) 정리되다, 결말이 나다, 해결되다, 완성되다

纏まってバスに乗る。한데 모여 버스를 타다.

纏まった金。목돈.

考えが纏まる。생각이 정리되다.

話が纏まったらすぐ始めよう。
이야기가 정리되었으면 곧 시작하자.

論文が纏まる。논문이 완성되다.

□ **纏(まと)める** (뿔뿔이 되어 있는 것을 하나로) 정리하다, 결말짓다, 해결하다

クラスの意見を纏める。클래스의 의견을 통합하다.

金を纏めて払う。목돈으로 치르다.

交渉を纏める。교섭을 매듭짓다.

けんかを纏める。싸움을 해결하다.

□ **学(まな)ぶ** 익히다, 공부하다, (경험해 봐서) 알다

運転を学ぶ。운전을 배우다.

医学を学ぶ。의학을 배우다.

社会に出ると学ぶところが多い。
사회에 나오면 배우는 바가 많다.

□ **間(ま)に合(あ)う** 시간에 대다, 급한 대로 쓸 수 있다, 충분하다

汽車に間に合う。기차 시간에 대다.

千円あれば間に合う。천 엔 있으면 급한 대로 쓸 수 있다.

今は間に合っている。지금은 충분하다.

□ **招(まね)く** (손짓하여) 부르다, 불러오다, 초대하다, 초래하다

ボーイを招く。보이를 손짓하여 부르다.

医者を招く。의사를 불러오다.

友達を招く。친구를 초대하다.

誤解を招く。오해를 가져오다.

□ **真似(まね)る** 흉내내다, 모방하다

人の声を真似る。남의 목소리를 흉내내다.

ピカソの絵を真似る。피카소의 그림을 모방하다.

□ **守(まも)る** 지키다, 보호하다, 유지하다, (눈을 떼지 않고) 지켜보다

約束を守る。약속을 지키다.

健康を守る。건강을 지키다[유지하다].

岡本の顔を守りながら尋ねた。
岡本의 얼굴을 지켜보면서 물었다.

□ **迷(まよ)う** 망설이다, 헤매다, (나쁜 길에) 빠지다, 현혹되다, 깨닫지 못하고 헤매다

選択を迷う。선택을 망설이다.

道に迷う。길을 잃다.

金に迷って悪いことをする。돈에 현혹되어 나쁜 짓을 하다.

キリストは迷える者を救った。
그리스도는 (깨닫지 못하고) 방황할 수 있는 사람을 구원하였다.

□ **回(まわ)す** 돌리다, 회전시키다, 두르다, 차례로 돌리다, (필요한 장소로) 보내다, 손을 쓰다, 돈을 굴리다

ダイヤルを回す。다이얼을 돌리다.

ハンドルを回す。핸들을 돌리다.

垣根を回した邸宅。울타리를 둘러친 저택.

杯を回す。술잔을 돌리다.

伝票を経理に回す。전표를 경리에게 보내다.

事前に手を回しておく。사전에 손을 써 두다.

金を回す。돈을 굴리다.

□ **回(まわ)る** 돌다, 회전하다, 차례로 돌다, 우회하다, 들르다, 방향을[자리를] 바꾸다, 고루 돌아가다, 퍼지다, 이익이 생기다, 잘 움직이다, (시각이) 좀 지나다, ~하며 돌아다니다

月が地球を回る。달이 지구를 회전하다.

各国を回る。각국을 돌아다니다.

急がば回れ。바쁠수록 돌아서 가라[질러가는 길이 먼 길].

帰りに床屋へ回る。돌아오는 길에 이발소에 들르다.

風が東に回る。바람이 동쪽으로 방향을 바꾸다.

酔いが回る。취기가 돌다.

儲けが一割に回る。이익이 1할 생기다.

知恵が回る。머리가 잘 돌다. 영리하다.

もう５時を回った。벌써 5시가 지났다.

歩き回る。걸어 다니다.

持ち回る。들고 다니다.

□ **見上(みあ)げる** 우러러 보다, 올려다보다, 감탄하다

空を見上げる。하늘을 올려다보다.

見上げたものだ。훌륭한[장한] 일이다.

□ **見(み)える** 눈에 보이다[비치다], 볼 수 있다, ~처럼 보이다[느껴지다], 「来(く)る 오다」의 존경어

海が見える。바다가 보이다.

猫は夜でも目が見える。고양이는 밤에도 눈이 보인다.

目が見えなくなる。눈이 보이지 않게 되다.

彼は金持ちに見える。그는 부자처럼 보인다.

先生が見えた。선생님이 오셨다.

□ **見送(みおく)る** 배웅하다, 가는 것을 바라보다, (보기만 하고) 그냥 보내다, 보류하다, 미루다, 죽을 때까지 돌보다, 장송하다

駅まで父を見送る。역까지 아버지를 배웅하다.

後ろの姿を見送る。뒷모습을 바라보다.

ボールを見送る。볼을 (치지 않고) 그냥 보내다.

電車を見送る。전철을 (타지 않고) 그냥 보내다.

採用を見送る。채용을 보류하다.

母を最期まで見送る。어머니를 임종 때까지 돌보다.

亡き兄を見送る。죽은 형을 장사지내다.

□ **見下(みお)ろす** 내려다보다, 얕보다, 깔보다

山から見下ろす。산에서 내려다보다.

人を見下ろした態度。사람을 깔보는 태도.

□ **磨(みが)く** 닦다, 갈다, 수련하다, 연마하다, (손질하여) 아름답게 하다

靴を磨く。구두를 닦다.

歯を磨く。이를 닦다.

腕を磨く。솜씨를 연마하다.

肌を磨く。피부를 손질하여 아름답게 하다.

□ **見(み)せる** 보이다, 보여 주다, 알게 하다, (겉으로) 드러내다, 보이게 하다, 겪게 하다, 진찰하게 하다, ~해 보이다[보이겠다]

親に写真を見せる。부모에게 사진을 보여 주다.

目にものを見せる。똑똑히 알게 하다.

教室に姿を見せる。교실에 모습을 나타내다.

絵に興味を見せる。그림에 흥미를 나타내다.

美しく見せる。아름답게 보이게 하다.

痛い目を見せる。뜨끔한 맛을 겪게 하다.

傷口を医者に見せる。상처를 의사에게 보이다.

頷いて見せる。고개를 끄덕여 보이다.

きっと優勝して見せる。반드시 우승해 보이겠다.

□ **満(み)ちる** 차다, 가득하다, (달이) 둥글어지다, 완전해지다[충족되다], 기한이 차다, 만조가 되다

希望に満ちる。희망에 차다.

月が満ちる。만월이 되다.

条件が満ちる。조건이 충족되다.

任期が満ちる。임기가 차다.

潮が満ちてくる。조수가 차(밀려) 오다.

□ **見付(みつ)かる** 들키다, 발각되다, (찾던 것을) 찾게 되다

先生に見付かる。선생님에게 들키다.

本が見付からない。책이 발견되지 않다.

□ **見付(みつ)ける** 찾아내다, 발견하다, (자주 봐서) 눈에 익다

仕事を見付ける。일을 찾아내다.

あまり見付けない顔だ。그다지 눈에 익지 않은 얼굴이다.

□ **見詰(みつ)める** 응시하다, 주시하다

父の顔をじっと見詰める。아버지의 얼굴을 가만히 바라보다.

現実を見詰める。현실을 주시하다.

□ **認(みと)める** 인지하다, 보다, (보고 확실하다고) 판단하다, 인정하다, 시인하다, 받아들이다, 높이 평가하다

異常を認める。이상을 인지하다.

彼を犯人と認める。그를 범인으로 인정하다.

入学を認める。입학을 받아들이다.

世に認められない作家。세상에서 인정을 받지 못하는 작가.

□ **見直(みなお)す** 다시 보다, 다시 평가하다, 나아지다, 호전되다

答案を見直す。답안을 다시 보다.

今度のことで彼を見直した。이번 일로 그를 다시 보았다.

相場は見直すだろう。시세는 호전될 것이다.

□ **見慣(みな)れる** (늘 봐서) 익숙하다, 눈에 익다, 낯이 익다

この辺では見慣れない人。이 근방에서는 못 보던 사람.

見慣れた姿だ。낯익은 모습이다.

□ **実(みの)る** 열매를 맺다, 노력의 보람이 나타나다

稲が実る。벼가 익다.

長年の努力が実る。여러 해 동안의 노력이 열매를 맺다.

□ **見舞(みま)う** (병)문안하다, 위문하다, (반갑지 않은 것이) 닥쳐오다, 타격을 가하다

病人を見舞う。환자를 문병하다.

親を見舞う。부모를 찾아 문안하다.

台風に見舞われる。태풍에 휩쓸리다.

げんこつを見舞ってやるぞ。꿀밤을 때려 줄 테다.

□ **見(み)る** 보다, 구경하다, 관람하다, 읽다, 살펴보다, 관찰하여 판단하다, (감각으로) 파악하다, 당하다, 겪다, 돌보다, 보살피다, 평가하다, 간주하다, ~로 생각하다

テレビを見る。텔레비전을 보다.

展覧会を見る。전람회를 관람하다.

答案を見る。답안을 살펴보다.

手相を見る。손금을 보다.

味を見る。맛을 보다.

痛い目を見る。뜨끔한 맛을 보다.

ばかを見る。바보 같은 꼴을 당하다.

面倒を見る。보살피다. 돌보다.

人生を甘く見る。인생을 쉽게 보다.

一口飲んでみる。한 모금 마셔 보다.

□ **診(み)る** 진찰하다

患者を診る。환자를 진찰하다.

む、め、も

□ **向(む)かう** 면하다, 마주보다, 향해가다, 다가오다, (바람을) 안고 가다, 맞서다, 대항하다, (경향, 추세를) 보이다

正面に向かって座る。정면을 향해 앉다.

向かって左側。마주 보아 왼쪽.

ゴールに向かって走る。골을 향해 달리다.

年末に向かう。연말이 다가오다.

風に向かう。바람을 안고 가다.

敵に向かう。적과 맞서다.

病気は快方に向かっている。병은 차도를 보이고 있다.

□ **迎(むか)える** (사람, 때를) 맞이하다, 부르다, 모셔오다, 추대하다, 영합하다

客を向かえる。손님을 맞이하다.

新年を迎える。새해를 맞이하다.

医者を迎える。의사를 불러오다.

彼を会長に迎える。그를 회장으로 추대하다.

社長の意を迎える。사장의 뜻에 영합하다.

□ **向(む)く** (얼굴을) 돌리다, 면하다, 향하다, 가리키다, 내키다, 기울다, 나아지다, 적합하다, 어울리다

右を向く。오른쪽을 보다.

そっぽを向く。딴 데를 보다. 외면하다.

南に向いた家。남쪽을 향한 집.

磁石の針は北を向く。자석의 바늘은 북쪽을 가리킨다.

気が向いたら行きます。마음이 내키면 가겠습니다.

病気が快方に向く。병이 차도가 있다.

女性に向く職業。여성에게 적합한 직업.

料理屋に向いた家。요리집에 어울리는 집.

□ **剥(む)く** (껍질을) 벗기다, 까다, (눈을) 크게 뜨다, 부라리다, 드러내다

りんごの皮を剥く。사과 껍질을 벗기다.

目を剥く。눈을 부라리다.

牙を剥いて唸る。어금니를 드러내고 으르렁거리다.

□ **向(む)ける** (방향을) 돌리다, 돌려쓰다, 충당하다, (마음을) 쏟다, 기울이다, 보내다, 파견하다

目を向ける。눈을 돌리다.

ロンドンに向けて出発した。런던을 향하여 출발했다.

連休を旅行に向ける。연휴를 여행으로 돌리다.

注意を向ける。주의를 기울이다.

代理の者を向ける。대리인을 보내다[파견하다].

□ **蒸(む)す** 무덥다, 찌다

今夜はひどく蒸す。오늘밤은 몹시도 무덥다.

ご飯を蒸す。밥을 찌다.

蒸した餅米をついて、餅をつくる。
찐 찹쌀을 찧어서 떡을 만들다.

□ **結(むす)ぶ** 잇다, 매다, 묶다, 관계를 맺다, 손잡다, 결과가 나오다, 열매를 맺다, 끝맺다, (입을) 다물다

2点を結ぶ直線。두 점을 잇는 직선.

ネクタイを結ぶ。넥타이를 매다.

束に結ぶ。다발로 묶다.

同盟を結ぶ。동맹을 맺다.

手を結ぶ。손을 잡다. 제휴[협력]하다.

努力が実を結ぶ。노력이 결실을[열매를] 맺다.

話を結ぶ。이야기를 끝맺다.

唇を堅く結んでいた。입술을 꼭 다물고 있었다.

□ **恵(めぐ)まれる** 혜택을 받다, 은혜를 받다, 복 받다, 타고나다

資源に恵まれる。자원의 혜택을 받다.

天候に恵まれる。날씨가 좋다.

恵まれた才能。타고난 재능.

健康に恵まれる。건강을 타고나다.

□ **巡(めぐ)る** 순환[순회]하다, 여기저기 들르다, 돌아다니다, 둘러싸다

血液が体内を巡る。피가 체내를 돌아다니다.

世界の国々を巡る。세계 각국을 돌아다니다.

町を巡る川。도시를 둘러싸고 흐르는 강.

国語問題を巡る討論会。국어 문제를 둘러싼 토론회.

□ **目指(めざ)す** 지향하다, 목표로 하다

頂上を目指して登る。정상을 향하여 오르다.

大学を目指して勉強する。대학을 목표로 공부하다.

□ **召(め)し上(あ)がる** 드시다, 「食(た)べる 먹다, 飲(の)む 마시다」의 존경어

何を召し上がりますか。무엇을 드시겠습니까?

□ **目立(めだ)つ** 눈에 띄다, 두드러지다

目立つ服装。눈에 띄는 복장.

彼はあまり目立たない存在だ。
그는 그다지 두드러진 존재가 아니다.

□ **儲(もう)かる** 벌이가 되다, 득이 되다

儲かる商売。벌이가 되는 장사.

行かずに済んで儲かった。가지 않고도 끝나서 득이 되었다.

□ **儲(もう)ける** 이익[덕]을 보다, 돈을 벌다, 자식을 얻다

土地で儲ける。땅으로 돈을 벌다.

連休で儲けた。연휴로 덕을 보다.

1男2女を儲ける。1남 2녀를 두다.

□ **申(もう)し上(あ)げる** 말씀 올리다, 「言(い)う 말하다」의 겸양어A

皆様にご案内申し上げます。여러분께 안내 말씀 드립니다.

* 겸양어A : 보어를 높임으로써 주어를 보어보다 상대적으로 낮게 하는 표현 방식.

□ **申(もう)し込(こ)む** 신청하다, 말하다

試合を申し込む。시합을 신청하다.

苦情を申し込む。불평을 말하다.

抗議を申し込む。항의의 뜻을 표시하다.

□ **申(もう)す** 「言(い)う 말하다」의 겸양어B

私は杉原と申します。저는 스기하라라고 합니다.

* 겸양어B : 주어를 낮춤으로써 듣는 사람을 높이는 표현 방식.

□ **燃(も)える** 타다, 불길이 일다, 피어오르다, (정열이) 솟아오르다

学校が燃える。학교가 불타다.

燃えるような砂漠。타는 듯한 사막.

夕日に燃える西空。석양에 벌겋게 물든 서쪽 하늘.

青春の情に燃える。청춘의 정열에 불타다.

□ **潜(もぐ)る** 잠수하다, 숨어들다, 기어들다, (일을 숨어서) 몰래 하다

真珠をとりに潜る。진주를 캐러 잠수하다.

地下に潜る。지하에 숨다. 비합법적인 정치활동을 하다.

布団に潜る。이불 속으로 기어들다.

潜って営業する。숨어서 몰래 영업하다.

□ **もたれる** 기대다, 의지하다, (먹은 것이 소화되지 못하고 남아) 속이 거북하다

壁にもたれる。벽에 기대다.

食べ過ぎて胃がもたれる。과식하여 속이 거북하다.

□ **持(も)ち上(あ)げる** 들어 올리다, 치켜세우다

荷物を持ち上げる。짐을 들어 올리다.

そんなに持ち上げても無駄だよ。
그렇게 치켜세워도 소용없지.

□ **用(もち)いる** 사용하다, 이용하다, 신경을 쓰다, 채용하다, 채택하다

筆を用いて書く。붓을 사용해서 쓰다.

意を用いる。마음을 쓰다.

新人を用いる。신인을 쓰다(등용하다).

高橋さんの意見を用いる。高橋씨의 의견을 쓰다(채택하다).

□ **持(も)つ** (손에) 쥐다, 들다, 몸에 지니다, 휴대하다, 소유하다, 마음에 품다, 맡다, 담당하다, (성질, 속성을) 지니다, 부담하다, 개최하다, 관계하다, (상태가) 오래 가다

かばんを持つ。가방을 들다.

しっかり持つ。꽉 쥐다.

貴重品をお持ちでしたらお預かりします。
귀중품을 가지고 계시면 보관하겠습니다.

家を持つ。집을 소유하다.

希望を持つ。희망을 품다(가지다).

新入生の組を持つ。신입생 반을 담당하다.

魅力を持つ。매력을 지니다.

学資は国で持つ。학자금은 나라에서 부담한다.

会合を持つ。회합을 가지다.

関係を持つ。관계를 가지다.

この好天気は長く持つまい。
이처럼 좋은 날씨는 오래가지 않을 것이야.

これで一週間は持つだろう。이것으로 1주일은 버틸 테지.

□ **戻(もど)す** (원래 자리, 상태로) 되돌리다, 토하다

白紙に戻す。백지로 돌리다.

借りた金を戻す。빌린 돈을 갚다.

飲み過ぎて戻してしまう。과음해서 토해 버리다.

□ **基(もと)づく** 기초를 두다, 의거하다, 기인하다

成功は努力に基づく。성공은 노력에 의한다.

憲法に基づいて政治する。헌법에 의거하여 정치를 하다.

誤解に基づいたけんか。오해에 기인한 싸움.

□ **求(もと)める** 바라다, 요구하다, 사다, 구입하다, (나쁜 결과를) 자초하다

平和を求める。평화를 바라다.

謝罪を求める。사죄를 요구하다.

新車を求める。새 차를 구입하다.

みずから求めた失敗。스스로 자초한 실패.

□ **戻(もど)る** 되돌아오다, 되돌아가다

席に戻る。자리에 되돌아가다(오다).

実家へ戻る。친정으로 돌아가다(오다).

□ **揉(も)む** 비비다, 주무르다, 안마하다, (揉(も)まれる의 형태로) 시달리다, (마음을) 졸이다, 격론하다, (씨름, 승부에서) 한 수 가르쳐 주다, 몹시 흔들리다

両手を揉む。양손을 비비다

揉洗いをする。비벼 빨다.

肩を揉む。어깨를 주무르다.

世間に出て揉まれる。사회에 나가 시달리다.

気を揉む。마음을 졸이다. 조바심을 내다.

揉みに揉んだ原案。격론에 격론을 거듭한 원안.

一丁揉んでやろう。한 수 가르쳐 주지.

風に揉まれる。바람에 뒤흔들리다.

□ **燃(も)やす** 불태우다, 지피다

情熱を燃やす。정열을 불태우다.

紙を燃やす。종이를 태우다.

□ **貰(もら)う** 받다, 얻다, 옮기다, 전염되다, 떠맡다, 인수하다, (승부에서) 이기다, (집으로) 맞이하다, 사다

手紙をもらう。편지를 받다.

風邪をもらう。감기가 전염되다.

身柄をもらい受ける。신병을 인수하다.

この勝負はもらった。이 승부는 내가 이겼다.

嫁をもらう。아내[며느리]를 맞아들이다.

このネクタイをもらおう。이 넥타이를 사겠소.

□ **盛(も)る** 높이 쌓아 올리다, (그릇에) 많이 담다, (약을) 조제하다, (독약을) 섞어 넣다, (자, 저울의) 눈금을 새기다

砂を盛る。모래를 쌓아 올리다.

飯を盛る。밥을 수북하게 담다.

食物に毒を盛る。음식물에 독약을 섞어 넣다.

温度計に目を盛る。온도계에 눈금을 새기다.

や、ゆ、よ

□ **焼(や)く** 태우다, 굽다, 그을리다, 애태우다, (사진을) 인화하다, 달구다, 애를 쓰다, 질투하다

ごみを焼く。쓰레기를 태우다.

魚を焼く。생선을 굽다.

海辺で背中を焼く。해변에서 등을 그을리다.

恋に胸を焼く。사랑으로 가슴을 태우다.

火箸を真っ赤に焼く。부젓가락을 새빨갛게 달구다.

手を焼く。애먹다.

世話を焼く。여러 모로 애를 쓰다.

焼くのもほどほどにしろ。질투하는 것도 정도껏 해라.

□ **訳(やく)す·訳(やく)する** 번역하다

英語に訳した小説。영어로 번역한 소설.

□ **休(やす)む** 활동을 멈추다, 휴식하다, 쉬다, 자다, 결석[결근]하다, (학교, 직장이 정기적으로) 놀다

工場は作業を休んでいる。공장은 작업을 쉬고 있다.

休む暇もない。쉴 사이도 없다.

主人はもう休んでいます。남편은 벌써 잠자리에 들었습니다.

会社を休む。회사를 쉬다.

二日続いて休む。이틀 계속해서 놀다.

□ **痩(や)せる** 여위다, 살이 빠지다, (땅이) 메마르게 되다

病気で痩せる。병으로 수척해지다.

痩せ薬。살이 빠지는 약.

痩せた土地。메마른 땅.

□ **やっつける** 해치우다, (일을) 끝내다, 해치우다, 혼내주다, 패배시키다

仕事を午前中にやっつける。일을 오전 중에 해치우다.

いたずら小僧をやっつけてやった。
장난꾸러기 녀석을 혼내주었다.

相手のチームをやっつける。상대 팀을 패배시키다.

□ **雇(やと)う** 고용하다, 세내다

家政婦を雇う。가정부를 고용하다.

船を雇う。배를 세내다.

□ **破(やぶ)く** 찢다

服を破く。옷을 찢다.

□ **破(やぶ)る** 부수다, 어기다, 무찌르다, 패배시키다, 찢다, 째다

壁を破る。벽을 부수다.

約束を破る。약속을 어기다.

強敵を破る。강적을 무찌르다.

表紙を破る。표지를 찢다.

□ **破(やぶ)れる** 찢어지다, 터지다, 깨지다, 다치다, 망하다, 패하다

紙が破れる。종이가 찢어지다.

靴下が破れる。양말이 떨어지다.

記録が破れる。기록이 깨지다.

破れた心。상처 받은 마음.

惜しくも決勝戦で破れた。아깝게도 결승전에서 패배했다.

□ **敗(やぶ)れる** 지다, 패배하다

試合に敗れる。시합에 지다.

□ **止(や)む** 그치다, 멎다, 그만두다

雨が止む。비가 그치다.

政府はテロ行為が止むことを期待している。
정부는 테러 행위가 그칠 것을 기대하고 있다.

□ **止(や)める** 그만두다, 끊다

話を止める。이야기를 중지하다.

たばこを止める。담배를 끊다.

□ **辞(や)める** (직장, 일자리를) 그만두다, 사직하다

会社を辞める。회사를 그만두다.

□ **譲(ゆず)る** 물려주다, 양도하다, 팔아넘기다, 양보하다, 내주다, 뒤로 미루다

財産を譲る。재산을 물려주다.

安く譲ってもらう。싸게 넘겨받다.

席を譲る。자리를 양보하다.

首位の席を譲る。수석을 남에게 내주다.

結論を他日に譲る。결론을 다른 날로 미루다.

□ **茹(ゆ)でる** 데치다, 삶다

野菜をゆでる。야채를 데치다.

卵をゆでる。달걀을 삶다.

□ **許(ゆる)す** 허락하다, 허용하다, 허가하다, 늦추다, 터놓다, 용서하다, 면제하다, 제멋대로 하게 하다, 인정하다

時間の許す限り。시간이 허락하는 한.

営業を許す。영업을 허가하다.

気を許す。방심하다.

子供のいたずらを許す。아이의 장난을 용서하다.

税を許す。세금을 면제하다.

本塁打を許す。홈런을 허용하다.

自他共に許す。자타가 공인하다[인정하다].

□ **揺(ゆ)れる** 흔들리다

心が揺れる。마음이 흔들리다.

風で木の枝が揺れる。바람에 나뭇가지가 흔들리다

□ **酔(よ)う** 술에 취하다, 멀미하다, 황홀해지다, 도취하다

酒に酔う。술에 취하다.

船に酔う。배멀미하다.

妙技に酔う。묘기에 황홀해지다.

勝利に酔う。승리에 도취하다.

□ **横切(よこぎ)る** 가로지르다, 횡단하다, 스치다 ▶ 1그룹 활용

行列を横切る。행렬을 가로지르다.

道路を横切る。도로를 횡단하다.

不審の念が脳裏を横切った。
이상하다는 생각이 머리를 스쳤다.

□ **よこす** 보내다, 넘겨주다

手紙をよこしてきた。편지를 보내왔다.

その金は俺によこせ。그 돈은 나한테 넘겨 줘.

□ **汚(よご)す** 더럽히다, (나물을) 무치다

着物を泥で汚す。옷을 흙탕으로 더럽히다.

味噌で汚す。된장으로 무치다.

□ **汚(よご)れる** 더러워지다

着物が汚れる。옷이 더러워지다.

汚れた金。부정한 돈.

□ **止(よ)す** 중지하다, 그만두다

今日の仕事はこれで止そう。오늘 일은 이만 하자.

□ **寄(よ)せる** 옆으로 대다, (마음을) 기울이다, 의탁하다, 의지하다, 불러 모으다, 한데 모으다, (편지를) 보내다, 비유하다, 빗대다, 더하다, 가하다, 오게 하다, 들르게 하다, 밀려오다, 다가오다

机を壁に寄せる。책상을 벽에 붙여 대다.

期待を寄せる。기대를 걸다.

親類に身を寄せる。친척에게 몸을 의지하다.

客を寄せる。손님을 모으다.

便りを寄せる。편지를 보내다.

病気に寄せて怠ける。병을 핑계 삼아 게으름을 피우다.

1に5を寄せる。1에 5를 더하다.

お宅にも寄せていただきます。
댁에도 들르게 해 주십시오.

岩に寄せる荒波。바위에 밀려오는 거센 파도.

□ **呼(よ)び掛(か)ける** 소리를 지르다, 부르다, 호소하다

大声で呼び掛ける。큰 소리로 부르다.

全国の農民に呼び掛ける。전국의 농민에게 호소하다.

□ **呼(よ)び出(だ)す** 호출하다, 불러내다

電話で呼び出す。전화로 불러내다.

□ **呼(よ)ぶ** 소리 내어 부르다, 불러서 오게 하다, 초대하다, 일컫다, 불러 모으다, 불러일으키다, 유발하다

名前を呼ぶ。이름을 부르다.

医者を呼ぶ。의사를 부르다.

夕食に呼ぶ。저녁 식사에 초대하다.

音楽の父と呼ばれる。음악의 아버지로 일컬어지다.

人気を呼ぶ。인기를 끌다.

火事を呼ぶ。화재를 일으키다.

□ **蘇(よみがえ)る・甦(よみがえ)る** 되살아나다, 소생하다

雨で草木が蘇る。비로 초목이 되살아나다.

記憶が蘇る。기억이 되살아나다.

□ **因(よ)る** 의하다, 의존하다, 의거하다, 따르다, 말미암다, 원인이 되다

労働に因る所得。노동에 의한 소득.

規則に因って罰する。규칙에 따라서 벌을 주다.

不注意に因る事故。부주의로 인한 사고.

□ **寄(よ)る** 접근하다, 다가서다, 모이다, 많아지다, 비키다, 들르다, (생각이) 미치다, 치우치다, 밀리다

近くに寄って見る。가까이 가서 보다.

三人寄れば文殊の知恵。세 사람이 모이면 문수보살의 지혜.

年が寄る。나이가 들다.

道路の右側に寄る。도로의 오른쪽으로 비키다.

帰りに寄る。돌아오는 길에 들르다.

思いも寄らない出来事が起こる。
생각지도 않은 일이 일어나다.

駅から西に寄ったところに山がある。
역에서 서쪽이 되는 곳에 산이 있다.

波が寄る。파도가 밀리다.

□ **喜(よろこ)ぶ** 기뻐하다, 달갑게 받아들이다

合格を喜ぶ。합격을 기뻐하다.
ごうかく　よろこ

忠告を喜ばない。충고를 달갑게 여기지 않다.
ちゅうこく　よろこ

□ 慶(よろこ)ぶ 경축하다

結婚を慶ぶ。결혼을 경축하다.
けっこん　よろこ

わ

□ 沸(わ)かす 데우다, 끓이다, (금속을) 녹이다, 열광시키다, 흥분시키다

風呂を沸かす。목욕물을 데우다.
ふ　ろ　わ

お湯を沸かす。물을 끓이다.
ゆ　わ

鉄を沸かす。철을 녹이다.
てつ　わ

観衆を沸かす。관중을 열광시키다.
かんしゅう　わ

□ 分(わ)かる 판명되다, 판단[이해]할 수 있다, 잘 헤아리다

犯人が分かる。범인이 판명되다.
はんにん　わ

味の分かる人。맛을 아는 사람.
あじ　わ　ひと

分からないことを言う人だ。
わ　　　　　　い　ひと
답답한 소리를 하는 사람이다.

□ 分(わ)かれる 갈라지다, 갈리다, 분기하다, 구별되다

党が二つに分かれる。당이 둘로 갈라지다.
とう　ふた　わ

本線から分かれる。본선에서 갈라지다.
ほんせん　わ

勝負が分かれる。승부가 판가름 나다.
しょうぶ　わ

□ 別(わか)れる 갈라서다, 이별하다, 작별하다, 사별하다

夫婦が別れる。부부가 헤어지다.
ふうふ　わか

さようならと言って別れる。안녕이라고 하고 작별하다.
い　　　わか

幼い時母に別れた。어렸을 때 어머니와 사별했다.
おさな　ときはは　わか

□ 沸(わ)く 끓다, (금속이) 녹다, 열광하다

湯が沸く。물이 끓다.
ゆ　わ

鉄が沸く。철이 녹다.
てつ　わ

ホームランで観衆がが沸く。홈런으로 관중이 열광하다.
かんしゅう　わ

□ 湧(わ)く・涌(わ)く 샘솟다, 솟아나다, (비난이) 들끓다, (벌레가) 꼬이다, 생겨나다

地下水が湧く。지하수가 솟아나다.
ち　か　すい　わ

興味が湧く。흥미가 솟다.
きょうみ　わ

非難が湧く。비난이 들끓다.
ひ　なん　わ

うじが湧く。구더기가 꼬이다.

□ 分(わ)ける 나누다, 헤치다, 분류하다, 구분하다, 분배하다, 말리다, 중재하다, 비긴 것으로 하다, 조리 있게 하다, 「売(う)る 팔다」의 완곡한 표현

いくつに分けるか。몇 개로 나누느냐?
わ

人込みの中を分けていく。군중 속을 헤치고 나아가다.
ひと ご　　なか　わ

大きさによって分ける。크기에 따라 분류하다.
おお　　　　　　わ

利益を分ける。이익을 분배하다.
りえき　わ

けんかを分ける。싸움을 말리다.
わ

勝負を分ける。무승부로 판가름하다.
しょうぶ　わ

事を分けて話した。조리 있게 차근차근 이야기했다.
こと　わ　　はな

分けてくださいませんか。팔아 주시지 않겠습니까?
わ

□ 忘(わす)れる 잊어버리다, 망각하다, (열중하여) 깨닫지 못하다, (물건을) 잊고 오다, (해야 할 것을) 하지 않고 있다, (품은 생각을) 잊어버리다

恩を忘れる。은혜를 잊다.
おん　わす

我を忘れる。(열중한 나머지) 자기를 잊다.
われ　わす

教科書を忘れて来る。교과서를 잊고 오다.
きょうかしょ　わす　　く

宿題を忘れる。숙제를 잊다.
しゅくだい　わす

初心を忘れず。처음 먹은 마음을 잊지 않고.
しょしん　わす

□ 渡(わた)す 건네다, 걸치다, 놓다, (넘겨)주다

犯人を警察に渡す。범인을 경찰에 넘기다.
はんにん　けいさつ　わた

川に橋を渡す。강에 다리를 놓다.
かわ　はし　わた

政権を渡す。정권을 넘겨주다.
せいけん　わた

□ 渡(わた)る 건너다, 건너오다, 지나가다, 통과하다, 살아가다, (다른 사람에게) 넘어가다, 인도되다, 고루 돌아가다, 철저하게 ~하다, 널리 미치다

川を渡る。강을 건너다.
かわ　わた

仏教が渡ってきた。불교가 건너왔다.
ぶっきょう　わた

月が空を渡る。달이 하늘을 지나가다.
つき　そら　わた

世を渡る。세상을 살아가다.
よ　わた

家が人手に渡る。집이 남의 손에 넘어가다.
いえ　ひとで　わた

印刷物が全員に渡る。인쇄물이 전원에게 고루 돌아가다.
いんさつぶつ　ぜんいん　わた

鳴り渡る。울려 퍼지다.
な　わた

行き渡る。널리 미치다[퍼지다].
ゆ　わた

□ 詫(わ)びる 사죄하다, 사과하다

心から詫びる。진심으로 사과하다.
こころ　わ

- **笑(わら)う** 웃다, (꽃 봉우리가 열려) 방긋거리다, 비웃다, 빈정거리다, 우습게 여기다, (해지거나 익어서) 터지다

  笑ってごまかす。웃어 속여 넘기다. 웃으며 얼버무리다.

  花が笑う。꽃이 방긋거리다.

  陰で笑う。뒤에서 웃다[빈정거리다].

  人の失敗を笑う。남의 실패를 비웃다.

  縫い目が笑う。솔기가 터지다.

- **割(わ)る** 쪼개다, 깨다, 분배하다, 나눗셈을 하다, 끼어들다, 벌리다, 열다, 털어놓다, 타다, 묽게 하다, (수량에) 못 미치다, (시세가 단위 이하로) 떨어지다, 할인하다

  りんごを二つに割る。사과를 둘로 쪼개다.

  皿を落として割る。접시를 떨어뜨려 깨다.

  ６人に割る。여섯 사람에게 분배하다.

  ８を２に割る。8을 2로 나누다.

  人込みの中に割って入る。
  사람들의 틈바구니를 헤치고 들어가다.

  口を割る。입을 열다. 자백하다.

  腹を割って話す。속마음을 털어놓고 말하다.

  酒に水を割る。술에 물을 타다.

  過半数を割る。과반수를 밑돌다.

  相場が千円の大台を割る。
  시세가 1,000엔대 이하로 떨어지다.

  手形を割る。어음을 할인하다.

- **割(わ)れる** 깨지다, 쪼개지다, 터지다, (교섭이) 성공 못하다, 갈라지다, 분산되다, 나누어지다, (몰랐던 것을) 알게 되다, 드러나다

  ガラスが割れる。유리가 깨지다.

  額が割れる。이마가 터지다.

  談判が割れる。담판이 깨지다.

  地面が割れる。지면이 갈라지다.

  票が割れる。표가 분산되다[갈리다].

  ６は２で割れる。6은 2로 나누어진다.

  秘密が割れる。비밀이 드러나다.

동사 테스트 다음 주어진 단어의 よみがな와 뜻을 적으시오.

1. おめにかかる 뜻:
2. 湧( )く 뜻:
3. 失( )う 뜻:
4. 耕( )す 뜻:
5. 引( )っ込( )む 뜻:
6. 受( )け持( )つ 뜻:
7. 載( )せる 뜻:
8. 補( )う 뜻:
9. 蘇( )る 뜻:
10. 承( )る 뜻:
11. 弾( )く 뜻:
12. 抱( )える 뜻:
13. 蘇( )る 뜻:
14. 浮( )かべる 뜻:
15. 塗( )る 뜻:
16. 譲る( )る 뜻:
17. 囲( )む 뜻:
18. 引( )き出( )す 뜻:
19. 伺( )う 뜻:
20. 雇( )う 뜻:
21. 反( )る 뜻:
22. 怠( )ける 뜻:
23. 打( )ち消( )す 뜻:
24. もたれる 뜻:
25. 祝( )う 뜻:
26. くわえる 뜻:
27. 張( )り切( )る 뜻:
28. 覆( )う 뜻:
29. 涼( )む 뜻:
30. 儲( )かる 뜻:
31. 威張( )る 뜻:
32. 取( )り消( )す 뜻:
33. 換( )える 뜻:
34. 見詰( )める 뜻:
35. 追( )い越( )す 뜻:
36. 優( )れる 뜻:
37. 招( )く 뜻:
38. 祈(( )る 뜻:
39. 絞( )る 뜻:
40. 届( )ける 뜻:
41. 飼( )う 뜻:
42. 茂( )る 뜻:
43. 蒔( )く 뜻:
44. 言( )いつける 뜻:
45. 支( )える 뜻:
46. 流行( )る 뜻:
47. 卸( )す 뜻:
48. 言付( )ける 뜻:
49. 参( )る 뜻:
50. 慌( )てる 뜻:
51. 凍( )える 뜻:
52. 整( )う 뜻:
53. 敬( )う 뜻:
54. くるむ 뜻:
55. 掘( )る 뜻:
56. 荒( )れる 뜻:
57. 悔( )やむ 뜻:
58. 干( )す 뜻:
59. 占( )う 뜻:
60. 思( )い付( )く 뜻:
61. はめる 뜻:
62. 著( )す 뜻:
63. 尖( )る 뜻:
64. 撃( )つ 뜻:
65. 放( )る 뜻:
66. 溺( )れる 뜻:
67. つまずく 뜻:
68. 甘( )やかす 뜻:
69. 隔( )てる 뜻:
70. 写( )す 뜻:
71. 省( )く 뜻:
72. 怠( )る 뜻:
73. 凹( )む 뜻:
74. 当( )てはめる 뜻:
75. 就( )く 뜻:
76. うなずく 뜻:
77. 振( )る舞( )う 뜻:
78. 恨( )む 뜻:
79. 放( )す 뜻:
80. 憧( )れる 뜻:
81. 殖( )やす 뜻:
82. 討( )つ 뜻:
83. 掴( )む 뜻:
84. 奪( )う 뜻:
85. 外( )れる 뜻:
86. 揚( )げる 뜻:

87. ぶらさげる 뜻:
88. 打( )ち合( )わせる 뜻:
89. ためらう 뜻:
90. 訴( )える 뜻:
91. 更( )ける 뜻:
92. あきれる 뜻:
93. 砕( )く 뜻:
94. 挟( )まる 뜻:
95. 疑( )う 뜻:
96. 担( )ぐ 뜻:
97. 拾( )う 뜻:
98. 扇( )ぐ 뜻:
99. 狙( )う 뜻:
100. 飾( )る 뜻:

정 답

동사 테스트

1. おめにかかる 만나 뵙다, 「会(あ)う」의 겸양어
2. 湧(わ)く 솟다, (비난 등이) 들끓다
3. 失(うしな)う 잃다, 놓치다, 사별하다
4. 耕(たがや)す (논밭을)갈다
5. 引(ひ)っ込(こ)む 안으로 들어가다, 틀어박히다, 물러나다, 쑥 들어가다
6. 受(う)け持(も)つ 맡다, 담당하다
7. 載(の)せる 위에 놓다, 게재하다, 기록하다
8. 補(おぎな)う 보충하다
9. 蘇(よみがえ)る 되살아나다, 소생하다 ☞ 1그룹 활용
10. 承(うけたまわ)る 「引(ひ)き受(う)ける 떠맡다」, 「聞(き)く 듣다」, 「伝(つた)え聞(き)く 전해 듣다」, 「承諾(しょうだく)する 승낙하다」의 겸양어
11. 弾(ひ)く 악기를 연주하다
12. 抱(かか)える (껴)안다, 떠맡다
13. 蘇(よみがえ)る 되살아나다, 소생하다
14. 浮(う)かべる 띄우다, (생각에) 떠올리다, (표면에) 나타내다
15. 塗(ぬ)る 칠하다
16. 譲(ゆず)る 물려주다, 양보하다
17. 囲(かこ)む 둘러싸다
18. 引(ひ)き出(だ)す 꺼내다, 끌어내다, 유도해 내다, 우려내다, (예금 등을) 찾다
19. 伺(うかが)う 「聞(き)く 듣다, 尋(たず)ねる 묻다, 訪(たず)ねる 방문하다」의 겸양어
20. 雇(やと)う 고용하다, 세내다
21. 反(かえ)る 뒤집히다, (앞뒤·상하가) 거꾸로 되다 ☞ 1그룹 활용
22. 怠(なま)ける 게으름피우다
23. 打(う)ち消(け)す 부정하다
24. もたれる 기대다, 의지하다, 먹은 것이 잘 소화되지 않고 위 속에 남다
25. 祝(いわ)う 축하하다, 축복하다
26. くわえる (입에) 물다
27. 張(は)り切(き)る 팽팽하게 땅기다, 긴장하다, 힘이 넘치다 ☞ 1그룹 활용
28. 覆(おお)う 덮다, 막다, 숨기다
29. 涼(すず)む 시원한 바람을 쐬다
30. 儲(もう)かる 벌이가 되다
31. 威張(いば)る 뽐내다, 거만하게 굴다
32. 取(と)り消(け)す 취소하다
33. 換(か)える 바꾸다, 교환하다
34. 見詰(みつ)める 응시하다, 주시하다
35. 追(お)い越(こ)す 앞지르다, 추월하다
36. 優(すぐ)れる 뛰어나다, 우수하다
37. 招(まね)く 손짓하여 부르다, 불러오다, 초대하다, 초래하다
38. 祈(いの)る 빌다, 기원하다
39. 絞(しぼ)る (쥐어) 짜다, (무리하게) 짜서 나오게 하다, 좁히다
40. 届(とど)ける 보내어 주다, (관청 등에) 신고하다
41. 飼(か)う 기르다, 사육하다
42. 茂(しげ)る 초목이 무성하다, 빽빽이 들어차다 ☞ 1그룹 활용
43. 蒔(ま)く (씨를) 뿌리다, 파종하다
44. 言(い)いつける 명령하다, 고자질하다
45. 支(ささ)える 떠받치다, 지탱하다
46. 流行(はや)る 유행하다, 인기가 있다, 번성하다, 번창하다
47. 卸(おろ)す 도매하다
48. 言付(ことづ)ける 전갈하다, 전언을 부탁하다
49. 参(まい)る 行(い)く·来(く)る의 겸양어, 지다, 항복하다
50. 慌(あわ)てる (놀라서)당황하다, 황급히 굴다, 허둥대다
51. 凍(こご)える 얼다, (손·발 따위가)추위로 곱아지다
52. 整(ととの)う 정돈되다, 구비되다, 갖추어지다, 성립되다, 이루어지다
53. 敬(うやま)う 공경하다, 존경하다
54. くるむ 감싸다, 둘러싸다
55. 掘(ほ)る 파다, 캐다
56. 荒(あ)れる 거칠어지다, 사나워지다
57. 悔(く)やむ 후회하다, 애도하다
58. 干(ほ)す 말리다
59. 占(うらな)う 점치다
60. 思(おも)い付(つ)く 문득 생각이 떠오르다
61. はめる 끼우다, (수갑을) 채우다, 속여 넘기다, 걸려들게 하다
62. 著(あらわ)す 저술하다
63. 尖(とが)る 뾰족해지다, 예민해지다
64. 撃(う)つ 쏘다, 사격하다
65. 放(ほう)る 멀리 내던지다, (돌보지 않고) 내버려 두다
66. 溺(おぼ)れる 물에 빠지다
67. つまずく 발이 걸려 넘어지다, 좌절하다(실패하다)
68. 甘(あま)やかす 응석을 받아주다
69. 隔(へだ)てる 사이에 두다, 가로막다, 멀리하다
70. 写(うつ)す 베끼다, (사진을) 박다, 그리다
71. 省(はぶ)く 생략하다, 줄이다, 없애다
72. 怠(おこた)る 게을리 하다, 소홀히 하다
73. 凹(へこ)む 움푹 패다, 꺼지다
74. 当(あ)てはめる 맞추다, 결부시키다
75. 就(つ)く (잠자리에) 들다, 오르다(취임하다)
76. うなずく 수긍하다, (고개를) 끄덕이다
77. 振(ふ)る舞(ま)う 행동하다, 대접하다
78. 恨(うら)む 원망하다, 원한을 품다
79. 放(はな)す 놓다, 풀어놓다, 놓아주다, (국물 따위에) 넣다, ~한 채 내버려 두다
80. 憧(あこが)れる 동경하다, 그리워하다
81. 殖(ふ)やす (돈, 재산을) 늘리다, 증식[번식]시키다
82. 討(う)つ 베어 죽이다, 토벌하다
83. 掴(つか)む 붙잡다, 손에 넣다, 포착하다, (사물의 진상·내용 등을) 파악하다
84. 奪(うば)う 빼앗다, (주의, 마음을) 사로잡다, 없애다
85. 外(はず)れる 풀어지다, 빗나가다, 벗어나다
86. 揚(あ)げる 높이 올리다, 기름에 튀기다
87. ぶらさげる 매달다, 손에 들다
88. 打(う)ち合(あ)わせる 미리 의논하다, 협의하다, 맞부딪치다
89. ためらう 주저하다, 망설이다, 방황하다
90. 訴(うった)える 소송하다, 호소하다, 과격한 수단을 쓰다
91. 更(ふ)ける 깊어지다, 한창이다
92. あきれる 질리다, 어이없다
93. 砕(くだ)く 부수다, 애쓰다, 알기 쉽게 풀어서 설명하다
94. 挟(はさ)まる (틈에) 끼이다
95. 疑(うたが)う 의심하다
96. 担(かつ)ぐ 메다, 추대하다, 속이다
97. 拾(ひろ)う 줍다, 골라내다, (위험에서) 간신히 건지다, 차를 세워 타거나 태우다
98. 扇(あお)ぐ 부채질하다
99. 狙(ねら)う 겨누다, 노리다
100. 飾(かざ)る 장식하다, 꾸미다

[문자 · 어휘] 종합 대책(4) – 외래어

- □ アイスクリーム 아이스크림
- □ アイデア/アイディア 아이디어
- □ アイロン 다리미
- □ アウト 아웃
- □ アクセサリー 액세서리
- □ アクセル 액셀, 가속 장치
- □ アクセント 악센트
- □ アジア 아시아
- □ アップ 업, 올림
- □ アナウンサー 아나운서
- □ アパート 아파트
- □ アフリカ 아프리카
- □ アプローチ 접근
- □ アマチュア 아마추어
- □ アメリカ 미국
- □ アラブ 아랍
- □ アルカリ 알칼리
- □ アルコール 알코올
- □ アルバイト 아르바이트
- □ アルバム 앨범
- □ アルミ 알루미늄
- □ アンケート 앙케트
- □ アンコール 앙코르
- □ アンテナ 안테나
- □ イコール 같음
- □ イメージ 이미지
- □ インク/インキ 잉크
- □ インターチェンジ 인터체인지
- □ インターナショナル 인터내셔널
- □ インターホン 인터폰
- □ インタビュー 인터뷰
- □ インテリ 인텔리, 지식인
- □ インフォメーション 인포메이션, 안내
- □ インフレ 인플레, 인플레이션
- □ ウイスキー 위스키
- □ ウイルス 바이러스
- □ ウーマン 여자, 여성
- □ エアメール 항공 우편
- □ ウェートレス 웨이트리스
- □ エチケット 에티켓
- □ エネルギー 에너지
- □ エプロン 앞치마
- □ エレガント 우아함
- □ エレベーター 엘리베이터
- □ エンジニア 엔지니어, 기술자
- □ エンジン 엔진
- □ オイル 오일
- □ オーケー 오케이
- □ オーケストラ 오케스트라
- □ オートバイ 오토바이
- □ オートマチック 오토매틱, 자동식
- □ オートメーション 오토메이션, 자동화
- □ オーバー 오버, 초과함
- □ オーバーコート 오버코트
- □ オープン 오픈, 공개
- □ オリエンテーション 오리엔테이션
- □ オリンピック 올림픽
- □ オルガン 오르간
- □ オレンジ 오렌지
- □ オンライン 온라인
- □ カー 자동차
- □ カーテン 커튼
- □ カード 카드
- □ カーペット 카펫, 양탄자
- □ カーブ 커브
- □ ガイド 가이드
- □ ガイドブック 가이드북
- □ カクテル 칵테일
- □ ガス 가스
- □ カセット 카세트
- □ ガソリン 가솔린
- □ ガソリンスタンド 주유소
- □ カット 컷
- □ カップ 컵
- □ カテゴリー 카테고리, 범주
- □ カバー 커버

- ガム 껌
- ガムテープ 포장용 테이프(질긴 종이에 점착액을 바른 테이프)
- カムバック 컴백
- カメラ 카메라
- カメラマン 카메라맨
- カラー 컬러
- カルテ 카르테(진료 기록 카드)
- カレー 카레
- ガレージ 차고
- カンニング 컨닝
- カロリー 칼로리
- カレンダー 달력
- ギター 기타(악기)
- キャッチ 캐치
- キャプテン 캡틴, 주장
- キャリア 캐리어, 경력
- ギャング 갱, 강도
- キャンパス 캠퍼스, 대학교 교정
- キャンプ 캠프
- キロ(グラム/メートル) 킬로(그램/미터)
- クイズ 퀴즈
- クーラー 에어컨
- クラシック 클래식
- グラス 유리잔
- クラブ 클럽
- グラフ 그래프
- グランド 그랜드, 대형의
- クリーニング 세탁
- クリーム 크림
- クリスマス 크리스마스
- グループ 그룹
- グレー 회색
- クレーン 크레인, 기중기
- ケーキ 케이크
- ケース 케이스
- ゲーム 게임
- ゲスト 게스트, 초대 손님
- コース 코스
- コーチ 코치
- コート 코트, 외투, 경기장
- コード 코드
- コーナー 코너
- コーヒー 커피
- コーラス 코러스
- ゴール 골
- コック 마개, 요리사
- コップ 컵
- コピー 복사
- コマーシャル 광고 방송
- コミュニケーション 의사소통
- ゴム 고무
- コメント 코멘트
- コレクション 콜렉션, 수집
- コンクール 콩쿠르, 경연대회
- コンクリート 콘크리트
- コンサート 콘서트
- コンセント 콘센트
- コンタクト 접촉, 연락
- コンタクトレンズ 콘택트 렌즈
- コンテスト 콘테스트
- コントラスト 대조
- コントロール 컨트롤
- コンパス 컴퍼스
- コンピューター 컴퓨터
- サイクル 사이클
- サイズ 사이즈
- サイレン 사이렌
- サイン 사인
- サークル 서클, 동아리, 동호회
- サービス 서비스
- サラダ 샐러드
- サラリーマン 샐러리맨
- サンキュー Thank you
- サンタクロース 산타 클로스
- サンドイッチ 샌드위치
- サンプル 샘플
- シーズン 시즌
- シーツ 시트, 깔개, 좌석

- □ シート 시트, 자리
- □ ジーパン 청바지
- □ ジーンズ 청바지
- □ ジェット機(き) 제트기
- □ システム 시스템
- □ シック 멋짐, 세련됨
- □ シナリオ 시나리오
- □ ジャーナリスト 저널리스트
- □ ジャズ 재즈
- □ シャツ 셔츠
- □ シャッター 셔터
- □ ジャム 잼
- □ シャワー 샤워
- □ ジャンパー 점퍼, 잠바
- □ ジャンプ 점프
- □ ジャンボ 점보
- □ ジャンル 장르
- □ ジュース 주스
- □ ショー 쇼
- □ ショック 쇼크, 충격
- □ ショップ 가게, 상점
- □ シリーズ 시리즈
- □ スイッチ 스위치
- □ スーツ 양복
- □ スーツケース 여행용 소형 가방
- □ スーパー(マーケット) 슈퍼(마켓)
- □ スープ 수프
- □ スカーフ 스카프
- □ スキー 스키
- □ スクール 학교
- □ スケート 스케이트
- □ スケジュール 스케줄
- □ スター 스타
- □ スタート 출발
- □ スタイル 스타일
- □ スタジオ 스튜디오
- □ スタンド 스탠드
- □ スチーム 스팀, 증기
- □ スチュワーデス 스튜어디스
- □ ステージ 무대
- □ ステレオ 스테레오
- □ スト 파업(ストライキ의 준말)
- □ ストーブ 스토브, 난로
- □ ストッキング 스타킹
- □ ストップ 스톱, 정지
- □ ストライキ 파업
- □ ストレス 스트레스
- □ ストロー 빨대
- □ ストロボ 스트로보(촬영할 때 쓰는 플래시 장치)
- □ スピーカー 스피커
- □ スピーチ 스피치, 연설
- □ スピード 스피드, 속도
- □ スプーン 스푼
- □ スプリング 스프링
- □ スペース 스페이스
- □ スポーツ 스포츠
- □ スポーツカー 스포츠 카
- □ ズボン 양복바지
- □ スマート 영리한
- □ スライド 슬라이드
- □ スラックス 슬랙스(여성용 좁은 바지)
- □ スリッパ 슬리퍼
- □ セール 세일
- □ セクション 섹션(분할된 부분)
- □ セックス 섹스
- □ セット 세트
- □ ゼミ 세미나
- □ セメント 시멘트
- □ ゼリー 젤리
- □ セレモニー 의식, 의례
- □ ゼロ 제로, 영
- □ センス 센스
- □ センター 센터
- □ ソース 소스, 근원, 출처
- □ ソックス 양말
- □ ソファー 소파
- □ ソフト 소프트, 부드러움
- □ ソロ 솔로, 독주

□ ダース 다스(12개로 한 조를 이루는 것)
□ タイトル 타이틀
□ タイピスト 타이피스트
□ タイプ 타이프
□ タイプライター 타이프라이터
□ タイマー 타이머, 계시원
□ タイミング 타이밍
□ タイム 타임, 시간, 일시, 시합 중지
□ タイムリー 때맞춤, 시기 적절함
□ タイヤ 타이어
□ ダイヤ 열차 운행시간표
□ ダイヤ(モンド) 다이아(몬드)
□ ダイヤル 다이얼
□ タイル 타일
□ ダウン 다운
□ タオル 타올, 수건
□ ダブル 더블
□ ダム 댐
□ タレント 탤런트
□ タワー 타워
□ ダンス 댄스, 춤
□ ダンプ 덤프, 트럭
□ チーズ 치즈
□ チーム 팀
□ チームワーク 팀워크
□ チェンジ 체인지
□ チャイム 초인종
□ チャンス 기회
□ チャンネル 채널
□ チョーク 분필
□ ティッシュペーパー 티슈 페이퍼, 휴지
□ データ 데이터
□ デート 데이트
□ テープ 테이프
□ テーブル 테이블
□ テープレコーダー 테이프 레코더
□ テーマ 테마, 주제
□ デコレーション 데코레이션, 장식
□ デザート 디저트
□ デザイン 디자인
□ テスト 테스트
□ デッサン 데생, 소묘
□ テニス 테니스
□ テニスコート 테니스 코트
□ デパート 백화점
□ デモ 데모
□ デモンストレーション 데모 시위
□ テレックス 텔렉스, 가입자 전신
□ テレビ TV
□ テント 텐트
□ テンポ 템포
□ トーン 톤, 음색, 음조, 색조
□ トップ 톱
□ ドライ 드라이, 무미건조
□ ドライクリーニング 드라이 클리닝
□ ドライバー 드라이버
□ ドライブ 드라이브
□ ドライブイン 드라이브인(차에 탄 채로 들어갈 수 있는 식당, 영화관)
□ トラック 트럭
□ トラブル 트러블
□ ドラマ 드라마
□ トランジスター 트랜지스터
□ トランプ 트럼프
□ ドリル 드릴, 천공기, 반복 연습
□ トレーニング 트레이닝
□ ドレス 드레스
□ トン 톤
□ トンネル 터널
□ ナイター 야간 경기
□ ナイフ 나이프
□ ナイロン 나일론
□ ナプキン 냅킨
□ ナンセンス 넌센스
□ ナンバー 넘버, 번호
□ ニュアンス 뉘앙스
□ ニュー 뉴, 새로움
□ ニュース 뉴스
□ ネガ (ネガティブ의 준말) 부정적, 소극적

□ ネックレス 목걸이
□ ノイローゼ 노이로제
□ ノート 노트
□ ノック 노크
□ バー 바
□ パーセント 퍼센트
□ パーティー 파티
□ パート 파트, 부분
□ バイオリン 바이올린
□ ハイキング 하이킹
□ バイバイ 바이바이, 안녕
□ パイプ 파이프
□ パイロット 파일럿, 조종사
□ バケツ 물통
□ パジャマ 파자마, 잠옷
□ バス 버스
□ バス 목욕, 욕실
□ パスポート 여권
□ バター 버터
□ パターン 패턴
□ パチンコ 빠칭코, 슬롯머신
□ バッグ 백, 가방
□ バッジ 배지
□ バッテリー 배터리
□ バット 배트
□ パトカー 경찰 순찰차
□ パパ 아빠
□ バランス 밸런스, 균형
□ バン 밴, 화물차
□ ハンガー 행거, 옷걸이
□ ハンカチ 손수건
□ パンク 펑크
□ ハンサム 잘생김
□ パンツ 바지
□ ハンドバッグ 핸드백
□ ハンドル 핸들
□ ピアノ 피아노
□ ビール 맥주
□ ピクニック 피크닉
□ ピストル 권총
□ ビタミン 비타민
□ ビジネス 비즈니스
□ ビデオ 비디오
□ ビニール 비닐
□ ビル/ビルディング 빌딩
□ ピン 핀, 바늘
□ ピンク 핑크, 분홍색
□ ヒント 힌트
□ ファイト 파이팅, 투지
□ ファイル 파일
□ ファスナー 지퍼
□ ファン 팬, 환풍기
□ フィルター 필터
□ フィルム 필름
□ ブーツ 부츠, 장화
□ ブーム 붐
□ プール 수영장
□ フェリー 페리
□ フォーク 포크
□ フォーム 폼, 모양, 형태, 형식
□ ブザー 버저(전자석을 이용해서 진동판의 진동으로 저음을 내는 장치)
□ フライパン 프라이팬
□ ブラウス 블라우스
□ ブラシ 브러쉬, 솔
□ プラス 플러스
□ プラスチック 플라스틱
□ プラットホーム 플랫폼, 승강장
□ プラン 플랜, 계획
□ フリー 프리, 자유, 무료
□ プリント 프린트, 출력
□ ブルー 블루, 파랑
□ ブレーキ 브레이크, 제동 장치
□ プロ 프로
□ ブローチ 브로치
□ プログラム 프로그램
□ フロント 프론트, 정면, 호텔 등의 정면, 현관의 접수대
□ ペア 페어, 쌍
□ ページ 페이지

□ ベース 베이스, 기본
□ ベスト 베스트, 최선
□ ベストセラー 베스트셀러
□ ベッド 침대
□ ベテラン 베테랑
□ ヘビースモーカー 골초
□ ヘリコプター 헬리콥터
□ ベル 벨, 초인종
□ ベルト 벨트
□ ペン 펜
□ ペンキ 페인트
□ ベンチ 벤치
□ ボイコット 보이콧, 불매동맹(노동자가 단결하여 작업을 거부함)
□ ポイント 포인트
□ ボーイ 보이, 소년, 웨이터
□ ホース 호스
□ ポーズ 포즈, 자세
□ ボート 보트
□ ボーナス 보너스
□ ホーム 홈, 가정
□ ホール 홀, 회관, 구멍
□ ボール 볼, 공
□ ボールペン 볼펜
□ ポケット 호주머니
□ ポジション 포지션
□ ポスター 포스터
□ ポスト 우체통, 지위, 직위
□ ボタン 버튼, 단추
□ ポット 포트, 항아리, 보온병
□ ボルト 나사, 볼트(전압의 단위)
□ ポンプ 펌프
□ マーク 마크
□ マーケット 시장, 판로
□ マイ my
□ マイク 마이크
□ マイクロホン 마이크로폰
□ マイナス 마이너스
□ マスク 마스크
□ マスコミ 매스컴
□ マスター 마스터
□ マッサージ 마사지
□ マフラー 머플러
□ ママ 엄마
□ マラソン 마라톤
□ マンション 맨숀
□ ミシン 미싱, 재봉틀
□ ミス 미스, 실수, 잘못
□ ミス 미스, 미혼 여성
□ ミスプリント 미스프린트
□ ミセス 미세스, 기혼 여성
□ ミュージック 뮤직, 음악
□ ミリメートル 밀리미터
□ ミルク 밀크, 우유
□ ムード 무드, 분위기
□ メーカー 메이커
□ メーター 자동 계기
□ メートル 미터
□ メール/ eメール/ Eメール 이메일
□ メッセージ 메시지
□ メディア 미디어
□ メニュー 메뉴
□ メモ 메모
□ メロディー 멜로디
□ メンバー 멤버, 회원
□ モーター 모터
□ モーテル 모텔
□ モダン 모던, 현대적인
□ モデル 모델
□ モニター 모니터
□ モノレール 모노레일
□ ヤング 영, 젊은이
□ ユーモア 유머
□ ユニーク 유니크, 독특함
□ ユニホーム 유니폼, 제복
□ ヨーロッパ 유럽
□ ヨット 요트
□ ライター 라이터
□ ライス 라이스, 밥

- □ ライト 빛
- □ ライバル 라이벌
- □ ラケット 라켓
- □ ラジオ 라디오
- □ ラッシュアワー 러시아워(가장 붐비는 시간)
- □ ラベル 라벨, 상표
- □ ランチ 런치, 점심
- □ ランニング 경주
- □ ランプ 램프
- □ リード 리드
- □ リズム 리듬
- □ リットル 리터
- □ リボン 리본
- □ ルーズ 칠칠치 못함, 헐렁함
- □ ルール 룰, 규칙
- □ レース 레이스, 경주
- □ レインコート 레인코트, 비옷
- □ レギュラー 레귤러, 정규, 일반
- □ レクリエーション 레크리에이션
- □ レコード 레코드
- □ レジャー 레저, 여가
- □ レストラン 레스토랑
- □ レッスン 레슨, 개인 교습
- □ レディー 레이디, 숙녀
- □ レバー 레버, 손잡이
- □ レベル 레벨
- □ レポート/リポート 리포트
- □ レンジ 레인지
- □ レンズ 렌즈
- □ レンタカー 렌터카
- □ レントゲン X선 사진
- □ ロープ 로프, 밧줄
- □ ロープウェー 케이블카
- □ ローマ字(じ) 로마자, 알파벳
- □ ロケット 로켓
- □ ロッカー 개인 소지품을 넣어 두는 자물쇠 있는 작은 사물함
- □ ロビー 로비
- □ ロマンチック 로맨틱, 낭만적
- □ ワイシャツ 와이셔츠
- □ ワイン 와인, 포도주
- □ ワット 와트(전압의 단위)
- □ ワンピース 원피스

[문자 · 어휘] 종합 대책(5) – 부사

부사는 용언(동사, 형용사)를 수식하여 그 문장의 의미를 명확하게 하거나 정도 및 상태 등을 나타낸다.

유도부사(진술부사)

유도부사는 뒤에 이어지는 내용을 미리 알려주는 기능을 갖고 있으며, 술어에 어떤 진술을 요구하느냐에 따라 부정, 추량(추측), 비유 등을 수반하는 표현이 이어진다.

① 단정(강조) 표현을 동반하는 부사

- □ いやしくも 적어도
- □ さすが(に) 정말이지, 역시
- □ つまり 결국, 요컨대
- □ やはり 역시, 결국
- □ 必(かなら)ず 반드시, 꼭
- □ 絶対(ぜったい)に 절대, 절대로
- □ もちろん 물론
- □ きっと 꼭
- □ たしか 확실히, 분명히
- □ 最(もっと)も 가장, 무엇보다도

② 긍정과 부정을 모두 동반할 수 있는 부사 (1) – 긍정문과 부정문에서 의미가 다른 것

□ あまり

긍정문(너무, 지나치게)

- あまり勉強(べんきょう)し過(す)ぎる。너무 지나치게 공부하다.

부정문(그다지)

- あまり違(ちが)わない。그다지 틀리지 않다.
- あまりよく知(し)らない。그다지 잘 모르다.

□ 一向(いっこう)(に)

긍정문(매우, 아주)

- 一向平気(いっこうへいき)だ。아주 태연하다, 아무렇지도 않다.
- 一向(いっこう)にご無沙汰(ぶさた)しています。매우 격조하였습니다.

부정문(조금도, 전혀)

- 一向(いっこう)に勉強(べんきょう)しない。도무지 공부하지 않는다.
- 一向(いっこう)に気(き)が付(つ)かない。전혀 깨닫지 못하다.

□ さっぱり

긍정문(후련한 모양, 산뜻한 모양, 남김없이, 깨끗이)

- さっぱりした味(あじ)。담백한 맛.
- さっぱりとした性格(せいかく)。깔끔한 성격.
- きれいさっぱりと平(たい)らげた。깨끗이 먹어 치웠다.

부정문(전혀, 전연, 조금도)

- さっぱりわかりない。전혀 모르겠다.
- さっぱり食(た)べない。전연 안 먹는다.

□ 更(さら)に

긍정문(그 위에, 더욱더, 거듭, 다시 한 번)

- 雨(あめ)が更(さら)に激(はげ)しく降(ふ)る。비가 더욱 세차게 오다
- 更(さら)に勧(すす)める。다시 한 번 권하다.

부정문(조금도, 도무지)

- 更(さら)に反省(はんせい)の色(いろ)がない。도무지 반성의 빛이 없다.
- 思(おも)い残(のこ)すことが更(さら)にない。미련은 조금도 없다.

□ 断(だん)じて

긍정문(단호히, 꼭, 반드시)

- 断(だん)じて勝(か)つ。반드시 이긴다.
- 断(だん)じて遣(や)り遂(と)げる。꼭 이루어낸다.

부정문(결코, 단연코)

- 断(だん)じて行(い)かぬ。결코 가지 않는다.
- 断(だん)じて許(ゆる)さない。단연코 용서 않다.

□ ちょっと

금정문(좀, 약간, 잠시, 어지간히, 꽤)

- もうちょっと右(みぎ)。좀 더 오른쪽.
- ちょっとした傷(きず)。경미한 상처.
- ちょとお待(ま)ち下(くだ)さい。잠시 기다려 주십시오.
- ちょっと重(おも)い病気(びょうき)。꽤 중한 병.

부정문(좀처럼, 쉽사리, 여간해서는)

- ちょっと見当(けんとう)もつかない。쉽사리 짐작도 할 수 없다.
- そんなことになるとはちょっと考(かんが)えられない。
  일이 그렇게 되리라고는 좀처럼 생각할 수 없다.

□ ついに

금정문(드디어, 마침내, 결국)

- ついに完成(かんせい)を見(み)た。드디어 완성을 봤다.

부정문(최후까지, 끝끝내, 끝까지)

- ついに現(あらわ)れなかった。끝내 나타나지 않았다.
- ついに口(くち)を利(き)かなかった。끝끝내 말을 하지 않았다.

□ どうも

금정문(정말, 참으로, 매우)

- どうもありがとうございます。참으로 고맙습니다.
- どうもすみません。정말 미안합니다.
- どうも失礼(しつれい)しました。매우 실례했습니다.

부정문(아무래도, 도무지)

- 彼(かれ)の言(い)うことはどうも嘘(うそ)らしい。
  그가 말하는 것은 아무래도 거짓말 같다.
- どうもうまくいかない。도무지 잘 안 된다.

□ とても

금정문(대단히, 매우, 몹시)

- とてもきれいだ。아주 예쁘다.
- とてもいい。대단히 좋다.

부정문(아무리 해도, 도저히)

- とても出来(でき)ない。도저히 못 하겠다.
- とても駄目(だめ)だ。아무리 해도 안 된다.

□ てんで

금정문(아주, 대단히)

- てんで大(おお)きい。아주 크다.

부정문(전혀, 아예)

- てんで駄目(だめ)だ。아예 틀렸다.
- 彼(かれ)のやり方(かた)はてんでなっていない。
  그가 하는 짓은 전연 돼 먹지 않았다.

□ 頓(とん)と

금정문(완전히)

- 頓(とん)と忘(わす)れた。까맣게 잊어버렸다.

부정문(조금도, 전혀, 도무지)

- 頓(とん)と美味(おい)しくない。조금도 맛이 없다.
- 頓(とん)と存(ぞん)じません。전혀 모릅니다.

□ なかなか

금정문(상당히, 꽤, 어지간히)

- なかなか面白(おもしろ)い。꽤 재미있다.
- なかなか遠(とお)い。상당히 멀다.

부정문(좀처럼, 그리 간단히는)

- なかなかうまくいかない。좀처럼 잘 되지 않는다.
- 時間(じかん)がなくてなかなか友達(ともだち)に会(あ)えない。
  시간이 없어서 좀처럼 친구를 만날 수 없다.

□ 何(なん)とも

금정문(정말, 참으로, 아무튼)

- 何(なん)とも大変(たいへん)な事(こと)になった。정말 큰일이 되었다.
- 何(なん)とも閉口(へいこう)した。정말이지 난처했다.

부정문(뭐라고, 무엇인지, 대단한 것은 아니다)

- 僕(ぼく)からは何(なん)とも言(い)えない。나로서는 뭐라고 말할 수 없다.
- 何(なん)とも説明(せつめい)がつかない。뭐라고 설명을 할 수 없다.
- 転(ころ)んだが、何(なん)ともなかった。넘어졌지만, 별일은 없었다.

□ 丸(まる)で

금정문(마치, 꼭)

- まるで猿(さる)のような顔(かお)。꼭 원숭이 같은 얼굴.
- まるで夢(ゆめ)のようだ。마치 꿈과 같다.

부정문(전혀, 전연, 통)

- まるで違(ちが)う。전혀 다르다.
- まるで知(し)らなかった。전연 몰랐다.

③ 긍정과 부정을 모두 동반할 수 있는 부사 (2) – 긍정문과 부정문에서 의미가 같은 것

□ 一概(いちがい)に 일률적으로, 하나같이, 일괄적으로
- 긍정문 一概(いちがい)に信(しん)じる。무조건 믿다.
- 부정문 一概(いちがい)には言(い)えぬが。일률적으로는 말할 수 없으나.

□ 未(いま)だに 아직껏, 아직까지도, 현재까지도
- 긍정문 未(いま)だに独身(どくしん)だ。아직까지도 독신이다.
- 부정문 未(いま)だに病気(びょうき)がよくならない。
  아직까지도 병이 쾌차하지 않다.

□ 絶対(ぜったい)(に) 절대, 절대로
- 긍정문 絶対出席(ぜったいしゅっせき)する。반드시 출석하다.
- 부정문 絶対(ぜったい)あり得(え)ない。절대로 있을 수 없다.

□ 全(まった)く 완전히, 전혀
- 긍정문 全(まった)く忘(わす)れていた。완전히 잊고 있었다.
- 부정문 英語(えいご)は全(まった)く出来(でき)ない。영어는 전혀 못한다.

④ 부정(금지) 표현을 동반하는 부사

□ 一切(いっさい) 일절
□ 決(けっ)して 결코
□ 全然(ぜんぜん) 전연, 전혀
□ 到底(とうてい) 도저히
□ まさか 설마, 아무리 그렇다고 하더라도
□ 夢(ゆめ)にも 꿈에도
□ 必(かなら)ずしも 반드시
□ さらさら 결코, 조금도
□ 大(たい)して 그다지, 별로
□ 二度(にど)と 결코, 다시는
□ まる(っ)きり 전연, 전혀, 아주
□ 碌(ろく)に 제대로, 변변히
□ から(っ)きし 전혀, 통
□ 少(すこ)しも 조금도, 전혀
□ ちっとも 조금도
□ 別(べつ)に 별로, 특별히
□ 滅多(めった)に 거의, 좀처럼

⑤ 의문(반어적) 표현을 동반하는 부사

□ いかに 어떻게
□ どうして 어떻게, 어째서, 왜
□ なにゆえ 왜, 어째서, 무엇 때문에
□ いったい 도대체
□ どれほど 얼마만큼, 얼마나
□ なんで 어째서, 무슨 이유로, 왜
□ どう 어떻게
□ なぜ 왜, 어째서
□ はたして 예상한 대로, 말 그대로, 정말로

⑥ 가정 표현을 동반하는 부사

□ いかに 아무리
□ たとえ 설령, 설사, 가령
□ もし(も) 만약, 만일
□ いったん 일단
□ ひょっとすると 어쩌면, 혹시
□ もしか(すると) 어쩌면
□ 仮(かり)に 만일, 만약
□ 万一(まんいち) 만일, 만에 하나

⑦ 추량 표현을 동반하는 부사

□ あるいは 어쩌면, 혹시
□ さぞ(かし) 추측컨대, 필시, 틀림없이
□ よもや 설마
□ 恐(おそ)らく 아마, 어쩌면, 필시
□ 多分(たぶん) 대개, 아마
□ 必(かなら)ずや 필시, 반드시
□ まさか 설마, 아무리 그렇다 하더라도

⑧ 비유(양태) 표현을 동반하는 부사

- □ あたかも 마치, 흡사
- □ さながら 마치, 흡사
- □ どうやら 어쩐지, 아무래도
- □ いかにも 정말이지, 자못
- □ さも 정말, 참으로, 자못
- □ まるで 마치
- □ 今(いま)にも 당장에라도, 지금이라도
- □ ちょうど 꼭, 마치

⑨ 희망(바람) 표현을 동반하는 부사

- □ くれぐれも 부디, 아무쪼록
- □ どうしても 무슨 일이 있어도, 꼭
- □ なんとか 어떻게든
- □ 是非(ぜひ) 꼭, 반드시
- □ どうぞ 아무쪼록, 부디, 어서
- □ どうか 부디, 아무쪼록
- □ なにとぞ 제발, 부디, 아무쪼록

양태(상태)부사

양태부사는 동사를 수식하여 동작과 작용의 상태를 한정하여 구체적으로 나타내며, 사람이나 동물 또는 사물의 소리를 흉내내는 의성어와 그 모습을 나타내는 의태어도 포함된다.

- □ いきなり 갑자기, 느닷없이
- □ かえって 도리어, 오히려, 반대로
- □ しっかり 단단히, 꼭, 확고히
- □ 直(す)ぐ 곧, 즉시, 바로
- □ すべて 전부, 모두
- □ そっと 살짝, 가만히, 몰래
- □ 時々(ときどき) 가끔, 때때로
- □ とりわけ 특히, 그중에서도
- □ 再(ふたた)び 두 번, 재차, 다시
- □ 寧(むし)ろ 차라리, 오히려
- □ やはり 역시
- □ いつも 항상, 늘, 언제나
- □ さすが(に) 역시, 정말이지, 과연
- □ じっと 꼼짝 않고, 가만히
- □ すっかり 완전히, 모두
- □ せいぜい 기껏, 겨우
- □ 大変(たいへん) 몹시, 매우, 대단히
- □ 特(とく)に 특히, 각별히
- □ のんびり 한가로이, 태평스럽게
- □ ふと 문득, 갑자기
- □ やがて 멀지 않아, 이윽고, 곧
- □ ゆっくり 천천히, 넉넉히, 충분히
- □ うまく 솜씨 좋게, 잘
- □ 早速(さっそく) 즉시
- □ 暫(しばら)く 잠시, 잠깐
- □ 既(すで)に 이미, 벌써
- □ 折角(せっかく) 모처럼, 일부러, 애써서
- □ 確(たし)かに 확실히
- □ 突然(とつぜん) 돌연, 갑자기
- □ はっきり 분명히, 확실히
- □ 益々(ますます) 점점, 더욱 더
- □ やっと 겨우, 간신히
- □ わざわざ 일부러

의성어 · 의태어

□ うとうと (조는 모양) 꾸벅꾸벅

□ うろうろ ① (목적도 없이 이리저리 헤매는 모양) 어슬렁어슬렁, ② (당황하여 갈피를 못 잡는 모양) 허둥지둥

□ がちがち ① (단단한 물건이 잇따라 부딪는 소리) 딱딱 ② (융통성과 여유가 없는 모양) 외곬으로

□ ぐずぐず ① (결단이나 행동이 느린 모양) 꾸물꾸물, 우물쭈물 ② (분명하게 말하지 않고 혼잣말로 푸념하는 모양) 투덜투덜 ③ (코가 막혔을 때의 소리나 모양) 킁킁

□ くどくど (같은 말을 지겹도록 되풀이하는 모양) 장황하게, 지겹게, 구구절절

□ くらくら ① (현기증이 나는 모양) 아찔아찔, 어질어질 ② (물이 마구 끓는 모양) 펄펄, 버글버글 ③ (질투나 분노 등으로 속이 끓어오르는 모양) 부글부글

□ ぐらぐら ① (몹시 흔들리는 모양) 흔들흔들 ② (물이 마구 끓는 모양) 펄펄, 부글부글

□ こつこつ ① (단단한 물건끼리 연방 부딪는 소리) 똑똑 ② 꾸준히 노력함

□ ごろごろ ① (그리 작지 않은 것이 굴러가는 모양) 데굴데굴 ② (아무 일도 하지 않고 날을 보내는 모양) 빈둥빈둥, 빈들빈들 ③ (여기저기 지천으로 흔한 모양) 얼마든지 ④ (천둥이 울리는 소리) 우르르

□ ざぶざぶ (물을 요란스레 요동시키는 소리) 철벅철벅, 점벙점벙

□ しくしく ① (코를 훌쩍이며 힘없이 우는 모양) 훌쩍훌쩍 ② (끊임없이 찌르듯 아픈 모양) 콕콕

□ じめじめ (불쾌하도록 습기나 수분이 많은 모양) 구질구질, 눅눅히, 축축이

□ じゃぶじゃぶ (물을 휘젓거나 물이 괸 곳을 걸을 때 나는 소리) 철벙철벙, 철벅철벅

□ しょぼしょぼ ① (가랑비가 조금씩 오는 모양) 보슬보슬, 부슬부슬 ② (가랑비에 젖은 모양) 촉촉이 ③ 노쇠하여 기운이 약해진 모양

□ じりじり ① (어떤 목표나 상태를 향해 조금씩 나아가는 모양) 한발한발 ② (태양 등이 내리쬐는 모양) 쨍쨍, 이글이글

□ すらすら (거침없이 순조롭게 진행되는 모양) 줄줄, 술술, 척척

□ とくとく ① (좁은 아가리에서 액체가 흘러나오는 모양이나 소리) 콸콸 ② 득의양양한 모양

□ ねばねば (끈끈하거나 차져서 잘 들러붙는 모양) 끈적끈적

□ にこにこ 생글생글, 싱글벙글

□ ひしひし ① (계속해서 바싹 다가오거나 사무치게 느껴지는 모양) 바싹바싹, 오싹오싹 ② (물건이 삐걱거리는 소리) 삐걱삐걱

□ ぴちゃぴちゃ ① (물속을 걷는 소리) 철벅철벅 ② (물이 튀기거나 부딪치는 소리) 철썩철썩 ③ (손바닥으로 잇달아 가볍게 치는 소리) 찰싹찰싹 ④ (소리 내어 음식을 마시거나 먹는 모양) 홀짝홀짝

□ ぴりぴり ① (바늘에 찔린 듯이 아픈 모양) 따끔따끔 ② (몹시 매운 느낌) 얼얼 ② 신경이 과민해진 모양 ② (가늘게 떠는 모양) 바르르

□ ぴんぴん ① (세차게 튀는 모양) 팔딱팔딱, 펄쩍펄쩍 ② (건강하여 원기가 넘치는 모양) 팔팔, 정정 ③ (몹시 두통이 나는 모양) 지끈지끈, 욱신욱신 ④ (상대편의 심정이 강하게 느껴지는 모양) 짜릿하게

□ ぶつぶつ ① (작은 소리로 연해 말하는 모양) 중얼중얼 ② (불평과 불만이나 잔소리를 하는 모양) 투덜투덜 ③ (거품을 일으키며 끓어오르는 모양) 펄펄, 부글부글 ④ (두드러기 같은 것이 많이 돋는 모양) 도톨도톨

□ ふらふら ① 휘청휘청, 비틀비틀 ② (생각 없이 나돌아 다니는 모양) 어정어정 ③ (마음이 흔들리는 모양) 흔들흔들, 갈팡질팡 ④ (앞뒤 생각없이 행동하는 모양) 얼떨결에, 무심코

□ ぶらぶら ① (매달려서 흔들리는 모양) 흔들흔들, 대롱대롱 ② (지향 없이 거니는 모양) 어슬렁어슬렁 ③ (하는 일 없이 놀고 지내는 모양) 빈들빈들, 빈둥빈둥

□ ぶるぶる (떠는 모양) 벌벌, 와들와들, 덜덜

□ ぷんぷん ① 몹시 화가 난 모양 ① 냄새가 코를 찌르는 모양

□ ぺらぺら ① (외국어를 유창하게 지껄이는 모양) 술술, 줄줄 ② (경솔하게 지껄여대는 모양) 나불나불 ③ (판자, 종이, 천 등이 얇고 빈약한 모양) 흐르르 ④ (종잇장 등을 잇달아 넘기는 소리) 펄렁펄렁, 팔락팔락

□ ぽたぽた ① (물이나 땀 등이 방울져 계속 떨어지는 모양) 똑똑

□ よちよち ① (어린애가 걷는 모양) 아장아장 ② (쇠약한 사람이 걷는 모양) 비실비실

□ よろよろ (비틀거리거나 휘청거리는 모양) 비틀비틀

정도부사

정도부사는 용언(동사, 형용사)을 수식하여 그 성질과 상태의 정도를 상세하게 나타내며, 다른 부사를 수식하거나 '시간, 장소, 방향, 수량' 등을 나타내는 명사를 수식하기도 한다.

- □ かなり 제법, 어지간히, 꽤
- □ ずっと 훨씬, 아주, 쭉
- □ 大変(たいへん) 몹시, 매우
- □ 只・唯(ただ・ただ) 다만, 단지, 오로지
- □ 殆んど(ほと) 대부분, 거의
- □ 漸く(ようや) 겨우, 간신히, 차차, 점차
- □ 随分(ずいぶん) 대단히, 몹시
- □ 大層(たいそう) 매우, 몹시, 대단히
- □ 沢山(たくさん) 많이, 충분히
- □ たった 단지, 겨우, 그저
- □ もう 벌써, 이미, 더, 곧
- □ 僅か(に)(わず) 조금, 약간, 불과, 간신히, 겨우
- □ 少し(すこ) 조금, 약간
- □ 大分(だいぶ) 상당히, 어지간히, 꽤
- □ 多少(たしょう) 좀, 약간, 어지간히, 꽤
- □ 非常に(ひじょう) 대단히, 매우
- □ もっと 더, 더욱, 한층

※ 혼동하기 쉬운 부사 비교

始めに(はじ) & 初めて(はじ)

□ 始めに(はじ) 처음으로(순서상), 맨 처음

- 始めに醤油を入れて、それから胡椒を入れてください。처음에 간장을 넣고 그 다음에 후추를 넣어 주십시오.
- 始めにドイツへ行って、そのあと色々な国へ行くつもりです。처음에 독일로 가고 그 후에 여러 나라에 갈 생각입니다.

□ 初めて(はじ) 비로소, 처음으로(경험상)

- 病気になって初めて健康のありがたさがわかる。병이 나고서야 비로소 건강의 고마움을 알다.
- 初めてにしてはよく出来だ。첫 솜씨치고는 잘 됐다.

大体(だいたい) & 大抵(たいてい)

□ 大体(だいたい) 완전, 사실, 기준에 가까운 80%의 상태. 부정표현에는 잘 사용하지 않음. 거의(정도), 대략, 대강, 대체로

- 事件は大体片付いた。사건은 대강 처리되었다.
- レポートは大体終わった。리포트는 대략 끝났다.

□ 大抵(たいてい) 상태, 행위 전체를 차지하는, 발생 경우의 수, 확률이 높음. 거의(빈도), 대략, 거의 대부분, 대개

- 大抵の人は何か趣味を持っている。대개의 사람은 무언가 취미를 갖고 있다.
- 昼は大抵外で食べる。점심은 대개 밖에서 먹는다.

そっと & こっそり

□ **そっと** 소리를 내지 않고 남이 모르게 행동하는 모양. 살짝, 가만히, 몰래

- 遅刻して教室にそっと入る。지각해서 교실에 몰래 들어가다.
- 怒っているらしい、しばらくそっとしておこう。화난 것 같아, 잠시 가만히 두자.

□ **こっそり** 남에게 들키지 않게 숨기거나 숨기듯이 행동하는 모양. 살짝, 가만히, 몰래

- こっそり人の物を盗む。몰래 남의 물건을 훔치다.
- こっそり学校を休んではだめよ。몰래 학교를 쉬면 안 돼.

意外 & 案外

□ **意外** 예상하고 있었던 것과 결과가 완전히 다른 경우. 의외로, 뜻밖에

- 意外にも驚かない。뜻밖에도 놀라지 않는다.
- 意外なところで会いました。뜻밖의 장소에서 만났습니다.

□ **案外** 예상하고 있었던 것과 결과가 빗나갔을 경우. 뜻밖에도, 예상외로, 의외로

- 案外驚かない。의외로 놀라지 않는다.
- 安いのに、案外きれいなホテルだった。저렴한데도, 예상외로 깨끗한 호텔이었다.

むしろ & かえって

□ **むしろ** 두 가지를 비교해서 어느 한 쪽이 보다 정도가 높다고 하는 의미. 차라리, 오히려

- 名よりも寧ろ実を選ぶ。명분보다 오히려 실리를 택하다.
- 必要でよりも寧ろ好きでやっているのです。필요해서라기보다는 오히려 좋아서 하고 있습니다.
- 生きて恥をさらすくらいなら寧ろ死んだ方がましだ。살아서 수치를 당할 바에야 차라리 죽는 편이 낫다.

□ **かえって** 어떤 행위를 하면 당연한 어느 결과가 일어난다고 예상되는 상황에서 의도, 예상과는 반대의 결과가 생기는 경우에 사용. 도리어, 오히려, 반대로

- 儲かるどころかかえって大損だ。벌기는커녕 도리어 큰 손해다.
- 色々失敗したことが、かえっていい勉強になった。여러 가지 실패한 것이 오히려 좋은 공부가 되었다.
- 手伝いに行ったつもりが、かえって邪魔になってしまった。도와주러 간 것이, 도리어 방해가 되고 말았다.

せめて & 少なくとも

□ **せめて** 불충분하지만 최소한 이 정도는 되었으면 좋겠다고 하는 의미로 의지, 희망 표현이 이어진다. 하다못해, 적어도

- せめて論語ぐらいは読まねばなるまい。적어도 논어 정도는 읽어야 할 거야.
- 夏はせめて一週間ぐらい休みがほしい。여름에는 적어도 일주일간 정도 휴가를 원한다.
- せめてあと3日あれば、もうちょっといい作品が出せるのだが。적어도 3일 있으면, 좀 더 좋은 작품을 낼 수 있건만.

□ **少なくとも** 양이나 질이 최소한이라도 이 정도라는 의미. 적어도

- 駅まで歩くと、少なくとも15分はかかる。역까지 걸으면, 적어도 15분은 걸린다.
- 少なくとも参加者は千人は越すだろう。적어도 참가자는 천 명은 넘겠지.
- 少なくとも試験の日くらい早く起きよう。적어도 시험 날 정도 일찍 일어나자.

うきうき & わくわく

□ **うきうき** 신바람이 나서 몸도 마음도 들뜬 모양. 룰루랄라

- 家族でうきうきと花見に出かける。가족끼리 룰루랄라 꽃놀이 하러 나가다.
- お祭りで、子供たちはうきうきしている。축제로 아이들이 들떠 있다.
- サンバのリズムを聞くと思わず体がうきうきする。삼바 리듬을 들으면 나도 모르게 몸이 신바람 난다.

□ **わくわく** 기쁨, 기대, 걱정 따위로 가슴이 설레는 모양. 울렁울렁, 두근두근

- 胸をわくわくさせて知らせを待つ。가슴을 두근거리며 통지를 기다리다.
- わくわくしながら発表を待つ。두근두근 하면서 발표를 기다리다.
- 嬉しくて胸がわくわくする。기뻐서 가슴이 울렁울렁하다.

つい & うっかり & 思わず

□ **つい** 무의식중에 행하는 행위, 분위기에 휩쓸려 본능적, 습관적으로 해버림. 무심결에, 자신도 모르게, 그만

- 甘いものを見ると、つい食べたくなる。단 것을 보면, 그만 먹고 싶어진다.
- 言うつもりはなかったのに、つい言ってしまった。말할 생각이 아니었는데, 그만 말하고 말았다.
- 禁煙しているのに、ついポケットに手をやってたばこを探してしまう。
  금연하고 있는데, 무심결에 주머니에 손을 넣어 담배를 찾고 만다.

□ **うっかり** 멍해 있어서, 방심하거나 부주의로 인해 해서는 안 되는 것을 함. 무심코, 멍청히, 깜박

- うっかりコップを落として割ってしまった。무심코 컵을 떨어뜨려서 깨고 말았다.
- 答案用紙にうっかり名前を書くのを忘れてしまった。답안용지에 깜박 이름 쓰는 것을 잊고 말았다.
- うっかりほかの人の傘を持って帰ってしまった。무심코 다른 사람의 우산을 갖고 돌아오고 말았다.

□ 思わず 그 순간에 자연적으로 생겨난 감정과 조건반사적인 1회 한정의 행위. 엉겁결에, 뜻하지 않게, 무의식중에, 나도 모르게

- 悔しくて、思わず涙が出た。 분해서, 나도 모르게 눈물이 났다.
- 素晴らしい歌声に思わず拍手した。 훌륭한 노랫소리에 나도 모르게 박수쳤다.
- 韓国のチームが逆転優勝をしたので、テレビの前で思わず立ち上がった。
  한국 팀이 역전 우승을 했기 때문에, 텔레비전 앞에서 나도 모르게 일어섰다.

いっそう & なお & さらに

□ いっそう 무엇인가 별도의 조건, 상황, 변화가 더해져서, 정도가 심해지고 높아짐. 한층 더, 더욱더

- より一層苦しくなる。 더 한층 괴로워지다.
- 末っ子だけに一層可愛い。 막내 자식이므로 더욱 더 귀엽다.
- 今後も一層努力します。 앞으로도 한층 더 노력하겠습니다.

□ なお

① 같은 종류의 다른 것과 비교해서 그것보다 정도가 위이다. 한층, 더욱

☞ 「一層」, 「さらに」, 「もっと」, 「そのうえ」와 비슷한 의미

- この方がなお良い。 이쪽이 더 한층 좋다.
- あなたが来てくれれば、なお都合が良い。 당신이 와 주면, 더욱 상황이 좋다.

② 여전히 같은 상태가 계속 되고 있다. 여전히, 아직

☞ 「まだ」, 「相変わらず」, 「今もなお」와 비슷한 의미

- 今でもなお貧乏だ。 지금도 여전히 가난하다.
- 期日はなお２週間ある。 기일은 아직 2주일이 남아 있다.

③ 전후가 대립적인 의미를 갖는다.

☞ 「かえって」와 비슷한 의미가 됨

- 手術をしてなお悪くなった。 수술을 해서 오히려 더 나빠졌다.
- 反対されると、なおやってみたくなる。 반대를 하게 되면, 오히려 해 보고 싶어진다.

④ 접속사로 부언할 때 사용. 더욱이, 더구나, 덧붙여 말하면, 또한

- 先日はお世話様でした。なお、結構なお土産まで頂戴しまして。
  일전에는 폐를 끼쳤습니다. 더구나 좋은 선물까지 주셔서.
- 参加希望者は葉書で申し込んでください。なお、希望者多数の場合は、先着順とさせていただきます。
  참가 희망자는 엽서로 신청해 주십시오. 덧붙여 말씀드리면, 희망자 다수의 경우에는 선착순으로 하도록 하겠습니다.

□ さらに

① 정도가 심해짐을 나타냄. 더 한층, 보다 더, 더욱더

- これから更(さら)に難(むずか)しくなる。앞으로는 한층 더 어려워진다.
- 風(かぜ)は更(さら)に強(つよ)くなってきた。바람은 더욱더 강해졌다.

② 한 번 더 반복하거나 새로 추가함을 나타냄. 거듭, 다시금, 새로이, 또 한 번

- 更(さら)に交渉(こうしょう)するつもりです。다시금 교섭할 생각입니다.
- 更(さら)に申(もう)し込(こ)まないといけない。다시 신청하지 않으면 안 된다.

③ (부정어와 함께) 조금도, 전혀, 도무지, 두 번 다시

- 更(さら)にない絶好(ぜっこう)のチャンス。다시 없는 절호의 기회.
- 気(き)にする様子(ようす)は更(さら)にない。걱정하는 기색은 추호도 없다.

④ 되풀이하여

- 更(さら)にも言(い)わず。되풀이 말할 필요도 없다.

[문자 · 어휘] 종합 대책(6) - 관용구

주로 신체 관용구를 중심으로 출제되는데, 앞으로는 일상생활에서 사용되는 관용구도 출제될 것으로 예상된다.

気(き)

- □ 気(き)が合(あ)う 마음[기분]이 맞다
- □ 気(き)がある 마음이 있다. 관심이 있다
- □ 気(き)が移(うつ)る 마음이 변하다
- □ 気(き)が多(おお)い 변덕스럽다
- □ 気(き)が置(お)けない 마음이 쓰이지 않다. 무관하다
  ▶ 최근에는 '방심할 수 없다'의 의미로 잘못 사용되는 경우가 많음
- □ 気(き)が置(お)ける 마음이 쓰이다
- □ 気(き)が重(おも)い 마음이 무겁다
- □ 気(き)が利(き)く 눈치가 빠르다. 생각이 세심한 데까지 잘 미치다
- □ 気(き)が気(き)でない (걱정이 되어) 안절부절 못하다. 제정신이 아니다
- □ 気(き)が差(さ)す 어쩐지 마음에 걸려 불안해지다
- □ 気(き)が知(し)れない 생각[속마음]을 알 수가 없다
- □ 気(き)が進(すす)む 마음이 내키다
- □ 気(き)が済(す)む 만족하다. 걱정되는 일이 없어져 마음이 놓이다
- □ 気(き)が散(ち)る 마음이 흐트러지다
- □ 気(き)がつく 깨닫다. 생각이 나다
- □ 気(き)が遠(とお)くなる 정신이 아찔해지다
- □ 気(き)が咎(とが)める 양심에 찔리다. 양심의 가책을 받다
- □ 気(き)が早(はや)い 성급하다
- □ 気(き)が張(は)る (마음이) 긴장하다
- □ 気(き)が晴(は)れる 마음이 활짝 개다[명랑해지다]
- □ 気(き)が引(ひ)ける 기가 죽다. 주눅이 들다. 열등감을 느끼다
- □ 気(き)が触(ふ)れる 정신이 돌다. 미치다
- □ 気(き)が回(まわ)る 세세한 데까지 주의가 미치다. 비뚤어지다
- □ 気(き)が短(みじか)い 성미가 급하다
- □ 気(き)が向(む)く 할 마음이 들다. 기분이 내키다
- □ 気(き)がめいる 마음이 침울해지다. 풀이 죽다
- □ 気(き)が揉(も)める 안타까워 안절부절 못하다. 애가 타다
- □ 気(き)が若(わか)い (나이는 먹었어도) 마음이 젊다
- □ 気(き)で気(き)を病(や)む 쓸데없이 걱정하고 스스로 괴로워하다
- □ 気(き)に入(い)る 마음에 들다
- □ 気(き)にかかる 마음에 걸리다
- □ 気(き)に食(く)わない 마음에 들지 않다
  ⇔ 気(き)に入(い)る 마음에 들다
- □ 気(き)に障(さわ)る 비위에 거슬리다
- □ 気(き)にする 마음에 두다. 걱정하다
- □ 気(き)になる 마음에 걸리다. 걱정이 되다
- □ 気(き)に病(や)む 마음에 두고 끙끙 앓다
- □ 気(き)のせい 마음[기분] 탓
- □ 気(き)を入(い)れる 마음을 쏟다. 기운을 북돋우다
- □ 気(き)を失(うしな)う 의식을 잃다
- □ 気(き)を落(お)とす 낙심하다. 실망하다
- □ 気(き)を配(くば)る 마음을 쓰다. 배려하다
- □ 気(き)を使(つか)う 신경을 쓰다
- □ 気(き)を付(つ)ける 정신 차리다. 주의하다
- □ 気(き)を取(と)られる 마음을 딴 곳에 빼앗기다
- □ 気(き)を取(と)り直(なお)す 고쳐 생각하고 기운을 다시 내다
- □ 気(き)を抜(ぬ)く 상대를 놀라게 하다. 긴장을 늦추다
- □ 気(き)を呑(の)まれる (기세에) 압도당하다
- □ 気(き)を吐(は)く 기염을 토하다
- □ 気(き)を張(は)る 정신을 긴장시키다. 마음을 다잡다

□ 気(き)を引(ひ)く 마음을 끌다. 넌지시 마음[속]을 떠보다

□ 気(き)を回(まわ)す 상대의 마음을 이리저리 추측하다

□ 気(き)を揉(も)む 마음을 졸이다. 애태우다

□ 気(き)を許(ゆる)す 상대를 믿고 경계심을 풀다. 안심하다. 방심하다

□ 気(き)を良(よ)くする 기분이 좋아지다

目(め)

□ 大目(おおめ)に見(み)る 너그러이 봐 주다

□ 目(め)が堅(かた)い (아이 등이) 밤 늦게까지 자려고 들지 않다

□ 目(め)が利(き)く 분별력이 있다. 감식하는 눈이 높다

□ 目(め)が眩(くら)む 현기증이 나다. 넋을 잃고 올바르게 판단하지 못하게 되다

□ 目(め)が肥(こ)える 안목이 높아지다

□ 目(め)が冴(さ)える (흥분 따위로) 잠이 안 오다. 눈이 말똥말똥하다

□ 目(め)が覚(さ)める 눈을 뜨다(잠을 깨다). 정신 차리다

□ 目(め)が据(す)わる (화나거나 술에 취해서) 눈망울이 움직이지 않고 시선이 한곳에 머물러 있다

□ 目(め)が高(たか)い 눈이 높다. 안목이 높다

□ 目(め)が散(ち)る 눈이 산만해지다. 구경거리가 많아 눈길이 이리저리 움직이다

□ 目(め)が届(とど)く 주의, 감독 등이 두루 미치다

□ 目(め)が無(な)い 매우 좋아하다. 보는 눈이 없다(감식력이 없다)

□ 目(め)が離(はな)せない 잠시도 눈을 뗄 수가 없다. 한눈을 팔 수 없다

□ 目(め)が回(まわ)る 눈이 핑핑 돌다. 몹시 바쁘다

□ 目(め)から鱗(うろこ)が落(お)ちる (눈에 붙어서 시력을 장애하던 비늘이 떨어지듯이) 어떤 일이 계기가 되어 지금까지 몰랐던 것을 알게 되다. 눈이 확 트이다

□ 目(め)から鼻(はな)へ抜(ぬ)ける 빈틈없고 매우 영리하다

□ 目(め)から火(ひ)が出(で)る (머리나 얼굴을 세게 부딪쳐서 아플 때) 눈에서 불이 번쩍 나다

□ 目(め)で物(もの)を言(い)う 눈짓으로 상대방과 뜻이 통하다

□ 目(め)と鼻(はな)の先(さき) 아주 가까운 거리 「先目(さきめ)と鼻(はな)の間(あいだ)」라고도 함

□ 目(め)に余(あま)る 묵과할 수 없다. 눈꼴사납다

□ 目(め)に一丁字(いっていじ)もなし 배우지 못하여 전혀 글을 모르다. 낫 놓고 기역자도 모른다

□ 目(め)に懸(か)ける 보살피다. 돌봐 주다

□ 目(め)に角(かど)を立(た)てる 성난 눈매를 하다. 눈에 쌍심지를 켜다

□ 目(め)にする 보다

□ 目(め)に立(た)つ 두드러지게 돋보이다

□ 目(め)につく 눈에 띄다. 돋보이다.

□ 目(め)に留(と)まる 눈에 띄다. 마음에 들다

□ 目(め)に入(はい)る 눈에 들어오다. 알아차리다

□ 目(め)には目(め)、歯(は)には歯(は) 눈에는 눈, 이에는 이. 같은 방법으로 같은 양만큼 보복한다는 말

□ 目(め)に触(ふ)れる 눈에 띄다. 눈에 보이다

□ 目(め)に見(み)えて 두드러지게, 눈에 띄게

□ ひどい目(め)に会(あ)う 혼이 나다

□ 目(め)にも留(と)まらぬ 알아볼 수 없을 만큼 빠름

□ 目(め)に物見(ものみ)せる 혼을 내어서 다시는 그렇게 못하도록 해 주다. 정나미가 떨어지게 하다

□ 目(め)の色(いろ)を変(か)える (화나거나 놀라서) 눈빛이 변하다

□ 目(め)の上(うえ)の瘤(こぶ) 눈 위의 혹. 지위나 실력이 자기보다 낫기 때문에 무슨 일에나 방해가 되는 사람. 눈엣가시

□ 目(め)の下(した) 눈 아래. 물고기의 눈에서 꼬리까지의 길이

□ 目(め)の黒(くろ)いうち 살아 있는 동안

□ 目(め)の毒(どく) 보면 나쁜 영향을 주거나 가지고 싶어지는 것

□ 目(め)は口(くち)ほどに物(もの)を言(い)う 눈도 입으로 이야기하는 정도로 표현할 수 있다. 눈짓으로도 말로 하는 이상의 의사 표시를 하다

□ 目引(めひ)き袖引(そでひ)き 소리를 내지 않고 눈으로 신호하거나 소매를 당겨서 상대에게 자기의 뜻을 알리는 모양

□ 目(め)も当(あ)てられない 정도가 심해서 차마 볼 수 없다

□ 目(め)もあやに 눈이 부시도록 아름답게. 번쩍번쩍 빛나는 모양

□ 目(め)もくれない 거들떠보지도 않다. 무시하고 쌀쌀맞게 굴다

□ 目(め)を疑(うたが)う 자신의 눈을 의심하다

□ 目(め)を奪(うば)われる 정신없이 바라보다. 황홀하다

□ 目(め)を落(お)とす '죽다'의 완곡한 표현

- □ 目(め)を配(くば)る 주의해서 여기저기를 보다. 사방을 주의깊게 보다
- □ 目(め)を晦(くら)ます 눈을 속이다. 정체를 들키지 않게 하다
- □ 目(め)を凝(こ)らす 지켜보다. 응시하다
- □ 目(め)を皿(さら)にする 눈을 크게 뜨다(잃어버린 것을 찾을 때). 눈이 커지다(놀랐을 때)
- □ 目(め)を三角(さんかく)にする 눈에 쌍심지를 켜다. 매우 격노함을 나타냄.
- □ 目(め)を白黒(しろくろ)させる 눈을 희번덕거리다. 괴로워서 어쩔 줄을 모르다. 몹시 놀라서 당황하다
- □ 目(め)を側(そば)める 두려워서 똑바로 보지 못하고 곁눈질하다
- □ 目(め)をつける 착안하다. 주의해서 보다
- □ 目(め)をつぶる 잠들다. 죽다. 묵인하다(눈감아 주다). 참다(단념하다)
- □ 目(め)を通(とお)す 대충 보다
- □ 目(め)を止(と)める 주의해서 눈여겨보다
- □ 目(め)を盗(ぬす)む 남의 눈을 피해 몰래 하다. 저울눈을 속이다
- □ 目(め)を離(はな)す 한눈 팔다
- □ 目(め)を光(ひか)らす 눈을 번뜩이다. 주의나 감시를 게을리 하지 않다
- □ 目(め)を引(ひ)く 눈을 끌다
- □ 目(め)を細(ほそ)める 기쁘거나 귀여운 것을 보고 웃음짓다. 「目(め)を細(ほそ)くする」라고도 함.
- □ 目(め)を丸(まる)くする 놀라서 눈을 동그랗게 뜨다
- □ 目(め)を回(まわ)す 몹시 놀라다. 바빠서 정신을 차리지 못하다. 기절하다[정신을 잃다]
- □ 目(め)を剥(む)く (놀라거나 화가 나서) 눈을 부릅뜨다[부라리다]
- □ 目(め)を向(む)ける 눈을 돌리다. 시선을 주다

耳(みみ)

- □ 耳(みみ)が痛(いた)い 남이 하는 말이 자신의 약점이나 결점을 찌르고 있기 때문에 듣기가 거북하다
- □ 耳(みみ)が肥(こ)える 음악, 만담 등을 듣고 음미하는 능력이 풍부해지다
- □ 耳(みみ)が遠(とお)い 귀가 어둡다. 잘 알아듣지 못하다
- □ 耳(みみ)が早(はや)い 귀가 밝다. 정보나 소식 등을 빨리 얻어 듣다
- □ 耳(みみ)に入(い)れる 이야기를 들려 주다. 알리다
- □ 耳(みみ)に逆(さか)らう 귀에 거슬리다
- □ 耳(みみ)に障(さわ)る 듣고 나서 불쾌해지다
- □ 耳(みみ)にする 우연히 듣다
- □ 耳(みみ)に胼胝(たこ)ができる 귀에 못이 박히다
- □ 耳(みみ)につく 귀에서 떠나지 않다. 들은 말이 잊혀 지지 않다. 입에 신물이 나도록 듣다
- □ 耳(みみ)に入(はい)る (소리, 이야기 등이) 귀에 들리다
- □ 耳(みみ)に挟(はさ)む 언뜻 듣다. 귓결에 듣다
- □ 耳(みみ)を疑(うたが)う 귀를 의심하다
- □ 耳(みみ)を貸(か)す 상대방의 이야기를 들어 주다
- □ 耳(みみ)を傾(かたむ)ける 귀를 기울이다
- □ 耳(みみ)を澄(す)ます 조용히 마음을 가다듬고 귀를 기울여 듣다
- □ 耳(みみ)を欹(そばだ)てる[耳(みみ)を立(た)てる] 잘 들으려고 애를 쓰다. 귀를 기울여 듣다
- □ 耳(みみ)を揃(そろ)える 금액이나 수량을 전부 맞추어 부족함이 없게 하다
- □ 耳(みみ)を塞(ふさ)ぐ 귀를 막다. 구태여 들으려 하지 않고 무시해 버리다

口(くち)

- □ 口(くち)が開(あ)く 비로소 입을 열어 의견을 말하다
- □ 口(くち)がうまい 말을 잘하다. 말솜씨가 좋다
- □ 口(くち)がうるさい 말이 많다. 세상의 평판이 시끄럽다. 사소한 일에도 이러쿵저러쿵 비난하다
- □ 口(くち)が重(おも)い 입이 무겁다. 과묵하다
- □ 口(くち)が掛(か)かる 연예인 등이 손님의 부름을 받다. 일을 해 보지 않겠느냐는 권유를 받다
- □ 口(くち)が堅(かた)い 해서는 안 될 말은 절대 하지 않는다.
- □ 口(くち)が軽(かる)い 입이 가볍다
- □ 口(くち)が過(す)ぎる 말이 지나치다. 건방진 소리를 하다
- □ 口(くち)が酸(す)っぱくなる 같은 말을 여러 번 되풀이해서 입에서 신물이 나다
- □ 口(くち)が滑(すべ)る 까딱 잘못 말하다
- □ 口(くち)が干上(ひあ)がる 입에 풀칠을 못하다. 입에 거미줄 치다
  참 「口(くち)を糊(のり)する」「口(くち)を濡(ぬ)らす」

- □ 口が減らない 지고도 억지소리를 하다
- □ 口が悪い 입이 거칠다
- □ 口と腹とは違う 말과 생각이 다르다
- □ 口に合う 입에 맞다. 입맛에 맞다
- □ 口にする 입에 담다. 말하다. 먹다
- □ 口に出す 입 밖에 내다. 말하다
- □ 口に乗る 입에 오르다. 감언이설에 넘어가다. 속다
- □ 口に任せる 입에서 나오는 대로 맡기다. 말하고 싶은 대로 말하다
- □ 口を合わせる 상대방의 이야기에 보조를 맞추다. 약속을 해 놓고 모두 똑같은 말을 하다 ㊉ 口を揃える
- □ 口を入れる 남의 이야기에 끼어들어 간섭을 하다. 말참견을 하다
- □ 口を掛ける 일하지 않겠느냐고 권하다
- □ 口を利く 말을 하다. 중간에서 주선하다
- □ 口を切る 맨 먼저 발언하다
- □ 口を滑らす 자딱 입을 살못 놀리다
- □ 口を揃える 많은 사람들이 이구동성임. 약속을 해 놓고 모두 똑같은 말을 하다 ㊉「口を合わせる」
- □ 口を出す 말참견을 하다
- □ 口を衝いて出る 말이 술술 나오다
- □ 口を噤む 입을 다물고 말을 하지 않다
- □ 口を慎む 말을 삼가다. 음식에 주의하다
- □ 口を尖らせる 불만으로 입을 삐쭉 내밀다. 성난 투로 말하다
- □ 口を拭う 어떤 일을 하고 모른 체하다
- □ 口を濡らす 음식을 조금 먹다.
- □ 口を糊する 입에 풀칠을 하다. 겨우 연명하다 ㊟「口が干上がる」「口を濡らす」
- □ 口を挟む 남의 말에 끼어들다. 옆에서 말참견하다
- □ 口を割る 입을 열다. 자백하다. 고백하다

鼻

- □ 鼻うそやぐ 콧구멍이 벌름거리는 모양
- □ 鼻が利く 냄새를 잘 맡는다
- □ 鼻が高い 콧대가 높다. 우쭐하다
- □ 鼻が凹む 코가 납작해지다. 창피를 당하다 ⇔「鼻を明かす」
- □ 鼻が曲がる 코가 비뚤어지다. 악취가 코를 찌르다 ㊟「鼻を突く」
- □ 鼻であしらう 콧방귀 뀌다. 냉담하게 무시하다
- □ 鼻にかける 자랑하다. 내세우다
- □ 鼻につく 싫증이 나다
- □ 鼻を明かす 코를 납작하게 만들다. 본때를 보여주다 ⇔「鼻が凹む」
- □ 鼻を折る 콧대를 꺾다. 잘난 체하던 사람의 약점을 잡아 창피를 주다
- □ 鼻を高くする 자랑하다
- □ 鼻を突く 코를 찌르다. 악취가 나다 ㊟「鼻が曲がる」
- □ 鼻を鳴らす 킁킁거리다. 콧소리로 아양 떨다
- □ 鼻をほじる 코를 후비다

頭

- □ 頭打ちになる 한계에 달해 있어서 그 이상은 없다
  - ▶ 通信機器の開発は進んだが、通信速度が頭打ちになる。통신 기기의 개발은 진행되었지만, 통신 속도가 한계이다.
- □ 頭が上がらない 머리를 들 수 없다. 압도되어 대등한 관계가 될 수 없다
- □ 頭が痛い 골치가 아프다
- □ 頭が下がる 머리가 수그러지다
- □ 頭が高い 건방지다. 거만하다
- □ 頭が低い 누구에게나 겸손하다. 고분고분하다
- □ 頭に来る 화가 나다. 화가 울컥 치밀다

- □ 頭を押える 사람을 휘어잡다. 손아귀에 넣고 휘두르다
- □ 頭を抱える 머리를 감싸쥐다. 고민하다
- □ 頭を隠して尻を隠さず 결점의 일부만 감추고 다 감춘 것으로 여기는 어리석음의 비유
- □ 頭を下げる 인사하다. 절하다. 굴복하다. 감탄[감복]하다
- □ 頭を突っ込む 관여하다. 손대다
- □ 頭をはねる 미리 웃돈을 떼다. 남의 이익의 일부를 가로채다
- □ 頭を冷やす 냉정을 되찾다
- □ 頭を丸める 머리 깎고 중이 되다. 까까중이 되다
- □ 頭を擡げる 숨었던 것이 드러나다. 두각을 나타내다

顔

- □ 顔がいい 얼굴이 예쁘다. 평판이 좋다
- □ 顔が売れる 유명해지다
- □ 顔が利く (얼굴이 알려져) 잘 통하다
- □ 顔が広い 발이 넓다. 아는 사람이 많다
- □ 顔から火が出る 부끄러워서 얼굴이 화끈 달아오르다
- □ 顔に泥を塗る 얼굴에 똥칠을 하다
- □ 顔に紅葉を散らす (여성 등의 얼굴이 홍당무가 되다
- □ 顔を貸す 부탁을 받고 만나거나 남의 앞에 나가다
- □ 顔を出す (모임 등에) 나타나다. 참석하다
- □ 顔を繋ぐ 친분 관계를 유지하다
- □ 顔をつぶす 체면을 손상하다. 체면을 잃다
- □ 顔を直す 지워진 화장을 고치다
- □ 顔色を見る・うかがう 안색을 살피다. 눈치를 보다

手

- □ 手が上がる 솜씨가 늘다. 글씨가 잘 써지다. 술이 늘다
- □ 手が空く 일이 끝나 손이 비다
- □ 手が後ろに回る 손에 쇠고랑을 차다
- □ 手が掛かる 시간이나 노력이 많이 들다. 손이 많이 가다
- □ 手が切れる 관계가 끊어지다
- □ 手が込む 세공이 복잡하여 품이 들다. 일이 복잡하게 얽히다
- □ 手が足りない 일손이 부족하다
- □ 手が付けられない 손쓸 방도가 없다. 처리할 길이 없다
- □ 手が届く 세세한 데까지 손길이 미치다. 자기 것으로 할 수 있다
- □ 手がない 일손이 없다. 방법이 없다
- □ 手が長い 남의 것을 훔치는 버릇이 있다. 도벽이 있다
- □ 手が入る 경찰이나 수사관이 체포하러 오다. 문장 등을 손보다
- □ 手が離せない 몹시 바쁘다
- □ 手が離れる 그 일을 하지 않게 되다. 아이가 커서 보살펴 주지 않아도 괜찮게 되다
- □ 手が早い 일을 척척 잘 해내다. 사람이나 일에 곧잘 손을 대어 마음을 놓을 수가 없다
- □ 手が塞がる 어느 일을 지금 하고 있어서 다른 일을 할 수가 없다
- □ 手が回る 서서히 손길이 미치다. 경찰의 손길이 뻗치다
- □ 手取り足取り 여럿이 한 사람을 억누르거나 연행하여 붙들다. 친절히 가르치려고 이끌어 주며 돌보다
- □ 手に汗を握る (매우 위험하거나 격렬한 관경을 보고 애가 타서) 손에 땀을 쥐다
- □ 手に余る 자기 능력으로는 감당할 수가 없다. 벅차다
- □ 手に入る 손에 들어오다. 숙달하다. 숙련되다
- □ 手に入る 손에 들어오다
- □ 手に入れる 손에 넣다
- □ 手に負えない 힘에 부치다. 당해낼 수 없다
- □ 手に落ちる 남의 소유물이 되다. 남의 지배하에 놓이다
- □ 手に掛かる 도움을 받다[신세지다]. 다루어지다. 죽임을 당하다
- □ 手に掛ける 잘 돌보다. 스스로 다루다. 자기 손으로 죽이다
- □ 手にする 손에 들다. 손에 넣다
- □ 手に付かない 딴 곳에 마음이 쏠려 일이 손에 잡히지 않다
- □ 手に手に 손에 손에
  - ▸ 手に手に旗を持つ 손에 손에 기를 들다

- □ 手(て)に手(て)を取(と)る 서로 손을 마주 잡다. 함께 행동을 하다
- □ 手(て)に取(と)るよう 사물이 매우 확실하게 보이거나 알 수 있거나 하다
- □ 手(て)に乗(の)る 상대방의 술수에 넘어가다
- □ 手(て)に渡(わた)る 손에 넘어가다
- □ 手(て)のひらを返(かえ)すように 손바닥 뒤집듯. 손쉽게
- □ 手(て)の切(き)れるような 손이 베일 듯한[빳빳한] 새 지폐의 형용
- □ 手(て)も足(あし)も出(で)ない 해 볼 도리가 없다. 손을 쓸 엄두도 못 내다
- □ 手(て)も無(な)く 손쉽게
- □ 手(て)を上(あ)げる 항복하다. 때리려고 손을 올리다. 숙달[향상]되다
- □ 手(て)を合(あ)わせる 합장하다. 진심으로 부탁하다. 솜씨를 겨루다
- □ 手(て)を入(い)れる 손보다. 손질하다
- □ 手(て)を打(う)つ (교섭 등에) 동의하다. 타결(매듭)짓다. (필요한) 조치를 취하다. (미리) 손을 쓰다
- □ 手(て)を替(か)え品(しな)を替(か)え 이 수단 저 수단을 다 써서
- □ 手(て)を貸(か)す 거들다. 노와수다
- □ 手(て)を借(か)りる 손을 빌다. 도움을 받다
- □ 手(て)を切(き)る 관계를 끊다
- □ 手(て)を砕(くだ)く 이것저것 수단을 짜내다. 여러 가지로 궁리를 짜다
- □ 手(て)を下(くだ)す 자기가 손수 처리하다. 착수하다
- □ 手(て)を加(くわ)える 가공하다. 수정[보정]하다. 수리[보수]하다
- □ 手(て)を組(く)む 팔짱을 끼다. 서로 협력하다
- □ 手(て)を拱(こまぬ)く・拱(こまね)く 팔짱을 끼다. 수수방관하다
  ⓐ「手(て)を束(つか)ねる」
- □ 手(て)を絞(し)める (상담이 이루어졌을 때 등에) 이를 축하하며 참가자 모두 손뼉을 치다
- □ 手(て)を染(そ)める 어떤 일을 하기 시작하다. 사업 등에 관계하다. 착수하다
- □ 手(て)を出(だ)す 새로운 일을 시작하다. 쓸데없는 일에 관계하다. 때리다. 돕다
- □ 手(て)を束(つか)ねる 수수방관하다
  ⓐ「手(て)を拱(こまぬ)く・拱(こまね)く」
- □ 手(て)を尽(つ)くす 온갖 수단을 다하다
- □ 手(て)を付(つ)ける 착수하다. 사용하기 시작하다. 현재의 여성과 육체 관계를 갖다
- □ 手(て)を握(にぎ)る 동맹을 맺다. 화해하다
- □ 手(て)を抜(ぬ)く (일을) 걸날리다. 빼먹다
- □ 手(て)を濡(ぬ)らさず (조금도 노력을 하지 않는 모양) 수고[노력]도 하지 않고
- □ 手(て)を延(の)ばす 손을 뻗치다. 거래처나 일의 범위를 넓히다
  ⓐ「手(て)を広(ひろ)げる」
- □ 手(て)を離(はな)れる 손에서 벗어나다
- □ 手(て)を省(はぶ)く 수고를 덜다
- □ 手(て)を引(ひ)く 손을 잡고 이끌다. 손을 떼다
- □ 手(て)を広(ひろ)げる 일을 확대하다. 규모를 넓히다 ⇒「手(て)を延(の)ばす」
- □ 手(て)を回(まわ)す 빈틈없이 손을 쓰다. 수단을 다하여 찾다
- □ 手(て)を焼(や)く 애먹다. 처치곤란해 하다
- □ 手(て)を緩(ゆる)める 감독, 수사 따위를 늦추다. 엄한 태도를 늦추다
- □ 手(て)を汚(よご)す 귀찮은 일을 손수하다. 체면 불구하고 아무 일이나 하다
- □ 手(て)を分(わ)かつ 일을 분담하다. 결별하다
- □ 手(て)を煩(わずら)わす 남에게 수고[폐]를 끼치다
- □ 猫(ねこ)の手(て)も借(か)りたい 몹시 바쁘다
- □ 喉(のど)から手(て)が出(で)る 몹시 갖고 싶다

腕(うで)

- □ 腕一本脛一本(うでいっぽんすねいっぽん) 자신 이외에는 믿을 것이 없는 일
- □ 腕(うで)が上(あ)がる 실력이 늘다
- □ 腕(うで)がいい 솜씨가 좋다
- □ 腕(うで)が鳴(な)る 자기 솜씨를 보이고 싶어서 좀이 쑤시다
- □ 腕(うで)に覚(おぼ)えがある 솜씨[능력]에 자신이 있다
- □ 腕(うで)に磨(みが)きをかける 기량을 닦다. 연마하다. 세련되게 하다
- □ 腕(うで)に縒(より)をかける 크게 분발하다. 열심히 노력하다
- □ 腕(うで)を拱(こまぬ)く・拱(こまね)く 팔짱을 끼다. 수수방관하다

□ 腕(うで)をさする 때가 오면 솜씨를 보이려고 차례를 기다리다

□ 腕(うで)を振(ふ)るう 솜씨를 발휘하다

足(あし)

□ 足(あし)がある 발이 빨라서 도루를 잘하다

□ 足(あし)が地(ち)に着(つ)かない 좋아서 어쩔 줄 모르다. 생각, 주장 등이 착실하지 못하다

□ 足(あし)が付(つ)く 범인의 종적을 알게 되다. 단서, 꼬리가 잡히다

□ 足(あし)が出(で)る (예산) 지출의 부족액이 생기다. 적자가 나다
⇒「足(あし)を出(だ)す」

□ 足(あし)が早(はや)い 발걸음이 빠르다. 팔림새가 좋다. 음식이 쉽게 상하다

□ 足(あし)が棒(ぼう)になる (오래 걷거나 서 있어) 다리가 뻣뻣해지다. 다리가 매우 피곤하다

□ 足(あし)の踏(ふ)み場(ば)もない 물건이 잔뜩 흐트러져 있어서 발을 디딜 틈도 없다

□ 足(あし)を洗(あら)う 못된 구렁(일)에서 발을 빼다. 빠져나오다

□ 足(あし)を入(い)れる 깊이 관여하다[파고들다]

□ 足(あし)を奪(うば)われる 사고, 파업 등으로 교통이 두절되다. 발이 묶이다

□ 足(あし)をすくう 딴지를 걸다. 발을 걸다

□ 足(あし)を出(だ)す (예산) 지출의 부족액이 생기다. 적자가 나다
⇒「足(あし)が出(で)る」

□ 足(あし)を取(と)られる 취해서 발이 휘청거리다. 길이 나빠지다

□ 足(あし)を伸(の)ばす 편안한 자세를 취하다. 어떤 지점에서 더욱 멀리까지 가다

□ 足(あし)を運(はこ)ぶ 실지로 그곳에 가 보다. 찾아가 보다

□ 足(あし)を引(ひ)っ張(ぱ)る 남의 진보나 성공을 방해하다. 또, 전체의 진행을 방해하다

□ 足(あし)を棒(ぼう)にする 너무 돌아다녀 뻗정다리가 되다

首(くび)

□ 首(くび)が繋(つな)がる 해고를 면하다. 참수를 면하다

□ 首(くび)が飛(と)ぶ 목이 잘리다. 참수되다. 해고당하다

□ 首(くび)が回(まわ)らない 빚에 몰려 옴짝달싹 못하다

□ 首(くび)にする 해고시키다. 인형극이 끝나 인형의 목을 떼다

□ 首(くび)になる 해고되다

□ 首(くび)を傾(かし)げる 고개를 갸웃거리다. 미심쩍게 여기다

□ 首(くび)を切(き)る 목을 자르다. 해고하다

□ 首(くび)を突(つ)っ込(こ)む 한 몫 끼다. 그 일에 관계하다

□ 首(くび)を縦(たて)に振(ふ)る 상대방에게 동의하다. 찬성의 뜻을 나타내다. 수긍하다

□ 首(くび)を長(なが)くする (몹시 기다려지는 모양) 목이 빠지게(애타게) 기다리다

□ 首(くび)をひねる 의아해 하다. 이상해 하다

□ 首(くび)を横(よこ)に振(ふ)る 고개를 가로젓다(불승인, 부정의 뜻을 나타냄)

胸(むね)

□ 胸(むね)が開(あ)く 기분이 좋아지다. 마음이 명랑해지다

□ 胸(むね)が一杯(いっぱい)になる (슬픔이나 기쁨, 또는 감동 등으로) 가슴이 벅차오르다(뿌듯해지다)

□ 胸(むね)が騒(さわ)ぐ (근심, 불안 따위로) 가슴이 두근거리다(설레다)

□ 胸(むね)がすく 가슴 속이 후련해지다

□ 胸(むね)が潰(つぶ)れる (놀람, 슬픔, 걱정 등으로) 가슴이 메어지거나 걱정하다

□ 胸(むね)が塞(ふさ)がる 근심으로 가슴이 답답해지다

□ 胸(むね)が煮(に)える 속이 끓다. 울화가 치밀다

□ 胸(むね)が焼(や)ける 가슴[위]이 쓰리다

□ 胸(むね)が悪(わる)い 속이 메스껍다. 불쾌하다

□ 胸(むね)に当(あた)る 짐작이 가다. 마음에 짚이다

□ 胸(むね)に余(あま)る 가슴 속에 넣어 두기에는 너무 벅차다. 참을 수 없다

□ 胸(むね)に一物(いちもつ) 마음속에 어떤 계략을 숨기고 있음. 엉큼한 생각을 품고 있음 (참)「腹(はら)に一物(いちもつ)」

□ 胸(むね)に刻(きざ)む 잘 기억해 두다. 마음에 새기다

□ 胸(むね)に迫(せま)る 가슴 속 깊이 느끼다

□ 胸(むね)に畳(たた)む 겉으로 내색을 하지 않고 가슴 속 깊이 간직해 두다

- □ 胸に手を置く・当てる 가슴에 손을 대다. 곰곰이 생각하다
- □ 胸を痛める 몹시 걱정하다
- □ 胸を打たれる 몹시 감격하다. 충격을 받다
- □ 胸を打つ 진한(깊은) 감동을 주다. 감격시키다
- □ 胸を躍らせる 희망 따위로 가슴이 설레다[두근거리다]
- □ 胸を焦がす 가슴을 태우다. 애태우다. 괴로워하다. 몹시 그리워하다
- □ 胸を突く 깜짝 놀라다. 정신이 번쩍 들다
- □ 胸をなで降ろす 가슴을 쓸어내리다. 안도의 한숨을 내쉬다
- □ 胸を膨らませる 희망 따위로 가슴이 부풀다
- □ 胸を割る 마음속[흉금]을 탁 털어 놓다

腹

- □ 腹が癒える 오랫동안 쌓여 있던 분통이 가라앉다. 원한을 씻고 개운해지다
- □ 腹が下る 설사를 하다
- □ 腹が黒い 뱃속이 검다. 엉큼하다
- □ 腹が据わる 각오가 되어 있다
- □ 腹が立つ 화가 나다
- □ 腹ができる 식사를 해서 배가 가득 차다. 각오[결심]가 되어 있다
- □ 腹が無い 배짱이 없다. 도량이 좁다. 아량이 없다
- □ 腹が膨れる 실컷 먹어서 배가 부르다. 포식하다. 하고 싶은 말을 못하여 불만이 쌓이다
- □ 腹が減る 배가 고프다 (주로 남성이 사용)
  참「お腹が空く」주로 여성이 사용
- □ 腹が太い 도량이 넓다. 배짱이 세다. 뻔뻔스럽다
- □ 腹に一物 심중에 무엇인가 딴 생각을 감추고 있음
  참「胸に一物」
- □ 腹に据えかねる 참을 수가 없다. 분노를 누를 수가 없다
- □ 腹の内を打ち明ける 심중을 털어놓다
- □ 腹も身の内 배도 내 몸의 일부이다(폭음, 폭식을 삼가라는 말)
- □ 腹を合わす 마음을 합하다. 협력하다. 한 통속이 되다
- □ 腹を痛める 자기 자식을 낳다. 자기 돈을 내다
- □ 腹を痛めた子 자기가 낳은 자식. 친자식
- □ 腹を抱える 배꼽을 움켜쥐다. 크게 웃다
- □ 腹を決める 마음을 정하다. 작정하다
- □ 腹を切る 할복하다. 사직하다.
  자기가 비용을 부담하다 ⇒「自腹を切る」
- □ 腹を括る 최악의 사태를 각오하고 결심하다
- □ 腹を肥やす 사복(私腹)을 채우다
- □ 腹をこわす 설사를 하다
- □ 腹を探る 상대방의 계획 따위를 넌지시 알아보다. 남의 심중을 떠보다
- □ 腹を据える 각오를 하다. 노여움을 참다. 침착하다. 납득하다
- □ 腹を召す「腹を切る」의 존경어
- □ 腹を読む 상대방의 심중을 추측하다
- □ 腹を割る 본심(속마음)을 털어놓다
- □ 自腹を切る 자기가 지불하지 않아도 될 경비를 구태여 부담하다

尻

- □ 尻が暖まる 한 곳에 오랫동안 근무하는 등으로 마음 편해지다
- □ 尻が重い 엉덩이가 무겁다. 동작이 굼뜨다
- □ 尻が軽い 동작이 경솔하다. 여자가 바람기가 있다. 무엇이든 쉽게 하다
- □ 尻が来る 불평, 항의를 듣게 되다. 남의 허물을 뒤집어쓰다
- □ 尻が据わる 차분히 한 곳에 머물러 있다
- □ 尻が長い 남의 집에 가서 좀처럼 돌아가려고 하지 않는다
- □ 尻から抜ける 보거나 들은 것을 금방 잊어버리다
- □ 尻から焼けて来る 발등에 불이 떨어져 당황하다
- □ 尻が割れる 숨기고 있던 나쁜 행실이나 계략이 탄로나다
- □ 尻に敷く 아내가 남편을 우습게 보아 마음대로 휘두르다
- □ 尻に付く 남의 뒤를 따라가다. 남의 수하에 들어가다. 남의 흉내를 내다

- □ 尻(しり)に火(ひ)がつく 발등에 불이 떨어지다. 매우 다급해지다
- □ 尻(しり)に帆(ほ)を掛(か)ける 엉덩이에 돛을 달다. 재빨리 달아나다
- □ 尻(しり)を落(お)ち着(お)ける 방문처 또는 한 지위, 직업 등에 오랫동안 머무르다
- □ 尻(しり)を食(く)らえ 엿 먹어라(남을 업신여기는 말)
- □ 尻(しり)を据(す)える 한 장소에 오랫동안 정착하다
- □ 尻(しり)を叩(たた)く 격려하다. 독촉하다
- □ 尻(しり)を拭(ぬぐ)う 남의 일의 뒷수습을 하다
- □ 尻(しり)を端折(はしょ)る 일본 옷의 아랫단을 접어서 허리띠에 지르다. 일의 끝마무리를 생략하다
- □ 尻(しり)を引(ひ)く 언제까지나 싫증을 내지 않고 탐내다
- □ 尻(しり)を捲(まく)る 반항적[도전적]인 태도로 나오다
- □ 尻(しり)を持(も)ち込(こ)む 당사자에게 문제의 처리를 요구하다

肩(かた)

- □ 肩(かた)が凝(こ)る 어깨가 뻐근하다. 부담을 느끼다
- □ 肩(かた)が凝(こ)らない 부담이 안 되고 마음 편하다
- □ 肩(かた)で息(いき)をする 고통스러운 듯 숨을 쉬다
- □ 肩(かた)で風(かぜ)を切(き)る 활개를 치며 다니다
- □ 肩(かた)の荷(に)が下(お)りる 어깨가 가벼워지다. 책임이나 부담으로부터 해방되어 마음 편한 기분이 되다
- □ 肩(かた)を怒(いか)らす 어깨를 으쓱거리다. 어깨를 젖히고 뽐내다
- □ 肩(かた)を入(い)れる 거들다. 편들다
- □ 肩(かた)を貸(か)す 거들다. 원조하다
- □ 肩(かた)をすくめる 어깨를 움츠리다(상대에 대한 불신, 불만이나 의외라는 기분을 나타냄)
- □ 肩(かた)を並(なら)べる 어깨를 나란히 하다. 대등한 위치에 서서 경쟁하다
- □ 肩(かた)を抜(ぬ)く 부담을 면하다. 책임을 면하다
- □ 肩(かた)を持(も)つ 편들다. 두둔하다

腰(こし)

- □ 腰(こし)がある 면류 등에 끈기와 탄력성이 있다
- □ 腰(こし)が重(おも)い 게으르며 좀처럼 행동으로 옮기지 않다
- □ 腰(こし)が砕(くだ)ける 허리의 안정된 자세가 무너지다. 일에 대한 기세가 중도에 꺾이다
- □ 腰(こし)が高(たか)い 고자세이다. 남을 오만불손한 태도로 대하다
- □ 腰(こし)が強(つよ)い 쉽게 남에게 굴하지 않는다. 면류 등에 끈기와 탄력성이 있다
- □ 腰(こし)がない 면류 등에 끈기와 탄력성이 없다
- □ 腰(こし)が抜(ぬ)ける 너무나 놀라서 일어설 힘이 없어지다. 심한 타격을 받아 기력이 없어지다
- □ 腰(こし)が低(ひく)い (남에게) 겸손하다. 저자세이다
- □ 腰(こし)が弱(よわ)い 끈기가 없다. 버티는 힘이 없다. 떡 등의 찰기가 없다
- □ 腰(こし)を上(あ)げる 앉아 있다가 일어서다. 실행에 옮기다
- □ 腰(こし)を入(い)れる 안정된 자세를 취하다. 본격적으로 덤벼들다
- □ 腰(こし)を浮(う)かす 일어서려고 엉거주춤하다
- □ 腰(こし)を折(お)る 허리를 굽히다. 굴복하다. 중도에서 훼방을 놓다
- □ 腰(こし)を屈(かが)める 허리를 굽히다. 절을 하다
- □ 腰(こし)を掛(か)ける 걸터앉다
- □ 腰(こし)を据(す)える 침착하게 일을 하다
- □ 腰(こし)を抜(ぬ)かす 기절하듯 놀라다. 심한 타격을 받아 기력을 잃다
- □ 腰(こし)を伸(の)ばす 허리를 펴다. 몸을 편안하게 하고 쉬다

身(み)

- □ 身(み)が入(はい)る 열중하다. 정성을 쏟다
- □ 身(み)が持(も)たない 착실한 생활을 할 수가 없다. 재산을 유지할 수가 없다
- □ 身(み)から出(で)た錆(さび) 자기 잘못으로 인한 화.
  (비) 自業自得(じごうじとく) 자업자득
- □ 身(み)に余(あま)る・過(す)ぎる 분에 넘치다. 과분하다
- □ 身(み)に覚(おぼ)えがある 짐작이 가는 것이 있다
- □ 身(み)に沁(し)みる 마음을 찌르다. 뼈저리게 느끼다. 절실히 느끼다
- □ 身(み)に付(つ)く 지식, 기술 따위가 완전히 익혀져 제 것이 되다. 몸에 갖춰지다
- □ 身(み)に付(つ)ける 몸에 걸치다. 입거나 신거나 하다. 몸에 지니다. 배워 익혀서 제 것으로 지니다

- □ 身(み)につまされる 남의 불행이 나의 일인 듯싶다. 남의 불행을 자기 처지에 비기어 깊이 동정하다
- □ 身(み)になる 살이 되다(몸이나 마음에 좋다, 유익하다). 그 사람의 처지가[입장이] 되다
- □ 身(み)の振(ふ)り方(かた) 자신의 장래에 대한 조처나 방침. 처신
- □ 身(み)の回(まわ)り 언제나 자신의 옆에 두고 쓰거나 몸에 지니는 여러 가지 물건. 신변, 일상생활의 잡다한 일
- □ 身(み)も蓋(ふた)もない 지나치게 노골적이라 맛도 정취도 없다
- □ 身(み)も世(よ)もない 체면이고 염치고 없다. 절망적이다
- □ 身(み)を誤(あやま)る 몸을 그르치다. 타락하다
- □ 身(み)を入(い)れる 일에 마음[정성]을 쏟다. 열심히 하다
- □ 身(み)を売(う)る 빚 때문에 기생이나 창녀가 되다. 몸을 팔다
- □ 身(み)を落(お)とす 영락하다(나쁜 길로 접어들다)
- □ 身(み)を固(かた)める 몸 채비를 단단히 하다. 결혼하여 가정을 이루다. 일정한 직업을 갖다
- □ 身(み)を切(き)られる 모진 쓰라림과 고통을 겪다
- □ 身(み)を砕(くだ)く 분골쇄신하다, 고생하며 노력하다. 몹시 구심하다
- □ 身(み)を削(けず)る 살을 깎아 내듯 심한 고통을 겪다. 몹시 마음 아프게 하다
- □ 身(み)を焦(こ)がす 몹시 애를 태우다. 사랑에 열중하여 번민하다
- □ 身(み)を粉(こ)にする 노고를 마다하지 않고 일하다. 분골쇄신하다
- □ 身(み)を殺(ころ)して仁(じん)を成(な)す 살신성인(殺身成仁)하다
- □ 身(み)を捨(す)ててこそ浮(うか)ぶ瀬(せ)もある 목숨을 버릴 각오라야 비로소 일을 성취시킬 수 있다
- □ 身(み)を立(た)てる 입신출세하다
- □ 身(み)を投(とう)ずる 어떤 일에 몰두하다. 열중하다
- □ 身(み)を投(な)げる 투신자살하다
- □ 身(み)を任(まか)せる 상대방이 생각하는 대로 내맡기다
- □ 身(み)を持(も)ち崩(くず)す 몸을 망치다(방탕에 빠지다, 타락하다)
- □ 身(み)を以(もっ)て 몸으로(써). 몸소. 직접
- □ 身(み)を寄(よ)せる 누군가에게 동거를 해 받다. 남의 집에 기식하고 신세를 지다

心(こころ)

- □ 心(こころ)が重(おも)い 마음이 무겁다. 마음이 개운치 않다
- □ 心(こころ)が通(かよ)う 마음이 서로 통하다
- □ 心(こころ)が騒(さわ)ぐ 마음이 들뜨다. 마음이 설레다
- □ 心(こころ)ならずも 본의 아니게도, 깜빡, 무심코
  - ▸ 心(こころ)ならずも嘘(うそ)をいってしまった。
    본의 아니게도 거짓말을 하고 말았다.
  - ▸ 心(こころ)ならずも秘密(ひみつ)をもらす。
    무심결에 그만 비밀을 누설하다.
- □ 心(こころ)に浮(う)かぶ 마음에 떠오르다
- □ 心(こころ)に掛(か)かる 마음에 걸리다. 걱정되다
- □ 心(こころ)に掛(か)ける 마음에 두다(잊지 않도록 하다). 걱정하다
- □ 心(こころ)に適(かな)う 생각대로 되다. 마음에 들다
- □ 心(こころ)に刻(きざ)む 마음에 새기다. 명심하다
- □ 心(こころ)に留(と)める 마음에 두다. 잊지 않다
- □ 心(こころ)に残(のこ)る 감동, 인상 등을 언제까지나 잊을 수 없다
- □ 心(こころ)に任(まか)せる 내키는 대로 하다. 생각대로 되다
- □ 心(こころ)にも無(な)い 마음에도 없다. 본심이 아니다
- □ 心(こころ)に焼(や)き付(つ)く 강한 인상을 남기다
- □ 心(こころ)の鬼(おに) 꺼림칙한 생각. 양심의 가책
- □ 心(こころ)の雲(くも) 마음이 울적한 모양의 비유. 심란한 모양의 비유
- □ 心(こころ)の丈(たけ) 마음의 전부. 속마음. 모든 생각
  - ▸ 心(こころ)の丈(たけ)を打(う)ち明(あ)ける。속마음을 털어 놓다.
  - ▸ 心(こころ)の丈(たけ)を書(か)き記(しる)す。모든 생각을 쓰다.
- □ 心(こころ)の外(ほか) 생각 밖. 뜻밖
- □ 心(こころ)の闇(やみ) 이성을 잃고 좋고 나쁨의 판단이 서지 않음의 비유
- □ 心(こころ)を合(あわ)せる 마음을 합하다. 협력하다
- □ 心(こころ)を致(いた)す 정성을 다하다
- □ 心(こころ)を入(い)れ替(か)える 마음을 고쳐먹다. 새사람이 되다
- □ 心(こころ)を動(うご)かす 마음이 끌리다. 마음이 동요되다. 감동하다

- 心(こころ)を打(う)つ 마음에 와 닿다. 감동시키다
- 心(こころ)を奪(うば)う 너무나 현란하거나 훌륭해서 정신을 빼앗기다. 마음을 사로잡다
- 心(こころ)を置(お)く 거리끼다. 염려하다
- 心(こころ)を鬼(おに)にする 마음을 모질게[독하게] 먹다
- 心(こころ)を砕(くだ)く 걱정하다. 고심하다
- 心(こころ)を汲(く)む 상대방의 마음[기분]을 헤아리다
- 心(こころ)を引(ひ)かれる 마음이 끌리다
- 心(こころ)を向(む)ける 마음을 돌리다. 마음에 두다. 주의하다
- 心(こころ)を用(もち)いる 걱정하다. 마음을 쓰다
- 心(こころ)を遣(や)る 기분전환하다. 마음대로 하다
- 心(こころ)を許(ゆる)す 신뢰하고 경계하지 않는다. 안심하고 마음을 놓다
- 心(こころ)を寄(よ)せる 어떤 사람이나 물건을 좋아하게 되다. 연모하다

息(いき)

- 息(いき)が合(あ)う 호흡이 맞다
- 息(いき)が掛(か)かる 입김이 닿다. 유력자의 후원을 받다. 지배를 받다
- 息(いき)が切(き)れる 숨이 차다. 숨이 끊어지다. 죽다
- 息(いき)が絶(た)える 숨이 끊어지다. 죽다
- 息(いき)が詰(つ)まる 너무 긴장을 해서 숨이 막힐 것 같다. (자유롭게 행동할 수 없어) 숨이 막히다
- 息(いき)が長(なが)い 한 가지 일이 끊기지 않고 오랫동안 끈기 있게 계속되고 있는 모양
- 息(いき)を入(い)れる 한숨 돌리다. 잠깐 쉬다
- 息(いき)を凝(こ)らす 숨을 죽이고 긴장하다
- 息(いき)を殺(ころ)す 숨소리를 죽이다
- 息(いき)をつく 크게 숨쉬다. 한숨 돌리다. 안도의 숨을 쉬다
- 息(いき)を詰(つ)める 숨을 죽이다
- 息(いき)をつく暇(ひま)もない 숨 돌릴 겨를도 없다
- 息(いき)を抜(ぬ)く 일 도중에 잠깐 쉬다. 기분전환을 위해 휴식을 취하다
- 息(いき)を呑(の)む 놀라서 숨을 죽이다
- 息(いき)を引(ひ)き取(と)る 숨을 거두다. 죽다
- 息(いき)を吹(ふ)き返(かえ)す 숨을 돌리다. 소생하다. 되살아나다

膝(ひざ)

- 膝(ひざ)が抜(ぬ)ける 옷의 무릎 닿는 부분이 해지다. 무릎의 힘이 없어지다
- 膝(ひざ)とも談合(だんごう) 무릎과도 의논. 누구하고든지 의논하면 이익이 있다
- 膝(ひざ)を打(う)つ 무릎을 치다. 문득 생각이 나다. 매우 탄복하다
- 膝(ひざ)を折(お)る・屈(くっ)する 무릎을 꿇다. 굴복하다
- 膝(ひざ)を崩(くず)す 자세를 편히 하고 앉다
- 膝(ひざ)を組(く)む 책상다리를 하고 앉다. 무릎을 맞대고 이야기하다
- 膝(ひざ)を進(すす)める 무릎걸음으로 다가가다. 화제에 마음이 내키다
- 膝(ひざ)を正(ただ)す 단정하게 앉다
- 膝(ひざ)を交(まじ)える 무릎을 맞대다. 서로 흉금을 털어놓고 이야기하다

骨(ほね)

- 骨(ほね)が折(お)れる 힘들다. 성가시다
- 骨(ほね)が舎利(しゃり)になっても 죽어서 뼈가 사리가 된다 하더라도. 비록 죽는 일이 있더라도. 어떤 고생을 하더라도
- 骨(ほね)と皮(かわ) 말라서 피골이 상접한 모양
- 骨(ほね)に刻(きざ)む 마음에 깊이 새겨 두다. 명심하다 참 「肝(きも)に銘(めい)ずる」
- 骨(ほね)に沁(し)みる・徹(てっ)する 뼈에 사무치도록 심하다. 마음 깊이 느끼다
- 骨(ほね)の髄(ずい)まで 철저히. 골수까지
- 骨(ほね)までしゃぶる 뼈까지 빨다. 남을 철저히 이용해 먹다
- 骨(ほね)を埋(うず)める 평생을 거기서 살다. 그 일에 일생을 바치다
- 骨(ほね)を惜(お)しむ・盗(ぬす)む 수고를 아끼다. 게으름 피우다
- 骨(ほね)を折(お)る 수고하다. 애쓰다
- 骨(ほね)を砕(くだ)く 열심히 힘쓰다 참 「身(み)を粉(こ)にする」
- 骨(ほね)を刺(さ)す 뼈를 찌르다. 추위, 비평 등이 격렬하다

□ 骨(ほね)を拾(ひろ)う 사후 처리를 하다. 남이 다하지 못하고 죽은 사업의 뒤를 떠맡다

□ 骨折(ほねお)り損(ぞん)の草臥(くたび)れ儲(もう)け 고생만하고 애쓴 보람이 없다

顎(あご)・頤(あご)

□ あごが落(お)ちる 몹시 맛이 있다

□ あごが干上(ひあ)がる 생계를 잃다

□ あごで使(つか)う 거만한 태도로 사람을 부리다

□ あごで蠅(はえ)を追(お)う 손으로 파리를 쫓을 수도 없을 정도로 기운이 쇠약해지다

□ あごを出(だ)す 몹시 지치다. 기진맥진하다

□ あごを撫(な)でる 턱을 문지르다(우쭐해진 모양의 형용)

□ あごを外(はず)す 턱이 빠질 정도로 크게 웃다

汗(あせ)

□ 汗(あせ)になる 많은 땀을 흘리다. 땀으로 옷이 젖다

□ 汗(あせ)の結晶(けっしょう) 땀의 결정. 노고의 성과

□ 汗(あせ)を入(い)れる 잠시 휴식을 취하며 땀을 닦다

□ 汗(あせ)をかく 땀이 나다. 식은땀이 나다. 음식물이 오래되어 축축해지다. 물방울이 맺히다

□ 汗(あせ)を流(なが)す 땀 흘려 일하다. 열심히 일하다. 목욕, 샤워 따위로 땀을 씻다

□ 汗(あせ)を握(にぎ)る 손에 땀을 쥐다 ⇒「手(て)に汗(あせ)を握(にぎ)る」

□ 汗(あせ)を揉(も)む 말(馬)이 땀을 흘리다. 그 정도로 일을 잘하다

□ 冷汗(ひやあせ)をかく 식은땀이 나다. 진땀을 흘리다

歯(は)

□ 歯(は)が浮(う)く 이가 흔들리다. 신 것 따위를 먹어 이가 시큰거리다. 경박한 언행을 보고 역겹다[아니꼽다]

□ 歯(は)が立(た)たない 단단해서 씹을 수가 없다. 상대가 강해서 대항할 수가 없다. 어려워서 감당 못하다

□ 歯(は)に合(あ)う 씹을 수가 있다. 마음에 들다. 취미에 맞다

□ 歯(は)に衣着(きぬき)せぬ 상대방에게 생각하는 바를 솔직히 말하다. 가식없이 말하다

□ 歯(は)の抜(ぬ)けたよう 엉성하다(듬성듬성한 모양), 쓸쓸하다(있어야 할 것이 빠져서 허전한 모양)

□ 歯(は)の根(ね)が合(あ)わぬ 추위나 공포로 이가 덜덜 떨리다

□ 歯(は)の根(ね)も食(く)い合(あ)う 아주 친한 관계이다

□ 歯(は)を食(く)いしばる 이를 악물다

肝(きも)

□ 胆(きも)が大(おお)きい・太(ふと)い 간이 크다. 대담하다 ⇔「胆(きも)が小(ちい)さい」

□ 胆(きも)が据(す)わる 담력이 있다. 배짱이 있다 ⇒「度胸(どきょう)がある」

□ 胆(きも)が小(ちい)さい 간이 작다. 겁이 많다 ⇔「胆(きも)が大(おお)きい・太(ふと)い」

□ 胆(きも)に銘(めい)ずる 명심하다

□ 胆(きも)を消(け)す・潰(つぶ)す・抜(ぬ)かれる 간 떨어지다. 대단히 놀라다

□ 胆(きも)を冷(ひ)やす 두려워서 떨다. 간담이 서늘해지다

□ 肝(きも)っ玉(たま) 배짱. 간덩이. 담력. 용기

舌(した)

□ 舌(した)が肥(こ)えている 구미가[입맛이] 까다롭다

□ 舌(した)が滑(すべ)る 말하는 기세에 말해서는 안 되는 것을 무심코 말하다 (참)「口(くち)がすべる」

□ 舌(した)が長(なが)い 다변하다. 말이 많다

□ 舌(した)が回(まわ)る 혀가 잘 돌아가다. 막힘없이 잘 지껄이다

□ 舌鼓(したつづみ)を打(う)つ 음식 맛이 너무 좋아서 입맛 다시다

□ 舌(した)の先(さき)でごまかす 감언이설로 속이다

□ 舌(した)の先(さき)で丸(まる)め込(こ)む 감언이설로 녹이다[속여 넘기다]

□ 舌(した)の根(ね)の乾(かわ)かぬうち 입에 침도 마르기 전. 말이 끝나자마자

□ 舌(した)を出(だ)す 혀를 내밀다. 비웃다. 험뜯다(몰래 비방하거나 업신여기는 모양). 멋적어하다(자기의 실수를 부끄러워하거나 쑥스러움을 숨기는 모양)

□ 舌(した)を鳴(な)らす 감탄하다. 경멸하다(경멸이나 불만의 기분[마음]을 나타내는 모양)

- □ 舌(した)を二枚(にまい)に使(つか)う 앞뒤[조리]가 맞지 않는 말을 하다
- □ 舌(した)を振(ふる)まう 혀를 휘두르다[능변으로 지껄이다]. 입술을 떨다[놀라서 겁내다]
- □ 舌(した)を巻(ま)く 혀를 내두르다. 몹시 놀라거나 두려워하다. 매우 감탄하다
- □ 舌打(したう)ちする 마음이 언짢아서 혀를 차다. 입맛을 다시다

指(ゆび)

- □ 指一本(ゆびいっぽん)も差(さ)させない 손가락 하나 까닥 못하게 하다. 남에게 비난받을 데가 없다. 비난, 간섭을 못하게 하다
- □ 指(ゆび)を折(お)る 손꼽아 헤아리다. 손을 꼽아 수를 세다. 많은 것 중에 특히 손을 꼽아 헤아릴 수 있을 정도로 뛰어나다
- □ 指(ゆび)をくわえる 손가락을 입에 물다. 탐은 나지만 손을 쓰지 못하고 바라보고만 있다
- □ 指(ゆび)を差(さ)す 손가락으로 가리키다. 뒤에서 손가락질을 하다[욕하다]
- □ 指(ゆび)を染(そ)める 손을 대고 맛을 보다. 일에 착수하다
- □ 指(ゆび)を詰(つ)める 사죄, 맹세의 표시로 자신의 손가락 끝을 자르다. 문 등에 손가락이 끼이다

涙(なみだ)

- □ 涙片手(なみだかたて)に・ながらに 눈물을 흘리면서. 울면서
- □ 涙(なみだ)に暮(く)れる 울며 지내다[세월을 보내다]. 넋을 잃고 슬퍼하다
- □ 涙(なみだ)に沈(しず)む 슬픔에 겨워 마냥 울다. 슬픔에 잠기다
- □ 涙(なみだ)に咽(むせ)ぶ 슬픔이 북받쳐서 숨이 막힐 듯하게 울다. 목메어[흐느껴] 울다
- □ 涙(なみだ)を呑(の)む 눈물을 삼키다[참다]. 분한 마음을 억누르다
- □ 涙(なみだ)を振(ふ)るって 흐르는 눈물을 뿌리치고. 사사로운 감정을 누르고
- □ 血(ち)も涙(なみだ)もない 피도 눈물도 없다

기타(생활 관용구)

- □ 虫(むし)がいい 비위가 좋다. 뻔뻔하다
- □ 虫(むし)が知(し)らせる 어쩐지 예감이 들다
- □ 水(みず)と油(あぶら) 물과 기름
- □ 油(あぶら)が乗(の)る 기름 살이 오르다. 일에 흥미를 갖게 되다
- □ 油(あぶら)をしぼる 호되게 야단치다
- □ 油(あぶら)を売(う)る 쓸데없는 잡담으로 시간을 보내다. 일은 안하고 잡담만 하다
- □ 声(こえ)をかける 말을 걸다
- □ 味(あじ)を見(み)る 맛을 보다
- □ 夢(ゆめ)を見(み)る 꿈을 꾸다
- □ 水(みず)の泡(あわ) 물거품
- □ 水(みず)をさす 방해하다. 친밀한 사이를 갈라놓다
- □ 熱(ねつ)をあげる 흥분하다. 열중하다
- □ 角(かど)が立(た)つ 모가 나다
- □ 雀(すずめ)の涙(なみだ)ほど 쥐꼬리만큼(극히 적은 것의 비유)
- □ 猫(ねこ)の額(ひたい) 땅이 지극히 협소함
- □ 猫(ねこ)を被(かぶ)る 양의 탈을 쓰다. 본성을 숨기다
- □ 相(あい)づちを打(う)つ 맞장구를 치다
- □ 恩(おん)に着(き)る 은혜를 입다
- □ 鍵(かぎ)を握(にぎ)る 열쇠를 쥐다
- □ 拍車(はくしゃ)をかける 박차를 가하다
- □ 道草(みちくさ)を食(く)う 길가는 도중에 딴 짓으로 시간을 보내다
- □ 上(うわ)の空(そら) 건성
- □ 弱音(よわね)を吐(は)く 약한 소리를 하다
- □ 後(あと)の祭(まつ)り 때를 놓쳐 보람이 없음
- □ 匙(さじ)を投(な)げる 단념하다. 포기하다
- □ 後(うし)ろ指(ゆび)をさされる 뒷손가락질을 받다
- □ 馬(うま)が合(あ)う 마음이 맞다
- □ ごまをする 아첨하다

- □ 見(み)よう見(み)まねで覚(おぼ)える 어깨너머로 배우다
- □ 見(み)えを張(は)る 겉치장을 하다
- □ 意地(いじ)を張(は)る 고집을 피우다. 억지를 쓰다
- □ けちをつける 트집을 잡다. 험담을 하다
- □ 面倒(めんどう)を見(み)る 보살펴 주다
- □ 世話(せわ)をする 돌보다
- □ 世話(せわ)になる 신세를 지다
- □ ピッチを上(あ)げる 피치를 올리다
- □ ブレーキをかける 브레이크를 걸다
- □ エンジンがかかる 발동이 걸리다
- □ ピンからキリまで 처음부터 끝까지, 가장 우수한 것부터 가장 열등한 것까지
- □ 波(なみ)に乗(の)る 때의 흐름[시세]를 잘 타다
- □ 釘(くぎ)を刺(さ)す (틀림없도록) 다짐을 두다
- □ 水(みず)に流(なが)す 물에 흘려버리다. 지나간 일은 없었던 것으로 하고 일체 탓하지 않다
- □ 遅(おく)れをとる 남에게 뒤지다
- □ 脛(すね)を齧(かじ)る 독립하지 못하고 도움을 받다
- □ 笠(かさ)に着(き)る 권력이나 세력을 믿고 으스대다
- □ 地団駄(じだんだ)を踏(ふ)む 발을 동동 구르며 분해하다
- □ 飛(と)ぶように売(う)れる 날개 돋친 듯이 팔리다
- □ 骨(ほね)が折(お)れる 힘들다. 성가시다
- □ わき見(み) 한눈팔기
- □ わき見運転(みうんてん) 한눈 팔며 운전함
- □ 脇目(わきめ)も振(ふ)らず 한눈 팔지 않고. 매우 열심히
- □ 餌付(えづ)け 야생 동물에 먹이를 주어 인간에 길들게 함
- □ 餌付(えづ)けしてある 길들여져 있다
- □ 身振(みぶ)り手振(てぶ)りで話(はな)す 손짓 발짓으로 이야기하다
- □ 手取(てと)り足取(あしと)りして教(おし)える 꼼꼼히 친절하게 가르치다
- □ 念(ねん)には念(ねん)を入(い)れよ 주의에 주의를 거듭하다
- □ 念(ねん)を入(い)れる 십분 주의하다. 매우 주의하다
- □ 念(ねん)をおす 잘못이 없도록 주의시키다. 확인하다
- □ 割(わ)りがよい 비해서 괜찮다. 이익이 되다
- □ 割(わ)りが悪(わる)い 비해서 득이 되지 않다. 수지가 안 맞다
- □ 割(わり)に合(あ)う 수지가 맞다. 이익이 되다
- □ 割(わ)りを食(く)う 손해를 보다. 불이익이 되다
- □ 財布(さいふ)の口(くち)を絞(し)める 논늘 낭비하지 않도록 하다
- □ 財布(さいふ)の紐(ひも)が堅(かた)い 돈을 쓸데없이 사용하지 않다
- □ 財布(さいふ)の紐(ひも)が長(なが)い 구두쇠인 것의 비유
- □ 財布(さいふ)の紐(ひも)を握(にぎ)る 돈 관리의 권한을 쥐다
- □ 値(ね)が張(は)る 값이 비싸다
- □ 迷惑(めいわく)メール 스팸 메일

[문자 · 어휘] 종합 대책(7) – 접속사

1. 순접 접속사

① 원인, 이유 – 귀결

□ **かくて(かくして, こうして)** 이리하여, 그리하여.

☞ 역사를 설명하는 문장 등, 딱딱한 문장체(서면체) 표현에 사용.

- かくて二人は結ばれた。이리하여 두 사람은 맺어졌다.
- かくて30年の歳月が過ぎ去った。
  이리하여 30년이란 세월이 흘러갔다.

□ **したがって** 따라서, 그러므로. ☞ 문장체(서면체)적인 딱딱한 표현.

- 本人は何も言わなかった。したがって僕も黙っていたんだ。본인은 아무 말도 하지 않았다. 그런 까닭으로 나도 잠자코 있었던 거야.
- 戦争に敗れた。したがって青年は再建のために大いに努力しなければならない。
  전쟁에 패하였다. 따라서 청년은 재건을 위하여 크게 노력하지 않으면 안 된다.

□ **そこで** 그래서, 그런 까닭으로. ☞ 격식을 차린 약간 딱딱한 표현.

- ひどく疲れた。そこで早く寝た。
  몹시 피곤했다. 그래서 일찍 잤다.
- ノックをしたが返事がない。そこで裏へ回ってみた。
  노크를 했지만 대답이 없다. 그래서 뒤편으로 돌아가 보았다.

□ **そのために(そのため)** 그 때문에

- ゆうべ近所で火事があった。そのために、騒がしくて眠れなかった。
  어젯밤 근처에서 화재가 있었다. 그 때문에, 소란스러워서 잠들 수가 없었다.
- 忙しくて徹夜が続いたらしい。そのため入院することになったそうだ。
  바빠서 철야가 계속된 것 같다. 그 때문에 입원하게 되었다고 한다.

□ **それだから** 그러므로, 그러니까

- それだから私の言った通りにしなさい。그러니까 내가 말한 대로 하시오.
- それだからあの人には言わない方がいいと言ったのに。그러니까 저 사람에게는 말하지 않는 게 좋다고 했건만.

□ **それで(で)** 그러므로, 그래서, 그렇기 때문에

☞ 회화체(구어체)적인 표현.

- 金がなかった。それで仕方なく友達にお金を借りた。
  돈이 없었다. 그래서 하는 수 없이 친구에게 돈을 빌렸다.
- それで彼は来られなかった。그래서 그는 오지 못했다.

□ **それゆえに(それゆえ, ゆえに)** 그러므로, 그런 까닭에

☞ 문어체(문장체)적이고 격식을 차린 딱딱한 표현으로 주로 수학이나 철학 등의 논문에 사용되는 경우가 많음.

- それ故にその件に対しては。그러므로 그 건에 대해서는.
- 我思う。故に、我あり。나는 생각한다. 고로 나는 존재한다.

□ **だから** 그러므로, 그러니까, 그래서

☞ 뒤의 문장에는 사실을 서술하는 문장이 이어질 뿐만 아니라, 추량, 의뢰, 권유 등 다양한 형태의 문장이 이어짐.

- だからどうだと言うのだ。그래서 어쨌다는 거야?
- 彼はうそをつく。だから、信用できない。
  그는 거짓말을 한다. 그래서 신용할 수가 없다.

□ **よって** 따라서, 그러므로

- 因って彼の有罪が確定した。
  그러므로 그의 유죄가 확정되었다.
- 起立多数、因って本案は可決されました。
  일어선 분이 많으므로 본안은 가결되었습니다.

원인, 이유 – 귀결 접속사 비교 설명

「だから」는 문장 뒤에 사실, 말하는 사람의 판단, 명령, 의뢰, 의지 등 다양한 표현을 서술할 수 있다.
「それで, そのため」는 문장 뒤에 오는 것은 사실이고, 판단이나 명령, 의뢰, 의지 등은 사용할 수 없다.

- 踏切で事故があった。(○ だから / ○ それで / ○ そのために)、学校に遅刻してしまった。
  건널목에서 사고가 있었다. 그래서 학교에 지각하고 말았다.
- 時間がありません。(○ だから / × それで / × そのために)、急いでください。
  시간이 없습니다. 그러니까 서둘러 주십시오.

② 조건 – 귀결

□ **さらば** 그러면, 그렇다면

- さらば申しましょう。그러면 말씀드리지요.
- さらばこちらも負けてはおられない。
  그렇다면 이쪽도 지고 있을 순 없다.

□ **すると** 그러자, 그랬더니, 그러면, 그렇다면

- 扉が開いた。すると、若い男が中からあらわれた。
  문이 열렸다. 그러자 젊은 남자가 안에서 나타났다.
- そうか、するとだまされた訳だね。
  그래? 그러면 속은 셈이군.

□ **そうすると** 그러자, 그렇게 하면 ☞ 회화체(구어체)적인 표현.

- ビルのまわりを回ってみた。そうすると、ひとつだけ電気のついている窓があった。
  빌딩 주변을 돌아봤다. 그러자 하나만 전기가 켜져 있는 창문이 있었다.
- A : パスポートはおととし取りました。
  여권은 재작년에 했습니다.

  B : そうすると、来年はまだ大丈夫ですね。
  그렇다면 내년은 아직 괜찮겠군요.

□ **そうしたら** 그랬더니, 그렇게 하면, 그러한즉

☞ 딱딱하지 않은 표현.

- そうしたら事態がますます悪化した。
  그랬더니 사태는 더욱더 악화되었다.
- そうしたらどうなる。그렇게 하면 어떻게 되지.

□ **それでは(それじゃ, では, じゃ)** 그럼, 그러면, 그렇다면

☞ 「それでは」는 약간 딱딱하고 격식을 차린 표현. 「それじゃ, じゃ」는 딱딱하지 않은 회화체(구어체)적인 표현

- それではこれから始めます。그럼 이제부터 시작하겠습니다.
- それではこう考えればいいわけだ。
  그러면 이렇게 생각하면 되겠다.

□ **それなら(だったら)** 그러면, 그렇다면, 그럼

☞ 「だったら」는 회화체(구어체)적인 표현

- それならお断りします。그렇다면 사양하겠습니다.
- それならこれで失礼します。그럼 이만 실례합니다.

조건 – 귀결 접속사 비교설명

「すると, それなら, それでは」는 상대가 말한 것을 받아서, '그렇다면, 그러한 경우에는'의 의미로 사용할 수 있다.
「それなら, それでは」는 문장 뒤에 말하는 사람의 판단, 명령, 의지 등 다양한 표현이 올 수 있다.
「すると」는 문장 뒤에 명령이나 의지 등은 사용할 수 없다.

- A : 受付は8日までです。접수는 8일까지입니다.

  B : (○ すると / ○ それなら / ○ それでは)、あと1週間ありますね。그럼, 앞으로 일주일 남았네요.
- A : 受付は8日までですよ。접수는 8일까지예요.

  B : (× すると / ○ それなら / ○ それでは)、すぐ手続きします。그럼, 바로 절차를 밟겠습니다.

2. 이유진술 접속사

□ **だって** 그럴 것이, 하기는, 하지만

☞ 약간 올라가는 형태의 인토네이션.

- A : なぜ遅刻したの。왜 지각했니?

  B : だってストライキで電車が来ないんですもの。
  하지만 그럴 수밖에 없는 것이 파업으로 전차가 오지 않아서요."
- A : 勉強しなさい。공부해라.

  B : だって眠いんですもの。하지만 졸린 걸요.

□ **というのは** 라고 하는 것은, 왜냐하면(회화체적)

☞ 「なぜなら」는 명확한 인과관계가 있는 경우에 사용하고, 문장체(서면체)적인 표현.
「というのは」는 사정을 부가적으로 설명하는 경우라면, 꼭 확실한 인과관계가 없더라도 사용할 수 있음. 회화체(구어체)적인 표현.

- 私は会に参加しなかった。というのは、どこで会があるのかがわからなかったからだ。
  나는 모임에 참가하지 않았다. 왜냐하면(라고 하는 것은), 어디에서 모임이 있는지를 몰랐기 때문이다.
- 明日はちょっと都合が悪いんです。というのは、東京に出かけることになっているのですから。
  내일은 좀 사정이 좋지 않습니다. 왜냐하면(라고 하는 것은), 도쿄에 외출하기로 되어 있기 때문에.

□ **なぜかというと** 왜냐하면

☞ 문말(文末)에 「~からだ」형태를 취하는 것이 보통이지만, 「~ためだ」로 되는 경우도 있다. 자연현상의 원인이나 판단의 이유를 서술하는 경우에 사용되는 경우가 많음.

- A : 宇宙に行くとどうして物が落ちないのですか。
  우주에 가면 어째서 물건이 떨어지지 않는 것입니까?

  B : なぜかというと、地球の引力が働かなくなるからです。

  왜냐하면 지구의 인력이 작용하지 않게 되기 때문입니다.

- 彼が犯人であるはずがない。なぜかというと、その時彼は私と一緒にいたから。

  그가 범인일 리가 없다. 왜냐하면, 그 때 그는 나와 함께 있었기 때문에.

□ **なぜなら(なぜならば)** 왜냐하면

☞ 공식적인 장면에서의 회화체(구어체)적인 표현이고, 약간 문장체(서면체)적인 표현.

- なぜなら彼が嫌いだからだ。왜냐하면 그가 싫기 때문이다.
- あの二人は兄弟かも知れない。なぜならとてもよく似ているから。

  저 두 사람은 형제일지도 모른다. 왜냐하면 아주 많이 닮았으니까.

이유진술 접속사 비교설명

「というのは」는 사정을 부가적으로 설명하는 경우라면, 꼭 확실한 인과관계가 없더라도 사용할 수 있다.
「なぜなら」는 명확한 인과관계가 있는 경우에 사용할 수 있다.

- 申し訳ありませんが、来週お休みをいただけないでしょうか。(○ というのは / × なぜなら)、国から母が突然訪ねてくることになったんです。

  죄송합니다만, 다음 주 휴가를 얻을 수 있을까요? 왜냐하면(라고 하는 것은), 고향에서 어머니가 갑자기 찾아오게 되었습니다.

3. 역접 접속사

□ **が** 그러나, 하지만, 그런데

☞ 전반과 후반의 내용이 대립하거나, 전반의 내용으로부터 예상되어진 결과와 반대의 것이 후반에 서술되기도 한다.

- 顔は美しい。が、心は曲がっている。
  얼굴은 곱다. 그런데 마음은 비뚤어졌다.

- 私は彼を信じていた。が、彼は私の期待を裏切った。나는 그를 믿고 있었다. 그런데 그는 내 기대를 배신하였다.

□ **けれども(けれど)** 그렇지만, 그러나, 하지만

☞ 「けれでも」는 공손한 형태에 이어지면, 회의 등의 공식적인 장소에서도 사용.
「けれど」는 약간 회화체(구어체)적이지만, 딱딱하지 않은 문장에서도 사용.

- この本は難しい。けれども面白い本だ。
  이 책은 어렵다. 그러나 재미있는 책이다.

- これは非常に便利なものです。けれども、少し値段が高すぎます。

  이건 매우 편리한 물건입니다. 하지만, 좀 값이 비쌉니다.

□ **しかし** 그러나, 하지만

☞ 「しかし, けれども, が, だが, ところが」는 반대되는 사항을 객관적으로 이끌어갈 때 사용.
「しかし, ところが」는 논리적인 문장에 사용.
「ところが」는 의외성을 강조하는 의미도 있음.
「が」는 가벼운 느낌으로 사용됨.

- 愛している。しかし別れよう。
  사랑하고 있다. 그러자 헤어지자.

- 約束の時間になった。しかし、彼は来なかった。
  약속 시간이 되었다. 그러나 그는 오지 않았다.

□ **しかしながら** 그렇지만, 그렇기는 하지만, 그러나

☞ 「しかし」와 같은 의미지만, 보다 문장체(서면체)적이고 격식을 갖춘 회화나 문장에 사용. 논리적으로 조리 있게 전개하는 문장에 자주 사용.

- 彼の計画は思いつきとしては素晴らしいと思います。しかしながら、実現は不可能です。

  그의 계획은 즉흥적인 착상치고는 훌륭하다고 생각합니다. 그러나 실현은 불가능합니다.

- 彼女のしたことは法律の上では決して許されない。しかしながら、人道的には同情の余地が十分ある。

  그녀가 한 짓은 법률상으로는 결코 용서받을 수 없다. 그러나 인도적으로는 동정의 여지가 충분이 있다.

□ **それなのに(しかるに)** 그런데도, 그럼에도 불구하고

☞「それなのに」는 회화체(구어체)적인 표현.
「しかるに」는 문장체(서면체)적인 표현.

- 十分手当をしました。それなのにこの子は死んでしまいました。
  충분히 치료를 했습니다. 그런데도 이 아이는 죽고 말았습니다.
- 収入は十分ある。それなのにいつも赤字だ。
  수입은 충분히 있다. 그런데도 언제나 적자다.

□ **だけど** 그렇지만, 그러나

☞ 앞에서 서술한 것으로부터 예상되는 것과 반대의 내용이 계속되는 것을 나타냄. 딱딱한 문장 등에서는 보통 사용하지 않음.

- 1時間待った。だけど、彼は現れなかった。
  1시간 기다렸다. 그렇지만 그는 나타나지 않았다.
- 山田さんの言いたいことはわかる。だけど、決まったことは変えられない。
  야마다 씨가 하고 싶은 말은 이해한다. 그렇지만 결정된 것은 바꿀 수가 없다.

□ **でも** 그래도, 그렇더라도, 그럴지라도

☞「しかし」보다 딱딱하지 않은 표현이고, 약간 회화적(구어체적)인 표현.

- でも私に話してくれればよかったのに。그렇더라도 내게 말해 줬으면 좋았을 텐데.
- でも昇進は悪くない。그래도 승진은 나쁘지 않다.

□ **ところが** 그런데, 그러나, 그랬더니

☞ 상대의 기대나 예상과 현실이 다른 것을 나타내는 용법.

- 夕立が降った。ところが少しも涼しくならない。
  소나기가 왔다. 그런데 조금도 서늘해지지 않는다.
- 新聞は軽く扱っていたようだね。ところがこれは大事件なんだ。
  신문에서는 가볍게 취급하고 있었던 모양인데. 그러나 이것은 대사건이다.

□ **とはいうものの** 그것은 그렇지만, 그러나

☞ 앞의 내용으로부터 예상된 것과 다른 사태가 계속되는 것을 나타냄.

- 大学時代は英文学専攻だった。とはいうものの、英語はほとんどしゃべれない。
  대학 시절에는 영문학 전공이었다. 그러나 영어는 거의 말하지 못한다.
- 車庫付き家も買ったし、すっかり結婚の準備は整っている。とはいうものの、肝心の結婚相手がまだ見つかっていないのが悩みだ。
  차고가 달린 집도 구입했고, 완전히 결혼 준비는 갖추어져 있다. 그러나 중요한 결혼 상대가 아직 발견되지 않고 있는 것이 고민이다.

□ **とはいえ** 그렇다 하더라도, 그렇지만

☞ 앞의 내용으로부터 기대, 예상된 것과 결과가 다른 경우에 사용.

- とはいえ、彼は偉人に違いない。
  그렇지만 그는 위인임에 틀림없다.
- 春も近い。とはいえまだ寒い。
  봄도 가깝다. 그러나 아직 춥다.

□ **にもかかわらず** 그런데도, 그럼에도 불구하고

☞ 뒷부분에는 당연하게 예측할 수 있는 것과 다른 사태를 나타내는 표현이 이어짐.

- 僕は彼を避難した。にもかかわらず彼は親切にしてくれた。
  나는 그를 비난했다. 그런데도 그는 친절히 대해 주었다.
- 何度も注意した。にもかかわらず彼は聞かないで失敗した。
  몇 번이나 주의를 주었다. 그런데도 그는 듣지 않고 실패했다.

역접 접속사 비교설명

「が, けれども, けれど, しかし, しかしながら, だが, だけど, でも」 등은 문장 속에서 상반되는 내용이나 대비적인 내용으로서 나열하는 경우에 사용. 문장 뒤에 사실 외에 말하는 사람의 판단, 명령, 의지 등 다양한 표현이 올 수 있다.
「それなのに」는 문장 앞부분에서 예상되는 것과 다른 뒷부분이 성립되는 것에 대한 놀라움, 불만 등이 표현됨. 문장 뒤에 오는 것은 기본적인 사실에 한정되고, 말하는 사람의 판단, 명령, 의지 등의 표현은 할 수 없다.

- 一所懸命勉強した。(○ けれども / ○ それなのに)、試験に合格できなかった。
  아주 열심히 공부했다. (그렇지만/그런데도) 시험에 합격하지 못했다.〈사실〉
- 一所懸命勉強した。(○ けれども / × それなのに)、合格できないだろう。
  아주 열심히 공부했다. (그렇지만), 합격하지 못하겠지.〈판단〉
- 一所懸命勉強した。(○ けれども / × それなのに)、もうやめよう。
  아주 열심히 공부했다. (그렇지만), 이제 그만 둬야지.〈의지〉

4. 나열, 첨가 접속사

□ **おまけに** 게다가, 그 위에, 뿐만 아니라

☞ 딱딱하지 않은 회화체(구어체)적인 표현.

- おまけに雨まで降り出した。게다가 비까지 오기 시작했다.
- 彼は英語が出来る。おまけにフランス語も上手だ。
  그는 영어를 할 줄 안다. 게다가 불어도 잘 한다.

□ **および** 및, 또

☞ 문장체(서면체)적인 표현.

- 生徒および父兄。학생 및 부형.
- 父としておよびひとりの男として。
  아버지로서 또한 한 사람의 사나이로서.

□ **かつ** 또, 게다가, 또한

☞ 문장체(서면체)적인 표현.

- 迅速かつ正確。신속하고도 정확함.
- 必要にしてかつ十分な条件。필요하고도 충분한 조건.

□ **さらに** 그 위에, 게다가

☞ 문장체(서면체)적인 표현이지만, 공손한 회화체(구어체)적인 표현에도 사용.

- 夕飯を食べて、さらにラーメンを食べる。
  저녁을 먹고, 그 위에 라면을 먹는다.
- 彼は道を教えてくれただけでなく、さらに、その場所まで連れて行ってくれた。
  그는 길을 가르쳐 주었을 뿐만 아니라, 게다가 그 장소까지 데려가 주었다.

□ **しかも** 그 위에, 게다가, 더구나, 그런데도, 그럼에도 불구하고

☞ 한 가지 사항에 대하여 동일한 경향의 조건을 덧붙여져 가는 표현.

- 安くて、しかも栄養のある食べ物。
  값싸고 게다가 영양분이 많은 음식.
- 注意を受けて、しかも改めない。
  주의를 받았는데도 고치지 않는다.

□ **そして** 그리고

☞ 문장체(서면체)적인 표현.

- 大学を卒業した。そして翌年結婚した。
  〈계기(繼起) : 시간의 추이와 관계함〉 대학을 졸업했다. 그리고 다음 해 결혼했다.
- お土産は小さくて、そして軽いものがいい。
  〈나열 : 시간과 관계없음〉 선물은 작고, 그리고 가벼운 것이 좋다.

□ **そのうえ** 게다가, 그 위에

☞ 비슷한 것을 더해가는 표현.

- 天気もいいし、そのうえ風も涼しい。
  날씨도 좋고, 게다가 바람도 시원하다.
- きれいで、そのうえ気立ていい。
  예쁘고, 게다가 마음씨도 곱다.

□ **それから** 그리고, 그 다음에, 게다가

☞ 회화체(구어체)적인 표현.

- まずケーキを食べ、それからコーヒーを飲んだ。
  먼저 케이크를 먹고, 그 다음에 커피를 마셨다.
- コーヒー三つ、それから紅茶二つください。
  커피를 셋, 그리고 홍차를 둘 주세요.

□ **それどころか** 그렇기는커녕

☞ 상대의 예상보다 훨씬 정도가 심함을 말할 때 사용.

- それどころか、自分が危い。그렇기는커녕 자신이 위험하다.
- A : 彼、最近結婚したらしいね。그 사람, 최근에 결혼했다며.
  B : それどころか、もう赤ん坊が生まれたそうだよ。
  그렇기는커녕, 벌써 아기가 태어났대.

□ **それに** 게다가, 그러함에도, 그런데도

☞ 「そのうえ」, 「しかも」와 바꿔 표현할 수 있고, 딱딱하지 않은 회화체(구어체)적인 표현.

- 頭が痛い。それに風邪気味だ。
  머리가 아프다. 게다가 감기 기운도 있다.
- 病気なんでしょう。それに出かけたりしていいの?
  병이 난거죠. 그런데도 나다녀도 괜찮아요?

□ **そればかりか** 그것뿐만 아니라

☞ 처음 부분에 정도가 가벼운 것에 대해서 서술하고, 다음에 그것보다 더욱 정도가 높은 것에도 이른다고 하는 표현에 사용.

- 鈴木さんは英語が話せる。そればかりか韓国語もフランス語も話せる。
  스즈키 씨는 영어를 말할 수 있다. 그것뿐만 아니라 한국어도 불어도 말할 수 있다.
- 日本の私立高校には、たいてい制服がある。そればかりか靴やかばんまで決まっているという学校が多い。일본의 사립 고교에는 대개 교복이 있다. 그것뿐만 아니라 구두와 가방까지 정해져 있다고 하는 학교가 많다.

□ **ならびに** 및, 또한

☞ 문어체(서면체)적인 표현. 인사 등의 약간 딱딱한 회화체(구어체)로 사용되기도 함.

- 賞状、賞杯ならびに賞金を授与する。
  상장, 상배 및 상금을 수여하다.
- 用紙に住所、氏名ならびに生年月日を記入してください。 용지에 주소, 성명 및 생년월일을 기입하여 주십시오.

□ **また** 또한, 게다가

☞ 먼저 서술한 내용에 관계해서, 더욱 더 설명이나 다른 내용을 덧붙일 때에 사용.

- 山また山。 산 너머 또 산(첩첩산중).
- 外交官でもあり、また詩人でもある。
  외교관이기도 하고, 또 시인이기도 하다.

나열, 첨가 접속사 비교설명

「それから」는 회화에서 말하려다가 잠시 잊은 것을 나중에 덧붙이는 경우에 사용.

- 宿題は以上です。……あ、(○ それから / ? そして / ? それに) 、次の試験は金曜日に行います。
  숙제는 이상입니다. ……아, 그리고, 다음 시험은 금요일에 실시합니다.

「また」는 한 가지의 물건이나 내용에 관하여 다른 정보를 덧붙이는 경우에 사용되지만, 명사를 추가시키는 경우에는 사용할 수 없다.

- 担当は山田さん、(○ そして / ○ それから / ○ それに / × また) 田中さん、この二人です。
  담당은 야마다 씨, 그리고 다나카 씨, 이 두 사람입니다.

「そればかりか」는 단순히 덧붙이는 표현이기 때문에, 상대방의 예상과 반대되는 내용을 나타내는 경우에는 사용할 수 없고, 「それどころか」를 사용해야 된다.

- A : ダイエットして、少しは痩せた?
  다이어트해서, 좀 살 빠졌어?

  B : (× そればかりか / ○ それどころか)、3キロ太ってしまったよ。
  그렇기는커녕, 3킬로그램이나 살찌고 말았어.

5. 선택 접속사

□ **あるいは** 혹은, 또는

☞ 일상적인 회화체(구어체)적인 표현에서는, 「~か~」를 자주 사용.

- 牛あるいは馬。 소 또는 말.
- 明日あるいは明後日には伺います。
  내일 아니면 모레에는 찾아뵙겠습니다.

□ **それとも** 그렇지 않으면, 혹은, 또는

☞ 상대방에게 지시를 하는 경우에는 사용할 수 없다.

- 黒それとも青のインクで書いてください。(×)
- 黒か青のインクで書いてください。(○)
  검정이나 파란 잉크로 써 주십시오.
- 山へ行こうか、それとも海にしましょうか。
  산에 갈까, 아니면 바다로 갈까?
- 勉強をするか、それとも遊ぶか。
  공부를 하겠는가, 아니면 놀겠는가?

□ **ないし(は)** 내지, 또는, 혹은

☞ 「ないしは」는 「ないし」의 힘줌말.

- 定員は9名ないし10名。 정원은 9명 내지 10명.
- 家庭ないし学校での教育。 가정 또는 학교에서의 교육.

□ **または** 혹은, 또는, 그게 아니면

☞ 문장체(서면체)적인 표현으로 지시하는 경우에 자주 사용.

- 18日までに到着するように郵送するか、または、持参してください。
  18일까지 도착하도록 우송하든가, 또는 지참하여 주십시오.
- 特急列車または航空機が利用できる。
  특급 열차 또는 항공기를 이용할 수 있다.

□ **もしくは** 혹은, 또는, 그렇지 않으면

☞ 법령문에서는 「若しくは」를 「又は」보다 하위의 결합에 사용.

- A又はB若しくはC。 A 또는 B 아니면 C. ☞ A를 B나 C에 병렬.
- A若しくはB又はC。 A 혹은 B 또는 C. ☞ A나 B를 C에 병렬.
- A, B又はC。 A, B 또는 C. ☞ A, B, C를 동렬(同列)에 늘어놓음.
- 御用の節は私かもしくは代理人に。
  볼일이 있으실 때에는 저나 또는 대리인에게.
- 国電もしくは地下鉄が便利です。
  국철 전차 또는 지하철이 편리합니다.

선택 접속사 비교설명

「あるいは, ないしは, もしくは」는 「または」와 거의 같은 의미로 사용할 수 있지만, 선택지가 셋 이상일 경우에는 선택지 앞에 「または」를 사용해야 된다.

- 18日までに到着するように郵送するか、(○ あるいは / ○ ないしは / ○ もしくは / ○ または) 持参してください。
  18일까지 도착하도록 우송하든가, 또는, 지참하여 주십시오.
- ボールペン、万年筆、(× あるいは / × ないしは / × もしくは / ○ または) 鉛筆で書いてください。볼펜, 만년필 또는 연필로 써 주십시오.

6. 대비 접속사

□ **一方** 한편, 다른 한편에서는

☞ 문장이나 절의 앞에 사용하여, 앞의 문장에서 서술된 내용과 대립되는 내용이 다음에 이어지는 것을 나타냄.

- よく売れた。一方、仕入れも順調である。
  잘 팔렸다. 한편, 매입도 순조롭다.
- 日本では子供を産まない女性が増えている。一方アメリカでは、結婚しなくても子供はほしいという女性が増えている。
  일본에서는 아이를 낳지 않는 여성이 늘고 있다. 한편 미국에서는, 결혼하지 않아도 아이는 갖고 싶다고 하는 여성이 늘고 있다.

□ **逆に/反対に** 반대로, 역으로

☞ 두 가지 내용이 상반되는 경우에 사용.

- 父は酒が一滴も飲めない。(逆に・反対に) 母はとても酒に強い。
  아버지는 술을 한 방울도 못 마신다. 반대로 어머니는 아주 술에 강하다.
- 彼は泥棒に飛びかかったが、(逆に・反対に) やられてしまった。
  그는 도둑에 덤벼들었지만, 역으로 당하고 말았다.

대비 접속사 비교설명

「逆に/反対に」는 상반되는 경우에만 사용할 수 있다.

- よく売れた。(× 逆に / × 反対に / ○ 一方)、仕入れも順調である。
  잘 팔렸다. 한편, 매입도 순조롭다.

7. 화제 전환 접속사

□ **さて** 그런데, 그건 그렇고

☞ 약간 정색한(격식을 차린) 표현.

- さて、君のあれはどうなったかな。
  그런데 자네의 그건 어떻게 됐지.
- さて、例の件ですが。그건 그렇고, 그 건에 대해서입니다만.

□ **さらば** 그러면, 그렇다면

☞ 문장체(서면체)적인 표현.

- さらば申しましょう。그러면 말씀드리지요.
- さらばこちらも負けるわけにはいかない。
  그렇다면 이쪽도 질 수는 없다.

□ **そこで** 그런데, 한데, 그러면

☞ 장소가 아니라 어떤 상황 아래에서의 판단을 서술하는 경우에 사용.

- そこで、これから本論に入る。
  그러면, 이제부터 본론으로 들어간다.
- もう時間がない。そこで結論を急ごう。
  이제 시간이 없다. 그러면 결론을 서두르자.

□ **それでは(それじゃ, では, じゃ)** 그럼, 그러면, 그렇다면

☞ 「それでは」는 약간 딱딱하고 격식을 차린 표현. 「それじゃ, じゃ」는 딱딱하지 않은 회화체(구어체)적인 표현

- それではこれから会議を開きます。
  그럼, 지금부터 회의를 시작하겠습니다.
- それでは私も賛成します。그렇다면 저도 찬성하겠습니다.

□ **それなら(だったら)** 그러면, 그렇다면, 그럼

☞ 「だったら」는 회화체(구어체)적인 표현

- それなら話は簡単だ。그렇다면 이야기는 간단하다.
- それならこれで失礼します。그럼 이만 실례합니다.

□ **それはさておき** 그것은 어쨌든, 그것은 하여간, 그것은 그렇다 치고 ☞ 전혀 다른 화제로 바뀜을 나타내는 말.

- それはさておき、来月(らいげつ)は期末試験(きまつしけん)ですね。時間割(じかんわり)を発表(はっぴょう)します。
  그것은 어쨌든, 다음 달은 기말시험이지요. 시간표를 발표하겠습니다.
- それはさておき、この問題(もんだい)についてまず話(はな)そう。
  그건 그렇다 치고, 이 문제에 대해 먼저 이야기하자.

□ **それはそうと** 그것은 그렇다 치고
☞ 화제를 바꾸거나 문득 생각났을 때 쓰는 말.

- それはそうと、先日(せんじつ)お願(ねが)いした件(けん)はどうなりましたか。
  그건 그렇다 치고, 일전에 부탁드린 것은 어찌 되었습니까?
- それはそうと、彼(かれ)は最近(さいきん)どうしている?
  그것은 그렇고, 그는 최근에 어떻게 지내지?

□ **ときに** 그런데 ☞ 약간 문장체(서면체)적인 표현.

- 時(とき)に、今何時(いまなんじ)ですか。그런데, 지금 몇 시입니까?
- それは大変(たいへん)でしたね。時(とき)にあの件(けん)はどうなっていますか。정말 큰일이었군요. 그런데 그 건은 어떻게 되었습니까?

□ **ところで** 그런데, 그것은 그렇다 치고
☞ 지금까지의 화제와 다른 것으로 화제를 변경하거나, 지금의 화제에 관련되는 것을 덧붙이거나 대비시켜 서술하는 경우에 사용.

- ところで、どこで食事(しょくじ)をしましょうか。
  그런데, 어디서 식사를 할까요?
- ところで、あの件(けん)はどうなりましたか。
  그런데, 그 건은 어떻게 되었습니까?

화제 전환 접속사 비교설명

「さて」는 지금까지의 자신의 이야기를 중단하고, 다른 화제로 전환.
「ところで」는 상대방과의 대화 도중에 무엇인가가 생각이 나서, 자신이 관심을 갖는 화제로 전환.

- これで今日(きょう)のニュースは終(お)わります。(○ さて / × ところで) 、明日(あした)の天気(てんき)ですが。
  이것으로 오늘의 뉴스는 끝마치겠습니다. 그런데, 내일 날씨입니다만.
- A : やっと夏休(なつやす)みだね。(× さて / ○ ところで) 、今年(ことし)の夏休(なつやす)みはどうするの。
  이젠 여름방학이군. 그런데, 이번 여름방학은 어떻게 할거야?
  B : 卒論(そつろん)の資料(しりょう)を集(あつ)めるつもりだ。
  졸업 논문 자료를 수집할 예정이다.

8. 부연설명(다른 말로 바꿔 말함, 예시) 접속사

□ **いわば** 말하자면, 비유해서 말한다면
☞ 어떤 내용을 알기 쉽게 설명하기 위해, 비유적으로 예시하는 것에 사용. 일반적으로 이미지하기 쉬우며 잘 알려진 것이나 내용을 나타내는 명사나 동사가 사용됨. 문장체(서면체)적인 표현.

- 自然(しぜん)は、言(い)わば人類(じんるい)の母(はは)だ。
  자연은, 이를테면 인류의 어머니이다.
- 私(わたし)にとって東京(とうきょう)は言(い)わば第二(だいに)の故郷(こきょう)だ。
  나에게 있어서 도쿄는 말하자면 제2의 고향이다.

□ **いわゆる** 소위, 이른바, 흔히 말하는
☞ 어떤 내용을 알기 쉽게 설명하기 위해, 일반적으로 사용되고 있는 말을 꺼낼 때 사용.

- これがいわゆるハイビジョンだ。
  이것이 이른바 하이비전이다.
- その感情(かんじょう)がいわゆる恋(こい)というやつだ。
  그 감정이 소위 사랑이라는 것이다.

□ **すなわち** 즉, 곧, 난석으로 말하면
☞ 학술 논문이나 강의, 강연 등 딱딱한 문장체(서면체)적인 표현에 사용. 회화체(구어체)적인 표현에는 「つまり」를 주로 사용.

- これが即(すなわ)ち政治(せいじ)というものだ。
  이것이 바로 정치라는 것이다.
- 議会(ぎかい)は二院(にいん)、即(すなわ)ち参議院(さんぎいん)と衆議院(しゅうぎいん)から成(な)る。
  의회는 양원, 즉 참의원과 중의원으로 구성된다.

□ **それで** 그래서(다음 이야기를 재촉하는 말), 그런데(화제를 바꿀 때 쓰는 말) ☞ 회화체(구어체)적인 표현.

- それでどうしましたか。그래서 어떻게 했습니까?
- それで実(じつ)はお願(ねが)いがあるのですが。
  그런데 실은 부탁이 있습니다만.

□ **例(たと)えば** 예를 들면, 예컨대
☞ 앞에서 서술한 것을 구체적인 예를 들어서 나타내는 경우에 사용.

- 好(す)きな花(はな)、例(たと)えばひまわり。좋아하는 꽃, 예컨대 해바라기.
- 体(からだ)に害(がい)のあるものは、例(たと)えばたばこなど。
  몸에 해로운 것은, 이를테면 담배 따위.

□ **つまり** 즉, 결국, 요컨대 ☞ 회화체(구어체)적인 표현.

- それは神(かみ)、つまり絶対者(ぜったいしゃ)だ。그것은 신, 즉 절대자다.
- つまりどうすればいいのか。결국 어떻게 하면 좋은가?

□ **要(よう)するに** 요컨대, 결국 ☞ 문장체(서면체)적인 표현.

- 要するに何を言いたいのか。
  요컨대 무슨 말을 하고 싶은가?
- 要するに彼は日和見主義者だ。 요컨대 그는 기회주의자다.

부연설명(다른 말로 바꿔 말함, 예시) 접속사 비교설명

「言わば」는 물건이나 내용을 비유를 통해서 단적으로 설명하는 경우에 사용되며 보통 문장 뒤에 비유의 표현인 「ようだ」를 동반한다.
「いわゆる」는 어떤 내용을 알기 쉽게 설명하기 위해, 일반적으로 사용되는 말을 꺼낼 때 사용.

- 辞書とは、(○ いわば / × いわゆる) 心に栄養を与えるものだ。
  사전이라고 하는 것은, 말하자면 마음에 영양을 주는 것이다.

9. 보충 접속사

□ **なお** 덧붙여 말하면, 또한, 더욱이
☞ 게시나 통지, 알림, 논문의 주석 등 문장체(서면체)적인 표현에 주로 사용.

- なお申し添えますと。 덧붙여 말씀드리면.
- なお、詳細はのちほどご連絡いたします。
  또한, 상세한 점은 나중에 연락드리겠습니다.

□ **ただ** 단, 단지, 다만
☞ 앞에서 서술한 것을 보충하거나, 그 밖의 조건, 예외 등을 서술할 때에 사용. 회화체(구어체)적인 표현.

- いい子だよ。ただわがままなのが欠点だが。
  좋은 아이지. 다만 멋대로 구는 것이 흠이지만.
- そりゃ面白いよ。ただ少々危険だがね。
  그거야 재미있지. 다만 좀 위험하기는 하지만.

□ **ただし** 단, 다만
☞ 앞에서 서술한 것에 대해서, 그것에 관한 상세한 주의사항이나 예외를 나타낼 때에 사용.

- 明日は臨時休校。但し教職員は出勤する事。
  내일은 임시 휴교. 단, 교직원은 출근할 것.
- 入場料は百円、但し子供は半額。
  입장료는 백 엔, 단 어린이는 반액.

□ **もっとも** 단, 다만, 그렇다고는 하지만, 하긴
☞ 앞 문장의 내용에 대해서, 부분적으로 정정하는 경우에 사용.

- 運動は健康のために必要だ。もっともやり過ぎるのも問題があるようだ。
  운동은 건강을 위해 필요하다. 하지만 지나치게 하는 것도 문제가 있는 것 같다.
- もっとも例外が無いわけではない。
  하긴 예외가 없는 것은 아니다.

□ **ちなみに** 덧붙여서 말하면, 이와 관련하여
☞ 문장체(서면체)적인 표현에 사용하거나 딱딱한 회화체(구어체)적인 표현(뉴스, 회의)에 사용.

- 因みに言えば。 이와 관련하여 말하면.
- 因みに、我が校の優勝はこれで4回目である。
  덧붙여서 말하면 우리학교의 우승은 이번으로 4회째이다.

보충 접속사 비교설명

「ただ」는 그것 이외에는 없다고 하는 한정을 나타냄. 「だけ, のみ, ばかり」 등과 함께 사용되는 경우가 많음.
「ただし」는 앞에서 서술한 것에 대해서, 그것에 관한 상세한 주의사항이나 예외를 나타냄.

- 部下は (○ ただ / × ただし) 命令に従うのみだ。 부하는 다만 명령에 따를 뿐이다.
- 診療時間は夜7時まで。(× ただ / ○ ただし) 、急患はこの限りではない。
  진료시간은 밤 7시까지. 단, 응급 환자는 이에 한정하지 않는다.

제3부

언어지식(문법)

출제 경향 및 대책

기출 문제

[문장 형식의 판단] 출제 경향 및 기출문제

★★★ 12문항 출제 예상

과거 시험과 동일한 형식으로, 문장의 내용에 맞는 문법 형식에 대하여 판단할 수 있는지 묻는다.

출제 경향

問題7　次の文の（　　　）に入れるのに最もいいものを、1·2·3·4から一つ選びなさい。

1. 最終のバスに間に合わなくて困っていた（　　　）、運よくタクシーが通りかかり、無事帰宅できた。

① あげくに　② ために　③ とたんに　④ ところに

2. 親が他人をいつも（　　　）子どもも人をうらやむようになるというのが父の口癖だった。

① うらやんでばかりいると　② うらやんでばかりいても

③ うらやんだだけだと　④ うらやんだだけでも

정답	1④　2①

기출문제

2009년 12월

問題Ⅳ 次の文の＿＿にどんな言葉を入れたらよいか。1・2・3・4から最も適当なものを一つ選びなさい。

1. 皆様の＿＿＿＿無事に閉会式を迎えることができました。

① せいで　② わけで　③ おかげで　④ きっかけで

2. きのう私が調べた＿＿＿＿、工場の機械に問題はなかった。

① 限りでは　② 次第では　③ うえでは　④ ようでは

3. テーブルの上に＿＿＿＿ケーキがおいてある。

① 食べぬいた　② 食べかけの　③ 食べきった　④ 食べはじめの

4. 彼は何でもよく知っている＿＿＿＿、友だちに「博士」と呼ばれている。

① ことに　② ことから　③ ことなく　④ ことだから

5. 最初は怖くてプールに入ること＿＿＿＿できなかったが、今では50メートルも泳げるようになった。

① ばかり　② だけ　③ こそ　④ さえ

6. 日本＿＿＿＿、私は桜を連想します。

① にとって　② にしては　③ といえば　④ とみえて

7. これから私が＿＿＿＿パソコンを操作してください。

① 言うとおりに　② 言いつつも　③ 言って以来　④ 言うなら

8. 一年間の休暇がとれた＿＿＿＿、どんなことがしたいですか。

① とともに　② としても　③ としたら　④ というより

9. 図書館のご利用＿＿＿＿は、以下の点にご注意ください。

① にそって　② に際して　③ に基づいて　④ にしたがって

10. 出席＿＿＿＿欠席＿＿＿＿、招待状の返事は早く出したほうがいい。

① しては／しては　② したり／したり

③ するやら／するやら　④ するにしろ／するにしろ

11. その島は、森林の減少＿＿＿＿、鳥や動物の数が減ってきている。

① にともなって　② をたよりに　③ をめぐり　④ に対し

12. しばらく連絡がない＿＿＿＿、そんなに心配することないよ。

① と思うと　② からには　③ となランで　④ からといって

13. 妹は、体操の選手＿＿＿＿体がやわらかい。

① ぎみに　② がちに　③ みたいに　④ ばかりに

14. ひざに痛みがある＿＿＿＿、まだ運動をしないでください。

① うえに　② からは　③ うちは　④ ところを

15. 新しい携帯電話は、写真がとれるだけじゃなくて、テレビ＿＿＿＿見られるんだよ。

① にまで　② だって　③ よりか　④ のくせに

16. この人形は、「こんにちは」「さようなら」＿＿＿＿簡単な言葉を話します。

① ほどの　② ばかりの　③ にのぼる　④ といった

17. アルバイト料は、昼は一時間＿＿＿＿800円ですが、深夜は1000円です。

① につけ　② につき　③ にとり　④ により

18. パスポートを申請する＿＿＿＿いろいろな書類や写真を用意する必要がある。

① のに　② のため　③ だから　④ だったら

19. ある経営者は、不良品と＿＿＿＿ながら製品を販売していた。

① 知っている　② 知らない　③ 知ろう　④ 知り

20. この時間について＿＿＿＿考えるほど、頭の中が混乱してきた。

① 考えれば　② 考えて　③ 考えた　④ 考え

問題V 次の文の＿＿にどんな言葉を入れたらよいか。1·2·3·4から最も適当なものを一つ選びなさい。

21. このマンガは若い人の間ですごくはやっているので、高校生が＿＿＿＿よ。

① 知っているわけにはいかない　② 知っているわけではない
③ 知らないわけがない　④ 知らないわけだ

22. 賞をもらったのは弟だというのに、彼女の喜ぶようすは自分が賞をもらった＿＿＿＿。

① のも当然だ　② かのようだ　③ というものだ　④ にちがいない

23. 書類のミスがあまり多かったので、担当者に文句を＿＿＿＿。

① 言わないのも無理はなかった　② 言わずにはいられなかった
③ 言わないにちがいなかった　④ 言わずにすんだ

24. こんなに難しい曲はひけませんよ。ギターは20年前に習った＿＿＿＿。

① きりですから　② ほどですから　③ までですから　④ ばかりですから

25. 海外旅行には行きたいけれど、お金がないから、あきらめる＿＿＿＿。

① かぎりだ　② ことはない　③ おそれがある　④ よりしかたがない

26. このイベントが成功したのは、周囲の支援とメンバー全員の努力の結果＿＿＿＿。

① になくてはならない　② にほかならない
③ にあたらない　④ にすぎない

27. 自分がこんなに早く結婚するとは＿＿＿＿。

① 思ってもみなかった　② 思ってはいられない
③ 思ってばかりいる　④ 思ってよかった

28. 上手になりたければ、毎日短い時間でもいいから練習を続ける＿＿＿＿。

① ものか　② ものがある　③ ことだ　④ ことになっている

29. こちらは山本先生の奥様で＿＿＿＿。

① います　② おります　③ いられます　④ いらっしゃいます

30. パーティーはあまり好きではないが、今回は＿＿＿＿ねばならない。

① 行か　② 行き　③ 行く　④ 行け

問題VI 次の文の＿＿にどんな言葉を入れたらよいか。1・2・3・4から最も適当なものを一つ選びなさい。

31. 勝負は勝てばよい＿＿＿＿。どんな勝ち方をしたのかが重要である。

① のであろう　② のではないか　③ ということだ　④ というもうではない

32. A「あの映画、すごく人気があって込んでいるみたいだから、早く行こうよ。」

B「そうはいっても、＿＿＿＿。」

① 映画館には早く行ったほうがいいよ

② あの映画はとても評判がいいらしいよ

③ まだ仕事があるから、すぐには行けないよ

④ 用事が済んだから、映画を見る時間ならあるよ

33. ちゃんと前を見て運転してよ。今、となりの車に＿＿＿＿よ。本当にあぶなかったんだから。

① ぶつかるところだった　② ぶつかったところだ

③ ぶつかってしまった　④ ぶつかろうとした

34. 彼女は若いけれどもとても優秀です。次の仕事はわが社にとって重要ですので、＿＿＿＿。

① 彼女に任せるはずがないでしょう　② 彼女に任せても仕方ありません

③ 彼女に任せてやってください　④ 彼女に任せようがありません

35. 今年の夏休みは旅行どころではなかった。というのは、________からだ。

① みんなが家でのんびりしていた　　② 父が病気で入院してしまった

③ 夏休みに旅行に行けなかった　　④ 私が海で泳ぎたくなかった

정답	문제Ⅳ	1 ③　2 ①　3 ②　4 ②　5 ④　6 ③　7 ①　8 ③　9 ②　10 ④ 11 ①　12 ④　13 ③　14 ③　15 ②　16 ④　17 ②　18 ①　19 ④　20 ①
	문제Ⅴ	21 ③　22 ②　23 ②　24 ①　25 ④　26 ②　27 ①　28 ③　29 ④　30 ①
	문제Ⅵ	31 ④　32 ③　33 ①　34 ③　35 ②

2009년 7월

問題Ⅳ 次の文の____にどんな言葉を入れたらよいか。1・2・3・4から最も適当なものを一つ選びなさい。

1. 会議での決定に________、来月から新製品の生産を開始することになった。

① かけては　② かぎって　③ したがい　④ したら

2. 私たちのサークルは、ゴルフの経験の有無を________、だれでも入れます。

① ぬいて　② めぐって　③ かまわず　④ とわず

3. 締め切り直前になってテーマを変える________、いい論文が書けないだろう。

① ならでは　② ままでは　③ ようでは　④ ものでは

4. 来月の演奏会________、毎日バイオリンの練習を続けている。

① にとって　② に向けて　③ のあげく　④ の末に

5. 平凡な私________、彼女はあらゆる才能に恵まれているように思える。

① からみると　② からには　③ につけても　④ について

6. 旅行のプランは、お客様のご希望＿＿＿＿変更できます。

① のことで　② といって　③ を前にして　④ に応じて

7. あいさつする予定の市長がまだ到着して＿＿＿＿、閉会式が遅れそうだ。

① いるわりに　② いないわりに　③ おらず　④ おり

8. この仕事は楽だし、給料もいいし、通勤時間が長いこと＿＿＿＿文句ない。

① をのぞいては　② にしては　③ からいって　④ のくせに

9. 壁の汚れが気になって、上からペンキを＿＿＿＿、かえって汚くなってしまった。

① 塗っただけあって　② 塗ったら　③ 塗るところ　④ 塗るうえで

10. 娘があまりに楽しみにしていた＿＿＿＿、遊園地に行けなくなったことをすぐには言い出せなかった。

① ものの　② ものなら　③ ものでも　④ ものだから

11. 三時間待った＿＿＿＿、雨がやみ、美しい景色を見ることができた。

① かいがあって　② ほどでなくても　③ ばかりに　④ かぎりでは

12. たとえ不合格＿＿＿＿、君の今までの努力はむだではないよ。

① だったら　② だとしても　③ であるなら　④ でないことには

13. 農業技術が発達する＿＿＿＿、人々の暮らしは豊かになっていった。

① からといって　② にあたって　③ であるなら　④ でないことには

14. エネルギーの問題がこれほど深刻になった＿＿＿＿、世界各国が協力して、ただちに対策を立てるべきだ。

① からして　② だけあって　③ 以上　④ 一方

15. 資料をコピーしたいんですが、コピー機を________よろしいですか。

① 使わせてくださっても　② 使わせていただいても

③ 使ってあげても　④ 使ってくれても

16. 大企業の社長という地位を________、私にはやりたいことがある。

① 捨ててでも　② 捨ててばかり　③ 捨てるって　④ 捨てるまでも

17. 駅から家までバスに乗らずに歩くのは、節約________健康のためだ。

① だけで　② という　③ にもかかわらず　④ どころか

18. 外国での生活を________はじめて自分の国の良さがわかった。

① して　② する　③ した　④ しない

19. 事務所のかぎを________とたんに、中で電話が鳴りはじめた。

① しめて　② しめる　③ しめた　④ しめよう

20. 地方では人口が________に対して、都市部では人口が急激に増えている。

① 減った　② 減る　③ 減ってる　④ 減っている

問題V 次の文の________にどんな言葉を入れたらよいか。1・2・3・4から最も適当なものを一つ選びなさい。

21. 合計がこんなに大きい数字になるなんて、だれかが計算を________。

① 間違えるにかぎる　② 間違えるわけにはいかない

③ 間違えたものがある　④ 間違えたにちがいない

22. 環境問題への関心が高くなり、車ではなく電車を利用する人が________。

① 増えつつある　② 増えてばかりいる　③ 増えかねる　④ 増えようと思う

23. 幸い友人が冷蔵庫をくれたので、新しいのを＿＿＿＿。

① 買うばかりだった　② 買わなくてすんだ
③ 買うどころではなかった　④ 買いようもなかった

24. 今晩、大型の台風がこの地方へ＿＿＿＿。

① 近づかざるを得ません　② 近づいてたまりません
③ 近づくおそれがあります　④ 近づくままになっています

25. あしたハイキングに行くかどうかは、お天気＿＿＿＿。

① 次第だ　② 向きだ　③ のみだ　④ ほどだ

26. あの学生は体が弱くて、授業を＿＿＿＿。

① 休んでもみない　② 休むわけがない　③ 休みかけだ　④ 休みがちだ

27. 怖くて怖くて、大声で叫びたい＿＿＿＿。

① べきだった　② くらいだった　③ とおりだった　④ つもりだった

28. 常識のある大人なら、目上の人に対して失礼なことを言う＿＿＿＿。

① ほどではない　② ことではない　③ ものではない　④ までではない

29. そんなに体の具合が悪いなら、無理をしないで＿＿＿＿。

① 休まないほうがいいよ　② 休まなければいいよ
③ 休んだらいいじゃないか　④ 休んだじゃないか

30. お世話になった先生が突然入院されたと聞いて、私は心配で病院に＿＿＿＿。

① 行きそうもなかった　② 行かずにはいられなかった
③ 行くかのようだった　④ 行くというものだった

問題VI 次の文の＿＿＿＿にどんな言葉を入れたらよいか。1・2・3・4から最も適当なものを一つ選びなさい。

31. A「この展覧会、人気があるんだね。これじゃ、入るまでに1時間は並ぶよ。」
B「そうだね。私たち、もっと早く＿＿＿＿。」
① 来ればよかったね　② 来たらいいのにね
③ 来たってことだね　④ 来るほどじゃないね

32. A「あんなに大きなけがをしたんだから、危険なことはもう二度とやらないでしょうね。」
B「いや、彼だったら＿＿＿＿。」
① やらないのも無理はないだろう　② どんどんやればいいのに
③ やるのはもっともだ　④ またやりかねないよ

33. 実力のあるチームがいつも勝つ＿＿＿＿。試合はやってみなければわからないのだ。
① ということだ　② に決まっている　③ とは限らない　④ のではないか

34. 残念ですが、あしたのパーティーには参加できません。＿＿＿＿、急に出張することになったんです。
① といっても　② というのは　③ そのために　④ それならば

35. 君が一人で責任を感じる＿＿＿＿。そんなに悩んでいたら体をこわしてしまうよ。
① ことはない　② わけではない　③ はずがない　④ にちがいない

정답	문제IV	1 ③　2 ④　3 ③　4 ②　5 ①　6 ④　7 ③　8 ①　9 ②　10 ④ 11 ①　12 ②　13 ②　14 ③　15 ②　16 ①　17 ④　18 ①　19 ③　20 ④
	문제V	21 ④　22 ①　23 ②　24 ③　25 ①　26 ④　27 ②　28 ③　29 ③　30 ②
	문제VI	31 ①　32 ④　33 ③　34 ②　35 ①

[문장 구성] 출제 경향

★★★ 5문항 출제 예상

신 일본어능력시험에 새롭게 등장한 형식으로 통상적으로 올바르고, 의미가 통하는 문장을 구성할 수 있는지 묻는다.

출제 경향

問題8　次の文の＿★＿に入る最もよいものを、1・2・3・4から一つ選びなさい。

1. ふだん感情を表に出さない彼があんなに ＿＿ ＿＿ ＿★＿ ＿＿ よほど良いことがあったのだろう。

① みると　② ところを　③ いる　④ 喜んで

2. 田中選手が今シーズン ＿＿ ＿★＿ ＿＿ ＿＿ のニュースを見て驚いた。

① 彼の　② 活躍するのを

③ 楽しみに待っていた　④ だけに

정답	1② 2③

[문장의 문법] 출제 경향

★★★ 5문항 출제 예상

새로운 형식으로 문단의 흐름에 맞는 문장인지를 판단할 수 있는지 묻는다.

출제 경향

問題9　次の文章を読んで、 1 から 5 の中に入る最もよいものを、1・2・3・4から一つ選びなさい。

　街にはおもちゃがあふれています。贈り物におもちゃを買おうと思っても、おもちゃ屋に並ぶ多種多様なおもちゃの前でどれを選んだらいいか迷ってしまったという方もいるかもしれません。

　そこで、ある団体が、おもちゃを選ぶ時の参考にしてもらおうと、毎年、 1 の中から優良なおもちゃ、「グッド・トイ」を選定しています。お店で見てすぐにわかるように、選定されたグッド・トイには 2 ので、おもちゃを買うときにも参考になります。

　グッド・トイ 3 、「遊び力」を引き出してくれるものだそうです。「遊び力」というのは、見る力、聞く力、感じる力、コミュニケーションする力、夢見る力、人が生きていくのに必要な力のことです。

　グッド・トイの選考では、まず推薦されたおもちゃをいろいろな年代の人に実際に遊んでみてもらい、専門家が遊ばれ方を見て評価をします。その後も様々な視点から何度も検討を重ねてグッド・トイは選定されています。

　おもちゃというと、ただ子どもが遊ぶためだけのものだと 4 。塾や参考書は熱心に選んでも、おもちゃを真剣に選ぶという方はあまり多くないのではないでしょうか。 5 、おもちゃには大きな力を持つものがあります。次におもちゃを選ぶ時は、グッド・トイのように、生きる力を引き出してくれるものをさがしてみてはいかがでしょうか。

1

① たくさんの贈り物　② 選んだ贈り物　③ 数あるおもちゃ　④ 迷ったおもちゃ

2

① グッド·トイマークがつけられていきました

② グッド·トイマークがつけられています

③ グッド·トイマークをつけておきました

④ グッド·トイマークをつけてみます

3

① が　② に　③ とか　④ とは

4

① 考えられつつあります　② 考えられがちです

③ 考えられてはいません　④ 考えられなければいけません

5

① しかし　② それどころか　③ すなわち　④ さらに

정답	(1) ③	(2) ②	(3) ④	(4) ②	(5) ①

[문법] 종합 대책(1) - 필수 문형

출제된 문제를 분석해 보면, 기능어구의 의미 파악뿐만 아니라 연결 형태에도 각별히 주의해야만 풀 수 있는 문제가 출제되고 있다. 독해 파트뿐만 아니라 청해 파트에서도 출제되는 경우가 있으니 눈으로 보고 입으로도 암송해야 한다.

필수 문형 목차

필수 문형

44	～ことになっている/～こととなっている
45	～ことはない
46	～際(さい)/～際(さい)に/～際(さい)は
47	～最中(さいちゅう)に/～最中(さいちゅう)だ
48	～さえ/～でさえ
49	～さえ～ば
50	～ざるをえない
51	～しかない
52	～次第(しだい)
53	～次第(しだい)だ/～次第(しだい)で/～次第(しだい)では
54	～上(じょう)/～上(じょう)は/～上(じょう)も
55	～ずにはいられない
56	～せいだ/～せいで/～せいか
57	～だけ/～だけあって/～だけに/～だけの
58	たとい（たとえ）～ても
59	～たところ
60	～たとたん/～たとたんに
61	～たび/～たびに
62	～だらけ
63	～ついでに
64	～っけ
65	～っこない
66	～つつ/～つつも
67	～つつある
68	～っぽい
69	～て以来(いらい)
70	～てからでないと/～てからでなければ
71	～てしょうがない
72	～てたまらない
73	～てならない
74	～ということだ
75	～というと/～といえば/～といったら
76	～というものだ
77	～というものではない/～というものでもない
78	～というより
79	～といっても
80	～とおり/～とおりに/～どおり/～どおりに
81	～とか
82	～どころか
83	～どころではない/～どころではなく
84	～どころに/～どころへ/～どころを
85	～としたら/～とすれば
86	～として/～としては/～としても
87	～とともに
88	～ないことには
89	～ないことはない/～ないこともない
90	～ないではいられない
91	～ながら
92	～など/～なんか/～なんて
93	～にあたって/～にあたり
94	～において/～においては/～においても/～における

95	~に応じて/~に応じ/~に応じては/ ~に応じても/~に応じた
96	~にかかわらず/~にもかかわらず/ ~にかかわりなく/~にはかかわりなく
97	~に限って/~に限り/~に限らず
98	~にかけては/~にかけても
99	~にかわって/~にかわり
100	~に関して/~に関しては/~に関しても/ ~に関する
101	~に決まっている
102	~に比べて/~に比べ
103	~に加えて/~加え
104	~にこたえて/~にこたえ/~にこたえる
105	~に際して/~に際し/~に際しての
106	~に先立って/~に先立ち/~に先立つ
107	~にしたがって/~にしたがい
108	~にしたら/~にすれば/~にしても
109	~にしては
110	~にしろ/~にせよ/~にもせよ
111	~にすぎない
112	~に相違ない
113	~に沿って/~に沿い/~に沿う/~沿った
114	~に対して/~に対し/~に対しては/ ~に対しても/~に対する
115	~に違いない
116	~について/~につき/~については/ ~についても/~についての

117	~につけ/~につけては/~につけても
118	~につれて/~につれ
119	~にとって/~にとっては/~にとっても/ ~にとっての
120	~に伴って/~に伴い/~に伴う
121	~に反して、~に反する
122	~にほかならない
123	~に基づいて/~に基づき/~に基づく/~に基づいた
124	~によって/~により/~によっては/~による/ ~によると/~によれば
125	~にわたって/~にわたり/~にわたる/~にわたった
126	~ぬきで/~ぬきでは/~ぬきに/~ぬきには/ ~ぬきの
127	~ぬく
128	~の末/~の末に/~た末/~た末に/~た末の
129	~のみならず
130	~のもとで/~のもとに
131	~ば~ほど
132	~ばかりか/~ばかりでなく
133	~ばかりに
134	~はともかく/~はともかくとして
135	~はもちろん/~はもとより
136	~反面/~半面
137	~べき/~べきだ/~べきではない
138	~ほかない/~よりほかない/~ほかはない/ ~よりほかはない/~ほかしかたがない
139	~ほどだ/~ほど/~ほどの

필수 문형

140	～ほど
141	～まい/～まいか
142	～向(む)きだ/～向(む)きに/～向(む)きの
143	～向(む)けだ/～向(む)けに/～向(む)けの
144	～も～ば～も～/～も～なら～も～
145	～もかまわず
146	～もの
147	～ものがある
148	～ものか
149	～ものだ
150	～ものだから
151	～ものなら
152	～ものの
153	～やら～やら
154	～ようがない/～ようもない
155	～ように
156	～わけがない/～わけはない
157	～わけだ/～わけではない/～わけでもない
158	～わけにはいかない/～わけにもいかない
159	～わりに/～わりには
160	～を～として/～を～とする/～を～とした
161	～をきっかけに/～をきっかけとして/～をきっかけにして
162	～を契機(けいき)に/～を契機(けいき)として/～を契機(けいき)にして
163	～をこめて
164	～を中心(ちゅうしん)に/～を中心(ちゅうしん)として/～を中心(ちゅうしん)にして
165	～を通(つう)じて/～を通(とお)して
166	～を問(と)わず/～は問(と)わず
167	～をぬきにして/～をぬきにしては/～はぬきにして
168	～をはじめ/～をはじめとする
169	～をめぐって/～をめぐる
170	～をもとに/～をもとにして

001. ～あげく/～あげくに ~한 끝 / ~한 끝에

【연결】 명사の/동사 과거형＋～あげく/～あげくに

悩んだあげく、自殺してしまった。고민한 끝에 자살해 버렸다.

口論のあげくに、殴り合いのけんかになった。말다툼 끝에, 주먹다짐을 하게 되었다.

一年間考えたあげく、結局留学を辞めることにした。1년 동안 생각한 끝에, 결국 유학을 그만두기로 했다.

002. ～あまり ~(한) 나머지

【연결】 명사の/동사형/형용사형＋～あまり

嬉しさのあまり涙が出た。너무 기쁜 나머지 눈물이 났다.

考えすぎたあまり、かえって分からなくなってしまった。너무 지나치게 생각한 나머지, 오히려 더 모르게 되어 버렸다.

化学者である長谷川さんは実験に熱心なあまり、夕食をとるのを忘れることもしばしばある。
화학자인 하세가와 씨는 실험에 너무 열심인 나머지, 저녁을 먹는 것을 잊는 일도 종종 있다.

003. ～以上/～以上は ~한 이상 / ~한 이상은

【연결】 명사である/동사형/형용사형＋～以上/～以上は

社会人になった以上、親のすねをかじってはいられない。사회인이 된 이상, 부모의 신세를 지고 있을 수는 없다.

約束した以上は守らなければならない。약속한 이상은 지켜야만 한다.

学生である以上は成績で評価されるのは仕方がないことだ。학생인 이상은 성적으로 평가받는 것은 어쩔 수 없는 일이다.

004. ～一方/～一方で/～一方では ~한편 / ~한편으로 / 한편으로는

【연결】 명사の/동사형/형용사형＋～一方/～一方で/～一方では

佐藤さんは一生懸命勉強する一方、休日には思い切り遊ぶ。사토 씨는 열심히 공부하는 한편, 휴일에는 마음껏 논다.

厳しく叱る一方で、やさしく言葉をかけることも忘れない。엄하게 꾸짖는 한편으로, 상냥하게 말을 거는 것도 잊지 않는다.

필수 문형

005. ～一方だ (오직) ~하기만 하다

【연결】 동사 기본형＋一方だ

日本では子供が減る一方で、幼稚園の経営が難しくなってきている。
일본에서는 어린이가 줄기만 해서, 유치원의 경영이 어려워지고 있다.

事故は増える一方だ。 사고는 늘어나기만 한다.

006. ～上/～上に ~인 데다가 / ~한 데다가

【연결】 명사である/동사형/형용사형＋～上/～上に

寒い上に風が強い。 추운 데다가 바람이 세다.

頭がよい上、努力もするので成績は上がる一方だ。 머리가 좋은 데다가, 노력도 하기 때문에 성적은 계속해서 오른다.

生活が苦しい上に、妻の入院も重なってもうどうしていいのか分かりません。
생활이 어려운 데다가, 아내의 입원도 겹쳐서 이제 어찌 해야 좋을지 모르겠습니다.

007. ～上で/～上の/～上では/～上でも/～上での

~뒤에 / ~뒤의 / ~뒤에는 / ~뒤에서도 / ~뒤에서의

【연결】 명사の/동사형＋～上で/～上の/～上では/～上でも/～上での

よく考えた上で話しなさい。 잘 생각한 뒤에 이야기해라.

それを済ませた上であれをやろう。 그것을 끝낸 후에 저것을 하자.

学校を辞めてアメリカへ行きたいんです。よく考えた上でのことです。
학교를 그만두고 미국에 가고 싶습니다. 심사숙고한 것입니다.

008. ～上は ~이상은

【연결】 명사である/동사형/형용사형＋～上は

こうなった上は、正直に罪を認めるしかありません。 이렇게 된 이상에는, 정직하게 죄를 인정하는 수밖에 없습니다.

別々に暮らすようになった上は、もう離婚するほかありません。 따로 따로 살게 된 이상은, 이제 이혼하는 수밖에 없습니다.

日本に留学した上は、一日も早く日本の生活に慣れることだね。
일본에 유학한 이상에는, 하루라도 빨리 일본 생활에 익숙해지는 것이지.

009. ~うちに/~ないうちに ~동안 / ~하기 전에

【연결】 명사の/동사형/형용사형 + ~うちに/~ないうちに

鉄は熱いうちに打て。철은 뜨거울 때 때려라.

テレビを見ているうちに父が帰ってきた。텔레비전을 보고 있는 동안에 아버지가 돌아왔다.

暗くならないうちに帰りましょう。어두워지기 전에 돌아갑시다.

010. ~(よ)うではないか/~(よ)うじゃないか ~해야 되지 않을까, ~해야 하지 않을까

【연결】 동사 의지(의도형) + ではないか/~じゃないか

皆で行ってみようではないか。모두 함께 가야 하지 않을까.

やってみようじゃないか。해 봐야 되지 않을까.

皆でいい学校を作ろうではありませんか。모두 함께 좋은 학교를 만들어야 하지 않겠습니까.

011. ~得る/得る ~할 수 있다

【연결】 동사 ます형 + ~得る

人類が火星に移住するってことは、近い将来、起こり得ることだ。
인류가 화성에 이주한다고 하는 것은, 가까운 미래에 일어날 수 있는 일이다.

考え得る最上の方法。생각할 수 있는 최상의 방법.

私ができ得る限りのことは喜んで致しましょう。내가 할 수 있는 한도의 일은 기꺼이 하겠습니다.

そういうこともあり得る。그러한 일도 있을 수 있다.

ああいうことはあり得ない。저러한 일은 있을 수 없다.

012. ~おかげで/~おかげだ ~덕분에 / ~덕분이다

【연결】 명사の/동사형/형용사형 + ~おかげで/~おかげだ

教えてもらったおかげで合格しました。가르쳐 주신 덕분으로 합격했습니다.

あなたのおかげで、平気で嘘がつける女になれたわ。당신 덕분에, 아무렇지 않게 거짓말을 할 수 있는 여자가 되었어.

合格したのは先生のおかげだ。합격한 것은 선생님 덕분이다.

013. ～恐(おそ)れがある ～할 우려가 있다

【연결】 명사の/동사형/형용사형＋～恐(おそ)れがある

インターネットは個人情報(こじんじょうほう)が流出(りゅうしゅつ)される恐(おそ)れがある。인터넷은 개인정보가 유출될 우려가 있다.

台風(たいふう)が上陸(じょうりく)する恐(おそ)れがある。태풍이 상륙할 우려가 있다.

地震(じしん)の影響(えいきょう)で津波(つなみ)の恐(おそ)れがありますから、緊急(きんきゅう)に避難(ひなん)してください。
지진의 영향으로 해일의 우려가 있으므로, 긴급히 피난해 주십시오.

014. ～限(かぎ)り/～限(かぎ)りは/～限(かぎ)りでは/～ない限(かぎ)り ～한 / ～한은 / ～한에서는 / ～않는 한

【연결】 명사である・でない/동사형/형용사형＋ ～限(かぎ)り/～限(かぎ)りは/～限(かぎ)りでは/～ない限(かぎ)り

私(わたし)が知(し)っている限(かぎ)りそれは真実(しんじつ)だ。내가 알고 있는 한 그것은 진실이다.

危(あぶな)い所(ところ)へ行(い)かない限(かぎ)り大丈夫(だいじょうぶ)だ。위험한 곳에 가지 않는 한 문제없다.

大雨(おおあめ)が降(ふ)らない限(かぎ)り、出(で)かけよう。큰 비가 내리지 않는 한, 외출해야지.

015. ～かけだ/～かけの/～かける ～하다만 것이다 / ～하다 만 / ～하다 말다

【연결】 동사ます형＋～かけだ/～かけの/～かける

まだご飯(はん)が食(た)べかけだ。아직 밥을 먹으려다 말았다.

母(はは)が読(よ)みかけの雑誌(ざっし)を捨(す)ててしまった。어머니가 읽다 만 소설을 버려 버렸다.

彼(かれ)は何(なに)か言(い)いかけて辞(や)めた。그는 무엇인가 말을 꺼내다 말았다.

016. ～がたい ～하기 어렵다

【연결】 동사 ます형＋～がたい

忘(わす)れがたい出来事(できごと)。잊기 어려운 사건.

それは信(しん)じがたいことだ。그것은 믿기 어려운 일이다.

明日(あした)帰国(きこく)するが、仲(なか)よくなった友達(ともだち)と別(わか)れがたい気持(きも)ちで一杯(いっぱい)だ。
내일 귀국하지만, 사이가 좋아진 친구와 헤어지기 힘든 마음으로 가득하다.

017. ～がちだ/～がちの ～하기 쉽다 / ～하기 쉬운

【연결】 명사/동사 ます형＋～がちだ/～がちの

私の時計は遅れがちだ。내 시계는 자주 늦게 간다.

冬は風邪をひきがちだ。겨울은 감기 걸리기 쉽다.

私は幼い頃、病気がちだった。나는 어릴 적에 자주 병에 걸렸다.

この国の天気は曇りがちの天気だ。이 나라의 날씨는 흐리기 쉬운 날씨이다.

018. ～かと思うと/～かと思ったら/～と思うと/～と思ったら

～하는가 싶었는데 / ～하는 듯 싶더니 / ～하자마자

【연결】 명사/동사형/형용사형＋～かと思うと/～かと思ったら/～と思うと/～と思ったら

子供たちはベルが鳴ったかと思うと、飛び出した。아이들은 종이 울리자마자 뛰쳐나갔다.

夕御飯を食べたかと思うと、寝てしまった。저녁밥을 먹자마자 자 버렸다.

先生はもう帰られたのかと思ったら、まだ授業が終わっていなかったんですね。
선생님은 이제 집에 가셨나 싶었는데, 아직 수업이 끝나지 않았던 것이네요.

019. ～か ～ない(かの)うちに ～하자마자, ～하는 것과 동시에

【연결】 동사형＋～か＋동사 부정형＋～ないかのうちに

そう言ったか言わないかのうちに彼女は泣き出した。그렇게 말하자마자 그녀는 울기 시작했다.

返事をするかしないうちに彼は電話を切ってしまった。답변을 하자마자 그는 전화를 끊어 버렸다.

020. ～かねる ～하기 어렵다

【연결】 동사 ます형＋～かねる

ちょっとわかりかねます。좀 이해하기 어렵습니다.

君が来るのを待ちかねていたんだ。자네가 오는 것을 몹시 기다리고 있었다.

私の仕事がなかなか終わらなかったので、見かねて小林さんが手伝ってくれた。
내 일이 좀처럼 끝나지 않았기 때문에, 보다 못한 고바야시 씨가 도와주었다.

021. ～かねない ～하기 쉽다

【연결】 동사 ます형＋ ～かねない

あんなにスピードを出したら、事故を起こしかねない。저렇게 스피드를 내면, 사고를 내기 쉽다.

あいつなら、やりかねない。저 녀석이라면 할지도 모른다.

あの人ならそんな無責任なことも言いかねない。저 사람이라면 그런 무책임한 것도 말하기 쉽다.

022. ～かのようだ ～것 같다

【연결】 동사형/형용사형/명사である/형용사형(な—×)である＋～かのようだ

一度に春が来たかのようだ。단번에 봄이 온 것 같다.

今、心が暖かいのはあたかも彼女がそばにいるかのようだ。지금, 마음이 포근한 것은 마치 그녀가 옆에 있는 것 같다.

023. ～から ～にかけて ～부터 ～에 걸쳐서

【연결】 명사＋～から＋명사＋～にかけて

昨夜から今朝にかけて雨が降ってきた。어제밤부터 오늘 아침에 걸쳐 비가 내렸다.

夏から秋にかけての景色が一番すばらしい。여름부터 가을에 걸친 경치가 제일 훌륭하다.

１丁目から３丁目にかけて、道路工事のため、通行止めになります。
1쵸메부터 3쵸메에 걸쳐, 도로공사 때문에 통행금지가 됩니다.

024. ～から言うと/～から言えば/～から言って
～로 말하면 / ～로 말하자면 / ～로 봐서

【연결】 명사＋～から言うと/～から言えば/～から言って

健康という観点から言えば、激しい運動は「百害あって一利なし」です。
건강이라는 관점에서 말하자면, 격렬한 운동은 '백해무익'입니다.

現状から言って、無理だ。현 상태로 말하자면, 무리다.

025. ～からして ～로 미루어 보아, ～부터가

【연결】 명사＋～からして

彼(かれ)の態度(たいど)からして許(ゆる)せない。그의 태도부터가 용서할 수 없다.

親(おや)からしてそんなことでは子供(こども)の行(ゆ)く末(すえ)が心配(しんぱい)だ。부모부터가 그러하니 아이의 장래가 걱정이다.

026. ～からすると/～からすれば ～에서 보면 / ～에서 볼 때

【연결】 명사＋～からすると/～からすれば

親(おや)からすると、子供(こども)はいくつになっても子供(こども)で、心配(しんぱい)なものだ。
부모에서 보면, 자식은 몇 살이 되어도 자식이어서 걱정이 되는 법이다.

私(わたし)の考(かんが)え方(かた)からすると、こういう場合(ばあい)は優(やさ)しく慰(なぐさ)めるよりもむしろ、冷(つめ)たく突(つ)き放(はな)す方(ほう)がいいと思(おも)う。
나의 사고방식에서 보면, 이러한 경우에는 친절하게 달래기보다 오히려 차갑게 뿌리치는 편이 좋다고 생각한다.

027. ～からといって ～라고 해서

【연결】 명사だ/동사형/형용사(な―だ)＋～からといって

寒(さむ)いからといって家(いえ)の中(なか)ばかりにいるのはよくない。춥다고 해서 집안에만 있는 것은 좋지 않다.

お金(かね)があるからといって社会的地位(しゃかいてきちい)もあるとは限(かぎ)らない。돈이 있다고 해서 사회적 지위까지 있다고는 할 수 없다.

028. ～からには/～からは ～한 이상에는 / ～할 바에는

【연결】 명사である/동사형/형용사형(な―ある)＋～からには/～からは

試合(しあい)に出(で)たからには、勝(か)ちたい。시합에 나간 이상에는 이기고 싶다.

約束(やくそく)したからには、守(まも)らなければいけない。약속한 이상에는 지키지 않으면 안 된다.

こうなったからは、男(おとこ)として何(なに)が何(なん)でも成功(せいこう)させて見(み)せる。이렇게 된 이상에는, 남자로서 어떤 일이 있어도 성공시켜 보이겠다.

필수 문형

029. ～から見ると/～から見れば/～から見て/～から見ても

～으로 보면 / ～으로 본다면 / ～로 봐서 / ～로 봐도

【연결】 명사＋～から見ると/～から見れば/～から見て/～から見ても

この記録から見ると、はじめの二年間はかなり厳しい時代であったことが分かります。
이 기록으로 보면, 처음 2년간은 꽤 힘든 시대였던 것을 알 수 있습니다.

あの人はどの角度から見ても、美しい。さすが女優だ。저 사람은 어느 각도에서 봐도 아름답다. 역시 여배우다.

高校の成績から見ても彼は日本大学には入れるだろう。고교 때의 성적으로 견주어 봐도 그는 일본대학에 들어갈 수 있을 것이다.

030. ～代わりに ～하는 대신에

【연결】 명사の/동사형/형용사형＋～代わりに

映画を見に行く代わりに、うちでテレビを見る。영화를 보러 가는 것 대신에 집에서 TV를 본다.

渡辺さんは私の代わりに会議に出席した。와타나베 씨는 나를 대신하여 회의에 출석했다.

031. ～気味 ～경향, ～기색

【연결】 명사/동사ます형＋～気味

あの家は誰も住んでいないみたいで気味が悪い。저 집은 아무도 살고 있지 않는 것 같아서 느낌이 좋지 않다.

ちょっと風邪気味なので、早く帰ります。좀 감기 기운이 있어서 빨리 돌아가겠습니다.

疲れ気味で、あまり気が進まないが、頼まれたんだからしかたがない。
피곤한 것 같고, 별로 내키지 않지만, 부탁을 받았으니 어쩔 수가 없다.

032. ～きり/～きりだ ～뿐 / ～뿐이다

【연결】 명사/동사 과거형＋～きり/～きりだ

彼は日本へ行ったきり、帰らない。그는 일본에 간 뒤로, 돌아오지 않는다.

彼女には去年会ったきりだ。그녀하고는 작년에 만난 이후로 지금까지 만나지 못했다.

033. ～きる/～きれる/～きれない (완전히) ～하다 / (완전히) ～할 수 있다 / (완전히) ～할 수 없다

【연결】 동사 ます형＋～きる/～きれる/～きれない

会社(かいしゃ)がうまくいかなくなると信(しん)じきることが難(むずか)しくなる。 회사가 잘 운영되지 않으면 완전히 믿는 것이 어렵게 된다.

そう言(い)いきれるか。 그렇게 딱 잘라 말할 수 있는가.

こんなにたくさんは一人(ひとり)で食(た)べきれない。 이렇게 많이는 혼자서 다 먹을 수 없다.

034. ～くせに ～이면서도, ～주제에

【연결】 명사の/동사형/형용사형＋～くせに

知(し)らないくせに知(し)っているふりをする。 모르는 주제에 아는 체한다.

お金(かね)がないくせに、高(たか)いものばかり欲(ほ)しがる。 돈이 없으면서도, 비싼 것만 갖고 싶어한다.

035. ～くらい/～ぐらい/～くらいだ/～ぐらいだ ～정도 / ～정도다

【연결】 명사/동사형/형용사형＋～くらい/～ぐらい/～くらいだ/～ぐらいだ
(注：こ・そ・あ・ど 접속할 때를 제외하고는 일반적으로 ぐらい)

誰(だれ)にも負(ま)けないぐらいだ。 누구에게도 지지 않을 정도다.

もう歩(ある)けないぐらい疲(つか)れた。 이제 걷지 못할 정도로 지쳤다.

情(なさ)けなくて泣(な)きたいぐらいだ。 한심해서 울고 싶을 정도다.

036. ～げ ～한 듯한 모양, ～한 듯

【연결】 형용사 어간/동사 ます형＋～げ

そんな態度(たいど)は大人(おとな)しげない。 그런 태도는 어른스럽지 못하다.

彼女(かのじょ)はいつも悲(かな)しげな顔(かお)をしている。 그녀는 항상 슬픈 듯한 얼굴을 하고 있다.

037. ～こそ ～이야말로, ～만은

【연결】 명사/これ・それ・あれ/동사, 형용사 て형・ます형・ば형＋～こそ

こちらこそ、よろしくお願(ねが)いします。 이쪽이야말로, 잘 부탁드립니다.

好きこそ物の上手なれ。좋아해야만 능숙하게 된다.

分かっているからこそ、何か問題が起きてもすぐに対処法が見つかった。
알고 있었기 때문에, 무슨 문제가 일어나도, 바로 대처법이 발견되었다.

038. ～ことか (얼마나) ~했던가, ~인가

【연결】(どんなに・どれほど・なんど・なんと)＋동사형/형용사형＋～ことか

お酒は飲んではいけないとどれほど言ったことか。술은 마시면 안 된다고 얼마나 말했던가.

どんなに寂しいことか。얼마나 외로웠던가.

ここでタバコを吸ってはいけないと何度注意したことか。여기서 담배를 피우지 말라고 얼마나 주의했던가.

039. ～ことから ~때문에, ~한 이유에서

【연결】동사형/형용사형＋～ことから

何でも自分一人でやろうとすることから無理が生じる。무엇이든지 자기 혼자서 하려고 하기 때문에 무리가 생긴다.

この辺は米軍の基地が多いことからアメリカ人相手の店も多い。
이 주변은 미군의 기지가 많은 이유에서 미국인 상대의 가게도 많다.

040. ～ことだ ~하는 것이 중요하다

【연결】명사の/동사형/형용사형＋～ことだ

自分でやってみることだ。스스로 해 보는 것이 중요하다.

両国の関係改善のため、まずは個人的レベルの交流からスタートすることだ。
양국의 관계개선을 위하여 우선은 개인적인 수준의 교류에서 시작하는 것이 중요하다.

041. ～ことだから ~이니까

【연결】명사の/동사형/형용사형＋～ことだから

朝寝坊の山田さんのことだから今日も遅刻するだろう。늦잠꾸러기인 야마다 씨니까 오늘도 지각하겠지.

金に細かいあいつのことだから貸してくれないと思う。돈에 꼼꼼한 저 녀석이니까 빌려 주지 않을 것이라고 생각한다.

まじめなあの人のことだから心配は要らない。착실한 그 사람의 일이니까 걱정은 필요 없다.

042. ～ことなく ～할 것 없이, ～하지 않고

【연결】 동사 기본형＋～ことなく

彼をつれて行くことなく二人きりで行こう。 그를 데리고 갈 것 없이 둘이만 가자.

いつまでも忘れることなく友達でいよう。 언제까지나 잊지 말고 친구로 지내자.

043. ～ことに/～ことには ～하게도

【연결】 (감정, 감동) 동사 た형/(감정, 감동) 형용사형＋～ことに/～ことには

嬉しいことに妻が妊娠したそうだ。 기쁘게도 처가 임신했다고 한다.

面白いことに、この学校には同姓同名の学生が三人もいる。 재미있게도, 이 학교에는 동성동명인 학생이 3명이나 있다.

驚いたことに、彼女には大学に通う息子がいた。どう見てもまだ五十歳には見えない。
놀랍게도 그녀에게는 대학에 다니는 아들이 있었다. 아무리 봐도 아직 50살로는 보이지 않는다.

044. ～ことになっている/～こととなっている ～하기로 되어 있다

【연결】 동사 기본형(ない형)＋～ことになっている/～こととなっている

会議は毎週火曜日にすることになっている。 회의는 매주 화요일에 하기로 되어 있다.

授業は４月７日から始めることになっている。 수업은 4월 7일부터 시작하기로 되어 있다.

045. ～ことはない ～할 필요는 없다

【연결】 동사 기본형＋～ことはない

君が行くことはない。 자네가 갈 필요는 없다.

そんなことをすることはない。 그런 일을 할 필요는 없다.

046. ～際/～際に/～際は ～할 때 / ～할 때에 / ～할 때는

【연결】 명사の/동사형/형용사형＋～際/～際に/～際は

帰國の際、ぜひ連絡してください。 귀국 할 때 꼭 연락해 주세요.

パスポートを申請する際に必要なものを教えてください。 여권을 신청할 때 필요한 것을 가르쳐 주십시오.

필수 문형

047. ～最中に/～最中だ 한창 ～중에 / ～가 한창이다

【연결】 명사の/～ている・～ていた＋～最中に/～最中だ (注 : 형용사 忙(いそが)しい에 연결되는 경우도 있다.)

会議の最中に彼が入ってきた。 한창 회의 중에 그가 들어왔다.

食事の最中にタバコを吸うのはマナーに反します。 한창 식사하는 중에 담배를 피우는 것은 매너가 아닙니다.

今検討している最中だ。 지금 한창 검토하고 있다.

お仕事はまだ忙しい最中なのでしょうか。 하시는 일은 아직 한창 바쁘신지요?

048. ～さえ/～でさえ ～조차도

【연결】 명사/격조사(に・で・と・から・の)/동사 て형・ます형＋～さえ/～でさえ

子供さえ分かることを大人のあなたが分からないとは。 아이조차도 알고 있는 것을 어른인 당신이 모르다니.

ひらがなさえ書けない。 히라가나조차 쓸 수 없다.

温厚なあの人でさえ怒った。 온화하고 착실한 저 사람조차 화를 냈다.

049. ～さえ ～ば ～만 ～면

【연결】 명사/격조사(に・で・と・から・の)/동사형/형용사형＋～さえ ～ば

※ い형용사 : 面白い → 面白くさえあれば
동사 : 飲む → 飲みさえすれば

な형용사 : 元気だ → 元気でさえあれば
努力する → 努力さえすれば/努力しさえすれば
飲んでいる → 飲んでさえいれば/飲んでいさえすれば

彼さえいれば問題ないのに。 그만 있으면 문제없을 텐데.

暇さえあれば行きますけど。 시간만 있으면 가겠습니다만.

大丈夫です。 薬を飲みさえすれば、安心です。 괜찮습니다. 약만 먹으면, 안심입니다.

050. ～ざるを得ない ～하지 않을 수 없다

【연결】 동사 ない형＋～ざるを得ない/する → せざるを得ない

間違っていると言わざるを得ない。 틀렸다고 말하지 않을 수 없다.

これだけはっきりした証拠がある以上、罪を認めざるを得ない。
이토록 확실한 증거가 있는 이상, 죄를 인정하지 않을 수 없다.

051. ～しかない ～밖에 없다

【연결】 명사, 수사/これ・それ・あれ/격조사/동사 기본형・て형・ている형＋～しかない

先生の頼みだから行くしかない。 선생님의 부탁이니 갈 수밖에 없다.

こうなったらやるしかない。 이렇게 되었다면 할 수밖에 없다.

052. ～次第 ～하는 대로

【연결】 동사 ます형＋～次第

息子が戻り次第お電話させます。 아들이 돌아오는 대로 전화하도록 하겠습니다.

向こうに着き次第連絡します。 목적지에 도착하는 대로 연락하겠습니다.

053. ～次第だ/～次第で/～次第では ～나름이다 / ～나름으로 / ～나름으로는

【연결】 동사형/형용사형＋～次第だ/～次第で/～次第では

明日試合ができるかどうかは天候次第だ。 내일 시합을 할 수 있을지 어떨지는 날씨에 달려 있다.

こうして今に至った次第だ。 이렇게 해서 지금에 이른 것입니다.

言い方次第でどうにでもなる。 말하기에 따라서 어떻게든 된다.

成績次第では日本大学にも入れるだろう。 성적에 따라서는 일본대학에도 들어 갈 수 있을 것이다.

054. ～上/～上は/～上も ～상 / ～상으로는 / ～상으로도

【연결】 명사＋～上/～上は/～上も

制度上不可能だ。 제도상 불가능하다.

表面上は変化がない。 표면상으로는 변화가 없다.

外見上も同じだ。 외견상으로도 동일하다.

055. ～ずには(ないでは)いられない ～하지 않고서는 있을 수 없다

【연결】 동사 ない형＋～ずにはいられない/する → せずにはいられない

先生(せんせい)のおもしろい話(はなし)を聞(き)いて笑(わら)わないではいられなかった。선생님의 재미있는 이야기를 듣고 웃지 않고서는 있을 수 없었다.

その話(はなし)を聞(き)いて泣(な)かずにはいられない。그 이야기를 듣고 울지 않고서는 있을 수 없다.

056. ～せいだ/～せいで/～せいか ～탓이다 / ～탓으로 / ～탓인지

【연결】 명사の/동사형/형용사형＋～せいだ/～せいで/～せいか

あいつのせいで先生(せんせい)に叱(しか)られた。저 녀석 탓으로 선생님에게 혼났다.

雨(あめ)のせいで試合(しあい)は中止(ちゅうし)になった。비 탓으로 시합은 중지되었다.

病気(びょうき)のせいか、食欲(しょくよく)がない。병 탓인지, 식욕이 없다.

057. ～だけ/～だけあって/～だけに/～だけの ～만큼 / ～만큼의

【연결】 명사/동사형/형용사형＋～だけ/～だけあって/～だけに/～だけの

できるだけ。가능한 한.

一生懸命勉強(いっしょうけんめいべんきょう)しただけに成績(せいせき)は上(あ)がるだろう。열심히 공부한 만큼 성적은 오를 것이다.

１０年(じゅうねん)も日本(にほん)にいただけに日本語(にほんご)が上手(じょうず)だ。10년이나 일본에 있었던 만큼 일본어를 잘한다.

チャンピオンだけのことはある。챔피언인 만큼의 것은 있다.

058. たとい(たとえ) ～ても(でも) 가령(비록) ～일지라도

【연결】 たとい(たとえ)＋동사형/い형용사형＋～ても
たとい(たとえ)＋명사/な형용사형＋～でも

たとえあなたが行(い)かなくても私(わたし)は行(い)きます。비록 당신이 가지 않더라도 저는 가겠습니다.

たといお金(かね)がなくても彼(かれ)さえいれば幸(しあわ)せです。비록 돈이 없더라도 그만 있으면 행복합니다.

059. ~たところ ~했던 바, ~했는데, ~한 결과, 막 ~한 참이다

【연결】 동사 과거형＋~たところ

親(おや)に聞(き)いてみたところ、親(おや)も知(し)らなかった。부모님에게 물어 보았더니 부모님도 몰랐다.

先生(せんせい)のお宅(たく)へ伺(うかが)ったところ、留守(るす)だった。선생님 댁에 찾아뵈었는데, 아무도 없었다.

今日(きょう)、資料(しりょう)が届(とど)いたところです。오늘 자료가 막 도착했습니다.

060. ~たとたん/~たとたんに ~한 순간 / ~한 순간에 / ~하자마자

【연결】 동사 과거형＋~たとたん/~たとたんに

授業(じゅぎょう)のベルが鳴(な)ったとたん、子供(こども)たちは本(ほん)を閉(と)じた。수업 벨이 울리자마자, 아이들은 책을 덮었다.

立(た)ち上(あ)がったとたん、腰(こし)に激(はげ)しい痛(いた)みが走(はし)り、動(うご)けなくなった。
일어서는 순간 허리에 심한 통증이 와서, 움직일 수 없게 되었다.

家(いえ)を出(で)たとたんに雨(あめ)が降(ふ)り出(だ)した。집을 나서자마자 비가 내리기 시작했다.

061. ~たび/~たびに ~때마다

【연결】 명사の/동사 기본형＋~たび/~たびに

この写真(しゃしん)を見(み)るたびに昔(むかし)のことが思(おも)い出(だ)される。이 사진을 볼 때마다 옛날 일이 생각난다.

父(ちち)は出張(しゅっちょう)に行(い)くたびにプレゼントを買(か)ってきてくれる。아버지는 출장 갈 때마다 선물을 사 온다.

あの子(こ)は恋(こい)をするたびにきれいになっていく。저 아이는 사랑을 할 때마다 예뻐져 간다.

062. ~だらけ ~투성이

【연결】 명사＋~だらけ

運動(うんどう)したら汗(あせ)だらけになった。운동을 했더니 땀투성이가 되었다.

交通事故(こうつうじこ)にあった被害者(ひがいしゃ)は血(ち)だらけであった。교통사고를 당한 피해자는 피투성이였다.

この書類(しょるい)は間違(まちが)いだらけだ。이 서류는 잘못된 것 투성이다.

063. ～ついでに ~하는 김에

【연결】 명사の/동사 기본형(과거형)＋～ついでに

スーパーに行くついでにタバコを買ってきた。 슈퍼에 간 김에 담배를 사 왔다.

仕事で東京に行ったついでに、久しぶりにおじさんの家を訪ねてみた。
일로 도쿄에 간 김에, 오랜만에 고모부(이모부, 큰아버지, 작은아버지) 집을 방문해 보았다.

郵便局へ行ったついでに切手を買ってきた。 우체국에 간 김에 우표를 사 왔다.

064. ～っけ ~던가, ~였지

【연결】 명사だ/동사형/형용사형＋～っけ

今日は何曜日だっけ。 오늘 무슨 요일인가?

あの人、林さんと言ったっけ。 저 사람, 하야시 씨라고 했던가?

065. ～っこない 절대 ~없다, ~할 리가 없다

【연결】 동사 ます형＋～っこない

あんなに忙しい彼女がやりっこない。 저렇게 바쁜 그녀가 할 리가 없다.

黙ってさえいれば誰にも分かりっこない。 잠자코만 있으면 누구라도 알 리가 없다.

066. ～つつ/～つつも ~하면서 / ~하면서도

【연결】 동사 ます형＋～つつ/～つつも

父はご飯を食べつつ、新聞を読むくせがある。 아버지는 밥을 먹으면서 신문을 읽는 버릇이 있다.

山を登りつつ、これまでのこと、これからのことをいろいろ考えた。
산을 오르면서, 지금까지의 일, 앞으로의 일을 여러 가지 생각했다.

悪いと知りつつ、つい落し物の財布を自分のポケットにしまい込んだ。
나쁘다고 알면서, 무심결에 떨어진 지갑을 자신의 주머니에 집어넣었다.

悪いと知りつつ、やるのはもっと悪い。 나쁘다고 알면서 하는 것은 더 나쁘다.

067. ～つつある ～하고 있다, ～하는 중이다

【연결】 동사 ます형＋～つつある

日本語の学校は減りつつある。 일본어 학교는 줄고 있다.

日本は子供の数が増えつつある。 일본은 어린이의 수가 늘고 있다.

母が病気で倒れたのは、父の病気がやっと回復しつつあった時のことでした。
어머니가 병으로 쓰러진 것은, 아버지의 병이 겨우 회복되는 중이었을 때였습니다.

068. ～っぽい ～인 것 같다, ～답다

【연결】 명사/형용사 어간＋～っぽい

川村さんは子供っぽい。 가와무라 씨는 어린애 같다.

彼女は男っぽい。 그녀는 남자 같다.

あの人の話、なんかうそっぽく聞こえない？ 저 사람의 이야기, 뭔가 거짓말처럼 들리지 않아?

069. ～て以来 ～한 이래

【연결】 これ·それ·あれ/동사형＋～て以来 ☞ N(結婚·卒業·……)＋以来의 형태도 있다.

日本へ来て以来、一度もお酒を飲んだことがない。 일본에 온 이후, 한 번도 술을 마신 적이 없다.

ちょっとしたことでけんかをして以来、ずっと口をきいていない。 사소한 일로 싸움을 한 이래, 계속 입을 열지 않고 있다.

070. ～てからでないと/～てからでなければ
～하고 나서가 아니면 / ～하고 나서가 아니라면

【연결】 동사형＋～てからでないと/～てからでなければ

彼に会ってからでないと何とも言えません。 그를 만나고 나서가 아니면 뭐라고 말할 수 없습니다.

漢字の読み書きを勉強してからでないと、大学の勉強についていけない。
한자의 읽기 쓰기를 공부하고 나서가 아니면, 대학 공부를 따라갈 수 없다.

部長の話を聞いてからでないと決められません。 부장님의 이야기를 듣고 나서가 아니면 결정할 수 없습니다.

071. ～てしょうがない ～해서 별 도리가 없다, ～해서 어쩔 수 없다

【연결】 동사형/형용사형＋～てしょうがない

お腹(なか)がすいてしょうがない。배가 고파서 참을 수 없다.

寂(さび)しくてしょうがない。외로워서 어쩔 수 없다.

不景気(ふけいき)のせいで客(きゃく)が来(こ)なくなり、最近(さいきん)は暇(ひま)でしょうがない。불경기 탓으로 손님이 오지 않게 되어, 요즘은 한가해서 어쩔 수 없다.

072. ～てたまらない ～해서 참을 수 없다, 너무 ～하다

【연결】 동사형/형용사형＋～てたまらない

お腹(なか)がすいてたまらない。배가 고파서 견딜 수 없다.

長男(ちょうなん)が田舎(いなか)に帰(かえ)ってきて嬉(うれ)しくてたまらない。장남이 고향에 돌아와서 너무나 기쁘다.

あと一分(いっぷん)あれば、逆転(ぎゃくてん)して勝(か)てたのに……、悔(くや)しくてたまらない。
1분만 더 있다면, 역전해서 이길 수 있었을 텐데, 분해서 참을 수 없다.

073. ～てならない ～가 아닐 수 없다, 매우 ～하다

【연결】 동사형/형용사형＋～てならない

父(ちち)が死(し)んで悲(かな)しくてならない。아버님이 돌아가셔서 매우 슬프다.

生(い)きていれば歴史(れきし)を変(か)えるほどの発明(はつめい)をしていたかもしれないのに、残念(ざんねん)でならない。
살아 있다면, 역사를 바꿀 정도의 발명을 하고 있었을지도 모르는데, 매우 유감이다.

074. ～ということだ ～라고 한다, ～라는 뜻이다

【연결】 명사だ/동사형/형용사형＋～ということだ

山口(やまぐち)さんの話(はなし)によると、昔(むかし)ここは海(うみ)だったということだ。야마구치 씨의 얘기에 의하면, 옛날에 이 곳은 바다였다고 한다.

ニュースでは４月(しがつ)から水道料金(すいどうりょうきん)が上(あ)がるということだ。뉴스에 의하면 4월부터 수도요금이 인상된다고 한다.

彼(かれ)はまだか。つまり、今日(きょう)は休(やす)むということだな。그는 아직인가. 요컨대, 오늘은 쉰다고 하는 것이구나.

075. ~というと/~といえば/~といったら ~라 하면 / ~로 말하자면

【연결】 명사/동사형/형용사형 + ~というと/~といえば/~といったら

温泉というと箱根がいいよ。온천이라고 하면 하꼬네가 좋아.

その恥ずかしさと言ったら、顔から火が出るほどだった。그 수치스러움으로 말하자면, 얼굴이 화끈화끈할 정도였다.

076. ~というものだ ~인 것이다

【연결】 명사/동사형/형용사형 + ~というものだ ☞ 회화체 ~という → って, ~もの → もん/な형용사·명사에 だ가 붙지 않음.

生徒が困っている時、助けるのが先生というものだ。학생이 곤란할 때 도와주는 것이 선생님이라는 것이다.

これでは不公平というものだ。이래서는 불공평한 것이다.

自分だけではなく、相手を思いやる心を持つのが大人というものだ。
자신뿐만 아니라, 상대방을 생각하는 마음을 갖는 것이 어른이라고 하는 것이다.

077. ~というものではない/~というものでもない

~라는 것은 아니다 / ~라는 것도 아니다

【연결】 명사/동사형/형용사형 + ~というものではない/~というものでもない
☞ 회화체 ~という → って, ~もの → もん/な형용사·명사에 だ가 붙지 않음.

結果さえよければ必ずよいというものではない。결과만 좋다면 반드시 좋다는 것은 아니다.

何でも多ければよいというものでもない。뭐든지 많으면 좋다는 것도 아니다.

078. ~というより ~라고 하기보다

【연결】 명사/동사형/형용사형 + ~というより ☞ 회화체 ~と言う → って言う/な형용사·명사에 だ가 붙지 않음.

あれは真実というよりむしろウソだ。그것은 진실이라기보다 오히려 거짓말이다.

彼は慎重というより勇気がないだけだ。그는 신중하다기보다 용기가 없을 뿐이다.

필수 문형

079. ～といっても ～라고 해도

【연결】 명사/동사형/형용사형＋～といっても ☞ な형용사・명사에 だ 붙지 않는 경우도 있다.

先生といっても全部分かるとは限らない。선생님이라고 해도 전부 안다고는 할 수 없다.

ビルといっても2階建ての小さいものだ。빌딩이라고 해도 2층짜리의 작은 것이다.

080. ～とおり/～とおりに/～どおり/～どおりに ～한 대로 / ～한 것 같이

【연결】 명사の/동사 기본형(과거형)＋～とおり/～とおりに / 명사＋～どおり/～どおりに

彼が言ったとおりだ。그가 말한 대로다.

医者の指示どおりに、酒もたばこも控え目にしているつもりだが、なかなかよくならない。
의사의 지시대로, 술도 담배도 삼가려고 하지만, 좀처럼 잘 되지 않는다.

人生、自分の思いどおりにいくことなんか、めったにない。인생, 자기 생각대로 되는 것 따위는 거의 없다.

081. ～とか ～라고 하던데, ～라던가

【연결】 명사/동사형/형용사형＋～とか

北海道は昨日大雪だったとか。홋카이도는 어제 큰 눈이 왔다고 하던데.

休日にはテレビを見るとか買い物をするとかして過ごすことが多い。
휴일에는 TV를 본다든가 쇼핑을 한다든가 하며 보내는 일이 많다.

082. ～どころか ～은커녕

【연결】 명사/동사형/형용사형＋～どころか

走るどころか歩くこともできない。달리기는커녕 걷는 것도 불가능하다.

漢字どころかひらがなも書けない。한자는커녕 히라가나도 못 쓴다.

083. ～どころではない/～どころではなく

～할 수 있는 상태가 아니다 / ～할 수 있는 상태가 아니라

【연결】 명사/동사형/형용사형＋～どころではない/～どころではなく

給料が減ったから車を買うどころではない。월급이 줄었기 때문에 차를 살 상황이 아니다.

今は忙しくて花見どころではない。 지금은 바빠서 꽃구경 갈 때가 아니다.

事故の後は食事どころではなく、一日中大変だった。 사고 후에는 식사를 할 상태가 아니어서, 하루 종일 힘들었다.

084. ～ところに/～ところへ/～ところを (마침) ~하는데 / ~하려는데 / ~하는 것을

【연결】 명사/동사형/형용사형 + ～ところに/～ところへ/～ところを

食事をしているところへ電話がかかってきた。 식사를 하려는데 전화가 걸려왔다.

まずいところを見られた。
좋지 않은 것을 보여주게 되었다.

085. ～としたら/～とすれば ~라면 / ~라고 한다면

【연결】 명사/동사형/형용사형 + ～としたら/～とすれば

ここに百万円あるとしたらどうする? 여기에 백만 엔이 있다면 어떻게 할래?

ラーメンを食べるとすればそこの角の店が一番だ。 라면을 먹는다고 한다면 거기 모퉁이에 있는 가게가 최고다.

もし行くとすれば明日だ。 만약 간다고 한다면 내일이다.

086. ～として/～としては/～としても ~로서 / ~로서는 / ~로서도

【연결】 명사 + ～として/～としては/～としても

学生としてあるまじき行為だ。 학생으로서 있어서는 안 될 행위이다.

私としてはそうしたくないが、そうするしかなかった。 나로서는 그렇게 하고 싶지 않지만, 그렇게 할 수밖에 없었다.

買うとしても、一番安いのしか買えない。 산다고 해도 가장 싼 것밖에 살 수 없다.

087. ～とともに ~와 함께, ~와 동시에, ~와 같이

【연결】 명사(である)/동사 기본형/い형용사・な형용사である + ～とともに

工業化が進むとともに環境問題が深刻になっていく。 공업화가 진행됨에 따라 환경문제가 심각해져 간다.

「あなたとともに、どんな困難も乗り越えていく」と、あなたは私に誓ってくれました。あの日のことを今でも思い出します。 "당신과 함께, 어떤 역경도 극복해 내겠다"고 당신은 나에게 맹세해 주었습니다. 그 날의 일을 지금도 떠올립니다.

필수 문형

088. ～ないことには ～지 않으면

【연결】 명사で/동사 부정형/い형용사・な형용사で＋～ないことには

実際(じっさい)に会(あ)ってみないことには決(き)められません。 실제로 만나고 나서가 아니면 결정할 수 없습니다.

食(た)べてみないことには美味(おい)しいかどうか分(わ)かりません。 먹어 보지 않으면 맛있는지 어떤지 모릅니다.

話(はなし)を聞(き)くだけではねえ、実際(じっさい)に見(み)ないことには何(なん)とも言(い)えません。
이야기만 들어서는 말이에요, 실제로 보지 않고서는, 무엇이라 말할 수 없습니다.

089. ～ないことはない/～ないこともない

～하지 않는 것은 아니다 / ～하지 않는 것도 아니다

【연결】 명사で/동사형/い형용사・な형용사で＋～ないことはない/～ないこともない

親友(しんゆう)のお願(ねが)いならやらないこともない。 친한 친구의 부탁이라면 못 할 것도 없다.

ぜひと頼(たの)まれれば、行(い)かないこともない。 꼭이라고 부탁한다면 못 갈 것도 없다.

090. ～ないではいられない ～하지 않고는 있을 수 없다

【연결】 동사 부정형＋～ないではいられない

上司(じょうし)の命令(めいれい)だから行(い)かないではいられない。 상사의 명령이므로 가지 않고서는 있을 수 없다.

それを聞(き)くと、私(わたし)も一言(ひとこと)言(い)わないではいられない。 그것을 들으면, 나도 한마디 말하지 않고서는 있을 수 없다.

091. ～ながら ～하면서도

【연결】 명사/동사 ます형＋～ながら

彼(かれ)はいつもお酒(さけ)を飲(の)みながらタバコを吸(す)う。 그는 항상 술을 마시면서 담배를 피운다.

知(し)っていながら知(し)らないふりをする。 알고 있으면서 모르는 체하다.

残念(ざんねん)ながら、その質問(しつもん)には答(こた)えられません。 유감이지만, 그 질문에는 대답할 수 없습니다.

092. ～など/～なんか/～なんて ～등 / ～따위 / ～같은 것

【연결】 명사・격조사＋～など/～なんか/～なんて

동사・형용사＋～など/～なんて

パチンコなどするものか。 파칭코 따위는 절대 하지 않는다.

お前なんか俺の気持ちが分かるか。 너 따위가 나의 기분을 알 것 같으냐?

彼なんか10枚も買った。 그와 같은 경우는 10장이나 샀다.

093. ～にあたって/～にあたり ～에 즈음해서 / ～에 즈음하여

【연결】 명사/동사 기본형＋～にあたって/～にあたり

出発にあたって、人員数のチェックをした。 출발에 즈음하여 인원수를 체크했다.

新入生を迎えるにあたり、先輩たちは歓迎パーティーの準備に忙しい。
신입생을 맞이함에 즈음하여, 선배들은 환영파티 준비로 바쁘다.

仕事を始めるにあたり、いろいろな所からかき集めた資金も底をついてしまった。
일을 시작함에 즈음해서, 여러 곳에서 긁어모은 자금도, 바닥을 드러내고 말았다.

094. ～において/～においては/～においても/～における
～에서, ～에 있어서 / ～에서는, ～에 있어서는 / ～에 있어서도 / ～에서의, ～에 있어서의

【연결】 명사＋～において/～においては/～においても/～における

木村さんの結婚式は日本ホテルにおいて行われる。 기무라 씨의 결혼식은 일본 호텔에서 행해진다.

我が国においても青少年の犯罪が増えている。 우리나라에 있어서도 청소년 범죄가 늘고 있다.

会議における彼の発言は今後の政策に影響を及ぼすだろう。
회의에 있어서의 그의 발언은 앞으로의 정책에 영향을 미칠 것이다.

095. ～に応じて/～に応じ/～に応じては/～に応じても/～に応じた
～에 따라서 / ～에 따라 / ～에 따라서는 / ～에 따라서도 / ～에 따른

【연결】 명사＋～に応じて/～に応じ/～に応じては/～に応じても/～に応じた

年齢に応じて、社会的責任も重くなっていく。 연령에 따라서, 사회적 책임도 무거워져 간다.

注文に応じて、値段も変わってくる。 주문에 따라서, 가격도 변해간다.

我々労働者は契約通り、労働時間に応じた給料を要求しているだけだ。
우리 노동자들은 계약대로 노동시간에 따른 월급을 요구하고 있는 것뿐이다.

096. ～にかかわらず/～にもかかわらず/～にかかわりなく/～にはかかわりなく ～에 상관하지 않고 / ～에도 불구하고 / ～에 상관없이 / ～에는 상관없이

【연결】 명사＋～にかかわらず/～にもかかわらず/～にかかわりなく/～にはかかわりなく

明日はテストにもかかわらず遅くまで飲むつもりだ。내일은 시험에도 상관없이 늦게까지 술을 마실 작정이다.

雨にもかかわらず試合は続行された。비에도 상관없이 시합은 계속 진행되었다.

経験の有無にかかわりなく、入社後の研修に参加していただきたい。
경험의 유무에 상관없이, 입사 후 연수에 참가하기 바란다.

097. ～に限って/～に限り/～に限らず ～에 한해서 / ～에 한해 / ～뿐만 아니라

【연결】 명사＋～に限って/～に限り/～に限らず

うちの子に限って、そんなことをするわけがない。우리 아이에 한해서, 그런 짓을 할 리가 없다.

本日に限り５０パーセントオフ大バーゲン。금일에 한해서 50% 대바겐세일.

5歳以下の子供に限り無料。5살 이하의 어린이에 한해서 무료.

098. ～にかけては/～にかけても ～에 있어서는 / ～에 있어서도

【연결】 명사＋～にかけては/～にかけても

暗算の速さにかけては、誰にも負けない。암산의 빠르기에 있어서는, 누구에게도 지지 않는다.

勉強だけでなく彼はスポーツにかけても万能だ。공부뿐만 아니라 그는 스포츠에 있어서도 만능이다.

打つだけではなく、走ることにかけても、あの選手には勝てない。
치는 것뿐만 아니라, 달리는 것에 있어서도, 저 선수한테는 이길 수 없다.

099. ～に代わって/～に代わり ～을 대신하여 / ～대신

【연결】 명사＋～に代わって/～に代わり

彼は勉強ができない代わりスポーツだけは万能だ。그는 공부를 못하는 대신 스포츠만큼은 만능이다.

社長にかわりご挨拶いたします。사장을 대신하여 인사드립니다.

病気(びょうき)の兄(あに)に代(か)わって、まだ高校生(こうこうせい)の弟(おとうと)が新聞配達(しんぶんはいたつ)を始(はじ)めた。
병에 걸린 형을 대신하여, 아직 고등학생인 남동생이 신문배달을 시작했다.

怪我(けが)で出場(しゅつじょう)できない選手(せんしゅ)に代(か)わって、浦山(うらやま)さんが出場(しゅつじょう)した。
부상으로 출전할 수 없는 선수를 대신해서, 우라야마 씨가 출전했다.

100. ～に関(かん)して/～に関(かん)しては/～に関(かん)しても/～に関(かん)する
～에 관하여 / ～에 관해서는 / ～에 관해서도 / ～에 관한

【연결】 명사＋～に関(かん)して/～に関(かん)しては/～に関(かん)しても/～に関(かん)する

欧米貿易赤字(おうべいぼうえきあかじ)に関(かん)して言(い)えば日本(にほん)にも責任(せきにん)がある。구미 무역 적자에 관해서 말하자면 일본에도 책임이 있다.

この仕事(しごと)に関(かん)しては、営業(えいぎょう)の担当者(たんとうしゃ)に聞(き)いてください。이 일에 관해서는, 영업 담당자에게 물어주세요.

日本語(にほんご)に関(かん)するいろいろな本(ほん)があります。일본어에 관한 여러 가지 책이 있습니다.

このことに関(かん)して私(わたし)は何(なに)も知(し)りません。이 일에 대해서는 저는 아무것도 모릅니다.

101. ～に決(き)まっている ～로 정해져 있다, 반드시 ～이다, ～임에 틀림없다

【연결】 명사/동사 기본형/형용사형＋～に決(き)まっている

池田(いけだ)さんが来(く)るに決(き)まっている。이케다 씨가 올 것임에 틀림이 없다.

冷蔵庫(れいぞうこ)に入(い)れておいたアイスクリームがなくなっている。食(た)べたのは甘(あま)い物(もの)が好(す)きな妹(いもうと)に決(き)まっている。
냉장고에 넣어둔 아이스크림이 없어졌다. 먹은 것은, 단 것을 좋아하는 여동생임에 틀림없다.

あのチームが勝(か)つに決(き)まっている。저 팀이 이김에 틀림없다.

102. ～に比(くら)べて/～に比(くら)べ ～에 비해서 / ～에 비하여

【연결】 명사＋～に比(くら)べて/～に比(くら)べ

金子(かねこ)さんに比(くら)べて恵子(けいこ)さんがもっと背(せ)が高(たか)い。가네코 씨와 비교해서 게이코 씨가 더 키가 크다.

以前(いぜん)に比(くら)べて、最近(さいきん)の女性(じょせい)の言葉(ことば)は男性化(だんせいか)しており、一方(いっぽう)で、男性(だんせい)の言葉(ことば)の女性化(じょせいか)も進(すす)み、言葉(ことば)の差異(さい)はますます縮(ちぢ)まってきている。
이전에 비해서, 최근의 여성의 말은 남성화되어 있고, 한편으로, 남성 말의 여성화도 진행되어, 말의 차이는 점점 줄어들고 있다.

去年(きょねん)に比(くら)べて今年(ことし)の夏(なつ)がもっと暑(あつ)い。작년에 비해 올 여름이 더욱 덥다.

필수 문형

103. ～に加えて/～に加え ～에 덧붙여 / ～에 더하여

【연결】 명사/동사형/형용사형＋～に加えて/～に加え

この会社は筆記試験に加え、面接試験もある。이 회사는 필기시험에 더해 면접시험도 있다.

人件費の高騰に加え円高が打撃となった。인건비 급등에 더하여 엔고가 타격이 되었다.

この学校の成績の評価は試験に加えて授業の態度もある。이 학교의 성적 평가는 시험에다가 수업태도도 있다.

104. ～に答えて/～に答え/～に答える ～에 부응해서 / ～에 부응해 / ～에 부응하는

【연결】 명사＋～に答えて/～に答え/～に答える

皆さんの要求に答え、もう一曲お送りします。여러분의 요구에 부응하여 한 곡 더 보내드리겠습니다.

要望に答えてもっと頑張ります。요망에 부응하여 더욱 분발하겠습니다.

国民の期待に答える政策。국민의 기대에 부응하는 정책.

105. ～に際して/～に際し/～に際しての ～에 즈음하여 / ～에 즈음해 / ～에 즈음해서의

【연결】 명사/동사 기본형＋～に際して/～に際し/～に際しての

入学式に際し、明日新入生の集まりがある。입학식에 즈음하여 내일 신입생의 모임이 있다.

出発に際しまして、もう一度パスポートの確認をお願い致します。출발함에 있어서, 다시 한 번 여권의 확인을 부탁드립니다.

これは投票に際しての注意点だ。이것은 투표에 즈음해서의 주의점이다.

106. ～に先立って/～に先立ち/～に先立つ ～에 앞서서 / ～에 앞서 / ～에 앞서는

【연결】 명사/동사 기본형＋～に先立って/～に先立ち/～に先立つ

実施に先立つ用意周到な計画。실시에 앞선 용의주도한 계획.

試合に先立って、試合のルールの確認が行われた。시합에 앞서, 시합 규칙의 확인이 이루어졌다.

出発に先立ってこれからの予定を説明します。출발하기에 앞서 앞으로의 예정을 설명하겠습니다.

映画の上映に先立ちまして、監督、出演者のお話があります。
영화 상영에 앞서서, 감독, 출연자의 이야기가 있겠습니다.

107. ～に従って/～に従い ～에 따라서 / ～에 따라

【연결】 명사/동사 기본형＋～に従って/～に従い

寒くなるに従って暖房の売れ行きもよくなった。추워짐에 따라 난방 제품의 팔림새도 좋아졌다.

矢印に従って、角を右に曲がってください。화살표를 따라서, 모퉁이를 오른쪽으로 돌아주십시오.

物価の上昇に従い、給料もまたアップする。물가 상승에 따라, 월급도 또한 올라간다.

景気が悪くなるに従い、消費も悪くなっていった。경기가 나빠짐에 따라 소비도 나빠져 갔다.

108. ～にしたら/～にすれば/～にしても ～에게는 / ～의 입장으로는 / ～라도

【연결】 명사＋～にしたら/～にすれば/～にしても

天才の彼の考えにすれば当たり前なことだ。천재인 그의 생각으로는 당연한 일이다.

彼にすれば、当然のことだということになるでしょう。그라면, 당연한 일이라고 하는 것이 되지요.

あの人の身にしたらそう考えてもおかしくない。저 사람의 입장으로는 그렇게 생각해도 이상하지 않다.

私にしても同じ気持ちだ。나라도 같은 기분이다.

109. ～にしては ～치고는

【연결】 명사/동사형/형용사형＋～にしては

女性にしては力が強い。여자치고는 힘이 세다.

外国人にしてはうまい。외국인치고는 잘한다.

一年も日本語を勉強しているそうだが、それにしては下手すぎる。
1년이나 일본어를 공부하고 있다고 하지만, 그것치고는 너무 못한다.

大学を出たって言っているけど、大学を出たにしては教養がなさ過ぎる。
대학을 나왔다고 말하고 있지만, 대학을 나온 것 치고는 너무 교양이 없다.

110. ～にしろ/～にせよ/～にもせよ ～라 하더라도 / ～라고 해도

【연결】 명사/동사형/형용사형＋～にしろ/～にせよ/～にもせよ

先生にしろ親にしろ困ったことがあったら相談しなさい。선생님이든지 부모님이든지 곤란한 일이 있다면 상담해라.

与党にせよ野党にせよ政治には興味がない。여당이건 야당이건 정치에는 흥미가 없다.

필수 문형

電車にしろ、タクシーにしろ、今からでは間に合わない。 전철이건 택시건 지금부터로는 시간에 맞지 않는다.

111. ～に過ぎない ～에 지나지 않다

【연결】 명사/동사형/형용사형 + ～に過ぎない

今度の試験に受かった人はたった5人に過ぎない。 이번 시험에 합격한 사람은 단지 5명에 불과하다.

会社でいばっている社長もうちに帰れば、一人の父親に過ぎない。
회사에서 뽐내는 사장님도, 집에 돌아가면, 한 사람의 아버지에 지나지 않는다.

期待された新製品の売り上げは、結局、予想の３０％に過ぎなかった。
기대되었던 신제품의 매상은, 결국, 예상의 30%에 지나지 않았다.

100字程度の漢字を覚えたに過ぎない。 100자 정도의 한자를 외운 것에 불과하다.

112. ～に相違ない ～임에 틀림없다

【연결】 명사/동사형/형용사형 + ～に相違ない

上の内容と相違ないことを証明します。 위의 내용과 틀림이 없음을 증명합니다.

自信がなければやらない彼のことだから、分野違いの今度の仕事は断るに相違ない。
자신이 없으면 하지 않는 그이니까, 분야가 다른 이번 일은 거절함에 틀림없다.

あの人が犯人に相違ない。 저 사람이 범인임에 틀림없다.

国へ帰ったに相違ない。 고향에 돌아갔음에 틀림없다.

113. ～に沿って/～に沿い/～に沿う/～に沿った
～에 따라서 / ～에 따라 / ～에 따르는 / ～에 따른

【연결】 명사 + ～に沿って/～に沿い/～に沿う/～に沿った

海岸線に沿って歩く。 해안선을 따라 걷다.

政府の方針に沿った実施計画。 정부 방침에 따른 실시계획.

線路に沿って歩いたら大きな橋が見えてきた。 철도를 따라 걸으니 큰 다리가 보였다.

114. ～に対して/～に対し/～に対しては/～に対しても/～に対する

～에 대해서 / ～에 대해 / ～에 대해서는 / ～에 대해서도 / ～에 대한

【연결】 명사＋～に対して/～に対し/～に対しては/～に対しても/～に対する

上司に対して悪口を言ってはいけない。 상사에 대해서 욕을 해서는 안 된다.

山口さんは日本の経済だけでなく日本の文化に対しても興味を持っている。
야마구치 씨는 일본의 경제뿐만 아니라 일본의 문화에 대해서도 흥미를 갖고 있다.

目上の人に対して敬語を使う。 손윗사람에 대해서 경어를 쓴다.

被害者に対する補償問題を検討する。 피해자에 대한 보상 문제를 검토하다.

115. ～に違いない ～임에 틀림없다

【연결】 명사/동사형/형용사형＋～に違いない

あの漢字は間違っているに違いない。 저 한자는 틀렸음에 틀림없다.

中国人に違いない。 중국인임에 틀림없다.

彼は知っているに違いない。 그는 알고 있음에 틀림없다.

116. ～について/～につき/～については/～についても/～についての

～에 대해서 / ～마다(때문에) / ～에 대해서는 / ～에 대해서도 / ～에 대한

【연결】 명사＋～について/～につき/～については/～についても/～についての

野球については全くの素人です。 야구에 대해서는 완전한 아마추어입니다.

大学では日本の経済について研究したいと思っています。 대학교에서는 일본의 경제에 대해 연구하고 싶습니다.

日本の歴史については何も知りません。 일본의 역사에 대해서는 아무것도 모릅니다.

我が社の新製品につき、ご説明いたします。 저희 회사의 신제품에 대해 설명해 드리겠습니다.

工事中につき立入禁止。 공사 중으로 인해 출입금지.

雨天につき、試合は延期いたします。 우천으로 인해 시합은 연기하겠습니다.

教授の海外出張につき休講。 교수의 해외출장으로 인해 휴강.

店内改装につき、しばらく休業いたします。 가게 내부 개장 때문에 잠시 휴업합니다.

117. ～につけ/～につけては/～につけても

～에 관련하여(～할 때마다) / ～에 관해서는 / ～에 관해서도

【연결】 명사/동사 기본형/형용사형＋～につけ/～につけては/～につけても

家族の写真を見るにつけ、会いたくてたまらなくなる。 가족사진을 볼 때마다, 보고 싶어서 참을 수 없게 된다.

戦争のニュースを聞くにつけ、心が痛む。 전쟁 뉴스를 들을 때마다, 마음이 아프다.

雨につけ雪につけ、工事の遅れが心配された。 비의 경우에도 눈의 경우에도, 공사 지연이 걱정되었다.

先輩の活躍を見るにつけ聞くにつけ、心強くなる。 선배의 활약을 볼 때에도 들을 때에도, 마음이 든든해진다.

いいにつけ悪いにつけ、私は全然しないつもりです。 좋든지 나쁘든지, 저는 전혀 안 할 생각입니다.

それにつけてもあのころが懐かしい。 그것에 관해서도 그때가 그립다.

母は何かにつけても小言を言う。 어머니는 무엇이든 간에 잔소리를 한다.

118. ～につれて/～につれ ～함에 따라 / ～할수록

【연결】 명사/동사 기본형＋～につれて/～につれ

体の老化につれて目もだんだん悪くなる。 몸이 노화에 따라 눈도 점점 나빠진다.

北の方へ進むにつれ、気温もだんだん上がっていく。 북쪽으로 감에 따라 기온도 점점 올라간다.

会社が大きくなっていくにつれ、人間関係も変わっていった。 회사가 커져감에 따라, 인간관계도 변해져 갔다.

119. ～にとって/～にとっては/～にとっても/～にとっての

～에게 있어서 / ～에게 있어서는 / ～에 있어서도 / ～에 있어서의

【연결】 명사＋～にとって/～にとっては/～にとっても/～にとっての

文法の詳しい彼にとってはそれは易しいことだ。 문법을 상세히 아는 그에 있어서는 그것은 쉬운 것이다.

子供にとっては難しすぎる。 어린이에게 있어서는 너무 어렵다.

私にとって何より嬉しいことだ。 나에게 있어서 무엇보다 기쁜 일이다.

120. ～に伴って/～に伴い/～に伴う ～에 따라서(～과 함께) / ～에 따라 / ～에 따른

【연결】 명사/동사 기본형＋～に伴って/～に伴い/～に伴う

需要が増えるに伴い、供給も増えた。 수요가 증가함에 따라 공급도 늘었다.

戦争に伴う多大の犠牲。전쟁에 따른 막대한 희생.

風に伴って雨も降ってきた。바람과 함께 비도 내렸다.

出生率の低下に伴って、様々な問題が出てきている。출생률 저하와 함께, 다양한 문제가 나타나고 있다.

121. ～に反して/～に反し/～に反する/～に反した

～에 반해서 / ～에 반해 / ～에 반하는(～에 어긋나는) / ～에 반한

【연결】명사＋～に反して/～に反し/～に反する/～に反した

親の期待に反して試験に落ちてしまった。부모의 기대와는 반대로 시험에 떨어져 버렸다.

学校の規則に反すると、退学になることもある。학교 규칙에 어긋나면, 퇴학되는 일도 있다.

予想に反して負けてしまった。예상과는 반대로 지고 말았다.

努力したが、皆の期待に反する結果となってしまった。노력했지만, 모두의 기대에 어긋나는 결과가 되어 버렸다.

122. ～にほかならない 바로 ～이다, ～임에 틀림없다, ～와 다를 바 없다

【연결】명사＋～にほかならない

竹内先生が厳しいのは学生を愛しているからにほかならない。
다케우치 선생님이 엄격한 것은 바로 학생을 사랑하기 때문임에 틀림없다.

彼女の肥満の原因はストレスにほかならない。그녀의 비만 원인은 바로 스트레스다.

この制度に対する反感の表れにほかならない。이 제도에 대한 반감의 표현과 다를 바 없다.

彼が祖国を深く愛しているからにほかならない。그가 조국을 깊게 사랑하고 있기 때문임에 틀림없다.

123. ～に基づいて/～に基づき/～に基づく/～に基づいた

～을 기초로 해서(～에 입각하여) / ～을 기초로(～에 의거하여) / ～을 기초로 하는 / ～을 기초로 한

【연결】명사＋～に基づいて/～に基づき/～に基づく/～に基づいた

彼はいつも事実に基づいて小説を書く。그는 항상 사실에 입각하여 소설을 쓴다.

目撃者の証言に基づき、彼女を捕まえた。목격자의 증언을 근거로 하여 그녀를 체포했다.

確かな証拠に基づき、警察は彼を犯人と断定した。확실한 증거에 의거하여, 경찰은 그를 범인으로 단정했다.

필수 문형

124. ~によって/~により/~によっては/~による/~によると/~によれば ~에 의해서 / ~에 의해 / ~에 의해서는 / ~에 의한 / ~에 의하면

【연결】 명사+~によって/~により/~によっては/~による/~によると/~によれば

あそこのビルは外国人により建てられた。저곳의 빌딩은 외국인에 의해 세워졌다.

努力によって克服する。노력에 의해 극복하다.

憲法により、禁じられている。헌법에 의해, 금지되어 있다.

人によっては、反対するかもしれない。사람에 따라서는 반대할지도 모른다.

戦争による被害は八千億円にも達した。전쟁으로 인한 피해는 무려 8천억 엔에 달했다.

天気予報によると明日は晴れるそうです。일기예보에 의하면 내일은 갠다고 합니다.

125. ~に渡って/~に渡り/~に渡る/~に渡った

~에 걸쳐서 / ~에 걸쳐 / ~에 걸치는 / ~에 걸친

【연결】 명사+~に渡って/~に渡り/~に渡る/~に渡った

5日間に渡って行われた会議。5일간에 걸쳐 행하여진 회의.

各科目に渡り、よい成績をとる。각 과목에 걸쳐 좋은 성적을 얻다.

30年間に渡る戦争で、国土は荒れ果てた。30년 동안에 걸친 전쟁으로, 국토는 몹시 황폐해졌다.

韓国は五千年に渡った歴史です。한국은 5천 년에 걸친 역사입니다.

126. ~抜きで/~抜きでは/~抜きに/~抜きには/~抜きの

~없이 / ~없이는 / ~을 뺀

【연결】 명사+~抜きで/~抜きでは/~抜きに/~抜きには/~抜きの

最近、朝御飯抜きで会社に向かうサラリーマンが多い。요즘 아침밥을 거르고 회사에 가는 샐러리맨이 많다.

いくら条件がいいからって、本人抜きで結婚相手を決めるわけにはいかない。
아무리 조건이 좋다고 해서, 본인 없이 결혼 상대를 정할 수는 없다.

時間が遅れたので挨拶は抜きに始めましょう。시간이 늦었으니 인사는 빼고 시작합시다.

財政問題抜きの解決策はない。재정문제를 제외한 해결책은 없다.

127. ～抜く 끝까지 ~하다, 끝까지 ~해내다

【연결】 동사ます형＋～抜く

最後まで走り抜いた。 끝까지 달렸다.

失敗するかもしれないけど、一生懸命頑張り抜きましょう。 실패할지도 모르지만, 열심히 끝까지 분발합시다.

選び抜かれた最高の技術による作品が完成した。 고르고 고른 최고 기술에 의한 작품이 완성되었다.

これは考え抜いた末の結論です。 이것은 곰곰이 생각한 끝의 결론입니다.

128. ～の末/～の末に/～た末/～た末に/～た末の

～의 끝 / ～의 끝에 / ～한 끝에 / ～한 끝의

【연결】 명사/동사형＋～の末/～の末に/～た末/～た末に/～た末の

父と相談の末、大学を卒業したら、父の仕事を手伝うことになった。
아버지와 상담한 끝에, 대학을 졸업하면, 아버지 일을 돕기로 되었다.

恋愛の末、ゴールインした二人だったが、二年も経たないうちに離婚してしまった。
연애 끝에, (결혼에) 골인한 두 사람이었지만, 2년도 지나지 않은 사이에 이혼하고 말았다.

考え抜いた末、行かないことにしました。 곰곰이 생각한 끝에 가지 않기로 했습니다.

悩み抜いた末の結論。 고민한 끝의 결론.

129. ～のみならず ～뿐만 아니라

【연결】 명사/동사형/형용사형＋～のみならず

彼は英語のみならずドイツ語もできる。 그는 영어뿐만 아니라 독일어도 가능하다.

日本への留学に関しては、父のみならず母までも反対をした。
일본으로의 유학에 관해서는, 아버지뿐만 아니라 어머니까지도 반대를 했다.

体が病弱であるのみならず、何かをやり遂げようとする意志の力に欠けている。
몸이 병약할 뿐만 아니라, 무엇인가를 완수하려고 하는 의지력이 결여되어 있다.

130. ~のもとで/~のもとに ~의 하에서 / ~의 하에

【연결】 명사+~のもとで/~のもとに

山田先生のご指導のもとでサークル活動が行われた。 야마다 선생님의 지도 아래에서 동아리 활동이 행해졌다.

親の保護のもとに野外活動ができる。 부모의 보호 하에 야외활동을 할 수 있다.

一ヶ月という約束のもとに友達に金を貸したが、ちゃんと返してくれるだろうか。
1개월이라는 약속 하에, 친구에게 돈을 빌려주었지만, 제대로 갚아 줄까?

131. ~ば ~ほど ~하면 ~할수록

【연결】 가정형+~ば+기본형+~ほど

あの餅は食べれば食べるほど食べたくなる。 저 떡은 먹으면 먹을수록 먹고 싶어진다.

あの歌手は見れば見るほどかわいい。 저 가수는 보면 볼수록 귀엽다.

ガンは発見が早ければ早いほど、治る確率が高いそうだ。 암은 발견이 빠르면 빠를수록, 나을 확률이 높다고 한다.

132. ~ばかりか/~ばかりでなく ~뿐만 아니라 / ~뿐 아니라

【연결】 명사/동사형/형용사형+~ばかりか/~ばかりでなく

1年も2年も治らないばかりか、一生これに苦しめられることもある。
1년도 2년도 낫지 않을 뿐만 아니라 평생 이것으로 고통받게 되는 경우도 있다.

サッカーばかりでなくテニスも上手だ。 축구뿐만 아니라 테니스도 잘한다.

高原さんは頭がいいばかりでなく、親切で心の優しい人です。
다카하라 씨는 머리가 좋을 뿐만 아니라, 친절하고 마음 착한 사람입니다.

英語ばかりでなくロシア語もできる。 영어뿐만 아니라 러시아어도 가능하다.

133. ~ばかりに ~탓으로

【연결】 동사형/형용사형+~ばかりに

学校に遅刻したばかりに先生に叱られた。 학교에 지각한 바람에 선생님에게 혼났다.

お金がないばかりに大学に進学できなかった。 돈이 없는 탓으로 대학에 진학할 수 없었다.

あの魚を食べたばかりにひどい目にあった。 저 생선을 먹은 바람에 험한 꼴을 당했다.

日本語が下手なばかりに、いいアルバイトが探せません。 일본어가 서투른 탓에, 좋은 아르바이트를 찾을 수 없습니다.

134. ～はともかく/～はともかくとして ～은 어찌 되었든 / ～은 그렇다 치고/～은 고사하고

【연결】 명사＋～はともかく/～はともかくとして

あの人は性格はともかく、仕事はできる。저 사람은 성격은 어찌 되었든, 일은 잘한다.

結婚する、しないはともかく、まず先に自分の生活を考えなさい。
결혼한다 안 한다는 그렇다 치고, 우선 먼저 자신의 생활을 생각해라.

将来のことはともかく、明日の試験は大丈夫なの。앞으로의 일은 어쨌든 간에, 내일 시험은 문제없어.

135. ～はもちろん/～はもとより ～은 물론 / ～은 말할 것도 없고

【연결】 명사/동사형/형용사형＋～はもちろん/～はもとより

あの女優は男性にはもちろん女性にも人気がある。저 여배우는 남성에게는 물론 여성에게도 인기가 있다.

日曜、祭日はもちろん土曜日も混む。일요일, 경축일은 물론 토요일도 붐빈다.

家族はもとより、親戚をはじめ、友人、同僚など、彼を悪く言うものは一人もいなかった。
가족은 물론, 친척을 비롯하여, 친구, 동료 등 그를 나쁘게 말하는 사람은 한 명도 없었다.

136. ～反面/～半面 ～한 반면

【연결】 명사/동사형/형용사형＋～反面/～半面

うちの会社は給料はいい反面、休みがあまりない。우리 회사는 월급은 좋은 반면 휴일이 별로 없다.

一定の利益が見込める半面、大きな損失を招く恐れもある。
일정한 이익을 전망할 수 있는 반면, 큰 손실을 초래할 우려도 있다.

収入が増える半面、自由時間は減るだろう。수입이 증가하는 반면, 자유시간은 줄 것이다.

137. ～べき/～べきだ/～べきではない ～해야 할 / ～해야 한다 / ～해서는 안 된다

【연결】 동사 기본형＋べき/～べきだ/～べきではない(する → するべきだ・すべきだ)

どんな場合でも約束は守るべきだ。어떠한 경우에도 약속은 지켜야 한다.

あれはあなたがやるべきだ。저것은 당신이 해야만 한다.

書く前に注意すべき点を説明します。쓰기 전에 주의해야 할 점을 설명합니다.

若いうちに、外国語を勉強しておくべきだった。젊은 동안에, 외국어를 공부해 두었어야 했다.

先生のお宅に、こんな夜中に電話するべきではない。선생님 댁에, 이런 한밤중에 전화해서는 안 된다.

필수 문형

138. ～ほかない/～よりほかない/～ほかはない/～よりほかはない/～ほかしかたない ～밖에 없다 / ～밖에는 없다 / ～외에 방법이 없다

【연결】 これ·それ·あれ/동사 기본형＋～ほかない/～よりほかない/～ほかはない/～よりほかはない/～ほかしかたない

親友の頼みだからやるほかない。 친한 친구의 부탁이니 할 수밖에 없다.

私が面倒をみてあげられるわけではないので黙っているほかない。
내가 보살펴 줄 수 있는 것이 아니기 때문에 잠자코 있을 수밖에 없다.

頼みたくないが、借金を返すためには親のところへ行くよりほかはない。
부탁하고 싶지 않지만, 빚을 갚기 위해서는 부모에게 가는 수밖에 없다.

今年は募集していないというから、あきらめるよりほかはない。 올해는 모집하지 않는다고 하니까, 단념할 수밖에 없다.

こうなったんだから、一生懸命頼んでみるほか仕方がなかった。 이렇게 되었으니, 열심히 부탁해 볼 수밖에 없었다.

139. ～ほどだ/～ほど/～ほどの ～(할) 정도이다 / ～(할) 정도 / ～(할) 정도의

【연결】 명사/동사형/형용사형＋～ほどだ/～ほど/～ほどの

恋人に会いたくてたまらないほどだ。 애인이 보고 싶어서 참을 수 없을 정도다.

寂しくて泣きたいほどだ。 외로워서 울고 싶을 정도다.

家族に迷惑をかけるなんて、死ぬほどつらいことです。 가족에게 폐를 끼치다니, 죽을 만큼 괴로운 일입니다.

彼ほどいい加減な人もいない。 그 만큼 무책임한 사람도 없다.

あの人ほどの美人はいない。 저 사람 정도의 미인은 없다.

一度でいいから、人がうらやむほどの恋がしてみたい。 한 번만이라도 좋으니, 남이 부러워할 정도의 사랑을 해 보고 싶다.

140. ～ほど ～(할)수록

【연결】 명사/동사 기본형/형용사형＋～ほど

けちな人ほど貯金をする。 구두쇠일수록 저금을 한다.

相撲では、太っているほど有利だ。 일본 씨름에서는 살찔수록 유리하다.

若い人ほど朝寝をする。 젊은 사람일수록 늦잠을 잔다.

練習するほど下手になることもある。 연습할수록 못하게 되는 일도 있다.

値段が高いほど品物がいいとは限らない。 가격이 비쌀수록 물건이 좋은 것은 아니다.

141. ～まい/～まいか ～하지 않겠다, ～하지 않을 것이다 / ～하지 않을 것인가

【연결】 1G동사 기본형(2G동사 ない형이 일반, 3G동사는 다양하게 연결)＋～まい/～まいか

あんなまずい店(みせ)、二度(にど)と行(い)くまい。 저렇게 맛없는 가게, 두 번 다시 가지 않겠다.

二時間(にじかん)も待(ま)ったのに来(こ)ないのだから、もう来(く)るまい。 2시간이나 기다렸는데도 오지 않으니까, 이제 오지 않겠지.

国(くに)へ帰(かえ)ろうか帰(かえ)るまいか、迷(まよ)っている。 고국에 돌아갈까 말까, 망설이고 있다.

私(わたし)のような存在(そんざい)は社会(しゃかい)には必要(ひつよう)ないのではあるまいか。 나와 같은 존재는 사회에 필요 없는 것은 아닌지.

142. ～向(む)きだ/～向(む)きに/～向(む)きの

～에 적합하다(알맞다) / ～에 적합하게(알맞게) / ～에 적합한(알맞은)

【연결】 명사/동사 기본형＋～向(む)きだ/～向(む)きに/～向(む)きの

この中華料理(ちゅうかりょうり)は、甘(あま)くて日本人向(にほんじんむ)きだ。 이 중화요리는 달아서 일본인에게 알맞다.

このマンションは夏向(なつむ)きにできているので、冬(ふゆ)は寒(さむ)いです。 이 맨션은 여름에 적합하게 만들어져 있기 때문에, 겨울은 춥습니다.

小学生向(しょうがくせいむ)きの番組(ばんぐみ)。 초등학생에게 적합한 프로그램.

この日本語(にほんご)の教科書(きょうかしょ)は子供向(こどもむ)きの話(はなし)ばかりでつまらない。 이 일본어 교과서는 어린이에게 적합한 이야기뿐이라서 재미없다.

143. ～向(む)けだ/～向(む)けに/～向(む)けの ～대상이다 / ～을 대상으로 / ～을 대상으로 한

【연결】 명사＋～向(む)けだ/～向(む)けに/～向(む)けの

これは若(わか)い女性向(じょせいむ)けに作(つく)られたものだ。 이것은 젊은 여성용으로 만들어진 것이다.

留学生向(りゅうがくせいむ)けに編集(へんしゅう)された雑誌(ざっし)。 유학생용으로 편집된 잡지.

アメリカの自動車(じどうしゃ)メーカーは、日本人向(にほんじんむ)けに、右(みぎ)ハンドルの車(くるま)を輸出(ゆしゅつ)している。
미국 자동차 메이커는 일본인을 대상으로 오른쪽 핸들의 차를 수출하고 있다.

高齢者向(こうれいしゃむ)けに、安全(あんぜん)や住(す)みやすさを考(かんが)えた住宅(じゅうたく)が開発(かいはつ)されている。
고령자를 대상으로 안전과 살기 편안함을 고려한 주택이 개발되어 있다.

필수 문형

144. ～も ～ば ～も ～/～も ～なら ～も ～

～도 ～하지만 ～도 ～ / ～도 ～하거나와 ～도 ～

【연결】 명사＋～も＋동사/형용사 가정형＋～ば＋명사＋～も ～/명사＋～も＋명사/형용사 어간＋～なら＋명사＋～も ～

そこの店は味もよければ値段も安い。 저곳의 가게는 맛도 좋거니와 가격도 싸다.

あの人は才能豊かで、プロのように歌も歌えば、ダンスも上手だ。
저 사람은 재능이 많아서, 프로처럼 노래도 부르지만, 춤도 잘 춘다.

親も親なら、子も子だ。 부모도 부모지만, 아이도 아이다.

145. ～もかまわず ～도 아랑곳하지 않고, ～도 상관 않고

【연결】 명사＋～もかまわず

彼女は人目もかまわず泣き出した。 그녀는 이목도 아랑곳하지 않고 울기 시작했다.

人の迷惑もかまわず、電車の中で携帯電話で話している人がいる。
남의 민폐도 아랑곳하지 않고, 전철 안에서 휴대폰으로 말하고 있는 사람이 있다.

子供は服がぬれるのもかまわず、川の中に入って遊んでいる。
어린이는 옷이 젖는 것도 아랑곳하지 않고, 냇물에 들어가 놀고 있다.

146. ～もの ～이니까

【연결】 명사/동사형/형용사형＋～もの

だって電車が遅れたもの。 왜냐하면 전철이 늦게 온걸요.

だって知らなかったもの。 왜냐하면 몰랐던 걸요.

147. ～ものがある ～한 데가 있다

【연결】 동사 기본형/형용사 기본형＋～ものがある

この会社の給料の高いところには驚かれるものがある。 이 회사의 월급이 높은 것에는 놀랄 만한 것이 있다.

彼の音楽の才能には素晴らしいものがある。 그의 음악 재능에는 훌륭한 것이 있다.

日本の治安の良さには驚かされるものがある。 일본 치안이 좋은 것에는 놀랄만한 것이 있다.

148. ～ものか/～もんか ～할 것인가, ～할까 보냐 (절대 ～않는다)

【연결】 명사 수식형＋～ものか

あんな怠け者が合格できるもんか！ 저런 게으름뱅이가 합격할까 보냐!

一日ぐらい寝なくたって、死ぬもんか！ 하루 정도 안 잔다고, 죽을까 보냐!

あんな所へ二度と行くものか。 저런 곳에 두 번 다시 갈까 보냐.

149. ～ものだ/～ものではない

～법이다, ～하기 마련이다, ～했었지 / ～것이 아니다, ～하지 말아야 한다

【연결】 동사 기본형/형용사 기본형＋～ものだ/～ものではない

そんなにきれいなら、一度行ってみたいものだ。 그렇게 예쁘다면, 한 번 가 보고 싶다.

幼い頃は、電線のない近所の炭鉱でよく遊んだものだ。 어렸을 적에는, 전선이 없는 근처의 탄광에서 자주 놀곤 했었지.

見知らぬ人にそんなことをするものではない。 모르는 사람에게 그런 짓을 하지 말아야 한다.

150. ～ものだから ～하기 때문에, ～했기 때문에, ～하므로

【연결】 명사/동사형/형용사형＋～ものだから

お金がなかったものだから買えなかったんです。 돈이 없었기 때문에 살 수 없었다.

人前でそれを言ってはいけないなんて、知らなかったものだから。 남 앞에서 그것을 말해서는 안 된다는 것을 몰랐기 때문에.

出がけにお客が来たものだから遅れてしまった。 외출하려고 할 때 손님이 왔기 때문에 늦고 말았다.

151. ～ものなら ～하다면, ～것이라면

【연결】 동사 기본형(가능형, 의지(의도)형)＋～ものなら

行けるものなら行きたい。 갈 수만 있다면 가고 싶다.

父の病気が治るものなら、どんな高価な薬でも手に入れたい。 아버지의 병이 낫는다면, 어떤 값비싼 약이라도 손에 넣고 싶다.

退院できるものなら、すぐにでもうちへ帰りたい。 퇴원할 수 있으면, 당장이라도 집에 돌아가고 싶다.

私に嘘をつこうものなら、二度と話さないからね。 나에게 거짓말을 하려고 하면, 두 번 다시 이야기하지 않을 거야.

필수 문형

152. ～ものの ～지만, ～하긴 했지만

【연결】 명사/동사형/형용사형＋～ものの

やってはみたものの失敗(しっぱい)してしまった。 해 보긴 했지만 실패해 버렸다.

一応(いちおう)、父(ちち)に相談(そうだん)してみたものの、問題(もんだい)の解決(かいけつ)にはいたらなかった。
일단, 아버지께 상담하긴 했지만, 문제 해결에는 이르지 않았다.

冷凍食品(れいとうしょくひん)は便利(べんり)なものの、毎日(まいにち)続(つづ)くといやになる。 냉동식품은 편리하지만, 매일 계속되면 싫증이 난다.

試験(しけん)は受(う)けたものの、風邪(かぜ)で頭痛(ずつう)がして、実力(じつりょく)の半分(はんぶん)も発揮(はっき)できなかった。
시험은 치르긴 했지만, 감기로 두통이 나서, 실력의 절반도 발휘하지 못했다.

153. ～やら ～やら ～랑 ～랑, ～이며 ～이며

【연결】 명사/동사형/형용사형＋～やら＋명사/동사형/형용사형＋～やら

娘(むすめ)は泣(な)くやらわめくやら大騒(おおさわ)ぎ！ 딸은 울며불며 대소동!

本(ほん)やらノートやらが机(つくえ)の上(うえ)に散(ち)らかっている。 책이며 노트 등이 책상 위에 흐트러져 있다.

彼(かれ)の部屋(へや)はいつも食(た)べかけのパンやら読(よ)みかけの雑誌(ざっし)やらが散(ち)らかっている。
그의 방은 늘 먹다 만 빵이며 읽다 만 잡지 등이 흐트러져 있다.

154. ～ようがない/～ようもない ～할 수가 없다 / ～할 수도 없다

【연결】 동사 ます형＋～ようがない/～ようもない

高橋(たかはし)さんは今(いま)どこにいるのか分(わ)からないので、連絡(れんらく)のとりようがない。
다카하시 씨는 지금 어디에 있는지 모르기 때문에, 연락을 취할 방법이 없다.

これ以上(いじょう)やりようがないと思(おも)っている人(ひと)でも必(かなら)ず解決策(かいけつさく)はある。
이 이상 할 수가 없다고 생각하고 있는 사람이라도 반드시 해결책은 있다.

視覚障害(しかくしょうがい)の方々(かたがた)は読(よ)めないから書(か)きようがない。 시각장애인 분들은 읽을 수 없기 때문에 쓸 수가 없다.

どうしようもない僕(ぼく)に天使(てんし)が降(お)りてきた。 어쩔 수 없는 나에게 천사가 내려왔다.

155. ～ように ～처럼(같이) / ～하도록

【연결】 명사 수식형＋～ように

合格(ごうかく)できるようにお祈(いの)りします。 합격할 수 있도록 기원하겠습니다.

前回(ぜんかい)までのデータ構造(こうぞう)は次(つぎ)のようになっています。 지난 번까지의 데이터 구조는 다음과 같이 되어 있습니다.

熱が下がるように注射をする。열이 내려가도록 주사를 놓는다.

156. ～わけがない/～わけはない ～할 리가 없다 / ～할 리는 없다

【연결】 동사형/형용사형＋～わけがない/～わけはない

金持ちがお金がないわけがない。부자가 돈이 없을 리가 없다.

彼がそんなことを言うわけがない。그가 그런 것을 말할 리가 없다.

ここは海から遠いので、魚が新鮮なわけがない。여기는 바다로부터 멀기 때문에, 생선이 신선할 리가 없다.

157. ～わけだ/～わけではない/～わけでもない

～할만도 하다 / ～라는 것은 아니다 / ～라는 것도 아니다

【연결】 동사형/형용사형＋～わけだ/～わけではない/～わけでもない

一人1500円なら、8人だと12000円になるわけだ。한 사람 1,500엔이면, 8명이면 12,000엔이 되는 것이다.

暑いわけだ。３４度もある。더운 셈이다. 34도나 된다.

あなたの気持ちも分からないわけではない。당신의 기분도 모르는 것은 아니다.

魚を食べないからといって、嫌いなわけではない。생선을 먹지 않는다고 해서, 싫어하는 것은 아니다.

158. ～わけにはいかない/～わけにもいかない ～할 수는 없다 / ～할 수도 없다

【연결】 동사 기본형(ない형)＋～わけにはいかない/～わけにもいかない

部長の勧めだから行かないわけにはいかない。부장의 권유이기 때문에 안 갈 수는 없다.

困った人を見たら、助けないわけにはいかない。난처한 사람을 보면, 도와주지 않을 수는 없다.

黙っているわけにはいかない。잠자코 있을 수는 없다.

159. ～わりに/～わりには ～에 비해 / ～에 비해서는

【연결】 명사/동사형/형용사형＋～わりに/～わりには

私はたくさん食べるわりに太らない。나는 많이 먹는 것에 비해 살찌지 않는다.

藤本さんは勉強しないわりには成績がいい。후지모토 씨는 공부하지 않음에 비해서는 성적이 좋다.

年をとっているわりには若く見える。나이를 먹은 데 비해서는 젊어 보인다.

필수 문형

160. ～を ～として/～を ～とする/～を ～とした

～을 ～로 하여 / ～을 ～로 하는 / ～을 ～로 한

【연결】 명사＋～を＋명사＋～として/～とする/～とした

憲法では満20歳をもって成人とし、選挙権が与えられる。헌법에서는 만 20세를 성인으로 하며, 선거권이 주어진다.

田中君をリーダーとしてサークルを作った。다나카 군을 리더로 해서 동아리를 만들었다.

社会奉仕を目的とする団体。사회봉사를 목적으로 하는 단체.

161. ～をきっかけに/～をきっかけとして/～をきっかけにして

～을 계기로 / ～을 계기로 해서

【연결】 명사＋～をきっかけに/～をきっかけとして/～をきっかけにして

先月の旅行をきっかけに旅行が趣味になった。지난달의 여행을 계기로 여행이 취미가 되었다.

日本留学をきっかけに、日本についていろいろ考えるようになった。
일본 유학을 계기로, 일본에 대해서 여러 가지 생각하게 되었다.

日本人の友だちができたことをきっかけに日本語の勉強を始めた。
일본인 친구가 생긴 것을 계기로 일본어 공부를 시작했다.

162. ～を契機に/～を契機として/～を契機にして

～을 계기로 / ～을 계기로 해서

【연결】 명사＋～を契機に/～を契機として/～を契機にして

病院に入院したことを契機にお酒を辞めた。병원에 입원한 것을 계기로 술을 끊었다.

株の暴落を契機として経済は崩れ始めた。주가의 폭락을 계기로 경제는 무너지기 시작했다.

163. ～をこめて ～을 담아

【연결】 명사＋～をこめて

これは私の真心をこめているものです。이것은 저의 진심이 담겨 있는 물건입니다.

心をこめて手紙を書いた。정성을 들여 편지를 썼다.

彼女は私のために愛をこめて、セーターを編んでくれた。그녀는 나를 위해 사랑을 담아, 스웨터를 짜 주었다.

164. ～を中心に/～を中心として/～を中心にして

～을 중심으로 / ～을 중심으로 해서

【연결】 명사＋～を中心に/～を中心として/～を中心にして

地球は太陽を中心に回る惑星だ。 지구는 태양을 중심으로 도는 혹성이다.

東京都を中心に日本全国で経営する。 도쿄도를 중심으로 일본 전국에서 경영한다.

委員長を中心としてまとまる。 위원장을 중심으로 뭉치다.

165. ～を通じて/～を通して ～을 통해서

【연결】 명사＋～を通じて/～を通して

友達を通じて明日の同窓会を知った。 친구를 통해서 내일 동창회가 있는 것을 알았다.

テレビのニュースを通じて地震のことを知った。 TV뉴스를 통해서 지진이 있었던 것을 알았다.

私は慌てて秘書を通して事情を聞いた。 나는 황급히 비서를 통해서 사정을 들었다.

166. ～を問わず/～は問わず ～을 불문하고 / ～에 관계없이

【연결】 명사＋～を問わず/～は問わず

男女を問わず10人募集します。 남녀를 불문하고 10명 모집합니다.

今はビニールハウスも盛んで、四季を問わず、いろいろな野菜を食べることができます。
지금은 비닐하우스도 성해서, 사계절을 불문하고, 여러 가지 야채를 먹을 수 있습니다.

性別は問わず、皆入社できます。 성별을 불문하고, 모두 입사할 수 있습니다.

167. ～を抜きにして/～を抜きにしては/～は抜きにして

～을 빼고서 / ～을 빼고서는 / ～은 빼고서

【연결】 명사＋～を抜きにして/～を抜きにしては/～は抜きにして

ウソを抜きにして真実だけ話してください。 거짓말을 빼고 진실만 말해 주세요.

山田さんを抜きにしては語れない。 야마다 씨를 빼고서는 이야기할 수 없다.

冗談は抜きにして、お前はまだ決まった人がいないのかよ。 농담은 빼고서, 너는 아직 정한 사람이 없는 거야?

168. ～をはじめ/～をはじめとする ～을 비롯하여 / ～을 시작으로 하는

【연결】 명사＋～をはじめ/～をはじめとする

今年(ことし)の忘年会(ぼうねんかい)は社長(しゃちょう)をはじめ、皆参加(みんなさんか)した。올해의 망년회는 사장을 비롯해서 모두 참석했다.

お母(かあ)さんをはじめ、皆様(みなさま)によろしく。어머니를 비롯하여, 모두에게 안부 부탁해.

石川教授(いしかわきょうじゅ)をはじめとする研究(けんきゅう)チーム。이시카와 교수를 비롯한 연구팀.

169. ～を巡(めぐ)って/～を巡(めぐ)る ～을 둘러싸고 / ～을 둘러싼

【연결】 명사＋～を巡(めぐ)って/～を巡(めぐ)る

先日爆弾(せんじつばくだん)テロを巡(めぐ)って緊急会議(きんきゅうかいぎ)で国会議員(こっかいぎいん)が集(あつ)まった。요전날의 폭탄 테러를 둘러싸고 긴급회의로 국회의원들이 모였다.

増税(ぞうぜい)の是非(ぜひ)を巡(めぐ)って政権内部(せいけんないぶ)でいろいろな議論(ぎろん)がされているようだ。
증세의 시비를 둘러싸고 정권 내부에서 다양한 논의가 이루어지고 있는 것 같다.

留学生(りゅうがくせい)を巡(めぐ)る諸問題(しょもんだい)。유학생을 둘러싼 여러 문제.

170. ～をもとに/～をもとにして ～을 근거로 / ～을 토대로 하여

【연결】 명사＋～をもとに/～をもとにして

たくさんの事例(じれい)をもとにノート形式(けいしき)で易(やさ)しく解説(かいせつ)します。많은 사례를 근거로 노트 형식으로 쉽게 해설합니다.

本当(ほんとう)にあったことをもとにして書(か)かれた話(はなし)。정말로 있었던 일을 근거로 해서 쓰여진 이야기.

[문법] 종합 대책(2) – 자주 출제되는 필수 문형 비교

과거 + あげく・あげくに & 과거 + 末・～の末 비교 설명

悩み抜いた結果帰国することに決めた。

고민을 거듭한 결과, 귀국하기로 정했다. <객관적인 표현>

悩み抜いたあげく（に）帰国することに決めた。

고민에 고민을 거듭한 끝에 귀국하기로 결정했다.<유감스런 기분> ☞ 문장 끝은 좋지 않은 결과가 발생

悩み抜いた末（に）帰国することに決めた。

고민 고민 끝에 귀국하기로 결정했다.<여러 사정이 있었지만> ☞ 문장 끝은 좋은 결과 or 나쁜 결과가 발생

苦労した（ × あげくに / ○ 末に）、ついに念願のマイホームを手に入れた。
고생한 끝에, 마침내 염원의 내 집을 손에 넣었다.

ことだ & ものだ 비교 설명

◆ ことだ

① 충고, 조언(권유)

- A：文章がうまくなりたいんですが。문장을 잘 쓰고 싶습니다만.

  B：いい文章をたくさん読むことですよ。좋은 문장을 많이 읽는 것입니다.

  (過労で倒れた人に) とにかくゆっくり休養することです。(과로로 쓰러진 사람에게) 여하튼 천천히 휴양하는 것입니다.

② ～하는 것이 중요하다

- 美しくなるには、まず心を磨くことだ。아름다워지기 위해서는, 우선 마음을 닦는 것이 중요하다.

③ 감탄, 영탄

「残念(유감), 楽しみ(기대), 嬉しい(기쁘다), 恐ろしい(두렵다)……」등의 감정 형용사 ≠ ～ものだ

- 家族みんなが元気で、ありがたいことだ。가족 모두가 건강해서, 고마울 따름이다.
- 山本夫妻はハワイで正月を過ごすとか。うらやましいことだ。
  야마모토 부부는 하와이에서 정월을 보낸다든가. 부러울 따름이다.
- 毎月電気代に5万円も使っているなんて、もったいないことだ。
  매월 전기세로 5만 엔이나 사용하고 있다니, 아까울 따름이다.

◆ ものだ

① 당위성(일반적인 사회 통념상)

- 学生は勉強するものだ。학생은 공부를 해야 된다.
- 包丁はよく研いで使うものだ。부엌칼은 잘 갈아서 사용해야 된다.

② 마련이다(본성, 본질)

- 人の運命はわからないものだ。사람의 운명은 모르는 것이다.
- 子供はよく風邪をひくものだ。아이는 자주 감기 걸리기 마련이다.

③ 과거 회상

- 小学生のころ毎日この広場で遊んだものだ。초등학생 때 매일 이 광장에서 놀곤 했다.
- 彼は、若い頃は周りの人とよく喧嘩をしたものだが、今はすっかりおだやかになった。
  그는 젊은 시절에는 주변 사람과 자주 싸움을 하곤 했지만, 지금은 아주 점잖게 되었다.

④ 희망「~たいものだ, ~ほしいものだ」

- それはぜひ見たいものだ。그것은 꼭 보고 싶다.
- 政治家には国民の幸福を第一に考えてほしいものだ。정치인에게는 국민의 행복을 제일로 생각해 주었으면 한다.

⑤ 감탄, 영탄

* 물건, 사람의 모양, 변화를 감개무량 = ~ことだ(약간 예스러운 말투)

- 今は自宅にいながらパソコンで買い物ができる。世の中便利になったものだ。
  지금은 자택에 있으면서 PC로 쇼핑을 할 수 있다. 세상이 편리해졌다.
- 娘は人形を抱いたまま眠ってしまった。かわいいものだ。딸은 인형을 안은 채 잠들고 말았다. 귀엽구나.

* 잘 발생하지 않은 것에 대한 놀라움「よく~ものだ」= ~ことだ(약간 예스러운 말투)

- そんな冷たいことがよく言えたものだ。그런 냉정한 것을 잘도 말했다.
- 5歳の子供がよくここまで歩いてきたものだ。5살 아이가 잘도 여기까지 걸어서 왔다.

●●● こと & もの

「こと」 시간과 함께 태어나거나 변화하거나 소멸하거나 하는 추상적인 것. 말하자면 인간과 관계가 있는 생사(生死)와 일생의 일을 나타내고, 말하는 사람 개인의 '사실, 사건, 경험, 습관, 생각, 판단' 등도 나타낼 수 있다.

「もの」 시간과 사람과의 관계를 넘은 것에 있고, 사람이 감각에 의해서만 파악할 수 있는 객관적 존재를 나타내며, 보편적이고 일반적인 '진리, 현상, 규칙, 관습, 사상(思想), 기준' 등도 나타낸다.

ことだから & ものだから 비교 설명

◆ ことだから ~이니까(개인적인 습성, 성격에 관련된 상황). ☞ 모두가 알고 있는 이유를 나타냄. 뒤에 추량(추측)을 나타내는 문장이 이어진다.

연결형태

명사＋のことだから ⇒ 반드시 명사에만 연결

- 朝寝坊の山田さんのことだから今ごろはまだふとんの中だろうなあ。늦잠꾸러기 야마다씨니까 지금쯤은 아직 이불 속이겠지.
- 子供のことだから、すこしぐらいいたずらをしてもしかたがないです。
  어린이이니까, 약간의 짓궂은 장난을 해도 어쩔 수 없습니다.
- 彼のことだからどうせ時間どおりには来ないだろう。그 사람이니까 어차피 시간대로는 오지 않겠지.
- あの人のことだから、忘れずに持ってきてくれると思うけどな。그 사람이니까, 잊지 않고 가지고 와 줄 것이라고 생각하는데.
- まだ誰にも話していない秘密のことですから、誰にも言わないでくださいよ。
  아직 아무한테도 얘기하지 않은 비밀이니까, 아무한테도 말하지 말아 주세요.

※ 주로 사람을 나타내는 명사에 붙는다. 말하는 사람도 듣는 사람도 잘 알고 있는 인물에 대해서, 그 사람의 성격, 행동 패턴을 근거로 어떤 판단을 내릴 경우에 사용한다. 판단의 근거가 되는 그 인물의 성격과 특징을 명시하는 경우도 있다.

◆ ものだから ~이므로, ~하기 때문에. ☞ 이유를 말하거나, 변명을 할 때 사용

연결형태

「동사, イ형용사, ナ형용사」의 명사 수식형 ＋ ものだから
「명사」＋なものだから

- 近くまで来たものですから、ちょっとお寄りしました。근처까지 왔기 때문에, 잠시 들렀습니다.
- 電車が遅れたもので、遅刻しました。전철이 늦어서, 지각했습니다. ☞ 객관적인 이유 설명
- 電車が遅れたから、遅刻しました。전철이 늦어서, 지각했습니다. ☞ 나는 잘못이 없다. 전철 때문에 어쩔 수 없었다.
- あまり悲しかったものだから、大声で泣いてしまった。너무 슬펐기 때문에, 큰 소리로 울어버렸다.
- 一人っ子なものだから、子供をあまやかしてしまった。독자라서, 아이를 응석받이로 키우고 말았다.

ということだ & というものだ 비교 설명

◆ ~ということだ ~라고 하는 것이다(전문). ☞ 다른 데서 들은 것을 객관적으로 인용하여 그대로 전하는 전문의 표현.

- 佐藤(さとう)さんは、近(ちか)く会社(かいしゃ)をやめて留学(りゅうがく)するということだ。사토씨는 멀지 않아 회사를 그만두고 유학한다고 한다.
- この店(みせ)は当分休業(とうぶんきゅうぎょう)するということで、私(わたし)のアルバイトも今日(きょう)で終(お)わりになった。
  이 가게는 당분간 휴업한다고 하니, 내 아르바이트도 오늘로 마지막이 되었다.
- 募集(ぼしゅう)の締切(しめき)りは5月末(がつまつ)だということだから、応募(おうぼ)するのなら急(いそ)いだほうがいい。
  모집의 마감은 5월 말이라고 하니까, 응모하려면 서두르는 편이 좋다.
- ニュースによると4月(しがつ)から電気料金(でんきりょうきん)が上(あ)がる（× というものだ / ○ ということだ）。
  뉴스에 의하면 4월부터 전기 요금이 오른다고 한다.

◆ ~というものだ ~라고 하는 것이다(기능, 내용 설명). ☞ 어떤 물건의 기능이나 내용을 설명하는 표현.

- この研究(けんきゅう)は、生産量(せいさんりょう)を6年(ねん)のうちに2倍(ばい)にするというものだ。이 연구는 생산량을 6년 동안에 2배로 한다는 것이다.
- このタイムカプセルは200年先(ねんさき)の人々(ひとびと)に20世紀(せいき)からのメッセージを送(おく)るというものだ。
  이 타임캡슐은 200년 후의 사람들에게 20세기로부터의 메시지를 보낸다고 하는 것이다.
- 合格(ごうかく)おめでとう。努力(どりょく)したかいがあった（○ というものだ / × ということだ）。
  합격 축하해. 노력한 보람이 있었던 것이다.

●●● ~というものではない ~라고 하는 것은 아니다

어떤 주장이나 사고방식에 대하여, 그것이 전면적으로 타당한 것은 아니라는 의미를 나타냄.

食(た)べ物(もの)などは、安(やす)ければそれでいいというものではない。음식 등은 싸다고 해서 좋은 것은 아니다.

有名(ゆうめい)な大学(だいがく)を卒業(そつぎょう)したからといって、それで幸(しあわ)せになれるというものではない。
유명한 대학을 졸업했다고 해서, 그로써 행복해지는 것은 아니다.

~について & ~に関して & ~に対して 비교 설명

◆ ~について

① 어떤 주제나 내용 '~에 관해서, ~에 대해서'의 의미로 사용

- 日本の経済について話をしました。일본 경제에 대해서 이야기를 했습니다.

② 한정된 범위를 집약시킨 내용으로 상세하고 치밀하게 전개하는 경우

- 試験問題3番に(ついて○/関して×)も、説明してほしいですが。시험 문제 3번에 대해서도 설명해 줬으면 합니다만.

③ '각각, ~당'의 의미로 사용되는 경우 ☞ ~につき

- 社員一人に(ついて○/関して×)二万円ずつ支給された。사원 한 사람당 2만 엔씩 지급되었다.

◆ ~に関して

① 어떤 주제나 내용 '~에 관해서, ~에 대해서'의 의미로 사용. 단, 「~に関して」는 약간 딱딱한 느낌을 준다.

- この点に関して、何か質問はありませんか。이 점에 관해서, 무엇인가 질문은 없습니까?

② 「~に関して」는 대부분 「~について」로 대체할 수 있지만, 다양한 것이 포함되고 다각적으로 폭넓게 전개하는 경우에는 「~に関して」가 자연스럽다.

＊ 다양한 것이 포함되고 다각적으로 폭넓게 전개하는 경우

- 日本文化に(関して○/ついて△)興味があります。일본 문화에 대해서 흥미가 있습니다.

◆ ~に対して

① 대조의 의미를 나타냄

- 日本人が他人に無関心なのに対して、韓国人は人情があります。
일본 사람이 타인에게 무관심한 데 비해, 한국 사람은 인정이 있습니다.

② 동작이 향하는 대상, 방향, 상대 등을 나타냄

- 私の質問に対して何も答えてくれなかった。내 질문에 대해서 아무것도 대답해 주지 않았다.
- 彼は女性に対しては親切に指導してくれる。그는 여성에게는 친절하게 지도해 준다.

●●● 핵심 정리

- その提案について、意見を言う。그 제안에 대해서, 의견을 말하다. ☞ 문장이나 강연 등에 사용.
- その提案に関して、意見を言う。그 제안에 관해서, 의견을 말하다.
  ☞ 「について」보다 약간 넓고, 막연한 느낌(격식을 차린 딱딱한 표현)
- その提案に対して、意見を言う。그 제안에 대해서, 의견을 말하다. ☞ 반대 의견임을 암시.
- 子供について話す。아이에 대해서 말하다 〈주제 · 내용〉
- 子供に関して話す。아이에 대해서 말하다 〈주제 · 내용〉
- 子供に対して話す。아이에게 말하다 〈대상 · 상대〉

~てならない & ~てたまらない & ~て仕方がない・~てしようがない

공통적으로 자발적인 감정이나 감각의 정도가 아주 높은 것을 나타냄.

◆ ~てならない ~해서 어쩔 수 없다[견딜 수 없다], 매우 ~하다

주로 「気がする(기분이 들다), 思える(생각되다), 残念だ(유감이다)……」 등 자연적으로 어떤 생각이 복받쳐 와서 머리에서 생각이 좀처럼 지워지지 않을 정도로 심한 것을 나타내는 것이 전형적인 용법이다. 그 자체의 속성이나 평가에 대한 표현을 사용하면, 부자연스러운 문장이 된다.

- 自分が臭う気がしてならない。자신이 냄새나는 느낌이 들어서 견딜 수가 없다.
- 行けないのが残念でならない。갈 수 없는 것이 너무나 유감이다.
- 科学が一種の宗教に思えてならない。과학이 일종의 종교로 생각되어 견딜 수가 없다.
- 卒業できるかどうか、心配でならない。졸업할 수 있을지, 너무 걱정이다.
- 昨日の試験の結果が気になってならない。어제 시험 결과가 너무나 신경이 쓰인다.
- 大切な試験に失敗してしまった。なぜもっと早くから勉強しておかなかったのかと悔やまれてならない。
  중요한 시험에 실패하고 말았다. 어째서 좀 더 일찍부터 공부를 해 두지 않았는지 너무나 후회스럽다.

- この本はつまらなくてならない。(×)
  ☞ この本はすごくつまらない。(◯) 이 책은 너무 시시하다.
- 子供が朝から泣いてならない。(×)
  ☞ 子供が朝から泣いて仕方がない。(◯) 아이가 아침부터 울어서 어쩔 도리가 없다.
- 頭が痛くてならない。(×)
  ☞ 頭が痛くてたまらない。(◯) 머리가 아파서 견딜 수 없다.

- 好きでならない。(×)

  ☞ 好きでたまらない。好きで仕方がない。(◯) 좋아서 어쩔 수가 없다.

- 嫌いでならない。(×)

  ☞ 嫌いでたまらない。嫌いで仕方がない。(◯) 싫어서 어쩔 수가 없다.

◆ ~てたまらない ~해서 참을 수 없다[견딜 수 없다], 매우 ~하다

주로 「寂しい(외롭다), 暑い(덥다), 痛い(아프다)……」 등 정신적, 신체적인 자극으로 인해서 생기는 감각의 정도가 견딜 수 없을 정도로 심한 것을 나타내는 것이 전형적인 용법이다.

☞ 주로 감정과 감각을 나타내는 형용사와 함께 사용.

- 今日は暑くてたまらない。오늘은 더워서 참을 수가 없다.
- 足が痛くてたまらない。다리가 아파서 참을 수가 없다.
- 一人になると寂しくてたまらなくなる。외톨이가 되면 외로워서 참을 수 없게 된다.
- 今日は寒くてたまらない。오늘은 추워서 참을 수가 없다.
- 彼女に会いたくてたまらない。애인이 보고 싶어서 참을 수가 없다.
- 初めての海外旅行が中止になってしまった。残念でたまらない。처음인 해외여행이 중지되고 말았다. 너무나 유감이다
- うちの子は試合に負けたのが悔しくてたまらないようです。우리 아이는 시합에 진 것이 분해서 참을 수 없는 것 같습니다.
- 思えてたまらない。(×)

  ☞ 思えてならない。(◯) 생각이 나서 견딜 수가 없다.

- 思われてたまらない。(×)

  ☞ 思われてならない。(◯) 생각되어 견딜 수가 없다.

◆ ~て仕方がない ~해서 어쩔 수 없다[견딜 수 없다], 매우 ~하다

주로 「気になる(마음에 걸리다), 腹が立つ(화가 나다), 喉が渇く(목이 마르다)……」 등 자연적으로 끓어오르는 감정과 감각의 정도를 제어할 수 없을 정도로 심한 것을 나타내는 것이 전형적인 용법이다.

☞ 「~てならない, ~てたまらない」로 나타내는 표현은 거의 표현 가능.

- 彼女のことが気になって仕方がない。애인이 신경이 쓰여서 견딜 수가 없다.
- 一緒に働いている同僚に腹が立ってしかたありません。같이 일하고 있는 동료에게 화가 나서 견딜 수가 없습니다.
- この映画は見るたびに、涙が出て仕方がない。이 영화는 볼 때마다, 눈물이 나와서 견딜 수가 없다.
- 毎日暇で仕方がない。매일 너무나 한가하다.

◆ ～てしようがない ～해서 어쩔 수 없다[견딜 수 없다], 매우 ～하다

「～て仕方がない」보다 회화적이며 스스럼없는 표현이고, 축약형으로 「～てしょうがない」로 나타내기도 한다.

- 赤ちゃんが朝から泣いてしょうがない。아기가 아침부터 울어서 어쩔 수 없다.
- このところ、疲れが溜っているのか、眠くてしょうがない。요즘 들어, 피곤이 쌓여 있는 것인지, 너무나 졸리다.
- 二度も自転車を盗まれた。腹が立ってしょうがない。두 번이나 자전거를 도둑맞았다. 너무나 화가 난다.
- うちの子は先生に褒められたのが嬉しくてしょうがない様子だ。우리 아이는 선생님에게 칭찬을 받은 것이 너무 기쁜 모양이다.
- 歌が下手で仕方がない。(×)

  ☞ 歌がとても下手だ。(○) 노래가 너무나 서투르다.

나열, 열거표현 비교 설명

◆ ～とか～とか ～든가 ～라든가. ☞ 대표적인 예를 들어 제시하여 주로 인용하는 표현으로 나타냄.

- 私は、ケーキとかチョコとかの甘いものは、あまり好きではありません。
  나는 케이크이든 초콜릿이든 단 것은 별로 좋아하지 않습니다.
- これがいいとかあれがいいとか言って、決まるまで時間がかかる。
  이것이 좋다든가 저것이 좋다든가 하며, 결정되기까지 시간이 걸린다.
- 彼はいつも給料が低い（○ とか / × やら）仕事がきつい（○ とか / × やら）文句ばっかり言っている。
  그는 늘 급료가 낮다든가 일이 힘들다든가 불평만 하고 있다. ☞ 말을 인용하는 경우에는 「～やら～やら」를 사용할 수 없다.

◆ ～だの～だの ～니 ～니. 축약형 : ～の～のと. ☞ 회화체 표현으로 말하는 사람의 감정이 많이 나타나며, 부정적으로 나타내는 경우가 많다.

- 生きるだの死ぬだの、大げさに騒いでいる。사느니 죽느니, 호들갑을 떨고 있다.
- 何のかのと文句を言う。이러쿵저러쿵 불평을 하다.

◆ ～やら～やら ～며 ～며, ～라든가 ～라든가. ☞ 그 밖의 여러 가지를 강조하거나, 어느 쪽인지 결정하기 어려운 것을 나타냄.

- 本やらノートやらが机の上に散らかっている。책이며 노트며 책상 위에 흐트러져 있다.
- 来月はレポートやら試験やらでひどく忙しくなりそうだ。다음 달에는 리포트며 시험이며 몹시 바빠질 것 같다.
- こんなに辛くては、味がいいのやら悪いのやらさっぱりわからない。
  이렇게 매워서는, 맛이 좋은 것인지 나쁜 것인지 전혀 모르겠다.
- 悔しい（○ やら / × とか）自分が情けない（○ やら / × とか）で涙が出てきた。
  분하며 자신이 한심하며 해서 눈물이 나왔다. ☞ 비슷한 사항에서 몇 가지를 예시해, 뒤에서 그 결과가 발생함을 나타냄.

◆ ~でも~でも ~든지 ~든지. ☞ 열거를 나타냄.

- セミナーには日本人学生(にほんじんがくせい)でも留学生(りゅうがくせい)でも参加(さんか)できる。 세미나에는 일본인 학생이라든지 유학생이라든지 참가할 수 있다.

＊관용적 표현

- 矢(や)でも鉄砲(てっぽう)でも持(も)って来(こ)い。 무슨 수를 쓰든 덤빌 테면 덤벼라.
- なんでもかんでも。 이것저것 모두, 어떠한 일이 있어도.

◆ ~につけ~につけ ~일 때도 ~일 때도, ~이든 ~이든. ☞ 주로 자연 자발의 사태 표현에 사용.

- いいにつけ悪(わる)いにつけ私(わたし)は全然(ぜんぜん)しないつもりです。 좋든지 나쁘든지 나는 전혀 안 할 작정입니다.
- 雨(あめ)につけ風(かぜ)につけ、故郷(こきょう)のことが思(おも)い出(だ)される。 비일 때도 바람일 때도(비가 오나 바람이 부나), 고향이 생각난다.

~ほど & ~く(ぐ)らい 비교 설명

① ~정도 : ほど/ぐらい

- 目(め)が回(まわ)る（ほど、ぐらい） 忙(いそが)しい。 눈이 돌 정도로 바쁘다.
- 悔(くや)しくて泣(な)きたい（ほど、ぐらい）だった。 분해서 울고 싶을 정도였다.

② ~가량 : ほど/ぐらい/ばかり

- 10人(にん)ほど ☞ 많아야 9~10명
- 10人(にん)ぐらい ☞ 9~11명
- 10人(にん)ばかり ☞ 10~11명

③ ~일수록 : ほど

- 若(わか)い人(ひと)ほど朝寝坊(あさねぼう)をする。 젊은 사람일수록 늦잠을 잔다.
- 練習(れんしゅう)するほど下手(へた)になることもある。 연습할수록 못하게 되는 경우도 있다.

※ ~ば~ほど·だけ ~하면 ~할수록

- 練習(れんしゅう)すればする（ほど、だけ） 上手(じょうず)になる。 연습을 하면 할수록 능숙해진다.〈인과관계가 있다〉
- 見(み)れば見(み)る（ほど、だけ ×）いい女(おんな)だなあ。 보면 볼수록 괜찮은 여자구나.〈인과관계가 없다〉
- 考(かんが)えれば考(かんが)える（ほど、だけ ×）、わけがわからなくなる。
  생각하면 할수록 이유를 알 수 없게 되다.〈인과관계가 없다〉

④ ~만큼 ~않다〈단순 비교〉 : ~ほど~ない

- 今年は去年（ほど、ぐらい ×）寒くない。올해는 작년만큼 춥지 않다.

⑤ ~만큼/정도로 ~은 없다〈최고의 정도〉 「~ほど/ぐらい~はない」

- 自分の家（ほど、ぐらい）いいところはない。자기 집만큼 좋은 곳은 없다.
- あの人（ほど、ぐらい）自分勝手な人はいない。저 사람만큼 제멋대로인 사람은 없다.

⑥ ~최저의 정도 ぐらい

- 朝起きたら顔ぐらい洗いなさい。아침에 일어나면 얼굴 정도는 씻어라.
- 遅れるときは電話ぐらいしなさい。늦을 때는 전화 정도는 해라.
- ひらがなぐらい読めますよ。馬鹿にしなでください。 히라가나 정도는 읽을 수 있어요. 바보 취급 하지 마세요.

~を通じて & ~を通して 비교 설명

- 二人はインターネットを（通して、通じて）知り合いました。두 사람은 인터넷을 통해서 서로 알게 되었습니다.

  ☞ ~を通して 여러 가지 경로가 있겠지만, 인터넷을 매개체로 알게 되었음을 나타냄.

  ☞ ~を通じて 인터넷의 매개체를 통해 알게 되었음을 나타냄(인터넷이 없었으면 안 되었을 것).

- 私の国は１年を（通して、通じて）暖かいです。우리나라는 1년 (내내, 동안) 따뜻합니다.

◆ ~を通して 처음부터 마지막까지 '계속'이라고 하는 기분.

- １年を通して涼しい日が続いた。1년 내내 시원한 날이 계속되었다. ☞ 해의 첫날부터 마지막 날까지 계속해서 시원했다는 것.

◆ ~を通じて 기간, 범위가 '하나의 전체'라는 의식, 계속되었다는 의식이 강함.

- １年を通じて気温が高かった。1년 동안 기온이 높았다.

  ☞ 1년간, 평균적으로 봐서 기온이 높았다는 뜻, 전체적이라는 의식이 강함.

- 現地の大使館を通じて、外務省に事件の第一報が入った。

  현지 대사관을 통해서, 외무성에 사건의 제일보(첫 보도)가 들어왔다.

  ☞ 「~を通じて」는 약간 문장체적인 표현으로 신문, 뉴스보도, 보고서 등의 문장에 잘 사용됨.

- 社長と面会するには、まず受付を通して連絡をとってみてください。

  사장님과 면회를 위해서는, 먼저 접수를 하고 연락을 취해봐 주세요.

  ☞ 「~を通して」는 사람 등을 중개자로 내세워서 무엇인가를 한다고 하는 적극적인 의미가 동반된 경우에 사용.

- 受付を（通して、通じて）連絡があった。접수처를 통해서 연락이 있었다. ☞ 단순한 사실을 서술하는 경우에는 둘 다 사용 가능.
- 具体的な事例を通して考えていきたい。구체적인 사례를 통해서 고려해 나아가고 싶다.
  ☞「~を通して」는 의지적인 문장과 연결되어 사용.

~に従って & ~につれて & ~と共に & ~に伴って & ~に沿って 비교 설명

◆ AにしたがってB
B는 A에 종속된다. A에 연동(連動)해서 B. ☞ 먼저 전건(前件)이 발생한 후에, 후건(後件)에는 그 후에 반응해서 순차적으로 반응한다. 그 때문에 연동의 결과가 되는 후건(後件)을 중시하며, 후건(後件)에는 말하는 사람의 의향을 나타내는 표현과 함께 사용할 수 있다.

- 気分にしたがってその日の予定を決める。기분에 따라서 그 날의 예정을 결정하다.
- 情勢が変化していくにしたがって、柔軟な対応をとる。정세가 변화해감에 따라서, 유연한 대응을 취하다.
- 通勤客が増えるにしたがって、今後、バスの本数を増やしていこうと思っている。
  통근 손님이 늘어남에 따라서, 앞으로, 버스의 대수를 늘려가려고 한다.

◆ AにつれてB
B는 A에 연동(連動)한다(밀착성이 있음). ☞ 전건(前件)은 뒤에 영향을 미치고 끌어들여서 연동(連動)한다. 그 때문에 연동(連動)의 원인이 되는 전건(前件)을 중시하며, 후건(後件)에는 말하는 사람의 의향을 나타내는 표현과 잘 어울리지 않는다.

- 山道を登るにつれて少しずつ眺望が開けてきた。산길을 오름에 따라 조금씩 조망이 트여왔다.
- 日が経つにつれて、この胸の痛みも薄らいでいくだろう。날이 지남에 따라서, 이 가슴의 아픔도 덜해져 가겠지.
- 通勤客が増えるに(○ つれて / ○ したがって)、今後、バスの本数を増やしていく。
  통근 손님이 늘어남에 따라서, 앞으로, 버스의 대수를 늘려간다.
- 通勤客が増えるに(? つれて / ○ したがって)、今後、バスの本数を増やしていこうと思っている。
  통근 손님이 늘어남에 따라서, 앞으로, 버스의 대수를 늘려가려고 한다.

◆ AとともにB
B는 A와 동시에 일어난다. 이동하는 것이 나열되면 연동(連動)해서 보임.

- 年をとるとともに記憶力が衰える。나이를 먹으면서 기억력이 쇠약해지다.
- 株価とともに支給額も変動する。주가와 함께 지급액도 변동된다.

◆ AにともなってB
B는 A와 동반해서 일어난다. B는 A에 의해서 야기된다. ☞ 인과관계를 함축하기 때문에 객관적인 보도 등에 자주 사용됨.

- 業績が変動するにともなって株価が変動する。업적이 변동함에 따라서 주가가 변동된다.
- 村の過疎化が進むのにともない、唯一の小学校が閉校と決まった。
  마을의 과소화가 진해됨에 따라, 유일한 초등학교가 폐교로 결정되었다.

※ ~に伴う + 명사(○), ~につれる + 명사(×)

- 戦争に（○ 伴う / × つれる） 多大の犠牲。전쟁에 따른 막대한 희생.

◆ AにそってB A에 붙어서 B(존재 · 행동), A(기준)에 따라서 B를 한다.

- 海岸(かいがん)に沿(そ)って多(おお)くのホテルが並(なら)んでいる。해안을 따라서 많은 호텔이 줄지어 있다.
- 線路(せんろ)に沿(そ)って歩(ある)いていく。선로를 따라서 걸어가다.
- この方針(ほうしん)に沿(そ)って、研究(けんきゅう)を進(すす)める。이 방침에 따라서, 연구를 진행시키다.

~わけだ & ~はずだ & ~ことになる 비교 설명

공통적으로 논리적인 귀결(歸結)인 것을 나타냄.

* ~わけだ 귀결의 필연성을 주관적으로 단정하는 표현. 논리의 귀결이 논리적인 이치를 거쳐서 나온 것이라는 점에 역점을 두고 있다. ☞ 논리적인 귀결을 논리상으로는 기정의 사실로서 단정.
* ~はずだ 귀결의 필연성을 추론하는 주관적인 표현. 논리의 귀결이 사실일 것이라는 말하는 사람의 높은 확신을 서술하는 것에 역점을 두고 있다. ☞ 논리적인 귀결을 높은 확신을 갖고 추론하고 있을 뿐이고 사실로서는 받아들이고 있지 않음.
* ~ことになる 귀결의 필연성을 객관적으로 서술하는 표현. ☞ 논리적인 귀결을 논리상으로는 기정의 사실로서 단정.

◆ 결과를 나타내는 귀결 용법

① 미지(未知)

- 時差(じさ)が3時間(じかん)あるから、日本時間(にほんじかん)のちょうど正午(しょうご)につくわけだ。(○)
  시차가 3시간 있으니까, 일본 시간의 딱 정오에 도착하겠다. ☞ 말하는 사람이 논리적으로 생각한 귀결임을 주장.
- 時差(じさ)が3時間(じかん)あるから、日本時間(にほんじかん)のちょうど正午(しょうご)につくはずだ。(○)
  시차가 3시간 있으니까, 일본 시간의 딱 정오에 도착할 것이다. ☞ 확신도가 높은 논리적인 추량임을 함축.
- 時差(じさ)が3時間(じかん)あるから、日本時間(にほんじかん)のちょうど正午(しょうご)につくことになる。(○)
  시차가 3시간 있으니까, 일본 시간의 딱 정오에 도착하게 된다. ☞ 논리의 결과를 객관적으로 서술하는 표현.

② 기지(旣知)

- 体重(たいじゅう)をはかったら60キロになっていた。先週(せんしゅう)は56キロだったから、1週間(いっしゅうかん)で4キロも太(ふと)ってしまったわけだ。(○)
  체중을 측정하니 60킬로가 되어 있었다. 지난주에는 56킬로이었으니까, 일주일에 4킬로나 살이 찌고 만 것이다. ☞ 기지(旣知)의 사실
- 体重(たいじゅう)をはかったら60キロになっていた。先週(せんしゅう)は56キロだったから、1週間(いっしゅうかん)で4キロも太(ふと)ってしまったはずだ。(×) ☞ 말하는 사람이 사실로서 이미 확인되어 있는 내용에 대해서는 추량의 여지가 없기 때문에 사용할 수 없다.
- 体重(たいじゅう)をはかったら60キロになっていた。先週(せんしゅう)は56キロだったから、1週間(いっしゅうかん)で4キロも太(ふと)ってしまったことになる。(○) 체중을 측정하니 60킬로가 되어 있었다. 지난주에는 56킬로이었으니까, 일주일에 4킬로나 살이 찌고 만 것이 된다.
  ☞ 결과를 나타내는 귀결 용법이 아니라, 체중이 이번 주에는 60킬로가 되어 있었다고 하는 사실을, 60−56이라고 하는 계산을 해서 4킬로 살이 쪘다고 하는 재인식으로 표현.

③ 미확인 과거

- 時差が3時間あるから、日本時間のちょうど正午についたわけだ。(○)
  시차가 3시간 있으니까, 일본 시간의 딱 정오에 도착한 것이다. ☞ 도착한 사람이 본인, 다른 사람

- 時差が3時間あるから、日本時間のちょうど正午についたはずだ。(○)
  시차가 3시간 있으니까, 일본 시간의 딱 정오에 도착한 것이다. ☞ 도착한 사람이 다른 사람

- 時差が3時間あるから、日本時間のちょうど正午についたことになる。(×)
  ☞「ことになる」는 결과를 나타내는 귀결용법의 과거 사실에는 사용할 수 없다.

◆ 원인, 이유를 나타내는 귀결 용법

사실이 이미 확인되어 있는 경우, 추량은 성립되지 않기 때문에 「はずだ」를 사용할 수 없지만, 원인 · 이유로서가 아닌 관련 사항으로서 미확인 · 불확실한 과거 사실을 추량할 수는 있다.

- 今年の米の出来がよくなかった。冷夏だったわけだ。(○)
  금년 쌀의 작황이 좋지 않았다. 냉하(예년처럼 날씨가 덥지 않음)였던 것이다.
  ☞ 금년 쌀의 작황이 좋지 않았다는 사실을 냉하(예년처럼 날씨가 덥지 않음)의 원인 · 이유로, 논리적인 귀결로서 그것을 주장.

- 今年の米の出来がよくなかった。冷夏だったはずだ。(○)
  금년 쌀의 작황이 좋지 않았다. 냉하(예년처럼 날씨가 덥지 않음)였을 것이다.
  ☞ 금년 쌀의 작황이 좋지 않았다는 것과 관련해서 불확실한 사실인 냉하(예년처럼 날씨가 덥지 않음)를 단순히 추량.

- 今年の米の出来がよくなかった。冷夏だったことになる。(×)
  ☞ 내용의 객관적인 흐름의 방향을 나타내며, 원인 · 이유를 나타내는 귀결 용법에는 사용할 수 없다.

◆ 납득 용법

「ことになる」에는 납득 용법이 없다.

①「わけだ」=「はずだ」☞ 원인, 이유를 알고 다시 한 번 내용에 납득.

- あ、鍵が違うじゃないか。なんだ。これじゃ、いくら頑張っても開かない(わけだ、はずだ)。
  아, 열쇠가 다르잖아. 뭐야. 이래선 아무리 힘써도 열리지 않을 것이다.

- 田中さん、1ヶ月で4キロやせようと思ってるんだって。なるほど、毎日昼ごはんを抜いている(わけだわ、はずだわ)。다나카 씨, 한 달에 4킬로 살을 빼려고 한대. 그렇군, 매일 점심을 거르고 있는 것이네.

②「わけだ」만 사용 가능 ☞ 추량의 가능성이 없는 기정(既定)의 사실 표현.

A : 隣の山本さん、退職したらしいよ。옆집의 야마모토 씨, 퇴직한 것 같아

B : そうか。だから平日の昼間でも家にいるわけだ。그래. 그래서 평일 낮에도 집에 있는 것이네.

A : そんなに飲んだんですか。그렇게까지 마셨습니까?

B : それでさっさと寝てしまったわけですね。그래서 바로 자버린 것이네요.

◆ 재인식 용법

「はずだ」에는 재인식 용법이 없다.

- 一人前の大人になって、いまさら昆虫採集などという役にも立たないことに熱中できるのは、それ自体がすでに精神の欠陥を示す証拠だという（わけだ、ことになる）。
어엿한 어른이 되어서, 새삼스럽게 곤충 채집 등의 도움도 되지 않는 일에 열중할 수 있는 것은, 그것 자체가 이미 정신의 결함을 보이는 (증거인 셈이다, 증거라고 하는 것이 된다).

◆ 파생용법

「わけだ」만 사용할 수 있다.

말하는 사람에게는 상식이나 이미 이루어진 사실로 생각되는 것으로, 종조사처럼 회화체에서 자주 사용되며, 말하는 사람 자신이 무의식적으로 사용하는 경우도 많다.

- 私は国史を専門にしているわけですが、私のような文献を扱う者の立場からすれば、もっと史料を大切にすべきではないかと思うんです。 저는 국사를 전문으로 하고 있습니다만, 저처럼 문헌을 취급하는 사람의 입장에서 보면, 좀 더 사료를 소중하게 해야만 하는 것은 아닌지 생각을 합니다.

◆ 의문형

「はずだ」에는 의문형이 없다.

- 波がずいぶん荒いですね。今日は船が出せないわけですか。(○)
파도가 제법 거칠군요. 오늘은 배를 낼 수 없는 것입니까?

- 波がずいぶん荒いですね。今日は船が出せないことになりますか。(○)
파도가 제법 거칠군요. 오늘은 배를 낼 수 없게 되는 것입니까?

- 波がずいぶん荒いですね。今日は船が出せないはずですか。(×)

★ 寒冷前線が南下しているので、来週には気温が低くなるはずです。
한랭전선이 남하하고 있기 때문에, 다음 주에는 기온이 내려갈 것입니다.

☞ 날씨와 같이 불확정적인 요소가 많은 것에 대해서 서술하는 경우에는 「はずだ」를 사용. 단정적으로 말할 수 없기 때문에 「わけだ」는 사용할 수 없다.

~から~にかけて & ~から~にわたって 비교 설명

◆ ~から~にかけて 둘 이상의 범위에 걸쳐서 어떤 일이 생기는 경우에 사용

- 朝、7時から8時にかけて、電車が大変込み合う。 아침 7시부터 8시에 걸쳐서 전차가 몹시 붐빈다.

- 日本では九月から十月にかけて、各地でお祭りが行われる。
일본에서는 9월부터 10월에 걸쳐서, 각 지역에서 축제가 행하여진다.

- 今月の十日から二十日（○ にかけて / × にわたって）、研究会が開かれた。
이번 달 10일부터 20일에 걸쳐서, 연구회가 열렸다. ☞ 일시, 장소의 기점과 종점을 특정화하여 그 계속성을 강조.

◆ ~(から)~にわたって

공간적 또는 시간적으로 광범위를 나타내는 명사에 붙여서 '그 범위 전체'의 의미를 나타냄.

- この学生は各学科にわたり成績がいい。이 학생은 각 학과에 걸쳐서 성적이 좋다.
- 明日は東北地方の全域にわたって、雪が降ります。내일은 東北지방 전역에 걸쳐서 눈이 내립니다.
- 今月の十日から十日間（× にかけて / ○ にわたって）、研究会が開かれた。
  이번 달 10일부터 10일 간에 걸쳐서 연구회가 열렸다. ☞ '~개월, ~년, ~주간, ~일간'처럼 기간을 서술

~に当たって & ~に際して & ~に先立って 비교 설명

◆ ~にあたって

어떤 때, 장면을 특별한 기회로서 받아들인다.

- 新年にあたり、決心を新たにした。새해를 맞이하여, 결심을 새롭게 했다.
- 結婚するにあたり、新しいマンションを買うことにした。결혼에 즈음하여, 새로운 맨션을 사기로 했다.

◆ ~に際して

어떤 기회나 생긴 일을 맞이할 때.

- 情報公開の制度化に際してはいろいろな方面への配慮が必要となる。
  정보 공개의 제도화에 즈음해서는 다양한 방면으로의 배려가 필요하게 된다.
- この調査を始めるに際しては、関係者の了解を取らなければならない。
  이 조사를 시작함에 즈음해서는, 관계자의 양해를 받지 않으면 안 된다.

◆ ~に先立って

어떤 때의 전에 일어난다.

- 出発に先立ってもう一度出席を取りますので、返事してください。
  출발에 앞서서 다시 한 번 출석을 부를 테니, 대답해 주세요.
- 春に先立って、梅が咲く。봄에 앞서서, 매화가 핀다.
- 旅行（○ に当たって / ○ に先立って / × に際して）何日もかけて綿密な計画を立てた。
  여행에 (즈음하여, 앞서서) 며칠이나 걸쳐서 면밀한 계획을 세웠다. ⇒「に際して」는 사용 불가. 시간에 폭이 있는 경우에는 부자연스럽다.

あいだ & あいだに 비교 설명

◆ **A + あいだ + B** A 사이(동안) B. ☞ A라고 하는 시간 범위에서 계속 B라고 하는 것이 성립.

- 母が洗濯をしている (○ あいだ / × あいだに) 、部屋の中に誰もいなかった。
  어머니가 빨래를 하고 있는 동안, 방 안에 아무도 없었다.

◆ **A + あいだに + B** A 사이에(동안에) B. ☞ A라고 하는 시간 범위에서 B라고 하는 일회적인 것이 일어남.

- 母が洗濯をしている (× あいだ / ○ あいだに) 、電話がかかってきた。
  어머니가 빨래를 하고 있는 동안에, 전화가 걸려 왔다.

あいだに & うちに 비교 설명

◆ **A + あいだに + B** A 사이에(동안에) B. ☞ A가 나타내는 시간 안에서, 시간의 점(点)을 나타내는 B가 행하여진다.

A가 시간의 선(線)을 B가 시간의 점(点)을 나타내는데, 선(線)의 개시부터 종료까지의 어딘가에서 B가 실현되는 것을 나타냄.

- ３時から５時までの (○ あいだに / × うちに) 、お越しいただけないでしょうか。
  3시부터 5시까지 사이에 와 주실 수 없겠는지요?
- 母が夕飯を支度する (○ あいだに / × うちに) 、宿題をすませてしまった。
  어머니가 저녁밥을 준비하는 사이에(동안에) 숙제를 끝내 버렸다.
- 運が悪く、家に帰るまでの (○ あいだに / × うちに) 、雨につかまってしまった。
  재수 없게, 집에 돌아오는 사이에(동안에) 비에 붙들리고 말았다.
- こうしておけば、会議の (○ あいだに / × うちに) 、電話がかかってきても、あとでメッセージが聞けるから。이렇게 해 두면, 회의 사이에(동안에) 전화가 걸려 와도, 나중에 메시지를 들을 수 있으니까.

◆ **A + うちに + B** A 동안에(사이에) B. ☞ A가 종료시점 이전에, 시간의 점(点)을 나타내는 B가 행하여진다.

A가 시간의 선(線)을 B가 시간의 점(点)을 나타내는데, 선(線)의 종료까지 B가 실현되는 것을 나타냄.

- お酒を飲む (○ うちに / × あいだに) 、また顔が真っ赤になっていた。
  술을 마시는 동안에(사이에), 또 얼굴이 새빨갛게 되어 있었다.
- 山のなかを歩きまわる (○ うちに / × あいだに) 、道に迷ってしまったようだ。
  산 속을 돌아다니는 동안에(사이에), 길을 잃어버린 것 같다.
- 奥へ奥へと行く (○ うちに / × あいだに) 、洞穴の反対側に出てしまった。
  안으로 안으로 가는 동안에(사이에), 동굴의 반대쪽으로 나오고 말았다.
- これ、子供に見つからない (○ うちに / × あいだに) 、隠しておかなきゃね。
  이것, 아이에게 들키기 전에, 숨겨놓지 않으면.

- 怪我をしない（○ うちに / × あいだに）、危険なものは処分しておいてくれよ。
  부상을 입지 않도록, 위험한 것은 처분해 둬 줘요.

- 母さんの留守の（あいだに / うちに）、さっきのゲームの続き、してしまおうよ。
  엄마가 부재인 동안에(사이에), 조금 전 게임의 계속(다음), 해 버리자.

- 朝の涼しい（あいだに / うちに）、散歩に出かけて、ちょっと公園で体操してくるよ。
  선선한 아침에, 산책하러 나가서, 잠시 공원에서 체조하고 올게.

- メールを書く（あいだに / うちに）、友達の来るのを思い出したんですよ。
  메일을 쓰는 사이에(동안에), 친구가 오는 것이 생각이 난 것이에요.

- 母が夕飯を支度している（あいだに / うちに）、宿題をすませてしまった。
  어머니가 저녁밥을 준비하고 있는 사이에(동안에), 숙제를 끝내 버렸다.

- ルームメートが帰ってこない（あいだに / うちに）、部屋を片付けた。룸메이트가 돌아오기 전에, 방을 정리했다.

●●● 「うちに & あいだに」 뉘앙스

- 妻が出掛けているあいだに、花子に電話をかけた。아내가 외출하고 있는 사이에(동안에), 하나코에게 전화를 걸었다.
- 妻が出掛けているうちに、花子に電話をかけた。아내가 외출하고 있는 동안에(사이에), 하나코에게 전화를 걸었다.

☞ A +うちに + B(의지동사) : A가 아니면 B를 할 수 없다는 뉘앙스.

～一方 & ～反面 비교 설명

- 父はいつも静かだが、（一方・反面）怒ると恐い。아버지는 언제나 조용하지만, (한편, 반면) 화내면 무섭다. ⇒ 동일한 주어
- 姉は家庭的だが、（○ 一方 / × 反面）妹は活動的だ。누이는 가정적이지만, 한편 여동생은 활동적이다. ⇒ 다른 주어

さえ & すら & だに 비교 설명

◆ さえ 조차. ☞ 극단적인 것을 나타냄으로서, 그것을 포함한 전제를 유추시킨다.

◆ すら 조차. ☞ '극단적인 ~이기 때문에 당연히 ~이겠지'라고 하는 예상을 부정함으로써, 주체의 특수성을 강조한다.

- 十円(じゅうえん)さえない。10엔조차 없다. ☞ '하물며 백 엔, 천 엔이 있을 리가 없다'라는 의미를 포함한 표현.
- 十円(じゅうえん)すらない。10엔조차 없다. ☞ "돈이 전혀 없다"라는 것을 강조

  ★ 財布(さいふ)の中(なか)には、十円(じゅうえん)すらない。지갑 안에는 10엔조차 없다.

- 韓国語(かんこくご)さえわかっていない子(こ)どもに、英語(えいご)を教(おし)えるのはおかしい。
  한국어조차 모르고 있는 아이에게, 영어를 가르치는 것은 이상하다.
- 韓国語(かんこくご)すらわかっていない子(こ)どもに、英語(えいご)を教(おし)えるのはおかしい。
  ☞ 최소한의 조건에도 충족되지 않는다고 하는 부정적인 문맥에서는, 「さえ」와 「すら」는 거의 같은 의미로 사용된다.

◆ ~さえ ~ば ~만 ~하면. ☞ '충족되어야 할 최소한의 조건'으로서 사용할 수 있는 것은 「さえ」뿐이고, 「すら」는 사용할 수 없다.

- 英語(えいご)さえできれば、たいていの国(くに)で困(こま)らない。(◎) 영어만 할 수 있으면, 대부분의 나라에서 곤란을 겪지 않는다.
- 英語(えいご)すらできれば、たいていの国(くに)で困(こま)らない。(×)

◆ だに

「だに」에 위와 같은 사용법은 없다.

「××だに~ない」의 형태로, 최소한의 극단적인 예를 들어, '전혀 ~않다'라고 하는 것을 말할 경우에는, 같은 의미로 「さえ」, 「すら」를 사용할 수도 있지만, 「だに」는 고어적인 표현이기 때문에, 「××」에 사용할 수 있는 단어가 한정되어, 관용적으로 정해진 표현이 된다.

「微動(びどう)だにしない 미동조차 없다」, 「一顧(いっこ)だにしない 한 번 슬쩍 보기조차 않다」 등이 그 예로, 「さえ」, 「すら」로도 의미는 통하고, 틀린 것은 아니지만, 「だに」 이외의 단어를 쓰면, 관용적인 표현에서 벗어난 느낌이다.

～ずにはいられない & ～ずにはすまない & ～ないわけにはいかない & ～ずにはおかない 비교 설명

◆ ～ずにはいられない ～하지 않고서는 있을 수 없다. ☞ 그 상태를 지속할 수 없다는 것을 나타냄.

- 先生のおもしろい話を聞いて笑わないではいられなかった。선생님의 재미있는 이야기를 듣고 웃지 않고서는 있을 수 없었다.
- その話を聞いて泣かずにはいられない。그 이야기를 듣고 울지 않고서는 있을 수 없다.

◆ ～ずにはすまない ～하지 않고서는 끝나지 않는다. ～하지 않고서는 해결되지 않는다. ☞ 문제 해결을 위해서는 결국 ～하지 않으면 안 된다.

- 本當のことを言わずにはすまない。사실을 말하지 않으면 끝나지 않는다.
- 彼女は知らずにやったこととはいえ、悪いことをしたのは確かなのだ。謝罪せずにはすまないだろう。
  그녀는 모르고 했다고는 하지만, 나쁜 일을 한 것은 확실하다. 사죄를 하지 않으면 해결되지 않을 것이다.

◆ ～ないわけにはいかない ～하지 않을 수는 없다. ☞ 어쩔 수 없이 ～해야 할 필요가 있다, 최종적으로 ～하지 않으면 안 된다.

- 部長の勧めだから行かないわけにはいかない。부장의 권유이기 때문에 안 갈 수는 없다.
- 困った人を見たら、助けないわけにはいかない。난처한 사람을 보면, 도와주지 않을 수는 없다.

◆ ～ずにはおかない ～하지 않고서는 그만두지 않는다, 반드시 ～하다.

☞ 사람이 주어일 경우에는 강한 의지를 나타내고, 사물이 주어일 경우에는 말하는 사람이나 듣는 사람에게 확신을 나타낸다.

- 罰を与えずにはおかない。반드시 벌을 주겠다.
- あれほど注意したにもかかわらず規則に違反したのだから、先生は彼らを処罰せずにはおかない。
  그토록 주의를 했음에도 불구하고 규칙을 위반 했으니까, 선생님은 그들을 반드시 처벌할 것이다.
- その物語は、あなたを泣かせずにはおかない。그 이야기는 당신을 반드시 울게 한다.

[문법] 종합 대책(3) - 경어

일본어 학습에서 경어는 가장 어려운 부류에 속해 있었다. 그리고 지금까지 여러분이 알고 있는 경어는 존경어, 겸양어, 정중어(공손어) 등의 세 가지였다. 그런데 새로운 일본어능력시험 N2 합격을 목표로 하는 이 시점에서는 경어의 인식을 바꾸어야 한다. 왜냐하면 지금부터 소개하는 경어의 '6분류법'을 알아야 N2에 나오는 문제를 온전히 풀어낼 수 있기 때문이다.

1. 尊敬語(존경어)

주어를 높이는 표현방식.

〈일반형식〉

お/ご~になる	お/ご~ください（る）	お/ご~だ（です）
~てください	~なさる	~（ら）れる

〈특정형식〉

ご覧になる(보시다)	召し上がる(드시다)	お召しになる(입으시다)
お亡くなりになる(돌아가시다)	ご存じ(알고 계심)	おっしゃる(말씀하시다)
見える(오시다)	お見えになる(오시다)	お越しになる(오시다, 가시다)

いらっしゃる≒おいでになる(오시다, 가시다, 계시다)

명사의 예로는 「(先生の)ご住所」「(先生からの)お手紙」 등으로, 「の」를 이용해서 관계된 대상을 높인다.

- お使いになりますか。사용하시겠습니까?
- 社長がスピーチをなさった。사장님이 스피치를 하셨다.

□ あがる 드시다

ご飯をあがる。진지를 드시다(먹다 의미).

お酒をあがる。술을 드시다(마시다 의미).

□ ~いらっしゃる 가시다, 오시다, 계시다

明日はどこかへいらっしゃいますか。
내일은 어디 가십니까?(가다 의미)

どちらからいらっしゃったのですか。
어디서 오셨습니까?(오다 의미)

先生は今日はずっと研究室にいらっしゃる。
선생님은 오늘은 계속 연구실에 계십니다(있다 의미).

□ ~ていらっしゃる ~고[며] 계시다

歴史を研究していらっしゃる。역사를 연구하고 계신다.

□ ~でいらっしゃる ~이시다

(お)きれいでいらっしゃる。예쁘시다.

会長でいらっしゃる。회장님이시다.

(お)忙しくていらっしゃる。바쁘시다.

□ ~おいでになる 가시다, 오시다, 계시다

明日はどこかへおいでになりますか。
내일은 어디 가십니까?(가다 의미)

どちらからおいでになったのですか。
어디서 오셨습니까?(오다 의미)

先生は今日はずっと研究室においでになる。
선생님은 오늘은 계속 연구실에 계신다.(있다 의미)

□ **～ておいでになる** ~고[며] 계시다

歴史を研究しておいでになる。역사를 연구하고 계시다.

□ **おいでくださる/ください** 와 주시다, 와 주십시오

お忙しいところおいでくださって有難うございました。

바쁘신 중에 와 주셔서 고맙습니다.

□ **おこしになる/おこしくださる(い)** 오시다, 왕림하시다 (와 주시다)

山田様、正面玄関までおこしください。

야마다씨, 정면 현관으로 와 주시기 바랍니다.

□ **お/ご～だ/です** ~이시다, ~이십니다

社長がお呼びです。사장님이 부르십니다.

先生は最近どんな問題をご研究ですか。

선생님은 최근에 어떤 문제를 연구하십니까?

□ **お/ご～になる** ~하시다

お招きになる。초대(초청)를 하시다.

ご研究になる。연구를 하시다.

□ **お/ご～になれる(「お/ご～になる」가능표현)** ~하실 수 있다

あのレストランならゆっくりお話しになれますよ。

저 레스토랑이라면 천천히 말씀을 하실 수 있습니다.

□ **おっしゃる** 말씀하시다

先生はそうおっしゃった。선생님은 그렇게 말씀하셨다.

□ **くださる/ください** 주시다, 주십시오

先生は私にこの本をくださった。선생님은 나에게 이 책을 주셨다.

あれをください(ませんか)。저것을 주세요.(주지 않겠습니까?)

□ **～てくださる/ください** ~해 주시다, 주십시오

貸してくださる。빌려주시다.

貸してください(ませんか)。빌려주세요.(주시지 않겠습니까?)

□ **～(さ)せてくださる/ください** ~시켜 주시다, 주십시오

先生は私にその本を使わせてくださった。

선생님은 나에게 그 책을 사용하게 해 주셨다

明日休ませてください。내일 쉬고 싶습니다.

□ **お/ご～くださる/ください** ~주시다, 주십시오

お貸しくださる。빌려주시다.

ご指導ください。지도해 주십시오.

□ **ごぞんじ** 아심

来週パーティーがあることをごぞんじですか。

다음 주에 파티가 있는 것을 아십니까?

□ **ご覧になる** 보시다

先生の奥様はいつもこの番組をごらんになるそうです。선생님의 사모님은 늘 이 프로를 보신다고 합니다.

□ **ごらんくださる/ください** 봐 주시다, 봐 주십시오

先生は私のレポートを丁寧にごらんくださった。

선생님은 저의 보고서(리포트)를 주의 깊게 봐 주셨다.

□ **なさる** 하시다

先生は授業以外にもいろいろな仕事をなさっている。

선생님은 수업 이외에도 여러 가지 일을 하신다.

□ **～なさる** ~하시다

研究なさる。연구하시다.

ドライブなさる。드라이브하시다.

□ **お/ご～なさる** ~하시다

お招きなさる。초청(초빙)하시다.

ご研究なさる。연구하시다.

□ **みえる** 오시다

A : どなたか私を訪ねて見えましたか。

누군가가 저를 찾으러 오시지 않으셨나요?

B : いえ、どなたも見えませんでした。

아니오, 아무도 오시지 않았습니다.

□ **召し上がる** 드시다

ご飯をめしあがる。진지를 드시다.(먹다 의미)

お酒をめしあがる。술을 드시다.(마시다 의미)

□ **召す**

おきれいなお着物をお召しになっている。

어여쁜 옷을 입고 계시다.

お風邪を召す。감기에 걸리시다. ☞ 風邪を引く。감기 걸리다.

お風呂を召す。목욕을 하시다. ☞ お風呂に入る。목욕을 하다.

お年を召す。연세를 드시다. ☞ 年を取る。나이를 먹다.

お気に召す。마음에 드시다. ☞ 気に入る。마음에 들다.

着物を召す。옷을 입으시다. 기모노를 입으시다.

☞ 着物を着る。옷을 입다. 기모노를 입다.

□ **～(ら)れる** ~하시다

招かれる。초대(초빙)하시다.

尋ねられる。찾으시다. 물으시다.

研究される。연구하시다.

2. 謙譲語A(겸양어A)

보어를 높임으로 해서 주어를 보어보다도 상대적으로 낮게 하는 표현방식.

〈일반형식〉

お/ご~する	お/ご~申し上げる	お/ご~いただく
~ていただく	~(さ)せていただく	

〈특정형〉

伺う(듣다, 여쭙다, 찾아뵙다)	申し上げる(말씀드리다)	存じ上げる(알다, 생각하다)
さしあげる(드리다)	いただく(받다)	拝見する(배견하다)
お目にかかる≒お会いする(만나 뵙다)	お目にかける≒ご覧に入れる≒お見せする(보여드리다)	

* 어형적으로 お/ご가 붙는 경우가 많다.
* いただく : 음식의 뜻이 아니고 물건이나 은혜를 받는다는 뜻.

- 私が皆さんを {お招き/ご招待} しましょう。제가 여러분들을 {초대(초빙)/초대}하겠습니다.
- 先日(私の) 父が (あなたの) お父様に {お知らせした/ご報告した/お知らせ申し上げた/ご報告申し上げた/申し上げた} かと思いますが……。
  요전에 (저의) 아버지가 (당신의) 아버님께 {알려드렸던/보고드렸던/알려드렸던/보고해 드렸던/말씀드렸던} 것으로 압니다만…….
- これは、私が先生から {お借りしたもの/いただいたもの} です。 이것은 제가 선생님한테 {빌린 것/받은 것}입니다.
  ☞ (의역)이것은 선생님이 제게 주신 것입니다.
- 私は駅で先生とお別れしました。저는 역에서 선생님과 헤어졌습니다.

□ あがる 찾아뵙다

先生のお宅へあがる。선생님의 댁을 찾아뵙다.

□ いただく (삼가) 받다

私は先生からこの本をいただきました。
저는 선생님한테서 이 책을 받았습니다.(받다 의미)

□ ~ていただく ~해 (삼가) 받다

招いていただく。초대해 받다.(주시다)

説明していただく。설명해 받다.(주시다)

□ ~(さ)せていただく ~시켜 (삼가) 받다

先生の辞書を利用させていただいた。
선생님의 사전을 사용하게 해 주셨다.

明日休ませていただけないでしょうか。
내일 쉬어도 되겠습니까?

□ お/ご~いただく ~(삼가) 받다

お招きいただく。초대해 받다(주시다).

ご説明いただく。설명해 받다(주시다).

☞ おいでいただく(와 주시다), ごらんいただく(봐 주시다)도 포함.

□ お/ご~願う ~해 주시기를 바라다

お調べ願いたいのですが。조사해 주셨으면 합니다만.

ご検討願えませんか。검토해 주시지 않겠습니까?

☞ おいで願う(오셨으면 하다), ごらん願う(봐 주셨으면 하다)도 포함.

□ 伺う (삼가) 듣다, 여쭙다, 찾아뵙다

お話を伺う。말씀을 듣다(듣다 의미).

ちょっと伺いますが。잠깐 여쭙니다만(묻다 의미).

先生のお宅に伺う。선생님의 댁으로 찾아뵙다(방문하다 의미).

□ **承る** (삼가) 듣다

ご意見をうけたまわる。의견을 삼가 듣다.

ご注文をうけたまわる。주문을 삼가 듣다.

□ **お/ご～する** ~(제가) 하다, ~(제가) 해 드리다

お招きする。초대(초빙)하다.

ご案内する。안내해 드리다.

□ **お/ご～できる** ~(제가) 할 수 있다, ~(제가) 해 드릴 수 있다

「お/ご~する ~해 드리다」의 가능표현.

明日お届けできます。내일 배달해 드릴 수 있습니다.

私が先生をご案内できます。
제가 선생님을 안내해 드릴 수 있습니다.

□ **お目にかかる** 만나 뵙다

社長にお目にかかりたいのですが。
사장님을 만나 뵙고 싶습니다만.

□ **お目にかける** 보여 드리다

実物をお目にかけましょう。실물을 보여 드리지요.

□ **ご覧に入れる** 보여 드리다

実物をごらんにいれましょう。실물을 보여 드리죠.

□ **(さし)あげる** 드리다

ぜひ奥様にその絵を(さし)あげたいと思いましてね。
꼭 사모님께 그 그림을 드리고 싶어서요.

□ **～て(さし)あげる** ~해 드리다

私がかわりに行って(さし)あげましょう。
제가 대신 가 드리지요.

□ **存じ上げる** (제가) 알다

お父様のことは以前からよく存じ上げております。
아버님은 이전부터 잘 알고 있습니다.

□ **頂戴(する/いたす)** (제가) 받다

先生からおみやげを頂戴した。
선생님한테 선물을 받았다.

□ **拝見(する/いたす)** (삼가) 보다

先生のお宅のお庭を拝見させていただきました。
선생님 댁의 정원을 삼가 보았습니다.

□ **拝借(する/いたす)** (제가) 빌리다

明日まで拝借してもよろしいでしょうか。
내일까지 빌려도 되겠습니까?

□ **申し上げる** 말씀드리다

私がそのことを社長に申し上げましょう。
제가 그 일을 사장님께 말씀드리지요.

□ **お/ご～申し上げる** ~말씀드리다

お願い申し上げます。부탁드립니다.

ご案内申し上げます。안내해 드리겠습니다.

3. 謙譲語B(겸양어B)

주어를 낮춤으로써 듣는 사람에게 정중하게 하는 표현 방식.

〈일반형식〉

サ変動詞인 「する」를 「いたす」로 바꾼 「～いたす」(「出席いたす」「案内いたす」 등, 「お/ご」가 붙지 않는 것)가 있을 뿐이다. 겸양어B에는 「お/ご」와 「上げる」가 붙는 경우는 없다.

〈특정형〉

いたす(하다)　まいる(가다, 오다)　申す(아뢰다)　存じる(알다, 생각하다)　おる(있다)

私が出席いたしました。제가 출석했습니다.

父は今日アメリカにまいります。아버지는 오늘 미국에 갑니다.

家内がそう申しますので、私もそうしようと存じまして…。아내가 그렇게 말하기 때문에, 저도 그렇게 하려고 생각해서…….

□ 致す(いたす) (제가) 하다

この仕事(しごと)は私(わたし)がいたします。

이 일은 제가 하겠습니다(하다 의미).

□ ～致す(いたす) ~(제가) 하다

来週中国(らいしゅうちゅうごく)へ出張(しゅっちょう)いたします。

다음 주에 중국으로 출장입니다(하다 의미).

□ いただく (제가) 먹다

毎朝(まいあさ)ジョギングをしているおかげで何(なん)でもおいしくいただけます。

매일 아침 조깅을 하기 때문에 무엇이든지 맛있게 먹을 수 있습니다.(음식을 먹다 의미)

□ おる 있다

明日(あした)は一日家(いちにちいえ)におります。 내일은 하루 종일 집에 있습니다.

□ ～ておる ~고(며) 있다

明日(あした)は一日家(いちにちいえ)で仕事(しごと)をしております。

내일은 하루 종일 집에서 일을 합니다.

□ 存(ぞん)じる/存(ぞん)ずる (제가) 생각하다, (제가) 알다

そのことなら存(ぞん)じております。

그것이라면 알고 있습니다.(알다 의미)

誠(まこと)にうれしく存(ぞん)じます。

참으로 기쁘게 생각합니다.(생각하다 의미)

□ 参る(まいる) (제가) 가다, 오다

私(わたし)がまいります。 제가 가겠습니다.

□ ～てまいる ~해 가다(오다), ~게 되다

私(わたし)も次第(しだい)にわかってまいりました。

저도 차츰 알게 되었습니다.

□ 申す(もうす) 말하다

父(ちち)がそう申(もう)しました。 아버지가 그렇게 말했습니다.(말하다 의미)

4. 謙譲語(けんじょうご)AB(겸양어AB)

보어를 높이고 주어를 상대적으로 낮추어, 듣는 사람에게 정중하게 하는 표현 방식.
「お/ご ～いたす」는 A, B의 양쪽 성질을 갖는 겸양어AB이다.

お招(まね)きいたします。 초대(초빙)합니다(해 드리겠습니다).

ご案内(あんない)いたします。 안내합니다(해 드리겠습니다).

5. 丁重語(ていちょうご)(정중어)

겸양어B를, 특별하게 주어를 낮추는 것이 아니고, 단지 듣는 사람에게 정중함을 나타내기 위해서 사용하는 표현 방식. 단, 주어는 높일 필요가 없는 3인칭이어야만 한다.

向(むこ)うから中学生(ちゅうがくせい)がまいりました。 저쪽에서 중학생이 왔습니다.

まもなく電車(でんしゃ)がまいります。 잠시 후 전철이 (들어)옵니다.

寒(さむ)くなってまいりました。 추워졌습니다.

6. 丁寧語(공손어)

듣는 사람에게 공손하게 하는 표현 방식.
☞「です・ます」「ございます」「お暑い」

これは本です。이것은 책입니다.

私も行きます。나도 갑니다.

終点でございます。종점입니다.

お暑いですね。덥지요.

※ 그 밖에 「お菓子, ご飯」과 같이 화자가 품위 있게 표현하고자 하는 美化語(미화어)나 「本日、先程」와 같이 화자가 격식을 차려서 표현하는 改まり語(격식어)도 경어에 준한다.

□ ～ます ～입니다

私は毎日学校へ行きます。저는 매일 학교에 갑니다.

□ ～です ～입니다

これは本です。이것은 책입니다.

□ ございます 있습니다(존재, 소유)

あちらに申込書がございます。저쪽에 신청서가 있습니나.

私には兄弟がございません。저에게는 형제가 없습니다.

□ ～でございます ～입니다

こちらが会議場でございます。이쪽이 회의장입니다.

□ 보조동사 용법의 「ございます」

こちらに整えてございます。이쪽에 정돈되어 있습니다.

いまだに完成せずにございます。
아직까지도 완성되지 않았습니다.

□ 형용사(음편형) + ございます·存じます

형용사가 「ございます・存じます」에 이어질 때 다음과 같은 방법으로 변환된다.

1. ---aい → ---ooございます

高い(takai) → たこう(takoo)ございます
浅い(asai) → あそう(asoo)ございます
ありがたい(arigatai) → ありがとう(arigatoo)ございます

2. ---iい → ---yuuございます

大きい(ookii) → 大きゅう(ookyuu)ございます
正しい(tadasii) → 正しゅう(tadasyuu)ございます
美しい(utukusii) → 美しゅう(utukusyuu)ございます

3. ---uい → ---uuございます

安い(yasui) → 安う(yasuu)ございます
寒い(samui) → 寒う(samuu)ございます
暑い(atui) → 暑う(atuu)ございます

4. ---oい → ---ooございます

細い(hosoi) → 細う(hosoo)ございます
青い(aoi) → 青う(aoo)ございます
遠い(tooi) → 遠う(tooo)ございます

謙譲語(けんじょうご)A(겸양어A) & 謙譲語(けんじょうご)AB(겸양어B) 비교 설명

다음의 두 문장을 비교해 봅시다.

① 私(わたし)はそのやくざに、早(はや)く足(あし)を洗(あら)うように申(もう)し上(あ)げました。

② 私はそのやくざに、早く足を洗うように申(もう)しました。

①번 문장은 겸양어A로, 'やくざ'에 대한 경어가 되기 때문에 잘못된 표현이고, ②번 문장은 겸양어B로, 'やくざ'에 대한 경어가 아니고 이 문장을 듣고 있는 사람에 대한 경어이기 때문에 알맞은 표현이다

겸양어A는 화제의 대상(인물)에 대한 경어이고, 겸양어B는 듣는 사람에 대한 경어이다.

〈語形〉적으로 겸양어A는 「お/ご」와 「拝(はい)」가 붙거나 「~上げる」형이 많은 것에 반하여(이 이외의 대표적인 겸양어A로는 「伺う」「いただく」), 겸양어B에는 이러한 형태의 것이 없다.

〈機能〉의 가장 큰 차이점은, 겸양어A는 「~を, ~に」 등의 인물(보어)을 높이는 역할이 있는 것에 반하여, 겸양어B에는 그러한 작용이 없다.

「お/ご ~ いたす」는 A, B의 양쪽 성질을 갖는 겸양어AB이다.

경어 동사 정리

	존경어	겸양어A	겸양어B	공손어
会う (만나다)	お会いになる 会われる (만나시다)	お目にかかる お会いする (만나 뵙다)		会います (만납니다)
上げる(*1) (주다)	お上げになる(*1) (드리다)	差し上げる (해 드리다)		上げます (줍니다)
言う (말하다)	おっしゃる 言われる (말씀하시다)	申し上げる (말씀드리다)	申す (말하다)	申す(*7) (말합니다)
行く (가다)	いらっしゃる おいでになる お越しになる (가시다)	伺う(*2) お伺いする(*3) (찾아뵙다)	参る (가다)	行きます (갑니다)
いる (있다)	いらっしゃる おいでになる (계시다)		おる(*11) (있다)	おる(*12) (있다)
思う (생각하다)	お思いになる 思われる (생각하시다)		存じる (생각하다)	思います (생각합니다)
借りる (빌리다)	お借りになる 借りられる (빌리시다)	拝借 お借りする (빌리다)		借ります (빌립니다)
買う (사다)	お求めになる 求められる お買になる 買われる(사시다)			買います (삽니다)
聞く (묻다, 듣다)	お聞きになる 聞かれる (물으시다, 들으시다)	伺う/承る (삼가 듣다) お伺いする(*3) お聞きする (묻다, 듣다)		聞きます (듣습니다)
気に入る (마음에 들다)	お気に召す (마음에 드시다)			気に入ります (마음에 듭니다)

着る (입다)	召す お召しになる 着られる (입으시다)			着ます (입습니다)
来る (오다)	いらっしゃる おいでになる 見える (가벼운 경어) お見えになる お越しになる 来られる (오시다)	伺う(*2) お伺いする(*3) (찾아뵙다)	参る (오다)	来ます 参る(*10) (옵니다)
くれる (주다)	下さる たまわる (주로 문어체에서 사용) (주시다)			くれます (줍니다)
死ぬ (죽다)	お亡くなりになる 亡くなられる (돌아가시다)			亡くなる 死にます (죽었습니다)
知る (알다)	ご存じ(알고 계심) 知られる (아시다)	存じ上げる(알다)	存じる (알다)	知ります (압니다)
住む (살다)	お住まいになる (お住みになる) 住まれる (사시다)			住みます (삽니다)
する (하다)	なさる (하시다)		いたす (하다)	します いたす(*13) (합니다)
尋ねる (묻다)	お尋ねになる 尋ねられる (물으시다)	伺う お伺いする(*3) お尋ねする (여쭙다)		尋ねます (묻습니다)
訪ねる (방문하다)	お訪ねになる 訪ねられる (방문하시다)	伺う お伺いする お訪ねする (찾아뵙다)		訪ねます (방문합니다)

食(た)べる (먹다)	上(あ)がる/召(め)し上(あ)がる お召(め)し上(あ)がりになる(*4) 食(た)べられる (드시다)		いただく (먹다)	いただく(*8) 食(た)べます (먹습니다)
飲(の)む (마시다)	お飲(の)みになる 召(め)し上(あ)がる お召(め)し上(あ)がりになる(*4) 飲(の)まれる(드시다)		いただく (먹다)	いただく(*9) 飲(の)みます (마십니다)
(風(かぜ)を)ひく (감기 들다)	お召(め)しになる おひきになる (감기 걸리시다)			ひきます (걸립니다)
見(み)せる (보이다)	お見(み)せになる 見(み)せられる (보이시다)	ご覧(らん)に入(い)れる お目(め)にかける お見(み)せする (보여 드리다)		見(み)せます (보입니다)
見(み)る (보다)	ご覧(らん)になる 見(み)られる (보시다)	拝見(はいけん)する(보다)		見(み)ます (봅니다)
もらう (받다)	おもらいになる(*5) もらわれる (받으시다)	いただく (받다)		もらいます (받습니다)
やる (하다)	なさる (하시다)		致(いた)す (하다)	やります (합니다)
やる (주다)	下(くだ)さる おやりになる(*6) (주시다)	差(さ)し上(あ)げる (드리다)		やります (줍니다)
読(よ)む (읽다)	お読(よ)みになる 読(よ)まれる (읽으시다)	拝読(はいどく)する (읽다)		
ある (있다)	おありになる (있으시다)			あります ございます (있습니다)

亡くなる ⇒「死ぬ(죽다)」의 완곡한 표현 혹은 미화어로 준(準)경어에 해당됨.

(*1) 「あげる」 자체가 본래는 겸양어A이지만, 근래에는 미화어의 경향을 나타냄.

(*2) 엄밀하게 말해서 「伺う」는 「行く」, 「来る」의 겸양어A라기보다 「訪ねる」의 겸양어A라고 해야 할 것이다.

(*3) 「伺う」 자체가 겸양어A이기 때문에 이중 경어이지만, 일반적으로 사용되고 있으므로 틀린 표현이라고 하기 어렵다. 더욱 더 높은 경의를 나타낸다.

(*4) 「召し上がる」 자체가 존경어이기 때문에 이중 경어이지만, 일반적으로 사용되고 있으므로 틀린 표현이라고 하기 어렵다. 더욱 더 높은 경의를 나타낸다.

(*5) 先生は女子学生から花束をおもらいになった。
선생님은 여학생으로부터 꽃다발을 받으셨다.

(*6) 奥様は毎朝花に水をおやりになる。 사모님은 매일 아침 꽃에 물을 주신다.

(*7) 論より証拠と申します。 말보다 증거입니다.

(*8) 冷めないうちにいただきましょう。 식기 전에 먹읍시다.

(*9) ご一緒にコーヒーでもいただきましょう。 같이 커피라도 마십시다.

(*10) 郵便が参りました。 우편이 왔습니다.

(*11) 孫がおります。 손자가 있습니다.

(*12) あそこに犬がおります。 저쪽에 개가 있습니다.

(*13) 波の音が致します。 파도 소리가 납니다.

제4부

예제 · 기출문제 해석
실전대비 모의테스트
해설 및 정답

예제 · 기출문제

언어지식(문자 · 어휘)

해석

(1) 한자 읽기

문제1 ____의 단어 읽는 법으로서 가장 알맞은 것을 1 · 2 · 3 · 4에서 하나를 고르시오.

1. 전후, 일본은 궁핍한 시대를 경험했다.
   ① 궁핍하다(가난하다) ② 어렵다(혹독하다)
   ③ 험하다 ④ 격렬하다
2. 이 검은 씨앗에서 어떤 꽃이 피는 것일까?

기출문제

2009년 12월

문1 저 담은 기울어져 있기 때문에 가까이 다가가지 않는 편이 좋아요. 위험합니다.

문2 요전 날 숙박한 호텔은, 설비가 좋고 쾌적했다.

문3 이 책을 읽으면, 정치 전반에 대한 지식을 얻을 수 있다.

문4 어제는 담당자가 없었기 때문에, 재차 내일 방문하기로 했다.

문5 저 남자는, 돈을 훔친 혐의로 조사받고 있다고 한다.

문6 다나카 씨는 정보를 처리하는 능력이 우수하다.

문7 돌연, 화산이 분화하여, 용암이 흐르기 시작했다.

문8 그녀는 새로운 직장에서 의욕에 넘쳐 일하고 있다.

2009년 7월

문1 이 배는, 오랜 세월 화물의 수송에 사용되어 왔지만, 금년 그 역할을 끝내게 되었다.

문2 지진에 대비해, 식료(식량)를 저장해 두지 않으면 안 된다.

문3 인쇄 회사에 정사원으로서 고용되게 되었다.

문4 어린 딸과 함께, 정원수(분재)에 물을 주는 것을 일과로 하고 있다.

문5 최근 출판된 이 저자의 책은 모두 읽었습니다.

문6 주민들은 협력해서, 우물을 파기로 했다.

문7 순조롭게 회복하고 있기 때문에, 곧 있으면 퇴원할 수 있겠지요.

문8 어릴 적에는, 하늘을 올려보고, 우주에 관해 여러 가지 상상하곤 했습니다.

2008년 12월

문1 지구 온난화는, 우리에게 다양한 영향을 주고 있다.

문2 인류의 미래를 위해서, 자원의 재이용을 진행시켜야만 한다.

문3 그 사람은 시간에는 아주 까다로워서, 1초라도 지각하면 심기가 불편해진다고 한다.

문4 이 공해를 둘러싼 재판에서는, 회사의 방침이 문초되고 있다.

문5 피부가 건조하지 않게, 이 크림을 발라 주세요.

문6 이 옷의 디자인은, 구미의 유행을 참고로 하고 있다고 해요.

문7 사장으로부터의 지시이기 때문에 고민했지만, 이 일은 역시 거절하기로 했다.

(2) 표기

문제2 _____의 단어를 한자로 쓸 때, 가장 알맞은 것을 1 · 2 · 3 · 4에서 하나를 고르시오.

1. 오늘은, 쓰레기 수집일입니까?
2. 이 카메라는 디자인도 성능도 뛰어나다.

기출문제

2009년 12월

문1 신청할 때에는 이하의 조건을 잘 읽어 주세요.

문2 졸업을 앞두고 자신의 장래에 관해 생각했다.

문3 그는 나의 뻔뻔스러운 부탁을 들어주었다.

문4 날이 저물어 주변은 깜깜하게 되었다.

문5 물가가 올라, 소비에 영향이 나타났다.

문6 그는 재주가 있어서 뭐든지 할 수 있기 때문에 믿음직한 존재다.

문7 야생의 동물은 감각이 예민하다.

문8 도로를 횡단할 때는 조심하자.

문9 이 기계는, 지금까지의 것보다 복잡한 구조로 되어 있다.

문10 오늘은 내가 사회를 맡도록 하겠습니다.

2009년 7월

문1 길에서 지갑을 주웠다.

문2 이 프린트에 오류가 없는지, 사무소에 가서 직접 물어 보았다.

문3 식욕이 없는 것 같네요. 무슨 일입니까(어찌된 일입니까)?

문4 심야에, 계단에서 떨어져 골절하고 말았다.

문5 오늘은 시원하지만 햇살이 강했기 때문에, 모자를 쓰고 갔다.

문6 이 장치는, 증기의 힘이 강해지면 멈춥니다.

문7 저 생물에는, 몸에 좋은 성분이 많이 포함되어 있다.

문8 법률로 금지되어 있는 것은, 나라에 따라서 다릅니다.

문9 지금, 그는 무역 관계의 일을 하고 있다.

2008년 12월

문1 그저께의 위원회에서 내년도의 활동 안(案)이 승인되었다.

문2 어젯밤은, 이가 아파서 전혀 잠들 수가 없었다.

문3 국제 경쟁에 이기기 위해서는 가격을 내릴 수밖에 없을 것이다.

문4 선생님은 바쁜 분이기 때문에, 전화로 형편을 묻는 편이 좋아요.

문5 그의 험악한 행동에 주위의 사람은 곤란해 하고 있다.

문6 그는, 어제의 시합에서 상대를 쓰러뜨려, 세계의 정상에 섰다.

문7 이번 연수를 위해서 해외로부터 선생님을 초빙하기로 했다.

문8 이 부분은 생략하는 편이, 생각보다 명확하게 표현할 수 있을 것이다.

문9 이 방의 습도는 항상 일정하다.

문10 식후에 진한 커피를 마셨다.

(3) 단어 형성

문제3 (　　)에 들어갈 가장 알맞은 것을 1 · 2 · 3 · 4 에서 하나를 고르시오.

1. 새로운 상품을 팔기 위해, 그는 매일 바쁘게 뛰어다니고 있다.
2. 그 영화의 마지막은 명장면으로 알려져 있다.

기출문제

1. 아버지가 죽은 후, 우리들은 슬픔을 극복하고, 오늘까지 열심히 노력해 왔다.
2. 우리 밭에서 생기는 토마토는, 겉보기(외관)는 좋지 않지만, 맛이 좋다.
3. 단기간에 일본어를 잘할 수 있는 방법은 없습니까?
4. 오늘은 감기 증세이니까, 집에 있어야지.
5. 오래전부터 좋아했던 사람에게, 두근두근하면서 말을 건네 보았다.

(4) 문맥 규정

문제3 (　　)에 들어갈 가장 알맞은 것을 1 · 2 · 3 · 4 에서 하나를 고르시오.

1. 일본인의 평균 수명은, 남성이 79세, 여성이 86세이다.
   ① 생명　② 수명　③ 인생　④ 일생
2. CD의 매상은 3년 연속으로 감소하고 있다고 있다.
   ① 연속　② 접속　③ 지속　④ 상속

기출문제

2009년 12월

1. 신발의 끈을 꽉 묶고 나서, 조깅을 시작했다.
   ① 밧줄　② 새끼줄　③ 실　④ 끈
2. 그 차는 제한 속도를 크게 초과해서 달리고 있었다.
   ① 초과　② 과잉　③ 통과　④ 과실
3. 그는 이 나라를 만든 위대한 왕이다.
   ① 호화　② 고급
   ③ 위대　④ 상등(고급)

4. 친구가 피아노의 콩쿠르에서 우승했다.
① 콘서트 ② 콩쿠르(경연대회)
③ 콘크리트 ④ 콘센트

5. 오랫동안 주저앉아 있었기 때문에, 다리가 저려서 설 수 없게 되었다.
① 깨져서 ② 저려서
③ 부서져서 ④ 무너져서

6. 여기는 세계적으로 유명한 관광지이기 때문에, 외국인을 접할 기회가 많다.
① 달하다 ② 관하다
③ 적합하다 ④ 접하다

7. 아침부터 대화를 계속하고 있지만, 좀처럼 결론이 나오지 않는다.
① 결국 ② 완성
③ 완료 ④ 결론

8. A「어느 쪽이든 좋아하는 쪽을 드리지요.」
B「모두 멋지기 때문에, 망설여져서 결정할 수 없습니다.」
① 망설여서 ② 선택하여
③ 물어서 ④ 비교하여

9. 이 신문은 1부에 120 엔으로 팔리고 있다.
① 통 ② 권 ③ 부 ④ 권

10. 아주 약간 설탕을 넣으면, 더 맛있어져요.
① 대략(대체로) ② 단지
③ 아주(약간) ④ 현저히(부쩍)

2009년 7월

1. 연습에서 잘 할 수 있어도, 시합에서 실력을 발휘하는 것은 어렵기 마련이다.
① 발행 ② 발차 ③ 발표 ④ 발휘

2. 일본식 방에 이불을 깔고 자다.
① 씌어서 ② 끌어당겨서
③ 깔고 ④ 펴서

3. 아버지는 어렸을 적에 가난해서, 먹는 것에 곤란을 겪었다고 한다.
① 험해서 ② 이상해서
③ 가난해서(궁핍해서) ④ 그리워서

4. 이 유리병의 용량은 2리터입니다.
① 농도 ② 용적(용량)
③ 수압 ④ 중량

5. 바닷길을 통해서 집에 돌아갔다.
① 연변(~에 따라서) ② 세움
③ 향함 ④ 부속(달려 있음)

6. A「부장님, 늦어져 죄송합니다. 일전의 회의 리포트가 완성되었습니다.」
B「정말로 수고 많았어.」
① 수고 했어요 ② 사양 않고
③ 오래 기다리셨습니다 ④ 가엾게도

7. 긴장을 하고 있어서, 부드럽게 말할 수 없었다.
① 에티켓 ② 스타일
③ 악센트 ④ 스무드(부드럽게)

8. 여름이 되면, 이 산에는 잇달아 등산객이 찾아온다.
① 따로따로 ② 속속(잇달아)
③ 점점(똑똑) ④ 착착(한걸음 한걸음)

9. 아침까지 잠을 자지 않고 공부하고 있었기 때문에, 수업중에 졸려서 몇 번이나 하품이 나왔다.
① 하품 ② 기침
③ 딸꾹질 ④ 재채기

10. 장기간에 걸쳐서 대립해 온 두 나라 간에, 지난 주, 첫 TOP 회담이 행해졌다.
① 대조 ② 대책 ③ 대면 ④ 대립

2008년 12월

1. 아침에는 시간이 없기 때문에, 신문의 표제(헤드라인)를 바라볼 뿐이고, 기사는 읽지 않는다.
① 표제 ② 외관 ③ 견본 ④ 견해

2. 오늘 아침에는 새의 울음소리로 잠이 깼다.
① 쉬었다 ② 짖었다
③ 깊어졌다 ④ (잠이)깼다

3. 전력 등의 에너지 공급은, 5년 후에는 이 나라에 있어서 큰 문제가 되겠지.
① 알코올 ② 에너지 ③ 칼로리 ④ 비타민

4. 장황할지도 모르겠습니다만, 중요한 것이므로, 다시 한 번 반복합니다.
① 느리다 ② 둔하다
③ 장황하다 ④ 느슨하다

5. 이 공예품은 깨지기 쉽기 때문에, 신중하게 다뤄 주세요.
① 중요 ② 중대 ③ 신중 ④ 귀중

6. 어떻게 해서라도 가고 싶다면, 혼자서 가세요.
① 어떻게 해서라도 ② 부디
③ 반드시 ④ 적어도

7. 내일의 시합에서는, 이 두 팀이 처음으로 싸우게 되어 있다.
① 시리즈 ② 팀 ③ 게임 ④ 멤버

8. 저 가게는 산 것을 자택까지 배달해 줍니다.
① 통지 ② 배달 ③ 전달 ④ 발달

9. 축구 선수를 동경하는 아이들은 많다.
① 동경하다 ② 뒤쫓아 가다
③ 부딪치다 ④ 축복받다

10. 이번 리포트는, 시간이 부족했기 때문에, 불완전한 것밖에 쓸 수 없었다.
① 무 ② 비 ③ 미 ④ 불

2007년 12월

1. 「저기, 그 쪽에서 일하고 싶습니다만.」
「그럼, 한 번 면접을 받으러 와 주세요.」
① 영업 ② 환영 ③ 면접 ④ 방문

2. 숙박이시군요. 그럼, 여기 란에, 성함과 주소를 기입해 주세요.
① 기억 ② 기입 ③ 기념 ④ 기록

3. 그 사람의 명령에 거스르다니, 나로서는 할 수 없다.
① 주저하다(망설이다) ② 공경하다
③ 점치다 ④ 거역하다

4. 일반적으로 위도가 높은 지역에서는, 겨울의 추위가 심하다.
① 경도 ② 위도 ③ 각도 ④ 한도

5. 어제 세미나에서 서로 이야기한 화제는, 이른바 「소자녀화」의 문제였다.
① 모든 ② 이른바 ③ 나음 ④ 시난

6. 그 사람은 덜렁거리는 사람으로, 쇼핑하러 갈 때, 자주 지갑을 잊어버린다고 한다.
① 뻔뻔스럽다 ② 어리석다
③ 경솔하다(덜렁거리다) ④ 소란하다

7. 나의 프랑스어는, 아직 일상생활에서 충분히 도움이 되는 레벨은 아닙니다.
① 레벨 ② 패턴 ③ 스타일 ④ 골

8. "테스트, 어땠어?"
"그럭저럭 했어."
① 전혀 ② 조금도 ③ 별로 ④ 그럭저럭

9. 이 의자는, 어린이의 신장에 맞춰서 높이 조절을 할 수 있습니다.
① 조절 ② 안정 ③ 처리 ④ 공통

10. "이것, 맛있네요."
"아무쪼록, 많이 드세요. 사양하지 마시고."
① 사양하지 마시고 ② 상관하지 마시고
③ 실례했습니다 ④ 잘 알았습니다

2006년 12월

1. 여행에 데리고 갈 수 없기 때문에, 나는 친구에게 애완동물인 개를 맡겼다.
① 맡겼다 ② 장난쳤다
③ 붙였다 ④ 호소했다

2. 다 마셨으면, 비게 된 병을 이쪽에 버려 주세요.
① 빔 ② 없음 ③ 좋아 ④ 빔

3. 어젯밤에는, 침대에서 책을 읽고 있는 사이에 어느새 자고 말았다.
① 언제의 일인가 ② 어느새
③ 언제까지나 ④ 언제든지

4. 나의 회사는. 창고를 개조해서 오피스로 하고 있다.
① 개정 ② 개조 ③ 개선 ④ 개정

5. 요즈음 약간 살찐 탓인지, 바지가 꽉 끼게 되었다.
① 간사하게 ② 느슨하게
③ 둔하게 ④ 꽉 끼게

6. "야마다 씨는, 아직 오지 않았습니까?"
"그러고 보니, 어제도 쉬었지요."
① 그러고 보니 ② 그렇지 않으면
③ 왜냐하면 ④ 하지만(그럴 것이)

7. 공사는 순조롭게 진행되고 있고, 예정대로 다음 달에는 종료할 것 같습니다.
① 순조롭게 ② 자연스럽게
③ 풍요롭게 ④ 완만하게

8. 너무나 추워서, 손발의 감각이 없어졌다.
① 감정 ② 감동 ③ 감각 ④ 감격

9. 태풍의 접근에 따라, 밤이 되어 비와 바람이 차츰 강해졌습니다.
① 차츰
② 열심히(부지런히)
③ 뜻밖에 마주치는 모양(딱)
④ 반짝반짝

10. 이번 마라톤은, 이쪽의 경기장에서 스타트하기로 되어 있습니다.
① 세트 ② 노크 ③ 스타트 ④ 서비스

(5) 유의어(대체)

문제5 ____의 단어와 의미가 가장 가까운 것을 1 · 2 · 3 · 4에서 하나를 고르시오.

1. 다나카 씨는 단순한 친구입니다.
   ① 소중한 ② 일생의 ③ 단순한 ④ 유일한
2. 저 사람의 어머니는 언제나 명랑합니다.
   ① 점잖다(얌전하다) ② 성실함
   ③ 훌륭함 ④ 밝다

기출문제

2009년 12월

1. 이 도구에는 다양한 용도가 있다.
   ① 용도 ② 종류 ③ 형식 ④ 효과
2. 이 지방에 태풍이 오는 것은 보기 드문 일입니다.
   ① 자주 있다 ② 거의 없다
   ③ 가끔 있다 ④ 전혀 없다
3. 그것은, 재미있는 아이디어군요.
   ① 안(案) ② 형태 ③ 그림 ④ 설
4. 이 계획의 실현에는 상호의 이해가 중요하다.
   ① 우리 ② 여러분 ③ 상대방 ④ 서로
5. 그로부터의 편지를 읽고, 실망했다.
   ① 만족 ② 걱정 ③ 실망 ④ 안심

2009년 7월

1. 아버지는 아주 화가 나 있는 것 같다.
   ① 놀라고 있다 ② 원통해하고 있다
   ③ 화나 있다 ④ 슬퍼하고 있다
2. 그 이야기는 단순한 소문이기 때문에, 믿어서는 안 됩니다.
   ① 쓸데없는 ② 단순한
   ③ 거짓말의 ④ 어리석은
3. 이 내용으로 괜찮으시면, 사인을 받을 수 있습니까?
   ① 허가 ② 서명 ③ 승인 ④ 주문
4. 지난주의 출장을 중지한 것은 어쩔 수 없는 일이었다.
   ① 어쩔 수 없다 ② 꼴불견이다
   ③ 아깝다 ④ 터무니없다
5. 올림픽이 계기가 되어, 스포츠가 번창하게 되었다.
   ① 지주(버팀) ② 구조(구원)
   ③ 연결 ④ 계기

2008년

1. 그렇게 자기 마음대로인 말만 하면, 주위 사람에게 미움을 받아.
   ① 제멋대로임 ② 변변치 않음
   ③ 쓸데없음 ④ 못씀(안 됨)
2. 이 마을의 사람은 비교적 오래 산다.
   ① 특별히 ② 비교적
   ③ 매우 ④ 의외로
3. 밖에서 소란스러운 소리가 들린다.
   ① 예쁜(깨끗한) ② 시끄럽다
   ③ 이상한 ④ 약하다
4. 오토바이 오일을 사 왔습니다.
   ① 부품 ② 공기 ③ 좌석 ④ 기름
5. 지장이 없으면, 전화번호를 가르쳐 주세요.
   ① 방법 ② 변경 ③ 문제 ④ 불평

2007년

1. 모두에게 폐를 끼쳐서, 정말로 미안하게 생각하고 있다.
   ① 분하다 ② 부끄럽다
   ③ 슬프다 ④ 면목 없다
2. 일만이 아니고, 가끔씩은 오락도 필요하다.
   ① 드라마 ② 파티 ③ 레저 ④ 데이트
3. 그는, 여행 중에 일어난 기묘한 사건을 토대로 해서, 소설을 썼다.
   ① 뛰어났다 ② 색다르다
   ③ 질렸다 ④ 놀랐다
4. 사장은, 기자 회견에서 그 소문을 부정했다.
   ① 올바르지 않다고 했다 ② 이상하지 않다고 했다
   ③ 듣고 싶지 않다고 했다 ④ 모른다고 했다
5. 버스는 곧 오겠지요.
   ① 결국(머지않아) ② 대부분(거의)
   ③ 곧 있으면 ④ 겨우(간신히)

2006년

1. 저쪽의 회사에는 재삼 부탁하고 있습니다.
   ① 몇 번이나 ② 몇 번인가
   ③ 언제나 ④ 언젠가
2. 스즈키 씨는 매일 성실하게 트레이닝하고 있습니다.
   ① 번역 ② 돌봄(신세)
   ③ 생활 ④ 연습
3. 이 두 사람은 하나부터 열까지 꼭 닮았다.
   ① 색다르다 ② 차이가 나다
   ③ 맞다 ④ 비슷하다

4. 완전히 여기가 마음에 들어 버렸다.
① 이상해져 ② 친절해져
③ 좋아하게 되어 ④ 싫어져

5. 시청에 가서 고충을 호소했다.
① 불만 ② 불운 ③ 불편 ④ 부정

(6) 용법

문제5 다음 단어의 사용법으로서 가장 알맞은 것을 1 · 2 · 3 · 4에서 하나를 고르시오.

1. 여분, 더욱, 쓸데없음
① 독신 생활이면 야채가 곧 余計되어 버린다.
② 이야기가 복잡하게 되니까, 쓸데없는 것은 말하지 마.
③ 余計이 있으면, 하나 빌릴 수 없겠습니까?
④ 요즈음 일이 바빠서 놀러 갈 余計가 없다.

2. 솔직
① 그 사람은 率直하게 일을 하고 있기 때문에, 평판이 좋다.
② 이 신청서에는 당신의 주소를 率直하게 적어 주세요.
③ 이 앙케트에는, 여러분들이 의견을 솔직하게 써 주세요.
④ 손님으로부터의 고충에는 率直하게 대응할 필요가 있다.

기출문제

2009년 12월

1. (목적지를) 지나치다
① 멍하니 하고 있어서, 역을 하나 지나쳐 버렸다.
② 서두르고 있었기 때문에, 스피드를 올려서 앞의 차를 乗り越した.
③ 종점에서 내려, 거기에서 다른 버스로 乗り越した.
④ 공항까지의 길이 붐비고 있기 때문에, 비행기로 乗り越して 해버렸다.

2. 절약
① 아버지에게 「시끄럽다」라고 했기 때문에, 스테레오의 소리를 節約했다.
② 「슈퍼」라고 하는 것은, 「슈퍼마켓」을 節約한 말입니다.
③ 언젠가 자신의 집을 가질 수 있도록, 매월 얼마씩 은행에 節約하고 있다.
④ 사용하지 않은 방의 에어컨은 끄도록 해서, 전기세를 절약합시다.

3. 드라이브
① 비가 내리고 있기 때문에, 역까지 아들을 ドライブ해 주었다.
② 가족과 바다 근처를 드라이브 하는 것이, 휴일의 즐거움이다.
③ 오토바이를 ドライブ하려면, 특별한 면허가 필요하다.
④ 어렸을 적에, 비행기를 ドライブ 하는 것이 꿈이었다.

4. 예의
① 그는 말씨도 정중하고, 매우 礼儀한 사람이다.
② 체육관은 입학식의 회장으로 사용되기 때문에, 완전히 礼儀로 장식되어 있다.
③ 부끄러운 마음을 갖지 않게, 제대로 된 예의를 몸에 익히고 싶다.
④ 선생님과 이야기를 할 때는, 더욱 礼儀하면 어떻습니까?

5. 와, 우르르, 덜컥
① 의사가 올 때까지, 움직이지 말고 どっと하고 있으세요.
② 어제부터 どっと 기다리고 있지만, 아직 답장이 오지 않는다.
③ 울고 있는 아이의 눈물을, 어머니는 どっと 닦아 주었다.
④ 테스트가 끝나자, 누적되어 있던 피로가 몰려왔다.

2009년 7월

1. 정직
① 숨기지 말고, 정직한 기분을 이야기하면 좋겠다.
② 저 모퉁이를 돌아서, 10분 정도 正直하게 가 주세요.
③ 이 문제는 어렵기 때문에, 正直한 답을 모릅니다.
④ 시장이 아니고, 농가로부터 正直 야채를 사고 싶다.

2. 분명히
① 다음 전철에 시간이 맞을지 어떨지, たしか를 해 주세요.
② 맡은 일은, たしか 열심히 노력하고 싶다.
③ 다나카 씨와 처음으로 만난 것은, 분명히 3년 전의 일이었다.
④ 남에게 들은 이야기이기 때문에, たしか는 모른다.

3. 전개
① 친구에게 고민을 展開해서, 기분이 편해졌다.
② 저 가게의 빵은, 展開해서 2시간 후에 매진되어 버린다.
③ 미술관에 오래된 회화의 展開를 보러 갔다.
④ 이 드라마는 이야기의 전개가 단순해서 재미있지 않다.

4. 흩어지다, 어질러지다

① 방이 어질러져 있었기 때문에, 아이에게 정돈시켰다.

② 이 꽃은 피고 나서 4, 5일에 散らかる.

③ 무심코 컵을 넘어뜨려 버려, 물이 散らかった.

④ 이제 밤도 늦었으니까, 散らって 내일 다시 모이자.

5. 분해

① 케이크를 사왔으니까, 모두 分解해서 먹읍시다.

② 라디오를 분해해서, 소리가 나지 않게 된 원인을 조사해 보았다.

③ 도서관의 책은 분야별로 分解해서 나열되어 있습니다.

④ 이 벌레는 동부부터 남부에 걸쳐서 넓게 分解되어 있다.

2008년

1. 감탄

① 이 클래스 학생들의 능력이 높음에 감탄했다.

② 저 사람의 능숙한 영어를 感心했다.

③ 아이들의 훌륭한 댄스에 感心이 되었다.

④ 훌륭한 절을 感心이 되었다.

2. 타당

① 결혼한다면, 가능한 한 기분의 妥当한 사람이 좋습니다.

② 별로 색다른 것이 아니고, 妥当한 것을 먹고 싶네요.

③ 이것은 妥当한 모임이기 때문에, 슈트로 출석해 주세요.

④ 이 일에 대해서 1만원은 타당한 금액이라고 생각해요.

3. 곧, 조만간, 이제 와서

① 내일로는 늦기 때문에, いまに 청소해서 치워 주세요.

② 이미 승부는 시작되었기 때문에, いまに 그만두고 싶다고 해도 너무 늦다.

③ 마지막 테스트가 끝나자, いまに 기억하고 있던 것을 전부 잊었다.

④ 매일 쉬지 않고 연습을 하고 있으면, 곧 능숙해져요.

4. 되돌아오다[가다], 되돌리다

① 친구와 10년 만에 만나서, 옛날 일을 引き返した.

② 지인에게 빌려주었던 돈이 결국 引き返した.

③ 강풍으로 인해, 배가 항구로 되돌아왔다.

④ 아침에 올린 기를 저녁에 引き返した.

5. 재촉

① 외국에의 흥미는, 말을 배우는 催促의 하나가 됩니다.

② 상품이 좀처럼 도착하지 않아서, 재촉 전화를 걸었다.

③ 야마시타 선생님에게, 파티에의 催促 편지를 썼습니다.

④ 다음 회의의 催促의 날을 좀 더 빨리 합시다.

2007년

1. 기후

① 이 섬은 기후가 온화해서, 지내기 쉽다.

② 밤이 되면 気候가 내려갑니다. 스웨터를 가지고 가면 좋을 것입니다.

③ 이 나라에서는 3월은 졸업의 気候이다.

④ 운동회를 할지 어떨지는, 내일의 気候를 보고 결정합니다.

2. 비록, 설령

① たとえ 그가 참가한다면, 다음 주의 하이킹은 즐거운 것이 될 것이다.

② たとえ 봄이 되었는데, 아직 춥다.

③ 비록 한 번이나 두 번 실패해도, 나는 포기하지 않는다.

④ たとえ 병이 나으면, 모두와 스키하러 나가고 싶다.

3. 묽게 하다, 옅게 하다

① 여름은 덥기 때문에, 입는 것을 薄めます.

② 이 약품은 사용할 때 물로 묽게 합니다.

③ 이번에 차를 산다면, 색을 薄めます.

④ 고양이는, 태양의 빛이 강한 곳에서는 눈을 薄めます.

4. 응석 부리게 하다, 응석을 받아 주다

① 커피에 설탕을 넣어 甘やかします.

② 그 강아지는 甘やかされた 소리로 어미 개를 부르고 있었습니다.

③ 오늘 회사에서 과장님에게 「잘 했다」라고 甘やかして 받았다.

④ 그는 어릴 때부터 응석부리며 자란 것 같다.

5. 일단

① いったん만 말할 테니, 잘 들었으면 좋겠다.

② 주에 いったん 어머니에게 전화를 합니다.

③ 여기는 지금까지 いったん도 온 적이 없다.

④ 일단 집에 돌아가고 나서, 다시 오겠습니다.

2006년

1. 의심하다

① 다나카 군은, 클래스의 모두가 うたがって 있는 인기인이다.

② 나는 그가, 반드시 돌아와 주리라고 うたがって 있다.

③ 그 사람은, 내가 거짓말을 말하고 있는 것은 아닐까 의심하고 있다.

④ 전부터 うたがって 있었습니다만, 저 캘린더의 사진은 무슨 사진입니까?

2. 편안함, 쉬움

① 楽한 듯이 노는 아이들의 목소리가 들려온다.

② 그럼, 이쪽에 편한 자세로 앉아 주세요.

③ 어제는 오랜만에 만나 뵙게 되어서 정말로 楽했습니다.

④ 아무쪼록 楽 와 주세요. 기다리고 있겠습니다.

3. 조금도

① 여러 가지 바쁜 것은 알고 있지만, 少しも 나의 이야기를 들었으면 좋겠다.

② 재미있다고 해서 읽은 책은, 少しも 시시했다.

③ 10년 만에 만난 그녀는, 조금도 변하지 않았다.

④ 프랑스어는 별로 능숙하지 않지만, 少しも 말할 수 있다.

4. 지배하다

① 이 원숭이의 그룹을 지배하고 있는 것은, 저 큰 원숭이인 것 같다.

② 선물로 사과를 많이 받았기 때문에, 이웃 사람들에게 支配した.

③ 위에서 누르는 힘과 아래에서 支配する 힘의 밸런스가 잘 잡혀 있다.

④ 클래스의 친구들에게 支配して 받아서, 훌륭한 유학 생활을 보낼 수 있었다.

5. 유머

① 기무라 씨는 언제나 ユーモア만 말하고 있어서, 느낌이 좋지 않다.

② 오오키 씨는 유머가 있는 사람으로, 같이 있으면 언제나 즐겁다.

③ 야마구치 씨는 수업 중 자주 ユーモア를 해서, 선생님에게 혼나고 있다.

④ 무라야마 씨는 일에 대해서 ユーモア는 가지고 있지만, 잘 되지 않는 경우가 많다.

예제 · 기출문제

언어지식(문법)

해석

(1) 문장 형식의 판단

문제7 다음 문장의 ( )에 들어갈 가장 알맞은 것을, 1 · 2 · 3 · 4에서 하나를 고르시오.

1. 막차 버스에 늦어서 곤란해 하고 있던 중에, 운 좋게 택시가 지나가, 무사히 귀가할 수 있었다.

① 끝에 ② 위해(때문에)

③ 하자마자 ④ 중에(참에)

2. 부모가 타인을 언제나 부러워하고만 있으면 아이도 남을 부러워하게 된다는 것이 아버지의 말버릇이었다.

① 부러워하고만 있으면 ② 부러워하고만 있어도

③ 부러워했을 뿐이라면 ④ 부러워한 것만으로도

기출문제

2009년 12월

문제Ⅳ 다음 문장의 ____에 어떤 단어를 넣으면 좋을 것인가. 1 · 2 · 3 · 4에서 가장 알맞은 것을 하나 고르시오.

1. 여러분들 덕분에 무사히 폐회식을 맞이할 수 있었습니다.

① 탓으로 ② 이유로 ③ 덕분에 ④ 계기로

2. 어제 내가 조사한 바로는, 공장 기계에 문제는 없었다.

① 한해서는 ② 따라서는 ③ 한 후에는 ④ 같아서는

3. 테이블 위에 먹다 만 케이크가 놓여 있다.

① 다 먹은 ② 먹다 만

③ 다 먹은 ④ 먹기 시작한

4. 그는 뭐든지 잘 알고 있기 때문에, 친구들에게 「박사」라고 불리고 있다.

① 하게도 ② 이유에서

③ 필요 없이 ④ 이기 때문에

5. 처음에는 무서워서 수영장에 들어가는 것조차 할 수 없었지만, 지금은 50미터나 헤엄칠 수 있게 되었다.

① 만 ② 뿐 ③ 이야말로 ④ 조차

6. 일본이라고 하면, 나는 벚꽃을 연상합니다.
① 에 있어서 ② 으로서는
③ 라고 하면 ④ 로 보여서

7. 앞으로 제가 말하는 대로 PC를 조작해 주세요.
① 말하는 대로 ② 말하면서도
③ 말한 이후 ④ 말한다면

8. 1년 간의 휴가를 얻을 수 있다고 하면, 어떤 일을 하고 싶습니까?
① 와 함께 ② 라고 해도
③ 라고 하면 ④ 라고 하기보다

9. 도서관 이용하실 시에는, 이하의 점에 주의해 주십시오.
① 에 따라 ② 에 즈음하여
③ 를 토대로 ④ 에 따라서

10. 출석하든지 결석하든지, 초대장의 답장은 빨리 내는 편이 좋다.
① 해서는/해서는 ② 하기도 하고/하기도 하고
③ 하며/하며 ④ 하든지/하든지

11. 그 섬은, 삼림의 감소에 따라, 새와 동물의 수가 줄어들고 있다.
① 에 따라 ② 를 의지하여
③ 를 둘러싸고 ④ 에 대해

12. 잠시 연락이 없다고 해서, 그렇게 걱정할 필요 없어.
① 라고 생각하면 ② 이상에는
③ 와 나란히 ④ 라고 해서

13. 여동생은, 체조 선수처럼 몸이 부드럽다.
① 기색(경향) ② 하기 쉬운
③ 처럼 ④ 탓으로

14. 무릎에 통증이 있는 동안에는, 아직 운동을 하지 말아 주세요.
① 한 데다가 ② 이상에는
③ 동안에는 ④ 인 것을

15. 새로운 휴대 전화는, 사진을 찍을 수 있을 뿐만 아니라, 텔레비전이라도 볼 수 있어.
① 까지 ② 이라도
③ 보다도(밖에) ④ 인 주제에

16. 이 인형은, 「안녕하세요.」「안녕히 가세요.」라고 하는 간단한 말을 합니다.
① 정도의 ② 뿐인
③ 에 달하다(이르다) ④ 라고 하는

17. 아르바이트 임금은, 낮에는 1시간에 대해 800엔입니다만, 심야에는 1000엔입니다.
① 에 관련하여 ② 에 대해
③ 에 있어 ④ 에 의해

18. 패스포트(여권)를 신청하는 데에 여러 가지 서류와 사진을 준비할 필요가 있다.
① 데에(것에) ② 때문에(위해)
③ 때문에 ④ 한다면

19. 어떤 경영자는, 불량품이라고 알면서 제품을 판매하고 있었다.
① 알고 있다 ② 모르다
③ 알겠지(알 것이다) ④ 알면서

20. 이 시간에 대해서 생각하면 생각할수록, 머릿속이 혼란되어졌다.
① 생각하면 ② 생각해 ③ 생각했다 ④ 생각

문제V 다음 문장의 _____에 어떤 단어를 넣으면 좋을 것인가. 1 · 2 · 3 · 4에서 가장 알맞은 것을 하나 고르시오.

21. 이 만화는 젊은 사람들 사이에서 아주 유행하고 있기 때문에, 고교생이 모를 리가 없어.
① 알고 있을 수는 없다 ② 알고 있는 것은 아니다
③ 모를 리가 없다 ④ 모를 것이다

22. 상을 받은 것은 동생이라고 하는데, 그녀가 기뻐하는 모습은 자신이 상을 받은 것 같다.
① 것도 당연하다 ② 것 같다
③ 라고 하는 것이다 ④ 임에 틀림없다

23. 서류의 미스가 너무 많았기 때문에, 담당자에게 불평을 말하지 않고서는 견딜 수 없었다.
① 말하지 않는 것도 무리는 아니었다
② 말하지 않고서는 견딜 수 없었다
③ 말하지 않음에 틀림없었다
④ 말하지 않고 해결되었다

24. 이렇게 어려운 곡은 연주할 수 없어요. 기타는 20년 전에 배웠을 뿐이기 때문에.
① 뿐이기 때문에 ② 정도이기 때문에
③ 까지이기 때문에 ④ 만이기 때문에

25. 해외여행에는 가고 싶지만, 돈이 없기 때문에, 단념하는 수밖에 없다.
① 한이다 ② 필요는 없다
③ 우려가 있다 ④ 수밖에 없다

26. 이 이벤트가 성공한 것은, 주위의 지원과 멤버 전원의 노력의 결과임에 틀림없다.
① 에 없어서는 안 된다
② 와 다름없다(임에 틀림없다)
③ 할 것까지는 없다
④ 에 지나지 않는다

27. 자신이 이렇게 빨리 결혼하리라고는 생각도 해 보지 않았다.
① 생각도 해 보지 않았다 ② 생각하고 있을 수 없다
③ 생각만 하고 있다 ④ 생각해서 좋았다

28. 능숙해지고 싶으면, 매일 짧은 시간이라도 좋으니까 연습을 계속하는 것이다.
① 할까 보냐 ② 한 것이 있다
③ 것이다 ④ 하기도 되어 있다

29. 이쪽은 야마모토 선생님의 사모님 이십니다.
① 있습니다 ② 입니다
③ 계십니다 ④ 이십니다

30. 파티는 별로 좋아하지 않지만, 이번에는 가지 않으면 안 된다.

문제Ⅵ 다음 문장의 ____에 어떤 단어를 넣으면 좋을 것인가. 1 · 2 · 3 · 4에서 가장 알맞은 것을 하나 고르시오.

31. 승부는 이기면 되는 것은 아니다. 어떤 이기는 방법을 했는지가 중요하다.
① 것이겠지 ② 것은 아닐까
③ 라고 하는 것이다 ④ 라고 하는 것은 아니다

32. A「그 영화, 아주 인기가 있어서 붐비고 있는 것 같으니까, 빨리 가자.」
B「그렇기는 해도, 아직 일이 있기 때문에, 곧바로는 갈 수 없어.」
① 영화관에 빨리 가는 편이 좋아
② 그 영화는 아주 평판이 좋은 것 같아
③ 아직 일이 있기 때문에, 곧바로는 갈 수 없어
④ 용무가 끝났기 때문에, 영화를 볼 시간이라면 있어

33. 제대로 앞을 보고 운전해. 지금, 옆의 차에 부딪칠 뻔했어. 정말로 위험했었어.
① 부딪칠 뻔 했다 ② 막 부딪쳤다
③ 부딪치고 말았다 ④ 부딪치려고 했다

34. 그녀는 젊지만 대단히 우수합니다. 다음 일은 우리 회사에 있어서 중요하므로, 그녀에게 맡겨 주십시오.
① 그녀에게 맡길 리가 없겠지요
② 그녀에게 맡겨도 어쩔 수 없습니다
③ 그녀에게 맡겨 주십시오
④ 그녀에게 맡길 방법이 없습니다

35. 올해의 여름휴가에는 여행할 상황이 아니었다. 그렇다고 하는 것은, 아버지가 병으로 입원하고 말았기 때문이다.
① 모두가 집에서 느긋하게 지내고 있었다
② 아버지가 병으로 입원하고 말았다
③ 여름휴가에 여행 갈 수 없었다
④ 내가 바다에서 헤엄치고 싶지 않았다.

2009년 7월

문제Ⅳ 다음 문장의 ____에 어떤 단어를 넣으면 좋을 것인가. 1 · 2 · 3 · 4에서 가장 알맞은 것을 하나 고르시오.

1. 회의에서의 결정에 따라, 다음 달부터 신제품의 생산을 개시하게 되었다.
① 있어서는 ② 한해서
③ 따라 ④ 하면

2. 우리의 서클은, 골프 경험의 유무를 불문하고, 누구든지 들어갈 수 있습니다.
① 제외하고 ② 둘러싸고
③ 상관하지 않고 ④ 묻지 않고

3. 마감 직전이 되어서 테마를 바꿔서는, 좋은 논문을 쓸 수 없을 것이다.
① 하면은 ② 상태로는
③ 해서는 ④ 것으로는

4. 다음 달의 연주회를 향해서, 매일 바이올린 연습을 계속하고 있다.
① 에 있어서 ② 를 향해서
③ 의 끝에 ④ 의 끝에

5. 평범한 내 입장에서 보면, 그녀는 모든 재능을 타고 난 것처럼 생각된다.
① 입장에서 보면 ② 이상에는
③ 에 관해서도 ④ 에 대해서

6. 여행 플랜은, 고객의 희망에 따라서 변경할 수 있습니다.
① 의 것으로 ② 라고 해서
③ 을 앞두고 ④ 에 따라서

7. 인사할 예정인 시장이 아직 도착하지 않아, 폐회식이 늦어질 것 같다.
① 있는 것에 비해서 ② 없는 것에 비해서
③ 있지 않고 ④ 있고

8. 이 일은 편하고, 급료도 좋고, 통근시간이 긴 것을 제외하고는 불만 없다.
① 을 제외하고는 ② 치고는
③ 부터 봐서 ④ 인 주제에

9. 벽의 더러움이 신경이 쓰여서, 위에서부터 페인트를 칠했더니, 오히려 지저분해져 버렸다.
① 칠한 만큼 있어 ② 칠했더니
③ 칠하는데 ④ 칠한 후에

10. 딸이 너무나 기대하고 있기 때문에, 유원지에 갈 수 없게 된 것을 곧바로는 말을 꺼낼 수가 없었다.
① 이지만 ② 한다면
③ 한다 해도 ④ 때문에

11. 3시간 기다린 보람이 있어서, 비가 그쳐, 아름다운 경치를 볼 수 있었다.
① 보람이 있어서 ② 정도가 아니라도
③ 바람에 ④ 한해서는

12. 비록 불합격이라고 해도, 너의 지금까지의 노력은 헛수고는 아니야.
① 이었다면 ② 라고 해도
③ 이라면 ④ 아닌 것에는

13. 농업 기술이 발달함에 즈음하여, 사람들의 생활은 풍요로워져 갔다.
① 라고 해서 ② 에 즈음하여
③ 이라면 ④ 아닌 것에는

14. 에너지 문제가 이 정도로 심각하게 된 이상, 세계 각국이 협력해서, 즉시 대책을 세워야만 한다.
① 로 미루어 보아 ② 만큼 있어서
③ 이상 ④ 한편

15. 자료를 복사하고 싶습니다만, 복사기를 사용해도 되겠습니까?
① 사용하게 해 주셔도 ② 사용해 받아도
③ 사용해 줘도 ④ 사용해 줘도

16. 대기업의 사장이라고 하는 지위를 버려서라도, 나에게는 하고 싶은 것이 있다.
① 버려서라도 ② 버리기만
③ 버린다고 ④ 버릴 때까지도

17. 역에서 집까지 버스를 타지 않고 걷는 것은, 절약은 고사하고 건강을 위해서다.
① 뿐이고 ② 라고 하는
③ 에도 불구하고 ④ 은커녕(은 고사하고)

18. 외국에서의 생활을 하고서 비로소 자기 나라의 좋은 점을 알 수 있었다.
① 하고서 ② 하다
③ 했다 ④ 하지 않다

19. 사무실의 자물쇠를 채우자마자, 안에서 전화가 울리기 시작했다.
① 채워서 ② 잠그다 ③ 채웠다 ④ 채우려고

20. 지방에서는 인구가 줄어들고 있음에 대해, 도시부에서는 인구가 급격하게 늘고 있다.
① 줄어들었다 ② 줄어들다
③ 줄어들고 있다(회화체) ④ 줄어들고 있다

문제V 다음 문장의 ____에 어떤 단어를 넣으면 좋을 것인가. 1 · 2 · 3 · 4에서 가장 알맞은 것을 하나 고르시오.

21. 합계가 이렇게 큰 숫자가 되다니, 누군가가 계산을 잘못한 것이 틀림없다.
① 잘못하는 것에 한한다 ② 잘못할 수는 없다
③ 잘못한 것이 있다 ④ 잘못한 것이 틀림없다

22. 환경문제에의 관심이 높아져, 차가 아니라 전철을 이용하는 사람이 증가하고 있다.
① 증가하고 있다 ② 증가하기만 한다
③ 증가하기 어렵다 ④ 증가하려고 한다

23. 다행히 친구가 냉장고를 주었기 때문에, 새로운 것을 사지 않아도 되었다.
① 살 뿐이었다 ② 사지 않아도 되었다
③ 사는 것은 아니었다 ④ 살 수도 없었다

24. 오늘 밤, 대형 태풍이 이 지방에 접근할 우려가 있습니다.
① 접근하지 않을 수 없습니다
② 접근해서 참을 수 없습니다
③ 접근할 우려가 있습니다
④ 접근한 채로 되어 있습니다

25. 내일 하이킹에 갈지 어떨지는, 날씨에 달려 있다.
① 나름이다(달려 있다) ② 방향이다
③ 뿐이다 ④ 정도이다

26. 저 학생은 몸이 약해서, 수업을 자주 쉰다.
① 쉬어도 보지 않다 ② 쉴 리가 없다
③ 쉬려다 말았다 ④ 쉬기 십상이다

27. 무서워서 무서워서, 큰 소리로 외치고 싶을 정도였다.
① 해야만 했다 ② 정도였다
③ 대로였다 ④ 작정이었다

28. 상식이 있는 어른이라면, 손윗사람에 대해서 실례인 것을 말해서는 안 된다.
① 정도는 아니다 ② 것은 아니다
③ 해서는 안 된다 ④ 까지는 아니다

29. 그렇게 컨디션이 좋지 않으면, 무리를 하지 말고 쉬면 되지 않겠는가.
① 쉬지 않는 편이 좋아 ② 쉬지 않으면 돼
③ 쉬면 되지 않겠는가 ④ 쉬었지 않은가

30. 신세를 졌던 선생님이 돌연 입원하셨다고 들어서, 나는 걱정스러워 병원에 가지 않고서는 견딜 수 없었다.
① 갈 것 같지도 않았다
② 가지 않고서는 견딜 수 없었다
③ 가는 것 같았다
④ 간다고 하는 것이었다

문제Ⅵ 다음 문장의 ____에 어떤 단어를 넣으면 좋을 것인가. 1 · 2 · 3 · 4에서 가장 알맞은 것을 하나 고르시오.

31. A「이 전람회, 인기가 있군. 이래서야, 들어가기까지 1시간은 줄서.」
B「그렇지. 우리, 좀 더 일찍 오면 좋았을 텐데.」
① 오면 좋았을 텐데　② 오면 좋은데
③ 왔다고 하는 것이군　④ 올 정도는 아니었군

32. A「그렇게 큰 상처를 입었으니까, 위험한 짓은 두 번 다시 하지 않겠지요.」
B「아니, 그라면 또 할지도 몰라.」
① 하지 않는 것도 무리는 아니겠지
② 자꾸자꾸 하면 좋은데
③ 하는 것은 지당하다(사리에 맞다)
④ 또 할지도 몰라

33. 실력이 있는 팀이 항상 이긴다고는 할 수 없다. 시합은 해보지 않으면 모르는 것이다.
① 라고 하는 것이다　② 에 정해져 있다
③ 이라고는 할 수 없다　④ 것은 아닌가

34. 유감입니다만, 내일의 파티에는 참가할 수 없습니다. 그렇다고 하는 것은, 갑자기 출장하게 되었습니다.
① 그렇다고 해도　② 그렇다고 하는 것은
③ 그 때문에　④ 그러면

35. 자네가 혼자서 책임을 느낄 필요는 없다. 그렇게 고민하고 있으면 병나고 말아.
① 필요는 없다　② 것은 아니다
③ 일 리가 없다　④ 임에 틀림없다

(2) 문장의 구성

문제8 다음 문장의 __★__에 들어갈 가장 알맞은 것을 1 · 2 · 3 · 4에서 하나 고르시오.

1. 보통 감정을 겉으로 나타내지 않는 그가 그렇게 기뻐하는 것을 보면 어지간히 좋은 일이 있었던 것이겠지.

2. 다나카 선수가 이번 시즌 활약할 것을 기대하고 기다렸던 만큼 그의 부상 뉴스를 보고 놀랐다.

(3) 문장의 문법

문제9 다음 문장을 읽고, (1)부터 (5)의 안에 들어갈 가장 알맞은 것을, 1 · 2 · 3 · 4에서 하나 고르시오.

거리에는 장난감이 넘치고 있습니다. 선물로 장난감을 사려고 해도, 장난감 가게에 늘어선 각양각색의 장난감 앞에서 어느 것을 선택하면 좋을지 망설이고 말았다고 하는 분도 있을지도 모르겠습니다.

그래서, 어느 단체가, 장난감을 선택할 때의 참고가 되기를 바라며, 매년, 수많은 장난감 중에서 좋은 장난감, 「굿 · 투이」를 선정하고 있습니다. 가게에서 보고 곧바로 알 수 있게, 선정된 굿 · 토이에는 굿 · 토이 마크가 붙여져 있기 때문에, 장난감을 살 때에도 참고가 됩니다.

굿 · 토이란, 「놀이 능력」을 이끌어 내주는 것이라고 합니다. 「놀이 능력」이라고 하는 것은, 보는 능력, 듣는 능력, 느끼는 능력, 커뮤니케이션하는 능력, 꿈을 꾸는 능력, 사람이 살아가는 데에 필요한 능력입니다. 굿 · 토이의 전형에서는, 우선 추천된 장난감을 다양한 연령층의 사람들에게 실제로 놀아보도록 하여, 전문가가 노는 법을 보고 평가를 합니다. 그 후에도 다양한 시점에서 몇 번이나 검토를 거듭해 굿 · 토이는 선정되고 있습니다.

장난감이라고 하면, 단지 아이가 놀기 위한 것만으로 생각하기 십상입니다. 학원이나 참고서는 열심히 선택해도, 장난감을 진지하게 선택하는 분들은 별로 많지 않은 것은 아닐까요. 그러나 장난감에 큰 능력을 가진 것이 있습니다. 다음에 장난감을 선택할 때에는, 굿 · 토이처럼 살아가는 능력을 이끌어내주는 것을 찾아보는 것은 어떨까요.

실전대비 모의테스트 제 1 회 해설 및 정답

問題(もんだい) 1

1 자전거가 지나가도 안전할 정도의 넓은 보도입니다.

정답 2

2 아기를 잃은 분들에게는 괴로운 일이겠지요.

정답 1

해설
辛(つら)い 괴롭다, 고통스럽다
辛(から)い 맵다, 얼얼하다, 얼큰하다
軽(かる)い 가볍다, 언행 등이 경솔하다
幸(さいわ)い 행복, 다행

3 이것은 그한테 직접 들은 이야기다.

정답 2

해설
直(じか)に 직접, 바로
直(す)ぐに 곧, 즉시, 금방
直(ただ)ちに 곧, 즉시, 바로

4 죄송합니다만, 만 엔 지폐를 잔돈으로 바꿔주시겠어요?

정답 3

해설
倒(たお)す 쓰러뜨리다, 넘어뜨리다, 무너뜨리다
壊(こわ)す 부수다, 허물다, 고장을 내다, 약속 · 계획 등을 깨뜨리다, 잔돈으로 바꾸다
崩(くず)す 무너뜨리다, 허물어뜨리다, 정돈된 모양이나 자세를 흩뜨리다, 잔돈으로 바꾸다
- 顔(かお)を崩(くず)す。 웃다
- 相好(そうごう)を崩(くず)す。 엄한 표정을 풀고 싱글벙글하다
- 潰(つぶ)す 찌그러뜨리다, 부수다, 탕진하다, 시간을 보내다

5 정원에 큰 나무를 심었습니다.

정답 1

問題(もんだい) 2

6 정기적으로 검사를 실시하고 있습니다.

정답 4

해설

旋 돌 선	음 せん	斡旋(あっせん) 알선 旋回(せんかい) 선회 旋風(せんぷう) 선풍, 회오리바람, 돌발적으로 발생하여 사회에 큰 영향을 끼칠 만한 사건, 또는 그로 인한 혼란 상태
	훈 —	

旅 나그네 려(여)	음 りょ	旅館(りょかん) 여관 旅費(りょひ) 여비
	훈 たび	旅(たび) 여행 旅路(たびじ) 여로, 여행길

族 겨레 족, 풍 류가락 주	음 ぞく	家族(かぞく) 가족 貴族(きぞく) 귀족 水族館(すいぞくかん) 수족관
	훈 —	

施 베풀 시, 옮길 이	음 し · せ	施設(しせつ) 시설 実施(じっし) 실시 施行(しこう) 시행
	훈 ほどこす	施(ほどこ)す 베풀다, 주다, (수단, 방법을) 쓰다, (장식, 가공 등을) 가하다, 덧붙이다, (면목 등을) 세우다, 널리 드러내다

7 젊어서 고생은 사서라도 해라.

정답 3

8 의무교육과정은 초등학교 · 중학교 · 고등학교 3개로 나누어져 있습니다.

정답 3

9 평화를 바라는 목소리가 전쟁을 부른다.

정답 2

해설
求(じか)める 바라다, 요구하다, 사다, 구입하다, (나쁜 결과 따위를) 자초하다
- 平和(へいわ)を求(もと)める。 평화를 바라다.
- 謝罪(しゃざい)を求(もと)める。 사죄를 요구하다.
- 新車(しんしゃ)を求(もと)める。 새 차를 구입하다.
- みずから求(もと)めた失敗(しっぱい)。 스스로 자초한 실패.

10 강의 자료는 인터넷에서 다운로드할 수 있도록 되어 있습니다.

정답 3

해설

講 익힐 강	음 こう	講堂(こうどう) 강당 講座(こうざ) 강좌 講和条約(こうわじょうやく) 강화조약
	훈 —	

購 살 구	음 こう	購買(こうばい) 구매 購入(こうにゅう) 구입 購読(こうどく) 구독
	훈 —	

義 옳을 의	음 ぎ	講義(こうぎ) 강의 正義(せいぎ) 정의 義務教育(ぎむきょういく) 의무교육
	훈 —	

議 의논할 의	음 ぎ	審議(しんぎ) 심의 議論(ぎろん) 토론, 논의 国会議員(こっかいぎいん) 국회의원
	훈 —	

問題(もんだい) 3

11 전차에서 버스로 갈아타다.

정답 4

해설 **乗(の)り換(か)える** 갈아타다, 바꿔타다
乗(の)り替(か)える (주의, 소속 따위를) 편리한 쪽으로 바꾸다

12 부주의로 인한 사고가 자주 일어난다.

정답 2

13 소방사의 옷은 잘 타지 않는 재질로 만들어져 있다.

정답 1

해설 무의지동사＋にくい (잘, 좀처럼) ~하지 않는다

- 汚水(おすい)が流(なが)れにくい。 오수가 잘 흐르지 않는다.
- はずれにくいねじ。 잘 빠지지 않는 나사.
- 割(わ)れにくい板(いた)。 잘 갈라지지 않는 널빤지.
- 見(み)えにくい方向(ほうこう)。 잘 보이지 않는 방향.

14 장편소설을 1주일에 걸쳐서 다 읽었다.

정답 2

해설 동사 ます형＋きる (완전히) ~하다

- 会社(かいしゃ)がうまくいかなくなると信(しん)じきることが難(むずか)しくなる。 회사가 잘 운영되지 않으면 완전히 믿는 것이 어렵게 된다.
- そう言(い)いきれるか。 그렇게 딱 잘라 말할 수 있는가?
- こんなにたくさんは一人(ひとり)で食(た)べきれない。 이렇게 많이는 혼자서 다 먹을 수 없다.

15 조금은 그의 입장도 생각[배려]해 주십시오.

정답 3

해설 **思(おも)い切(き)る** 단념하다, 결심하다, 각오하다
思(おも)いやる 생각이 미치다, 헤아려 동정하다, 염려하다
思(おも)い込(こ)む 굳게 믿다, 믿어 버리다, 깊이 마음먹다, 굳게 결심하다

問題(もんだい) 4

16 역의 출구를 나왔을 때의 안표(표적)가 되는 건물은 무엇입니까?

정답 4

해설 **符号(ふごう)** 부호 **記号(きごう)** 기호 **目安(めやす)** 표준, 기준, 목표 **目印(めじるし)** 안표, 표지, 표시

17 잡지를 보면서 차고의 구조를 생각해 봤습니다.

정답 2

해설 **ユニック** 유니크(unique), 특이함, 독특함
ガレージ 가라즈(garage), 차고
パトカー 패트롤 카(patrol car), 순찰차
レギュラー 레귤러(regular), 정규의, 규칙적인

18 친구가 몰래 블로그를 하고 있는 것을 발견했다.

정답 1

해설 **こっそり** 가만히, 살짝, 몰래
さっぱり 후련한 모양, 산뜻한 모양, (부정어가 붙어서) 전혀, 조금도, 형편없는 모양, 뒤에 아무것도 남지 않는 모양[깨끗이, 모조리, 완전히]

- さっぱりした身(み)なり。 산뜻한 옷차림.
- さっぱりした味(あじ)。 산뜻함[담백한] 맛.
- 難(むずか)しくてさっぱりわからない。 어려워서 도무지 모르겠다.
- 景気(けいき)はどうもさっぱりです。 경기는 아주 말이 아닙니다.
- 昔(むかし)のことはさっぱり忘(わす)れましょう。 옛날 일은 깨끗이 잊읍시다.

がっかり 실망 · 낙담하는 모양
うっかり 무심코, 멍청히, 깜박

19 피해자 측에 과실이 적을 경우는 피해자에게 상대 보험회사로부터 연락이 옵니다.

정답 3

해설 **失敗(しっぱい)** 실패 **違反(いはん)** 위반 **過失(かしつ)** 과실 **異常(いじょう)** 이상

20 아버지는 지바에서 작은 공장을 경영하고 있습니다.

정답 1

해설 **経営(けいえい)** 경영 **営業(えいぎょう)** 영업 **売買(ばいばい)** 매매 **商売(しょうばい)** 장사

21 냉장고의 닫힘이 조금 느슨해진 것 같은 느낌이 듭니다.

정답 2

해설 **甘(あま)い** 달다, 무르다
緩(ゆる)い 느슨하다, 헐렁하다
丸(まる)い 둥글다, 원만하다
ぬるい 미지근하다

22 회사를 위해서만이 아니라, 자신을 위해서 실력을 길러두다.

정답 4

해설 **見慣(みな)れる** 늘 보아서 익숙하다, 낯익다
見直(みなお)す 다시 보다, 나아지다
耕(たがや)す 갈다, 경작하다
蓄(たくわ)える 대비해 두다, 모으다, 기르다

問題 5

23 이 약을 사용할 때에는 주의해 주세요.

1 이용하다　　2 사용하다
3 연습하다　　4 담당하다

정답 2

24 기무라 씨라면 할 수도 있다(하기 쉽다).

1 할 수 없다　　2 하지 않는다
3 간단히 한다　　4 할 수밖에 없다

정답 3

25 눈이 끊임없이 내리고 있다.

1 여기저기　　2 더욱 더
3 또랑또랑　　4 자주

정답 4

26 접수처의 아르바이트를 모집하고 있습니다.

정답 1

해설 **雇(やと)う** 고용하다, 세내다
配(くば)る 나누어 주다, 분배하다
扱(あつか)う 다루다, 취급하다
手伝(てつだ)う 도와주다

27 도자기를 팔고 있는 가게도 많다.

1 엿　　2 찻잔
3 재떨이　　4 맹장지

정답 2

問題 6

28 두근두근, 울렁울렁

1 실패도 때로는 합니다. どきどき → 時々
2 계단을 오르기만 해도 울렁울렁합니다.
3 그때그때(제철)의 꽃을 장식합니다.
　どきどき → 時々
4 가끔 홋카이도에 갑니다. どきどき → 時々

정답 2

해설 **時々(ときどき)** 가끔, 때때로, 그때그때

29 무심코, 멍청하게, 깜박하고

1 분해서, 순간적으로 눈물이 나왔다.
　うっかり → 思わず
2 갑자기 사람이 뛰어 나왔기 때문에 엉겁결에 소리를 질렀다. うっかり → 思わず
3 답안지에 깜박하고 이름을 쓰는 것을 잊고 말았다.
4 너무나 기뻤기 때문에 순간적으로 펄쩍 뛰고 말았다. うっかり → 思わず

정답 3

해설 **つい** 무심결에, 그만

⇒무의식중에 하는 행위. 단, 본능적, 습관적인 것에도 사용.

- ダイエット中なのに、ついケーキに手が出てしまった。 다이어트 중인데, 무심결에 케이크에 손이 나가고 말았다.
- 財布にたくさんお金があるとつい買いすぎてしまう。 지갑에 많은 돈이 있으면 그만 과소비해 버린다.
- 言うつもりはなかったのに、つい言ってしまった。 말할 생각은 아니었는데, 무심결에 말하고 말았다.

うっかり 무심코, 멍청하게, 깜박하고
⇒부주의로 실수했을 때 사용.

- うっかりコップを落として割ってしまった。 무심코 컵을 떨어뜨려 깨고 말았다.
- 答案用紙にうっかり名前を書くのを忘れてしまった。 답안지에 깜박하고 이름을 쓰는 것을 잊고 말았다.
- うっかり財布を忘れて買い物ができなかった。 깜박하고 지갑을 잊어버려서 쇼핑을 할 수 없었다.

思(おも)わず 엉겁결에, 뜻하지 않게, 순간적으로
⇒그 순간에 자연적으로 느끼는 감정이나 조건반사적인 일회 한정적인 행위.

- 悔しくて、思わず涙が出た。 분해서, 순간적으로 눈물이 나왔다.
- 急に人が飛び出してきたので思わず声を上げた。 갑자기 사람이 뛰어 나왔기 때문에 엉겁결에 소리를 질렀다.
- あまりうれしかったので思わず飛び上がってしまった。 너무나 기뻤기 때문에 순간적으로 펄쩍 뛰고 말았다.

30 (날씨 등이) 따뜻하다, 경제사정이 좋다, 따스한 느낌이다

1 오늘은 호주머니[경제] 사정이 좋다.
2 정답게 미소 지으며 맞아들이다.
　暖かい → 温かい
3 따뜻한 환대에 감사하면서, 귀가의 열차를 탔다.
　暖かい → 温かい
4 따뜻한 밥 위에 올려서 먹으면 맛있다.
　暖かい → 温かい

정답 1

해설 **暖(あたた)かい** (날씨 등이) 따뜻하다, 경제사정이 좋다, 따스한 느낌이다 ⇔ **寒(さむ)い**

- 暖かい部屋。 따뜻한 방.
- 暖かい地方。 따뜻한 지방.
- 今日は懐が暖かい。 오늘은 호주머니[경제] 사정이 좋다.
- 暖かい色調の壁紙。 따뜻한 색조의 벽지.

温(あたた)かい (물건이나 음식 등이) 따뜻하다, 다정하다, 정답다 ⇔ **冷(つめ)たい**

- 温かいご飯。 따뜻한 밥.
- 温かくもてなす。 따뜻이 환대하다.
- 温かく微笑みながら迎え入れる。
  정답게 미소 지으며 맞아들이다.
- 温かい眼差し。 정겨운 눈길.

31 맡다, 담당하다

1 편지는 아직 받지 않았다. 受け持って → 受け取って

2 영어 수업을 맡고 있다.

3 그 이야기는 납득하기 어렵다.
受け持ち → 受け取り

4 남향으로 세워진 집. 受け持って → 受けて

정답 2

해설 **受(う)け取(と)る** 수취하다(받다), 이해하다(받아들이다), 책임지고 떠맡다

受(う)ける 받다, 받아들이다, 피해 등을 입다, (시험을) 치르다, 향하다, 호평을 받다, 인기를 얻다

32 역할, 임무

1 죄송합니다만, 야마다 씨의 일[직업]은 무엇입니까? 役目 → 仕事・職業

2 여러분들은 아버지의 역할[임무]은 무엇이라고 생각합니까?

3 나는 현재, 기업 내 연수의 담당을 하고 있습니다.
役目→ 担当

4 당신이 오면, 보디가드 역할이 됩니다. 役目 → 役

정답 2

해설 **役目(やくめ)** 중요성, 책임, 의무 등의 의미로 사용

役割(やくわり) 분담, 담당, 역할 등의 의미로 사용

問題 7

33 머리가 아파서 일어나려고 해도 일어날 수가 없다.

정답 3

해설 동사 의지형 + にも + 동사 ない형 + ない

~하려고 해도 ~할 수 없다

- 時間がなくて行こうにも行けない。
  시간이 없어서 가려고 해도 갈 수 없다.
- 結婚しようにも相手がいない。
  결혼을 하려고 해도 상대가 없다.

34 담배는 피우지 않겠다고 하면서도, 그만 또 담배에 손이 가고 만다.

정답 4

해설 **명사/동사ます형 + ~ながら** ~하면서도

- 彼はいつもお酒を飲みながらタバコを吸う。
  그는 항상 술을 마시면서 담배를 피운다.
- 知っていながら知らないふりをする。
  알고 있으면서 모르는 체하다.
- 残念ながら、その質問には答えられません。
  유감이지만, 그 질문에는 대답할 수 없습니다.

35 야마시타 씨의 의견은 언제나 일시적 생각에 지나지 않는다.

정답 4

해설 **명사/동사형/형용사형 +~にすぎない** ~에 지나지 않다

- 今度の試験に受かった人はたった5人にすぎない。 이번 시험에 합격한 사람은 단지 5명에 불과하다.
- 会社でいばっている社長も、うちに帰れば、一人の父親にすぎない。
  회사에서 뽐내는 사장님도 집에 돌아가면 한 사람의 아버지에 지나지 않는다.
- 期待された新製品の売り上げは、結局、予想の３０％にすぎなかった。
  기대되었던 신제품의 매상은 결국, 예상의 30%에 지나지 않았다.
- 100字程度の漢字を覚えたにすぎない。
  100자 정도의 한자를 기억함에 불과하다.

36 시대의 변화에 따라서, 결혼의 형태도 변해왔다.

정답 1

해설 「AにしたがってB」「AとともにB」

⇒ A가 동사일 경우에는 어느 것을 사용해도 'A와 동시진행으로 B라고 하는 변화가 일어난다'라고 하는 의미가 된다.

명사 + にしたがって 사람, 규칙, 지시 등을 나타내는 명사에 따른다는 의미로 사용.

- 矢印にしたがって進んで下さい。
  화살표를 따라서 나아가 주세요.

37 가족 모두가 건강해서, 고마울 따름이다.

정답 1

해설 **ことだ** 감탄, 영탄을 나타냄

「残念(ざんねん)(유감), 楽(たの)しみ(기대), 嬉(うれ)しい(기쁘다), 恐(おそ)ろしい(두렵다)……」 등의 감정 형용사에 사용.

≠ ~ものだ

- 山本夫妻はハワイで正月を過ごすとか。うらやましいことだ。
  야마모토 부부는 하와이에서 정월을 보낸다든가. 부러울 따름이다.
- 毎月電気代に５万円も使っているなんて、もったいないことだ。
  매월 전기세로 5만 엔을 사용하고 있다니, 아까울 따름이다.

38 역시, 5월이 되면 비오는 날이 많아지네요.

정답 3

해설 명사/동사 기본형/い/な형용사 ＋ **~ともなると**

~하게 되면, ~이 되면 당연히

- 人間五十歳ともなると、多かれ少なかれ、先のことを考えるものだ。
  사람은 50살이 되면, 많든 적든 간에, 앞의 일을 생각하기 마련이다.
- 桜の木も多く、春ともなると賑わう。
  벚나무도 많고, 봄이 되면 활기차다.

39 우리 아이는 고기와 생선뿐만 아니라 야채도 잘 먹어요.

정답 4

해설 **Aばかりでなく Bも** A뿐만 아니라 B도

⇒ 일반적으로 널리 사용

- 漢字が書けないばかりでなく、ひらがなも書けない。 한자를 쓸 수 없을 뿐만 아니라, 히라가나도 쓸 수 없다.

Aのみならず Bも A뿐만 아니라 B도

⇒ 회화체[구어체]에 사용할 수 없고, 서면체[문장체]로 사용

- 若い人のみならず老人や子供達にも人気がある。 젊은 사람뿐만 아니라 노인과 아이들에게도 인기가 있다.

Aばかりか Bも A뿐인가 B도

⇒ B가 A보다 일반적인 경우에는 사용할 수 없다

- 彼女は、現代語ばかりか古典も読める。
  그녀는, 현대어뿐인가 고전도 읽을 수 있다.

40 유명한 레스토랑인 만큼 요리가 맛있다.

정답 2

해설 명사/동사/형용사 ＋ **だけに** ~만큼

- 一生懸命勉強しただけに成績はあがるだろう。 열심히 공부한 만큼 성적은 오를 것이다.
- １０年も日本にいただけに日本語が上手だ。
  10년이나 일본에 있었던 만큼 일본어를 잘한다.

41 세금을 줄이는 데에 반대하는 사람은 우선 없을 것이다.

정답 2

해설 1G동사 기본형(2G동사 ない형이 일반, 3G동사는 다양하게 연결) ＋ **~まい** 부정의지(~하지 않겠다), 부정추량(~하지 않을 것이다, ~하지 않겠지)

- あんなまずい店、二度と行くまい。
  저렇게 맛없는 가게 두 번 다시 가지 않겠다.
- 国へ帰ろうか、帰るまいか、迷っている。
  고국에 돌아갈까 말까, 망설이고 있다.
- 二時間も待ったのに来ないのだから、もう来るまい。 2시간이나 기다렸는데도 오지 않으니까, 이제 오지 않겠지.

42 조카는 아직 작기(어리기) 때문에 히라가나조차 쓸 수 없다.

정답 3

해설 「ひらがな」가 최저 레벨이기 때문에 「まで」를 사용하면 무엇에 '추가 시킨다'고 하는 것이 불분명하게 되기 때문에 사용할 수 없고, 부정문에서 최저 레벨인 것을 강조하는 「さえ」를 사용해야 된다.

43 선배님, 야마다 교수님께 논문 이야기를 말씀드렸습니다.

정답 3

해설 **〈겸양어A〉**

보어를 높임으로써 주어를 보어보다도 상대적으로 낮게 하는 표현방식.

⇒ 화제의 대상(인물)에 대한 경어

伺(うかが)う, 申(もう)し上(あ)げる, 存(ぞん)じ上(あ)げる, 差(さ)し上(あ)げる 등

〈겸양어B〉

주어를 낮추어 듣는 사람에게 정중하게 하는 표현 방식.

⇒ 듣는 사람에 대한 경어

いたす, 参(まい)る, 申(もう)す, 存(ぞん)じる, おる 등

44 기무라 씨가 아무리 연구에 전념을 해봤자, 기무라 씨 혼자서는 그 연구를 진행시킬 수는 없겠지요.

정답 2

해설 **~たところで** ~한다고 해도

- 私としたところで、名案があるわけではない。나라고 해도, 명안이 있는 것은 아니다.

問題 8

45 私は、夜寝る前に軽くお酒を飲むことにしている。나는, 밤에 자기 전에 가볍게 술을 마신다(마시기로 하고 있다).

정답 2

46 病気に自信がある人ほど病気になかなか気づかないことが多い。병에 자신이 있는 사람일수록 병을 좀처럼 알아차리지 못하는 경우가 많다.

정답 4

47 みんな気づいているにもかかわらず意外と失敗をそのままにしている人が多く見受けられる。

모두 깨닫고 있음에도 불구하고 의외로 실수를 그대로 두고 있는 사람을 많이 볼 수 있다.

정답 3

48 君はいろいろ言うが、まずこの問題には自分はまったく責任がないと信じ込んでいることからして私には理解しかねる。너는 여러 가지 말하지만, 우선 이 문제에는 자신은 전혀 책임이 없다고 굳게 믿고 있는 것부터가 나로서는 이해하기 힘들다.

정답 1

49 彼女は気が短くて、僕がデートに少しでも遅れでもしようものなら、怒って帰ってしまう。그녀는 성질이 급해서, 내가 데이트에 약간이라도 늦기라도 할 것 같으면, 화를 내고 돌아가 버린다.

정답 2

問題 9

매우 편리한 냉동식품입니다만, 냉동식품을 살 때 주의합시다. 한순간 본 느낌으로는 모두 같게 보입니다만, 같은 상품이라도 맛있는 냉동식품이 존재합니다. 그렇다기보다는 맛있지 않은 냉동식품을 **50** 고르지 않도록 하는 방법을 소개해 드립니다.

1. 우선 두드린다! 딱딱 굳어진 소리가 나면 OK! 동결 상태가 느슨해서 **51** 흐늘흐늘 되어 있는 것은 논외입니다. 가능한 한 딱딱한 것을 우선 고른다.

2. 슈퍼 등의 진열에서, 냉동식품이 놓여 있는 냉동 진열대에는 로드 라인이라고 불리는 선이 그어 있습니다. 그 선보다 위는, **52** 냉동 효과가 나타나지 않기 때문에, 진열하지 않도록 하는 표시인 것입니다. 특매품 등은 이 선을 무시하고, 상품이 쌓아 올려 있는 경우가 있습니다만, 그 선보다 위에 진열해 놓은 상품은 냉동 상태가 약해져 있을 가능성이 높기 때문에 고르는 것은 피합시다.

3. 성에가 끼어 있으면 절대 안 됨! 포장의 안쪽에 성에가 끼어 있는 것이 가끔 있습니다. 언뜻 딱딱해서 냉동 상태는 완전해 보입니다만, 성에가 낀다는 것은, 한 번 그 상품이 **53** 따뜻해져 버려, 그 후 다시 급격히 **54** 차게 한 증거. 이러한 것은 신선도가 아주 떨어져 있어서 맛도 떨어집니다. 이러한 것에 주의해서 냉동식품을 사면 맛있는 요리를 할 수 있겠지요.

해설 **ぱっと** 순식간에 일어나는 모양, 눈에 번쩍 띄거나 두드러진 모양 **叩(たた)く** 때리다, 두드리다, 치다 **具合(ぐあい)** 형편, 상태 **論外(ろんがい)** 논외 **選(えら)ぶ** 고르다, 택하다 **ロードライン** 로드라인(road line) **特売品(とくばいひん)** 특매품 **積(つ)み上(あ)げる** 쌓아 올리다 **気(き)を付(つ)ける** 조심하다, 주의하다, 정신 차리다

50 1 고르기를 바란다
2 고를 수가 있는
3 고르지 않도록 하는
4 고르지 않으면 안 되는

정답 3

51 1 쭈글쭈글, 뒤죽박죽
2 흐늘흐늘
3 머리가 흐트러진 모양, 아무 일도 않고 멍하니 있는 모양
4 불끈불끈

정답 2

52 1 냉동 효과가 나타나지 않기 때문에
2 냉동 효과가 나타나지 않으면
3 냉동 효과가 나타나게 되어 있는
4 냉동 효과가 나타난다고 해서

정답 1

53 1 따뜻하게 해서 2 따뜻하게 해서
3 따뜻하게 되어 4 따뜻해져 버려

정답 4

54 1 식은 2 차게 한
3 차가와진 4 차갑게 된

정답 2

실전대비 모의테스트
제 2 회
해설 및 정답

問題 1

1 강도 사건을 일으킨 범인의 특징은 아래와 같습니다.

정답 2

2 만사를 한 걸음 물러나 냉정하게 관찰할 필요를 느낀다.

정답 3

3 그의 사업은 경영 부진으로 기울고 있다.

정답 1

해설
幹(みき) 나무줄기, 사물의 주요 부분
軒(のき) 처마

4 우연히 올려본 밤하늘에, '붉은 초승달'이 보였습니다.

정답 2

5 다행히 큰 피해는 없었다.

정답 4

해설
辛(から)い 맵다, 얼얼하다, 얼큰하다
辛(つら)い 괴롭다, 고통스럽다
すまない (사과, 감사, 부탁의 뜻으로) 미안하다.

- すまないけれど水を一杯ちょうだいな。
  미안하지만 물 한 잔 주시게나.
- いつも何かと気を使ってもらってすまない。
  언제나 여러모로 마음을 쓰게 해서 미안하다
- あの人にはすまない事をした。
  저 사람에게는 미안한 짓을 했다.

幸(さいわ)い 행복, 다행

問題 2

6 일전에, 많은 사람 앞에서 울면서 이야기를 했다.

정답 3

7 신문 기사를 참고로 자신의 의견을 진술하였다.

정답 2

해설
伝(つた)える 소식을 알리다, 전언하다, 전달하다
述(の)べる 말하다, 진술하다, 서술하다
延(の)べる 펴다, 펴서 깔다, 뻗치다
語(かた)る 말하다, 이야기하다

8 새로운 직장의 상사를 초대했습니다.

정답 1

해설

待 기다릴 **대**	음 たい	待遇(たいぐう) 대우 待機(たいき) 대기
	훈 まつ	待(ま)つ 기다리다, 기대하다, 필요하다 待合室(まちあいしつ) 대합실
持 가질 **지**	음 じ	支持(しじ) 지지 持病(じびょう) 지병
	훈 もつ	持(も)つ 지속하다, 지탱하다, 견디다, 쥐다, 들다, 가지다, (떠)맡다, 담당하다 持(も)ち主(ぬし) 소유주, 소유자, 임자
招 부를 **초**	음 しょう	招待状(しょうたいじょう) 초대장 招請(しょうせい) 초청
	훈 まね	招(まね)く 손짓하여 부르다, 불러오다, 초대하다, 초래하다
紹 이을 **소**	음 しょう	紹介(しょうかい) 소개
	훈 -	

9 당신의 깨끗한 한 표가 일본을 바꿉니다.

정답 1

해설
清(きよ)い 깨끗하다, 맑다, (도덕적, 윤리적으로) 바르다
潔(いさぎよ)い 맑고 깨끗하다, 결백하다, 떳떳하다
勇(いさ)ましい 용감하다, 용맹스럽다, 활기차다, 씩씩하다

10 어느 고민 상담 게시판을 보고 충격을 받고 말았습니다.

정답 4

해설

版 판목 **판**	음 はん	出版(しゅっぱん) 출판 版画(はんが) 판화 海賊版(かいぞくばん) 해적판
	훈 —	
板 널빤지 **판**	음 はん·ばん	掲示板(けいじばん) 게시판 黒板(こくばん) 흑판, 칠판 合板(ごうはん) 합판
	훈 いた	板(いた) 판자, 널(빤지), 무대

問題 3

11 야마다 씨의 리포트는 실수투성이이다.

정답 1

해설 **～だらけ** ~투성이
전체에 아주 많은 양이 있어서 좋지 않은 상태를 나타냄
傷(きず)だらけ 상처투성이
ほこりだらけ 먼지투성이
借金(しゃっきん)だらけ 빚투성이
間違(まちが)いだらけ 틀린 것투성이
ゴミだらけ 쓰레기투성이

12 세상에 있는 다양한 공업 제품은 누군가가 생각해 낸 것입니다.

정답 3

해설 **考(かんが)え出(だ)す** 생각해 내다, 고안하다, 생각하기 시작하다

13 오늘 시합은 험난한 싸움이 될 것 같습니다만, 손에 땀을 쥐고 응원하고 싶습니다.

정답 4

해설 **手(て)に汗(あせ)を握(にぎ)る** (매우 위험하거나 격렬한 광경을 보고 애가 타서) 손에 땀을 쥐다

14 어제는 하루 종일 여기저기 걸어 돌아다녔습니다.

정답 1

해설 **歩(ある)き回(まわ)る** 여기저기 걸어 돌아다니다.

15 보도를 맹 스피드로 달리는 자전거는 위험하다.

정답 2

問題 4

16 상대 팀에게 약점을 잡히고 말았다.

정답 4

해설 **苦手(にがて)** 거북하고 싫은 상대, 잘하지 못함(서투름)
- あのピッチャーは苦手だ。 저 투수는 질색이다.
- 数学は苦手だ。 수학은 골칫거리다.

欠点(けってん) 결점, 단점, 낙제점
- 欠点を補う。 결점을 보완하다.
- 欠点をとる。 낙제점을 받다.

欠陥(けっかん) 결함
- 性格に欠陥がある。 성격에 결함이 있다.

弱点(じゃくてん) 약점
- 弱点を握る。 약점을 잡다.

17 생각했던 이상으로 지친 것 같아, 졸음이 쏟아진다.

정답 2

해설 **すでに** 이미, 벌써
- すでに知っている。 이미 알고 있다.
- すでに手遅れだ。 이미 때는 늦었다.

やたらに 무턱대고, 함부로, 마구
- やたらにしゃべる。 멋대로 지껄이다.
- やたらに物を詰め込む。 마구 물건을 쳐 넣다.

ただちに 곧, 바로
- 直ちに始める。 즉시 시작하다.
- 部屋の前から直ちに海が広がる。
  방 앞에서 바로 바다가 펼쳐지다.

ひとりでに 저절로, 자연히
- 子供が独りでに育つ。 아이가 저절로 자라다.
- ドアが独りでに開いた。 문이 저절로 열렸다.

18 고속도로의 개통 예정 시기는 변경되는 경우가 있습니다.

정답 3

해설 **開放(かいほう)** 개방 **開始(かいし)** 개시
開通(かいつう) 개통 **開会(かいかい)** 개회

19 열차운행표 단축은 경영 TOP의 지시에 의한 것이다.

정답 2

해설 **データ** 데이터(data), 자료
ダイヤ 다이아몬드(diamond), 다이어그램(diagram ; 열차 운행표)
パターン 패턴(pattern), 유형
ストロー 스트로(straw), 빨대

20 친구의 사고 현장에 꽃을 올리다.

정답 3

해설 **捕(とら)える** 잡다, 붙잡다, 받아들이다
支(ささ)える 버티다, 유지하다
供(そな)える 바치다, 올리다
揃(そろ)える 가지런히 하다, 갖추다

21 10월에 접어들어 약간 추워졌습니다만, 여러분들은 어떻게 지내고 계신지요.

정답 1

해설 **いくぶん** 어느 정도, 얼마, 약간
- 収入のいくぶんかを分ける。
  수입의 얼마를 가르다.
- 所持金のいくぶんかを与える。
  소지금의 얼마쯤을 주다.

- いくぶんそういう傾向(けいこう)がある。
  약간 그런 경향이 있다.

いよいよ 점점, 드디어
- 風(かぜ)がいよいよ激(はげ)しくなる。
  바람이 점점 거세어지다.
- 彼(かれ)はいよいよ有罪(ゆうざい)に決定(けってい)した。
  그는 드디어 유죄로 결정되었다.

いちおう 우선, 일단, 좀더
- いちおうそう結論(けつろん)できる。
  일단 그렇게 결론 지을 수 있다.
- いちおう承諾(しょうだく)した。 일단 승낙했다.
- いちおう考(かんが)えた上(うえ)で決(き)めることにした。
  좀더 생각해 보고 결정하기로 했다.

今(いま)しも 바로 지금, 지금 막
- 今(いま)しも出発(しゅっぱつ)しようとする。
  지금 막 출발하려고 한다.

22 부모로부터 결혼이야기를 듣는 것은 귀가 따갑다.

정답 4

해설 **耳(みみ)が痛(いた)い** 귀가 따갑다(남의 말이 자기의 약점을 찔러서 듣기 거북하다)

問題(もんだい) 5

23 결혼하고 나서, 아침의 준비는 매우 시간이 걸린다.

1 일　2 준비
3 연락　4 노동

정답 2

24 첫 데이트의 식사 장소는 번화한 곳과 조용한 곳의 어느 쪽이 좋습니까?

1 눈부시다　2 험악하다
3 눈부시다(놀랍다)　4 떠들썩하다

정답 4

25 호시노 씨는 입이 무겁습니다.

1 교제가 넓다.
2 잘 수다를 떤다.
3 말수가 적다.
4 말해서는 안 되는 것은 말하지 않는다.

정답 3

26 비록 아무리 허술해도, 우리 집만큼 좋은 곳은 없다.

1 재난　2 부자
3 비극　4 하품(천함)

정답 4

27 금년 처음으로 뵈었습니다.

1 뵈었습니다.
2 만나셨습니다.
3 보셨습니다.
4 보여드렸습니다.

정답 1

問題(もんだい) 6

28 장점

1 차를 세울 장소가 없다.
長所(ちょうしょ) → 場所(ばしょ)
2 어떤 사람에게도 무엇인가 장점이 있다.
3 또 그의 자랑이 시작되었다.
長所(ちょうしょ) → 得意(とくい)
4 수학이 의기양양해지는 방법.
長所(ちょうしょ) → 得意(とくい)

정답 2

29 위태롭다, 위험하다

1 내일의 날씨는 의심스럽습니다.
あやうい → あやしい
2 그는 늘 우스운 소리를 하여 사람을 웃깁니다.
あやうい → おかしい
3 농약의 맛이 날 정도로 남아 있으면 인간의 생명도 위태롭습니다.
4 그 메일에는 괜찮다고 써 있습니다만, 아무래도 수상합니다. あやうい → あやしい

정답 3

해설 **危(あや)うい** 위태롭다, 위험하다
- 命(いのち)が危(あや)うい。 생명이 위태롭다.
- 君子(くんし)危(あや)うきに近寄(ちかよ)らず。
  군자는 위험한 곳에 가까이 가지 않는다. ★관용구로 알아둘 것
- 危(あや)うく轢(ひ)かれるところだった。
  하마터면 차에 치일 뻔했다.
- 危(あや)うく一命(いちめい)を取(と)り留(と)めた。 구사일생을 했다.

- 危うい所で助かる。간신히 살아나다.

30 1 명분보다 오히려 실리를 택하다.
かえって → むしろ

2 여러 가지 실패한 것이, 오히려 좋은 공부가 되었다.

3 필요해서라기보다는 오히려 좋아서 하고 있습니다.
かえって → むしろ

4 평상시와 반대로 달리는 것은 왜 그런지 신선하다.
かえって → 逆(ぎゃく)に

정답 2

해설 **むしろ** 두 가지를 비교해서 어느 한 쪽이 더욱 정도가 높다고 하는 의미. 차라리, 오히려

- 名よりも寧ろ実を選ぶ。
명분보다 오히려 실리를 택하다.
- 必要でよりも寧ろ好きでやっているのです。
필요해서라기보다는 오히려 좋아서 하고 있습니다.
- 生きて恥をさらすくらいなら寧ろ死んだ方がましだ。
살아서 수치를 당할 바에야 차라리 죽는 게 낫다.

かえって 어떤 행위를 하면 당연한 어느 결과가 일어난다고 예상되는 경우에 의도, 예상과는 반대의 결과가 생기는 경우에 사용. 도리어, 오히려, 반대로

- 儲かるどころかかえって大損だ。
벌기는커녕 도리어 큰 손해다.
- 色々失敗したことが、かえっていい勉強になった。
여러 가지 실패한 것이, 오히려 좋은 공부가 되었다.
- 手伝いに行ったつもりが、かえって邪魔になってしまった。
도와주러 간 것이, 도리어 방해가 되고 말았다.

31 1 손님이 오실 예정입니다.
まいられる → いらっしゃる

2 호시노 사장님은, 오셨습니까?
まいり → いらっしゃい

3 시합에 이겨서, 매우 기쁘다.
まいって → 勝(か)って

4 완전히 가을다워져 왔습니다(가을다워졌습니다).

정답 4

해설 「行(い)く 가다, 来(く)る 오다」의 겸양어, 정중어 의미로도 사용. 지다(항복하다), 질리다, 맥을 못 추다, 참배하다, 약해지다, 정신을 빼앗기다, 홀딱 반하다, 죽다

32 적당한(알맞은) 정도

1 건강한 몸을 유지하기 위해서도 적당한 정도의 운동이 중요합니다.

2 앞으로도 적절한 지도를 해 주었으면 합니다.
適度(てきど) → 適切(てきせつ)

3 적당한 예를 들어서 설명하겠습니다.
適度(てきど) → 適当(てきとう)

4 사회 보험의 적용 기준이 확대되었습니다.
適度(てきど) → 適用(てきよう)

정답 1

問題 7

33 합격하는 것은 간단하지는 않지만, 불가능한 것은 아니라고 생각한다.

정답 2

34 7월에 접어들어, 더위는 심해지기만 한다.

정답 4

해설 동사 기본형 + **一方(いっぽう)だ** (오직) ~하기만 하다

- 日本では、子供が減る一方で、幼稚園の経営が難しくなってきている。
일본에서는 어린이가 줄기만 해서, 유치원의 경영이 어려워졌다.
- 事故は増える一方だ。시고는 늘어나기만 한다.

35 다카하시 씨가 그런 말을 했기 때문에, 그녀는 아주 어려움을 겪고 있었어(난처해하고 있었어).

정답 1

해설 명사/동사/형용사 + **~ものだから**
~하기 때문에, ~했기 때문에, ~하므로

- お金がなかったものだから買えなかったんです。돈이 없었기 때문에 살 수 없었습니다.
- 人前でそれを言ってはいけないなんて、知らなかったものだから。남 앞에서 그것을 말해서는 안 된다는 것, 몰랐기 때문에.
- 出がけにお客が来たものだから遅れてしまった。외출하려고 할 때 손님이 왔기 때문에 늦고 말았다.

36 과장은 성질이 급해서 약간이라도 실수를 할 것 같으면, 몹시 꾸중을 듣는다.

정답 4

해설 동사 기본형, 가능형, 의지형 + **~ものなら** ~다면, ~것이라면

- 行けるものなら行きたい。
갈 수만 있다면 가고 싶다.
- 父の病気が治るものなら、どんな高価な薬でも手に入れたい。아버지의 병이 낫는다면, 어떤 고가의 약이라도 손에 넣고 싶다.

- 退院できるものなら、すぐにでもうちへ帰りたい。 퇴원할 수 있으면, 당장에라도 집에 돌아가고 싶다.
- 私に嘘をつこうものなら二度と話さないからね。 나에게 거짓말을 하려고 하면 두 번 다시 이야기하지 않을 것이야.

37 대단히 말씀드리기 곤란합니다만, 사정이 있어서, 이번에는 참가할 수 없습니다.

정답 2

해설 '대단히 말씀드리기 곤란합니다만'의 의미로 적합한 「にくい」가 가장 알맞은 표현.

38 자신의 기분을 생각대로 적는 일은, 간단해 보여도 어렵다.

정답 3

해설 **思(おも)い通(どお)り** 생각대로, 뜻대로

39 국회 예산안을 둘러싸고 여야당이 대립하고 있다.

정답 4

해설 「争(あらそ)う 다투다, 対立(たいりつ)する 대립하다」 등, 언어에 의한 정보를 포함하지 않는 동작에는 「～をめぐって」가 자연스럽다.

언어에 의한 정보를 취급하는 동사가 이어지는 경우, 바꿔 표현할 수 있다.

- 国会の予算案（について / に関して / をめぐって）与野党が議論した。
국회 예산안 (에 대해서 / 에 관해서 / 를 둘러싸고) 여야당이 논의했다.

40 사람은 나이가 들면 어린이처럼 되기 마련입니다.

정답 3

해설 명사/형용사 어간 + **～っぽい** ~인 것 같다, ~답다

- 川村さんは子供っぽい。
가와무라 씨는 어린애 같다.
- 彼女は男っぽい。 그녀는 남자 같다.
- あの人の話、なんかうそっぽく聞こえない？
저 사람의 이야기, 뭔가 거짓말처럼 들리지 않아?

41 이렇게까지 경기가 나빠서는, 사원을 정리해고 하는 수밖에 방법이 없다.

정답 1

해설 **これ・それ・あれ**/형용사 어간/동사 **ます형 + よりほかない** ~외에 방법이 없다

- 頼みたくないが、借金を返すためには、親のところへ行くよりほかはない。 부탁하고 싶지 않지만, 빚을 갚기 위해서는 부모에게 가는 수밖에 없다.
- 今年は募集していないというから、あきらめるよりほかはない。 올해는 모집하지 않는다고 하니까, 단념할 수밖에 없다.

42 노인 1인당 의료비는 87만 엔이고, 전년도에서 3만 엔 증가했다.

정답 2

해설 **～当(あ)たり** ~당

- 1日当たり千円。 일당 천 엔.

43 밤에는 약을 먹지 않으면 잘 수가 없으며, 위가 아파서 참을 수가 없다.

정답 4

해설
- 頭が痛く（○ て仕方がない、○ てたまらない、？てならない）。
「てならない」는 신체감각의 표현에는 약간 부자연스럽고, 「気(き)がする 느낌이 나다, 思(おも)える 생각되다, 思(おも)われる 여겨지다」 등 무엇인가가 자발적으로 머리에 떠오르는 것을 나타내는 표현과 함께 잘 사용됨.
- 学生時代のころが思い出され（○ て仕方がない、？てたまらない、○ てならない）。
「てたまらない」는 「気(き)がする 느낌이 나다, 思(おも)える 생각되다, 思(おも)われる 여겨지다」 등 무엇인가가 자발적으로 머리에 떠오르는 것을 나타내는 표현에는 잘 사용되지 않고, 「嬉(うれ)しい 기쁘다, おかしい 이상하다」 등 감정을 나타내는 표현과 함께 잘 사용됨.

44 사토 군은 도쿄의 대학에 진학하는 것을 희망하고 있다. 그러나 지금의 그의 실력으로는 도저히 무리이기 때문에, 지방대학을 수험시키는 수밖에 없다.

정답 2

해설 명사, 수사/**これ・それ・あれ**/격조사/동사 기본형・**て형・ている형 + ～しかない** ~밖에 없다

- 先生の頼みだから行くしかない。
선생님의 부탁이니 갈 수밖에 없다.
- こうなったらやるしかない。
이렇게 되었다면 할 수밖에 없다.

問題 8

45 お母さんは子供が遊んでいるところを家の窓から見ていた。 어머니는 아이가 놀고 있는 것을 집의 창문에서 보고 있었다.

정답 3

46 学生たちは毎日の宿題に加えて毎週レポートを出さなければならなかった。 학생들은 매일의 숙제에 더해서 매주 리포트를 제출하지 않으면 안 되었다.

정답 4

47 電車の中でおなかがすくといけないからと言って、見送りに来た母は売店であれこれ買っている。 전철 안에서 배가 고프면 안 된다고 해서, 배웅하러 온 어머니는 매점에서 이것저것 사고 있다.

정답 1

48 芸術作品『考える人』はひとりになって考え、頭を整理しているという「ひとり時間」を楽しんでいる人を表現した作品なのです。 예술작품 『생각하는 사람』은 혼자가 되어 생각하고, 머리를 정리하고 있다고 하는 「혼자 시간(나만의 시간)」을 즐기고 있는 사람을 표현한 작품인 것입니다.

정답 2

49 経営者の中には、学校に行かなくても本人にやる気があり、本さえしっかり読んでいれば、それだけで立派な学問ができると言いきっています。 경영자 중에는, 학교에 가지 않아도 본인에게 의욕이 있어 책만 착실하게 읽으면, 그것만으로 훌륭한 학문을 할 수 있다고 단언하고 있습니다.

정답 2

問題 9

「좋아함」을 길러 계속 크게 해 나갑시다. 이 학문이라고 하는 반향이, 모두를 학문에서 멀어지게 하고 있습니다. 학문은, 볼품없는 것이 아닙니다. 학문은, 근사한 것입니다. 「좋아함」을 기르기 위해서는, 「더 알고 싶다」→「배우다」→「알다」→ **50** 「납득」→「이해」→「새로운 의문」→「더 알고 싶다」→「배우다」→「알다」이 반복을 하면 좋을 뿐인 것입니다.

좋아하는 것을 하고 있기 때문에, 계속할 수 있는 것입니다. 원래 「행복」=「좋아함」=「학문」도 좋아하는 것을 매일 쭉 하고 있기 때문에, 깨달을 수 있었습니다. 「좋아함」 덕분입니다. 이 좋아함 덕분에, 지금, 아주 도움이 되고 있습니다. 단순하게 좋아하는 것을 계속해 온 결과입니다. 만약 좋아함을 도중에 그만두고 있었다고 생각하면, 오싹합니다. 돈이 없거나, 친구가 방해하여 오거나, 컨디션을 망가뜨리거나, 여러 가지 장애가 있었습니다만, 모두 튕겨 내어 왔습니다. 좋아하는 것을 하기 위해서, 관철해 왔습니다.

좋아하는 것을 하지 않고서, 행복한 인생은 보낼 수 없습니다. 명랑하고 즐거운 인생을 보내 **51** 려면, 좋아하는 것을 하면 될 뿐인 것입니다. 그것을 도중에 그만두지 않기를 바라는 것입니다. 「좋아함」을 계속해서 기르는 것이 중요합니다. 학교나 회사 등, 변명은 얼마든지 할 수 있습니다. 자신이 좋아하는 것 **52** 에 대해서 변명 따위 하지 않는 것입니다. 그런 말 하고 있으면, 정말로 좋아하는 것을 할 수 없습니다. 온갖 수단을 사용해서, 좋아하는 것을 합시다. 남에게 폐를 끼치지 **53** 만 않으면, 사양은 하지 않아도 괜찮습니다. **54** 도중에 그만둬 버리지 말고 「좋아함」을 관철해 버립시다.

해설 **育(そだ)てる** 기르다, 키우다, 양육하다 **かっこいい** 근사하다, 모양새가 좋다 **繰(く)り返(かえ)し** 되풀이함, 반복함 **気(き)が付(つ)く** 그것에 생각이 미치다, 의식을 회복하다, 정신이 들다 **崩(くず)す** 무너뜨리다, 허물어뜨리다, 잔돈으로 바꾸다 **障害(しょうがい)** 장애, 방해 **バネ** 용수철, 스프링 **貫(つらぬ)く** 꿰뚫다, 가로지르다, 관철하다, 일관하다 **言(い)い訳(わけ)** 변명, 해명 **迷惑(めいわく)をかける** 폐를 끼치다

50
1 「새로운 의문」→「이해」→「납득」
2 「납득」→「이해」→「새로운 의문」
3 「새로운 의문」→「납득」→「이해」
4 「납득」→「새로운 의문」→「이해」

정답 2

51
1 려면　　2 때문에
3 는데　　4 정도/만큼

정답 1

52
1 에서, 에 있어서　　2 에 있어서
3 에 대해서　　4 치고는

정답 3

53
1 만, 뿐　　2 조차
3 만, 뿐　　4 조차

정답 4

54
1 도중에 그만두고부터
2 도중에 그만둬 버리지 말고
3 도중에 그만둬 버리면
4 도중에 그만둔 이상에는

정답 2

실전대비 모의테스트

제 3 회

해설 및 정답

問題(もんだい) 1

1 공무원 노동자는 8시 30분 ~12시 15분까지 근무시간입니다만, 12시 ~12시 15분은 휴식시간입니다.

정답 2

2 태풍이 빗나가서 다행이다.

정답 1

해설 **逸(そ)れる** 빗나가다, 빗맞다, 벗어나다
恐(おそ)れる 두려워하다, 겁내다, 우려하다, 경외하다
遅(おく)れる 늦다, 더디다, 못하다(뒤지다)
逃(のが)れる 도주하다, 달아나다, 벗어나다, 면하다, 피하다

3 바깥쪽을 향해 원을 이루어 손을 잡는다.

정답 1

4 매일 가족을 위해서 한정된 시간과 예산 안에서 여러 가지 메뉴를 생각한다.

정답 3

5 구두점을 찍는 룰을 가르쳐 주세요.

정답 1

問題(もんだい) 2

6 정치 문제에 대하여 강연하다.

정답 2

7 기무라 씨는 굳은[딱딱한] 표정으로 대답해 주었다.

정답 3

해설 **固(かた)い** 굳다
- 固(かた)い信念(しんねん) 굳은 신념 ⇔ ゆるい 느슨하다, 헐겁다

堅(かた)い 견고하다
- 口(くち)が堅(かた)い 입이 무겁다 ⇔ もろい 부서지기 쉽다

硬(かた)い 딱딱하다
- 硬(かた)い文章(ぶんしょう) 딱딱한 문장 ⇔ やわらかい 연하다

8 최악의 경우를 상상해 봤다.

정답 4

해설

象 코끼리 **상**	음 しょう・ぞう	現象(げんしょう) 현상 象徴(しょうちょう) 상징 象牙(ぞうげ) 상아
	훈 かたどる	象(かたど)る 모방하다, 닮게 하다
像 모양 **상**	음 ぞう	現像(げんぞう) (필름을)현상 想像(そうぞう) 상상 仏像(ぶつぞう) 불상
	훈 —	
相 서로 **상**	음 そう・しょう	相好(そうごう) 표정 真相(しんそう) 진상
	훈 あい	相変(あいか)わらず 여전히, 변함없이
想 생각 **상**	음 そう	予想(よそう) 예상 発想(はっそう) 발상
	훈 おもい	思(おも)い出(で)・想(おも)い出(で) 추억

9 전화 요금을 당신의 상식을 넘어서 싸게 하는 방법을 가르칩니다.

정답 2

해설 **越(こ)える** 넘다, 넘어가다, 건너다
超(こ)える (어떤 기준을) 넘다, 넘어서다, 초과하다
肥(こ)える 살찌다, 비옥해지다

10 자택에서 술을 제조하면 법률위반입니까?

정답 4

해설

偉 클 **위**	음 い	偉大(いだい) 위대 偉業(いぎょう) 위업
	훈 えらい	偉(えら)い 훌륭하다, 장하다, 지위가 높다, 큰일이다, 심하다, 대단하다, 엉뚱하다, 난처하다 偉物(えらぶつ) 훌륭한 사람, 수완가
違 어긋날 **위**	음 い	相違(そうい) 상위(다름, 틀림) 違反(いはん) 위반 違和感(いわかん) 위화감
	훈 ちがう ちがえる	違(ちが)う 다르다, 틀리다, 교차하다, 엇갈리다 違(ちが)える 달리하다, 틀리게 하다, 엇갈리게 하다

問題(もんだい) 3

11 전철로 목적의 역을 통과해 버리는 것을 '(목적지를) 지나치다'라고 한다.

정답 4

해설 **乗(の)り過(す)ごす** (목적지를) 지나치다 = **乗(の)り越(こ)す**

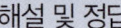

12 방세는 얼마입니까?

정답 3

해설 ～代 ~요금
バス代(だい) 버스 요금 電気代(でんきだい) 전기 요금 食事代(しょくじだい) 식사비 ガス代(だい) 가스비 部屋代(へやだい) 방세(방값)

13 형에 비해 나는 서투르다.

정답 4

해설 無器用(ぶきよう)·不器用(ぶきよう) 서투름(솜씨 없음)

14 야마다 선생님이 돌아오면 너를 고자질해 줄 테니까 말이야.

정답 2

해설 言(い)い出(だ)す 말을 꺼내다, 말을 시작하다
言(い)い付(つ)ける 고자질하다, 분부하다
言(い)い掛(か)ける 이야기를 시작하다
言(い)い張(は)る 우겨대다

15 은혜를 입은 사람에게 은혜를 갚다.

정답 2

해설 恩返(おんがえ)し 은혜를 갚음, 보은

問題(もんだい) 4

16 도쿄는 물가가 비싸기 때문에, 살기 어렵습니다.

정답 3

해설 景気(けいき) 경기 経済(けいざい) 경제
物価(ぶっか) 물가 利益(りえき) 이익

17 어린아이에게 살해당하다니, 정말로 뒤숭숭한 세상이 되었습니다.

정답 4

해설 雑音(ざつおん) 잡음 騒音(そうおん) 소음
物音(ものおと) 소리 物騒(ぶっそう) 세상이 뒤숭숭하고 위험한 상태

18 차 등 마실 것은 각자 준비해 주세요.

정답 2

해설 本人(ほんにん) 본인 各自(かくじ) 각자
自分(じぶん) 자신 当人(とうにん) 당사자(본인)

19 야마다 씨는 손목시계를 수집하고 있다.

정답 4

해설 マーケット 마켓(market), 시장, 판로
オンライン 온라인(on line)
ストライキ 스트라이크(strike), 동맹파업
コレクション 컬렉션(collection), 수집

20 아버지는 맛에 까다롭습니다.

정답 1

해설 うるさい 시끄럽다, 번거롭다, 까다롭다
しつこい 끈덕지다, 집요하다, 짙다, 산뜻하지 않다
塩辛(しおから)い 짜다
騒々(そうぞう)しい 시끄럽다, 떠들썩하다

21 아이가 문에 손가락을 끼지 않도록 하는 상품을 찾고 있습니다.

정답 3

해설 落(お)ちる 떨어지다, 빠지다
まじる 섞이다, 혼입하다, 사귀다, 교제하다
挟(はさ)む 끼다, 듣다, 말참견하다
倒(たお)れる 쓰러지다, 무너지다, 몸져눕다

22 겨우 손이 비었으니 식사를 하자.

정답 2

해설 腹(はら)が減(へ)る 배가 고프다
お腹(なか)が空(す)く 배가 고프다
手(て)が空(あ)く (일이 일단 끝나) 손이 비다

問題(もんだい) 5

23 오늘은 새벽녘까지 리포트를 쓰지 않으면 안 됩니다.

1 아침 2 저녁때(해질녘)
3 한밤중 4 심야

정답 1

24 최근 지구온난화에 대해 시끄럽습니다.

1 동등하다 2 시끄럽다
3 고통스럽다 4 심하다

정답 2

25 안심하고 먹을 수 있는 야채를 알맞은 가격으로 판매합니다.

1 적확한(딱 들어맞음) 2 가능한
3 적당한 4 정가의

정답 3

26 이 약을 먹으면, 금세 낫습니다.

1 겨우　　2 곧(점차적)
3 곧(즉각적)　　4 언젠가

정답 3

27 듣는 사람이 끄덕인 것만으로 말하는 사람의 이야기의 길이가 50% 증가했다고 하는 실험도 있다고 한다.

1 몹시 기다리다
2 생각하다, 의아해 하다
3 고개를 갸웃하다
4 고개를 세로로 젓다(인정하다, 승인하다)

정답 4

問題(もんだい) 6

28 통용

1 이 카메라는 지정된 장소에 움직임이 있을 때만 통지해 준다. 通用(つうよう) → 通知(つうち)
2 그 의견은 일본 이외에서는 통용되지 않는 사고방식입니다.
3 이것은 본체에서만 사용할 수 있습니다. 通用(つうよう) → 使用(しよう)
4 어제 저녁때부터 통신할 때에 에러가 자주 나옵니다. 通用(つうよう) → 通信(つうしん)

정답 2

29 (시일을) 연장시키다, 연기하다, (물 따위를 타서) 묽게 하다

1 이마의 주름을 펴는 방법에 대하여 생각해 봅시다. 延(の)ばす → 伸(の)ばす
2 선생님 덕분에 허리를 펴고 걸을 수 있게 되었습니다. 延(の)ばし → 伸(の)ばし
3 매상을 늘리기 위해서는 무엇이 필요합니까? 延(の)ばす → 伸(の)ばす
4 죄송합니다만, 회의를 연장해 주실 수 있겠습니까?

정답 4

해설 **延(の)ばす** (시일을) 연장시키다, 연기하다, (물 따위를 타서) 묽게 하다

- 会議(かいぎ)を延(の)ばす。회의를 연장하다. 회의를 지연하다
- 締切(しめき)りを延(の)ばす。마감을 연기하다
- のりを延(の)ばす。풀을 묽게 하다

伸(の)ばす 펴다, 성장시키다, 자라게 하다, 늘리다, 때려눕히다

- しわを伸(の)ばす。주름을 펴다
- 腰(こし)を伸(の)ばす。허리를 펴다
- 勢力(せいりょく)を伸(の)ばす。세력을 넓히다[신장시키다]
- ひげを伸(の)ばす。수염을 기르다
- 売(う)り上(あ)げを伸(の)ばす。매상을 늘리다
- 一発(いっぱつ)で伸(の)ばすぞ。한 방으로 때려눕히겠다.

30 아무래도, 어딘가, 어쩐지, 도무지

1 아무리 해도 도무지 잘 안 된다.
2 몇 번이나 실험을 했지만, 아무리 해도 결과가 나오지 않았다. どうも → どうしても
3 오늘 중에는 무슨 일이 있어도 친구를 만나고 싶다. どうも → どうしても
4 여러 가지 약을 먹어봤지만, 아무리 해도 병은 낫지 않는다. どうも → どうしても

정답 1

해설 **どうも**

1. 아무래도, 어딘가, 어쩐지

- どうもよくわからない。
아무리 생각해도 잘 모르겠다.
- どうも様子(ようす)が変(へん)だ。어딘가 상태가 이상하다.
- 彼(かれ)の言(い)うことはどうもうそらしい。
그가 말하는 것은 아무래도 거짓말 같다.

2. 도무지

- どうもうまくいかない。도무지 잘 안 된다.

どうしても

1. (부정어와 함께 사용) 아무리 하여도

- どうしてもわからない。
아무리 해도 알 수 없다.

2. 무슨 일이 있어도, 꼭

- どうしてもやりとげる。꼭 해내다.

31 지루함, 심심하고 따분함, 무료함

1 볼일이 있어서 5시에 퇴근했다. 退屈(たいくつ) → 退社(たいしゃ)
2 조용히 퇴장하여 주십시오. 退屈(たいくつ) → 退場(たいじょう)
3 겨울 방학은 따분해서 못 견디겠다.
4 범인을 자택에서 체포했다. 退屈(たいくつ) → 逮捕(たいほ)

정답 3

32 따라서, 그러므로

1 늦어졌다. 그래서 혼났다.
したがって → それで

2 그는 깊게 연구했다. 그리고 성과가 올랐다.
したがって → そして

3 매일 놀고만 있다. 따라서 학교의 성적도 나쁘다.

4 그는 장학금을 받을 수 없었다. 그래서 미국으로 유학하는 것을 그만두었다. したがって → それで

정답 3

해설 **したがって** 따라서, 그러므로
⇒ 문장체(서면체)적인 딱딱한 표현.
당연한 귀결이라고 하는 표현에 사용.

- 本人は何も言わなかった。したがって僕も黙っていたんだ。본인은 아무 말도 하지 않았다. 그런 까닭으로 나도 잠자코 있었던 거야.
- 戦争に敗れた。したがって青年は再建のために大いに努力しなければならない。전쟁에 패하였다. 따라서 청년은 재건을 위하여 크게 노력하지 않으면 안 된다.

それで 그러므로, 그래서, 그렇기 때문에
⇒ 회화체(구어체)적인 표현.
어떤 사태에 대한 개별적인 사태가 야기된 경우에 사용.

- 金がなかった。それで仕方なく。
돈이 없었다. 그래서 하는 수 없이.
- それで彼は来られなかった。
그래서 그는 오지 못했다.

問題 7

33 남동생 책상에는 쓰다 만 편지가 놓여 있었다.

정답 2

해설 동사ます형 + **かけの** ~하다 만

- 母が読みかけの雑誌を捨ててしまった。어머니가 읽다 만 소설을 버려 버렸다.

34 돈이라고 하는 것은 곧 없어지기 마련이다.

정답 2

해설 동사 기본형/형용사 기본형 + **ものだ**
~법이다, ~하기 마련이다

- 人の運命はわからないものだ。
사람의 운명은 모르는 법이다.
- 子供はよく風邪をひくものだ。
아이는 자주 감기 걸리기 마련이다.

35 식비는 한 사람 하루당 2천 엔 든다.

정답 1

해설 명사 + 수량사(數量詞) + **につき** ~에 대하여, ~당

- 参加者200人につき、5人の随行員がついた。
참가자 200명에 대하여, 5명의 수행원이 붙었다.

36 선생님에게 여쭈었더니, 선생님도 모른다고 말씀하셨다.

정답 1

해설 동사 과거형 + **ところ** ~했더니

- ホテルに電話したところ、そのような名前の人は泊まっていないそうだ。
호텔에 전화했더니, 그와 같은 이름의 사람은 숙박하고 있지 않다고 한다.

37 사전에 알리지도 못하고 금일 휴업을 하게 됨을 양해하여 주시기 바랍니다.

정답 4

해설 **~させていただく** ~하도록 허락받다, ~하겠습니다

- 新婦の友人を代表して、一言ご挨拶させていただきます。신부 친구를 대표해서, 한마디 인사 말씀 드리겠습니다.

38 도중에 그만둘 정도라면, 안 하는 편이 낫다.

정답 3

해설 **~くらいなら** ~할 정도라면

- 銀行で借りるくらいなら、私が貸してあげるのに。은행에서 빌릴 정도라면, 내가 빌려주었을 텐데.

まし (만족할만한 정도는 아니지만) 더 나음

39 맥주 정도밖에 준비할 수 없습니다만, 회의 후에 한잔 합시다.

정답 4

해설 **~ぐらい(くらい)** 경시(輕視)를 나타냄

- そんなことぐらい（くらい）子供でもわかる。그런 정도 아이라도 알 수 있다.
- あいさつぐらい（くらい）の簡単な日本語しか話せない。
인사 정도의 간단한 일본어밖에 말을 못한다.

40 이번 작품이 평가 받지 못해도, 그 사람이니까, 언젠가 반드시 좋은 작품을 만들어 줄 것임에 틀림이 없다.

정답 3

해설 명사の/동사/형용사 + **ことだから** ~이니까

• 朝寝坊の山田さんのことだから今日も遅刻するだろう。
늦잠꾸러기인 야마다 씨니까 오늘도 지각하겠지.

• 金に細かいあいつのことだから貸してくれないと思う。 돈에 세심한 저 녀석이니까 빌려 주지 않을 것으로 생각한다.

• まじめなあの人のことだから心配は要らない。 착실한 그 사람의 일이니까 걱정은 필요 없다.

41 이 시의 작가의 심정에 대해서, 30자 이내로 감상을 정리하시오.

정답 2

해설 **~について** ~에 대하여
⇒~의 범위를 집약시킨 내용으로 상세하고 치밀하게 전개되는 느낌.

~に関(かん)して ~에 관해서
⇒~와 관련된 다양한 것이 포함되고 다각적이며 폭넓게 전개되는 느낌.
한정된 A를 직접적인 표적으로 하여 B를 행하는 경우, 「AについてB」만이 사용 가능하다.

• 試験問題の６番に（○ついて / × 関して）も、説明してほしいのですが。
시험문제 6번에 대해서도 설명해 주었으면 합니다만.

• 今回の決定に（○ついて / × 関して）は、賛成できない点がある。
이번 결정에 대해서는 찬성할 수 없는 점이 있다.

42 이윽고, 우리의 생활이 근대화됨에 따라서, 자연은 사라져, 많은 생물이 자취를 감추고 말았습니다.

정답 1

해설 「~につれて」의 전건(前件)의 변화는 연속적으로 생각할 수 있기 때문에, 시간이 경과하는 모양을 나타내는 「やがて(이윽고)」와 함께 사용할 수 있다.
「~にしたがって」는 전건(前件)에 변화된 결과에 주목하면 생각할 수 있기 때문에, 시간이 경과하는 모양을 나타내는 「やがて」와 함께 사용할 수 없다.

43 숙취로 회사에 지각하여, 그 일로 과장한테 꾸중을 들었습니다.

정답 2

해설 이야기 중에 말하는 사람만이 알고 있는 것을 가리키는 경우에는 「その」를 사용한다. 즉 「その」는 '숙취로 회사에 지각했다'를 가리킴.

44 한랭전선이 남하하고 있기 때문에, 다음 주에는 기온이 내려갈 것입니다.

정답 3

해설 **~わけだ** 이치, 논리적인 결과
귀결의 필연성을 주관적으로 단정하는 표현.
논리의 귀결이 논리적인 이치를 거쳐서 나온 것이라는 점에 역점을 두고 있다.
⇒논리적인 귀결을 논리상으로는 기정의 사실로서 단정.

• A：山田さんは料理学校の先生らしいよ。
야마다 씨는 요리학교 선생인 것 같아
B：道理で、彼の作る料理はプロ並においしいわけだ。
어쩐지 , 그가 만든 요리는 프로 못지않게 맛있는 것이다 .

~はずだ 확신에 가까운 추측, 예측
귀결의 필연성을 추론하는 주관적인 표현.
논리의 귀결이 사실일 것이라는 말하는 사람의 높은 확신을 서술하는 것에 역점을 두고 있다.
⇒논리적인 귀결을 높은 확신을 갖고 추론하고 있을 뿐이고 사실로서는 받아들이고 있지 않음.

• A：山田さんは料理学校の先生らしいよ。
야마다 씨는 요리학교 선생님인 것 같아
B：それじゃ、彼に聞けばこの食材の調理法がわかるはずだ。
그럼 , 그에게 물으면 이 요리 재료의 조리법을 알 수 있을 것이다

⇒날씨와 같이 불확정적인 요소가 많은 것에 대해서 서술하는 경우에는 「はずだ」를 사용. 단정적으로 말할 수 없기 때문에 「わけだ」는 사용할 수 없다.

問題 8

45 彼は卒業して日本を出ていったきり、もう５年も帰ってこない。 그는 졸업해서 일본을 떠난 채, 벌써 5년이나 돌아오지 않는다.

정답 1

46 風邪を引いたときは、みかんのようなビタミンCを多く含む果物を食べるといい。 감기가 걸렸을 때는 밀감 같은 비타민C를 많이 함유한 과일을 먹으면 좋다.

정답 3

47 山田さんがハワイに行くことは、友人ばかりでなく家族でさえも知らなかった。 가야마다 씨가 하와이에 가는 것은 친구뿐 아니라 가족조차 몰랐다.

정답 3

48 設備の再調査が必要だと知りつつも無視したことが、今回の大事故につながったと思われる。 설비의 재조사가 필요하다고 알면서도 무시한 것이, 이번 대사고로 이어졌다고 여겨진다.

정답 4

49 先人は、人が経験するであろう失敗を先に経験して、そこで初めて得る知識や知恵を本にまとめて残しています。 선인은, 남이 경험할 것이라는 실패를 먼저 경험해서, 거기에서 처음으로 얻는 지식이나 지혜를 책에 정리하여 남겼습니다.

정답 2

問題 9

종신고용이나 연공서열임금이라고 하는 일본적인 고용 시스템이 무너지는 한편, 새롭게 도입된 성과주의의 폐해도 지적되는 지금, 기업과 노동자의 관계는 어때야 하는 것인가? 어떻게 하면 의욕을 가지고 일할 수 있는 것인가? 고용 **50** 을 둘러싼 세계 각국의 최신의 움직임도 취재하면서, 우리의 '일하는 방법'의 미래를 연속으로 생각해 가는 시리즈.

1회째는, 일본의 기업에서 급속하게 진행되는 '탈 · 정사원화'의 움직임을 살펴본다. 지금까지, 기업은, 핵심 업무에 대해서는 정사원에게 맡기는 것이 상식이었다. **51** 그러나, 파트(타임)이나 아르바이트라고 하는 비정사원이 노동자의 4분의 1을 차지하는 가운데, 정사원 이상의 업무능력을 보여, 핵심 업무를 담당하는 예도 늘고 있다. 예를 들면, 신약에 관한 기밀이 밀접하게 관계하기 때문에, 이전에는 정사원 **52** 밖에 없었던 의약품 정보 담당자 · MR. 그러나 격화되는 경쟁을 이겨 내기 위해서, 지금 이 분야에서도 비정사원이 실적을 올리게 되어 있다. 한편, 정사원의 의욕을 **53** 유지하면서 사내 유동화를 높이려고 '사내 FA제도'라는 시스템을 만들기 시작한 기업도 많다.

가속되는 고용 유동화의 흐름 속에서 새로운 일하는 방법을 모색하는 사람들 **54** 을 통해서, '정사원'의 장래를 탐색해 간다.

해설 **終身雇用(しゅうしんこよう)** 종신고용(한 기업에 취직하여 그 기업에서 정년까지 계속 고용되는 것) **年功序列(ねんこうじょれつ)** 연공서열(근속 연수나 나이가 늘어 감에 따라 지위가 올라가는 체계) **壊(こわ)れる** 깨지다, 부서지다, 파손되다 **新(あら)たに** 새롭게, 새로이 **弊害(へいがい)** 폐해 **中核(ちゅうかく)** 중핵, 핵심 **常識(じょうしき)** 상식 **機密(きみつ)** 기밀 **勝(か)ち抜(ぬ)く** 이겨내다, 연승하다 **社内(しゃない)フリーエージェント制(せい)** 사내FA제도(일정한 조건을 갖춘 직원을 자신이 희망하는 부서로 이동시키는 제도) **模索(もさく)** 모색 **行方(ゆくえ)** 행방, 장래 **探(さぐ)る** 찾다, 탐색하다, 살피다

50 1 에 관한 2 을 둘러싼 3 은 물론 4 뿐만 아니라

정답 2

51 1 그러나 2 그리고 3 게다가 4 즉

정답 1

52 1 만, 뿐 2 밖에 3 만큼, 정도 4 만, 정도

정답 2

53 1 유지하면 2 유지하면 3 유지하려고 4 유지하면서

정답 4

54 1 을 불문하고 2 을 비롯하여 3 을 통해서 4 을 계기로

정답 3

실전대비 모의테스트 정답

〈1회〉

언어지식(문자 · 어휘 · 문법)

문제1	1	2	3	4	5		
	②	①	②	③	①		
문제2	6	7	8	9	10		
	④	③	③	②	③		
문제3	11	12	13	14	15		
	④	②	①	②	③		
문제4	16	17	18	19	20	21	22
	④	②	①	③	①	②	④
문제5	23	24	25	26	27		
	②	③	④	①	②		
문제6	28	29	30	31	32		
	②	③	①	②	②		
문제7	33	34	35	36	37	38	39
	③	④	④	①	①	③	④
	40	41	42	43	44		
	②	②	③	③	②		
문제8	45	46	47	48	49		
	②	④	③	①	②		
문제9	50	51	52	53	54		
	③	②	①	④	②		

〈2회〉

언어지식(문자 · 어휘 · 문법)

문제1	1	2	3	4	5		
	②	③	①	②	④		
문제2	6	7	8	9	10		
	③	②	①	①	④		
문제3	11	12	13	14	15		
	①	③	④	①	②		
문제4	16	17	18	19	20	21	22
	④	②	③	②	③	①	④
문제5	23	24	25	26	27		
	②	④	③	④	①		
문제6	28	29	30	31	32		
	②	③	②	④	①		
문제7	33	34	35	36	37	38	39
	②	④	①	④	②	③	④
	40	41	42	43	44		
	③	①	②	④	②		
문제8	45	46	47	48	49		
	③	④	①	②	②		
문제9	50	51	52	53	54		
	②	①	③	④	②		

〈3회〉

언어지식(문자 · 어휘 · 문법)

문제1	1	2	3	4	5		
	②	①	①	③	①		
문제2	6	7	8	9	10		
	②	③	④	②	④		
문제3	11	12	13	14	15		
	④	③	④	②	②		
문제4	16	17	18	19	20	21	22
	③	④	②	④	①	③	②
문제5	23	24	25	26	27		
	①	②	③	③	④		
문제6	28	29	30	31	32		
	②	④	①	③	③		
문제7	33	34	35	36	37	38	39
	②	②	①	①	④	③	④
	40	41	42	43	44		
	③	②	①	②	③		
문제8	45	46	47	48	49		
	①	③	③	④	②		
문제9	50	51	52	53	54		
	②	①	②	④	③		